D1724169

Roman Dmowski: Schriften

Roman Dmowski: Schriften

Quellentexte zum polnischen Nationalismus

Übersetzt und herausgegeben von

Martin Faber

BRILL
SCHÖNINGH

Der Autor: Martin Faber ist Privatdozent am Historischen Seminar der Albert-Ludwigs-Universität Freiburg. Neben diversen Forschungsaufenthalten in Polen und Italien übernahm er 2014 eine Gastprofessur an der Adam-Mickiewicz-Universität in Posen. Seine Forschungsschwerpunkte liegen in den Bereichen Geschichte der frühen Neuzeit, Polnische Geschichte, Kirchen- und Papstgeschichte und Politische Ideengeschichte.

Umschlagabbildung: Roman Dmowski, Porträtfoto um 1919, Wikimedia Commons/Public Domain

Bibliografische Information der Deutschen Nationalbibliothek

Die Deutsche Nationalbibliothek verzeichnet diese Publikation in der Deutschen Nationalbibliografie; detaillierte bibliografische Daten sind im Internet über http://dnb.d-nb.de abrufbar.

www.schoeningh.de

Einbandgestaltung: Evelyn Ziegler, München
Herstellung: Brill Deutschland GmbH, Paderborn

ISBN 978-3-506-70291-3 (hardback)
ISBN 978-3-657-70291-6 (e-book)

Inhalt

Vorwort

Das vorliegende Buch verdankt seine erste Anregung Prof. Willi Oberkrome, der mich vor längerer Zeit mit der Frage konfrontierte, ob es denn keine Übersetzungen von Texten Roman Dmowskis in westliche Sprachen gebe. Ich selbst war überrascht, als mir dazu wenig einfiel. Als ich etwas später ein Seminar über die polnische Nationalbewegung in der Zeit der Teilungen durchführte und den Studenten einen Text aus Dmowskis „Gedanken eines modernen Polen" zur Lektüre geben wollte, war mir klar, dass ich die Übersetzung selbst anfertigen musste. Ich tat es und war plötzlich so motiviert, dass ich gleich die gesamte Schrift übersetzte. Das ließ in mir den Gedanken reifen, zumindest eine Anthologie mit Texten Dmowskis herauszubringen. Diethard Sawicki vom Schöningh-Verlag bestätigte mich in der Ansicht, dass es sich hier um ein Desiderat in der deutschen Polen-Forschung handele, ebenso wie unter den polnischen Historikern Krzysztof Ruchniewicz und der derzeit führende Dmowski-Spezialist Krzysztof Kawalec. Die entstehenden Übersetzungen konnte ich gleich an die poleninteressierten Dozenten am Historischen Seminar der Universität Freiburg, Bernd Martin, Willi Oberkrome, Heinrich Schwendemann und Hans-Erich Volkmann, zur Lektüre weitergeben. Zwei Studentinnen, Muriel Janke und Lea Sayer, haben die übersetzten Texte bereits als Grundlage für Abschlussarbeiten verwendet und dabei auch Korrekturarbeit geleistet. Aleksandra Boguth hat mir als Muttersprachlerin bei der Klärung einiger schwieriger Stellen sehr geholfen (der oft sperrige Satzbau von Dmowskis Originalen ist davon allerdings unberührt geblieben). Vom Herder-Institut in Marburg wurden mir wichtige Titel der Sekundärliteratur zu Dmowski und der polnischen Nationaldemokratie zugesandt. Schließlich bin ich Prof. Werner Benecke von der Universität Viadrina in Frankfurt an der Oder zu Dank für die Lektüre und Begutachtung meines Einleitungstextes verpflichtet, ebenso Reinhard Nachtigal für die Lektüre und Korrektur des gesamten Manuskripts.

Gewidmet sei dieses Buch meinem verstorbenen Freund Christian Britzke, mit dem ich mich so oft über Polen und seine Geschichte ausgetauscht habe.

Freiburg, am 24. Mai 2022

Martin Faber

Einleitung

Jeder, der sich mit der polnischen Geschichte des 20. Jahrhunderts beschäftigt, stößt unweigerlich auf den Namen von Roman Dmowski. In Publikationen in westlichen Sprachen wird er zumeist erwähnt als der bedeutendste polnische Widersacher von Józef Piłsudski, der wiederum als Begründer des neuen polnischen Staats nach dem Ersten Weltkrieg gilt. Gerade die Anhänger Dmowskis aber machten und machen Piłsudski diese Rolle streitig. Sie verweisen darauf, dass Dmowski einen ähnlichen oder sogar einen noch größeren Anteil daran gehabt hätte, dass Polen im Jahr 1918 als Staat wiedererstand, nachdem es 123 Jahre zwischen seinen Nachbarn aufgeteilt war.

Norman Davies hat in einem vielgelesenen Buch zur polnischen Geschichte einem ganzen Kapitel die Überschrift gegeben: „Das Duell: Dmowski gegen Piłsudski“[1]. Und nach einem verbreiteten Wort von Jerzy Giedroyć wurde Polen auch nach dem Zweiten Weltkrieg noch von zwei Särgen regiert, denen von Piłsudski und Dmowski. Doch zumal außerhalb Polens ist Piłsudski weiterhin viel bekannter als Dmowski. Piłsudski war der charismatische Führer von polnischen Truppeneinheiten im Ersten Weltkrieg und wurde danach zum ersten Staatschef des neuen Polens. 1926 inszenierte er einen Militärputsch gegen die demokratische Ordnung des Landes und blieb seitdem bis zu seinem Tod im Jahr 1935 dessen autoritäre Führungsfigur. Nicht zuletzt durch den Personenkult, den er in diesen Jahren um sich aufbauen ließ, hat er sich auch bei der Mehrzahl der Polen stärker ins historische Gedächtnis eingegraben als Roman Dmowski. Piłsudski war letztlich ein Tatmensch, während Dmowski seine historische Wirkung viel stärker durch die Texte entfaltete, die er in der Zeit vor und nach dem Ersten Weltkrieg veröffentlichte. Durch sie wurde er zum geistigen und lange Zeit auch politischen Führer des polnischen Nationalismus und seines politischen Arms, der „Nationaldemokratie“ (*Narodowa Demokracja*). Ein regelrechtes politisches Amt hat Dmowski nur selten bekleidet. Seine wichtigste politische Tätigkeit fällt in das Jahr 1919, als er die polnische Delegation bei der Pariser Friedenskonferenz anführte und großen Einfluss auf die Gestaltung der Grenzen des neuen Staats hatte. Außerdem war er Abgeordneter in der Verfassunggebenden Nationalversammlung in den Jahren 1919-1922, Mitglied im Nationalen Verteidigungsrat während der sowjetischen Invasion nach Polen 1920 und schließlich im Herbst 1923 für eineinhalb Monate polnischer Außenminister. Doch in diesen Funktionen hat er kaum Akzente gesetzt. Seine Hauptaufgaben sah er

1 Norman Davies: *Im Herzen Europas. Geschichte Polens*. München [4]2006, S. 118-135.

© BRILL SCHÖNINGH, 2023 | DOI:10.30965/9783657702916_002

weiterhin als Parteiführer und politischer Publizist, und in diesen Rollen hat er seine bedeutendste Spur in der polnischen Geschichte hinterlassen.

Dmowskis Schriften haben einen tiefgreifenden Einfluss auf die politische Kultur und das historische Bewusstsein in Polen ausgeübt und tun dies bis heute. Gerade in den letzten Jahren ist dieser Einfluss sogar erneut gewachsen, was sich gut daran ablesen lässt, dass die Erinnerungskultur zu Dmowski in den Jahren seit dem Ende des Kommunismus einen Aufschwung erfahren hat. Schon 1995 wurde ein Kreisverkehr im Zentrum von Warschau nach Dmowski benannt, der seit 2011 Ausgangspunkt des Demonstrationszugs der polnischen Nationalisten am Nationalfeiertag am 11. November ist. Auch in anderen polnischen Städten sind Plätze und Straßen nach ihm benannt worden. Ein Denkmal für Dmowski wurde in Warschau 2006 enthüllt, und inzwischen sind weitere Denkmäler in Polen entstanden oder in Planung. 2014 verabschiedete der polnische Sejm zum 150. Geburtstag Dmowskis eine Resolution, die sein Werk und seine Leistungen würdigte. Doch vor allem nach dem Wahlsieg der Partei „Recht und Gerechtigkeit" (PiS) im Jahr 2015 hat die offizielle Förderung des Gedenkens an Dmowski einen neuen Aufschwung erfahren. Die PiS betrachtet das Denken Dmowskis als eine ihrer weltanschaulichen Grundlagen[2], insbesondere die Vorrangstellung, die Dmowski nationalen Interessen vor allen anderen Werten gab (Dmowskis Ablehnung des romantischen Opferkults um Polen hat sie allerdings eher nicht übernommen). In den neuen Reisepässen, die 2018 in Polen eingeführt wurden, befinden sich als Wasserzeichen Bilder von Ereignissen und bekannten Persönlichkeiten der polnischen Geschichte, darunter auch von Dmowski. 2020 wurde ein neu geschaffenes Institut für das Erbe des polnischen nationalen Denkens nach Dmowski und Ignacy Paderewski benannt, der zusammen mit Dmowski bei der Pariser Friedenskonferenz die polnische Delegation leitete. Noch im gleichen Jahr wurde Dmowski auch Patron des Warschauer Ostbahnhofs, der in der Nähe seines Geburtsorts liegt. Der polnische Kulturminister hat außerdem die Schaffung eines Roman-Dmowski-Museums angekündigt, das nach seinen Worten „das Werk Dmowskis und seine Verdienste für den polnischen Staat dem Dunkel des Vergessens" entreißen soll.[3] Das Museum entsteht zur Zeit in Dmowskis Sterbehaus in Drozdowo.

Alle diese Ehrungen sind in Polen auch auf Widerstand gestoßen. Insbesondere Dmowskis Antisemitismus wird immer wieder als Grund angeführt,

2 Vgl. dazu Krzysztof Ruchniewicz: *Droht der Polexit?*. In: *Aus Politik und Zeitgeschichte* 23-25/2020, S. 25-31, hier S. 28f. Das von der Regierung kontrollierte Institut für das Nationale Gedenken (IPH) hat kürzlich einen repräsentativen Bildband herausgegeben, der dieses Bild Dmowskis vorstellt: Jolanta Mysiakowska-Muszyńska / Wojciech Jerzy Muszyński: *Architekt Wielkiej Polski. Roman Dmowski 1864-1939*. Warszawa 2018.

3 https://twitter.com/piotrglinski/status/1345339969108398080 (abgerufen am 1. Juni 2022).

warum sich eine Erinnerungskultur an ihn verbiete. Seine Nähe zum italienischen Faschismus und in vieler Hinsicht auch zum deutschen Nationalsozialismus belastet ihn. Dazu kommen die antidemokratischen Züge seines Denkens, wonach das nationale Interesse auch den Vorrang vor Mehrheitsentscheidungen habe.

Im deutschen Sprachraum ist Dmowski am ehesten bekannt wegen seiner antideutschen Haltung. Als sich vor dem Ersten Weltkrieg die Frage stellte, ob das geteilte Polen sich bei dem Versuch, seine staatliche Unabhängigkeit wiederzuerlangen, eher an die westliche oder an die östliche Teilungsmacht anlehnen solle, plädierte er – im Gegensatz zu Piłsudski – für eine Anlehnung an das zarische Russland, trotz aller Schikanen, die auch er selbst im russischen Teilungsgebiet von Seiten der Staatsmacht immer wieder erdulden musste. Aber er hielt Russland gegenüber Deutschland für die letztlich schwächere Macht und sah deshalb von ihm die geringere Gefahr für den Bestand der polnischen Nation ausgehen. Um diese Haltung zu begründen, hat er in seinen Schriften immer wieder ausführliche Analysen über Deutschland angestellt. Dabei ging es nicht nur um die Politik des deutschen Reichs gegenüber seiner polnischen Minderheit oder (nach dem Ersten Weltkrieg) gegenüber dem neuen polnischen Staat, sondern auch um Deutschlands Rolle in der europäischen und in der Weltpolitik. Trotzdem existiert bisher in deutscher Sprache nur eine einzige Monografie über Dmowski, die Habilitation von Kurt Georg Hausmann aus dem Jahr 1968.[4] Sie ist leider bis heute ungedruckt, aber ihr Manuskript konnte bei den Vorbereitungen für dieses Buch herangezogen werden.

Dmowskis Schriften sind hierzulande fast ausschließlich bekannt aus der historischen Sekundärliteratur. Nur wenige und kurze Texte von ihm sind bisher in deutscher Übersetzung veröffentlicht worden.[5] Dagegen gibt es etwa von

4 Kurt Georg Hausmann: *Die politischen Ideen Roman Dmowskis. Ein Beitrag zur Geschichte des Nationalismus in Ostmitteleuropa vor dem Ersten Weltkrieg.* Ms. Kiel 1968.

5 Dazu zählen kurze Auszüge aus „Deutschland, Russland und die polnische Frage" in: *Polen und der Osten, Texte zu einem spannungsreichen Verhältnis.* Hg. von Andrzej Chwalba. Frankfurt am Main 2005, S. 111-128. Eine Denkschrift Dmowskis für den amerikanischen Präsidenten Wilson aus dem Jahr 1917 zur Frage der Grenzen eines zukünftigen polnischen Staats ist in deutscher Übersetzung abgedruckt in Paul Roth: *Die Entstehung des polnischen Staates. Eine völkerrechtlich-politische Untersuchung.* Berlin 1926, S. 133-151; der Abschnitt daraus über das preußische Teilungsgebiet ist erneut abgedruckt in *Ursachen und Folgen. Vom deutschen Zusammenbruch 1918 und 1945 bis zur staatlichen Neuordnung Deutschlands in der Gegenwart.* Bd. 3: Der Weg in die Weimarer Republik. Hg. von Herbert Michaelis und Ernst Schraepler. Berlin 1959, S. 304-311. Die von Dmowski verfassten Memoranden der polnischen Delegation bei der Pariser Friedenskonferenz 1919 mit den Gebietsansprüchen Polens im Westen und im Osten finden sich im Online-Quellenmodul des Herder-Instituts in Marburg zur Zweiten Polnischen Republik unter https://www.herder-institut.de/digitale-angebote/dokumente-und-materialien/themenmodule/quelle/9/details/4338.html.

Piłsudski eine vierbändige deutsche Ausgabe seiner Werke, auch wenn diese älteren Datums ist, denn sie erschien in der kurzen Phase, als das nationalsozialistische Deutschland und Polen gute Beziehungen unterhielten.[6]

Dabei war Dmowski zumindest literarisch Piłsudski deutlich überlegen. Seine Schriften zeichnen sich nicht nur durch einen besseren Stil aus, sondern auch durch eine Weite des weltanschaulichen Ausgriffs, die dem Praktiker Piłsudski abging. Dmowski war in viel stärkerem Maß darum bemüht, die gegenwärtige Lage Polens, um die es ihm letztlich immer ging, in größere Zusammenhänge einzuordnen. Das gilt zum einen zeitlich, insofern er die Verhältnisse seiner Gegenwart als das Produkt historischer Prozesse interpretierte, die er bei Gelegenheit durchaus bis ins Mittelalter zurückverfolgen konnte. Es gilt aber auch räumlich, denn er sah die Entwicklungen in und um Polen immer eingebettet in politische Zusammenhänge, die ganz Europa oder auch die ganze Welt umfassten. Gerade seine Abneigung gegen eine martyrologische oder messianistische Interpretation der Geschichte Polens hielt ihn fern von einem Denken, das nur auf sein Heimatland fokussiert war. So anfechtbar seine Thesen aus heutiger Sicht auch sein mögen, sind sie doch auf jeden Fall ein wichtiges Zeugnis dafür, wie europäische Intellektuelle in der Zeit vor und nach dem Ersten Weltkrieg die internationale Lage beurteilten. Dmowski hat hier eine spezifische Perspektive eingebracht, die von der Lage Polens ausging, die er aber in der Auseinandersetzung mit den geistigen Strömungen im Europa seiner Zeit entwickelt hatte. Insofern stellen seine Schriften heute eine historische Quelle von hohem Wert dar.

Dmowskis Leben

Roman Dmowski stammte aus einer Familie des polnischen Kleinadels. Der zahlreiche Adel hatte den polnischen Staat in der Zeit vor dessen Teilungen am Ende des 18. Jahrhunderts dominiert und hatte deshalb dessen Untergang stärker als Unglück empfunden als andere Gruppen der Bevölkerung. Das galt insbesondere für die große Schicht des armen Adels, die ihr ganzes Selbstwertgefühl von den politischen und sozialen Privilegien herleitete, die sie in der

---

sowie https://www.herder-institut.de/digitale-angebote/dokumente-und-materialien/themenmodule/quelle/8/details/4339.html (abgerufen am 5. Dezember 2022). Weitere kurze Ausschnitte aus anderen Schriften Dmowskis sind ebenda in anderen Themenmodulen abrufbar.

6 Josef Piłsudski: *Erinnerungen und Dokumente. Von Josef Piłsudski, dem Ersten Marschall von Polen, persönlich autorisierte deutsche Gesamtausgabe*. Hg. von Wacław Lipiński. 4 Bde. Essen 1935.

polnisch-litauischen Adelsrepublik genoss, auch wenn diese Privilegien oft nur auf dem Papier standen. Nicht nur spielte der Adel in den Staaten der drei Teilungsmächte Russland, Preußen und Österreich eine weit geringere Rolle im politischen Leben, darüber hinaus war dort auch der Anteil der Adligen an der Gesamtbevölkerung wesentlich geringer, und im 19. Jahrhundert waren die Behörden der Teilungsmächte bemüht, die Zahl der Mitglieder des Adelsstands auch in Polen deutlich zu senken. Das traf insbesondere die kleinen Adligen, die ohnehin ihren Lebensunterhalt immer weniger durch geringe Abgaben von untertänigen Bauern, durch den Dienst bei adligen Magnaten oder durch eigene Feldarbeit bestreiten konnten. Stattdessen mussten sie Berufe übernehmen, die bis dahin als unvereinbar mit der Ehre eines Adligen galten. So ist es nicht verwunderlich, dass Angehörige des (ehemaligen) Kleinadels eine große Rolle in der polnischen Nationalbewegung spielten und besonders intensiv darüber nachdachten, wie man einen neuen polnischen Staat schaffen könne.

Die Familie Dmowskis stammte väterlicherseits aus dem ländlichen Adel Podlachiens, der Landschaft nordöstlich von Warschau. Dmowskis Großvater war Ende des 18. Jahrhunderts in das Dorf Kamionek am rechten Weichselufer gegenüber von Warschau gezogen. Er pachtete dort ein Landgut, das aber 1812 beim Durchzug der Truppen Napoleons auf dem Weg nach Russland ruiniert wurde, so dass er bei seinem Tod 1827 seine Frau und fünf Kinder praktisch mittellos zurücklassen musste. Sein Sohn Walenty, der Vater Romans, arbeitete zunächst als Straßenpflasterer und brachte es dann zum Besitzer eines kleinen Pflasterbetriebs. Dmowskis Mutter Józefa stammte von einer masowischen Adelsfamilie ab, die ihren Adel jedoch schon im 18. Jahrhundert verloren hatte. Sie verdiente sich vor ihrer Heirat ihr Brot durch das Nähen von Handschuhen. Die Ehe zwischen Walenty und Józefa wurde 1856 geschlossen; aus ihr gingen insgesamt sieben Kinder hervor, von denen nur drei Söhne das Erwachsenenalter erreichten.

Roman Dmowski kam am 9. August 1864 in Kamionek auf die Welt. Es war die Zeit, als der zweite polnische Aufstand gegen die russische Herrschaft in Kongresspolen zu Ende ging, ein Kampf, der noch aussichtsloser war als der erste Aufstand 1830/31. Damals hatte den Aufständischen noch eine reguläre polnische Armee zur Verfügung gestanden, während der Aufstand von 1863/64 im Wesentlichen auf Partisanenkämpfe beschränkt blieb. Deshalb kam niemals ein größeres Gebiet des Landes unter die Kontrolle der Polen. Umso radikaler waren nach der Niederschlagung die Repressalien der russischen Staatsmacht. Hunderte von Teilnehmern des Aufstands wurden hingerichtet und etwa 20.000 nach Sibirien deportiert, während anderen noch die Emigration nach Westeuropa gelang. Zahlreiche Güter von Adelsfamilien, deren Mitglieder sich am Aufstand beteiligt hatten, wurden konfisziert und versteigert oder an russische Offiziere vergeben. Das Königreich Polen, das der Wiener Kongress geschaffen hatte, verlor seine Autonomie. Als „Weichselland" wurde es zu einer Provinz des russischen Reichs, in der die wichtigen Posten in der Verwaltung nun durchweg mit Russen besetzt wurden. Außerdem wurde die Politik der Russifizierung, die schon vor dem Aufstand begonnen hatte, nun massiv verstärkt. Russisch wurde zur einzigen Amtssprache, und der Unterricht an Schulen und Hochschulen musste jetzt auf Russisch abgehalten werden. Katholische Gottesdienste konnten zwar weiterhin auf Polnisch stattfinden, aber ein Großteil der Klöster auf dem Gebiet von Kongresspolen wurde aufgelöst.

In dieser Situation stand die polnische Nationalbewegung vor der Frage, ob und wie sie ihre Bemühungen um die Wiedergewinnung eines eigenen Staats fortsetzen konnte. Der Weg eines neuen Aufstands erschien nunmehr aussichtslos, zumal nachdem Frankreich 1870/71 den Krieg gegen Deutschland verloren hatte und damit als möglicher Verbündeter der Polen stark an Wert verlor. Außerdem verstärkte das Dreikaiserabkommen, das im Oktober 1873 zwischen Deutschland, Österreich-Ungarn und Russland abgeschlossen wurde, den Eindruck, dass die drei Teilungsmächte sich weitgehend einig waren und Veränderungen am Status der polnischen Gebiete gemeinsam verhindern würden. So wandte sich in Polen die verbliebene Generation der Aufständischen dem Positivismus zu, der in England und Frankreich entstanden war. Man setzte nicht länger auf nationale Emotionen, sondern auf Vernunft und Wissenschaft und proklamierte das Programm der „Organischen Arbeit". Der bewaffnete Kampf sollte aufgegeben werden; stattdessen wollte man sich der inneren Stärkung der polnischen Gesellschaft zuwenden, in der sich durch den Prozess der Industrialisierung ohnehin große Veränderungen vollzogen. Durch vermehrte Bildung der Bevölkerung und durch ein Wachstum polnischer Wirtschaftsunternehmen sollte die Widerstandskraft gegen die Russifizierung gefördert werden, ebenso wie gegen die Versuche zur Germanisierung im deutschen Teilungsgebiet. Von geringerer Bedeutung war diese Haltung allerdings im österreichischen Teilungsgebiet, denn dort gab es keine Bestrebungen zur Germanisierung der Polen. Stattdessen fürchtete der dortige polnische Adel um seine führende Stellung im Kronland Galizien, wenn es für die Wiedergewinnung eines polnischen Staats notwendig würde, auch die sozialen Unterschichten unter den Polen für die nationale Sache zu mobilisieren.

In diese Atmosphäre wuchs der junge Roman Dmowski hinein. Er galt lange als kränkliches Kind, aber es gelang ihm, sich seinen Platz im Leben zu erkämpfen, obwohl er hier nicht in die Fußstapfen seiner Familie trat, sondern sich zum intellektuellen Leben hingezogen fühlte. Schon mit fünf Jahren soll er sich das Lesen beigebracht haben, und im Alter von elf Jahren wurde er Schüler des 3. Gymnasiums in Warschau, das auch schon seine beiden älteren Brüder Julian und Wacław besuchten. Diese beiden jedoch verließen die Schule vorzeitig und wechselten in eine Berufsausbildung bei der Eisenbahn. Julian wurde dort Büroangestellter und Wacław Lokomotivführer. Roman aber brachte die Schule zu Ende, auch wenn er zunächst nicht der eifrigste Schüler gewesen zu sein scheint, denn er musste die zweite, dritte und vierte Klasse wiederholen. Ein Grund dafür könnte gewesen sein, dass sein Gymnasium als eine Schule galt, in der der Russifizierungsdruck besonders groß war, auch wenn die meisten seiner Lehrer gebürtige Polen waren. Doch in seinen späteren Gymnasialjahren entwickelte er Energie beim Lernen, nun allerdings eher, um in sich selbst die Widerstandskraft gegen die russische Herrschaft zu stärken. In der fünften Klasse war er an der Gründung einer geheimen Organisation von Schülern mit Namen „Der Wachtturm" beteiligt, deren Mitglieder sich bei ihren Treffen der Pflege der polnischen Kultur widmeten.

Nach seinem Abitur begann Dmowski 1886 an der Kaiserlichen Universität in Warschau mit einem Studium der Naturwissenschaften, das er 1891 mit einer Arbeit zur Morphologie von behaarten Infusionstierchen abschloss. Bei seiner intensiven Beschäftigung mit der Biologie musste er natürlich in Kontakt mit der Evolutionslehre von Charles Darwin kommen, die in dieser Zeit eine der wesentlichen Grundlagen für den Positivismus bildete. Für die Ausbildung von Dmowskis eigener Weltanschauung waren allerdings die soziologischen Theorien von Herbert Spencer von größerer Bedeutung, denn Spencer war es, der als erster Darwins Prinzip von der Entwicklung der Arten durch Auslese auch auf die Entwicklung der menschlichen Gesellschaft anwandte. Unter dem Einfluss dieser Hinwendung zur Wissenschaft entfernte sich Dmowski für lange Zeit vom christlichen und katholischen Glauben seiner Kindheit. Wie viele seiner Altersgenossen wurde er religiös gleichgültig, abgesehen von einer gewissen Neigung zum Okkultismus. Den Glauben anderer lehnte er nicht ab und bezog den Katholizismus sogar in seine Überlegungen zur künftigen Entwicklung Polens ein, aber er selbst besuchte keine Gottesdienste und empfing nicht die Sakramente.

Für Dmowski hätte nun auch eine wissenschaftliche Karriere im Bereich des Möglichen gelegen, aber die Ereignisse in diesen Jahren führten dazu, dass er sich letztlich der Politik und der Publizistik zuwandte. Während seines Studiums wurde er 1888 Mitglied der konspirativen studentischen Organisation „Verband der polnischen Jugend" (*Związek Młodzieży Polskiej*). Sie war ein Jahr zuvor von dem Soziologen Zygmunt Balicki (1858-1916) gegründet worden. Balicki selbst lebte allerdings im Exil in der Schweiz und schloss sich schon

1888 mit seinem Verband der geheimen „Polnischen Liga" (*Liga Polska*) an, die dort gerade von dem Aufstandsveteranen Zygmunt Miłkowski gegründet worden war. Die Liga strebte die Wiedererrichtung eines polnischen Staats an und sollte die verschiedenen Bestrebungen dazu aus allen drei Teilungsgebieten zusammenfassen. Zu diesem Ziel wurde nun auch wieder das Mittel des bewaffneten Kampfs erwogen. Die „organische Arbeit" hatte bis dahin zu keinen greifbaren politischen Erfolgen geführt, und zudem gab es nun in Kongresspolen eine junge Generation, die das Scheitern des letzten Aufstands nicht mehr selbst erlebt hatte, die dafür aber in der bedrückenden Atmosphäre der russischen Repression gegen alles Polnische herangewachsen war. Außerdem verbreiteten sich in diesen Jahren in ganz Europa zwei neue, radikale Weltanschauungen, der Sozialismus und der Nationalismus, die sich beide auf die Massen der Bevölkerung stützten. Das weckte auch in der polnischen Unabhängigkeitsbewegung die Hoffnung, ihre personelle Basis verbreitern und dann den Kampf um den eigenen Staat mit neuen Kräften wieder aufnehmen zu können. Am 3. Mai 1891 organisierte Dmowski eine Demonstration von Studenten zum 100. Jahrestag der polnischen Verfassung von 1791.

Schon 1890 hatte er seine Mitarbeit an der in Warschau erscheinenden, polnischsprachigen Zeitschrift *Głos* („Die Stimme") begonnen. Sie war 1886 von Jan Ludwik Popławski (1854-1908) begründet worden, der neben Dmowski und Balicki zum dritten Gründervater der polnischen Nationaldemokratie werden sollte. Die *Głos* war zunächst offen für verschiedene weltanschauliche Richtungen, aber schon 1888 kam es zum Auszug der Mitarbeiter mit sozialistischen Anschauungen, und seit dieser Zeit entwickelte sich die Zeitschrift immer mehr zur publizistischen Plattform des polnischen Nationalismus. Großen Anteil an dieser Entwicklung hatte Dmowski selbst, in dessen Denken die Nation zum zentralen politischen Bezugspunkt wurde, dem sich alle anderen Interessen, auch die von sozialen Klassen, unterzuordnen hatten. Die Lösung sozialer Fragen interessierte ihn durchaus, galt ihm aber nur als ein Mittel im Kampf der Nationen. Jegliche internationale Zusammenarbeit, insbesondere Kontakte zu russischen Sozialisten, lehnte er ab. Im Kampf um ihre Interessen sollten die Polen nur auf ihre eigenen Kräfte vertrauen.

Von November 1891 bis August 1892 hielt sich Dmowski zu weiteren Studien in Paris auf und traf sich auf dem Hin- und Rückweg jeweils mit Balicki in der Schweiz. Bei seiner Rückkehr nach Kongresspolen wurde er wegen seiner früheren oppositionellen Aktivitäten verhaftet und verbrachte fünf Monate im Untersuchungsgefängnis der Warschauer Zitadelle. Als er Anfang 1893 wieder freikam, machte er sich daran, die Warschauer Sektion der „Polnischen Liga" neu zu organisieren. Hier zeigte sich zum ersten Mal Dmowskis Fähigkeit zur organisatorischen und ideologischen Führung von politischen Gruppen. Die Liga erschien ihm aufgrund ihrer internationalen Anlage zu weitmaschig und zu wenig effektiv. Mit Unterstützung von Balicki und Popławski konnte er die Mitglieder in Warschau dazu bewegen, sich bei einer Versammlung am 1. April 1893 von der „Polnischen Liga“ loszusagen und eine neue Organisation unter dem Namen „Nationale Liga“ (*Liga Narodowa*) zu gründen. Deren Strukturen waren weiterhin geheim und dazu hierarchisch gegliedert. Dmowski stand zwar nicht allein an der Spitze, avancierte aber vor allem durch seine publizistische Tätigkeit zur unbestrittenen Führungsfigur. Noch im gleichen Monat erschien anonym seine programmatische Schrift „Unser Patriotismus“ (*Nasz patriotyzm*), in der er den Vorrang des gemeinsamen nationalen Interesses aller Polen darlegte, vor allen Anliegen einzelner sozialer Gruppen oder auch der einzelnen Teilungsgebiete. Alle Polen seien verpflichtet, ihre politischen Bemühungen auf das Endziel der Wiedererlangung eines eigenen Staats zu richten. In diesem Kampf seien auch illegale Methoden erlaubt, mit Ausnahme eines bewaffneten Aufstands, weil dieser – zumindest einstweilen – keinen Erfolg verspreche. Als sinnvolle Mittel nannte Dmowski unter anderem Demonstrationen, passiven Widerstand gegen die russische Staatsmacht etwa durch Verweigerung von Steuern, polnischen Schulunterricht im Untergrund, die Herausgabe illegaler polnischer Bücher und Presseorgane, die Zerstörung von materiellen Ressourcen der Regierung und die Bestrafung von nationalen Verrätern. Mit solchen Mitteln könne man die Regierung zu Zugeständnissen zwingen. Wann sie anzuwenden seien, ergebe sich aus der jeweiligen Situation.[7] Mit dieser Schrift hatte Dmowski die Grundlagen des Programms der künftigen Nationaldemokratie gelegt.

Doch im November 1893 erging gegen ihn das Urteil des zarischen Gerichts, das ihm für fünf Jahre den Aufenthalt in den russischen Teilungsgebieten Polens verbot. Um dennoch möglichst nah bei Warschau sein zu können, lebte Dmowski zunächst in Mitau (*Jelgava*), südlich von Riga. Von dort konnte er trotz des Verbots mehrfach nach Wilna reisen, wo er sich in die gebildete Arzttochter Maria Koplewska verliebte, die ebenfalls in der polnischen Unabhängigkeitsbewegung aktiv war, allerdings als Sozialistin. Letzteres dürfte einer der Gründe gewesen sein, warum Koplewska letztlich Józef Piłsudski heiratete, Dmowskis späteren politischen Erzrivalen, der gerade aus einer fünfjährigen Verbannung nach Sibirien in seine Heimatstadt Wilna zurückgekehrt war und sich nun den polnischen Sozialisten anschloss. Es ist nicht klar, inwieweit diese Affäre zu der lebenslangen Gegnerschaft zwischen Dmowski und Piłsudski beigetragen hat. Dmowski selbst heiratete nie. Er pflegte zu sagen, er sei mit

7 Dmowski: *Pisma* III, S. 270-272.

der polnischen Nation verheiratet. Es fehlte ihm auch an Warmherzigkeit im Umgang mit Menschen, und viele, die ihm begegneten, attestierten ihm einen zynischen Humor. Immerhin unterhielt er oft enge Beziehungen zu befreundeten Familien, die ihn mehr oder weniger an ihrem häuslichen Leben teilhaben ließen.

Schon 1895 flüchtete er aus Mitau und aus Russland nach Galizien. Im österreichischen Teilungsgebiet erhoffte er sich größere Freiräume für seine publizistische Tätigkeit. Die Zeitschrift *Głos* in Warschau hatte 1894 unter dem Druck der russischen Behörden ihr Erscheinen einstellen müssen. Doch im Vielvölkerstaat Österreich-Ungarn waren die Polen nur eine Nationalität unter vielen, so dass die Behörden hier eine liberalere Einstellung gegenüber der Presse einnehmen konnten als in den beiden anderen Teilungsgebieten. Zudem machte sich im Osten Galiziens immer stärker die nationale Bewegung der Ukrainer (in Österreich zumeist „Ruthenen" genannt) bemerkbar, die sich dazu einsetzen ließ, die nationalen Ambitionen der Polen in Schach zu halten. Dmowski ließ sich in der galizischen Hauptstadt Lemberg nieder und arbeitete offiziell als privater Assistent eines polnischen Professors für Zoologie. Tatsächlich widmete er sich aber der Herausgabe einer neuen Zeitschrift mit Namen „Allpolnische Rundschau" (*Przegląd Wszechpolski*), die von nun als Sprachrohr der Nationalen Liga fungierte und deren ideologische Ausrichtung maßgeblich von Dmowski bestimmt wurde. Die Zahl seiner Artikel war so groß, dass er sie oft unter einem Pseudonym erscheinen ließ, um seine beherrschende Rolle nicht zu sehr hervortreten zu lassen. Er führte Rubriken mit Nachrichten aus allen Teilungsgebieten und aus der polnischen Emigration ein, um auf diese Weise die gesamtpolnische Vision der Nationalen Liga zu unterstreichen. Ende 1895 stieß auch Jan Ludwik Popławski zur Redaktion, der in Warschau im Gefängnis gesessen hatte und freigekauft worden war. Weitere Sympathisanten der Nationalen Liga sammelten sich in Lemberg, und so wurde Galizien zum neuen Zentrum der Bewegung.

In den nächsten Jahren war Dmowski allerdings häufig auf Reisen. Mehrfach kehrte er konspirativ ins russischen Teilungsgebiet zurück, wobei er sich am Schmuggel von verbotenen Büchern und Zeitschriften beteiligte. Ansonsten war er vor allem in den westlichen Ländern unterwegs. Längere Zeit hielt er sich in England und Frankreich auf, wo er das politische Leben in demokratischen Staaten kennenlernte. 1899 fuhr er sogar nach Südamerika und besuchte die Siedlungen polnischer Auswanderer in Brasilien. Auf diesen Reisen erwarb er nicht nur umfangreiche Sprachkenntnisse, sondern auch einen weiten Einblick in die politische Weltlage, den er dann in seine Texte einbrachte. Fortan analysierte er die Lage der polnischen Nation und ihre Zukunftsperspektiven vor dem Hintergrund der Verhältnisse zwischen den großen Mächten, was ihn vor vielen anderen Vertretern der polnischen Nationalbewegung auszeichnete. Seine Mitstreiter beeindruckte er durch seine Selbstsicherheit und Energie und avancierte so zur unbestrittenen Führungsfigur der entstehenden Nationaldemokratie. 1897 wurde im russischen Teilungsgebiet die „National-Demokratische Partei" (*Stronnictwo Narodowo-Demokratyczne*) gegründet, die dort als legaler Arm der weiterhin konspirativen Nationalen Liga agieren sollte. Weitere Organisationen der Partei entstanden in den folgenden Jahren im österreichischen und im deutschen Teilungsgebiet.

1901 verlegte Dmowski seinen Wohnort von Lemberg nach Krakau, zusammen mit der Redaktion der Allpolnischen Rundschau. Krakau lag ebenfalls in Galizien, aber näher an den Grenzen der anderen Teilungsgebiete, so dass sich die Organisation einer Bewegung, die alle von Polen bewohnten Gebiete umfassen sollte, von hier aus besser steuern ließ. 1902 erschien in der Zeitschrift eine Serie von Artikeln Dmowskis, die er im folgenden Jahr in einem Buch mit dem Titel „Gedanken eines modernen Polen" (*Myśli nowoczesnego Polaka*) zusammenfasste. Dieses Buch erreichte wegen seines eingängigen Stils eine breite Leserschaft und erlangte im Lauf der Zeit den Status eines Manifests des polnischen Nationalismus und insbesondere der nationaldemokratischen Bewegung.

Die Nationaldemokratie stand in Krakau vor allem in einer Auseinandersetzung mit den dort vorherrschenden polnischen Oberschichten, den „Konservativen", die loyal zur österreichischen Staatsmacht standen. Unter Dmowskis Führung konnte sie aber in den ersten Jahren des 20. Jahrhunderts ihre Position stärken, nicht zuletzt weil in Galizien die nationale Bewegung der Ukrainer weiter an Stärke gewann und als Reaktion darauf auch der Nationalismus unter den Polen wuchs.

In eine ganz neue Phase trat die polnische Frage ein, als im Februar 1904 die japanische Flotte den russischen Hafen Port Arthur in China angriff. Damit begann der Russisch-Japanische Krieg um die Vorherrschaft in Ostasien, den Russland nicht nur überraschend verlor, sondern der auch die innere Schwäche des russischen Reiches vor aller Welt offenlegte und sie noch verstärkte. Anfang 1905 kam es in St. Petersburg und anderen russischen Städten zu Streiks und Demonstrationen von Arbeitern, die schnell auch auf Kongresspolen übergriffen, hier aber eine stärker nationale Färbung erhielten. Die russische Regierung musste den Polen eine Reihe von Zugeständnissen machen; unter anderem durfte im Schulunterricht und in vielen Behörden wieder Polnisch gesprochen werden. Das verstärkte die Hoffnungen der Polen auf eine baldige grundlegende Änderung ihrer Lage. Dmowski war allerdings der Meinung, dass die Polen auch unter diesen neuen Umständen immer noch nicht in der Lage seien, sich ihre Unabhängigkeit aus eigener Kraft zu erkämpfen. Deshalb reiste er schon 1904 nach Tokio, um die japanische Regierung davon abzuhalten, einen neuen Aufstand der Polen in Russland zu unterstützen. Letzteres Ziel verfolgte gerade Józef Piłsudski, der deshalb noch vor Dmowski nach Japan gereist war. Dmowski und Piłsudski begegneten sich in Tokio und führten dort lange Gespräche, über deren Inhalt fast nichts bekannt ist. Ihre politischen Differenzen blieben aber jedenfalls bestehen, und letztlich war es Dmowski, der die japanische Regierung überzeugen konnte, sich nicht für die Sache der Polen zu engagieren.

Nach seiner Rückkehr nach Europa nutzte er zunächst die neuen Freiräume, die sich infolge der Revolution in Kongresspolen auftaten. Die dortigen Strukturen der Nationalen Liga wurden nun wesentlich ausgebaut. Ende 1905 siedelte auch Dmowski wieder dauerhaft nach Warschau über, was zur Folge hatte, dass in Krakau die Allpolnische Rundschau ihr Erscheinen einstellte. Stattdessen übernahm Dmowski nun die Redaktion der „Polnischen Zeitung" (*Gazeta Polska*), einer traditionsreichen Warschauer Tageszeitung. Als es im Oktober 1905 zu einer weiteren Streikwelle im Russischen Reich kam, rief er zur Beendigung der Streiks in Warschau auf. Er war ein Gegner von revolutionären Aktionen polnischer Arbeiter, nicht nur aufgrund seines Konservatismus im sozialen Bereich, den viele in Kongresspolen teilten, sondern vor allem, weil er der Meinung war, dass solche Aktionen nur den russischen Sozialisten in die Hände spielten, ohne etwas für die Polen zu erreichen. Die Nationaldemokraten bildeten damals einen eigenen Arbeiterverband, der die Aufgabe hatte, sich sozialistischen Schlägertrupps aktiv entgegenzustellen, und das auch tat. Die Nationale Liga beschränkte sich in dieser Situation auf die Forderung nach einer Autonomie der Polen im Russischen Reich, übte aber keinen weiteren Druck auf die Behörden aus. Dmowski setzte eher darauf, dass die innere Schwäche Russlands, die er in seinen Schriften genau analysierte, fortschreiten würde und dass dann weitere Zugeständnisse an die Polen folgen müssten. Als jedoch die Streikwelle dazu führte, dass Zar Nikolaus II. am 30. Oktober 1905 ein Manifest erließ, in dem er den Bürgern in ganz Russland Freiheitsrechte einräumte und die Schaffung eines Parlaments ankündigte, nutzte Dmowski die neuen Möglichkeiten voll aus. Die Nationale Liga weitete ihre Tätigkeit weiter aus und erreichte mit ihrer Propaganda nun immer breitere Schichten der polnischen Bevölkerung. Damit trat sie allerdings auch in einen verschärften Wettbewerb mit den anderen polnischen Parteien, insbesondere den Sozialisten, der nun nicht selten in blutige Auseinandersetzungen mündete.

Bei den Wahlen zum ersten russischen Parlament, der Staatsduma, im Frühjahr 1906 konnte Dmowski noch nicht kandidieren, weil er noch nicht lange genug in Kongresspolen ansässig war. Aber dann profitierte er davon, dass der Zar dieses Parlament nach nur 73 Tagen wieder auflöste, weil dessen

Reformbestrebungen ihm zu weit gingen. Bei den Wahlen zur zweiten Duma Anfang 1907 errang Dmowski ein Abgeordnetenmandat in der Stadt Warschau. In der Duma bildeten die polnischen Abgeordneten trotz ihrer Herkunft aus unterschiedlichen politischen Lagern eine gemeinsame Fraktion, und Dmowski wurde deren Vorsitzender. Bei den Wahlen zur dritten Duma, die noch im selben Jahr stattfanden, konnte er sein Mandat halten. Aber die polnische Fraktion war nun wesentlich kleiner, denn durch eine Veränderung der Wahlordnung hatte der Zar eine Zusammensetzung des Parlaments erreicht, in der die Befürworter seiner Politik ein deutlich größeres Gewicht hatten. Das hatte immerhin zur Folge, dass diese Duma nun eine volle Legislaturperiode bis 1912 bestand. Doch obwohl die polnische Fraktion in dieser Zeit vielen Vorlagen der russischen Regierung zustimmte, erreichte sie im Gegenzug kaum Zugeständnisse an die Polen im Russischen Reich. Das führte zu Unmut in der polnischen Bevölkerung, aber Dmowski hielt an seinem loyalistischen Kurs fest, zu dem er einstweilen keine Alternative sah.

Seine Hoffnungen setzte er stattdessen auf die grundlegende Veränderung der internationalen Lage, die sich in diesen Jahren vollzog. Schon 1894 hatte Russland ein Militärbündnis mit Frankreich abgeschlossen, dass sich in erster Linie gegen das Deutsche Reich richtete, aber auch gegen dessen Verbündeten Österreich-Ungarn. 1904 gelang es Frankreich und Großbritannien, ihre Interessengegensätze in Afrika beizulegen, und 1907 kam es auch zu einer Einigung zwischen Großbritannien und Russland über die Abgrenzung ihrer Einflusssphären in Zentralasien. Damit war der Weg frei für ein politisch-militärisches Bündnis zwischen Frankreich, England und Russland, die sogenannte Triple-Entente. Für den Fall eines Krieges zwischen den europäischen Großmächten konnte man nun damit rechnen, dass die Teilungsmächte Polens im Kampf gegeneinander stehen würden. Das eröffnete völlig neue Perspektiven für die Polen und stellte sie vor die Frage, wie man diese Situation am besten ausnutzen konnte.

Dabei ging es insbesondere darum, welche der beiden Seiten man im Kriegsfall unterstützen sollte. Weitgehend einleuchtend war, dass die Polen sich gegen diejenige Teilungsmacht wenden sollten, die die größte Gefahr für das Polentum darstellte, aber es herrschte keine Einigkeit darüber, welche das war. Dmowskis Rivale Piłsudski sah Russland als die größte Bedrohung an, das den weitaus größten Teil des polnischen Territoriums vor den Teilungen beherrschte und das nun in Westeuropa zwei mächtige Verbündete hatte. Deshalb bereitete sich Piłsudski auf einen Kampf an der Seite der Mittelmächte Deutschland und Österreich-Ungarn vor und bildete zu diesem Zweck in Galizien paramilitärische polnische Verbände aus, die im Kriegsfall Österreich gegen Russland unterstützen sollten. Dmowski hingegen betrachtete Russland spätestens seit dessen Niederlage gegen Japan als Koloss auf tönernen Füßen, dessen Anstrengungen zur Russifizierung der Polen zum Scheitern verurteilt waren. Hingegen hatten nach seiner Auffassung die Deutschen wesentlich bessere Chancen, die Polen in ihrem Teilungsgebiet zu germanisieren und das Polentum dort auszulöschen. Gerade die höherstehende Kultur der Deutschen mache eine solche Assimilation attraktiv, und auch international sei Deutschland stärker und expansiver als Russland. Deshalb gelte es, alle Anstrengungen auf den Kampf gegen die deutschen Germanisierungsbestrebungen zu richten, und das bedeutete, dass die Polen bei einem Konflikt zwischen den Teilungsmächten auf der Seite Russlands stehen müssten. Wenn Russland dann die beiden anderen Teilungsgebiete eroberte, wären die Polen in Russland noch zahlreicher und könnten die russische Führung zu weiteren Zugeständnissen zwingen, unter Umständen bis hin zu einem neuen polnischen Staat. Auf der Grundlage dieser Vision verfasste Dmowski seine Schrift „Deutschland, Russland und die polnische Frage" (*Niemcy, Rosja i kwestia polska*), die 1907 in der Schweiz entstand und im folgenden Jahr im Druck erschien. Sie wurde schnell ins Französische, Russische und in andere Sprachen übersetzt, nur eine deutsche Übersetzung wünschte Dmowski nicht.[8] Seine prorussische Haltung brachte ihm einiges an Kritik in seiner eigenen Partei ein, deren Mitglieder in Kongresspolen ständig unter den Schikanen der russischen Besatzungsmacht zu leiden hatten. Es kam zu mehreren Abspaltungen. Dmowski hielt an seinem Kurs fest, doch um den Konflikt zu entschärfen, legte er 1909 sein Mandat in der Duma nieder und konzentrierte sich zunächst auf die Parteiarbeit in Polen.

Als im Jahr 1912 Wahlen zu einer neuen Duma anstanden, kandidierte er jedoch wieder selbst, aber diesmal verlor er. Er hatte im Wahlkampf zum ersten Mal seinem Antisemitismus öffentlich freien Lauf gelassen und die Juden als schädlich für die polnische und die russische Gesellschaft hingestellt. Diese Ansichten verbreitete er mit Hilfe einer eigens von ihm gegründeten, auflagenstarken Zeitung für die polnischen Unterschichten. Genau das aber veranlasste die zahlreichen Juden in Warschau ihre Stimmen einem sozialistischen Kandidaten zu geben, der Dmowski besiegte und das Mandat gewann. Dmowski reagierte damit, dass er in seiner neuen Zeitung eine antijüdische Kampagne entfesselte, in der er zum Boykott jüdischer Geschäfte in Kongresspolen aufrief. Die Kampagne brachte der Nationaldemokratie tatsächlich neue Sympathien bei der christlichen polnischen Bevölkerung ein und trug dazu bei, dass der Antisemitismus in Polen eine Massenbasis erhielt. Die Zahl der Juden hatte sich in Kongresspolen seit dem 19. Jahrhundert überdurchschnittlich vermehrt, durch eine hohe Geburtenrate und durch Zuzug von Juden aus

8 Ewa Maj: *Komunikowanie polityczne narodowej demokracji 1918-1939*. Lublin 2010, S. 398.

den westlichen Gebieten Russlands. Vor allem in den aufstrebenden Städten lebten nun große Gemeinschaften von Juden, die sich dort viel stärker vom Rest der Gesellschaft abhoben, als das zur gleichen Zeit in Westeuropa der Fall war. Denn die osteuropäischen Juden sprachen nicht nur eine eigene Sprache, das Jiddische, sondern unterschieden sich auch im Aussehen und Verhalten stark von den Polen. Der russischen Regierung war der Zuwachs an Juden in ihrem Teilungsgebiet durchaus recht, denn diese Juden standen in der Regel loyal zur russischen Herrschaft. Nicht zuletzt deshalb aber hatte sich in den Jahrzehnten zuvor bei der polnischen Bevölkerung ein Gefühl der Bedrohung durch die Juden aufgebaut, das Dmowski nun ausnutzen konnte. Schon in den „Gedanken eines modernen Polen" hatte er die Ansicht vertreten, dass die Juden nicht in die polnische Gesellschaft integriert werden könnten. Durch seine Wahlniederlage fühlte er sich nun darin bestätigt und gab von jetzt an in seinen öffentlichen Äußerungen dem Antisemitismus deutlich mehr Raum als zuvor.

In den Jahren vor dem Ersten Weltkrieg bemühte sich Dmowski seine Anhänger davon zu überzeugen, dass Deutschland die größte Bedrohung für die polnische Nation darstellte und man im Kriegsfall Russland unterstützen müsse. Beim Beginn des Kriegs 1914 befand er sich auf einer Reise in Westeuropa und gelangte nur noch mit Mühe von Deutschland über Schweden nach St. Petersburg. Dort erfuhr er von der Botschaft, die der Oberbefehlshaber der russischen Armee, der Großfürst Nikolai Nikolajewitsch, zum Auftakt des Kriegs an die Polen erlassen hatte und in der er zur Vereinigung aller Teile Polens unter dem Zepter des Zaren aufrief. Genau darauf hatte Dmowski ja seine Hoffnung gesetzt, und so unternahm er nun alle Anstrengungen, um die Unterstützung der Polen für die russischen Kriegsanstrengungen gegen Deutschland und Österreich-Ungarn zu wecken. Er konnte sich in seinen Hoffnungen bestärkt fühlen durch den Reinfall, den Piłsudski gleich in den ersten Kriegstagen erlebt hatte. Er war mit seinen Schützenverbänden vom österreichischen Krakau aus in Kongresspolen einmarschiert, um dort einen Aufstand gegen die russische Besatzung auszulösen. Aber er stieß auf wenig Resonanz bei der polnischen Bevölkerung, die nicht an ein Ende der russischen Herrschaft glaubte. So blieb Piłsudski nichts anderes übrig, als seine Verbände der regulären österreichischen Armee einzugliedern, wo sie als „Polnische Legionen" bei der Verteidigung Ostgaliziens gegen die russische Invasion mitkämpften. In Warschau hingegen jubelte die Bevölkerung den russischen Soldaten zu, und die polnischen Männer kamen den Einzugsbefehlen zur russischen Armee widerspruchslos nach. Während des ganzen Ersten Weltkriegs standen Polen in den Armeen beider Bündnisblöcke und kämpften bei Gelegenheit auch gegeneinander. Derartige Konfrontationen wollte Dmowski lieber vermeiden, und im Übrigen eignete er sich wenig zum militärischen Führer. Auf Initiative anderer Funktionäre der Nationaldemokratie entstand in Kongresspolen dennoch kurzfristig eine polnische militärische Einheit, die an der Seite der russischen Armee kämpfen sollte. Doch die russischen Behörden brachten ihr großes Misstrauen entgegen und wollten ihr keine Selbstständigkeit zugestehen. Da sich auch die Meldungen von Freiwilligen für diese Einheit in Grenzen hielten, wurde sie Anfang 1915 mit Zustimmung von Dmowskis National-Demokratischer Partei wieder aufgelöst.

Dmowski selbst war inzwischen damit beschäftigt, in Kongresspolen politische Unterstützung für die russische Sache zu mobilisieren. Am 25. November 1914 gründete sich zu diesem Zweck in Warschau das „Polnische Nationalkomitee" (*Komitet Narodowy Polski*). Es sollte überparteilich sein und alle Polen vertreten, wurde aber tatsächlich nur von den Nationaldemokraten und von der „Partei für Realpolitik" beschickt, die die Interessen der konservativen Adligen und Grundbesitzer vertrat. Aber die Aktivität des Komitees hielt sich ohnehin in Grenzen, da es einstweilen nicht viel mehr zu tun gab als abzuwarten und auf den militärischen Sieg Russlands über die Mittelmächte zu hoffen. Erst dann hätte man nach Ansicht Dmowskis aufgrund einer neuen Lage neue polnische Wünsche anmelden können.

Doch der russische Sieg kam nicht, im Gegenteil. Anfang Mai 1915 durchbrachen die deutschen und österreichischen Streitkräfte in Galizien bei den Städten Gorlice und Tarnów die russische Front und lösten damit einen fast fluchtartigen Rückzug der russischen Armee aus. In den folgenden Wochen besetzten die Mittelmächte ganz Kongresspolen und drangen noch deutlich weiter nach Osten vor, bis ihre Offensive schließlich Ende September zum Stehen kam. Die Russen wandten bei ihrem Rückzug eine Taktik der verbrannten Erde an, was nicht darauf hindeutete, dass sie mit einer schnellen Rückkehr in die geräumten Gebiete rechneten. Damit waren Dmowskis Kalkulationen über den Haufen geworfen. Er selbst hatte schon Ende Juni Warschau verlassen, als absehbar war, dass es von den Deutschen besetzt werden würde. Zunächst begab er sich nach St. Petersburg, das kurz nach Kriegsbeginn in „Petrograd" umbenannt worden war, weil der bisherige Name zu deutsch klang. Doch auch hier konnte er wenig tun. Ihm wurde klar, dass eine Entscheidung im Krieg zugunsten der Entente-Mächte nur noch an der Westfront fallen konnte und dass somit vor allem Frankreich und Großbritannien die ausschlaggebenden Faktoren sein würden, wenn es um die Wiedererrichtung eines polnischen Staats ging. Deshalb verließ er Anfang November 1915 Russland und nahm seinen Wohnsitz zunächst in London.

Von hier aus begann er nun mit einer intensiven Lobbyarbeit für die polnische Sache in den Staaten Westeuropas. Er hielt Vorträge über Polen und erhielt dafür im August 1916 sogar den Ehrendoktortitel der Universität Cambridge. Er fertigte Memoranden für die Diplomaten der Entente-Mächte an, in denen er darlegte, wie nützlich es für sie wäre, wenn ein neuer polnischer Staat geschaffen würde. In seinem Haus empfing er Diplomaten und Journalisten und warb für eine Unterstützung der polnischen Bestrebungen. Aber zunächst hatte er damit nur geringen Erfolg. Zwar hatte es bei den Westmächten immer Sympathien für die Sache des geteilten Polens gegeben, weil man das Land als mögliches Gegengewicht gegen die drei östlichen Großmächte Deutschland, Österreich-Ungarn und Russland betrachtete. Doch zu diesem Zeitpunkt befanden sich Frankreich und England noch in einem Bündnis mit Russland, und die russische Regierung machte unmissverständlich klar, dass sie zumindest ihr früheres Teilungsgebiet Polens wiederhaben wollte und keine Einmischung ihrer Bündnispartner in polnische Angelegenheiten wünschte. Sie konnte immer damit drohen, andernfalls einen Separatfrieden mit Deutschland abzuschließen und aus dem Krieg auszusteigen.

Auch unter den polnischen Emigranten in Westeuropa neigten angesichts der militärischen Erfolge der Mittelmächte und der Passivität der Westmächte viele zu der Ansicht, dass eine Anlehnung an die Mittelmächte letztlich doch vorteilhafter für die polnische Sache sei. Dieser Eindruck konnte sich noch verstärken, als Deutschland und Österreich-Ungarn am 5. November 1916 im besetzten Kongresspolen die Gründung eines polnischen Staats verkündeten. Es sollte sich um ein „Königreich Polen" handeln, das allerdings nie einen König bekam, weil sich die Bündnispartner nicht über dessen Person einigen konnten. Die Regierung und Verwaltung sollten von Polen ausgeübt werden, jedoch unter der Bedingung, dass dieser Staat sich mit den Mittelmächten verbündete und sie im Krieg unterstützte. Die Führung der neuen polnischen Armee sollten die Legionen Piłsudskis übernehmen, die Anfang Dezember prunkvoll in Warschau einzogen. Piłsudski selbst wurde im Januar 1917 Mitglied des neuen Staatsrats.

Doch diese Ereignisse hatten zur Folge, dass man nun auch bei den Entente-Mächten verstärkt den Wert der Polen erkannte und bestrebt war, ihnen bessere Angebote zu machen (wobei Dmowski kräftig mithalf). Zunächst hielt am 22. Januar 1917 der amerikanische Präsident Woodrow Wilson, dessen Land noch gar nicht am Krieg beteiligt war, aber mit den Westmächten sympathisierte, eine Rede vor dem Senat, in der er ein „vereintes, unabhängiges und autonomes Polen" als Bestandteil einer künftigen europäischen Friedensordnung forderte. Anfang März führten dann in Russland die Kriegsmüdigkeit und die schlechte Versorgungslage zu einer Revolution, in deren Verlauf der Zar abgesetzt und durch das Parlament eine provisorische Regierung gebildet wurde. Diese Regierung wollte zwar den Krieg weiterführen, versprach aber jetzt den Polen einen unabhängigen Staat, der mit Russland „durch ein freies Militärbündnis“ verbunden sein sollte. Schon Ende März überreichte Dmowski dem britischen Außenminister Balfour zwei Memoranden, in denen er auch von den Westmächten die Anerkennung eines polnischen Staats forderte und gleich dessen Grenzen entwarf. Im April traten zudem die USA in den Krieg gegen die Mittelmächte ein und verstärkten damit das Gewicht der westlichen Länder im Rahmen der Entente.

Diese Entwicklungen hatten zur Folge, dass Piłsudski in Warschau sich nun nicht mehr auf die Hilfe der Mittelmächte angewiesen fühlte. Als die Soldaten seiner Legionen einen Eid auf die Waffenbrüderschaft mit den Heeren Deutschlands und Österreich-Ungarns leisten sollten, forderte er sie auf, diesen zu verweigern, was sie auch größtenteils taten. Piłsudski selbst wurde deshalb von den Deutschen verhaftet und in der Festung Magdeburg interniert. Somit war Dmowskis größter Gegner in Polen zunächst einmal aus dem Verkehr gezogen. Außerdem konnten nun auch Großbritannien und Frankreich die Bildung eines polnischen Staats offen unterstützen. Das führte zunächst dazu, dass sie grünes Licht gaben für die Aufstellung einer polnischen Armee in Frankreich. Bis dahin war die Bildung von rein polnischen Einheiten für die Kämpfe an der Westfront durch den Einspruch Russlands verhindert worden. Als nächsten Schritt gründete Dmowski im August 1917 in Lausanne ein neues Polnisches Nationalkomitee aus Vertretern der polnischen Emigration, das sich den Aufbau eines polnischen Staats mit Hilfe der Entente zum Ziel setzte. Das Komitee nahm seinen Sitz in Paris, wohin auch Dmowski nun übersiedelte, und wurde schon im September von Frankreich als legitime Vertretung Polens anerkannt, im Oktober auch von England und Italien und im Dezember von den USA.

Aber es kam noch besser für Dmowski. Nachdem im Sommer 1917 eine letzte Offensive der russischen Armee gegen die Mittelmächte gescheitert war, wurde im November die provisorische Regierung von den Bolschewisten unter Lenin gestürzt. Die neuen Machthaber erklärten sofort den Ausstieg Russlands aus dem Krieg und schlossen im März 1918 mit den Mittelmächten den Friedensvertrag von Brest-Litowsk. Nun brauchten die Westmächte endgültig keine Rücksicht mehr auf Russland zu nehmen. Im Gegenteil, sie betrachteten das neue bolschewistische Regime dort als ihren Feind, weil es die Revolution in allen kapitalistischen Ländern anstrebte. Aus diesem Grund war ihnen nun die Bildung eines neuen polnischen Staates sehr willkommen, der ein Gegengewicht sowohl gegen das neue Russland als auch gegen Deutschland darstellen konnte.

Zum ersten Mal kam dies zum Ausdruck in einer Rede, die Präsident Wilson am 8. Januar 1918 vor dem amerikanischen Kongress hielt. In ihr legte er die berühmten 14 Punkte vor, die nach Meinung seiner Regierung die Grundlage für eine künftige Friedensordnung in Europa bilden sollten. Der 13. Punkt lautete: „Es sollte ein unabhängiger polnischer Staat errichtet werden, der die Gebiete umfasst, die von unbestreitbar polnischer Bevölkerung bewohnt werden, dem ein freier und sicherer Zugang zum Meer gewährt werden sollte und dessen politische und wirtschaftliche Unabhängigkeit und territoriale Integrität durch internationale Verpflichtung garantiert werden sollten." Dieser Standpunkt wurde in einer Erklärung vom 3. Juni 1918 von Großbritannien, Frankreich und Italien übernommen. Zu dieser Zeit hatte das Polnische Nationalkomitee bereits damit begonnen, in den Staaten der Entente Vertretungen einzurichten und polnische Pässe auszugeben. Die polnische Armee in Frankreich hingegen kam erst in der zweiten Hälfte des Jahres 1918 an der Westfront zum Einsatz, und auch das nur mit einem Bruchteil ihrer Einheiten. Dem polnischen Komitee ging es dabei darum, einerseits auf die Beteiligung Polens an den Kriegsanstrengungen der Westalliierten verweisen und somit nach dem Krieg als Siegermacht auftreten zu können, andererseits aber diese Armee so weit wie möglich zu schonen, um sie später in Polen selbst einsetzen zu können.

Denn mit Wilsons Erklärung und mit der sich im Lauf des Jahres 1918 immer deutlicher abzeichnenden Niederlage der Mittelmächte im Krieg verlagerte sich die Auseinandersetzung von der Frage, ob es einen polnischen Staat geben würde, auf die Frage, wie dessen Grenzen aussehen sollten. Welche Gebiete „von unbestreitbar polnischer Bevölkerung bewohnt" waren, darüber gab es sehr unterschiedliche Ansichten, und es war bereits absehbar, dass es bei der Festlegung des Territoriums Polens nicht ohne bewaffnete Kämpfe abgehen würde. Um in dieser Hinsicht seine Ansprüche anzumelden, fuhr Dmowski im August 1918 in die USA und konnte zwei Gespräche mit Wilson führen. Spätestens hier wurde ihm allerdings klar, dass seine Vorstellungen nicht auf ungeteilte Gegenliebe stießen und dass Wilson für das künftige Polen ein wesentlich kleineres Gebiet im Auge hatte als er. Außerdem wurde Dmowski hier mit dem Misstrauen einer Gruppe konfrontiert, bei der er sich nachhaltig unbeliebt gemacht hatte. Die amerikanischen und englischen Juden hatten seinen Boykottaufruf von 1912 nicht vergessen, zumal dieser von den Nationaldemokraten immer noch aufrechterhalten wurde. Dmowski führte mehrere Gespräche mit jüdischen Vertretern, um sie zu einer Unterstützung seiner territorialen Ansprüche zu bewegen, stieß aber auf Ablehnung. Die Juden fürchteten eine antisemitische Ausrichtung des polnischen Staats, wenn dieser von Dmowski und seiner Nationaldemokratie gebildet würde, und genau danach sah es gerade aus. Allerdings nicht mehr lange.

Noch während seines Aufenthalts in Amerika nahm nämlich der Krieg in Europa ein überraschend schnelles Ende. Am 5. Oktober suchte das deutsche

Kaiserreich um einen Frieden auf der Basis von Wilsons 14 Punkten nach. Weil zu diesen Punkten auch ein unabhängiger polnischer Staat gehörte, war damit bereits endgültig klar, dass es diesen Staat geben würde, unklar waren aber noch seine Grenzen und innere Ausgestaltung. Von deutscher Seite dachte man zu diesem Zeitpunkt nur an das ehemalige Kongresspolen, wo man schon selbst einen Staat gegründet hatte. Dort hatten die Mittelmächte im September 1917 einen „Regentschaftsrat" installiert, der aus drei konservativen Honoratioren bestand. Nun sollte der Regentschaftsrat einfach die volle Souveränität erhalten, und die Mittelmächte begannen mit der Auflösung ihres Besatzungsregimes und dem Abzug ihrer Truppen. Aber schon Ende Oktober löste sich auch in Galizien die österreichische Staatsmacht auf, worauf die Herrschaft im Westen Galiziens von den Polen, im Osten dagegen von den Ukrainern übernommen wurde. Anfang November griffen die Arbeiterunruhen in Deutschland auch auf Kongresspolen über, und es wurde deutlich, dass der Regentschaftsrat, der aus einem Bischof und zwei Großgrundbesitzern bestand, die Lage nicht mehr lange würde beherrschen können. In dieser Situation ließen die Deutschen den internierten Piłsudski frei und brachten ihn nach Warschau. Denn der Sozialist und militärische Führer Piłsudski galt nun als die einzige Person, die einen bolschewistischen Umsturz in Kongresspolen verhindern konnte. Deshalb übergab am 11. November 1918 der Regentschaftsrat die Staatsgewalt an Piłsudski, der sofort mit den Deutschen die Modalitäten ihres endgültigen Abzugs aushandelte und eine Regierung bildete. Die Regierungen der Entente ließ Piłsudski wissen, es sei ein neuer polnischer Staat entstanden, mit ihm an der Spitze. Letzteres hatten die Siegermächte natürlich überhaupt nicht gewollt, da Piłsudski als Verbündeter der Mittelmächte galt und sie außerdem bereits Dmowskis Nationalkomitee als legitime Vertretung Polens anerkannt hatten. Dmowski war auf die Nachrichten hin schnellstens aus Amerika nach Frankreich zurückgekehrt und konnte sich in diesen Wochen tatsächlich mit Piłsudski auf ein gemeinsames Vorgehen einigen. Im Grunde blieb beiden auch gar nichts anderes übrig, da sonst keiner von ihnen seine Ziele erreicht hätte. Piłsudski erkannte Dmowskis Nationalkomitee als offizielle Vertretung Polens bei den Siegermächten und bei der künftigen Friedenskonferenz an, und Dmowski akzeptierte die Herrschaft von Piłsudski in Polen selbst. Um die westlichen Alliierten zu beruhigen, ernannte Piłsudski im Januar 1919 einen Mitarbeiter Dmowkis zum Ministerpräsidenten, den Pianisten Ignacy Paderewski, der zu diesem Zweck von Frankreich nach Polen kam. Dort löste er auf der Durchreise in Posen einen Aufstand aus, in dessen Folge auch große Teile des bisherigen deutschen Teilungsgebiets unter polnische Kontrolle kamen. Schon am 26. Januar 1919 fanden in Polen Wahlen zu einem verfassunggebenden Parlament statt, die den Mitte-Rechts-Parteien eine

Mehrheit brachten. Auch Dmowski wurde zum Abgeordneten gewählt, konnte aber sein Mandat einstweilen nicht wahrnehmen. Im Mai 1919 bildete sich seine National-Demokratische Partei um zur „Volksnationalen Vereinigung" (*Związek Ludowo-Narodowy*).

Bereits am 18. Januar hatte in Paris die Friedenskonferenz begonnen, bei der zunächst Dmowski als Leiter der polnischen Delegation fungierte, bis im März Paderewski eintraf. Schon am 29. Januar erhielt Dmowski Gelegenheit, vor der Konferenz seine Gebietsansprüche für das künftige Polen zu umreißen. Sie gingen weit über das hinaus, was zu diesem Zeitpunkt von Piłsudskis neuem Staat beherrscht wurde. In einem mehrstündigen, improvisierten Vortrag, den er selbst direkt ins Englische und Französische übersetzte und der vielfach als Höhepunkt seiner politischen Laufbahn gilt, bestritt Dmowski den Litauern und Ukrainern die Fähigkeit zur Staatsbildung. Von der ukrainischen Nationalbewegung meinte er sogar, sie habe lediglich mit Hilfe Österreichs und Deutschlands eine ukrainische Nationalität schaffen können. Nur durch die Zugehörigkeit zu Polen könne in diesen Gebieten Ordnung bewahrt werden. Außerdem forderte er eine polnische Westgrenze, die Gebiete Deutschlands umfasste, die vor den Teilungen nicht zu Polen gehört hatten, aber zum Teil von polnischer Bevölkerung bewohnt waren. Der geplante Zugang zum Meer sollte Bestandteil von Polens staatlichem Territorium sein (was Wilson nicht unbedingt so beabsichtigt hatte), womit Deutschland von Ostpreußen getrennt würde. Ostpreußen wollte Dmowski ohnehin auf ein kleines Gebiet um Königsberg begrenzen, das außerdem staatlich nicht mit Deutschland verbunden sein sollte.[9] Gegenüber den Alliierten argumentierte er weniger ethnisch oder historisch, sondern verwies vor allem darauf, dass nur ein großes und starkes Polen ein ausreichendes Gegengewicht gegen die Gefahr darstellen könne, die von Deutschland und dem bolschewistischen Russland ausgehe.

Zunächst schien er mit dieser Taktik auch großen Erfolg zu haben, denn die Kommission für polnische Angelegenheiten bei der Konferenz sah für Polen ein Territorium vor, das weitgehend seinen Wünschen entsprach. Aber inzwischen kam es zu Konflikten innerhalb der polnischen Delegation. Diese war nämlich um Vertrauensleute Piłsudskis aus Warschau erweitert worden, die dessen Konzeption vertraten, wonach Polen eine Föderation mit weiteren Staaten im Osten bilden sollte. Es sollte einen selbstständigen litauisch-weißrussischen und einen ukrainischen Staat geben, die Teile der von Dmowski für Polen reklamierten Gebiete umfassten. Aber sie sollten auch weiter nach Osten reichen als die von Dmowski anvisierte polnische Ostgrenze und so gemeinsam

9 S. den Text der beiden Memoranden der polnischen Delegation mit den Gebietsforderungen für Polen unter den in Anm. 4 angegebenen Internet-Adressen.

mit Polen ein stärkeres Bollwerk gegen die bolschewistische Gefahr bilden. Die polnische Delegation stand also nicht vollständig hinter Dmowskis Zielen, aber vor allem stieß der Vorschlag der Polen-Kommission auf den Widerstand der britischen Konferenzdelegation. Premierminister Lloyd George hatte nämlich Vorbehalte gegen das französische Konferenzziel, Deutschland so weit als irgend möglich zu schwächen. Statt einer deutschen fürchtete er nun eine französische Hegemonie auf dem europäischen Kontinent, was der traditionellen britischen Gleichgewichtspolitik widersprach. Die Unterstützung der Franzosen für Dmowskis Konzept eines möglichst starken Polens betrachtete er als Teil einer solchen Strategie und versuchte gegenzusteuern. Er glaubte auch nicht daran, dass Polen jemals stark genug werden könnte, um ein ausreichendes Gegengewicht zu Deutschland und Russland zu bilden. Vielmehr sah er in einem polnischen Staat, zu dessen Bevölkerung große nationale Minderheiten gehörten, eine Quelle der Instabilität und künftiger Kriege in Europa. So kam es, dass in der zweiten Phase der Konferenz die Planungen für die polnische Westgrenze zu Ungunsten Polens verändert wurden. Danzig, das trotz seiner deutschen Bevölkerungsmehrheit an Polen hatte fallen sollen, sollte nun zur Freien Stadt werden, und auch für Westpreußen und Oberschlesien wurden Volksabstimmungen angesetzt, die über den Verlauf der Grenze zu Deutschland entscheiden sollten, nachdem eine Volksabstimmung zuvor schon für Masuren geplant war. Lloyd George ist deshalb in der polnischen Geschichtsschreibung bis heute ausgesprochen unbeliebt, aber Dmowski fühlte sich durch diese Entwicklung vor allem in seinem Antisemitismus bestätigt. Das Misstrauen, das ihm und seiner Sache von den Juden entgegengebracht wurde, ließ ihn zu der Überzeugung kommen, dass jüdische Vertreter bei der Friedenskonferenz erfolgreich auf Lloyd George und Wilson eingewirkt und die Wende gegen die polnischen territorialen Ansprüche herbeigeführt hätten. In seinem späteren Buch über die Wiederentstehung des polnischen Staats stellte er die Juden als die alleinigen Drahtzieher dieser Entwicklung und als die Schuldigen dafür dar, dass er bei der Konferenz viele seiner Ziele nicht erreicht hatte (wobei er interessanterweise die Juden letztlich als Parteigänger Deutschlands betrachtete, ganz anders als die deutsche Rechte in der Zwischenkriegszeit).[10] Diese Erfahrung hat wohl dazu beigetragen, dass sich seine Phobie gegenüber den Juden in der Folgezeit noch verschärfte und er sie für fast alle Übel in der Welt nach dem Ersten Weltkrieg verantwortlich machte.

Trotz allem stellte Dmowski in seinen späteren Werken die Unterzeichnung des Versailler Friedensvertrags am 28. Juni 1919 als Triumph für Polen und

10 Roman Dmowski: *Polityka polska i odbudowanie państwa. Druga połowa: Wojna od r. 1917. Pokój.* In: Dmowski: *Pisma* VI.

für ihn selbst dar. Nach seiner Vorstellung hatten erst seine und Paderewskis Unterschrift unter den Vertrag die Zeit der Teilung wirklich beendet, den neuen polnischen Staat geschaffen und damit die Bestrebungen mehrerer Generationen von Polen zum Sieg geführt. Ministerpräsident Paderewski, mit dem er sich im Verlauf der Konferenz nicht gut verstanden hatte, fuhr danach nach Warschau zurück, während Dmowski wieder die Leitung der polnischen Delegation übernahm und am 10. September den Vertrag von Saint-Germain unterschrieb, in dem die Zukunft der früheren Gebiete Österreichs geregelt wurde.

Das galt allerdings nicht für Ostgalizien, in dem seit Ende 1918 ein Krieg zwischen Polen und dem ebenfalls neu gegründeten ukrainischen Staat stattfand. Die Macht der westlichen Siegerstaaten des Weltkriegs reichte nur aus, um die Grenzen Polens im Westen, Norden und Süden festzulegen. Der Verlauf der polnischen Ostgrenze hingegen wurde erst durch mehrere bewaffnete Konflikte entschieden, die Polen mit seinen östlichen Nachbarn, insbesondere mit dem bolschewistischen Russland, austrug. Die Führung Polens in diesen Kämpfen lag bei Józef Piłsudski, der nicht nur bis 1922 als Staatsoberhaupt amtierte, sondern auch die Funktion des Oberkommandierenden der Streitkräfte ausübte. Dmowski war sich bewusst, dass er keine militärischen Begabungen hatte, und versuchte gar nicht erst, in diesen Kriegen eine Rolle zu spielen. Bis zum offiziellen Ende der Friedenskonferenz im Januar 1920 blieb er in Paris. Aber schon im November 1919 erkrankte er dort an einer Lungenentzündung, die ihn mehrere Wochen lang arbeitsunfähig machte und die zeigte, dass die großen Anstrengungen der vorangegangenen Jahre nicht spurlos an ihm vorübergegangen waren. Um sich von ihr zu erholen, begab er sich im Januar zu einem längeren Aufenthalt nach Algier. Erst im Mai 1920 kehrte er nach Polen zurück.

In Warschau wurde er auf eigenen Wunsch von Piłsudski empfangen, der gerade im Triumph von einem erfolgreichen Feldzug gegen die Rote Armee zurückgekehrt war. Die russischen Bolschewisten wollten mittlerweile auch die Ukraine in ihren Staatsverband einbeziehen und hatten deren Territorium größtenteils besetzt. Das hatte zu einem Bündnis zwischen dem ukrainischen Staat und Polen geführt. Polnische Truppen hatten im April eine Offensive in der Ukraine begonnen und im Mai Kiew erobert. Dmowski scheint damals zur Zusammenarbeit mit Piłsudski bereit gewesen zu sein, dessen Führungsrolle in Polen zu dieser Zeit unangefochten war. Doch Piłsudski empfing ihn kühl und zeigte wenig Interesse. Aber das war wohl nicht der einzige Grund, warum Dmowski sich in der Folgezeit von der laufenden Politik in Polen weitgehend fernhielt. Etwas aktiver wurde er nur im Juli 1920, als die bolschewistische Gegenoffensive Polen bedrohte und er als Vertreter seiner Partei Mitglied im „Rat zur Verteidigung des Staates" (*Rada Obrony Państwa*) wurde. Aber auch aus diesem Gremium schied er nach kurzer Zeit aus, noch bevor es im August Piłsudski mit der Schlacht bei Warschau gelang, die Rote Armee zum Rückzug zu zwingen. Die Bezeichnung „Wunder an der Weichsel" für diese Schlacht stammte aus den Kreisen der Nationaldemokratie, die damit zum Ausdruck bringen wollten, dass Piłsudski mehr durch Glück als durch strategische Fähigkeiten gesiegt hatte. Im März 1921 einigten sich Polen und die Sowjetunion im Vertrag von Riga auf einen Grenzverlauf, der zwar deutlich westlich der von Dmowski in Paris geforderten Grenzlinie lag, nach dem zu Polen aber immer noch große Gebiete gehörten, die mehrheitlich von Ukrainern und Weißrussen bewohnt wurden. Und Dmowskis Vorstellungen hatten sich gegenüber denen von Piłsudski insofern durchgesetzt, als es nun keinen ukrainischen Staat mehr gab; er war in den Auseinandersetzungen zwischen Polen und der Sowjetunion aufgerieben worden.

Dmowski hatte noch 1920 Warschau verlassen und ließ sich schließlich auf einem kleinen Landgut in der Nähe von Posen nieder. Auch damit demonstrierte er seine Distanzierung von den laufenden politischen Geschäften. Er war mittlerweile deutlich gealtert und wollte nach eigenem Bekunden zunächst seine angegriffene Gesundheit wieder herstellen. Zwar war er noch Abgeordneter im Warschauer Parlament, zu dessen Sitzungen er aber nur sehr selten erschien und wo er niemals das Wort ergriff. Als das Parlament unter dem Einfluss von Dmowskis Partei eine Verfassung verabschiedete, die dem Staatspräsidenten nur noch geringe Machtbefugnisse gab, trat Piłsudski im Sommer 1922 von diesem Amt zurück. Doch bei den Neuwahlen zum Sejm im Herbst kandidierte auch Dmowski nicht mehr, und sogar seine publizistische Tätigkeit blieb in diesen Jahren bescheiden. Stattdessen ertüchtigte er sich durch körperliche Arbeit auf seinem Landgut und empfing alte Freunde.

Im Oktober 1923 fühlte er sich soweit wiederhergestellt, dass er sich bereiterklärte, das Amt des polnischen Außenministers zu übernehmen. Das Land wurde gerade von einer Hyperinflation und einer Streikwelle heimgesucht, und Dmowskis Eintritt in ein bereits bestehendes Mitte-Rechts-Kabinett sollte dazu beitragen, die Lage zu stabilisieren, was allerdings nicht gelang. Im Dezember verlor die Regierung ihre Parlamentsmehrheit und trat zurück. In seinen sechs Wochen als Außenminister hatte Dmowski nur den Kurs seiner Vorgänger fortgeführt. Seine Mitarbeiter sollen ihn für unfähig zu praktischer politischer Arbeit gehalten haben[11], und danach übernahm er nie wieder ein politisches Amt.

---

11 Wapiński: *Roman Dmowski*, S. 307.

Dafür nahm er nun seine publizistische Tätigkeit in großem Umfang wieder auf und brachte 1924 eine Artikelserie heraus, in der er den Prozess der Wiederentstehung des polnischen Staats und seine eigene Rolle dabei darstellte, die nach seiner Ansicht die wichtigste gewesen war. Die Artikel erschienen ein Jahr später als Buch unter dem Titel „Die polnische Politik und der Wiederaufbau des Staats" (*Polityka polska i odbudowanie państwa*). Im zweiten Teil des Buchs schilderte er ausführlich seine Tätigkeit als Delegierter bei der Pariser Friedenskonferenz und machte für die Misserfolge Polens dort die Machenschaften der Juden aus England und den USA verantwortlich.

Schließlich stieg er aber doch wieder in die aktuelle Politik ein, und zwar nach Piłsudskis Staatsstreich am 12. Mai 1926. In dessen Folge kam es zu mehreren Verfassungsänderungen, durch die das Parlament geschwächt und die von Piłsudski gelenkte Exekutive gestärkt wurden. Das kam nun zwar vor allem Dmowskis langjährigem Rivalen zugute, aber es entsprach im Prinzip durchaus seiner eigenen autoritären Staatsvorstellung. Und da weiterhin Parteien zugelassen waren und Pressefreiheit herrschte, konnte er seine früheren Aktivitäten wieder aufnehmen. In seinen Publikationen wertete er das Geschehen als Beleg für die Schwäche der parlamentarischen Demokratie und zeigte immer deutlicher seine Sympathien für den italienischen Faschismus. Damit gewann er Zustimmung bei der jüngeren Generation der polnischen Nationalisten, die mit dem Kurs der älteren Nationaldemokraten, der auf parlamentarische Arbeit und die Gewinnung von Mehrheiten ausgerichtet war, schon seit Längerem wenig anfangen konnte. Mit ihren Vertretern gründete Dmowski im Dezember 1926 das „Lager des Großen Polens" (*Obóz Wielkiej Polski*). Dabei handelte es sich nicht um eine Partei, sondern um den Versuch einer außerparlamentarischen Sammlungsbewegung der Rechten, deren innere Struktur dem Militär angeglichen wurde. Die Mitglieder erhielten Uniformen, und die Funktionäre auf den unteren Ebenen wurden nicht gewählt, sondern von den Funktionären der höheren Ebenen ernannt. An der Spitze der Organisation stand ein Großer Rat aus langjährigen Mitstreitern Dmowskis und mit Dmowski selbst als „Großem Lagerleiter". In seinem Programm sprach sich das *Lager des Großen Polens* gegen die parlamentarische Demokratie und für die Herrschaft nationalbewusster Eliten aus. Die nationalen Minderheiten sollten entweder polonisiert oder aus dem öffentlichen Leben ausgeschlossen werden. Letzteres galt insbesondere für die Juden. 1927 veröffentlichte Dmowski die Schrift „Kirche, Nation und Staat" (*Kościół, naród i państwo*), in der er die Ansicht vertrat, dass die polnische Nation untrennbar mit dem Katholizismus verbunden und jeder einzelne Pole auf dessen Werte verpflichtet sei, auch wenn er persönliche Religionsfreiheit besitze.

Das *Lager des Großen Polens* radikalisierte sich in den folgenden Jahren und nahm immer mehr Züge des – damals noch ausschließlich italienischen – Faschismus an, aber es ist umstritten, inwieweit das mit der Zustimmung Dmowskis geschah. Ohnehin hielt sich der Zulauf zu der Bewegung zunächst in Grenzen, nicht nur, weil sie von den anderen rechten Parteien abgelehnt wurde, sondern auch, weil Piłsudskis neues Regierungslager, genannt die „Sanacja", zusehends von seiner sozialistischen Ausrichtung abwich und einen nationalistischen Kurs steuerte, der auch auf viele Vertreter der bisherigen Rechten anziehend wirkte. Dmowski reagierte darauf, indem er die politische Partei der Nationaldemokraten umgestaltete: Aus der Volksnationalen Vereinigung wurde im Herbst 1928 die „Nationale Partei" (*Stronnictwo Narodowe*), die in verstärktem Maß darauf ausgerichtet war, alle Gruppierungen der polnischen Rechten zu umfassen, was aber kaum gelang. Ebenfalls in dieser Zeit löste Dmowski die Nationale Liga auf, die bis dahin auch im neuen polnischen Staat als konspirative Organisation weiter bestanden hatte. Zwar ersetzte Dmowski sie gleich durch eine neue geheime Organisation mit dem Namen „Wache" (*Straż*), aber über deren weitere Schicksale ist noch weniger bekannt.

In den folgenden Jahren setzte die Führung der Sanacja die Regeln der Demokratie und des Rechtsstaats immer mehr außer Kraft. Dadurch verloren die Oppositionsparteien im Parlament an Bedeutung, aber es wuchs die Bedeutung des *Lagers des Großen Polens* als außerparlamentarischer Opposition. Die Zahl der Mitglieder stieg stark an, doch das führte auch zu einer wachsenden Repression von Seiten der Staatsmacht und ihrer Anhänger. Mitglieder wurden verprügelt oder verhaftet und vor Gericht gestellt, regionale Gruppen der Organisation wurden aufgelöst, bis schließlich im März 1933 das *Lager des Großen Polens* im ganzen Land verboten wurde, wegen Anstiftung zum Partei- und Rassenhass und der Aufwiegelung der Bevölkerung zu Unruhen und Widerstand gegen die Staatsgewalt. Dmowski selbst wurde von der Polizei überwacht und erhielt anonyme Drohungen. All das führte letztlich zu einer weiteren Radikalisierung der polnischen Rechten, vor allem der jungen Generation, doch diesen Schritt ging Dmowski nun nicht mehr mit.

In diesen Jahren erreichte seine publizistische Tätigkeit ihren letzten Höhepunkt. Außer zahlreichen Artikeln schrieb er mehrere Bücher, darunter zwei Romane, die unter Pseudonym erschienen. In ihnen enthüllte er die vermeintlichen Machenschaften von Juden und Freimaurern gegen die polnische Gesellschaft. Auch die Weltwirtschaftskrise sah er als deren Werk an, erwartete aber zugleich, dass sie das Ende ihrer Herrschaft bringen werde. Danach würden diejenigen Werte zum Durchbruch kommen, die er selbst seit Langem vertreten hatte. In seinem letzten großen Werk „Der Umschwung" (*Przewrót*), einer Sammlung von Artikeln aus dieser Zeit, wertete er auch den Aufstieg des Nationalsozialismus in Deutschland als Zeichen für diese Wende zum Guten. Für die radikalen, gewaltsamen Methoden der Faschisten hatte er allerdings wenig übrig. Als 1933 Vertreter der jungen Generation der Nationaldemokratie ihn um Unterstützung für einen neuen Kurs baten, der mit dem bisherigen politischen und wirtschaftlichen System brechen und öffentliche Rechte nur noch denjenigen zugestehen sollte, die sich zur polnischen Zivilisation bekannten, verweigerte Dmowski sich. Die jungen Radikalen gründeten daraufhin 1934 ohne ihn das „Nationalradikale Lager" (*Obóz Narodowo-Radykalny*), das sich offen am italienischen Faschismus orientierte. Wegen gewalttätiger Ausschreitungen gegen Juden und Arbeiter wurde es nach nur zwei Monaten von der Staatsmacht verboten und zersplitterte im Untergrund in mehrere Gruppen. Dagegen wurde die noch bestehende Nationale Partei nun von Dmowski erneut umorganisiert. Angesichts der weitgehenden Ausschaltung der parlamentarischen Opposition durch die Sanacja gab er ihr stärker autoritäre Strukturen und richtete sie auf außerparlamentarische Aktivität aus. Man propagierte den Boykott jüdischer Geschäfte und erzielte damit tatsächlich größere Effekte als früher, weil nach dem Tod Piłsudskis 1935 sich der Antisemitismus auch im Regierungslager ausbreitete.

In diesen Jahren ließ jedoch Dmowskis Einfluss in seiner Partei langsam nach. Mit dem Alter schwanden seine Kräfte, und auch durch einen erneuten Aufenthalt in Algier im Jahr 1932 besserte sich seine Gesundheit nicht wesentlich. Sein Landgut bei Posen konnte er nicht mehr bestellen, verkaufte es Ende 1934 und wohnte zunächst wieder in Warschau. Seit dieser Zeit kam auch seine publizistische Tätigkeit langsam zum Erliegen; seine letzten Artikel erschienen 1936. Im Frühjahr 1937 erlitt er einen leichten Schlaganfall und war danach auf Pflege durch die befreundete Familie Niklewicz angewiesen. Er konnte sich kaum noch konzentrieren und das öffentliche Leben verfolgen. In dieser Zeit vollzog er unter dem Einfluss eines Priesters eine Rückkehr zum persönlichen christlichen Glauben und zur Teilnahme an den katholischen Sakramenten. Er empfing wieder die Beichte und die Kommunion. Im Juni 1938 nahmen ihn die Niklewiczs zu sich auf ihr Landgut im Dorf Drozdowo in Podlachien, wo er die letzten Monate seines Lebens in weitgehender Apathie verbrachte. An Weihnachten erlitt er einen erneuten Schlaganfall, der zu einer teilweisen Lähmung führte, und erkrankte zusätzlich an einer Lungenentzündung. Er starb in der Nacht zum 2. Januar 1939. Die Beerdigung fand am 7. Januar in Warschau statt, unter Anteilnahme von geschätzten 100.000 Trauergästen, die hier noch einmal die Stärke der Nationaldemokratie im politischen Lebens Polens in der Zeit zwischen den Weltkriegen demonstrierten. Andererseits erschien kein einziger Vertreter des von der Sanacja dominierten Staates. Beigesetzt wurde

Dmowski in der Grabstätte seiner Familie auf dem Bródno-Friedhof im Osten Warschaus, in der Nähe seines Geburtsorts.

Am selben Tag kehrte der polnische Außenminister Józef Beck von einem Besuch bei Hitler auf dem Obersalzberg nach Warschau zurück. Während der folgenden Tage informierte Beck den Staatspräsidenten Mościcki, den Ministerpräsidenten Sławoj Składkowski und den Generalinspekteur der polnischen Streitkräfte, Marschall Rydz-Śmigły, über den Verlauf seiner Gespräche. Hitler habe auf den seit Oktober geäußerten deutschen Forderungen an Polen bestanden: der Wiedereingliederung der Freien Stadt Danzig in das Deutsche Reich, der Schaffung einer exterritorialen Verbindung aus Autobahn und Eisenbahnlinie zwischen Pommern und Ostpreußen durch den polnischen Korridor und dem Beitritt Polens zum Antikominternpakt. In seinen Erinnerungen schrieb Beck später, die polnische Staatsführung sei daraufhin zu der Erkenntnis gekommen, dass es sich bei diesen für Polen unannehmbaren Forderungen entweder um einen Bluff handeln müsse oder dass Deutschland einen Krieg gegen Polen beabsichtige.[12] Diese Entwicklung hat Roman Dmowski nicht mehr miterlebt und nicht mehr kommentiert.

Dmowskis Denken

Dmowski gehörte zu den vielen Intellektuellen des 19. und der ersten Hälfte des 20. Jahrhunderts, die glaubten, dass sie die Gesetze durchschauten, nach denen die Weltgeschichte abläuft. In der Nachfolge Hegels entstanden damals überall in Europa geschichtsphilosophische Systeme, die nicht nur aufzeigen wollten, nach welcher Logik die bisherige Geschichte abgelaufen war, sondern deren Urheber regelmäßig den Anspruch erhoben, dass sie auch alle in der Gegenwart wirkenden Kräfte verstünden und sogar auf zukünftige Entwicklungen schließen könnten. Allerdings unterschieden sich diese Systeme untereinander erheblich, je nach dem Standpunkt und den Interessen ihrer Autoren. Darüber war sich auch Dmowski im Klaren, der sich deshalb in seinen Werken immer wieder mit anderen Weltanschauungen auseinandersetzte und zu beweisen versuchte, dass seine eigene die richtige war. Dabei sind seine Texte in einem apodiktischen Ton gehalten, der keine Zweifel und keinen Widerspruch aufkommen lassen sollte. Er war im Schrifttum seiner Zeit sehr belesen, aber um so mehr muss es auffallen, dass er in seinen eigenen Werken so gut wie nie andere Autoren erwähnt, deren Meinung er zustimmte oder ablehnte. „Dies ist das Buch eines gewöhnlichen, denkenden Menschen,

12 Nach Stanisław Żerko: *Stosunki polsko-niemieckie 1938-1939*. Poznań 1998, S. 188.

der mehr aus dem schöpft, was er gesehen hat, als aus dem, was er gelesen hat"[13], schrieb er im Vorwort zur ersten Ausgabe der *Gedanken eines modernen Polen*. Es sollte der Eindruck entstehen, dass seine Aussagen im Gegensatz zu denen anderer auf nichts als auf den Tatsachen beruhten.

Tatsächlich war Dmowski ein sehr guter Beobachter der gesellschaftlichen Verhältnisse und Entwicklungen in seiner Zeit. Viele seiner Analysen decken sich mit denen heutiger Historiker, so dass gelegentlich der Verdacht aufkommen kann, dass diese sie von ihm übernommen haben, zumal wenn es um die Geschichte Polens geht. Dmowski besaß auch die Fähigkeit, sich in die Perspektive anderer hineinzuversetzen, insbesondere anderer Nationen, so dass er internationale Konflikte gut analysieren konnte. Andererseits neigte er hier zu Übertreibungen, wenn er Nationen oder anderen Gruppen von Menschen hemmungslos bestimmte kollektive Eigenschaften zuschrieb, eine Tendenz, die heute vor allem im Fall der Juden fatal wirkt. Er stellte den Anspruch, andere Menschen zu durchschauen und deshalb ihre Handlungen erklären und berechnen zu können. Sein Denken empfand er als modern und auf der Höhe der Wissenschaft seiner Zeit. In seinen Texten bezog er gern die neuesten politischen Entwicklungen mit ein, um zu zeigen, dass sie genau in sein Weltbild passten. Wenn dann die weitere Geschichte doch nicht so ablief, wie sie nach seiner Ansicht hätte ablaufen müssen, erklärte er das mit dem moralischen Versagen einzelner Personen oder neigte zu Verschwörungstheorien.[14] Das war insbesondere der Fall in der Zeit nach dem Ersten Weltkrieg, als seine Analysen zur Entwicklung Polens und der Welt deutlich weniger zutreffend waren als früher.

Weniger überzeugend war Dmowski auch bei historischen Betrachtungen. Sein Sozialdarwinismus und seine Konzentration auf die aktuelle Lage verleiteten ihn hier zu Rückprojektionen der gegenwärtigen Verhältnisse in die Vergangenheit, die früheren Epochen oft nicht gerecht wurden. Das galt insbesondere für seine Fixierung auf die Nation als zentrale Kategorie der gesellschaftlichen Analyse. In dieser Hinsicht entsprach sein Denken zwar voll dem Zeitgeist, aber weniger dem Geist früherer Zeiten.

Für Dmowski stand völlig außer Frage, dass die Nation die erste und wichtigste Organisationsform von Menschen war. Er unterschied sie allerdings meistens vom Begriff der Rasse, die er als ursprüngliche biologische Gegebenheit ansah, während Nationen sich nach ihm auch im Verlauf von historischen Prozessen durch Mischung von Rassen bilden und dann auch weiter verändern

13 Dmowski: *Myśli nowoczesnego Polaka*, S. 20.

14 Vgl. Hausmann: *Die politischen Ideen Roman Dmowskis*, S. 83.

konnten.[15] Dennoch erklärte er die Nation für die einzig wirkliche Gestalt des gesellschaftlichen Lebens, zumindest in seiner eigenen Zeit.[16] Sie war für ihn mehr als nur eine Ansammlung von Menschen, nämlich eine hypostatische Entität, „ein lebender gesellschaftlicher Organismus, der auf rassischer und historischer Grundlage seine entwickelte geistige Eigenheit besitzt, seine Kultur, seine Bedürfnisse und Interessen."[17] Demgegenüber galt Dmowski die „Menschheit" der Kosmopoliten als eine Abstraktion.[18] Aber auch alle anderen menschlichen Werte hatten hinter der Nation zurückzustehen. Die Polen hatten bei ihren Handlungen darauf zu achten, ob sie für ihre Nation von Vorteil waren, und dieser Überlegung alle anderen unterzuordnen.

Dmowski nannte diese Haltung den „modernen Patriotismus beziehungsweise Nationalismus", und tatsächlich gab es in seiner Zeit Intellektuelle mit solchen Ansichten auch in anderen Ländern, aber in Polen fiel diese Lehre auf besonders fruchtbaren Boden. Denn gerade die politische Teilung des Landes hatte hier der Nation einen besonderen Wert gegeben, hatte sie zu einer metaphysischen Größe werden lassen, die unabhängig von einem konkreten Staat oder einer konkreten Gesellschaft existierte. Die polnische Nation galt für viele Polen als Inbegriff alles Guten und als überzeitliches Ideal, das dennoch seine volle Verwirklichung in der Welt erst in einem neuen polnischen Staat finden konnte und musste.

Dmowski selbst sah die Dinge gewöhnlich etwas nüchterner, aber aus der Rolle der Nation als jedem einzelnen Menschen übergeordneter Größe leitete er die Schlussfolgerung ab, dass die Mitglieder einer Nation dieser gegenüber Verpflichtungen hätten. Am Anfang der *Gedanken eines modernen Polen* schrieb er den vielzitierten Satz: „Ich bin ein Pole, das heißt ich habe polnische Pflichten; sie sind umso größer und ich fühle mich ihnen umso mehr verpflichtet, je höher mein Wert als Mensch ist."[19] Daraus ließ sich im Umkehrschluss ableiten, dass ein Mensch, der geringe Verpflichtungen gegenüber seiner Nation empfand, ein Mensch von geringem Wert war. Dies war tatsächlich eine Ansicht, an der Dmowski sein ganzes Leben lang festhielt. Er maß den Wert von Menschen daran, inwieweit sie seine Weltanschauung teilten. In einem Artikel von 1902 mit dem Titel „Halbpolen" (*Półpolacy*) zog er gegen die Polen zu Felde, die seiner Meinung nach ihre Verpflichtungen gegenüber ihrer Nation nicht erfüllten. Er erklärte, dass diejenigen, die sich unter dem Einfluss

15 S. u. S. 66.

16 S. u. S. 333 und 347.

17 S. u. S. 116.

18 S. u. S. 119.

19 S. u. S. 48.

des Auslands entnationalisieren ließen, kompromisslos bekämpft werden müssten und war sich sicher, dass die „Rasse der Halbpolen" bald verschwinden werde.[20] Hier zieht sich ein gewisser Widerspruch durch Dmowskis Werk: Einerseits war man nach seiner Vorstellung Pole durch Geburt, woraus dann die nationalen Verpflichtungen jedes Polen folgten. Andererseits wurde man aber erst zum Polen, wenn man die nationalen Verpflichtungen erfüllte, und je mehr man dies tat, umso mehr war man als Mensch und Pole wert.[21] Dmowski geriet hier in Widersprüche, die für Sozialdarwinisten durchaus typisch sind, wenn sie das Bedürfnis empfinden, dem reinen Kampf ums Dasein in eine bestimmte Richtung nachzuhelfen.

Dmowski war im Übrigen der Ansicht, dass gerade die Polen im Hinblick auf den Sinn für die Erfüllung ihrer nationalen Verpflichtungen unterentwickelt waren. In einem ergänzenden Kapitel zu den „Gedanken eines modernen Polen", das er 1905 nach seiner Rückkehr aus Japan verfasste, meinte er, dass aufgrund der längeren staatlichen Tradition Japans die nationalen Instinkte bei den Japanern bereits viel weiter entwickelt seien. Sie seien so stark, dass sie einen Menschen zwingen würden, nicht nur gegen die Zehn Gebote, sondern auch gegen sich selbst zu handeln und sein Leben hinzugeben, wenn es um das Wohl der Nation als Ganzes gehe. Genau auf diesen Instinkten beruhe die nationale Ethik. Auch bei den Vertretern westlicher Nationen, vor allem bei Engländern und Amerikanern, seien sie weiter entwickelt als bei den Polen, aber auch bei diesen seien sie immerhin ansatzweise vorhanden.[22]

Bei diesen Vorstellungen stand Dmowski unter dem Einfluss der Ideen von Charles Darwin und Herbert Spencer, mit dem Unterschied, dass er den Kampf ums Überleben nicht primär zwischen verschiedenen Arten von Lebewesen und auch nicht zwischen menschlichen Gesellschaften stattfinden sah, sondern zwischen Nationen. Die Welt war für ihn in erster Linie Schauplatz des Kampfes zwischen den Mitgliedern der verschiedenen Nationen mit ihren nationalen Instinkten. In diesem Kampf würden die stärksten Nationen Vorteile erringen oder sich dauerhaft gegen andere durchsetzen. Genau in diesem Wettbewerb sah Dmowski die Voraussetzung für den Fortschritt der Menschheit (auch wenn er die Menschheit anderweitig als Abstraktion bezeichnet hatte). Mehrfach betonte er, dass es in den Beziehungen zwischen Nationen kein Recht und Unrecht gebe, sondern nur Stärke und Schwäche.[23]

20 Dmowski: *Pisma* III, S. 103-108. Vgl. seine Äußerungen über die „Pseudopatrioten" u. S. 118.

21 Auf diesen Widerspruch hat auch hingewiesen Porter: *When Nationalism Began to Hate*, S. 200 und 206.

22 Roman Dmowski: *Myśli nowoczesnego Polaka*. Lwów – Warszawa 1907, S. 236.

23 S. u. S. 55 und 294 sowie Dmowski: *Pisma* III, S. 106.

Sein Mitstreiter Zygmunt Balicki schrieb ein ganzes Buch über den Vorrang des nationalen Egoismus vor der Ethik.[24] Dabei sah Dmowski auch kein endgültiges Ziel dieses Kampfes: Selbst wenn die Polen die Teilungen überwunden hätten und wieder einen eigenen Staat besäßen, werde der Kampf weitergehen.

Dieser Sozial- bzw. eher Nationaldarwinismus hatte die logische Folge, dass Dmowski den Mächten, die Polen unter sich aufgeteilt hatten, eigentlich gar keine Vorwürfe machte. Auch sie hätten dabei nur im allgemeinen Kampf ums Dasein gehandelt und die Schwäche Polens zur Stärkung ihrer eigenen Nationen ausgenutzt und würden das weiterhin tun. Diese Haltung trug mit dazu bei, dass Dmowski sich besser als die meisten anderen Autoren der Zeit in die Sichtweisen anderer Länder hineinversetzen und die Interessenlage der europäischen Großmächte gut analysieren konnte, zumindest in der Zeit vor dem Ersten Weltkrieg. Mit dieser Haltung unterschied sich Dmowski auch klar vom Mainstream in der polnischen Gesellschaft, der in den Teilungen Polens ein historisches Unrecht und in Polens Rolle als Opfer der Großmächte einen Beweis für die moralische Überlegenheit der polnischen Nation sah. Der Messianismus der polnischen Romantik hatte daraus die Hoffnung abgeleitet, dass Polen eines Tages von Gott oder von der historischen Gerechtigkeit entschädigt und über alle Nationen hinausgehoben werden würde. Gegen diese Mentalität wandte sich Dmowski vor allem in den „Gedanken eines modernen Polen“. Er warf seinen Landsleuten vor, dass sie an der Opferrolle Gefallen gefunden hätten, weil sie sie von allen eigenen Bemühungen um die Stärkung ihrer Nation entband und weil auf diese Weise Passivität geradezu zur nationalen Tugend wurde. Nach Dmowski war dies eine unmögliche Haltung, die die polnische Nation in den selbstverdienten Untergang führen musste, in einer Welt, in der es nach seiner Diagnose immer weniger Platz für schwache und passive Menschen gab.[25] Und stark werden könne eine Nation nur durch Kampf, ansonsten gehe sie unter. Auch die romantische Vorstellung, dass die Freiheit für Polen zugleich die Freiheit für andere Völker bringen würde und man deshalb auf Hilfe aus dem Ausland hoffen könne, hatte in seinem Denken keinen Platz. Die Polen sollten sich nur auf ihre eigenen Kräfte verlassen und deshalb in erster Linie darum bemüht sein, diese zu entwickeln. Dmowski hatte die Hoffnung, dass es noch gelingen könne, die Polen zu einem Grad „moralischer Reife“ zu führen, der es ihnen ermöglichen würde, ihr Überleben als Nation zu sichern. Als Gewähr dafür betrachtete er die schnellen gesellschaftlichen Wandlungen seiner Zeit, die solche Veränderungen bei den Polen schon in Gang gebracht hätten. In den Jahren vor dem Ersten Weltkrieg

---

24 Zygmunt Balicki: *Egoizm narodowy wobec etyki.* Lwów 1902.

25 S. u. S. 56.

sah er seine vordringlichste Aufgabe darin, diesen Prozess zu fördern, und er tat dies vor allem durch seine publizistische Arbeit.

Zu den Voraussetzungen der nationalen Weiterentwicklung der Polen rechnete Dmowski die Entfernung der Juden aus der polnischen Gesellschaft. Juden gab es in Polen seit dem Mittelalter in großer Zahl, und im Lauf des 19. Jahrhunderts hatten sie durch eine hohe Geburtenrate ihren Anteil an der Bevölkerung noch vergrößert. Dmowski dürfte schon in seiner Kindheit mit dem verbreiteten Antisemitismus in Kontakt gekommen sein. Er betrachtete die Juden in Polen niemals als Bestandteil der polnischen Nation und äußerte mit Bezug auf sie einmal, nicht jeder, der die polnische Sprache gebrauche, sei gleich ein Pole.[26] Er rechnete die Juden auch nicht einfach zu den Nationen, die mit den anderen den darwinistischen Kampf ums Dasein führten, sondern bezeichnete sie als Rasse und schrieb ihnen ein spezifisches Bestreben zur Schädigung anderer Völker zu. Dabei interessierte er sich vor dem Ersten Weltkrieg hauptsächlich für den Schaden, den sie nach seiner Ansicht in Polen anrichteten, wo sie allein schon aufgrund ihrer großen Menge besonders gefährlich seien. Dmowski betrachtete es als Fehler und als ein Zeichen der Schwäche Polens, dass man im Mittelalter die Juden in Polen aufgenommen hatte. Nach seiner Ansicht hatte der polnische Adel früher die Juden eingesetzt, um die Städte im Land und ihre Bürger zu unterdrücken und so seine eigene Herrschaft zu festigen. Infolgedessen gebe es nun in Polen fast kein Bürgertum, weil die Schicht der Handwerker und Händler zum größten Teil von den Juden gebildet würde. Ein starkes Bürgertum aber hielt Dmowski für einen wesentlichen Bestandteil einer modernen Nation, ohne den sie keine Dynamik im Wettbewerb mit anderen Nationen entfalten konnte. Deshalb sah er die Juden in seiner eigenen Zeit als Instrument der Teilungsmächte in Polen an, weil sie die Polen an ihrer nationalen Entwicklung hinderten. Während er es für möglich hielt, Angehörige anderer Völker in die polnische Nation zu assimilieren, bestritt er diese Möglichkeit im Fall der Juden, weil sie durch ihre lange Geschichte einen zu starken Eigencharakter entwickelt hätten. Deshalb sah er als einzigen Ausweg die Entfernung der Juden aus Polen, ohne dazu genauere Aussagen zu machen. Unter seinem Einfluss wurde die Nationaldemokratie zum wichtigsten Sammelbecken des polnischen Antisemitismus.

Die Juden betrachtete Dmowski auch als eine wesentliche Triebkraft der sozialistischen Bewegung. Der Sozialismus mit seiner internationalistischen Ausrichtung war für ihn der direkte Gegner des modernen Nationalismus und des polnischen Strebens nach Unabhängigkeit. Dabei hatte er durchaus ein gewisses Verständnis für seine Anliegen, denn ihm war bewusst, dass die

---

26 Dmowski: *Pisma* III, S. 242.

soziale Not der Unterschichten diese davon abhielt, sich voll für die polnische Nation einzusetzen. Er erkannte an, dass es vielen polnischen Sozialisten, darunter auch Piłsudski, darum ging, durch den Einsatz für die wirtschaftlichen Belange der Arbeiter bei diesen ein nationales Bewusstsein zu wecken. Er selbst setzte mehr darauf, ein solches Bewusstsein bei einer anderen Gruppe der Unterschichten zu wecken, den polnischen Bauern, die immer noch wesentlich zahlreicher waren als die Industriearbeiter. Das entsprach seinem sozialen Konservatismus. Doch in jedem Fall hielt er unverbrüchlich daran fest, dass es zunächst darum gehe, die Arbeiter und Bauern für den Kampf um die Überwindung der Teilungen zu mobilisieren. Dann würden in einem neuen polnischen Staat auch ihre sozialen Bedürfnisse befriedigt werden. Diese Haltung bedingte seinen Widerstand gegen jegliche Aktionen von polnischen Arbeitern, bei denen diese mit Arbeitern aus anderen Ländern zusammenarbeiteten. Das hinderte ihn aber nicht daran, die Destabilisierung Russlands auszunutzen, die bei der Revolution 1905 durch die Proteste der russischen und polnischen Arbeiter hervorgerufen wurde.

Einen Niedergang des russischen Staates infolge innerer Konflikte hatte Dmowski erst ab etwa 1903 wahrgenommen.[27] 1904/5 konnte er sich darin durch die russische Niederlage im Krieg gegen Japan bestätigt fühlen. Nun erst entwickelte er seine nationalpolitische Strategie, wonach die Polen den Weg zur Wiedererlangung eines eigenen Staates durch Anlehnung an die russische Teilungsmacht suchen sollten. Diese Strategie legte er dann 1907 ausführlich in „Deutschland, Russland und die polnische Frage" dar. Russland betrachtete er trotz seiner Großmachtrolle als schwachen Staat, weil die Vertreter der Bürokratie dort mehr auf ihr eigenes Wohl als auf das des Staates bedacht seien und weil das Land deshalb den vielen Aufgaben, die ihm aufgrund seiner Größe zufielen, in Zukunft immer schlechter gewachsen sein werde. Deshalb seien die Russen gar nicht in der Lage, die Nationalität der Polen im russischen Reich zu gefährden, auch wenn sie es versuchten. Deutschland hingegen betrachtete Dmowski vor allem deshalb als den Hauptgegner des Polentums, weil er vom deutschen Staat eine hohe Meinung hatte, die in vielen Punkten durchaus der Eigensicht des wilhelminischen Deutschlands entsprach. Er verortete bei den Deutschen Energie, Disziplin und Konsequenz und gestand ihnen eine höhere technische Kultur, eine stärkere gesellschaftliche Organisation und

27 Wapiński: *Roman Dmowski*, S. 128. In diesem Jahr schrieb er einen Artikel mit dem Titel „Unsere Stellung gegenüber Deutschland und Russland" (*Nasze stanowisko wobec Niemiec i Rosji*, in Dmowski: *Pisma* III, S. 148-159), in dem er noch davor warnte, angesichts der Frontstellung der Polen gegenüber Deutschland diejenige gegenüber Russland zu vernachlässigen.

einen größeren Unternehmergeist zu als den Polen und Russen, wobei sich diese Faktoren seit einigen Jahrzehnten durch die Gründung des deutschen Kaiserreichs noch gebündelt und verstärkt hätten.[28] Die Deutschen würden sich damit auch nicht zufriedengeben, sondern weiterhin nach dem Anschluss aller Länder mit deutschsprachigen Einwohnern streben (was Dmowski ihnen aufgrund seiner eigenen „allpolnischen" Einstellung auch nicht verübelte). Aber mehr noch, er rechnete damit, dass Deutschland aufgrund seiner dynamischen Entwicklung in absehbarer Zeit auch Russland unter seine Kontrolle bekommen und ganz Osteuropa, Skandinavien und Westasien beherrschen werde. Das aber mache Deutschland letztlich zur größten Gefahr für den Bestand des Polentums und damit zum ersten und wichtigsten Gegner der polnischen Nation. Deshalb plädierte Dmowski für ein Bündnis der Polen mit der russischen Teilungsmacht, um diese Entwicklung zu verhindern. Und er sah in der Gefahr das Rettende schon wachsen. Er stellte fest, dass die Polen im deutschen Teilungsgebiet neuerdings die traditionelle polnische Passivität abgelegt hätten. Der starke Germanisierungsdruck habe sie zum Kampf gezwungen, in dessen Verlauf sie von ihren Unterdrückern gelernt und sich deren Tugenden angeeignet hätten. Dmowski wertete das als Beweis dafür, dass die passive Natur der Polen nicht unveränderlich sei und dass sich auch bei den Polen in den übrigen Teilungsgebieten eine aktivere Einstellung zu ihrer Nation entwickeln könnte.

Als ab 1907 die Politik in Europa von der Frontstellung zwischen der Triple-Entente und den Mittelmächten dominiert wurde, setzte Dmowski weniger auf einen künftigen Krieg zwischen den beiden Blöcken als sein Gegenspieler Piłsudski. Er war noch Abgeordneter der russischen Duma und versuchte hier Zugeständnisse der russischen Regierung an die Polen zu erreichen, indem er die polnische Fraktion zu staatstragendem Abstimmungsverhalten anhielt. Aber er war durch die ausbleibenden Ergebnisse zusehends frustriert. Auch dies trug dazu bei, dass er 1909 sein Mandat niederlegte.

Neue Hoffnung schöpfte er beim Beginn des Ersten Weltkriegs, als er das Ziel Russlands unterstützte, das deutsche und das österreichische Teilungsgebiet zu erobern und mit dem russischen Kongresspolen zu vereinigen. Durch den Vormarsch der Mittelmächte 1915 rückte dieses Ziel außer Reichweite, aber Dmowski konnte sich immerhin in seiner These von der Schwäche Russlands bestätigt fühlen, wie auch durch die russischen Revolutionen von 1917. Nun setzte er auf einen Sieg der westlichen Entente-Mächte, zumal nach dem Kriegseintritt der USA. Nach dem gänzlichen Ausstieg Russlands aus dem Krieg strebte er auch nicht mehr ein vereinigtes Polen unter

---

28 S. u. S. 80, 134 und 177.

russischer Oberherrschaft an, sondern einen völlig unabhängigen polnischen Staat. Er bestärkte die Westmächte in ihrer Annahme, dass ein solcher Staat ein wichtiger Teil einer neuen Friedensordnung sein könnte, als Bollwerk gegen die Ausbreitung des russischen Bolschewismus und gegen deutsche Revanchebestrebungen.

Diese Vorstellung wurde auch zu seinem Hauptargument bei der Pariser Friedenskonferenz, und das entsprach seinem Nationaldarwinismus. Zwar nannte die offizielle Note, in der die polnische Delegation ihre Ansprüche für die Grenzen des neuen polnischen Staates anmeldete, als erstes Kriterium dafür die „Gerechtigkeit und Wiedergutmachung des Verbrechens der Teilungen"[29], aber das konnte ein Mann natürlich kaum für ein wirkungsvolles Argument halten, der geschrieben hatte, dass es in den Beziehungen zwischen Nationen kein Recht und Unrecht gebe und dass es nichts bringe, sich für Opfer zu halten, wenn das Außenstehenden egal sei.[30] Auch das Prinzip des Selbstbestimmungsrechts der Völker, das vor allem Wilson zur Grundlage der territorialen Entscheidungen bei der Konferenz machte, wurde von Dmowski abgelehnt. Die Grenzen des neuen polnischen Staats sollten nach seiner Vorstellung nicht ethnografisch definiert sein, also nur die Gebiete umfassen, in denen überwiegend Polen lebten. Sie sollten sich statt dessen auf das „nationale polnische Gebiet" (*obszar narodowy polski*) erstrecken, d. h. auf alle Territorien, in denen der politische und wirtschaftliche Einfluss der Polen überwiege und die wesentlich größer seien.[31] Das bezog sich insbesondere auf die Gebiete im Osten Polens mit ihrer Mehrheit von litauischer und ruthenischer Bevölkerung, aber auch auf die Stadt Danzig mit ihrer deutschen Mehrheit. Dmowski war deshalb ein Gegner von Volksabstimmungen, wie sie die Pariser Konferenz in verschiedenen umstrittenen Gebieten ansetzte. Andererseits sollten die nationalen Minderheiten im Land aber auch nicht zu groß sein. Letztlich wollte Dmowski sie nämlich polonisieren (mit Ausnahme der Juden), und darauf ließ sich nur hoffen, wenn die Polen von Anfang an klar in der Mehrheit waren.

Es gibt unterschiedliche Aussagen Dmowskis darüber, ob er selbst das schließliche Ergebnis der Pariser Verhandlungen in Bezug auf Polen für einen Erfolg oder für einen Misserfolg hielt. Einerseits stellte er es öffentlich gern als die Erfüllung aller langgehegten Träume der Polen dar. Andererseits äußerte er in einem Brief von 1919, dass die Beschlüsse der Friedenskonferenz für Polen sehr bitter seien und dass er den Rest seines Lebens daran geben werde,

29 Dmowski: *Pisma* VI, S. 385.

30 S. u. S. 134.

31 Dmowski: *Pisma* VI, S. 77.

doch noch die ursprünglichen Ziele zu erreichen.[32] In seinen Erinnerungen beschrieb er später die erhebenden Gefühle, die er in dem Moment empfand, als die deutsche Delegation in Versailles ihre Unterschrift unter den Friedensvertrag setzte, und der nach seiner Meinung der bedeutendste Moment in den Auseinandersetzungen der Polen mit Deutschland seit dem Zweiten Thorner Frieden von 1466 war. Gleich danach aber schrieb er, dass damit die Frage der Grenze zu Deutschland nur notdürftig gelöst worden sei: „Wir hatten nicht das erreicht, was wir angestrebt hatten, was wir für notwendig hielten für die Sicherheit Polens, für seine glückliche Entwicklung, für die Befestigung seiner unabhängigen Existenz, und worauf wir ein Recht hatten."[33] Andererseits betrieb er 1923 in seinen wenigen Wochen als Außenminister die etablierte polnische Außenpolitik weiter, die auf den Erhalt des territorialen Status quo ausgerichtet war.[34] Im Grunde entsprach seine Zwiespältigkeit auch der eines großen Teils der polnischen politischen Klasse, die bei jeder Gelegenheit den deutschen „Revisionismus" im Hinblick auf die Grenzen von Versailles geißelte, andererseits aber immer wieder überlegte, wie man diese Grenzen in Zukunft noch zugunsten Polens verändern könnte.

Viel ist geschrieben worden über die Frage, warum Dmowski sich nach dem Ersten Weltkrieg so wenig in der aktiven Politik des neuen Polens engagierte. Immerhin hatte er früher selbst die Passivität der Polen beklagt. Doch er hatte schon im Mai 1919 bekundet, er wolle an der Organisation des neuen Staates nicht teilnehmen.[35] Die Führungsrolle bei diesem Prozess hatte erfolgreich sein Rivale Piłsudski übernommen, und Dmowski äußerte selbst, dass dieser der einzige war, der in der revolutionären Atmosphäre nach dem Ende des Kriegs das Land zusammenhalten konnte.[36] Dmowskis politisches Lager allerdings hatte großen Einfluss im Sejm, und er hätte sich nach seiner Rückkehr nach Polen an der parlamentarischen Arbeit beteiligen können, wie er es vor dem Krieg in der russischen Duma getan hatte. Nun konnte er sich zunächst mit gesundheitlichen Gründen entschuldigen und tat es auch. Aber auch nach der Wiederherstellung seiner Gesundheit war er nur kurz als Minister im Amt, nahm jedoch ab 1926 die immense Arbeit der Gründung und Organisation des *Lagers des Großen Polens* auf sich, reiste im Land umher und war weiter intensiv publizistisch tätig.

---

32 Wapiński: *Roman Dmowski*, S. 288.

33 Dmowski: *Pisma* VI, S. 172-175, das Zitat S. 175.

34 Kawalec: *Roman Dmowski*, S. 242; Wapiński: *Roman Dmowski*, S. 306.

35 Micewski: *Roman Dmowski*, S. 264.

36 Wapiński: *Roman Dmowski*, S. 261.

Bei seiner Zurückhaltung in der praktischen Politik dürfte ein Phänomen eine Rolle gespielt haben, dass sich auch bei anderen Polen beobachten lässt, die sich bis 1918 intensiv für die Wiederherstellung eines polnischen Staats eingesetzt hatten. Sie hatten alle ihre Überlegungen auf dieses Ziel konzentriert und sich wenig Gedanken darüber gemacht, wie es danach weitergehen sollte, zumal wenn man sich dann mit Fragen beschäftigen musste, bei denen sich nicht mehr alle Polen einig waren. Dmowski hatte über Jahre hinweg seine Vorstellungen von einem künftigen Polen vor allem im Denken und Schreiben entwickelt und sich dabei auf keine Kompromisse mit anderen Konzeptionen einlassen müssen. Aber schon bei der tatsächlichen Neugründung des polnischen Staats musste er sich mit Piłsudski zusammenraufen, und in der politischen Arbeit der folgenden Jahre hätte er noch mehr Zugeständnisse an andere Parteien machen müssen, darunter an solche von nationalen Minderheiten und mit Weltanschauungen, die nach seiner Ansicht gar kein Recht auf die Mitgestaltung der polnischen Innenpolitik besaßen. Selbst seine eigene Partei konnte er nicht mehr so lenken wie vor dem Weltkrieg, nachdem er so lange außerhalb des Landes gewesen war und sich auch innerhalb der Nationaldemokratie abweichende Interessen stärker bemerkbar machten. Manche seiner konservativen Ansichten wären wohl auch von vielen seiner alten Freunde nicht mitgetragen worden. So war und blieb er ein Gegner des Frauenwahlrechts und sah es auch nicht gern, wenn sich Frauen in der Nationaldemokratie engagierten, obwohl das dennoch regelmäßig vorkam. Viele Themen der praktischen Politik in einem Staat hatten Dmowski auch noch nie interessiert, worin er seinem Gegenspieler Piłsudski nicht unähnlich war. Dieser befasste sich vor wie nach 1918 nur mit Fragen der internationalen Politik und des Militärs und überließ die restlichen Bereiche der Politik gerne anderen, die er dann beschimpfte, wenn sie sich nicht einigen konnten. Seine Unzufriedenheit über die Streitereien der Parteien motivierte Piłsudski zwar 1926 zu seinem Putsch, aber auch danach überließ er das Amt des Staatspräsidenten seinem Gefolgsmann Mościcki und übernahm nur das Amt des Verteidigungsministers und zweimal für kurze Perioden widerwillig das des Ministerpräsidenten. Das führte immerhin dazu, dass die Sanacja-Herrschaft niemals totalitäre Züge annahm und mit dem Begriff der „moralischen Diktatur“ belegt wurde.

Es ist bezeichnend, dass Dmowski seine politische Tätigkeit in größerem Umfang erst Ende 1926 wieder aufnahm, nachdem Piłsudski durch seinen Putsch die Demokratie bereits untergraben hatte. Das neue *Lager des Großen Polens* lehnte die Demokratie noch klarer ab als Piłsudski und brachte damit auch Dmowskis eigene Anschauung zum Ausdruck. Dmowski war nicht explizit antidemokratisch und hatte das parlamentarische System nach 1918 zunächst ohne Widerspruch akzeptiert. Aber ihm ging es vor allem um einen Staat, in dem seine weltanschaulichen Vorstellungen verwirklicht wurden, und er befürwortete jeweils die Staatsform, die ihm dies am ehesten zu gewährleisten schien. Vor dem Ersten Weltkrieg hielt er noch die Bildung eines nationalen Bewusstseins in seinem Sinn beim größten Teil der Polen für möglich und war bemüht, an dessen Bildung mitzuwirken. Im neuen polnischen Staat verlor er diese Zuversicht, er konstatierte bei Politikern und Volk moralischen Verfall und traute die Ausbildung eines solchen Bewusstseins in wachsendem Maß nur noch einer Elite zu. Es sollte Aufgabe dieser Elite sein, Staat und Gesellschaft auf die nationalen Ziele auszurichten, die Dmowski ihnen schon früher gewiesen hatte. Deshalb befürwortete er nun eine hierarchische Staatsordnung. In seinem letzten großen Werk von 1933 forderte er ausdrücklich, dass es statt einer Demokratie, in der alle gleiche Rechte haben, eine „Oligarchie" derer geben solle, die ein tieferes nationales Bewusstsein hätten. Die bestehende und gerade zerfallende Demokratie sei ohnehin keine Herrschaft des Volkes, sondern ebenfalls eine Oligarchie, allerdings der Juden und ihrer Helfer. Eine Oligarchie der national Bewussten würde dagegen auch die Bedürfnisse der Volksmassen wesentlich besser befriedigen. Die dort herrschende Elite müsse aber zu wesentlich größeren Anstrengungen bereit und fähig sein als der Rest der Bevölkerung.[37] Die Gründung des „Lagers des Großen Polens" war ein Versuch, eine solche Elite zu schaffen.

Mit diesem Denken stand Dmowski den faschistischen Bewegungen in vielen Ländern Europas nahe, und tatsächlich äußerte er in seinen Texten aus dieser Zeit auch oft Sympathien für den Faschismus, vor allem in seiner italienischen Form. Am Faschismus imponierte Dmowski das, was er selbst in Polen erreichen wollte und nicht erreicht hatte: Mussolinis Ausrichtung des gesamten Staats auf die Nation und deren Stärkung, und die Elite, die er sich für diesen Zweck geschaffen hatte und mit deren Hilfe er über die Massen herrschte. Auch das Prinzip einer charismatischen Führungsfigur fand seine Zustimmung. Allgemein war in der polnischen Rechten die Orientierung am italienischen Faschismus weiter verbreitet als die am deutschen Nationalsozialismus (von Dmowski gewöhnlich als „Hitlerismus" bezeichnet), nicht nur, weil sich der Faschismus in Italien früher durchgesetzt hatte. Zwischen Italien und Polen gab es keine politischen Konflikte, und Italien stand auch durch seine katholische Tradition Polen näher. Mussolini war bemüht, die katholische Kirche in sein System einzubinden, und diese Konzeption wurde von Dmowski übernommen. Nachdem die Religion bis dahin in seinen Schriften kaum eine Rolle gespielt hatte, veröffentlichte er 1927 als Programmschrift für

---

37 Dmowski: *Pisma* VIII, S. 393-396.

das „Lager des Großen Polens!“ den Text „Kirche, Nation und Staat“. Darin propagierte er die untrennbare Verbindung zwischen polnischer Nation und Katholizismus, um so auch die Unterstützung von Klerus und Episkopat für die neue Bewegung zu gewinnen. In seinem offiziellen Programm bekannte sich das „Lager des Großen Polens“ zu Hierarchie, Disziplin und organisierter Arbeit, durch die die Macht des Staates gewährleistet werde.[38] Auch hier stand offensichtlich der italienische Faschismus Pate. Andererseits hatte dieser lange Zeit keine antisemitische Ausrichtung, und in dieser Hinsicht besaß Dmowski eindeutig eine größere Affinität zum Nationalsozialismus, der er auch oft Ausdruck gab.

Doch neben seinen Sympathiekundgebungen finden sich auch immer wieder Äußerungen, die den Faschismus ablehnen[39], vor allem dessen Tendenz zur zwangsweisen Gleichschaltung der gesamten Gesellschaft. Dmowski war zeit seines Lebens ein Mensch gewesen, der versucht hatte, andere mit Argumenten von seiner Weltanschauung zu überzeugen, und in dieser Rolle hatte er sich immer am wohlsten gefühlt. Ob er unter Umständen auch bereit gewesen wäre, seine Ansichten mit Druck und Terror zu verbreiten, ist schwer zu sagen. Sicherer ist, dass er dazu kaum in der Lage gewesen wäre. „Wenn wir dem heutigen Italien ähnlich wären“, schrieb er 1925 in einem Artikel, „wenn wir eine Organisation wie den Faschismus hätten, wenn wir schließlich einen Mussolini hätten, den zweifellos größten Menschen im heutigen Europa, dann brauchten wir sonst nichts mehr.“[40] Woraus erhellt, dass Dmowski sich selbst nicht für einen Menschen vom Format Mussolinis hielt. Vielleicht wäre er es gerne gewesen, aber für einen Faschistenführer war er zu diesem Zeitpunkt ohnehin schon zu alt. Er schrieb über Mussolini und Hitler, beide seien „genau im richtigen Alter an die Spitze der Bewegung gekommen, nach dem vierzigsten Lebensjahr, in dem ein Mensch das Maximum an Energie besitzt, was es ihm erlaubt, diese auf seine Umgebung zu übertragen.“[41] Dmowski selbst war zwar ein guter Redner, aber Volksmassen konnte er nie mitreißen, militärisches Auftreten lag ihm fern, und mit zunehmendem Alter war er immer weniger in der Lage, ständig unterwegs zu sein, um seine Anhänger zu motivieren. Jedoch wollte er die Führung seines politischen Lagers niemand anderem überlassen. Und er glaubte, dass die Gestalt Mussolinis nur genau zu Italien passe, dass Mussolini in genialer Weise den Zustand und die Ambitionen

38 Nach dem Text in Jolanta Mysiakowska-Muszyńska, Wojciech Jerzy Muszyński: *Architekt Wielkiej Polski. Roman Dmowski 1864-1939*. Warszawa 2018, S. 321.

39 Vgl. dazu Kawalec: *Roman Dmowski*, S. 270f. und Michał Andrzejczak: *Faszyzm włoski i hitleryzm w publicystyce Romana Dmowskiego w latach 1922-1939*. Wrocław 2010.

40 Dmowski: *Pisma* X, S. 29f.

41 S. u. S. 355.

der italienischen Nation erfasst hatte und deswegen deren ganzes Potenzial mobilisieren konnte, während er in anderen Ländern weniger Erfolg gehabt hätte. Darin fühlte Dmowski sich bestätigt durch die Machtübernahme Hitlers in Deutschland, dessen Faschismus ein deutlich anderes Gesicht zeigte als derjenige Mussolinis. Dmowski glaubte außerdem, dass eine Diktatur immer nur ein Durchgangsstadium in der Entwicklung einer Nation sein könne, bis die oligarchische Herrschaft der national bewussten Elite möglich werde.[42] Infolgedessen neigte er dazu, den Faschismus kritischer zu sehen, je länger seine Herrschaft dauerte.

Letztlich konnte er sich nie von seiner ambivalenten Haltung gegenüber dem Faschismus befreien. Noch 1934 brachte er eine Serie von Artikeln über die Militarisierung der Politik heraus, in der er totalitäre Staaten, darunter faschistische, verurteilte. Andererseits hatte er selbst das *Lager des Großen Polens* nach militärischen Grundsätzen organisiert und übertrug dieses Prinzip gerade damals auch auf die Nationale Partei, wo nun ebenfalls die Funktionäre nicht mehr gewählt, sondern nominiert wurden. Dabei gab er in der Partei der jungen Generation von Mitgliedern mehr Raum, die weniger auf parlamentarische Arbeit als auf außerparlamentarische Aktion setzten. Hier tat er nun doch einen Schritt in die Richtung, der er sich 1933 noch verweigert hatte, als er die Sezession des „Nationalradikalen Lagers" nicht mitmachte.[43]

Ein weiteres Charakteristikum seines Denkens in der Zeit nach dem Ersten Weltkrieg war die starke Zunahme seiner Neigung zu Verschwörungstheorien. Zwar hatte er in seinen Schriften schon seit mindestens 1902 die Ansicht vertreten, dass es in Polen eine jüdische Verschwörung gebe: Die Juden wollten ihre eigene Nation in dem Land organisieren, in dem sie am stärksten vertreten seien. Auf diese Weise würden sie die Nationsbildung der Polen behindern und müssten deshalb aus der polnischen Gesellschaft eliminiert werden.[44] Doch in dieser Zeit stellte er die Juden häufig auch noch als Instrumente dar, mit deren Hilfe andere Gruppen Ziele zu erreichen versuchten, die dem polnischen nationalen Interesse zuwiderliefen, etwa der Adel in vormoderner Zeit oder die Russen in Kongresspolen. Nach 1918 aber wurden die Juden in Dmowskis Denken selbst zur Quelle fast allen Übels.[45] Ihre angeblichen geheimen Machenschaften nahmen nun in seinen Schriften einen viel breiteren Raum ein, und sein Verschwörungsdenken weitete sich auch inhaltlich massiv aus. Verschwörungen gab es danach nicht mehr nur in Polen, sondern in der

42 Dmowski: *Pisma* VIII, S. 393f.

43 Vgl. dazu Kawalec: *Roman Dmowski*, S. 272f. und Wapiński: *Roman Dmowski*, S. 375f.

44 Vgl. Porter: *When Nationalism Began to Hate*, S. 229-231.

45 Vgl. Hausmann: *Die politischen Ideen Roman Dmowskis*, S. 228.

ganzen Welt. Den Versailler Frieden betrachtete Dmowski als den größten Sieg des Judentums, das nun mit seiner Hilfsorganisation, den Freimaurern, die ganze wirtschaftliche und politische Welt beherrsche und dessen Einfluss sich nach dem Krieg vor allem durch England und die USA verbreite, weil sie die größten kapitalistischen Länder seien. Zugleich hätten Juden und Freimaurer Deutschland wiederaufgebaut, weil Deutschland trotz der Kriegsniederlage künftig die führende Rolle in der Welt zukommen würde. Die drei Mächte wollten dann Polen vernichten, dem sie in Versailles noch zu viel Raum gegeben hätten.[46] Auch die Juden könnten ihre vielen Landsleute dort natürlich nicht unter polnischer Herrschaft lassen. Neben den Juden und Freimaurern beschuldigte Dmowski auch Theosophen oder Okkultisten, wobei er regelmäßig Verbindungen zwischen diesen vielen Gruppen konstatierte. In der Sekundärliteratur wird in diesem Zusammenhang häufig von einer „Obsession" gesprochen und Dmowskis Verschwörungsdenken damit in gewisser Weise vom Rest seiner Gedankenwelt abgetrennt. Doch das dürfte kaum sachgerecht sein, denn dieses Denken durchzog von nun an alle seine Schriften und wurde zu einer wesentlichen Grundlage seiner Analysen und Prognosen der Vorgänge in der Welt.

Wie bereits gesagt, schlug sich dies in seinem Erinnerungswerk über die Wiederentstehung des polnischen Staats nieder, in dem er Machenschaften der Juden dafür verantwortlich machte, dass Polen bei der Pariser Konferenz nicht alle seine territorialen Ziele erreicht hatte. Entsprechend seiner sozialdarwinistischen Weltanschauung hätte er dafür eher sich selbst beschuldigen müssen, weil er als polnischer Verhandlungsführer eben nicht „fit" und moralisch gefestigt genug gewesen war, um sich gegen die jüdische Konkurrenz durchzusetzen. Da er das nicht tat, rutschte ihm in seinen Ausführungen doch die Formulierung heraus, dass Polen auf die von ihm angestrebten weiteren Grenzen ein „Recht gehabt" hätte.[47] Seine verstärkte Neigung zum Verschwörungsdenken könnte damit zusammengehangen haben, dass sich nach dem Ersten Weltkrieg Polen und die Welt nicht so entwickelten, wie sie sich nach seinen Vorstellungen hätten entwickeln müssen. So hielt er etwa lange Zeit die neue Sowjetunion für einen ähnlich schwachen Staat wie zuvor das Zarenreich und rechnete fest mit ihrem baldigen Zusammenbruch. Wenn solche Prognosen sich nicht bewahrheiteten, eigneten sich Juden und Freimaurer gut, um Fehlentwicklungen in der Welt auf das Wirken geheimer und böser Mächte zurückzuführen. 1931 veröffentlichte Dmowski sogar unter Pseudonym einen Roman mit dem Titel „Das Erbe" (*Dziedzictwo*). Der Held

46 Dmowski: *Pisma* VIII, S. 377-379.

47 S. o. S. 37.

dieser Geschichte kommt aus dem Ausland zurück nach Polen und stellt dort fest, dass seine Familie von Juden geschädigt worden ist, die mit Hilfe der Freimaurer, die sie zu ihren Instrumenten gemacht haben, ganz Polen unterwerfen und unter die Herrschaft der Deutschen bringen wollen. Letztlich unterstellte Dmowski den Juden und Freimaurern aber, dass sie die ganze Welt unterwerfen wollten.

Die Weltwirtschaftskrise der beginnenden 1930er Jahre interpretierte er als eine Krise von all dem, was er bekämpfte. Seine Kenntnisse im Bereich der Wirtschaft waren nie sehr groß, aber den Liberalismus hatte er schon immer abgelehnt, weil er auf das Wohl des Einzelnen und nicht der Nation ausgerichtet sei. Hinter der liberalen Ordnung der Weltwirtschaft vermutete er den Einfluss der Juden und Freimaurer, die am meisten davon profitieren würden. Aber nun betrachtete er die Wirtschaftskrise als Zeichen für den endgültigen Untergang dieser Ordnung. Danach werde es zu einer Dezentralisation der Industrialisierung kommen, was in Europa zum Verfall der wirtschaftlichen Vormachtstellung von England und Deutschland führen, aber wirtschaftlich schwächere Nationen, wie Polen, stärken werde.[48] Obwohl Dmowski in der modernen Welt nach dem Ersten Weltkrieg einen allgemeinen Verfall von Kultur und Sitten konstatierte[49], glaubte er doch, dass dieser Trend sich in Kürze in sein Gegenteil umkehren werde. In seinen Augen standen die italienischen Faschisten und deutschen Nationalsozialisten an der Spitze des Kampfs gegen diese Entwicklung und dabei kurz vor dem Sieg. Darin fühlte er sich bestätigt dadurch, dass die faschistischen Bewegungen überall von jungen Leuten getragen wurden. Ebenso wie die italienischen Faschisten hatte auch das „Lager des Großen Polens“ eine Hymne, die den Schwung der Jugend als Gewähr für eine strahlende Zukunft feierte. Dmowski hatte auch früher schon seine Hoffnungen auf die Jugend gesetzt, und dass er in dieser Zeit in der polnischen Rechten vor allem Zustimmung bei der jüngeren Generation fand, die zu radikalerem Vorgehen neigte, wertete er als Beweis dafür, dass seine Ansichten die richtigen seien und sich in Zukunft durchsetzen würden. Sein letztes Buch „Der Umschwung“, in dem er diese Ansichten darlegte, hielt er für sein wichtigstes Werk.

Andererseits war er sich aber doch nicht sicher, ob der deutsche Nationalsozialismus die Juden wirklich so konsequent bekämpfen würde, wie Hitler das ankündigte. Im Zusammenhang mit dem Ersten Weltkrieg und der Schaffung der Nachkriegsordnung hatte er ja die Juden und Freimaurer als heimliche Verbündete Deutschlands und Nutznießer von dessen Entwicklung

48 S. Dmowski: *Pisma* VIII, S. 272f., 296f., 377f., 382f.

49 S. u. S. 344.

ausgemacht. Nur so hatte er die Misserfolge Polens und seiner selbst als das Ergebnis jüdischer Machenschaften darstellen können. Und so hielt er es in seinem 1932 erschienenen Artikel über den „Hitlerismus“ noch für möglich, dass Hitler sich am Ende doch mit den Juden verbünden würde. Da er aber mittlerweile zu der Ansicht neigte, dass die jüdischen Machenschaften sich gegen die ganze Welt richteten, glaubte er nun, dass die Juden letztlich auch Deutschland zerstören würden, wenn man sie dort gewähren ließe. So fügte er in die spätere Buchausgabe des Artikels im Rahmen des „Umschwungs“ Fußnoten ein, in denen er erfreut feststellte, dass der Nationalsozialismus nach seiner Machtübernahme tatsächlich konsequent gegen die Juden und gegen den moralischen Verfall vorgehe. Aufgrund dessen sagte er nun Deutschland eine große Zukunft voraus.[50]

Dmowski hatte sich niemals klar dazu geäußert, auf welche Weise er die von ihm seit Langem geforderte Entfernung der Juden aus der polnischen Gesellschaft bewerkstelligen wollte, und da er sich in der Zwischenkriegszeit nicht in der praktischen Politik betätigte, war er auch hier nicht gezwungen, Farbe zu bekennen. Hinweise liefern lediglich der von ihm 1912 organisierte Boykott jüdischer Geschäfte und die eben erwähnte Zustimmung zu den ersten antijüdischen Maßnahmen der Nationalsozialisten nach ihrer Machtübernahme 1933. All das sagt aber wenig darüber aus, wie weit Dmowski selbst gegebenenfalls zu gehen bereit gewesen wäre. Im „Umschwung“ hatte er geäußert, dass es ein epochales Ereignis sein werde, wenn der Hitlerismus tatsächlich einen „rücksichtslosen Kampf gegen die Juden“ aufnehmen und konsequent zu Ende führen würde.[51] Ob das aber Dmowskis Zustimmung zu einem Einsatz von Gaskammern bedeutet hätte, wird man nie erfahren. Trotzdem ist es eine interessante Frage, wie sich seine Weltanschauung entwickelt hätte, wenn er noch den Zweiten Weltkrieg erlebt hätte. In der ersten Fußnote zu seinem Artikel über den Hitlerismus schrieb er, dass dessen Standpunkt gegenüber Polen noch nicht klar geworden sei und dass, wenn es einmal dazu käme, ein weiterer Text geschrieben werden müsse.[52] Diesen Text hat Dmowski nicht geschrieben, weil er genau zu dem Zeitpunkt starb, als Hitler begann, seine wahre Einstellung gegenüber Polen zu offenbaren. Ob Dmowski aber angesichts der Verbrechen, die im Lauf des Zweiten Weltkriegs von Deutschen an Polen verübt wurden, immer noch dabei geblieben wäre, dass es im Verhältnis zwischen Nationen kein Recht und Unrecht gibt, darf wohl doch bezweifelt werden.

---

50 S. u. S. 373, Anm. 2 und S. 381, Anm. 4.

51 S. u. S. 372.

52 S. u. S. 349, Anm. 1.

Gedanken eines modernen Polen
(Myśli nowoczesnego Polaka)
1903

Nach der 5. Ausgabe
Warszawa 1934 [tatsächlich 1943], S. 26-116

Einleitung

Man begegnet oft der Ansicht, dass ein moderner Pole so wenig Pole wie möglich sein sollte. Die einen sagen, dass man im heutigen, praktischen Jahrhundert an sich denken solle und nicht an Polen, bei den anderen wird der Platz Polens eingenommen von der Menschheit. Dieses Buch schreibe ich weder für die einen noch für die anderen.

Ich will meine Gedanken nicht mit denen teilen, für die die Nation eine tote Zahl ist, eine Ansammlung von Individuen, die eine gewisse Sprache sprechen und ein gewisses Gebiet bewohnen. Es werden mich nur die verstehen, die in ihm eine unauflösliche gesellschaftliche Einheit sehen, die organisch zusammenhängt und das menschliche Individuum durch ungezählte Bande bindet, von denen die einen ihren Ursprung in der grauen Vorzeit, der Schöpferin der Rassen, haben, die anderen in der uns bekannten Geschichte, der Schöpferin der Tradition, während wieder andere, die den Charakter dieser Rasse, ihre Tradition und ihren nationalen Charakter bereichern sollen, sich heute bilden, um erst in der Zukunft stärkeren Einfluss zu gewinnen. Ich schreibe nicht für die, die man erst für das Polentum gewinnen muss, sondern für die, die ihre Verbindung mit der Nation tief empfinden, mit ihrem Leben, ihren Bedürfnissen und Bestrebungen, und die die Verpflichtung anerkennen, an ihrer Arbeit und ihren Kämpfen teilzunehmen.

Ich bin ein Pole, dieses Wort bedeutet in einem tieferen Verständnis viel.

Ich bin es nicht nur deshalb, weil ich Polnisch spreche, weil andere, die die gleiche Sprache sprechen, mir geistig nahestehen und für mich verständlicher sind, oder weil bestimmte persönliche Angelegenheiten mich mehr mit ihnen als mit Fremden verbinden, sondern auch, weil ich neben dem Bereich des persönlichen, individuellen Lebens auch das gemeinsame Leben der Nation kenne, deren Teil ich bin, weil ich neben meinen persönlichen Angelegenheiten und Interessen die nationalen Angelegenheiten kenne, das Interesse Polens als Ganzes, die höchsten Interessen, für die man das zu opfern hat, was man für seine persönlichen Angelegenheiten nicht opfern darf.

Ich bin ein Pole, das bedeutet, dass ich zur polnischen Nation auf ihrem ganzen Territorium und während der ganzen Zeit ihrer Existenz gehöre, sowohl heute wie in vergangenen Jahrhunderten und in der Zukunft; das heißt, ich spüre meine enge Verbundenheit mit ganz Polen: mit dem heutigen, das entweder Verfolgung leidet oder Bruchstücke von nationaler Freiheit genießt oder arbeitet und kämpft oder in Tatenlosigkeit dahindämmert oder in seiner Ignoranz nicht einmal das Gefühl nationaler Existenz hat; mit dem Polen der Vergangenheit, das sich erst vor tausend Jahren erhoben und um sich

© BRILL SCHÖNINGH, 2023 | DOI:10.30965/9783657702916_003

die Stämme versammelt hat, die zuvor kein politisches Eigenleben hatten, und mit dem, das sich bei der Hälfte seines geschichtlichen Weges weit ausbreitete, den Nachbarn mit seiner Macht drohte und auf dem Weg des zivilisatorischen Fortschritts schnell voranschritt, und mit dem, das dann zum Untergang hinabsank, in zivilisatorischem Stillstand verharrte und sich den Verfall der nationalen Kräfte und das Verderben des Staates schuf, und mit dem, das danach vergeblich um Freiheit und eine unabhängige staatliche Existenz kämpfte; und schließlich mit dem der Zukunft, ohne Rücksicht darauf, ob es die Arbeit der letzten Generationen verschleudert oder sich einen eigenen Staat erkämpft oder ob es sich einen Platz in der ersten Reihe der Nationen erobert. Alles, was polnisch ist, ist mein, von nichts kann ich mich lossagen. Ich darf stolz sein auf das, was in Polen groß ist, aber ich muss auch die Demütigung auf mich nehmen, die für das auf die Nation fällt, was in ihr schlecht ist.

Ich bin ein Pole, das heißt, ich lebe mit meinem ganzen, weiten Geist das Leben Polens, seine Gefühle und Gedanken, seine Bedürfnisse, Bemühungen und Bestrebungen. Je mehr ich Pole bin, umso weniger vom Leben Polens ist mir fremd und umso stärker wünsche ich, dass das, was nach meiner Überzeugung der höchste Ausdruck des Lebens ist, zum Besitz der ganzen Nation wird.

Ich bin ein Pole, das heißt ich habe polnische Pflichten; sie sind umso größer und ich fühle mich ihnen umso mehr verpflichtet, je höher mein Wert als Mensch ist.

Denn je größer der Bereich meines Geistes ist, mit dem ich das gemeinsame Leben der Nation lebe, umso teurer ist es mir, umso höher ist mein Preis dafür und umso mehr fühle ich das Bedürfnis, mich um seinen Zusammenhalt und seine Entwicklung zu kümmern. Je größer andererseits der Grad meiner moralischen Entwicklung ist, umso mehr gebietet mir in dieser Hinsicht die Eigenliebe. Auf einem niedrigeren Niveau ist das Verhalten eines Menschen gegenüber seinen Nächsten, wenn es nicht aus Sympathie für sie entspringt, ausschließlich bestimmt von der Furcht vor Vergeltung oder Strafe, sei es in diesem Leben oder in dem nach dem Tod. Doch mit dem zivilisatorischen Fortschritt leiten immer höhere Formen der Eigenliebe unsere Moralität. Ein zivilisierter Mensch verhält sich vor allem deshalb nicht gemein, weil er sich selbst zu sehr schätzt. Diese Hochschätzung für sich selbst bringt auch eine entsprechende Beziehung zur eigenen Nation hervor. Das Gefühl der eigenen Würde, das es einem Menschen verbietet zu stehlen oder zu betteln, erlaubt es ihm auch nicht, von den nationalen Gütern Gebrauch zu machen, wenn er zu ihnen nichts von sich hinzufügt, nicht an ihrer Vermehrung arbeitet und nicht an ihrer Verteidigung teilnimmt. Ein wenig Intelligenz erlaubt es einem Menschen zu verstehen, in welchem Maß der geistige Reichtum einer Nation die Grundlage für die Entwicklung des Einzelnen ist, wie viel also jeder vom nationalen Gut profitiert, und eine entsprechende moralische Reife nötigt ihn anzuerkennen, dass, wenn er diese Güter genießt, aber nichts oder zu wenig zurückgibt, er seiner Gesellschaft zur Last fällt wie ein Bettler in einem wohltätigen Hospiz. Und unabhängig von seiner Verbundenheit mit dem Vaterland gebietet ihm die Eigenliebe seine nationalen Pflichten anzuerkennen, für das Vaterland zu arbeiten, für es zu kämpfen und ihm so viel wie möglich für das zurückzugeben, was er von ihm nimmt.

Wenn wir ins Leben eintreten, kommen wir in seine existierenden Formen, in eine existierende Organisation, aber die Formen und die Organisation sind das Ergebnis der Arbeit einer langen Reihe von Generationen, die geschaffen, gebaut, vervollkommnet und schließlich das verbessert haben, was schlecht war. Schämen wir uns nicht bei dem Gedanken, dass wir gehen könnten, ohne eine Spur zu hinterlassen, ohne etwas geschaffen oder zu diesem Bau von Jahrhunderten beigetragen zu haben und ohne etwas von seinen Fehlern verbessert zu haben?... Pflichten gegenüber dem Vaterland, das sind nicht nur Pflichten gegenüber den heutigen Polen, sondern auch gegenüber vergangenen Generationen und gegenüber denen, die nach uns kommen.

Aus der gleichen Quelle rühren die Verpflichtungen gegenüber anderen Nationen und gegenüber der Menschheit her. Wie sich ein Mensch in seinem eigenen Namen gegenüber dem heutigen Polen verpflichtet fühlt, wie im Namen seiner Generation gegenüber dem früheren und zukünftigen Polen, so im Namen seiner Nation gegenüber der Menschheit.

Unsere Nation hat immer aus der Erfahrung, aus den geistigen Ressourcen und aus der jahrhundertelangen Arbeit anderer Völker geschöpft, die sie in der Zivilisation überholt hatten. Im Verhältnis zu dem, was sie genommen hat, hat sie der Menschheit bisher wenig gegeben.

Gebietet uns der edle Nationalstolz nicht, uns um die Erhebung unserer Nation auf ein so hohes Niveau der Zivilisation und des allseitigen Schöpfertums zu bemühen, dass man von uns in Zukunft so viel nimmt, wie wir von anderen genommen haben und heute nehmen? Und ist das nicht die bestverstandene Verpflichtung gegenüber der Menschheit?

Es gibt Menschen, für die diese Gefühle, Begriffe, Verpflichtungen nicht existieren. Aber Patriotismus ist nicht ein philosophisches System, das Menschen von verschiedenem geistigen und moralischen Niveau übernehmen oder verwerfen: Es ist die moralische Beziehung des Einzelnen zur Gesellschaft; seine Akzeptanz ist eine Notwendigkeit bei einem bestimmten Grad von moralischer Entwicklung, und seine Verwerfung ist ein Zeichen von moralischer Unreife oder Verfall. Unter gewöhnlichen Umständen entwickelt eine Nation ihre Kraft in der Gestalt einer staatlichen Organisation, die denen bürgerliche Pflichten auferlegt, die sie nicht freiwillig anerkennen wollen; wir besitzen diese Kraft nicht und deswegen erleben wir bei uns so oft, dass man dem Vaterland offen den Dienst aufkündigt; aber deshalb müssen wir uns umso mehr um die Entwicklung einer moralischen Kraft bemühen, die groß genug ist, um einen wirksamen Druck auszuüben.

Ich wünschte, dass in der vorstehenden Beschreibung der Beziehung des Einzelnen zur Nation so viele Menschen wie möglich ihren Patriotismus wiedererkennen. Aber leider weiß ich, dass viele weit davon entfernt sein werden. Denn es gibt bei uns verschiedene Patriotismen. Es gibt in Galizien Menschen, die sich für sehr gute Polen halten, die sich aber nur mit demjenigen Polen eng verbunden fühlen, das eine polnische Amtssprache hat, das an Polen Regierungsposten vergibt usw., die aber das Polen, das verfolgt und in seinen grundlegendsten Rechten geschädigt wird, nicht kennen wollen. Und es gibt andere, vor allem im russischen Teilungsgebiet, die nur das leidende Polen lieben, deren Patriotismus nur so weit reicht wie die Unterdrückung der polnischen Nationalität, die ihre Landsleute in Galizien fast dafür hassen, dass sie in nationaler Hinsicht nicht verfolgt werden, und denen ein unabhängiges Polen sicherlich widerwärtig wäre, nicht ein erträumtes, versteht sich, sondern ein reales, eines, wie es unter den gegebenen Umständen existieren müsste. Und es gibt noch eine ganze Reihe weiterer Patriotismen, die sich an die gegebenen Umstände von Zeit, Ort und gesellschaftlicher Position anpassen, die aber fern von ihnen ihre Kraft und ihren Wert verlieren.

Das tiefe Gefühl der Gemeinschaft mit der Nation, mit ihren Interessen und Bestrebungen, hängt nicht davon ab, ob das Vaterland in seiner gegebenen Entwicklungsphase und seiner gegebenen Lage uns gefällt, ob wir mit ihm zufrieden sind, sondern es kann sich mit unterschiedlicher Stärke unter allen Bedingungen zeigen, sowohl wenn das Vaterland frei als auch wenn es in Unfreiheit ist, und sowohl dann, wenn man es verteidigen, als auch, wenn man in seinem Namen angreifen muss. Nur auf einem solchen Patriotismus kann man eine nationale Zukunft aufbauen. Und wenn wir ein klares Gefühl dafür haben, dass in uns zu wenig aktive Liebe zum Vaterland ist, als dass wir für es die Freiheit erkämpfen könnten, wer weiß dann, ob wir diesen Mangel nicht stärker empfinden würden, wenn wir in einem eigenen Staat leben und uns regieren müssten? Ein unabhängiges Polen wird mehr als das heutige Patrioten von großem Zuschnitt brauchen, Menschen, die ihre Beziehung zur Nation, zu ihren Bedürfnissen, Interessen, Bestrebungen ernst und tief empfinden, und größer wäre vielleicht auch die Gefahr, die aus ihrem Fehlen resultieren würde.

Ein Patriotismus, der sich auf tiefere Grundlagen stützt, muss sich auch nicht nähren und erhalten durch die Überzeugung von der Überlegenheit seiner Nation über andere, und das Gefühl von der Unterlegenheit der eigenen

Nation, in welcher Hinsicht auch immer, muss nicht deren moralische Kraft verringern. Die Verbundenheit mit der Nation muss das Denken eines Menschen, seine Kritikfähigkeit nicht schwächen, sie soll ihn nicht blind machen in seinen Urteilen über das, was ihm am nächsten steht, denn die Verbreitung von angenehmen Illusionen in einer Nation über ihren eigenen Wert ist umso schädlicher, je weiter diese von der Wahrheit entfernt sind. Denn wenn starke und in der Kultur weit fortgeschrittene Nationen unter dem Einfluss der Überzeugung von ihrer Überlegenheit über andere eine Neigung zeigen, diejenigen Eigenschaften in den Himmel zu heben, die ihre Stärke sind, dann ist das schwach und rückständig; sie idealisieren die Seiten ihres Lebens und Charakters, die die Quelle ihrer Schwäche sind. Und wir waren durch lange Zeit sehr schwach und sind es noch, obwohl in uns die Keime großer Kraft liegen.

Unsere Nation ist in Hinsicht auf ihre materielle Kraft, in Hinsicht auf Zahl und Reichtum weit hinter den Völkern zurückgeblieben, die heute hauptsächlich über die Schicksale der Welt entscheiden, und die Vergrößerung der materiellen Ressourcen ist eine der dringendsten und bedeutendsten Aufgaben unseres Daseins. Die Geschichte der Menschheit hat jedoch öfter Beweise dafür erbracht, dass moralische Stärke keinen geringeren und oft einen unvergleichlich größeren Einfluss auf ihr Schicksal hat. Man muss nur daran denken, dass die moralische Stärke einer Nation nicht in ihrer Wehrlosigkeit oder Unschuld liegt, wie wir das heute oft bei uns hören, sondern in ihrem Drang nach einem erfüllten Leben, im Wunsch nach der Vermehrung der Errungenschaften und des Einflusses der Nation und in ihrer Bereitschaft zu Opfern für die Verwirklichung nationaler Ziele. Arme und kleine Nationen haben mit dieser moralischen Stärke oft eine Überlegenheit gewonnen und mächtig auf den Gang der Weltgeschichte eingewirkt.

Ich glaube, ich bin sicher, dass genau diese Stärke, neben der physischen, gegenwärtig aus den Massen unseres Volkes ans Licht zu treten beginnt. Und ich glaube, dass sich als Folge dieses Phänomens das Niveau der nationalen Moral in den aufgeklärten Schichten der Gesellschaft hebt.

Die schwierigen Bedingungen unserer politischen Existenz können den Fortschritt auf diesem Weg nicht aufhalten. Im Gegenteil, ich bin überzeugt, dass es keine Situation geben kann, aus der eine lebenskräftige Nation, die einen Bestand an Kräften für eine bessere Zukunft hat, keine Gewinne ziehen könnte, die für diese Situation spezifisch sind und die in einer anderen unmöglich wären.

Einer dieser Gewinne unserer gegenwärtigen Situation, dieses unerhörten Drucks, unter dem wir leben, dieser politischen Zerstückelung bei einem starken Gefühl der nationalen Einheit, ist eine größere Notwendigkeit als bei anderen Nationen, über das Wesen der nationalen Existenz nachzudenken, über die Bedeutung der nationalen Bande und über die Ausdehnung der nationalen Aufgaben und Verpflichtungen. Keine andere Nation hat so viele Gründe wie wir, ihre Gedanken in diese Richtung zu lenken. Deshalb haben wir seinerzeit eine patriotische Dichtung hervorgebracht, wie sie keine Nation besitzt, eine Dichtung, die an Kraft und Tiefe des Gefühls der Vaterlandsliebe in keiner Literatur ihresgleichen hat. Wer weiß, ob wir unter diesen Einflüssen nicht einmal neue Horizonte in Ethik und Politik öffnen. Wenn der polnische Geist sich die Erfahrungen anderer Nationen so weit wie möglich zunutze macht und gleichzeitig in der Lage ist, aus den ungewöhnlichen Bedingungen des polnischen Lebens eine Lehre zu ziehen, die anderen Nationen nicht zugänglich ist, dann werden wir vielleicht eines Tages eine so starke nationale Moral und eine so weitgefasste, rein nationale Politik entwickeln, die frei ist von allen Nebeneinflüssen, dass sie für lange Zeit für uns die Grundlage einer einzigartigen Stärke sein werden. Einstweilen ist es jedoch genau umgekehrt. Unsere nationale Moral besteht heute, bei einem gewissen hohlen Sentimentalismus, vor allem im völligen Fehlen einer aktiven Vaterlandsliebe, und die Ansichten unserer aufgeklärten Gesellschaft sind insofern ungewöhnlich und unterscheiden sich von der Politik anderer Nationen, dass es ihnen an den Grundlagen jeglicher gesunden Politik fehlt, d. h. an einem nationalen Selbsterhaltungstrieb. Wir sind eine Nation mit einer deformierten Art von politischem Denken.

Die Ursachen dieses traurigen und für uns verderblichen Phänomens sind in der entfernten Vergangenheit zu suchen. Für mehrere Jahrhunderte ist die Entwicklung unserer Gesellschaft aus der richtigen geschichtlichen Bahn geraten, sie hat sich immer mehr von der Richtung entfernt, die ihr eine große Zukunft sichern konnte. Nachdem sich unsere Nation in der Geschichte als eines der ersten Völker Europas und Herr auf ihrem riesigen, ständig erweiterten Gebiet angekündigt hatte, zog sie sich nach kurzer Zeit zurück, an das Ende des zivilisatorischen Marsches, sie verlor das Recht, ihre eigenen Schicksale zu lenken, und befand sich in einer schlimmeren Lage als Völker, die niemals eine staatliche Existenz erlebt hatten. Während jene, als Unmündige, niemals ein Gefühl für ihre Selbstständigkeit hatten, wurde sie unter die demütigende Herrschaft von Fremden gestellt, wie ein unzurechnungsfähiger Verschwender, dem man die Rechte eines erwachsenen Menschen entzieht, nachdem er sie lange genossen hat. Sie hatte in sich nicht die Elemente, die es ihr erlaubt hätten, den Weg einer stufenweisen Rückkehr zu alter Kraft zu beschreiten und politisch neu geboren zu werden; sie zerrte von Zeit zu Zeit verzweifelt an ihren Ketten und trug in den langen Pausen zwischen diesen Anstrengungen untätig ihre Knechtschaft. Während sie sich immer mehr bemühte, sich mit diesem elenden Schicksal abzufinden, schuf sie sich langsam eine Art des Denkens, die ihr den endgültigen Abschied von einer historischen Rolle erleichterte. Schwäche nannte sie Edelmut, Feigheit nannte sie Besonnenheit, Dienst bei den Feinden bürgerliche Tätigkeit, Abtrünnigkeit wahren Patriotismus. Sie stellte fast alle politischen Begriffe auf den Kopf, sie begann in einer Welt von moralischem Wahn zu leben, und indem sie sich an diese Existenz anpasste, begann sie sogar in sich alle gesunden Neigungen, alle Äußerungen eines gesunden Selbsterhaltungstriebs auszutilgen.

Doch zugleich mit dieser kranken Entwicklung des polnischen Denkens begann, unter dem Einfluss einer Veränderung der rechtlichen und wirtschaftlichen Bedingungen, eine gesunde gesellschaftliche Entwicklung. Aus den über Jahrhunderte vernachlässigten Schichten der Nation, aus diesen unmündigen Elementen, die niemals über ihr Gemeinwesen geherrscht und nichts verschwendet haben, beginnt sich eine neue gesellschaftliche Kraft zu erheben, und auf ihrem Grund entsteht ein neues politisches Streben. Dies ist ein Umstand, der den ganzen nationalen Geist umbildet. Und je schneller das geschieht, umso besser für uns.

Zum gegenwärtigen Zeitpunkt, wo sich an der Basis, in den breiten Massen, neue Elemente einer nationalen Politik zu zeigen beginnen, gewinnt unsere Nation in ihnen die frische, breite Grundlage einer moralisch-politischen Wiedergeburt. Wenn das polnische Denken sie heute nutzt, dann werden wir schnell auf den Weg eines wirklichen, gesunden Schöpfertums gelangen und für den polnischen Geist wird eine neue Entwicklungsphase beginnen, die breite Horizonte der Tat vor ihm öffnet und zugleich eine einzigartige moralische Kraft gibt.

I. Auf den Abwegen unseres Denkens

Seit Langem schon habe ich das Gefühl, dass unser System des politischen Denkens – soweit überhaupt davon die Rede sein kann – überwiegend auf Lügen aufgebaut ist. In den wichtigsten Angelegenheiten, in Fragen, die den Kern des Wesens unserer nationalen Existenz, unserer Beziehung zu anderen Nationen und unserer Aussichten auf eine selbstständige politische und zivilisatorische Zukunft betreffen, geben wir uns völlig mit Ansichten zufrieden und mögen sie sogar am liebsten, die die Wirklichkeit allenthalben Lügen straft.

Ich empfand gegenüber diesen Lügen immer einen instinktiven Widerwillen, aber in meiner Jugend, als ich ihre Herkunft nicht verstand, war ich mir ihrer fundamentalen Bedeutung nicht bewusst. Sie nahmen in unserem politischen Denken einen so bedeutenden Platz ein, dass man kaum ahnen konnte, dass sich dahinter das völlige Nichts verbarg; der jugendliche Geist, der sich einen Weg des Denkens bahnte, war seiner selbst unsicher und wollte sie nicht angreifen, sondern umging sie eher mit Respekt. Doch je mehr ich das Leben kennenlernte, je mehr ich Erfahrungen bei der Arbeit unter den Meinen und Beobachtungen bei Wanderungen unter Fremden machte, je mehr unter diesen Einflüssen und mit wachsendem Alter die Urteilsfähigkeit heranreifte und die wichtigsten Merkmale männlichen Denkens annahm, umso mehr standen mir diese Konsequenzen, diese Lügen vor Augen, und ich fühlte ein immer größeres Bedürfnis, gegen sie zu kämpfen.

Durch den Vergleich meiner Nation mit fremden gelangte ich zu der Überzeugung, dass viele dieser Lügen nur unser Denken vergiften, dass der Unsinn, der anderswo nur von alten Jungfern und anderen Individuen wiederholt wird, die außerhalb der Gesellschaft leben und vom realen Leben abgetrennt sind, bei uns die Grundlage des Denkens von seriösen Menschen bildet, die die öffentliche Meinung lenken und der öffentlichen Arbeit vorstehen und die darauf historische Urteile und politische Hoffnungen bauen.

Diese Lügen sind oft ehrlich und ehrenwert, manchmal legitimieren sie sich mit ihrer Herkunft von großen Denkern einer vergangenen Epoche, manchmal stärken sie ihre Position, indem sie ihre Übereinstimmung mit dem Fortschritt aufzeigen und sich als das Ergebnis der moralischen Vervollkommnung der Menschheit präsentieren. Aber auch wenn unser hartes Leben bei jedem Schritt ihren tatsächlichen Wert enthüllt, schließen wir gewöhnlich trotzig die Augen und wiederholen unaufhörlich das Unsere, wie ein Mensch, der in einer Gefahr den Kopf verloren hat, nicht mehr denken kann und halb bewusst einige Sätze der Reihe nach wiederholt.

© BRILL SCHÖNINGH, 2023 | DOI:10.30965/9783657702916_004

Die Geschichte beweist immer klarer, dass z. B. die energische, rücksichtslose Politik Preußens, die mit Lüge und Treubruch arbeitet und vor der brutalsten Gewalt nicht zurückschreckt, dass diese Politik Preußen wirkliche Macht gegeben hat und trotz allem die Quelle der Wiedergeburt Deutschlands geworden ist; dass in der Zeit des Verfalls des bürgerlichen Geistes in Deutschland vor hundert Jahren, in der Zeit einer Erniedrigung, die nur Verachtung für den deutschen Namen erwecken konnte, einzig Preußen, genau das Preußen, das auf Gewalt, auf unserer Schädigung aufgebaut war, Beweise für einen ansehnlichen Patriotismus, für ein Verständnis der deutschen Interessen und sogar für ein gewisses Gefühl nationaler Würde abgelegt hat; dass danach dieses Preußen durch eine verständige und umsichtige Politik die zerstreuten Teile der deutschen Nation um sich gesammelt hat und dass es schließlich aus diesen Teilen das neue deutsche Kaiserreich aufgebaut hat, einen mächtigen Staat, auf gute Gesetze gegründet, in dessen Rahmen die deutsche Nation hervorragende Bedingungen für einen schnellen wirtschaftlichen und zivilisatorischen Fortschritt fand und sich allmählich wieder auf einen führenden Platz in der zivilisierten Welt geschoben hat. Dieses Zeugnis der Geschichte, dass jede Errungenschaft unabhängig davon, auf welchem Weg sie errungen wurde, zur Grundlage für den Erfolg einer Nation und ihren Fortschritt werden kann (also kann uns nicht die Rücksicht auf das Wohl der Nation, sondern nur der rein menschliche Widerwille gegenüber gewissen Mitteln davon zurückhalten, sie im nationalen Kampf zu gebrauchen), dass es also in den Beziehungen zwischen den Nationen kein Recht und Unrecht gibt, sondern nur Stärke und Schwäche, das hindert uns nicht daran zu wiederholen, dass das auf Unrecht gegenüber anderen aufgebaute Preußen den deutschen Geist vergiftet und demoralisiert hat, dass es in der deutschen Nation das große Denken und das edle Gefühl abgetötet hat, und vorauszusagen, dass all das die Quelle des Verderbens für ganz Deutschland werden wird.

Auch wenn wir im ganzen Verlauf der menschlichen Geschichte sehen, dass die Gebiete, die von einzelnen Völkern besetzt sind, sich ständig ändern, vergrößern, verkleinern oder verschieben, dass ein nationales Territorium niemals feste Grenzen besitzt, die am Anfang von der Vorsehung gezogen worden wären, sondern dass dieses Territorium von der inneren Spannkraft einer Nation abhängt, von ihrer Fähigkeit zur Expansion, dass entsprechend dieser Fähigkeit die einen Nationen sich ausbreiten, andere kleiner werden und sogar verschwinden, führen wir gedanklich immer öfter feste Grenzen zwischen Nationen ein, die niemand überschreiten darf, weder mit der Waffe noch mit der Fackel der Bildung in der Hand, und wir stützen unsere Hoffnung für die Zukunft darauf, dass eines Tages Grenzen allgemein anerkannt und geheiligt sein werden.

Die tägliche Erfahrung lehrt uns, dass es auf dieser Welt immer weniger Platz für Schwache und Wehrlose gibt, dass man denjenigen immer weniger Aufmerksamkeit schenkt, die passiv und mit Nachgiebigkeit Unrecht ertragen, aber das hindert uns nicht daran, unsere physische und moralische Schwäche zur Würde der Tugend zu erheben und von ihrem Standpunkt aus Urteile über das Verhalten anderer zu fällen.

Solche Lügen, die jedem ins Auge stechen, der nur das Leben anschauen will, gibt es viel im Inventar unseres Denkens, und jedem, der versucht, der harten, unerbittlichen Wahrheit unserer Existenz ins Auge zu schauen, drängen sie sich überall auf und bedecken den Horizont in naher Entfernung. Und selbst diejenigen Menschen, die sich vor der Wahrheit nicht fürchten, die kein Interesse daran haben, ihr aus dem Weg zu gehen, und die das Leben so sehen wollen, wie es wirklich ist, unterliegen dem allgemeinen Fluch, der auf unserem Denken liegt, und führen in die Kette ihres Denkens diese oder jene offenkundige Lüge ein, als wäre es ein tiefverwurzeltes Bedürfnis ihres Geistes.

Diese Lügen, die die Grundlage unseres Denkens bilden, üben damit einen ungeheuren Einfluss auf unsere Handlungen aus. Wenn wir uns nicht betrügen würden, wenn wir nicht vor dem Anblick der nackten Wahrheit zurückschreckten, sie nicht mit verblichenen Tüchern verhängten, dann würden wir leicht verstehen, dass unser Patriotismus, unsere Anhänglichkeit an die nationale Sache, unser Gefühl für bürgerliche Pflicht meistens auch eine Lüge ist; dass unser Handeln, das im öffentlichen Leben so wenig stattfindet, oft das Handeln einer Gesellschaft von Selbstmördern ist, aber nicht das einer Nation, die leben und mit anderen in den Wettbewerb zivilisatorischer Arbeit treten will. Und selbst wenn wir in uns weder Kräfte noch Fähigkeiten zu einem solchen Vorgehen fänden, wie es das Wohl der Nation erfordert, dann würde unsere Denkweise eine Atmosphäre hervorbringen, in der entsprechende Kräfte und Fähigkeiten entstehen und ohne Hindernisse wachsen würden. Geheiligte Lügen geben unserem Gewissen Frieden beziehungsweise sie schmelzen es um und erlauben vielen Menschen bei einer Handlungsweise zu verharren, die, um es beim Namen zu nennen, in unserer nationalen Lage ein öffentliches Verbrechen ist.

Als ich nach den Gründen für die Ausbreitung der Lüge bei uns suchte, fand ich sie sowohl in unserem Charakter wie im Denken. Um der Wahrheit nicht auszuweichen, wenn sie erschreckend ist, bedarf es eines ziemlich starken Charakters, aber in unserer Gesellschaft sind starke Charaktere eine ungeheure Seltenheit. Wir lieben Ruhe, Passivität; wir fürchten uns vor jeder Art von Kampf, wir ruhen uns mit Wohlgefallen regungslos aus oder wiegen uns auf der Welle, die uns trägt; und dort, wo das Gemeinwohl oder auch unser persönliches Wohl von uns eine mutigere Tat erfordert, schrecken wir vor ihr zurück, und da wir nicht den Mut haben, unsere Faulheit oder Unfähigkeit zuzugeben, beruhigen wir lieber unser Gewissen, indem wir uns und andere damit belügen, dass eine Tat unmöglich ist oder Schaden brächte.

Unser Denken besitzt in den gegenwärtigen Generationen eine besondere Eigenschaft. Die typischen Züge des polnischen Geistes, Klarheit, Nüchternheit, Realismus, die bei unseren Schriftstellern in allen geschichtlichen Perioden so klar zu Tage treten, zeigen sich heute in unserer Art, wie wir die wichtigsten Fragen der nationalen Existenz angehen, überhaupt nicht. Nationale Angelegenheiten sind ein Gegenstand, dem gegenüber der durchschnittlich gebildete Pole aufhört, ein realer, heutiger, moderner Mensch zu sein.

Wenn polnische nationale Angelegenheiten auf den Tisch kommen, Fragen unserer nationalen Politik, dann beginnen in unserem Vaterland Leute, die sich in Fragen der Technik, der Wirtschaft, oft sogar der Außenpolitik an die neuesten Ergebnisse der menschlichen Erfahrung halten, so zu denken, als ob die zweite Hälfte des 19. Jahrhunderts für sie nicht existierte. Über Russland, Deutschland, England, Frankreich können sie noch nachdenken, wobei sie zumindest teilweise das einbeziehen, was diese Länder im letzten halben Jahrhundert durchlebt haben, aber wenn es an Polen kommt, dann denken sie so, als ob sie zusammen mit ihm aus einem Schlaf von einem halben Jahrhundert aufwachten. So gerät Polen in eine Ausnahmesituation: Andere Nationen dürfen die schmutzigsten Interessen haben, nach Expansion streben; man hält es für völlig natürlich, dass sie eine starke staatliche Organisation haben; für Polen wäre das alles nach ihrer Überzeugung ungehörig, unvereinbar mit seinem Geist. Wie oft hört man Ansichten dieser Art: „Mir ist es lieber, dass wir die Unabhängigkeit nicht wiedergewinnen, als dass wir gezwungen wären, widerwärtige staatliche Institutionen zu schaffen und eine nichtswürdige Politik zu betreiben, die anderen schadet!“, „besser Unfreiheit als Herrschaft über andere“, wie oft erlegen wir uns selbst unter den gleichen Umständen, in denen wir es für völlig natürlich halten, dass jemand kämpft, die Verpflichtung auf, den Gegner zu moralisieren und ihn über christliche Grundsätze zu belehren...

Diese Unfähigkeit, über polnische Angelegenheiten genauso zu denken, wie andere Nationen über die ihren und wie oft auch wir selbst über deren Angelegenheiten denken, rührt meiner Ansicht nach vor allem daher, dass für uns nationale Fragen auf einer anderen Ebene lebendige Fragen sind, die sich von Tag zu Tag unter dem Einfluss der Veränderungen im Leben ändern, während die polnische Frage oft etwas Abgehobenes ist, ein literarisches Problem oder eine Idee, die wie ein religiöses Dogma angestrengt vor neuen Einflüssen bewahrt wird.

Woher stammt diese Einstellung?...

Ich habe den Eindruck, dass es zwei Hauptgründe dafür gibt. Der erste ist die Diskrepanz zwischen dem Leben und den Idealen. Nach dem letzten Aufstand tat sich ein solcher Abgrund zwischen dem auf, was die Nation ersehnte, und dem, was das Schicksal ihr bereitete, dass die Denkfähigkeit der Menschen nicht ausreichte, um ihn zu überbrücken. Zu schmerzhaft war es, das, was im Leben geschah, dem gegenüberzustellen, was das Denken sich erträumte. Äußere Kräfte schufen eine Wirklichkeit, die so weit von den nationalen Idealen entfernt war, dass diese sich nicht an sie annähern und sich mit ihr messen konnten: Das Leben schritt voran, doch das nationale Denken blieb kraftlos, bewegungslos, angeheftet an alte Ideale, und selbst wenn es sie verloren hatte, hielt es an alten Konzeptionen fest.

Dieser Grund wirkt hauptsächlich bei der älteren Generation, bei Menschen, die selbst näheren oder weiteren Anteil an den breitgefächerten nationalen Anstrengungen ihrer Zeit genommen haben, deren Kräfte und Geist sich in voller Entwicklung befanden, als die Katastrophe die Nation traf, als ein plötzlicher, fataler Wechsel in den Bedingungen der nationalen Existenz eintrat, oder bei denen, die beim Eintritt ins Leben eine frische Tradition der Katastrophe antrafen und sich in einer Atmosphäre von Schmerz und Enttäuschung fanden.

Bei der jüngeren Generation zeigte sich diese Wirkung unter dem Einfluss einer ganz anderen Ursache. Dank der Bedingungen der heutigen Erziehung, dank der meistens überfürsorglichen und ungeschickten Leitung des kindlichen Verstandes im Hause, dank des unsinnigen deutschen Schulsystems, das in allen drei Teilungsstaaten vorherrscht, dank der bewussten Verzerrung des Denkens in den russischen Schulen auf polnischem Boden können die Menschen der neuen Generation nur aus Büchern lernen. Aus dem Leben können sie nur Fakten aufnehmen – und auch das nicht immer –, die eine deutliche Illustration dessen sind, was sie aus den Büchern gelernt haben. Abgesehen davon können sie das, was sie sehen, weder wahrnehmen noch Schlüsse aus ihm ziehen. Es gibt wohl in keinem Land unter der Intelligenz eine so verhältnismäßig große Zahl von Menschen, die umfassende, aber oberflächliche Kenntnisse besitzt, die sie aus Büchern und Artikeln geschöpft hat, und die gleichzeitig so dumm in den elementaren Dingen des Lebens ist, vor allem denen des Gemeinschaftslebens. Diese neue Generation hat in verschiedenen abstrakten Fachgebieten modern denken gelernt, sie kennt, meistens schlecht, die neuen philosophischen, wissenschaftlichen und literarischen Richtungen, sogar die neuen sozialen Strömungen des Westens, und sie bildet sich oft ihre eigene, zumindest scheinbar eigene Meinung in diesen Dingen. Sogar über aktuelle Angelegenheiten, über das gesellschaftliche und politische Leben in der Fremde spricht sie manchmal wie ganz moderne Menschen. Alles das haben sie gelernt, denn sie hatten fertige Informationen und fertige Denkrezepte in Büchern, Broschüren und Artikeln. Aber über die für sie fundamentalsten Dinge, über die allgemeinen Angelegenheiten ihrer nationalen Existenz, wie sie heute das Leben verändert und produziert, hat niemand Bücher für sie geschrieben. Sie blieben also für sie blind, und in das Gesamt ihrer Begriffe dringt die eigene nationale Sache entweder überhaupt nicht ein oder sie dringt ein als eine tote Formel, nach einer Schablone, die im Westen noch im Jahr '48 geschaffen worden ist, oder als eine eher literarische Frage, die meist in ihrer Gesamtheit aus der großen Zeit unserer Dichtung übertragen worden ist, als der Patriotismus deren Hauptrichtung war. Wie viele Menschen gibt es, die, wenn sie von fremden Ländern sprechen, Staatsmänner und Geschichtsschreiber nennen, Fakten und Zahlen anführen, wenn wir sie aber auf die grundlegendsten Fragen der nationalen Existenz ansprechen, dann bringen sie nichts heraus außer Mickiewicz, Słowacki und Krasiński*!... Tatsächlich hat das Genie dieser letzteren tiefer in national-politischen Fragen geschürft als irgendeine andere Dichtung der Welt, tatsächlich sind wir noch so wenig gesellschaftlich sensibilisiert, so wenig politisch zivilisiert, dass wir, wenn wir „gute Polen“ sein wollen, uns aus dem Patriotismus eine Religion machen müssen, und jede Religion muss ihre heiligen Bücher haben. Aber selbst die religiösesten Menschen können Kirchen mit Elektrizität beleuchten, während wir in unserem nationalen Heiligtum immer noch alte Wachskerzen abbrennen.

Diese Unfähigkeit, über die Angelegenheiten der eigenen Nation in gleicher Weise zu denken, wie man über andere Nationen denkt, bringt uns notwendig dazu, unsere Gesellschaft als eine Nation mit Ausnahmecharakter zu behandeln, die außerhalb aller gesellschaftlichen Gesetze existiert, mit einem Wort als eine auserwählte Nation. Und hier liegt der Hauptgrund für die Neigung zum Messianismus bei einem gewissen Teil der heutigen Generation. Das Denken ist zu schwach oder zu faul, als dass es die allgemeinen Gesetze, die das Leben der Nationen regieren, auf eine Nation anwenden könnte, die in so außergewöhnlichen Umständen lebt wie die unsere; es will sich also einreden, dass diese Gesetze für uns nicht gelten, dass wir eine außergewöhnliche oder eine auserwählte Nation sind. In einem Moment guter Laune könnte man sagen, dass diese Idee einer auserwählten Nation bei uns so leicht übernommen wird, weil wir so eng mit den Juden zusammenleben: Nur weil sie sich für eine Nation halten, die auserwählt ist, anderen zu schaden und sie auszubeuten,

* Adam Mickiewicz (1798-1855), Juliusz Słowacki (1809-1849), Zygmunt Krasiński (1812-1859), polnische Dichter der Romantik.

wollen wir ihnen keine Konkurrenz machen und die Beziehungen mit ihnen nicht verderben und halten uns für dazu auserwählt, Unrecht zu erleiden.

Ich fürchte, man wird mich bezichtigen, dass ich hier in billiger Weise, in ein paar Zeilen mit einem so großen und komplizierten Phänomen des polnischen Geistes abrechnen wollte, wie es der Messianismus ist. Es geht mir nur um gewisse Elemente des Messianismus in der Art und Weise, wie viele heutige Menschen die nationalen Angelegenheiten auffassen, Elemente, die der Ausdruck einer gedanklichen Passivität sind und die außer dem Anschein nichts mit dem Produkt des tragischen Ringens großer Geister zu tun haben, die sich bemühten, einen Ausweg aus dem Labyrinth der Widersprüche zu finden, als das sich ihnen die Existenz des eigenen Vaterlands darstellte.

In der Zeit zwischen dem Aufstand der Legionen* und dem Jahr '63 war Polen ein zu absonderliches, unvergleichbares gesellschaftliches Gebilde, als dass der menschliche Verstand sein Wesen hätte begreifen und für es einen Platz in der Reihe der Völker finden können. Egal, welche Formel man für es geschaffen hätte, immer hätte sich im Leben etwas gefunden, was dem entgegenstand. Es war einfach unmöglich, sich klar zu werden über seine physischen Kräfte oder über die Art der gesellschaftlichen Organisation oder über den Grad der Zivilisation oder über das moralische Niveau oder über das Ausmaß des geistigen Lebens. Überall gab es Widersprüche, überall Fragen ohne Antwort. Unsere Ansichten über unser eigenes Vaterland schwankten zwischen standhaftem Glauben an eine große Zukunft und äußerster Verzweiflung und Hoffnungslosigkeit, die Ansichten anderer über uns zwischen höchster Bewunderung und höchster Verachtung. Da war es gewissermaßen notwendig, in der Dichtung, in prophetischen Offenbarungen eines Genius Antworten auf das zu suchen, auf das die Wirklichkeit nicht antworten konnte.

Heute haben sich die Zeiten geändert. Das Leben schreitet schnell voran, es nimmt die einen Elemente nationaler Existenz weg und schafft andere. Institutionen, die den früheren Bau der Gesellschaft und die frühere Art von Verhältnissen getragen haben, sind zusammengebrochen; der Umbruch bei den Kommunikationsmitteln hat das Land eng mit dem Ausland verbunden und die Gesellschaft in das wirtschaftliche Leben Europas hineingezogen, wodurch es notwendig wurde, sich schnell an die modernen Bedingungen des Wettbewerbs anzupassen: Gesellschaftliche Netzwerke, die im alten Polen im Verschwinden waren, begannen sich schnell zu entwickeln, während solche,

* In den Jahren 1797-1814 kämpften polnische Truppeneinheiten unter dem Namen „Legionen" an der Seite französischer Truppen zunächst in Italien, später auch in Preußen, Polen, Spanien und Russland gegen Armeen der Teilungsmächte Österreich, Preußen und Russland.

die gewuchert waren, einer ständigen Verkleinerung unterlagen und unterliegen. Die Nation beginnt sich in den allgemeinen europäischen Typ einzupassen, sie hört auf, eine unvergleichbare Größe zu sein.

Für viele Menschen ist das Anlass zur Sorge: Wir verlieren unsere Originalität, wir werden langsam zu einer ebenso schablonenhaften Masse wie die Nationen Westeuropas. Indessen verlieren wir eher unsere Monstrosität und werden langsam fähig zum Leben, werden eine gesunde, normale Gesellschaft, die insoweit gesund und normal ist, wie die anormalen Lebensbedingungen es erlauben. Damit nicht genug, wir werden langsam immer mehr zu einer Gesellschaft in der höheren, gegenwärtigen Bedeutung dieses Wortes. Immer stärker sind die inneren Bande, die uns zu einem homogenen Ganzen verbinden, Bande, die ihrem Wesen nach nicht freiwillig sind, sondern aus einem System gesellschaftlicher Beziehungen erwachsen, aus der Abhängigkeit des Einzelnen vom Ganzen, also Bande, die sicherer, dauerhafter und weniger abhängig von der momentanen Stimmung der Geister sind.

Diese innere Wandlung, die heute mit ungeheurer Schnelligkeit vor sich geht, hat schon eine Veränderung bei dem Verhältnis Fremder zu uns hervorgerufen: Außer Menschen, die zu der in Europa aussterbenden Generation gehören, ist niemand von uns begeistert, niemand bewundert uns, aber wir hören auch immer seltener Worte der Verachtung und Geringschätzung; und in der letzten Zeit, nach einer Periode, in der wir völlig vergessen waren, in einer Generation, die erst jetzt von unserer Existenz erfährt, erscheint eine neue Vorstellung von uns, die noch nicht frei ist von Reminiszenzen, die sich aber schon mit einer gelassenen Einschätzung unseres wirklichen Wertes verbindet. Umso stärker muss sich diese Änderung in unserem eigenen Verständnis nationaler Angelegenheiten niederschlagen. Wir müssen unbedingt in den gleichen politischen Kategorien zu denken beginnen, in denen der heutige zivilisierte Mensch denkt, und da wir schon in einem großen Bereich der Beziehungen das gleiche Maß für die Fremden haben, können wir bereits bis zu einem gewissen Grad unseren relativen Wert einschätzen, unsere Kraft, Lebenstüchtigkeit, Fähigkeit zum Fortschritt, wir können uns darüber klar werden, worin unsere Besonderheit, unsere nationale Individualität besteht, kurz, wir können uns der Bestimmung des Standorts annähern, den wir unter den zivilisierten Völkern einnehmen, und uns den Weg der künftigen Entwicklung vorzeichnen.

Die Art unseres nationalen Zusammenlebens ändert sich offensichtlich so schnell, dass menschliche Gehirne mit diesen Änderungen nicht Schritt halten können, und zwar gerade die Gehirne des intelligentesten Teils der Gesellschaft, auf denen die Last der Tradition von Jahren liegt, die zeitlich noch gar nicht so lange vorbei sind, aber lange vorbei im Hinblick auf den Inhalt und die Physiognomie des Lebens. In den jungen Schichten, die schwächer mit dieser Tradition verbunden sind, bilden sich diese Begriffe im Anschluss an neue Elemente des Lebens, während es in den Kreisen der ehemals adligen Intelligenz wimmelt von Don Quijotes, die hartnäckig alte Ideale, alte Konzepte und alte, verblichene Phrasen zur Schau tragen. Von den neuen Äußerungen des geistigen Lebens nehmen sie das, was ihnen hilft in alten Illusionen zu verharren, sie nehmen die Ausgeburten von krankhaften Individuen, die keinerlei tieferen Sinn haben, exotische Erzeugnisse oder gewöhnlichen, banalen Humbug. Von dem aber, was die Achse des heutigen Lebens darstellt, wenden sie sich ab, oder wenn sie etwas sehen und verstehen, dann niemals etwas, was mit der eigenen Nation zu tun hat.

Menschen, deren größter Ehrgeiz es ist, alle neuesten Erfindungen zu kennen, alle neuesten Äußerungen des geistigen Lebens der Menschheit, alle Strömungen und Rinnsale, alle Bereiche des Modernismus, und die gerne jede dieser Neuheiten auf unseren Boden verpflanzen würden, können und wollen sich nicht in das vertiefen, was der Kern des heutigen Lebens der Nationen ist, oder darüber nachdenken, inwieweit ihre eigene Nation in dem modern ist, was die wichtigste Grundlage des gegenwärtigen Lebens und Denkens ist. Und in diesen Bereichen bleiben sie um ein volles halbes Jahrhundert zurück, ohne sich dessen bewusst zu sein, ohne sich Rechenschaft darüber abzulegen, dass ihre Ansichten nichts anderes sind als die unveränderten Gedanken unserer Dichtung oder der europäischen Revolution in der Mitte des letzten Jahrhunderts, als das politische System Europas auf ganz anderen Grundlagen ruhte und Polen sogar einen anderen gesellschaftlichen Aufbau hatte als heute.

Die gleichen Begriffe, die ein imponierender Ausdruck großen Geistes in der letzten Epoche des nationalen Lebens oder der mächtigen Bewegung der Völker in einem schon seit mehreren Jahrzehnten abgeschlossenen Zeitraum der europäischen Geschichte waren, sind für heutige Menschen, unter modernen Bedingungen, angesichts einer neuen Lebensart, lächerliche Fetzen, in die sich ein schwacher Geist kleidet, der nicht fähig ist, sich mit der Wirklichkeit, mit ihren Problemen und Aufgaben zu messen.

II. Der Nationalcharakter

Um ein modernes Leben im vollen Sinn leben zu können, um von sich so viel geben zu können, wie unter den gegenwärtigen Umständen sowohl der Einzelne als auch die Gesellschaft geben muss, um auf diese Weise effektiv mit anderen Nationen konkurrieren und sich eine bessere Zukunft sichern zu können, fehlt es uns nicht nur an der ausreichenden Kultur, nicht nur an der entsprechenden Erziehung, sondern es fehlen uns einfach gewisse Vorzüge des Charakters.

Wir machen uns in dieser Hinsicht zu wenige Gedanken über uns und wir kennen uns zu wenig; andererseits reisen wir wenig und reisen ohne Verstand, weshalb wir andere Nationen nicht kennen. Wir wissen also nicht, was unsere Unterlegenheit ausmacht und was in der Konkurrenzsituation des heutigen internationalen Lebens Überlegenheit ausmachen kann.

Wir haben zwar ein unklares Gefühl von den Mängeln unseres Charakters, ein Gefühl, das oft die Quelle von völliger Mutlosigkeit im Hinblick auf unsere Zukunft ist, aber wenn es darauf ankommt, die Dinge deutlich beim Namen zu nennen, geben wir uns gewöhnlich mit Gemeinplätzen zufrieden und versuchen nicht, die Mängel genauer zu umschreiben oder uns bewusst zu machen, woher sie kommen, inwieweit sie allgemein und inwieweit sie dauerhaft sind.

Die Reaktion nach dem Aufstand bestand bei uns unter anderem in einer übertriebenen Selbstkritik. Zwei Schulen, die Krakauer Stańczyken* und die Warschauer Positivisten, begannen gleichzeitig, jede auf ihre Weise, die Seele der Nation ihrer schönen Kleider zu berauben, in die sie Liebe und Phantasie gekleidet hatten. Sie begannen zu zeigen, dass wir schlechter seien als andere, dass es unsere erste Aufgabe sei, unseren Charakter zu bessern und zu reformieren, die nationalen Fehler auszutilgen und von den Fremden das zu lernen, was ihre Vorzüge ausmacht.

Diese Reaktion gelangt gegenwärtig an ihr Ende, aber das von ihr aufgeprägte Denken arbeitet immer noch in diese Richtung. Inzwischen beginnt auf der Bühne bereits eine neue Generation zu erscheinen, die den Glauben an die Kräfte, Fähigkeiten und Vorzüge der Nation mitbringt, der oft sogar einhergeht mit einer Neigung, den polnischen Charakter zu idealisieren, der nicht nur versucht, unsere geistige Eigenheit zu bewahren und zu entwickeln, sondern den

* Gruppierung von konservativen Intellektuellen in Krakau seit den 1860er Jahren, die die Polen selbst für die Teilungen Polens verantwortlich machten und sich für Loyalität der Polen in Galizien zur österreichischen Herrschaft aussprachen.

 | DOI:10.30965/9783657702916_005

polnischen Typ über andere stellt. Während man einerseits immer noch davon spricht, man müsse seinen Charakter fast aufgeben und sich einen neuen aneignen, werden andererseits die polnischen Fähigkeiten und der polnische Charakter als außergewöhnlich hoch erhoben, und man spricht nur von der Notwendigkeit, das zu stärken und zu entwickeln, was unsere nationale Identität ausmacht.

Überhaupt kommen wir mit der Frage des polnischen Nationalcharakters nicht zurecht. Wir wissen nicht, ob er unsere Last oder unser Schatz ist, ob wir stolz auf ihn sein oder uns seiner schämen sollen. Wir sagen, wir seien ungewöhnlich starke Individualisten, aber zugleich räumen wir ein, dass wir schwache Charaktere sind; wir betonen, dass der Pole zu sehr immer er selbst ist, als dass er gemeinschaftlich, in einer Organisation handeln könnte, aber ein andermal klagen wir, dass wir Zwang, Sporen oder grob gesagt die Peitsche brauchen, weil wir andernfalls träge werden; die einen sagen, wir hätten einen sehr ausgeprägten, dauerhaften, sich seit Jahrhunderten nicht ändernden Charakter, die anderen sagen, wir hätten ihn keineswegs...

Wie soll man sich in diesem Labyrinth nicht verlieren? Wie soll man aus diesem Chaos von Widersprüchlichkeiten herauskommen, die bei der Einschätzung von fast allen Seiten unseres Charakters zu Tage treten. Denn hören wir z. B. nicht, dass wir die Nation seien, die am meisten die Freiheit liebt, und zugleich, dass niemand sich so wie wir demütigen und den Nacken unter das Joch beugen könne? Dass wir die ritterlichste Nation und außergewöhnliche Feiglinge seien, dass wir die glühendsten Patrioten seien und am leichtesten öffentliche Angelegenheiten zugunsten von privaten verraten?...

Die Frage des Nationalcharakters ist kein rein literarisches Problem, das für die Lebenspraxis, für die aktiven Menschen keine Bedeutung hat. Wenn wir irgendetwas Dauerhaftes aufbauen wollen, ob es nun um ein Aktionsprogramm in irgendeinem Bereich geht oder um den Aufbau einer Institution von größerer Bedeutung oder schließlich um den selbstständigen Bau eines Staates, für die eigentlich jegliche wahre nationale Tätigkeit eine Vorbereitung ist, müssen wir immer und vor allem mit dem Nationalcharakter rechnen, mit den Fähigkeiten und moralischen Eigenheiten unserer Rasse, denn anders wird die Organisation nicht ordentlich funktionieren und sogar ihre Existenz wird von kurzer Dauer sein.

Was ist der polnische Nationalcharakter?

Wenn man vom Charakter der Deutschen, Franzosen oder Engländer spricht, dann sucht man Eigenschaften, die den Mitgliedern der verschiedenen Schichten der jeweiligen Nation gemeinsam sind und sieht deren Gesamt als den nationalen Charakter an. Daneben unterscheidet man in jeder Nation soziale und ständische Typen. Wenn wir von den Charaktereigenschaften sprechen, die den Franzosen aller Stände gemeinsam sind, dann vergessen wir nicht, dass der Typ des französischen Bourgeois vom Typ des französischen Adligen enorm weit entfernt ist. Bei uns wird das anders aufgefasst. Bei uns gilt als nationaler Charakter der Charakter des polnischen Adligen, denn bis vor Kurzem wurde die Nation praktisch ausschließlich vom Adel gebildet. Dabei mischt man den ständischen Typ mit dem nationalen Typ und meint, dass die grundlegenden Eigenschaften des polnischen Charakters die seien, die sich in einer gesellschaftlichen Schicht unter dem Einfluss von deren besonderen Lebensbedingungen entwickelt haben und die bei einer Änderung dieser Bedingungen zum schnellen Untergang verurteilt sind.

. . . .

Die Bedingungen, unter denen der Typ des polnischen Adligen gewachsen ist und sich psychisch vollendet hat, waren so verschieden von allen anderen in der zivilisierten Welt, dass sein Charakter etwas enorm Verschiedenes von allem werden musste, was wir anderswo antreffen. Aber es ist ein großer Fehler, die Charaktermerkmale, die infolge dieser besonderen Bedingungen entstanden, für die grundlegenden Eigenschaften unserer Rasse zu halten. Diese Bedingungen gibt es nicht mehr, und in der Folge verschwindet langsam auch der Typ, den sie hervorgebracht haben; sie werden sich auf unserer Erde nicht wiederholen, und so wird auch der Typ nie wiederkommen.

Der polnische Adel war ein völlig anderes gesellschaftliches Gebilde als der Adel anderer Nationen. Er war dazu berufen, einen Staat an den Grenzen der Zivilisation zu organisieren und zu erhalten, in einem Land, in dem das europäische wirtschaftliche Leben und sein Milieu, die Städte, erst am Anfang der Entwicklung standen, und so gewann der Adel eine unbeschränkte Macht. Dabei kam ihm der Umstand zu Hilfe, dass in der geschichtlichen Phase, als sich das Schicksal des bürgerlichen Elements in Polen entschied, dieses letztere, das hauptsächlich aus dem Ausland, aus Deutschland, stammte, noch nicht ausreichend polonisiert und mit dem Land verbunden war, um sich in seinen Rechten stark zu fühlen und größere politische Ambitionen zu zeigen. Der Adel nutzte diese Macht aus, um die Entwicklung der Städte aufzuhalten und sie völlig zugrunde zu richten. Das wäre unter normalen Bedingungen für lange Zeit unmöglich gewesen, denn die wachsende Produktivität des Landes, seine Handelsbeziehungen mit dem Osten und Westen, hätten mit der Zeit ein Anwachsen der Macht des Bürgerstandes mit sich gebracht. Tatsächlich besaß Polen ein zahlreiches und in den letzten Jahrhunderten der Adelsrepublik schnell wachsendes Element, das bereit war, zu einem Surrogat des Bürgertums zu werden, aber keine Ambitionen auf die politische Macht oder auf Einfluss auf die Schicksale des Staates zeigte. Dieses Element waren die Juden. Nur durch sie, durch ihre Hilfe, war der Adel in der Lage, die Städte vollständig zugrunde zu richten, sich in ihnen eines politischen Rivalen zu entledigen und sich bis zum Ende die ausschließliche, ungeteilte Regierung in der Adelsrepublik zu sichern. In dieser Existenz einer zahlreichen jüdischen Bevölkerung, die keine Gemeinschaft mit der Nation wollte und die deshalb keinerlei politische Ambitionen hatte und nur nach der materiellen Ausbeutung des Landes und seiner Bevölkerung strebte, lag die letztlich wichtigste Quelle der besonderen Verhältnisse des historischen Polens. Durch die Juden blieb Polen bis zur Mitte des 19. Jahrhunderts eine adlige Nation, und sogar noch länger, denn in gewissem Maß ist es das bis heute; wenn sie nicht gewesen wären, dann hätte der Teil der polnischen Bevölkerung, der die von ihnen beherrschten gesellschaftlichen Funktionen übernahm, sich als eine mit dem Adel konkurrierende politische Kraft organisiert, als der dritte Stand, der bei der Entwicklung der europäischen Gesellschaften eine so bedeutsame Rolle gespielt hat und zum Hauptfaktor des modernen gesellschaftlichen Lebens wurde. Wenn sie nicht gewesen wären, dann wäre das Erscheinen des Bürgertums auf der Bühne in der Zeit des Vierjährigen Sejms* ein unvergleichlich mächtigeres Phänomen gewesen, wenn es nicht schon wesentlich früher stattgefunden hätte.

Das hatte Folgen, die für das Schicksal des polnischen Staates entscheidend wurden.

Wir wurden zu einer unvollständigen Gesellschaft: Ein ganzer Zweig der wichtigsten und kompliziertesten wirtschaftlichen Funktionen ging in die Hände eines Elements über, das nicht zur Gesellschaft gehörte. Aber die Schicksale der Nation und des Staates ruhten in den Händen einer einzigen Schicht, die selbst unter exotischen Bedingungen lebte, welche keine Bemühung erforderlich machten, um Macht und Privilegien zu behalten. Genau dies entschied über den psychischen Typ des polnischen Adligen, des Typs, nach dem wir unseren nationalen Charakter zu umschreiben pflegen.

Auch wenn man oft die Ansicht hören kann, dass der Nationalcharakter etwas Dauerhaftes ist, das über Jahrhunderte keiner Änderung unterliegt, so widerspricht dem die Wirklichkeit doch sehr deutlich. Vor allem bestehen die heutigen Nationen nicht aus einem einheitlichen rassischen Material, und verschiedene rassische Bestandteile einer Nation können unter verschiedenen gesellschaftlichen Bedingungen ihre Rolle und den Grad ihres gesellschaftlichen Einflusses ändern und dadurch dem Nationalcharakter ein stärkeres oder schwächeres Gepräge geben. Ein heutiger Franzose ist z. B. in vieler Hinsicht eine Negation der Begriffe, die uns unsere Väter über den Nationalcharakter der Franzosen überliefert haben. Sie haben sich diese

* 1788-1792.

Begriffe gebildet, als der Adel den Ton des französischen Lebens angab; dann kam die Revolution, die den Adel von der Bühne fegte und an ihre Stelle andere Schichten brachte, die sich von ihr nicht nur durch die gesellschaftliche Rolle unterschieden, sondern auch durch die Herkunft, die Rasse; denn der Adel war auf einem riesigen Gebiet Frankreichs ein zugewandertes Element, das sogar einen ganz anderen physischen Typ als der Rest der Gesellschaft darstellte.

Selbst wenn man die großen Umwälzungen übergeht, können die sich langsam ändernden gesellschaftlichen Bedingungen es mehr oder weniger begünstigen, dass derjenige Bestandteil der Bevölkerung ein Übergewicht gewinnt, der angeborene Eigenschaften besitzt, die ihn dazu befähigen, unter den gegebenen Bedingungen nach oben zu kommen. In der Gesellschaft findet, wie in der Natur, eine Auslese statt, die sich aus der geringeren oder größeren Lebensfähigkeit verschiedener rassischer Typen ergibt. Unsere Nation ist rassisch keineswegs einheitlicher als andere: Slawische Elemente mischen sich in ihr mit einer beträchtlichen Beimischung von germanischen Elementen verschiedener Herkunft, von oberdeutschen bis skandinavischen, finnischen in großer Zahl, litauischen, tatarischen, mongolischen usw.; die jüdische Beimischung existierte früher in geringerem, wächst aber nun in größerem Umfang. Aufgrund dessen, dass wir historisch jünger sind und dass wir ein weniger kompliziertes wirtschaftliches Leben gelebt haben, sind diese Elemente bei uns weniger verschmolzen als in westlichen Gesellschaften, weshalb wir sogar noch weniger einheitlich als diese sind. So können Elemente, die früher eingeschränkt wurden, heute unter günstigen Bedingungen nach oben gelangen und dadurch dem Nationalcharakter ein stärkeres Gepräge geben. Denn wer würde bestreiten, dass bei der heutigen Art des Wirtschaftslebens und zum gegenwärtigen Zeitpunkt der wirtschaftlichen Entwicklung Menschen mit einer Beimischung deutschen oder jüdischen Blutes leichter als andere bei uns ein Auskommen gewinnen? Zwar kann der Hauptgrund auch in der Herkunft aus Stämmen liegen, die eine größere wirtschaftliche Übung haben als der polnische, aber etwas muss man auch auf rassische Fähigkeiten zurückführen.

Andererseits müssen gesellschaftliche Bedingungen einen erzieherischen Einfluss auf den Charakter einer Nation haben und ihn selbst bei Einzelnen in diese oder eine andere Richtung formen. So muss sich mit dem Maß der Änderung des gesellschaftlichen Lebens auch der Nationalcharakter entsprechend ändern.

In unserem Nationalcharakter oder eigentlich in dem, was wir für unseren Nationalcharakter halten, können wir vieles verstehen, wenn wir genauer über den Einfluss der Lebensbedingungen des polnischen Adligen auf dessen psychischen Typ nachdenken.

Wie eine organische Entwicklung in einer immer stärkeren gegenseitigen Abhängigkeit der Gewebe, Organe und der sie bildenden Zellen besteht, so führt die Entwicklung einer Gesellschaft zu einer immer stärkeren gegenseitigen Abhängigkeit der verschiedenen Schichten und der sie bildenden Einzelpersonen. Je weiter eine Gesellschaft in der Entwicklung fortgeschritten ist, je mehr sie eine Gesellschaft ist, umso weniger ist der Einzelne in Beziehung auf die anderen Mitglieder der Gesellschaft das, was er sein will, und umso mehr das, was er sein muss. Davor muss man sich nicht fürchten, denn dieser gesellschaftliche Zwang führt zur Unterwerfung derjenigen Lebensbereiche unter das Muster, die mehr an der Oberfläche liegen, berührt aber nicht das tiefere Wesen der Seele, und dort, wo diese stark ist, erleichtert er nur die Entwicklung ihrer individuellen Eigenheit auf den höheren Ebenen. Die Engländer sind z. B. die Gesellschaft, in der der gesellschaftliche Zwang und damit die Formalisierung der äußeren Seite des Lebens am stärksten ist, aber dennoch begegnen wir nirgends geistig so starken Persönlichkeiten wie in England.

In der Adelsgesellschaft in Polen war die gegenseitige Abhängigkeit der Einzelnen unerhört schwach, so schwach, dass dies keine Gesellschaft in der vollen Bedeutung des Wortes war. Dadurch, dass ein ganzer Bereich von gesellschaftlichen Funktionen ersten Ranges an ein fremdes Element übertragen wurde, das durch keine moralischen Bande mit dem Rest der Bevölkerung verbunden war, isolierte sich die Adelsgesellschaft massiv vom Rest der Nation und schuf sich in den durch niemand angefochtenen Privilegien geradezu Treibhausbedingungen für ihr Leben, das sie ohne Konkurrenz führte, ohne Kampf, ohne Energieaufwand, ohne von ihren persönlichen Vorzügen Gebrauch zu machen und ohne sich durch ihre Fehler und Schwächen dem Untergang auszusetzen. Das Schicksal eines durchschnittlichen Adligen hing überhaupt nicht von den Fähigkeiten und Eigenschaften seines Charakters ab, es war durch die Privilegien und den Standard des Lebens so abgesichert, dass persönliche Eigenschaften wenig Einfluss auf ihn hatten: Er konnte ein Genie oder ein Idiot sein, ein Mensch von christusähnlicher Moral oder ein Schuft, ein Ausbund von Energie oder ein Waschlappen, und schließlich konnte er am Ende, in der Zeit des Untergangs, genauso gut ein Feigling wie ein Ritter sein, so konnte er doch immer nach dem adligen Standard unter den adligen Brüdern leben, denn dadurch, dass er ein Adliger war, war er Mitglied der Familie.

Und so war es tatsächlich. Wo die Äcker aneinandergrenzten, saß neben einem Gebildeten ein Ignorant, neben einem Tugendhaften ein Schurke, neben einem Tüchtigen ein Feigling und Waschlappen; oft nahmen sie beide unter den adligen Brüdern die gleiche Stellung ein, beiden ging es gleich glänzend.

Vergleichen wir diese Situation mit der Situation z. B. eines Kaufmanns. Ein solcher darf nicht dumm sein, aber geistig auch nicht zu raffiniert; er darf nicht unehrlich sein, aber es käme auch schlecht, wenn er ein Idealist wäre; er darf nicht schlaff sein, aber eine Energie, die den Rahmen sprengt, würde ihn auch ruinieren. Mit anderen Worten, er muss etwas vorstellen, während der polnische Adlige sehr wenig musste und vor allem der war, der er sein wollte. Wenn er über Büchern sitzen wollte, dann saß er, wenn er die Kunst des Lesens und Schreibens verschmähen wollte, konnte er sie verschmähen; wenn er ein Wohltäter seiner Umgebung sein wollte, dann war er es, wenn er für sie eine Plage sein wollte, konnte er das auch; wenn er sein Leben für das Vaterland geben wollte, dann gab er es, wenn er das Vaterland verraten wollte, dann verriet er es. „In Polen macht es jeder, wie er will", sagte ein Sprichwort.

Und hier liegt das Geheimnis unseres Individualismus, dessen wir uns zu sehr rühmen, wie es scheint, indem wir ihm alle Willkür, Launenhaftigkeit und Phantasie zusprechen, die üppige Blüten treibt, wenn sie auf keine Hindernisse trifft. Schließlich war dieser polnische Adlige aus den letzten Zeiten der Adelsrepublik und aus der Zeit nach den Teilungen bei all seiner üppigen Individualität ein Kind, ein Wesen ohne Charakter, das unter jedem Druck umknickte oder eher weglief. In seiner geistigen Individualität war er ein Riese, aber ein Riese wie ein Dodo, jener Vogel aus der Familie der Tauben, der dadurch zu einem Riesen heranwuchs, weil er auf seinem Sitz auf den Inseln des Ozeans keine Rivalen hatte, weil niemand ihn daran hinderte herumzuspringen. Nachdem die Inseln entdeckt waren und der Mensch dort erschien, starb die Art des Dodo sehr schnell aus; der Typ des polnischen Adligen ist mit dem Übergang des Landes zu modernen Lebensstandards ebenfalls in der Mehrheit bereits von der Bildfläche verschwunden, in seinen Resten stirbt er weiterhin unaufhaltsam aus.

Der polnische Adlige hatte, zumal in den letzten Jahrhunderten des Bestehens der Adelsrepublik, keine Entsprechung in irgendeiner der europäischen Gesellschaften. Dort war die Situation des Adels anders: Anders war das Verhältnis zum Rest der Gesellschaft, anders zur Königsmacht, es gab andere Rechte, andere Pflichten gegenüber dem Staat und schließlich andere Bedingungen des wirtschaftlichen Lebens. Dort musste er um das kämpfen, was er haben wollte, er musste unter Anstrengung seine Privilegien verteidigen, in Polen lebte er dagegen wie eine Treibhauspflanze, ohne Konkurrenz, ohne Kampf, ohne Gefahr, das zu verlieren, was er besaß; in politischer Hinsicht nahm das Recht, oder eigentlich die Privilegien, ihn immer mehr in Schutz, in wirtschaftlicher Hinsicht der Jude. Am Ende schützte er sich sogar vor dem Kampf gegen die Feinde des Staates, indem er seinen Königen sagte, dass er keine Kriege führen wolle. Unter diesen Bedingungen musste er die geistigen Eigenschaften verlieren, die einen Menschen zu ständiger Anstrengung fähig machen, die es ihm ermöglichen, bei jedem Schritt auf äußeren Druck zu reagieren. Das förderte das Heranwachsen von breitangelegten Naturen, aber nicht von solchen, die konzentriert und voller Elan waren, sondern von solchen ohne Beharrlichkeit, phantastisch, launenhaft, inkonsequent und leichtsinnig. Bis heute ist bei uns ein Mensch eine Seltenheit, der sich zusammenreißen und sich unter Kontrolle halten kann; und bis heute hängt bei uns alles in erster Linie von der guten oder schlechten Stimmung ab, von der momentanen Gemütsverfassung, einfach von der Laune. In den wichtigsten Angelegenheiten leben wir zwischen Begeisterung und Überdruss.

Der psychische Typ des polnischen Adligen stirbt sehr schnell aus, zumal seit in polnischen Landen die Fronarbeit abgeschafft ist. Teilweise haben sich seine Eigenschaften bei der polnischen Intelligenz adliger Abkunft erhalten, sogar bei der, die das Schicksal von ihrem Land verbannt hat, und viele von ihnen unterliegen den verderblichen Einflüssen des modernen Lebens. Umso stärker ist auch die Illusion, dass es sich hierbei um die wesentlichen Eigenschaften des polnischen Charakters überhaupt handelt. Zur Förderung dieser Illusion fügt man hinzu, dass unser Bauer die gleichen Charaktereigenschaften hat, und zur Illustration führt man Beispiele von Bauern an, die zu Reichtum gekommen sind und alle Laster des Adels aufweisen. Diese Beispiele haben keine Bedeutung. Man kann auf Deutsche verweisen, die in der ersten oder zweiten Generation polonisiert sind und die sich praktisch in nichts von polnischen Adligen unterscheiden. In einer Gesellschaft, in der das adlige Element den Ton im Leben angibt – und so ist es bei uns, auch heute noch – passen sich alle Schichten, die nach oben kommen, unwillkürlich dem Adel an. Selbst ein Jude, der ein Landgut gekauft hat, lässt sich einen Schnurrbart wachsen und macht mit schwungvollen Bewegungen eine gute Figur.

Doch das Leben geht seinen eigenen Gang. Veränderungen der Gesetze und der wirtschaftliche Fortschritt nähern unser Land den anderen europäischen Ländern an. Es beginnt sich der Typ eines polnischen Kaufmanns, Unternehmers, Technikers, Kontoristen usw. zu entwickeln, der seinen Entsprechungen in anderen Gesellschaften ähnlich ist; auf dem Land beginnen statt des adligen Herrn moderne Typen zu erscheinen, die noch nicht ganz die reine Form erreicht haben: der Agrarier als Großproduzent und der Farmer als ein kleinerer. Wenn diese gesellschaftliche Umwandlung vollendet ist und wir dann entsprechende gesellschaftliche Typen in unserer und in anderen Gesellschaften vergleichen und bemerken, worin sie sich von diesen unterscheiden, dann werden wir erkennen können, was tatsächlich unser nationaler Charakter ist oder eher was dieser Charakter sein wird, denn er verändert sich heute schnell.

Es muss gesagt werden, dass wir einen bedeutenden Teil der Charaktereigenschaften, die sich später im polnischen Adel so üppig entwickelten, in gewissem Maß schon am Anfang unserer Geschichte aufgewiesen haben. Wir gehörten zum Typ der passiven Völker, die friedlich veranlagt waren, von den Früchten der Natur lebten und keine Beute suchten, zum Typ der Angegriffenen und nicht der Angreifer. Zweifellos bildete dieser angeborene Charakter unseres Stammes eine hervorragende Grundlage für die Entwicklung des Adelstyps. Aber andererseits sollte man nicht vergessen, dass wir auch wieder nicht eine völlig passive Spezies waren, denn wir haben schließlich einen Staat geschaffen – wobei es weniger wichtig ist, ob durch Überfall oder ohne –, einen Eroberungsstaat, der über längere Zeit eher die Nachbarn überfiel als dass er von ihnen überfallen wurde. Außerdem sollten wir nicht vergessen, dass die preußische Gesellschaft, die das extreme Gegenteil von unserem Adelstyp ist, sich in bedeutendem Maß aus dem gleichen rassischen Material gebildet hat wie unsere, dass die heutigen Preußen, die uns so verhasst sind, aber uns zugleich in vieler Hinsicht so imponieren, Nachkommen von uns gemeinsamen Vorfahren oder von deren nahen Verwandten sind, von Elbslawen, Pommern und in enormer Zahl von Polen reinsten Blutes. Dieses in hohem Maße identische Material, das nur in einer anderen Schule des Staates erzogen wurde, hat eine so starke, vitale, politisch aktive Nation hervorgebracht, dass diese fähig war, ganz Deutschland zu organisieren, das bis vor Kurzem zersplittert war und nicht die elementarsten politischen Instinkte besaß.

Indem wir den Typ des Adligen als den Vertreter des polnischen Charakters akzeptiert haben, haben wir uns eine ganze Masse von Vorzügen und Fehlern zugeschrieben und sie als Grundlage unserer Natur anerkannt, die keineswegs so wesenhaft sind und derer wir uns unbedingt entledigen müssen und früher oder später auch entledigen werden. So hat z. B. der polnische Adlige durch die Treibhausbedingungen seines Lebens die Tugend der Uneigennützigkeit entwickelt, vor allem in Bezug auf seine adligen Brüder, eine Tugend, die hervorragend mit seinen Fehlern harmoniert. Da die einzelnen Adligen uneigennützig waren, wurde der Adel als Nation auch uneigennützig und gab den Gedanken an jegliche Eroberungen auf. Die heutigen Lebensbedingungen erlauben es uns nicht, uneigennützig zu sein, denn sonst unterliegen wir im Existenzkampf, und wir entledigen uns auch schnell dieser im Übrigen sehr zweifelhaften Tugend, aber unser schwach entwickelter Bürgersinn zwingt uns noch nicht dazu, diese Veränderung auf die Nation zu übertragen: Folglich ist oft jemand, der sich als Einzelner schon länger von aller Uneigennützigkeit verabschiedet hat und der noch nicht einmal fähig ist, etwas für öffentliche Zwecke zu spenden, im Namen der Nation bereit, die reinste Uneigennützigkeit an den Tag zu legen, auf alles zu verzichten und keinerlei Ambitionen zu entwickeln. Aber auch das muss mit der Zeit verschwinden.

Wenn wir das für den Nationalcharakter halten, was es nicht ist, was das vorübergehende Produkt einer bestimmten gesellschaftlich-politischen Ordnung war, dann verfallen wir oft in Pessimismus im Hinblick auf unsere national-politische Zukunft und hören auf, an die Möglichkeit einer selbstständigen staatlichen Existenz für uns zu glauben. Wenn die gesellschaftlichen Veränderungen, die heute in unserer Gesellschaft schnell ablaufen, tiefer in die Seele der Nation eindringen, dann werden wir sehen, dass wir weder von Natur aus so weich noch so leichtsinnig noch so unstet noch so zerstritten sind, wie die Tradition von uns sagt. Unter dem Einfluss des schnell voranschreitenden inneren gesellschaftlichen Wandels der Nation wird die Zeit kommen, in der die Polen nicht nur fähig zur Bildung eines selbstständigen, starken Staates sein werden, sondern in der dieser Staat zu einer Notwendigkeit wird. Und diese Zeit ist vielleicht gar nicht sehr weit entfernt.

Ich habe mir einige Vergleiche aus dem Bereich der Biologie erlaubt und komme noch einmal auf sie zurück. Sie kennt zwei Arten von Ansammlungen von Zellen: von niederer Art, in denen die Zellen lose miteinander verbunden sind, ohne gegenseitige Abhängigkeit, sogenannte Zellkolonien, und von höherer Art, in der die Bestandteile in Gewebe und Organe gruppiert sind und in enger gegenseitiger Abhängigkeit leben, das sind Organismen. Die Adelsgesellschaft in Polen wurde durch so lose innere Bande zusammengehalten, mit einer so schwachen gegenseitigen Abhängigkeit der Bestandteile, dass man sie mit diesen Kolonien vergleichen kann. Deswegen ging die Teilung des Landes so leicht vor sich, deshalb wurde sie von den getrennten Teilen, den einzelnen Teilungsgebieten, so schwach empfunden. Heute, wo unter dem Einfluss der schnellen Entwicklung des Lebens nach den Regeln der Moderne die bürgerliche Bewusstwerdung schnell voranschreitet, wo wir immer mehr zu einem gesellschaftlichen Organismus werden, diese Teilung immer stärker empfinden, uns immer mehr darüber klarwerden, dass wir verkrüppelt sind, reagieren wir immer stärker auf sie und zeigen ein Bestreben zur moralischen Vereinigung, die vor der politischen Vereinigung stattfinden muss.

In der heutigen Phase des Erwachens weitergehender nationaler Ambitionen hat man nicht nur eine Reaktion auf die Depression nach dem Aufstand zu sehen, sondern den Anfang eines nationalen Wandels, einer Umgestaltung unter dem Einfluss neuer gesellschaftlicher Verhältnisse zu einer normalen, gesunden Nation, die zu einer selbstständigen, gesunden Existenz fähig ist.

Eines der Merkmale dieses Prozesses ist gerade das Erwachen des Glaubens an sich selbst, an die Fähigkeiten der eigenen Rasse, an den Nationalcharakter. Dieser Glaube muss, wie jeder starke Glaube, notwendig mit Illusionen verbunden sein. Zu diesen Illusionen gehört es, dass man dem polnischen Charakter einen gewissen idealisierten Individualismus, Uneigennützigkeit und ähnliche Vorzüge zuschreibt, die uns eine eigenständige Position gegenüber anderen Nationen sichern und uns spezifische Wege der nationalen Entwicklung vorzeichnen. Diese angeblichen Merkmale des Nationalcharakters sind im Grunde Überbleibsel eines moralischen Typs, der sich in der Adelsgesellschaft herausgebildet hat und der im überwiegenden Teil seiner Eigenschaften dem Untergang geweiht ist. Es ist gut, sich das klar zu machen.

III. Unsere Passivität

Ein Ausländer, der sich aus der Ferne mit dem Schicksal Polens befasst und uns nicht näher kennt, muss sich uns als eine harte Nation vorstellen, die in ständiger Sorge um die Existenz lebt, eine Nation, für die der Kampf ihr Element geworden ist. Indessen sind wir eigentlich eine der weichlichsten, sanftmütigsten Nationen in Europa, höchst geneigt zu einem sorgenlosen Leben, nicht nur träumend von „der Ruhe im Schoß des freien Vaterlands", sondern auch ohne weiteres in seinem Schoß ruhend, wenn es in Fesseln liegt, eine Nation, die einen tiefen Widerwillen gegen den Kampf hat und sich gern mit Feinden arrangiert… „Wes Brot ich ess, des Lied ich sing."

Das rührt daher, dass Passivität die Grundlage unseres Charakters ist. Sie hat uns schon öfter die Bezeichnung einer „weiblichen Nation" eingebracht, galt bisher als unser allgemeiner und dauerhafter Fehler und schien untrennbar mit unserem rassischen Typ verbunden zu sein. Aber in letzter Zeit haben wir immer mehr Gelegenheit, uns zu überzeugen, dass sie weder so dauerhaft noch so untrennbar mit dem polnischen rassischen Typ verbunden ist. Sie ist eher ein Produkt des historischen Typs unserer gesellschaftlichen Verhältnisse.

Wie ich oben schon gesagt habe, bestand die polnische Gesellschaft, nachdem man die Städte in den Verfall getrieben, das Bürgertum ruiniert und es im wirtschaftlichen Leben der Nation durch ein Element ersetzt hatte, das weder kulturell noch politisch zur Gesellschaft gehörte, nämlich die Juden, fast ausschließlich aus zwei Schichten, von denen keine um die wirtschaftliche Existenz oder um politische Einflüsse kämpfen musste. Der adlige Herr hatte eine einfache Existenz: Seine Bedürfnisse wurden reichlich durch das Land und die bäuerlichen Untertanen befriedigt oder, wenn diese fehlten, durch den leichten Dienst bei einem Magnaten; um politischen Einfluss musste er nicht kämpfen, denn niemand hatte das Recht, mit ihm darum zu konkurrieren. Im Übrigen degenerierte er am Ende politisch so, dass ihm die Fiktion dieses Einflusses genügte und er den wesentlichen politischen Einfluss auf die Magnatenfamilien übertrug. Der bäuerliche Untertan hatte eine einfache Existenz, seine Bedürfnisse waren so gering und ihre Befriedigung so von höheren Mächten abhängig, dass eine Anstrengung in Richtung auf materielle Gewinne für ihn weder möglich noch nötig war; was die Politik betraf, hatte er nicht einmal eine Ahnung davon, dass er in diesem Bereich einmal eine Rolle spielen würde. So musste also im wirtschaftlichen wie im politischen Bereich der Erste nicht kämpfen, weil er ohne Anstrengung vieles besaß, der Zweite, weil er wenig oder nichts brauchte. Außer ihnen gab es in der Gesellschaft praktisch nichts, zumindest war das schwache Bürgertum, das es in den

© BRILL SCHÖNINGH, 2023 | DOI:10.30965/9783657702916_006

größeren Städten gab, nicht in der Lage, auf eine Änderung der allgemeinen Art der Verhältnisse hinzuarbeiten.

Unter diesen Umständen war das Leben der Gesellschaft ein passives Leben, ohne große Sorge um das Morgen, ohne Kämpfe und Anstrengungen. In diesem Leben erhielt sich ein passiver, weicher Charaktertyp bei den Einzelnen, während es für harte und aktive Naturen keinen Platz gab. Wenn solche Naturen auftauchten, dann fehlte ihnen das Betätigungsfeld und eine Schule für ihre Energie, und sie verbrauchten sie mit Marotten und Exzessen. Es scheint, dass durch diese tiefe Veränderung im Charakter der Gesellschaft und nicht infolge eines kurzfristigen moralischen Verfalls die Nachkommen des tapferen und freiheitsliebenden polnischen Adels sich in der Zeit der Konföderation von Bar* von den Moskauern wie Schafe durch das scheinbar noch freie Polen nach Sibirien treiben ließen.

Im privaten Leben degenerierte unser Adliger nicht weniger als im öffentlichen Leben, er wurde immer passiver, immer weniger strebsam. Am Ende kam es dazu, dass zu seiner unentbehrlichen Ergänzung der jüdische Makler wurde, der ein ständiges Gehalt dafür bezog, dass er in allen denkbaren Geschäften das Gehirn des Herrn war. Dieser Jude wurde für den erschlafften, geistig verlotterten Nachkommen von Schöpfern eines mächtigen Staates mit der Zeit sogar die einzige Quelle für politische Nachrichten aus der weiten Welt. Die Institution dieses Ratgebers, Bevollmächtigten und in bedeutendem Maß Lenkers eines Adligen gelangte zu unerhörter Blüte und Macht im schwierigsten Moment für den Adel, nach der Aufhebung der Gutsherrschaft, und hat sich bis heute auf fast dem gesamten polnischen Gebiet erhalten. Und der erbliche Glaube an den jüdischen Kopf und die Neigung, sich seiner Lenkung anzuvertrauen, wird noch lange ein herausragendes Merkmal des vom Adel abstammenden Teils der Gesellschaft sein.

Der Adelsstand hat den größten Teil des Materials gestellt, aus dem sich nach den Teilungen die intelligenten Schichten Polens gebildet haben, es ist also kein Wunder, dass wir in der schwersten Zeit unseres Lebens, die von uns die größten Anstrengungen erforderte, eine Gesellschaft waren, die so passiv, so unfähig zum Handeln und sogar zum Nachdenken über sich selbst war. Zwar werden diese Klassen schnell von neuen Elementen verstärkt, die aus den Klassen hervorgegangen sind, die bisher von der Bühne des polnischen Lebens verdrängt waren, in letzter Zeit in immer größerer Zahl aus dem Bauernstand, was zweifellos den Charakter unserer intelligenten Klassen schnell verändert, aber dieser Umstand allein beseitigt nicht dessen Hauptfehler, die Passivität. Der Auftritt von intelligenten Elementen bäuerlicher Abstammung auf der

* 1768-1772.

Bühne führt in unser Leben neue, sehr wertvolle Kräfte ein, aber er allein ist nicht in der Lage, dieses Leben auf den modernen, aktiven Typ umzustellen.

Der Bauer ist in allen Ländern, vor allem dort, wo die Gutsherrschaft vor Kurzem aufgehoben wurde, gekennzeichnet durch geistige Passivität, Schwerfälligkeit, Mangel an Unternehmungsgeist und Initiative in der Erweiterung seines Lebens- und Handlungsbereichs, was ihn nicht hindert, einen gesunden Selbsterhaltungsinstinkt, einen vitalen Egoismus an den Tag zu legen, der stark an dem festhält, was er besitzt, ganz zu schweigen davon, dass mit den erwähnten Eigenschaften ein Mangel an Weichheit und Sentimentalismus einhergeht, die so verbreitete Fehler bei unserer adligen Gesellschaft sind. Intelligente Kräfte aus dem Volk bringen in das polnische Leben Elemente ein, die ein Ansatz von Kraft sind, aber es sind rohe Elemente, aus denen erst die Übung des täglichen Lebens, und das meistens über länger als eine Generation, einen Geistes- und Charaktertypen hervorbringen kann, der stark, aktiv und fähig zu einem intensiven Leben ist.

Wenn das Leben der Adelsgesellschaft im alten Polen die Passivität unseres Charakters hervorbringen musste, die eine solche Last für diesen ist, dann hat der Untergang der Adelsrepublik uns nicht automatisch Verhältnisse gebracht, die uns zu einem aktiveren Leben nötigen. Man kann die Behauptung wagen, dass bis heute im Leben eines durchschnittlichen Polen nicht die Hälfte der Bestrebungen, Sorgen und Anstrengungen präsent ist wie im Leben eines durchschnittlichen Franzosen, Engländers oder Deutschen. Deswegen sind wir aber nicht glücklicher als sie, denn für uns, die wir uns Glück als einen passiven Zustand, als sorglose Ruhe vorstellen, ist jede Anstrengung ein Grund zur Unzufriedenheit, während sie für jene ein untrennbarer Lebensinhalt ist. Während für uns das Erfordernis einer Tat immer noch eine traurige Notwendigkeit ist, ist es für andere die Voraussetzung des Glücks.

Die Ordnung des polnischen Lebens nach dem Untergang der Adelsrepublik und das Verhältnis der Gesellschaft zu den fremden Regierungen, wie es sich gleich herausbildete und sich danach spät und nur teilweise änderte, haben dem üppigen Wachstum passiver Naturen nicht geschadet. Die Bedingungen des Wirtschaftslebens haben sich über lange Zeit nicht wesentlich verändert, und auch das politische Verhalten der Gesellschaft, das apathische Ertragen der fremden Herrschaft oder höchstens das Empfinden des Unrechts ohne Reaktion darauf erforderten keine Anstrengungen, keine ernsthaften Energieleistungen und eröffneten kein Feld für aktive Naturen. Die sich in Abständen wiederholenden Aufstände kann man in gewisser Weise als einen Schutzmechanismus für die nationale Passivität betrachten: Alle paar Jahre rafften sie immer die tatkräftigsten Persönlichkeiten, die zum Vegetieren in der Unfreiheit weniger tauglich waren, hinweg und erlaubten es dem Rest, ungestört in dem etablierten System des nationalen Lebens zu verharren.

Wir machen uns nicht einmal ansatzweise bewusst, in welchem Grad sich unsere Ansicht vom Leben von der Ansicht eines durchschnittlichen zivilisierten Menschen unterscheidet. Sie kommt in allen Bereichen zum Ausdruck, in der Erziehung, in den Familienbeziehungen, in der Art, wie man die Mittel zum Leben und zum Genuss des Lebens gewinnt, in unserer Beziehung zu den öffentlichen Bedürfnissen und Institutionen, im Verhalten gegenüber den Regierungen, die uns beherrschen, gegenüber anderen Nationalitäten usw.

Die moralische Erziehung unserer Kinder und Jugendlichen, soweit sie nicht in Demoralisierung besteht, bildet sie zu Schwächlingen im privaten und öffentlichen Leben heran.

Das System der bewussten Demoralisierung der jungen Generation, das sich aus der Philosophie des völlig passiven Lebensgenusses ergibt und vor allem in wohlhabenden, adligen wie bürgerlichen Kreisen verbreitet ist, besteht in der zynischen Ermunterung der Söhne dazu, überall niedere Vergnügungen zu suchen, ohne irgendwelche Pflichten gegenüber der Gesellschaft zu empfinden. Dadurch ist der Grad an Verdorbenheit unserer gut situierten Jugend im Verhältnis zur Intensität ihres Lebens entschieden größer als in anderen Ländern. Von dem moralischen Geschwür, das diese Schichten in der jungen Generation zerfrisst, hat die breitere Gesellschaft kaum eine schwache Ahnung. Man muss diese Bürschchen sehen, die sich über alle edleren Antriebe, über alles, was den geistigen Fortschritt des Menschen ausmacht, einfach nur lustig machen, um zu verstehen, welcher Unflat bei uns der Gesellschaft in ihrer jungen Generation von den wohlhabenden Schichten zugeführt wird, genau von den Schichten, die entsprechende Mittel haben, um ihre Söhne sorgfältig zu erziehen.

Bei der Mittelschicht und den Armen besteht das System der moralischen Erziehung, sofern es überhaupt existiert, praktisch ausschließlich in der Heranbildung einer passiven Moralität, die in oberflächlicher Vornehmheit oder Sentimentalismus zum Ausdruck kommt. Man bringt den Kindern bei, was man nicht tun darf, aber man bringt ihnen nicht bei, was man tun soll. Bei der Sorge um ihre materielle Zukunft denkt man höchstens daran, sie an eine Krippe zu stellen, die ständig mit Futter versorgt wird und die Sicherheit gibt, dass es an diesem Futter nie fehlen wird und man keine Anstrengungen unternehmen muss, anderes zu suchen. Von der Ausbildung zum Mut zu selbstständigem Leben, zu Energie, Gewandtheit, Initiative, um Menschen heranzubilden, die in der Lage sind, sich redlich das aus dem Leben zu nehmen, was ihnen zusteht, und nicht darauf zu warten, bis es ihnen gegeben wird, davon ist in unserer Erziehung noch keine Rede. Wenn wir irgendwelche Tugenden in der Jugend heranbilden, dann nicht solche, die ihnen als reife Menschen einen realen Wert geben, sondern solche, die nur dazu dienen, sich gut zu präsentieren, natürlich nach unserem Verständnis.

Das Gleiche gilt im Bereich der intellektuellen Erziehung, wobei ich von der außerschulischen spreche, denn die schulische hängt nicht von uns ab. Die Fähigkeiten, die wir in den Kindern ausbilden, die Kenntnisse, die wir ihnen geben und die sie später beim Heranwachsen selbst im Geist der allgemeinen Richtung erwerben, haben nicht einmal zur Hälfte einen Wert im realen Leben. Die intellektuelle Erziehung bei uns macht den Eindruck, als sollte das Lernen nur zur Verzierung des Lebens dienen, dessen Wesen sich ohne es gestaltet.

Dadurch sind wir, obwohl wir in dieser Hinsicht eine hohe Meinung von uns haben, eine der am schlechtesten erzogenen Nationen in Europa. Wir haben ungeheuer viele begabte Menschen, aber unerhört wenige gebildete, sehr viele, die „nett in Gesellschaft" sind, aber höchst wenige, die mit Menschen dort umgehen können, wo Geschäfte ins Spiel kommen. Wenn es einen Posten mit festem Gehalt und schablonenhaften Pflichten gibt, dann melden sich dafür Dutzende und Hunderte Kandidaten, aber wenn man einen selbstständigen Leiter für ein Unternehmen braucht, selbst ohne Fachwissen, einen guten Administrator, dann kann man durch ganz Polen fahren und findet keine geeignete Person. Noch mehr fehlt es an Leuten, die in der Lage wären, neue Zweige der Produktion und der Erwerbstätigkeit einzurichten, für die es in unserem Land so viel Raum gibt. Unsere Erziehung ist derart, dass bei uns intelligente und ausgebildete Leute keine Ahnung haben vom Vergleichswert der Arbeit, vom Wesen des Handels, von Bankumsätzen, vom Wechselrecht, von der elementaren Buchhaltung usw., mit denen sie im Leben dauernd zu tun haben werden; diese selben Leute können in einem Gespräch über Geschäfte nicht beim Thema bleiben, sich klar ausdrücken, schreiben, ja, sie können noch nicht einmal Briefe adressieren. Selbst im geselligen Leben sind wir, entgegen der herrschenden Meinung, unerhört wenig flexibel, in dem Sinne, dass wir unnötige Konflikte hervorrufen oder, was viel häufiger geschieht, unnötig nachgeben, und wir können uns nicht an die Umgebung oder an die Bedingungen anpassen ohne Schaden für unsere Individualität und persönliche Würde.

Die Passivität unseres Charakters und die Kultur dieser Passivität in der Erziehung geben unseren familiären und gesellschaftlichen Beziehungen eine besondere Gestalt. In keinem Land beherrschen so wie bei uns die Frauen die Männer, die Kinder die Eltern und die Jugend die Gesellschaft. Man kann wohl ohne Übertreibung sagen, dass der Löwenanteil unserer Geschichte im 19. Jahrhundert von der Jugend gemacht worden ist.

Wenn wir tiefer über das Wesen der politischen Begriffe nachdenken, die in unserer Gesellschaft am weitesten verbreitet sind, dann gelangen wir zu der Überzeugung, dass sich in ihnen die Passivität unseres Charakters am besten ausdrückt. Die populärste Parole bei uns, „nicht die Feinde reizen!", ist die Parole einer Nation, die sich ein ruhiges Vegetieren sichern möchte, kein Leben, denn alle Äußerungen unseres Lebens, unserer aktiven Energie, reizen der Natur der Sache nach diese Feinde am stärksten. Wenn man also das Programm befolgen wollte, nach dem man keine Gründe für Verfolgungen geben, den Feinden keine Argumente liefern und stattdessen mit seinem Verhalten das Vertrauen der fremden Regierungen gewinnen soll, weil man mit ihnen im Einvernehmen leben will, dann dürfte man gar keine nationale Arbeit verrichten. Genau dieses Programm verfolgt unsere Gesellschaft in ihrer hauptsächlichen Masse. Wenn wir das Vorgehen unserer Feinde beurteilen, dann machen wir ihnen hauptsächlich zum Vorwurf, dass sie nicht so passiv sind wie wir, und wir verdammen die Äußerungen ihrer nationalen Energie genauso wie die Gewalttaten und die Willkür, wobei wir die ersteren von den letzteren nicht unterscheiden können. Z. B. verwünschen wir oft die Deutschen wegen der Tätigkeit des Schulvereins* und versuchen den Grundsatz aufzustellen, dass die kulturelle Erhaltung deutscher Gruppen außerhalb der Grenzen Deutschlands ein Unrecht ist. Aber wir tun das deshalb, weil die Anerkennung einer solchen Tätigkeit als gesunde Äußerung des Nationalgefühls bei den Deutschen uns dazu verpflichten würde, etwas Ähnliches zugunsten von Polen zu tun, was uns unsere Passivität aber nicht erlaubt. Unser Ideal ist es, dass die Nationen gegenseitig ihre Territorien achten, dass sie sie nicht gegenseitig betreten, damit jeder auf seinem in Ruhe schlafen kann. Wir haben uns sogar eine Theorie ausgedacht, wonach die Rolle der Geschlagenen schöner ist als die Rolle der Sieger.

Diese Monstrosität unserer historischen Entwicklung rächt sich an uns bis auf den heutigen Tag, indem sie unseren Charakter und unsere Ansichten zum Leben verzerrt.

Aber die heutige harte Wirklichkeit beginnt ihren Einfluss in die Gegenrichtung geltend zu machen.

Der Untergang des polnischen Staates hat uns das Feld für die Entwicklung eines selbstständigen nationalen Lebens verschlossen, uns aber nicht die Möglichkeit nationalen Vegetierens genommen. Das hat uns dabei geholfen, ohne eine wesentliche Änderung des Charakters der Gesellschaft zu überleben. Erst in der letzten Zeit, nach dem Jahr 1863, haben die Bedingungen sich von Grund auf verändert.

* Im Original deutsch. Der „Allgemeine Deutsche Schulverein" wurde 1881 in Berlin mit dem Ziel gegründet, die Deutschen außerhalb Deutschlands dabei zu unterstützen, ihr Deutschtum zu bewahren.

Unsere Feinde beschlossen, unserem Vegetieren ein Ende zu machen, sie beschlossen sogar, uns völlig auszurotten, und begannen ein System energischer Vernichtung.

In dieser Hinsicht befanden sich die Preußen uns gegenüber in einer ausgezeichneten Position. Unter ihrer Herrschaft stand der schwächste Teil Polens, der in nationaler Hinsicht am wenigsten einheitliche, da er stark vom deutschen Element kolonisiert ist, und auf ihrer Seite besaßen sie die höhere technische Kultur, eine starke gesellschaftliche Organisation, gesunde wirtschaftliche Grundlagen und einen frisch vereinten und national homogenen Staat. Sie konnten erwarten, dass es ihnen gelingen würde, das polnische Element auszutilgen, das ein für die politische Zukunft Preußens unerhört wichtiges Territorium einnahm. Sie beschlossen also, dafür das kürzeste Verfahren anzuwenden, die wirkungsvollsten Mittel, indem sie gleichzeitig auf alle Interessen des Polentums losschlugen.

Der Teil unserer Gesellschaft im preußischen Teilungsgebiet fand sich in einer Situation wieder, in der die Preußen ihm ein passives Vegetieren nicht erlaubten, in der ihm Kampf oder Tod blieb. Die Lebensbedingungen in der ältesten polnischen Region hatten sich in kurzer Zeit von Grund auf gewandelt: Angesichts der Organisation eines wirtschaftlichen Kampfes vonseiten der ansässigen Deutschen wurde die polnische Gesellschaft zu einem Kampf um Sprache, Glaube, Land und sogar um Brot gezwungen. Unter diesen Bedingungen mussten passive, schwache Naturen fallen und das Feld räumen: Sie mussten sich materiell ruinieren, ihr Land verlieren und wenn sie sich nicht entnationalisierten, dann zumindest auf die letzte Stufe im sozialen Leben absteigen; dagegen eröffnete sich ein Betätigungsfeld für aktive, energische Charaktere, für Menschen, die durch ein ständiges Ringen, durch täglichen Kampf mit dem Feind nicht ermüden. Und so begann sich der nationale Charakter zu verändern; allerdings nicht so sehr in der Weise, dass Schwächlinge zu tüchtigen Menschen werden, als so, dass Schwächlinge sich verkriechen und tüchtige Menschen die Oberhand gewinnen; sie bereichern sich materiell und intellektuell, sie gewinnen langsam die Führungspositionen und leiten die Gesellschaft.

Dieser Prozess ist im preußischen Teilungsgebiet in gewissem Maß seit Langem abgelaufen. Unabhängig von der politischen Beziehung zwischen Deutschen und Polen brachte das Wirtschaftsleben in dieser Region schon seit Langem größere Schwierigkeiten mit sich durch die Konkurrenz des deutschen Elements, das die höhere technische Kultur, die bessere Organisation und den größeren Unternehmergeist besitzt. Aber in letzter Zeit, seit politisch-nationale Faktoren alle Verhältnisse zu dominieren begannen, seit das Streben nach rücksichtsloser Austilgung der Polen sich auch im Bereich der Wirtschaft stark bemerkbar macht, seit mächtige Regierungsinstitutionen auf den Übergang des Landbesitzes von Hand zu Hand Einfluss zu nehmen begonnen haben und mit Hilfe von Hunderten von Millionen Mark die Enteignung der Polen betreiben, seit man in die Handels- und Kreditbeziehungen das Prinzip des nationalen und politischen Boykotts eingeführt hat, seit ein weitverzweigter Verband von Deutschen* entstanden ist, der unter anderem Menschen deswegen wirtschaftlich vernichten soll, weil sie Polen sind, seitdem haben sich die Verhältnisse mit revolutionärer Schnelligkeit verändert. Eine der passivsten, am meisten die Ruhe liebenden Nationen fand sich unter den Bedingungen eines angespannten, nicht einen Augenblick nachlassenden Kampfes wieder, für die man gegenwärtig nirgendwo anders ein Beispiel finden kann. Infolgedessen hat der Prozess der Eliminierung oder des Rückzugs von Subjekten, die nicht fähig zum Kampf sind, und das Heraustreten von guten Kämpfern an die Front mit unerhörter Geschwindigkeit eingesetzt.

Polen aus anderen Regionen, die mit Posenern zusammentreffen, sind oft unangenehm berührt von deren Ansichten zum Leben, von ihren regelrecht andersartigen ethischen Grundsätzen, sie sind verschreckt vom trockenen Realismus, von der Härte und sogar von einer gewissen Unbarmherzigkeit in der Lebensauffassung. Sie erklären sich das normalerweise einfach, indem sie alles für ein Ergebnis von Germanisierung halten, während hier in Wahrheit neben einem gewissen, durchaus bedeutenden Einfluss der deutschen Kultur eine Veränderung des Lebenstyps am Werk war, die Notwendigkeit, sich an die Bedingungen ständigen Kampfes anzupassen.

Diese Umwandlung des polnischen Charakters im preußischen Teilungsgebiet befindet sich erst auf der ersten Hälfte ihres Weges. Unter den Elementen, die bisher die Gesellschaft angeführt haben, hat sich wenig aktives Material gefunden, das sich behaupten und die notwendige Energie und Fähigkeit zum Kampf aufbringen kann. Dieses Material rekrutiert sich schnell aus frischen Schichten, die bisher im Hintergrund geblieben sind und wenig von den geistigen Gütern der Nation Gebrauch gemacht haben, aber nicht durch die Kultur der nationalen Passivität sterilisiert worden sind. Dadurch bietet sich der neue, aktive Typ des Polen im preußischen Teilungsgebiet noch roher dar, ist noch weniger begreiflich für die adlige Intelligenz aus anderen Regionen und verstört sie noch mehr durch seine Unfähigkeit zur Idealisierung der nationalen Sache, was ihn nicht daran hindert, jene in bürgerlicher Reife zu übertreffen, denn die Lebensbedingungen haben ihn dazu gezwungen, selbst die alltäglichen Dinge aus dem nationalen Blickwinkel zu behandeln,

* Der Deutsche Ostmarkenverein, der 1894 in Posen gegründet wurde und sich die Stärkung des Deutschtums im deutschen Teilungsgebiet Polens zum Ziel gesetzt hatte.

und die Notwendigkeit, sich im Kampf gegen den in Scharen anrückenden Feind zusammenzuschließen, hat ein starkes Gefühl nationaler Solidarität ausgebildet. Diese Vorkämpfer im nationalen Kampf sind Soldaten ohne entsprechende Führer; sie haben es noch nicht geschafft sie hervorzubringen, und die bisherigen Führungskreise sind durchtränkt vom traditionellen Geist der Passivität. Deshalb erheben sich in dieser aktiven Gesellschaft, für die der Kampf schon zu ihrem Element geworden ist und die sich in seinem Getümmel pudelwohl fühlt, so oft Stimmen der Sehnsucht nach Ruhe, deshalb hatten wir erst vor Kurzem Versuche, die Preußen durch Fügsamkeit zu besänftigen, deren Widerhall noch heute zu vernehmen ist, deshalb hören wir von dort so viele Seufzer in Richtung der Moskauer, die uns zwar in ihrem Teilungsgebiet nicht leben lassen, die aber noch nicht in der Lage sind, starke Anschläge gegen unser Vegetieren auszuführen, und die dieses tolerieren, zumal wenn man sich bei ihnen loskauft mit Geld, mit der Verleugnung der persönlichen Würde, durch politische Entsagung oder nationale Zugeständnisse.

Indem die Preußen uns gänzlich vernichten wollten, haben sie uns einen Dienst von historischer Tragweite erwiesen, sie haben nämlich in ihrem Teilungsgebiet die Bedingungen für eine beschleunigte Umwandlung von uns in eine aktive Gesellschaft geschaffen, die voller Kampfkraft ist und fähig, ihre Existenz unter den schwierigsten Bedingungen zu gewinnen. Sie haben den westlichen Teil unserer Nation dazu gezwungen und zwingen ihn immer mehr dazu, aus sich heraus die Fähigkeiten, die Kräfte zu entwickeln, die nicht nur heute zum Leben notwendig sind, sondern die es uns auch in der Zukunft allein ermöglichen, eine selbstständige politische Existenz zu gewinnen und einen lebenskräftigen, starken polnischen Staat zu bewahren.

Wenn man auf seine Nation nicht aus der Perspektive ihrer Träume von einem friedlichen Vegetieren im gegenwärtigen Augenblick, unter der Herrschaft von drei fremden Regierungen schaut, sondern mit dem Gedanken daran, dass sie in Zukunft ein volles nationales Leben in einem unabhängigen polnischen Staat erringen wird, dann wird man nicht in Verzweiflung fallen angesichts der Notwendigkeit des Kampfes, angesichts des Scheiterns aller Versuche, den Feind günstig zu stimmen, sei es in Preußen oder in Russland, sondern im Gegenteil, man wird diesen Kampf in hohem Maß als ein heilsames Feuer betrachten, das unsere weiche, „weibliche" Nation durchschreiten muss, um sich abzuhärten, um männliche Tugenden, Energie der Tat, Ausdauer im Kampf aus sich hervorzubringen, diese fundamentalen Eigenschaften, ohne die wir weder einen eigenen Staat für uns gewinnen noch ihn erhalten können, wenn man ihn uns gibt.

Die Lage der polnischen Gesellschaft im russischen Teilungsgebiet ist ganz entgegengesetzt. Hier besitzt der Feind im Land nicht die zahlenmäßige, kulturelle und wirtschaftliche Stärke der Deutschen und kann, selbst wenn er noch so will, die elementaren Existenzgrundlagen der polnischen Bevölkerung nicht wirkungsvoll untergraben. Das erleichtert es der Gesellschaft, in der traditionellen Passivität zu verharren, die man im Bereich der politischen Beziehungen geradezu zu einem Grundsatz erhoben hat. Die Politik, die in dieser Gesellschaft am populärsten ist, besagt: Die Anschläge der Regierung auf die Nation, Religion, Freiheit des Denkens und Handelns geduldig ertragen, selbst im ganz privaten Bereich, das Seinige selbst dort nicht zu fordern, wo man sich auf ein Gesetz stützen kann, auf Gewalttaten nicht reagieren, ruhig sitzen, um die Regierung mit seinem Verhalten nicht zu reizen, ihr keine Anlässe zu geben zu neuen Wellen von Unterdrückung. Obwohl die offensichtlichsten Tatsachen belegen, dass ein solches Verhalten die Regierung am stärksten ermutigt, das Tempo der Russifizierung zu beschleunigen, hält sich diese Ansicht hartnäckig unter der Masse der Gesellschaft, denn diese zieht ihre Lehren nicht aus freiem Ermessen, das sich auf Erfahrung stützt, sondern denkt und tut vor allem das, was ihrem passiven Charakter am meisten entgegenkommt. Einen faulen Menschen kann keine Überredung zur Arbeit zwingen, eine passive Gesellschaft bringen keinerlei Argumente auf den Weg der Tat; jener krempelt die Ärmel erst hoch, wenn ihm der Hunger aus den Augen schaut, diese rafft sich erst zur Tat auf und schließt die Reihen zum Kampf, wenn man ihr verbietet Polnisch zu sprechen und zu beten, wenn man ihr das Brot vom Mund wegnehmen will, wie das die Preußen in ihrem Teilungsgebiet versuchen.

Man muss nicht aufzeigen, wie ein solches politisches Verhalten sich aus dem oben dargelegten Standpunkt, aus der Perspektive nationaler Pädagogik darstellt. Mit seiner Hilfe erhält sich eine Gesellschaft in ihren alten Lastern, sie kommt aus dem Zustand der Passivität nicht heraus und bleibt unfähig, sich eine bessere Existenz zu gewinnen. Mehr noch, indem sie energischeren Naturen kein Betätigungsfeld gibt, setzt sie sich der Gefahr aus, dass im Augenblick von deren größter Ansammlung im jüngeren Teil der Gesellschaft eine planlose Entladung dieser Energie in die erste beste Richtung erfolgt, ohne Berechnung der Folgen. Aus dieser Perspektive hat die in den letzten Jahren im russischen Teilungsgebiet durchgeführte, wenn auch langsam voranschreitende Organisation einer aktiven nationalen Politik und eines systematischen Kampfes gegen die Regierung eine dreifache Bedeutung. Einerseits erschwert sie das Handeln der Regierung, hemmt die Fortschritte der Russifizierung und der politischen Demoralisierung, zwingt sogar die Regierung sich an verschiedenen Punkten zurückzuziehen, an denen sie ihren Kurs zu weit getrieben hat; andererseits gibt sie den energischeren Subjekten ein entsprechendes, durch den politischen Verstand gewiesenes

Betätigungsfeld, sie schützt das Land vor elementaren, planlosen Ausbrüchen nationaler Energie, die die größten Katastrophen bringen können, und schließlich, was vielleicht am wichtigsten ist, erzieht sie langsam die Gesellschaft, zieht sie aus dem Sumpf der Passivität heraus, übt sie allmählich im Handeln, wandelt – zugegeben sehr langsam – ihren Charakter in die Richtung, die ihr einzig eine bessere Zukunft geben kann. Keine Opfer sind groß genug, um diesen letzteren Gewinn zu erzielen. Nur passive Feigheit sieht in einem offenen, systematischen Kampf gegen die Regierung im russischen Teilungsgebiet eine nationale Gefahr. Wenn der Teil unserer Nation im preußischen Teilungsgebiet, der kleiner und wirtschaftlich schwächer ist und gegen den stärkeren Feind steht, sich im Feuer des Kampfes härtet, Charakterstärke gewinnt und sogar zahlenmäßig und materiell stärker wird, dann kann man das umso mehr im russischen Teilungsgebiet erwarten, wo die Gesellschaft eine viel stärkere Reserve an physischen und materiellen Kräften besitzt.

Während im preußischen Teilungsgebiet die politischen Verhältnisse in kurzer Zeit das Leben der örtlichen polnischen Gesellschaft umgewandelt und sie zu einem angespannten Kampf auf allen Gebieten gezwungen haben, haben die Verhältnisse in Kongresspolen es bisher nicht vermocht, die Lebensart der Gesellschaft so stark zu prägen, dass sich dies auf den nationalen Charakter ausgewirkt und in ihm tiefere Veränderungen hervorgerufen hätte. Man kann hier höchstens von einem Einfluss auf die Gemütsart sprechen, auf die Stimmung und schließlich auf die geistige Gesundheit der Gesellschaft, die unter dem Einfluss des politischen Drucks die Ruhe, das Gleichgewicht, die Fähigkeit zur Zufriedenheit im Leben verloren hat und von Nervosität, Furchtsamkeit und Niedergeschlagenheit gekennzeichnet ist.

Dagegen haben die wirtschaftlichen Verhältnisse hier einen sehr großen Einfluss auf das Leben ausgeübt. Die Aufhebung der Gutsherrschaft und die stärkere Abhängigkeit unserer Landwirtschaft von den Weltmärkten, andererseits die Wirtschaftspolitik der russischen Regierung, die bewusst auf den Ruin des polnischen Adels hinarbeitet, haben Tausende von Adelsfamilien von ihrem Land auf das Pflaster der Städte geworfen und ihre hilflosen Mitglieder, die nicht fähig sind, sich selbstständig auf dem neuen Grund zu bewegen, gezwungen, ihr Auskommen auf Wegen zu suchen, die mehr Anstrengung erfordern als bisher. Zugleich haben die günstigen Entwicklungsbedingungen der örtlichen Industrie, der die Märkte im Osten offenstehen, und der immer wichtigere Handelsplatz Warschau, das dabei ist, sich zu einem internationalen Handelszentrum erster Ordnung zu entwickeln, ein breites Feld zum Erwerb eines Vermögens durch Initiative, Unternehmergeist und persönliche Energie eröffnet. Das hat für längere Zeit eine anormale, merkwürdige Lage geschaffen: Einerseits ein offenes Feld für aktive Einzelne, um sich nicht nur ein Auskommen, sondern ein Vermögen zu erwerben, andererseits Massen von Menschen, die ein Auskommen brauchen und infolge gesellschaftlichen Abstiegs gezwungen sind, ihre Bedürfnisse herabzusetzen, aber Menschen, die passiv sind, die aus Armut fähig sind, im Zaum zu gehen und aus der Futterkrippe zu essen, die aber nicht fähig sind, weiter zu streben, sich ein oft gar nicht so weit entfernt liegendes Betätigungsfeld zu suchen, sich selbst eine Lebensweise und eine Einkommensquelle zu schaffen. In diesen Verhältnissen haben fremde Elemente begonnen, neue Formen des Gewerbes zu schaffen, Elemente, die frei sind von der traditionellen polnischen Passivität, vor allem Deutsche und Juden, und die deklassierte adlige Intelligenz hat nur davon profitiert, dass jene für sie neue Arbeitsstellen geschaffen haben. Das polnische Element hat an dieser selbstständigen, schöpferischen Tätigkeit einen sehr bescheidenen, anfangs unbedeutenden Anteil genommen, aber dieser Anteil hat sich immer mehr erhöht und wächst heute bereits schnell, einerseits infolge des schnellen Aufstiegs neuer Subjekte aus den unteren Schichten, andererseits infolge der allmählichen Wandlung des ehemaligen Adels, aus dem immer mehr Menschen hervorgehen, die in der Lage sind, sich neue Betätigungsfelder zu erschließen.

So hat sich die Veränderung der wirtschaftlichen Verhältnisse in Kongresspolen schon bis zu einem gewissen Grad auf den Charakter der Gesellschaft ausgewirkt. Unter ihrem Einfluss bildet sich bereits ein neuer Typ des Polen, ein Typ, der aktiv, unternehmerisch und im wirtschaftlichen Bereich durchsetzungsfähig ist. In politischer Hinsicht hat er meistens nichts vorzuweisen, denn da er von Umständen auf die Bühne gezogen worden ist, die mit Politik unmittelbar nichts zu tun haben, ist er für Fragen, die in ihren Bereich fallen, blind geblieben, und im Übrigen ist er als Anfänger im wirtschaftlichen Kampf zu sehr von Gedanken an ihn beansprucht, beherrschen diese Gedanken zu stark sein ganzes Bewusstsein. Schließlich ist er zu materialistisch, um zu den Opfern fähig zu sein, die die Politik in diesem Teilungsgebiet verlangt. Im Lauf der Zeit, wenn dieser Typ sich stabilisiert, wenn er sich ausbildet und innerlich harmonisch wird, wenn er im geistigen Leben der Gesellschaft das Übergewicht gewinnt, wird er zweifellos in das Gebiet der Politik ausgreifen und seine Denk- und Handlungsweise in sie einbringen. Dann wird die Gesellschaft verstehen, dass eine Nation so wie der Einzelne vor allem selbst ihre Zukunft gestaltet, dass sie nur das hat, was sie durch eigene Arbeit und Kampf gewinnt, dass sie untergeht, wenn sie passiv auf „Gerechtigkeit" oder Nachgiebigkeit hofft und sie sich durch Zugeständnisse zu verdienen sucht.

Heute haben noch diejenigen Kreise den überwiegenden Einfluss auf die politische Meinung und von dort her auf das politische Verhalten der Gesellschaft, die im privaten Leben die Tradition der nationalen Passivität bewahren, die Kreise der Gutsbesitzer und die Intelligenz der freien Berufe, die oft sogar sehr arbeitsam leben, aber beim Verdienst des Unterhalts auf ausgetretenen Pfaden gehen, ohne ein Bedürfnis nach moralischer Anstrengung, Unternehmergeist oder Initiative und nicht gezwungen zum Kampf gegen starke Konkurrenz. Kein Wunder, dass diese Kreise auch in der Politik einen passiven Standpunkt einnehmen, dass nur Ausnahmepersönlichkeiten unter ihnen, die zu besonderen Opfern fähig sind, den Kampf gegen die Regierung organisieren und die gesamte Gesellschaft in ihn einzubeziehen versuchen, meistens um den Preis übermäßiger nervlicher Anstrengung.

Die gleichen Veränderungen, die die Lage des Adels enorm erschwert und viele Adelsfamilien von ihrem Land auf das Pflaster der Städte geworfen haben, haben im Leben des Bauern eine Revolution anderer Art hervorgerufen. Sie haben ihn zu einem selbstständigen Landwirt gemacht, der das, was er hat, vermehren oder verlieren kann, in Abhängigkeit von den äußeren Verhältnissen, aber vor allem von seinen persönlichen Eigenschaften. Unter dem Einfluss dieser Veränderungen haben sich Individuen aus dem Volk nach oben gearbeitet, die aktiver, geistig aufgeweckter, arbeitsamer und unternehmerischer sind.

Im Augenblick verändert sich der Typ des polnischen Bauern schnell, wenn nicht in der allgemeinen Masse, so zumindest in Einzelnen, die sich an die Oberfläche arbeiten, er verliert langsam die sprichwörtliche Schwerfälligkeit und Plumpheit und erregt oft Verwunderung durch seine Beweglichkeit, Unternehmungslust und geistige Flexibilität, die es ihm erlaubt, sich äußerst schnell auf alle Veränderungen im Leben einzustellen. Wenn die Aussage zutrifft, dass die heutige polnische Gesellschaft sich von einer passiven in eine aktive umwandelt, dann läuft dieser Wandel mit Sicherheit beim Landvolk in allen Regionen des Landes am schnellsten ab, als Folge dessen, dass in seinem Leben durch die Aufhebung der Gutsherrschaft ein größerer Umbruch stattgefunden hat als in anderen Schichten, und dieser Wandel beschleunigt oft die Verdienstmigration in fremde Länder, wo unser Bauer gewöhnlich sehr schnell die Schule des modernen Lebens durchläuft.

Eine wichtige Erscheinung beim Hervortreten von aktiven Elementen aus der Gesellschaft ist in Kongresspolen die wirtschaftliche Bewegung, die den Juden im Kleinhandel den Kampf ansagt. Unabhängig davon, ob sie nur in positiver Form auftritt, also in der Organisation eines selbstständigen christlichen Handels, oder ob sie vom ganzen Apparat des geradezu berufsmäßigen Antisemitismus begleitet ist, der mit den niederen Instinkten der Massen spielt, muss man an ihr vor allem sehen, dass hier in der Gesellschaft ein gesundes Bedürfnis danach erwacht, dass eine der wichtigsten gesellschaftlichen Funktionen durch das heimische Element beherrscht wird. Andererseits muss man an dieser Bewegung sehen, wie sich durch sie in unserer Mittelschicht die aktiven Persönlichkeiten vermehren, die versuchen ein Verdienstfeld zu erobern, das von einem fremden Element beherrscht wird.

So findet also in Kongresspolen sowohl unter dem Volk und der Mittelschicht wie unter den aufgeklärten Klassen unter dem Einfluss gesellschaftlicher Veränderungen und neuer Verhältnisse im Wirtschaftsleben, unabhängig vom politischen System der russischen Regierung, ein tiefer moralischer Wandel statt, der einen neuen polnischen Typ auf die Bühne zieht, der stärker als der frühere mit einem Selbsterhaltungsinstinkt, mit einer Fähigkeit zum Kampf um die Existenz ausgestattet ist, ein Typ, der fähig ist zur Tat und der ein Bedürfnis nach Tat empfindet. Wenn dieser Typ zahlreicher wird, wenn er im Leben herrscht und sich sozialisiert, wenn er seine Eigenschaften, die heute auf anderen Feldern ausgebildet werden, in der Politik an den Tag legt, dann beginnt die Gesellschaft ihre politische Zukunft selbst zu gestalten.

IV. Politische Ansichten und die Art des geistigen Lebens

Es gibt wohl keinen Menschen, der nicht gewisse Fehler seines Charakters für Qualitäten halten und in ihnen einen Beweis für seine Überlegenheit gegenüber anderen Menschen sehen würde. Das gleiche gilt, nur in größerem Maßstab, für die Nationen, und unsere bildet unter diesen keine Ausnahme.

Zu den Fehlern, die von uns für außerordentliche Vorzüge gehalten werden, gehört gerade diese unsere traditionelle Passivität, derer wir uns in letzter Zeit bei jeder Gelegenheit rühmen. Wir nennen sie nicht beim Namen, denn das klingt schlecht, sondern wir produzieren sie öffentlich unter schönen Namen wie Großmut, Selbstlosigkeit, Toleranz, Humanität usw. Wir haben uns die Fiktion in den Kopf gesetzt, dass genau diese schönen Qualitäten die positivsten Faktoren unserer Geschichte waren, und das hindert uns vor allem daran, die eigene Geschichte zu verstehen. Das, was von unserer Schwachheit zeugt, geben wir meistens als unsere Hauptstärke aus, heute wie damals.

Wir haben es den Juden erlaubt, sich bei uns in riesigen Massen anzusiedeln, mit verliehenen Privilegien haben wir ihnen Rechte gesichert, die die ursprüngliche polnische Bevölkerung unserer Städte in vieler Hinsicht nicht hatte. Wir haben das getan, weil unsere Herrscher jüdisches Geld brauchten. Wir haben die Ankömmlinge keinen Einschränkungen unterworfen, sie nicht verfolgt, uns nicht dagegen aufgelehnt, dass sie sich breitmachten, denn unser Adel hatte ein Interesse daran, sie gegen das Bürgertum zu unterstützen, zum Schaden für das Land. Und das Bürgertum war zu schwach, zu wenig einheitlich und schließlich zu passiv gegen das offensichtliche Übel. Das ändert nichts daran, dass wir unsere Politik gegenüber den Juden als eines der großartigsten Beispiele unserer Humanität und Toleranz hinstellen.

Wir haben uns mit Litauen verbunden, wir haben den Adel von Litauen und Ruthenien geschaffen, und bevor dieser sich angemessen zivilisieren und eine entsprechende politische Kultur erwerben konnte, haben wir ihn in seinem Einfluss auf die Politik der Republik mit den Polen gleichgestellt, wodurch er binnen kurzem das Übergewicht gewann und uns mit dem Gesicht nach Osten ausrichtete, auf die Steppen, und uns vom Westen und vom Meer abzog. Wir haben das getan, weil es uns mehr um Frieden ging, um eine bequeme Abschirmung von dem uns ständig beunruhigenden Osten als um Herrschaft, um Homogenität und die Macht der Republik. Aus dem gleichen Grund haben wir es den Kosaken erlaubt, sich auszubreiten und ihr Unwesen zu treiben.

 | DOI:10.30965/9783657702916_007

Alles das halten wir für den Gipfel einer weisen und edlen Politik, für das nachahmenswerteste Beispiel.

Wir haben eine Kirchenunion geschaffen, also einen fiktiven Katholizismus dort, wo nur die Befestigung des reinen Katholizismus unseren Einfluss hätte dauerhaft machen können, wo letztlich das Schisma für uns vorteilhafter gewesen wäre, wenn wir es für uns hätten nationalisieren wollen und können. Wir haben das getan, weil die Passivität zu halbherzigen Maßnahmen führt, weil wir nicht in der Lage waren, das national-staatliche Interesse da ins Spiel zu bringen, wo man diesem entgegen nur das kirchliche bediente. Doch auch dessen rühmen wir uns, als eines unserer schönsten Werke in der Geschichte.

Wenn sich heute die Frage nach unserem Standpunkt gegenüber fremdstämmigen Elementen in Polen erhebt, berufen wir uns auf diese zweifelhaften humanitären Beispiele und fordern ihre Nachahmung. Zwar ist Polen untergegangen, zwar – um einen trivialen Vergleich zu gebrauchen – ahmt man Unternehmen nicht einfach nach, die in Konkurs gegangen sind, aber solche Überlegungen können nur Leuten kommen, die tatsächlich an der Rückkehr eines realen Polens bauen, während wir es normalerweise für bequemer halten, es nur in unseren Herzen zu bauen.

Und wir verkaufen Polen weiterhin in humanitärer Weise.

Musterhaft in dieser Hinsicht ist unsere Politik gegenüber den Ruthenen in Galizien.

Kann man ein besseres Beispiel für Großmut in der Politik finden, als wenn ein Kreistag, der in seiner klaren Mehrheit aus Polen besteht, einstimmig beschließt, dass in der Stadt ein ruthenisches Gymnasium nötig ist?... Zwar stimmen einige deswegen für den Beschluss, um sich Ruhe vor den Ruthenen zu verschaffen, um sie loszuwerden, andere weil sie die Entstehung einer neuen Einrichtung für vorteilhaft für die Stadt halten, unabhängig davon, wem sie dient, oder weil für sie die Interessen der örtlichen Schuhmacher oder Kaffeehausbesitzer hundertmal wichtiger sind als die nationalen Interessen, aber warum sollte man das nicht Großmut nennen, wenn das so schön klingt!

Wenn wir nicht eine passive und faule Nation wären, wenn wir ein ausreichendes bürgerliches Gefühl entwickelt hätten und bei jedem Schritt für das Vaterland handeln könnten, dann würden wir verstehen, dass im Interesse unserer nationalen Zukunft im Hinblick auf die Ruthenen eines von zwei Dingen notwendig ist: 1) Entweder, dass sie alle oder ein Teil von ihnen, soweit das möglich ist, zu Polen werden, 2) oder dass sie eine selbstständige, starke ruthenische Nation bleiben, die ihre Eigenständigkeit nicht nur gegen uns verteidigen kann, sondern auch gegenüber Moskau um sie kämpfen kann und auf diese Weise zu unserem Verbündeten im Kampf gegen Russland wird. Wenn wir eine aktive, energische Nation wären und nicht in billigem Doktrinarismus Ruhe für unsere geistige Faulheit suchten, dann würden wir nicht im Vorhinein voraussagen können, ob das eine oder das andere eintrifft, aber mit Sicherheit würden wir verstehen, dass unsere heutige Politik gegenüber den Ruthenen zu keinem dieser beiden Ziele führt. Umso weiter entfernt von diesen wäre eine Politik, die sich an die Weisungen derjenigen hält, die sagen: Man muss den Ruthenen alles geben, was sie fordern, man muss ihnen mehr geben, als sie fordern, damit sie uns gegenüber keinerlei Klagen erheben und erheben können, damit sie Sympathie für uns empfinden und selbst so schnell wie möglich stärker werden, damit sie eine Nation in der vollen Bedeutung dieses Wortes und unsere Verbündeten im Kampf gegen Russland werden können.

Lebenstüchtige Nationen, die kämpfen können, wachsen nur im Kampf. Ein Beispiel dafür, welch eine erzieherische Bedeutung für eine junge Nation der tägliche, schwere Kampf hat, der über ganze Generationen andauert, sind die Tschechen, die heute zu den lebenstüchtigsten, unternehmungslustigsten und ihr nationales Interesse am eifrigsten verteidigenden Völkern in Europa gehören. Wären sie so, wenn die Deutschen ihnen von vornherein nachgegeben hätten, wenn sie ihnen alles gegeben hätten, was sie forderten, sogar mehr als sie forderten, wenn sie nicht gezwungen gewesen wären, jeden Posten, jeden Fußbreit Erde, jede Institution und jedes für sie vorteilhafte neue Gesetz mühselig zu erobern, auf dem Weg harten Kampfes, von dem sie keinen Moment ausruhen konnten, wenn gegen sie nicht nur die Regierung, sondern auch die gesamte örtliche deutsche Bevölkerung gestanden hätte, die alle Anstrengungen unternahm, um sie nicht hochkommen zu lassen? Wären wir selbst in Galizien nicht als Menschen und Polen mehr wert, wenn die nationalen Rechte und die polnischen Institutionen, die wir hier haben, durch eine lange Zeit von Anstrengungen schwer erkämpft wären und nicht sofort gekommen wären, mit solcher Leichtigkeit und eher deshalb, weil ein anderer kämpfte?...

Wenn die Ruthenen Polen werden sollen, dann muss man sie polonisieren; wenn sie eine selbstständige ruthenische Nation werden sollen, die fähig zum Leben und zum Kampf ist, dann muss man sie dazu bringen, auf dem Weg schwerer Anstrengungen das zu gewinnen, was sie haben wollen, sie dazu bringen, im Feuer des Kampfes hart zu werden, der ihnen noch nötiger ist als uns, denn sie sind von Natur aus noch um vieles passiver und fauler als wir. Wenn wir ihnen ohne Widerstand alles geben, was sie wollen, „und sogar mehr, als sie wollen", dann werden wir uns auf diese Weise nur selbst aus Ruthenien zurückziehen, aber eine ruthenische Nation werden wir nicht schaffen. Wenn wir heute ihr übermäßiges Verlangen befriedigen, dann überlassen wir dieses schöne Land trägen, satten Faulenzern, deren Selbstständigkeit so lange dauern wird, bis jemand, der energischer ist als wir, seine Hand an sie legt.

Statt einer selbstständigen ruthenischen Nation bereiten wir den Boden für die Moskauer Nation vor.

Dazu führt unsere humanitäre, großmütige und, wie manche sagen, weise Politik, die tatsächlich die Politik einer faulen, passiven Nation ist, die nicht nur nichts erringen kann, sondern die noch nicht einmal das in der Hand festhalten kann, was sie besitzt.

In unserem passiven Charakter liegt genau der Grund für die Leichtigkeit, mit der in gewissen Kreisen unserer Intelligenz zweitrangige Grundsätze des Sozialismus übernommen werden.

Es gibt bei uns, vor allem in Warschau, ein sehr zahlreiches Milieu von Menschen, die man nicht Sozialisten nennen kann, denn sie interessieren sich weder besonders für die Frage des Arbeiterproletariats noch haben sie sich die kollektivistische Lehre angeeignet. Doch in jeder anderen Hinsicht, vor allem in der Auffassung der nationalen Frage, folgen diese Leute den Sozialisten und sehen in nationalen Zusammenstößen keine Kämpfe um höhere, allgemeinere Interessen, sondern nur Beweise für Reaktion, Verrohung, moralische Perversionen usw. Bei den Sozialisten hat diese Ansicht andere Quellen: Sie möchten die ganze Aufmerksamkeit der Gesellschaft auf den Klassenkampf lenken, also reden sie ihr ein, dass alle anderen Kämpfe, anderen Antagonismen keinen Sinn haben, dass sie unmoralisch sind und es sie nur so lange geben wird, bis die Menschheit durchschaut und versteht, dass sie von denen betrogen wurde, die künstlich nationale Gegensätze vorgeschoben und auf diese Weise versucht haben, die soziale Frage vor ihr zu verbergen. Die Kreise der Intelligenz, von denen hier die Rede ist, haben dieses Ziel nicht, aber sie übernehmen die oben genannte Ansicht, weil sie ihrer Passivität entgegenkommt, weil sie ihnen erlaubt tatenlos einem Kampf zuzusehen, der aus der Sicht ihrer Ethik verabscheuungswürdig ist, und zu warten, bis die Menschen moralischer werden und die „Gerechtigkeit" herrschen lassen.

Abgesehen von den Juden und den unter ihrem Einfluss stehenden Kreisen, bei denen die Quelle der „Humanität" im Fehlen einer Verbindung mit der polnischen Nation und einer Bindung an deren Interessen liegt, sind die obengenannten Ansichten am meisten unter der deklassierten Intelligenz verbreitet, von der es heute im Königreich noch wimmelt, die sich durch eine vollständige geistige Faulheit und Mangel an Unternehmungslust in der Einrichtung des persönlichen Lebens auszeichnet und die die gleichen Mängel im Umgang mit nationalen Angelegenheiten an den Tag legt.

Die Passivität des Charakters, aus der unsere historisch-politischen Anschauungen hervorgehen, erklärt auch vorzüglich den bei uns herrschenden Typ geistigen Lebens.

Die herausragenden Merkmale der gegenwärtigen polnischen Seele – zumal im Königreich, dem Hauptsitz unseres geistigen Lebens – sind Intellektualismus und Ästhetizismus. In letzter Zeit beginnt neben ihnen auch der Ethizismus eine immer bedeutendere Rolle zu spielen. Alle diese drei Phänomene haben gemeinsame psychologische Quellen und innerhalb der Gesellschaft gemeinsame Grundlagen ihrer Existenz, aber darüber, welches von ihnen im gegebenen Moment die Oberhand gewinnt, entscheiden eher äußere Faktoren wie das Auftauchen neuer geistiger Strömungen im Ausland, politische Veränderungen usw.

Jede Gesellschaft hat eine gewisse Menge von Intellektuellen und Ästheten, und ihre Zahl wächst vor allem in reichen Nationen, nach Jahrhunderten zivilisatorischer Arbeit, nach einer Zeit politischer Erfolge. Auf der Basis von geistiger Raffinesse, von Übersättigung mit materiellen Gütern, angesichts eines Mangels an Gefahren, die die Existenz der Gesellschaft bedrohen, tritt bei passiveren Naturen, wenn sie in Umstände geraten, die sie von der Notwendigkeit des Kampfes um irgendetwas entbinden, eine Neigung auf, die Suche nach dem Wahren oder Schönen oder eher das Berauschen daran zum Sinn des Lebens zu machen, während dies bei den Vertretern des Ethizismus mit dem Guten geschieht. In Gesellschaften, die die Fähigkeit zur Tat verlieren, wachsen diese Vorlieben sich schnell aus und beschleunigen den Verfallsprozess. Es genügt hier auf die Zeit des Niedergangs in der Geschichte von Griechenland und Rom zu verweisen, später auf das Beispiel von Italien in der Zeit der Renaissance, wo der Verfall der Macht nach außen begleitet wurde von Phänomenen geistiger Verfeinerung, die wir heute Intellektualismus und Ästhetizismus nennen.

In keiner der heutigen Gesellschaften haben sich die oben erwähnten Phänomene so weit ausgebreitet wie in unserer, natürlich in Relation zum allgemeinen Maßstab des geistigen Lebens der Nation. Ein durchschnittliches Mitglied der geistig gebildeten polnischen Gesellschaft im russischen Teilungsgebiet ist in hohem Maß ein Intellektueller oder ein Ästhet mit einem Übergewicht der einen oder der anderen Vorliebe und mit einer Neigung zur kontemplativen Behandlung moralischer Phänomene, also zu Ethizismus. Das unterscheidet ihn deutlich von den Polen der beiden anderen Teilungsgebiete, jedenfalls was die breitere Schicht in der Mitte betrifft, denn in der durch gesellschaftliche Stellung und Ausbildung höheren Schicht existieren Unterschiede in dieser Hinsicht praktisch überhaupt nicht. Und wenn sich die Überzeugung festgesetzt hat, dass die aufgeklärte polnische Gesellschaft in Kongresspolen im Hinblick auf die Intelligenz höher steht als die in Galizien oder in Posen, dann muss man, auch wenn sie bis zu einem gewissen Grad ihre Berechtigung hat, feststellen, dass sie hauptsächlich daher rührt, dass die Intelligenz eines durchschnittlichen Poseners oder Galiziers auf die praktischen Dinge des Lebens gerichtet ist und sich in eine Richtung ausbildet, die weniger Gelegenheit gibt, sich im gesellschaftlichen Leben hervorzutun, während der durchschnittliche Intelligenzler in Kongresspolen vor allem eine Neigung zur Kontemplation an den Tag legt, zur Erweiterung seines Wissens in Bereichen, die vom Leben abgehoben sind, also zum Intellektualismus. Er ist oft naiv bis zur Lächerlichkeit im Umgang mit den praktischen Dingen des heutigen zivilisierten Lebens, vor allem des politisch-gesellschaftlichen, doch im Bereich von abgehobenen Dingen, selbst wenn sie relativ kompliziert sind, bewegt er sich zwar oberflächlich, aber meistens recht unbefangen, was ihm einen Charakter von höherer Intelligenz gibt.

Die starke geistige Strömung aus der Zeit nach dem Aufstand, der „Warschauer Positivismus", der am Anfang bis zu einem gewissen Grad eine gesellschaftliche Bewegung war, die sich auf die praktischen Probleme des Lebens richtete, hat später einen fast reinen Intellektualismus hervorgebracht. Dieser breitete sich auf den größten Teil der Intellektuellen aus, veränderte im Lauf der Zeit den wesentlichen Inhalt der ursprünglichen Strömung und nahm sogar entgegengesetzte Ausgangspunkte zur Grundlage. Es gibt in Warschau eine ganze Gruppe von Zeitungen, die den Bedürfnissen des Intellektualismus dienen, indem sie entweder die praktischen Probleme des Lebens ignorieren oder sie in Abgehobenheit von den realen Bedingungen behandeln, sub specie aeternitatis, wobei sie im Übrigen ihr komplettes Unverständnis für sie offenlegen und stattdessen das Denken der Leser auf möglichst abgehobene Fragen richten.

In den letzten Jahren ist der Intellektualismus schnell hinter den Ästhetizismus zurückgetreten. Der Bedarf an Erzeugnissen der Kunst ist stark gewachsen, vor allem in dem für die breite Gesellschaft zugänglicheren Bereich der Literatur. Junge Leute haben ihre Büros und Kontore verlassen und angefangen Gedichte zu schreiben. Bändchen für Bändchen erscheint auf den Regalen der Buchhandlungen und kommt unabhängig vom Wert schnell unter die Leute. Man hat begonnen davon zu sprechen, es brauche guten Geschmack, Originalität des Stils dort, wo man sich bisher mit den hässlichsten Schablonen zufriedengegeben hat. In immer größerer Zahl begannen Menschen aufzutauchen, die es für das Ziel des Lebens hielten, eine ästhetische Form dafür zu finden.

Am Ende kam die ethische Bewegung, die den jüngsten Teil der Gesellschaft erfasste und es als Aufgabe betrachtete, den Einzelnen in moralischer Hinsicht zu einem gegebenen, ausgeklügelten Ziel hinzuführen.

Herrschend unter diesen verwandten Erscheinungen des heutigen polnischen Geistes ist gegenwärtig der Ästhetizismus. Er verbreitet sich schnell im

Königreich und in Galizien, gibt den Ton des Lebens an und nimmt auf die allgemeine Denkweise der Gesellschaft Einfluss. Künstler sind heute gewissermaßen die ersten Menschen in der Nation, die höchsten Kreise und politischen Körperschaften erweisen ihnen die Ehre; wenn sie in eine Stadt einziehen, werden ihnen Abordnungen entgegengeschickt usw. Man trifft nicht nur mit denen zusammen, deren künstlerisches Schaffen sich eng mit Verdiensten von weiterer und dauerhafterer nationaler Bedeutung verbindet, sondern auch mit denen, von denen morgen keine Spur bleibt, nicht nur mit Schöpfern, sondern auch mit Virtuosen.

Unter dem Einfluss des Ästhetizismus erneuert man die schon früher erfundene historische Mission der Nation, die eine Analogie zwischen uns und den antiken Griechen in der Zeit des Verfalls einführt und uns als historische Aufgabe anweist, im geistigen Leben Russlands eine ebensolche Rolle zu spielen, wie sie die Griechen in Rom gespielt haben.

Somit haben wir im Bereich des geistigen Lebens die Anzeichen einer überzivilisierten Gesellschaft, deren politische Rolle ausgespielt ist und die der Menschheit nur noch im Bereich von abgehobenem geistigen Schaffen dienen kann und selbst nur noch im Denken zu leben vermag. Jedoch sind wir weder sehr zivilisiert noch steht unser geistiges Schaffen besonders hoch. Wir haben große Talente, einige von ihnen erheben sich auf ein hervorragendes Niveau, aber wir übertreffen in dieser Hinsicht andere Gesellschaften keineswegs. Hingegen steht unsere Masse trotz ihrer Anlagen keineswegs anderen Nationen voran, weder im geistigen Niveau noch im guten Geschmack. Man kann wohl völlig zu Recht feststellen, dass es nirgendwo so viele Intellektuelle gibt, die nicht intelligent sind, und so viele Ästheten, die keinen Geschmack haben. Wir sind in keinem gesellschaftlichen Bereich überzivilisiert, im Gegenteil, selbst die höchsten, geschliffensten Kreise unserer Nation müssen als unzivilisiert gelten, wenn man sich so ausdrücken kann. Und wenn damit eine gewisse geistige Raffinesse einhergeht, dann ist sie eher eine Abweichung der Gesellschaft vom normalen Weg der Entwicklung. Eine solche Abweichung konnte nur unter der Wirkung von sehr wichtigen Ursachen erfolgen, die entweder äußere sind oder im Wesen der inneren Organisation der Gesellschaft liegen.

Die Nation war nur auf ein Ziel fixiert, die Wiedererlangung der verlorenen Staatlichkeit, und ließ nur einen Bereich gemeinsamen Handelns gelten, den unmittelbaren Kampf um die Unabhängigkeit. Nach einer Reihe von misslungenen Kämpfen um die Unabhängigkeit, von denen der letzte* die schwerste Niederlage gebracht hat, hat die Nation den Glauben an dieses Ziel

* Der Aufstand von 1863/64 im russischen Teilungsgebiet.

verloren, auf alle Taten verzichtet und ist im Hinblick auf ihre Zukunft in einen hoffnungslosen Pessimismus verfallen. Die natürliche Folge davon musste die Hinwendung vom äußeren Leben in die Tiefe der eigenen Seele sein, der Übergang von der Aktion zur Kontemplation. Dieser Übergang musste zuerst in der Region erfolgen, die vor allem gekämpft und für den Kampf gelitten hat, also im russischen Teilungsgebiet. Andererseits fanden die beiden übrigen Teilungsgebiete sich in letzter Zeit in modernen politischen Bedingungen, die der Gesellschaft ein Feld tätigen öffentlichen Lebens eröffneten, die Möglichkeit gemeinsamen Handelns, während die staatliche Ordnung und das Regierungssystem im russischen Teilungsgebiet es der Gesellschaft nicht erlauben, aus der politischen Tatenlosigkeit herauszukommen. Wie eine Person, die in einem Kloster oder in einem Gefängnis eingeschlossen ist, sich notwendig dem Nachdenken hingibt, so muss sich auch in einer Gesellschaft, die unfreiwillig zur politischen Tatenlosigkeit verurteilt ist, der Missstand eines passiven geistigen Lebens entwickeln. Beim Einzelnen wie bei der Gesellschaft müssen als Folge dieser Einseitigkeit pathologische Symptome auftreten: Ein Mönch hat Visionen, ein Häftling verfällt oft dem Wahnsinn, eine Gesellschaft hingegen verfällt im Bereich ihrer vitalsten Interessen in Gedankenlosigkeit, während sie in den vom Leben abgehobenen Bereichen eine Neigung zu Ekstasen und geistigen Orgien an den Tag legt. Sie kann sich für längere Zeit überhaupt nicht für die ernsthaften Störungen im Innersten des Staates interessieren, von dem ihre Schicksale abhängen, aber manchmal kommt ein Moment, wo aus allen Ecken des Landes Menschen angefahren kommen, um eine Oper zu hören oder wo das erlesene Publikum in einem Konzertsaal sich ein kollektives Schluchzen gönnt.

Doch hätten die äußeren Bedingungen nicht ausgereicht, um eine Gesellschaft in solchem Maß von ihrem Entwicklungsweg abzubringen, wenn es in deren innerer Organisation nicht ernsthafte Gründe dafür gäbe.

Der erste dieser Gründe ist die Passivität unseres Charakters, die sich durch die historische Entwicklung der Nation ausgebildet hat. Passive Organisationen zeigen selbst bei einem verhältnismäßig niedrigen Intelligenzniveau eine Neigung zum Intellektualismus, von dem aktive, energische Menschen frei sind, wobei diese zugleich die lebhafteste Entwicklung der geistigen Fähigkeiten und das breiteste Wissen zeigen. So wie ein Mann des Willens, der vor allem ein Bedürfnis zu handeln spürt und dabei den feinsten Geschmack hat, aus der Befriedigung seiner ästhetischen Bedürfnisse nicht den Inhalt seines Lebens macht, während passive Individuen, die unfähig sind, etwas von sich zu geben, sogar bei einem sehr schwachen Gefühl für das Schöne in der Lage sind, ästhetische Ekstasen aus sich herauszuquälen und mit ihnen das Leben zu erfüllen.

Erst auf dem Hintergrund dieser Passivität, die tief im Nervensystem steckt, wird unser eigentlicher Intellektualismus und Ästhetizismus aktiv, der im Charakter der hochadligen Kultur unserer Gesellschaft liegt.

Angesichts dessen, dass unser Bauer auf das niedrigste in Europa mögliche Niveau der wirtschaftlich-kulturellen Existenz hinabgedrückt ist, dass das Bürgertum heruntergekommen, auf das Minimum seiner gesellschaftlichen Rolle reduziert und sein Lebensniveau herabgesetzt ist, dass der kleine Adel in Ignoranz und einen fast völligen zivilisatorischen Stillstand verfallen ist, blieben im Moment des Falls der Adelsrepublik fast das einzige Element in Polen, das Kultur im Leben schuf, die Kreise des Hochadels. Es gab zwar eine bürgerliche Kultur, die sehr schön war und in mancher Hinsicht höher als die hochadlige stand, aber die Schicht, die in ihr lebte, war so klein und wirtschaftlich so schwach, dass sie später nicht in der Lage war, diese Kultur den neuen gesellschaftlichen Gruppen des 19. Jahrhunderts aufzudrängen. Während also die aufgeklärte Gesellschaft der westlichen Länder, die im letzten Jahrhundert schnell an Zahl wuchs, die bürgerliche Kultur übernahm, die Kultur der Arbeit, des Strebens, der Anstrengungen und der Pflichten, übernahm bei uns die gleiche Schicht die hochadlige Kultur, die Kultur der Pflichtvergessenheit, des Konsums und mehr noch des Scheins und der Selbstüberhebung usw. Bis zum heutigen Tag leben wir in dieser Kultur: Wenn Menschen sich mit harter Arbeit das Brot verdienen und Erfolg haben, dann wollen sie gleich zum großen Herren werden; die Söhne von reichen Kaufleuten und Unternehmern und mehr noch von Ärzten und Rechtsanwälten, die gute Arbeit leisten, machen sowohl in ihrer Oberflächlichkeit wie in den Begriffen, die man ihnen beigebracht hat, den Eindruck von jungen Grafen, die ausreichend vorbereitet sind, um eine gute Rente zu erben; Leute, die mit dem Verpacken von Pfeffer oder mit dem Schreiben von Gerichtsbeschwerden ein Vermögen gemacht haben, verlieren es dann, indem sie Landgüter usw. kaufen.

Die hochadlige Kultur hat sich bei uns in die falsche Richtung entwickelt: Politische Dekadenz, Verfall des öffentlichen Lebens, wirtschaftlich-sozialer Stillstand, so dass unser Adliger, bevor er sich als Mitglied der Gesellschaft zivilisieren konnte, sich zurückzuziehen begann und in hohem Maße ein Barbar blieb. Andererseits bewahrte und assimilierte er als Individuum in gebührender Weise Elemente, die in jagiellonischen Zeiten aus Italien und anderen westlichen Ländern kamen und die er später, nach einer Zeit der Vernachlässigung, mit den französischen Einflüssen des 18. Jahrhunderts auffrischte, wobei der Mangel an einer breiten Dimension der Tat noch eine gewisse geistige Raffinesse förderte.

Als das 19. Jahrhundert die Demokratisierung der Kultur brachte, die unter anderem in einer Verbreitung höherer Bildung und höherer geselliger

Formen in einer relativ großen Schicht der Gesellschaft bestand, die bei uns „Intelligenz“ heißt, da ahmte diese Schicht in unserem Land, die das einzige Vorbild von höherer Ausbildung und geselligen Formen in den hochadligen Kreisen hatte, diese vor allem nach, indem sie ihre schlechten und guten Eigenschaften übernahm und somit auch den übertriebenen Kult der geistigen Raffinesse und die mangelnde Wertschätzung für Arbeit und Tat. Und während bei anderen Völkern ein durchschnittliches Mitglied der intelligenten Gesellschaft es sich vor allem zum Gegenstand seines Ehrgeizes macht, dass es im Leben unabhängig ist, ein tüchtiger, aktiver Arbeiter, bei höherem Ehrgeiz auch ein einflussreiches Mitglied der Gesellschaft, so bildet bei uns den Anfang des Ehrgeizes die Fähigkeit, über Dinge zu reden, die nichts zu tun haben mit der Rolle des Menschen in der Gesellschaft, mit seinem Beruf, mit der Art des Verdienstes usw. Das verleiht der Entwicklung unseres Intellektualismus und Ästhetizismus eine großartige Grundlage.

In Galizien ist die polnische Kultur in ihren höheren Erscheinungen in bedeutendem Maß durch die Politik der germanisierenden Regierungen zerstört worden und lebt erst heute wieder auf, wobei aus dem Volk neue Gruppen der Intelligenz aufsteigen, die zu einem gewissen Grad unter deutschen geistigen Einflüssen heranwachsen und in ihrer Masse viel weniger durch die hochadlige Kultur assimiliert sind. Deshalb ist die zahlenmäßig überwiegende neue Gruppe der hiesigen Intelligenz in nicht ausreichendem Maße polnisch von der Seele her und legt sogar bei einem manchmal hohen geistigen Niveau keine Neigung zum Intellektualismus an den Tag, sondern wendet ihr Denken den Interessen des gegenwärtigen Lebens zu, worauf auch und – wie oben bemerkt – vor allem die politischen Bedingungen Einfluss haben, während im russischen Teilungsgebiet der erste beste Dummkopf meint, er stünde über den heutigen Dingen, seien sie privat oder öffentlich, und sein Leben mit einem krummen Philosophieren füllt.

Die geistige Raffinesse unserer intelligenten Kreise ist zwar völlig verständlich, doch wenn wir alle ihre Quellen betrachten, dann ist sie bei genauerer Überlegung traurig und lächerlich zugleich. Und nicht nur deshalb, weil sie nicht dem Niveau unserer geistigen Kräfte entspricht, weil der Intellektualismus sich oft mit schwachen gedanklichen Fähigkeiten und sogar mit Unwissenheit verbindet, weil mit dem Ästhetizismus ein Mangel von Gefühl für das Schöne, eine Strenge und eine mangelnde Ausbildung des Geschmacks, der dem ersten besten Einfluss unterliegt, einhergehen, weil in den ersten Reihen der ethischen Bewegung unreife Geister marschieren, die das Leben und seine Aufgaben nicht verstehen und die zur konsequenten Anwendung von Grundsätzen nicht fähig sind, sondern auch deshalb, weil dem gegenwärtigen Augenblick in der historischen Entwicklung unserer Nation jegliche Kontemplation, geistige Raffinesse, passives Philosophieren oder das Baden in ästhetischen Ekstasen am allerwenigsten entspricht. Wir sind eine junge Nation und im Hinblick auf die geistige Frische der gesellschaftlichen Hauptmasse vielleicht die jüngste in Europa. Polen ist nicht deshalb gefallen, weil es als Nation alt geworden war, sondern deshalb, weil es in seiner Entwicklung auf Abwege geraten war.

Man kann die Frage stellen: Werden Nationen überhaupt alt und sterben an Altersschwäche?

Ich meine ja. Nicht deshalb, weil die Geschichte so viele Beispiele von Nationen liefert, die entstanden, wuchsen und zu riesiger Macht gelangten und die danach verfielen und verschwanden, denn für solchen Verfall und Tod kann man auch andere, zufällige Gründe suchen als unvermeidliches Alter; sondern deshalb, weil wir bei reiferen Nationen, die in der Zivilisation weiter fortgeschritten sind, im Vergleich zu den niedriger zivilisierten einen Mangel an Flexibilität beobachten, an Fähigkeit zur Anpassung an veränderte Lebensbedingungen, andererseits jedoch bei ihren durchschnittlichen Vertretern eine geringere Auffassungsgabe, weniger Talent im Verhältnis zur Geschicklichkeit. Es scheint, dass zivilisiertes Leben im Lauf der Zeit Nationen in eine Routine verfallen lässt, indem es in ihnen über Jahrhunderte traditionelle Laster ansammelt, deren man sich nicht entledigen kann, andererseits zieht es aus einer Nation langsam das beste, fähigste anthropologische Material heraus und braucht es auf, denn Intensität des geistigen Lebens in Verbindung mit Zivilisation vernichtet allmählich die Menschen und ganze Familien und macht ständig Platz frei für neue Elemente, die aus dem Volk kommen. Auf diese Weise geraten Nationen allmählich unter einen immer größeren Druck von Routine und werden zugleich rassisch unfruchtbar.

Wenn auch die Erfahrung zeigt – wie viele meinen und wie ich auch selbst den Eindruck habe – dass unser Bauer trotz seiner niedrigeren Kultur fähiger, aufgeschlossener ist als der deutsche oder französische Bauer, dann ist daraus nicht notwendig zu folgern, dass jene Nationen sich aus schlechterem rassischen Material gebildet hätten, sondern dass sie, indem sie über lange Zeit ausschließlich in einer Zivilisation und in deren intensiveren Formen gelebt haben, bereits einen Teil des besten Materials aus dem Volk herausziehen und in bedeutendem Maß vernichten konnten. Diese Ansicht findet Bestätigung in der Tatsache, dass die Umgegenden großer Städte normalerweise in weitem Umkreis eine geistig wildere und niedriger stehende Bevölkerung besitzen als der Rest des Landes, was sich nur damit erklären lässt, dass sie den Metropolen einen größeren Tribut an Menschen zahlen, indem sie alles dorthin schicken, was bei ihnen am talentiertesten ist.

Infolge des Verfalls der Städte in der Adelsrepublik hat unsere Zivilisation während einer Reihe von Jahrhunderten das Volk praktisch unangetastet gelassen und so gut wie nichts aus ihm zu ihrem Gebrauch übernommen. Andererseits hat die Ordnung der Adelsrepublik die Masse des Volkes als solche im Stillstand verharren und sich sogar zivilisatorisch zurückentwickeln lassen.

Durch den anormalen Verlauf unserer politisch-gesellschaftlichen Entwicklung in den letzten Jahrhunderten der Existenz des polnischen Staates wurde das Potenzial an natürlichen Kräften, das in der Volksmasse lag und in dem andere Gesellschaften sich früher oder später erneuerten und an Kraft wuchsen, bei uns stillgelegt wie ein Schatz, der in der Erde vergraben ist. In der Folge davon verloren wir an Kraft und gingen unter, aber der vergrabene Schatz blieb. Als in der zweiten Hälfte des vergangenen Jahrhunderts der Wandel der staatspolitischen und gesellschaftlichen Bedingungen unserem Volk das Feld für ein neues Leben öffnete, da zeigte es schnell seine gesellschaftliche Aktivität, die geradezu von Tag zu Tag wuchs. In unserer Nation begann sich ein ungemein schneller Wandel zu vollziehen, der einer Revolution gleichkam: Sie trat ein in eine Epoche beschleunigter gesellschaftlicher Entwicklung, sie wurde von den Umständen dazu gezwungen, sich zu regenerieren und in kurzer Zeit ein gesellschaftliches Gewebe zu entwickeln, das im Lauf von langen Jahren durch Abweichungen in der Entwicklung verschwunden war, und ihre Hauptmasse nach einem jahrhundertelangen Stillstand kulturell und gesellschaftlich zu stärken. In der Masse des Volkes begann eine innere wirtschaftliche und kulturelle Arbeit, die heute schon intensiv ist und die mit ungeheurer Geschwindigkeit die Bildung eines bürgerlichen Bewusstseins mit sich gebracht hat: Unter wirtschaftlichem Einfluss differenziert sich die Volksmasse vor Ort immer mehr und liefert gleichzeitig Material für die Bevölkerung der Städte: Im Königreich vor allem Arbeiter, im preußischen Teilungsgebiet Handwerker und Kaufleute, in Galizien Beamte, angesichts der schwächeren wirtschaftlichen Entwicklung und des Bedarfs an Kräften in der Bürokratie, die die bis vor Kurzem sehr kleine Intelligenzschicht nicht liefern kann.

Im Lauf der letzten ungefähr 15 Jahre haben sich unsere Ansichten vom gesellschaftlichen und nationalen Wert unseres Volkes von Grund auf geändert: Eine so kurze Zeit hat ausgereicht, um den Glauben an seine Vitalität zu wecken, an seine angeborenen Begabungen, an seine wirtschaftlichen Fähigkeiten, an seine Empfänglichkeit für zivilisatorische Einflüsse, an seine gesunden gesellschaftlichen Instinkte. Es unterscheidet sich von den Völkern Mitteleuropas durch seinen niedrigen Lebensstandard, der aus jahrhundertelanger Rückständigkeit, Vernachlässigung und kultureller Stagnation herrührt, verbunden mit einer fast völligen Isolierung von den Einflüssen des politischen Lebens und der Ordnung des Staates, zu dem es gehörte. Es lebte im Grunde ohne irgendeinen Kontakt mit dem Staat, worin es sich sogar von dem gewöhnlich als zivilisatorisch jung geltenden russischen Volk unterscheidet. Dieses lebte im Zaum des asiatischen Despotismus, aber es spürte ihn direkt auf seinem Nacken und wurde durch ihn durch Jahrhunderte geformt, es hat eine politische Tradition, in der es bis zu einem gewissen Grad erstarrt ist. Unser Volk hat keine politische Tradition: Es erinnert sich weder an die Adelsrepublik noch an den König noch an den Sejm, es erinnert sich nur an den Grundherrn; es besitzt nur nationale Instinkte, die sich über Jahrhunderte ausgebildet haben, eine psychische Individualität, die sich durch einen einförmigen und dauerhaften Lebensstil in Gemeinschaft gefestigt hat, unter kulturellen Nebeneinflüssen der Kirche und des Herrenhofs. Es ist also politisch und sogar kulturell jünger sowohl als unsere östlichen als auch unsere westlichen Nachbarn. Die westlichen Völker sind älter als es, weil sie seit Langem von den Wohltaten der Zivilisation leben, deren Elemente es kaum besitzt und die es nun schnell aufzunehmen beginnt, denn sie haben sich seit Langem in Rechtsnormen niedergeschlagen, die es sich erst teilweise angeeignet hat, sowie in politischen Normen, mit denen es gerade erst bekannt wird oder von denen es erst zu ahnen beginnt; andererseits ist das russische Volk in gewisser Weise älter, denn obwohl ihm sogar die Grundlagen der westlichen Zivilisation fremd sind, die unser Bauer besitzt, so hat es doch eine eigene Zivilisation oder eher eine eigene Barbarei, die infolge ihrer Inhaltsarmut schnell zur Reife gelangt und gealtert ist und Unbeweglichkeit des Lebens und des Geistes hervorgebracht hat, in der diese Millionenmassen erstarrt sind, die angeblich zur Verjüngung Europas berufen waren.

Ja, wir sind in unserer Hauptmasse, in dem, was die Nation der Zukunft ist, eine junge Gesellschaft, die sich erst emporzuarbeiten und auf das Feld des internationalen Wettbewerbs zu drängen beginnt, auf dem sich heute andere Völker bequem breitgemacht haben. Und wenn man sagen kann, dass das zu Boden geworfene und seit Jahrhunderten gefesselte Polen sich erneut zu regen beginnt, dann ist das wichtigste Moment daran gerade die Bewegung der Volksmasse, die jung ist, vital, strebsam und die es mit den ersten, aus dem Schlaf erwachten Kräften zum Leben drängt: Das ist zwar nicht eigentlich die Wiedergeburt des alten Polens, aber das Entstehen eines neuen aus Schichten, die über Jahrhunderte unbeweglich waren.

Die Schichten, die die nationale Kultur und die Traditionen der Vergangenheit bewahrt haben, sind bei uns nicht verschwunden, sie haben sich nicht entnationalisiert, wir sind also nicht wie z. B. die Tschechen gezwungen, alles von

Neuem zu schaffen oder die einst geschaffenen Elemente einer selbstständigen nationalen Kultur aus der Asche auszugraben und sie in verschimmelten Urkunden zu entziffern. Weil unser Volk Bildung und nationales Bewusstsein erlangt hat, hat es vor sich die lebendige Schatzkiste der nationalen Kultur in der intelligenten Schicht der Gesellschaft. Manchmal versteht es das, aber in größerem Maß spürt es das instinktiv, es greift begierig nach allem, was ihm die „älteren Brüder" geben, und es gibt in der Geschichte wohl kein Beispiel, dass Elemente so schnell in eine Volksmasse eingedrungen sind, wie das heute in unserem Vaterland geschieht.

Im Ergebnis dessen sind wir zwar keine normale, zivilisierte Nation, aber wir sind auch kein Stamm ohne Namen und Geschichte, der eine Nation erst bildet; unsere Selbstorganisation als moderne Nation muss unter diesen Bedingungen mit ungeheurer Schnelligkeit verlaufen und einhergehend damit muss unser erneutes Erscheinen auf der historischen Bühne als eine staatlich schöpferische, an Macht wachsende Nation bald erfolgen.

Während die heute in der Zivilisation führenden Nationen oder zumindest einige von ihnen erkennbar das Alter vor sich haben, liegt vor uns eine neue politische Geburt, verbunden mit einem zivilisatorischen Erwachen, und die Zukunft eines Volkes mit einer jungen, unverbrauchten Energie.

Nun könnte jemand sagen: Wenn ein zur Hochspannung getriebenes zivilisiertes Leben zur Folge hat, dass die Nation altert und sich in der Folge dem Untergang zuneigt, warum sollte man dann so schnell vorgehen, warum sollte man danach streben, das Niveau seines zivilisierten Lebens zu erhöhen? Doch darauf ist zu antworten, dass eine Nation, die nicht den anderen in der Zivilisation nachstrebt, die nicht versucht sie zu überholen, nicht alt werden und nicht an Alter sterben, aber dafür von den anderen verschlungen werden wird. Wenn unser rassisches Material nicht schnell von der polnischen Zivilisation zur Schaffung einer polnischen nationalen Identität und einer polnischen politischen Kraft verwertet wird, dann werden es sich die benachbarten Kulturen aneignen und umarbeiten.

Ein anderer, der philosophisch veranlagt ist – und solche sind in unserer passiven, faulen Gesellschaft Legion – könnte sagen: Wozu soll man dann für die Nation arbeiten, sie nach vorne bringen, sie herausziehen auf die historische Bühne, wenn sie sowieso irgendwann, in der weiteren Zukunft, alt wird und untergeht? Mein Gott, jeder von uns weiß von sich, dass er stirbt, und doch hält ihn das nicht davon ab, für sich zu arbeiten, sich ein Vermögen, Posten, Einflüsse usw. zu gewinnen. Unsere Aufgabe als Mitglieder der Nation ist es nicht, ihr eine ewige Existenz zu sichern, sondern nur, so viele Kräfte wie möglich aus ihr zu ziehen, für sie das breiteste, reichste und in jeder Hinsicht erfüllteste Leben zu erkämpfen.

Ich habe mir einen Ausflug in den Bereich der gesellschaftlichen Hypothesen und der Vorausschau in die Zukunft erlaubt. Ich kehre zum Gegenstand zurück, zum Problem des ungesunden geistigen Lebens unserer intelligenten Elemente.

Wenn in dem Maße, in dem das Volk von der aufgeklärten Schicht dessen geistige Ressourcen übernimmt, diese letztere aus dem Volk dessen moralische Kräfte schöpfen würde, dessen Fähigkeit, für die Zukunft zu leben, dessen jugendliche Lust zur fruchtbaren Tat, wenn also, kurz gesagt, zwischen diesen beiden Elementen – einerseits der rohen, jugendlichen, zu einer besseren Zukunft aufbrechenden Volksmasse und andererseits der von den geistigen Ressourcen der Vergangenheit lebenden aufgeklärten Schicht – sich ein Austausch der Kräfte entwickeln würde, dann würden wir eine einheitliche, aktive, schnell emporkommende Gesellschaft werden und stünden in kurzer Zeit in den Reihen der großen Nationen. Aber unsere intelligenten Elemente haben die Bedeutung des historischen Augenblicks, in dem sie leben, nicht verstanden. Abgehoben vom Volk leben sie weiter ihr Leben und sind nicht einmal fähig, sich lebhafter dafür zu interessieren, was in der Masse des Volks passiert. Meistens wissen sie nicht einmal, dass dieser Kern der Nation sich schnell verwandelt und für die ganze Nation zu denken beginnt. Wenn unsere aufgeklärte Gesellschaft bei uns den geistigen Muff spürt, dann schaut sie nach den Fremden aus und bringt zur Auffrischung die Brosamen von den geistigen Mahlzeiten im Westen ins Land: Wenn sie sich den Mangel an moralischen Kräften bewusst macht, dann lenkt sie aus dem Ausland „ethische Bewegungen" nach Polen: Sie sieht noch nicht, dass der polnische Geist sich nur aus dem polnischen Volk erneuert, dass nur aus diesem die „älteren Brüder" Kräfte zum Leben, zur Tat, zur Schaffung der nationalen Zukunft schöpfen können.

Und wenn es dieser neuen Volksarmee, wenn sie nach vorn stürmt, an Lenkung und an Führern fehlt, dann strebt die aufgeklärte Schicht, die das liefern sollte, nach Subtilität, nach Verfeinerung des Geistes, die umso lächerlicher ist, als sie gemeinhin oberflächlich bleibt, sie versinkt in Intellektualismen, sie schafft ethische Bewegungen. Während die Masse der Nation sich in einem Marsch auf eine bessere Zukunft zubewegt, ist ihre „Führungs" schicht vom rechten Weg der Entwicklung auf einen geistigen Irrweg geraten, sie ist blind dafür, was der Kern des Lebens ist, und sie unterliegt den Prozessen einer ungesunden Gärung, die überall das Ergebnis von Stagnation ist.

V. Kraftersparnis und Expansion

Die alte und abgedroschene Wahrheit, dass Tatenlosigkeit die Hauptquelle von Demoralisierung ist, lässt sich nicht nur auf einzelne Menschen anwenden, sondern auch auf Nationen. Im gewöhnlichen Verständnis besagt sie, dass aktives Leben die beste Gewähr für geistige Gesundheit bietet, doch bei einem tieferen Einblick in die Sache muss man sie noch ergänzen: Die geistige Gesundheit eines Menschen erfordert einen Umfang an aktivem Leben, der seine wichtigsten Fähigkeiten nutzbar macht und seinen wichtigsten Neigungen ein Ventil gibt, denn Kräfte des Geistes, die nicht nutzbar gemacht werden, können in unserer inneren Welt dieselben Schäden anrichten wie in der äußeren Welt physische Kräfte, die kein entsprechendes Ventil für sich finden. Ein Bach, der einen zu kleinen Durchlass unter einem Bahndamm hat, wird, wenn er anschwillt, den Weg selbst unterspülen und oft zur Ursache von Katastrophen werden. So ähnlich ist es mit der Macht des Geistes, wenn sie einen zu schmalen Weg zur Tat hat. Sie drängt dann nach außen, zerstört das geistige Gleichgewicht und verursacht oft große Katastrophen, auch wenn die Umgebung es nicht merkt. Deshalb hat die Verringerung der Lebensintensität nach außen fast nie vorteilhafte Folgen für das innere Leben des Einzelnen.

Wenn das gleiche Gesetz in gewissem Maß für Nationen gilt, dann würde daraus folgen, dass eine Nation, die sich schnell zivilisiert und ihre geistigen Kräfte vermehrt, den Bereich ihres Handelns, ihrer Interessen, ihrer Expansion jeglicher Art in entsprechendem Maß ausweiten muss, wenn sie im geistigen Bereich ihre Gesundheit bewahren will. Auf diese Weise absorbieren die sich ständig häufenden und verkomplizierenden Probleme in entsprechender Weise die wachsende Energie des nationalen Geistes.

Beispiele, die die Richtigkeit des Gesagten zumindest in gewissem Maß bestätigen, drängen sich von selbst auf. Wenn z. B. die englische Nation heute zweifellos in moralischer Hinsicht höher steht als die französische, wenn der Charakter eines heutigen Durchschnittsengländers in moralischer Hinsicht unvergleichlich stärker ist als der eines Franzosen, wenn das ganze geistige Leben Englands geradezu den gesündesten Typ in Europa vorstellt, wenn das französische neben großartigen Erscheinungen Dünste hervorbringt, die die ganze Welt verseuchen, dann ist der Hauptgrund dafür der Umstand, dass die englische Nation bei ihrem zivilisatorischen Fortschritt und der Ausweitung ihres Bestands an geistigen Kräften zugleich ihr Handlungsareal ausgeweitet hat durch die Ausbreitung englischer Herrschaft auf riesige Überseegebiete, durch die unerhörte Expansion der britischen Rasse und die Einbeziehung aller Teile der Welt in die englische Interessensphäre, während die Energie

 | DOI:10.30965/9783657702916_008

der durch ihre Fähigkeiten imponierenden französischen Rasse sich in einem immer engeren Kreis bewegt.

Die britische Expansion öffnet für die höchsten Fähigkeiten ein Handlungsfeld im Bereich nationaler und staatlicher Aufgaben. Wenn wir überlegen, wie viele der besten Kräfte diese Nation einsetzen musste, um die Aufgaben der notwendigen Beherrschung der Seewege zu bewältigen, ebenso der Öffnung der Märkte für ihren Handel, des Erhalts der Herrschaft in Kanada, der Gewinnung eines Übergewichts über das holländische Element in Südafrika, der Schaffung eines metropolitanen Verhältnisses zu den australischen Kolonien, der Beherrschung Ägyptens und der Pazifikation des Sudans, des Schutzes der englischen Interessen in China usw.; wenn wir in Betracht ziehen, wie viele erstklassige Fähigkeiten es zugleich in Anspruch genommen hat, die inneren politischen Verhältnisse in einer Weise umzugestalten, dass sie den riesigen äußeren Aufgaben entsprachen; wenn wir schließlich sehen, wie viele der besten Köpfe Englands heute an den theoretischen und praktischen Lösungen der Aufgaben arbeiten, die die Organisation des britischen Imperiums betreffen, dann verstehen wir, wie sehr diese Nation nichts von ihren größten Fähigkeiten, von ihren besten Kräften zu vergeuden hat, dass sie keine Zeit oder Neigung zu ungesunden Orgien hat, dass Bewegung und Tätigkeit alles absorbieren müssen, was, wenn es einer erzwungenen inneren Ruhe überlassen bliebe, sich in eine Richtung entwickelte, die den nationalen Geist zersetzen und die Grundlagen der nationalen Kraft zerstören würde. Es wäre lächerlich zu sagen, dass es in diesem England keinerlei endgültigen moralischen Verfall, keine extremen Äußerungen geistiger Zersetzung gibt, die mehr oder weniger zahlreiche Bereiche befällt, während die Hauptgewässer des nationalen Lebens in ständiger Bewegung erhalten werden und ihnen dadurch ein angemessener Grad an Sauberkeit bewahrt wird. Man kann darüber streiten, ein wie großer Teil der Gesellschaft von Demoralisierung und geistiger Zersetzung erfasst ist, aber niemand kann leugnen, dass der dominierende Charakter des Lebens gesund und normal ist.

Auch Frankreich hat Kolonien; auch Frankreich hat vor einem Jahrhundert wertvolle ältere Besitzungen verloren und in den letzten 70 Jahren neue Gebiete gewonnen, aber diese stellen weder einen solchen Wert dar wie die englischen noch konnte die französische Nation von ihnen angemessenen Gebrauch machen. Die französischen Kolonien sind ein Betätigungsfeld für den Auswurf der französischen Gesellschaft, für die französische Nation existieren sie eigentlich nicht, und auf ihr Leben üben sie praktisch keinen Einfluss aus. Zugleich haben sich auf dem europäischen Kontinent die früheren riesigen Einflüsse Frankreichs verringert, und eine Nation, die gegenüber den Aufgaben der äußeren Politik gleichgültig geworden ist oder sie überhaupt nicht versteht, sieht im inneren, staatlichen Leben nichts als die Rivalität der schmutzigsten Interessen einerseits und andererseits die antistaatlichen Bestrebungen der Kirche oder das schülerhafte Wiederkäuen der Traditionen der großen Revolution. Solche Bedingungen eröffnen ein Handlungsfeld nur für die gewöhnlichsten Spekulanten oder Staatsmänner vom Journalisten-Advokaten-Typ, doch das, was die Blüte des nationalen Geistes ausmacht, wendet sich vom Bereich der Tat zu dem der Kontemplation, zur Suche nach Neuem im passiven Genuss des Lebens, der am meisten von allem die Seele einer Gesellschaft demoralisiert. Wer weiß, ob beim heutigen Zustand Frankreichs seine Zukunft sich nicht besser darstellen würde, wenn dieses Land weniger raffinierte Gedanken hervorbrächte und dafür mehr starke Menschen von mittlerem Maß, die in der Lage wären, eine entsprechende Tätigkeit in seinem heutigen öffentlichen Leben zu finden, und dieses auf sicherere moralische und verstandesmäßige Grundlagen stellen und die Zukunft auf das Beste bauen könnten, was heute in der Nation existiert, und nicht auf abgerissene und verzerrte Traditionen einer großen Vergangenheit. Doch beim heutigen Zustand der französischen Gesellschaft sind solche Leute in ihr schwerer zu finden als künstlerische oder wissenschaftliche Genies.

Bei Nationen im Verfall treten oft Theorien auf, nach denen man die Zukunft in dem sehen soll, was sie zerstört. So spricht man nach dem letzten Krieg in Spanien davon, dass der Verlust der letzten Kolonien eine Wohltat für das Land ist, weil er die Nation auf die Arbeit im Inneren ausrichtet, auf Reformen, die zu einer nationalen Wiedergeburt führen werden. Diese Ansicht macht sogar einen völlig vernünftigen Eindruck. Aber leider laufen die Dinge nicht so. Die Begrenzung des Herrschaftsbereichs einer Nation, die Verringerung ihres Handlungsfeldes vergrößert nur die Zahl der Bürger, die nationalen Angelegenheiten gleichgültig gegenüberstehen, sie lässt Menschen mit größerem Elan sich von der Politik abwenden und legt die Schicksale der Nation in die Hände der Kleinen; zugleich wird die Mentalität der Nation immer passiver, immer empfänglicher für Zerfallsprozesse. Wenn etwas eine Nation wie die spanische erneuern kann, dann ist es gerade die Erweiterung der nationalen Horizonte und – nach der Verringerung des Territoriums und der Bedeutung des Staates – das Heraustreten aus dessen Grenzen, die Aufnahme von engen Bindungen mit den ehemaligen Kolonien, mit dem spanischen Amerika, die Schaffung eines zweiten, größeren Vaterlandes aus der ganzen einst von Spanien begründeten und spanisch sprechenden Welt.

Ich habe bewusst Spanien angeführt, denn hier liegt eine sichere Analogie zu unserer Lage und zu unseren Begriffen von den Aufgaben der Nation vor. Der Grundsatz der Begrenzung der nationalen Betätigungsfelder in der Überzeugung, dass das die Nation innerlich stärken würde, ist nirgendwo so populär wie gerade in unserer Gesellschaft. Vor allem herrschte er unumschränkt nach dem letzten Aufstand, als die Niederlage uns zwang, für längere Zeit den Gedanken an einen bewaffneten Kampf um die Unabhängigkeit aufzugeben.

Als in dem Teilungsgebiet, in dem der Aufstand sich erhob und das unmittelbar die Niederlage erlitt, die Gesamtheit der nationalen Aufgaben auf die Pflege der nationalen Sprache und Sitte in der Familie reduziert wurde, war man zugleich bemüht, das Territorium zu begrenzen, auf dem diese weniger als bescheidenen Aufgaben gelten sollten. Das Ideal des ethnographischen Polens tauchte auf, das von vielen so begründet wurde, dass, wenn wir uns auf ein kleineres Gebiet „konzentrieren", wir widerstandsfähiger gegen den Druck der Feinde sein würden. Die so argumentiert haben, haben nicht verstanden, dass „Konzentration" in diesem Fall ein Begriff ohne jeden Sinn ist, denn nationale Kräfte sind schließlich keine Armee, die man auseinander- und zusammenziehen kann. Wenn wir das Territorium verlassen, auf dem wir in der Minderheit sind, dann bedeutet das nur, dass wir dort kapitulieren, dass wir uns für die Entnationalisierung dieser Minderheit entscheiden, dass wir für die Zukunft auf alle Gewinne von dort verzichten, unter anderem auch auf den Anteil der Menschen, die aus den Ostgebieten hervorgegangen sind, an der geistigen Arbeit der Nation. Das einzige Ergebnis dieser „Konzentration" kann nur ein stärkerer Druck des Feindes auf Kernpolen sein, weil er nicht mehr vom Widerstand in den Grenzgebieten in Anspruch genommen ist.

Als danach die Notwendigkeit uns zwang, die nationalen Aufgaben auszuweiten, als man verstand, dass die Pflege der nationalen Sprache und Kultur nicht ausreicht, dass man sie gegen die Anschläge der Feinde verteidigen muss, als sich langsam der Grundsatz des passiven Widerstands einbürgerte, des Widerstands gegen entnationalisierende Faktoren, als man in der weiteren Folge, vor allem unter dem Einfluss des offenen Ausrottungsprogramms, wie es die Regierung und die feindliche Gesellschaft im preußischen Teilungsgebiet schufen, die Notwendigkeit eines systematischen und organisierten nationalen Kampfes zu verstehen begann, da waren wir erschreckt von der Größe dieser Aufgabe, und in breiten Kreisen übernahm man gern das sie begrenzende Schlagwort vom „Kampf an einer Front", ein Ausdruck, der in diesem Fall genauso sinnlos ist wie die „Konzentration" auf dem Boden des ethnographischen Polens. Man hat bemerkt, dass ein Streit darum, ob man an einer oder an zwei Fronten kämpfen soll, nur dann möglich ist, wenn man Kräfte von der einen Front an die andere verlegen kann. Hier bedeutet der Kampf an einer Front, dass man die Kräfte an der anderen im Zustand der Passivität belässt, dass man sie zur Fäulnis verurteilt, anstatt dass sie den Gegner daran hindern, den nationalen Bestand zu vernichten.

Ich will damit nicht sagen, dass der Kampf gegen die Entnationalisierung uns als Nation ein angemessenes Handlungsfeld eröffnet hätte. Er ist nur ein notwendiger Akt der Selbsterhaltung des Stammes, und man muss nicht einmal eine Nation in der vollen Bedeutung des Wortes sein, um ihn für notwendig zu halten und mit Erfolg zu führen. Selbst kleine Völker, die keine höher gebildeten Schichten haben und die höchstens die Bezeichnung als Volksstamm verdient haben, verstehen diesen Kampf und führen ihn. Es zeugt nur vom krankhaften Zustand des nationalen Organismus, dass man bei uns die Notwendigkeit dieses elementaren Aktes der Selbsterhaltung begründen muss. Ich will aufzeigen, dass für eine Nation die Beschränkung der Aufgaben auf den Kampf gegen die Ausrottung selbstmörderisch ist. Diese Verengung des nationalen Handlungsfeldes, diese Beschränkung der Bestrebungen einer Nation auf Angelegenheiten, die einfach und elementar sind und die deshalb den größeren Geistern keine wirkliche Arbeit und den größeren Energien kein entsprechendes Ventil geben, ziehen die gleiche Folge nach sich, dass nämlich das, was in einer Nation am fähigsten ist, im Bereich des nationalen Handelns nicht nutzbar gemacht wird. Tätigkeiten, die die nationale Selbsterhaltung zum Ziel haben, wie Unterricht, die Schaffung von Leseräumen, das Verbreiten von Büchern und Schriften usw., das alles sind Arbeiten von ungeheurer Bedeutung. Aber eine Nation, die auf einer Stufe der Zivilisation und der geistigen Entwicklung steht wie die unsere, bringt in jeder Generation eine riesige Menge von Menschen hervor, deren Verstand und Energien in diesen Arbeiten keine Befriedigung finden können, die ein breiteres Feld brauchen und die sich nur von wesentlich komplizierteren Aufgaben in Anspruch nehmen lassen. Wenn sie kein solches Feld finden, dann verbinden sich diese Menschen nicht in gehöriger Weise mit der nationalen Sache; sie treten entweder in fremden Dienst, um oft für die Feinde das zu gewinnen, mit dem sie unser Vaterland hätten bereichern können, oder die Energie ihres Geistes wendet sich in die individualistische Richtung und bringt in größerem oder kleinerem Maß zersetzende gesellschaftliche Elemente hervor oder sie verfault endlich, wenn ein Einzelner, ähnlich wie seine Nation, seine Ziele, seinen Lebensstandard im besseren Sinne des Wortes herunterschraubt und sich in einer engen, schneckenartigen Existenz verschließt.

Wenn eine Nation, die unter normalen Bedingungen lebt, die einen eigenen Staat und einen angemessenen Bereich staatlich-nationaler Interessen hat, Sorge tragen muss, dass dieser Bereich sich entsprechend der Entwicklung der nationalen Kräfte unablässig vergrößert, wenn das für sie erforderlich ist, um ein angemessenes Niveau geistiger Gesundheit zu erhalten, dann ist für uns, für eine Nation, die schwer krank ist aus Mangel an Luft, aus Mangel an Raum für die kleinsten Bewegungen, die Öffnung von Raum für sich, das Hereinlassen von freierer Luft in unseren Käfig einfach eine Frage von Leben und Tod. Das lange Vegetieren ohne Bewegung in dieser dumpfen Atmosphäre nach dem Aufstand hat schließlich selbstmörderische Programme hervorgebracht, die unsere ganze nationale Zukunft aufs Spiel setzen wollen. Nach dem Jahr 1863, nach schwerer Niederlage und Enttäuschung, in einer Atmosphäre der Hoffnungslosigkeit fanden sich Einzelne, denen das Schicksal eines Polen zu schwer schien und die sich freiwillig darum bemühten, die Haut zu wechseln, indem sie sich zusammen mit ihren Familien bewusst der Selbst-Entnationalisierung ergaben. Heute haben wir in einem Teil der Gesellschaft ein Bestreben, dies mit der ganzen Nation zu tun. Das Programm, das ganz Polen in die Arme Russlands werfen, unser ganzes Land in die russische Interessensphäre ziehen und unsere Nation in politischer Hinsicht zu einem Teil der russischen Nation machen soll, ist bei vielen nichts anderes als der Traum, in einer fremden Haut zu weiteren Horizonten zu gelangen, da man es nicht in der eigenen kann, sich ein größeres Handlungsfeld zu eröffnen zum Nutzen einer fremden Nation mit dem Anschein, dass man es zugunsten einer gemeinsamen Sache tut.

In solchen Plänen und solchen Träumen rächt sich die Natur der Nation an ihren vergewaltigten Rechten: Wir haben vergessen, dass eine Nation, die alle Macht, alle Fähigkeiten hat, die sie zu einem umfassenden, selbstständigen staatlichen Leben braucht, nicht durch die „Pflege" der nationalen Sprache und Kultur bestehen kann, und heute bezahlen wir dafür in der Weise, dass wir in der eigenen Gesellschaft eine Richtung haben, die, auch wenn sie sich selbst nicht dazu bekennt, in der letzten Konsequenz diese Sprache und nationale Kultur bedroht.

Die Ausweitung der Sphäre nationalen Handelns wird dadurch für uns im Grunde eine Frage nicht nur der geistigen Gesundheit, sondern auch von Leben und Tod. Diese Ausweitung kann und muss sich in verschiedene Richtungen vollziehen.

Die erste und wichtigste Richtung, die erst die Grundlage für eine weitere nationale Expansion liefert, muss das Herausfließen aus der engen Existenz der Teilungsgebiete in die breiteren Wasser des gesamtnationalen Lebens sein. Da wir keinen unteilbaren polnischen Staat haben, können und müssen wir eine unteilbare polnische Nation sein, die ihre gesamtnationalen Interessen, ihre nationale Politik hat, mit einer großen Menge an aktuellen, lebendigen Problemen, mit einem Feld zum Handeln, das weit über die Schablone hinausreicht, die die staatliche Politik schafft. Das Sichverschließen in den Grenzen der Interessen der Teilungsgebiete hat dazu geführt, dass selbst in Galizien, wo wir relativ freie Hand zu politischem Handeln haben, politische Probleme auf das Niveau von kümmerlichen Bemühungen um Kleinigkeiten herabgesunken sind, ohne einen Plan, ohne klares Ziel, ohne weitergreifendes Denken. Das musste einhergehen mit der Absenkung des Niveaus des öffentlichen Lebens, dem Verschwinden des Bürgergeistes in der Politik, mit einer immer größeren Zersplitterung aller Bemühungen und andererseits damit, dass sich Menschen von höherem moralischen Wert von der Politik abwandten.

Das Fehlen einer selbstständigen politischen Existenz und die Politik der Regierungen der Teilungsmächte haben unsere Lage in den östlichen Grenzgebieten ungemein erschwert, in Ländern mit einem nichtpolnischen Bevölkerungskern, die einstmals zur Adelsrepublik gehört haben, in Ländern, die das historische Feld unserer nationalen Expansion bildeten, in denen die polnische Kultur im Verlauf einiger Jahrhunderte große Erfolge errungen hat. Zugleich hat die Demokratisierung der Kultur uns in den westlichen Grenzgebieten neue Felder geöffnet, in ethnographisch polnischen Provinzen, die seit Jahrhunderten politisch verloren und der siegreich sich nach Osten vorschiebenden deutschen Kultur zur Beute vorgeworfen waren. Diese westlichen Grenzgebiete sind das einzige wirklich neu eroberte Betätigungsfeld in den letzten Jahren. Wir freuen uns über diesen Gewinn, aber wie klein sind dabei die Verdienste der aufgeklärten, denkenden polnischen Gesellschaft und wie gering ist er andererseits im Vergleich zu dem, was wir im Osten infolge fataler Bedingungen und unserer Nachlässigkeit verlieren können. Wenn wir die litauisch-ruthenischen Gebiete im Osten aus dem Einfluss der polnischen Kultur entlassen und damit verlieren, dann würden wir den größeren Teil unseres früheren Territoriums und bei der heutigen Besiedlung mehrere Millionen zweifelsfreie Polen verlieren, die in derselben Kultur leben wie wir und für sie arbeiten. Um sich die Größe des Verlusts bewusst zu machen, genügt es, eine Reihe hervorragender Polen aufzuzählen, die diese Erde im Lauf des letzten Jahrhunderts hervorgebracht hat. Deshalb kann man es nur mit dem krankhaften Zustand der nationalen Seele erklären, dass es eine so große Zahl von Menschen gibt, die mit leichtem Herzen dieses Erbe aufgeben würden und in den heutigen Umständen noch nicht einmal wissen können, zu wessen Gunsten sie die Abdankung unterschreiben. Zur Rechtfertigung dieses Kleinmuts und der Senkung der Ansprüche bringt man gedankenlos – wie schon gezeigt – Argumente von der Notwendigkeit „sich zu konzentrieren" an oder verweist mit gleicher Logik auf die Notwendigkeit des Kampfes um die westlichen Grenzgebiete, als ob eine Nation im kulturellen und politischen Kampf ihre Kräfte vom Osten in den Westen oder umgekehrt verlegen könnte.

In den letzten Zeiten haben das Anwachsen unserer Auswanderung und die zweifellos zu Tage gekommenen kolonisatorischen Fähigkeiten unseres Bauern ein neues Feld kultureller Expansion aufgezeigt und uns weite Horizonte jenseits der Ozeane für recht verstandene nationale Aufgaben geöffnet. In der Lage einer Nation, die es bei sich so eng hat, die sich so wenig bewegen kann, die von zwei Seiten von unversöhnlichen Feinden bedrängt wird, ist das ein neues Betätigungsfeld, das den lebhaftesten Charakteren, den weitesten Naturen ein Ventil bieten kann, die unter den gegenwärtigen Lebensbedingungen im Land zu unausweichlichem Verfall und zu den traurigsten Verirrungen verurteilt sind, und dieses neue Feld wäre eine Wohltat für eine Nation, die seine Bedeutung verstehen könnte. Selbst wenn die Schaffung einer neupolnischen Gesellschaft irgendwo an den Ufern des Südatlantiks in den Urwäldern Brasiliens sich in der Folge als undurchführbares Hirngespinst erweisen sollte, so würde doch schon allein die Beschäftigung mit einer solchen Sache uns ein neues und breites Übungsfeld für einen Teil unserer verfaulenden Kräfte geben und so auf hervorragende Weise zur Erneuerung unseres erschlafften Geistes beitragen. Und welche in ihrem Ausmaß unabsehbaren Folgen für die Expansion polnischen Lebens würde ein positiver Ausgang mit sich bringen, wenn also in fernem Land eine neue Gesellschaft entsteht, die Polnisch spricht, die ihre geistigen Kräfte aus dem gemeinsamen Schatz nationaler Zivilisation schöpft und diese mit frischen, in ihrem Inhalt ganz neuen Elementen belebt! Aber es gibt nur wenige Ausnahmen, die nicht in die Leier einstimmen, dass das keine Aufgabe für uns sei und dass wir bei uns genügend zu tun hätten.

Eine Nation leidet nicht dann an mangelnden Kräften, wenn sie ihr Betätigungsfeld schnell ausweitet, sondern wenn durch die Einengung dieses Feldes in ihr die Atmosphäre der Tat verschwindet. Durch das Schlagwort vom Rückzug überall, zugunsten einer angeblich wirksameren Verteidigung auf einem kleineren Gebiet, sind wir zu einer Nation geworden, deren größtes Werk in der Gegenwart ihre schnelle Vermehrung ist, zu einer „Nation der Karnickel", wie sich einer unserer Feinde ausgedrückt hat; aber selbst auf dem eingeschränkten Betätigungsfeld, das uns nach vielen Niederlagen und Selbstaufgaben geblieben ist, empfinden wir schwer den Mangel an Kräften zur Tat. Wir gaukeln uns vor, dass wir diesem Mangel durch einen immer weiteren Rückzug und eine immer weitere Eingrenzung unseres Betätigungsfelds steuern könnten, ohne zu wissen, dass wir auf diese Weise nur weiter unsere Kräfte aus dem aktiven in einen passiven Zustand überführen, sie in der Bewegung anhalten und zum Faulen bringen. Alles, was in der Gesellschaft sowohl im Denken wie im Temperament fähiger oder breiter angelegt ist, wendet sich von nationalen Angelegenheiten ab, diese aber werden in ihrem eingeengten Horizont höchstens den Bestrebungen von gutwilligen Gouvernanten ein Ventil bieten.

Der Weg zur Vergrößerung der aktiven Kräfte der Nation führt nicht hier entlang. Lasst uns die Horizonte nationalen Denkens ausweiten, lasst uns für es breite Wege durch die Kordons schneiden, lasst uns mit ihm überallhin gelangen, wo das Polentum lebt und zu leben wünscht, lasst uns dieses Polentum aus dem Dämmerschlaf wecken, wo es nötig ist, lasst uns zu seiner Verteidigung kampfbereit in die entferntesten Länder ziehen, lasst uns ein neues Polen jenseits der Meere bauen, lasst uns aus all diesem eine einzige, moderne, große Nationalidee schaffen, und unsere Kräfte werden wachsen wie nie zuvor! Denn dann werden durchschnittliche Fähigkeiten nicht schlafen, die Gesellschaft wird nicht auf neue Möglichkeiten sinnen, um die Zeit totzuschlagen, neben den schon bestehenden, wenn sie dem Geschwätz und dem Kartenspiel und ähnlichem frönt, hingegen werden sich höhere Talente nicht von dem abwenden, was den wichtigsten Inhalt unseres nationalen Lebens und die Grundlage unserer Zukunft bildet. Möge der Moment kommen, in dem der Dienst an der nationalen Sache alle Kräfte und alle Fähigkeiten, die die Gesellschaft hervorbringt, in Anspruch nehmen wird: Dann werden wir erfahren, dass in solchen Momenten neue Kräfte auf das Dreifache anwachsen.

VI. Politische Wiedergeburt

In dem Maß, in dem wir uns zu einer normalen Gesellschaft umbilden, in dem wir unsere gesellschaftliche Monstrosität verlieren, muss auch das Verhältnis des Einzelnen zur Nation normaler werden, muss sich die Zahl der Menschen vermehren, die das nationale Interesse verstehen und sich zu seiner Verteidigung verpflichtet fühlen. Der Fortschritt in diese Richtung hat schon begonnen, und unser Patriotismus verändert sich allmählich in eine moderne Richtung, die sich im Hinblick auf ihre Vitalität mit entsprechenden Richtungen bei anderen Nationen messen kann. Es ist richtig, dass dies erst der Anfang des Weges ist, dass die bisher wahrhaft nationale Denkrichtung mit einem Schlag für sich die Stellung erobern muss, die sie bei anderen, reiferen Nationen schon seit Langem einnimmt, aber der Fortschritt ist schnell und vielleicht erleben wir es in naher Zukunft, dass unsere politische Kraft sich in einem angemessenen Verhältnis zu unserer zahlenmäßigen und kulturellen Stärke befindet.

Das ist eine Änderung, die wir uns sehr selten bewusst machen. Selbst die, die ihr unterliegen, sind oft nur durch die Macht der Verhältnisse in die allgemeine Bewegung hineingezogen und reden sich selbst ein, dass sie anders denken, dass sie in einer größeren Übereinstimmung mit den in dieser Hinsicht geheiligten traditionellen Begriffen stehen. Indessen muss diese Wandlung erfolgen und sich festigen, als ein Ergebnis der allgemeinen Umwandlung der gesellschaftlichen und internationalen Verhältnisse.

Die nationale Idee im engen Sinn des Wortes und die Nationalbewegungen sind, wie wir wissen, eine sehr neue Erscheinung in der Geschichte Europas. Das Interesse der Nation ist vor nicht so langer Zeit in der Politik anstelle des Interesses der Dynastie, der weltlichen oder geistigen Hierarchie usw. erschienen. Dies ist die unvermeidliche Folge der Demokratisierung des politischen Systems und der Demokratisierung der Kultur, das heißt ihrer Ausweitung auf alle Teile der Gesellschaft. In dem Maß, wie sich die Quelle der rechtlich-staatlichen Organisation vom Herrschenden auf die Nation verschiebt, die sich durch ihre Vertreter regiert, in dem Maß, wie unter dem Einfluss des Fortschritts in der Bildung alle Mitglieder einer Gesellschaft zu Teilnehmern am kulturell-nationalen Leben werden, wie sich unter dem Einfluss des wirtschaftlich-gesellschaftlichen Fortschritts der Zusammenhalt und die gegenseitige Abhängigkeit der Schichten und Einzelpersonen, die die Nation bilden, voneinander verstärkt, konzentriert sich das gesamte öffentliche Interesse in der Nation, in dieser selbstständigen gesellschaftlichen Organisation, die die Quelle der politischen und zivilisatorischen

 | DOI:10.30965/9783657702916_009

Institutionen, die Schöpferin der Lebensformen ist und von der das materielle und moralische Wohlergehen des Einzelnen abhängt. Von daher wird der Patriotismus, der sich früher zusammensetzte einerseits aus der halb physiologischen Verbindung zum Boden, zu den hergebrachten Naturbedingungen, andererseits aus der Treue zum König und der Verbundenheit zu der gegebenen staatlichen Organisation, in seiner modernen Form immer mehr zu einer ausschließlichen Verbundenheit mit der eigenen Gesellschaft, mit deren Kultur, ihrem Geist, ihrer Tradition, zu einer Vereinigung mit ihren Interessen, ohne Rücksicht auf politische Einheit oder Teilung und sogar auf das Territorium.

Dieser moderne Patriotismus oder eher Nationalismus in der edelsten Bedeutung dieses Wortes ist dort in der Entwicklung am weitesten fortgeschritten, wo die politische Autonomie der Gesellschaft am ältesten ist, nämlich in England. Seine Grundlage ist die Verbundenheit mit der englischen Sprache, mit den Sitten, Traditionen, mit den englischen Institutionen und den Erscheinungen des englischen Geistes, sein hauptsächlicher Ausdruck ist die Verteidigung der englischen Interessen zu jeder Zeit und an jedem Ort und das Mitsichführen Englands durch die ganze Welt, das darin besteht, dass die Engländer eine so reiche nationale Individualität haben und ihr so stark verbunden sind, dass sie auf fremdem Boden sogar in kleinen Gruppen in der Lage sind, ein englisches Leben zu schaffen und dem assimilierenden Einfluss der Umgebung zu widerstehen. Bei feinsinnigeren Gemütern umfasst dieser englische Patriotismus oder Nationalismus nicht nur die Gesellschaft von England selbst, sondern erstreckt sich auf alle Engländer im weiten britannischen Reich. Heute beginnt er sich sogar auf die gesamte englischsprechende Welt auszudehnen, also auch auf die einst verhassten Amerikaner, wovon ein neues, hervorragendes Zeichen das Testament von Cecil Rhodes* ist.

In der Folge dieser Wandlungen, die ihre tiefen gesellschaftlichen Quellen haben, verdrängt der deutsche Patriotismus, also die Verbundenheit zur deutschen Sprache, Kultur, Tradition usw., langsam die dynastischen und territorialen Patriotismen von Sachsen, Bayern oder Württemberg, ja, er bedroht sogar ernsthaft den von Österreich. Irgendetwas auf dem Separatismus der lokalen deutschen Kleinstaaten aufzubauen bedeutet auf einem Grund zu bauen, der langsam unter den Füßen wegrutscht.

Auf dem gleichen Weg zeigt sich der polnische Patriotismus in Schlesien, das seit so vielen Jahrhunderten die politische Verbindung mit Polen zerrissen

* Der britische Unternehmer und Kolonialpolitiker Cecil Rhodes (1853-1902) bestimmte 1877 in einem (später geänderten) Testament sein Vermögen für den Aufbau einer geheimen Gesellschaft, die die Herrschaft Großbritanniens auf die ganze Welt, darunter insbesondere auf die USA, ausdehnen sollte.

hatte, und er beginnt sogar in Masuren durchzuschimmern, das schließlich der Nation sowohl durch die Vergangenheit wie durch die Konfession fremd ist.

Im alten Polen ist der Patriotismus, der andernorts in der Treue zum Monarchen, in der Anhänglichkeit an den Staat und in der Identifikation mit staatlichen Ambitionen bestand, infolge der Anomalie des gesellschaftlichen und dann politischen Systems entartet und hat einer unbegrenzten Anhänglichkeit an Freiheiten und Privilegien Platz gemacht, die fähig war, gegen den eigenen Staat ihren Schutz bei Fremden zu suchen. Unter dem Einfluss von frischen Winden aus dem Westen und einem Bewusstsein von der Gefahr für die Adelsrepublik, das bei den aufgeklärteren Geistern immer klarer wurde, begann er sich zu erneuern – als der Staat unterging.

Der Untergang der Adelsrepublik und die darauf folgende Reihe von Kämpfen um die Unabhängigkeit wurden zur Quelle eines Patriotismus nach den Teilungen, der eher eine Bestimmung der Position gegenüber den fremden Regierungen war als gegenüber der eigenen Gesellschaft, eher eine Negation fremder Herrschaft als eine positive Haltung der Verbundenheit zum eigenen Land oder zur eigenen Nation. In ihm fanden sowohl die Sehnsucht des Magnaten nach den alten Privilegien und der alten Anarchie und das Bedürfnis nach persönlicher Freiheit Platz als auch die Bestrebungen derer, die „für eure und unsere Freiheit" auf die Fahne schrieben, und zugleich die Schmerzen und Träume dessen, der „auf das arme Vaterland schaute wie ein Sohn auf den Vater, der aufs Rad geflochten ist"*, der die ganze Nation in ihren vergangenen und künftigen Generationen liebte und durch sie „die ganze Welt in Erstaunen versetzen"**wollte.

Durch die natürliche Ordnung der Dinge sollte sich aus dieser Negation der fremden Herrschaften und der Bedrängnis eine starke nationale Richtung entwickeln, ein Patriotismus mit einem positiven Inhalt, der unabhängig von der Vertreibung der Invasoren und der Beseitigung der Unfreiheit danach strebt, etwas zu schaffen, die Nation nicht nur deshalb aufzurichten, weil sie eine Armee für den Kampf um die Freiheit ist. Anzeichen für eine solche Art von Patriotismus hat es nicht wenige gegeben, im Lauf der Zeit waren es immer mehr, aber sie ließen sich nicht zu einer starken Strömung zusammenführen, die alle anderen beherrschen und über die Richtung der nationalen Politik entscheiden würde. Diese ist bis in die jüngste Zeit nur die Negation der Unfreiheit geblieben, nur der Kampf um Freiheit, soweit sie nicht versucht hat sich mit der Unfreiheit abzufinden. Im durchschnittlichen Patrioten saß der Geist des Adligen, der wusste, dass man ihm die Freiheit abgenommen hatte.

---

* Adam Mickiewicz: *Dziady* III, Vers 981f.

** Adam Mickiewicz: *Dziady* III, Vers 834.

Er wollte sie wiedergewinnen und verband sich mit anderen deshalb, weil sie das Gleiche wollten. Das Vaterland war für ihn nur eine gewisse Summe von Freiheiten: Wenn er diese Freiheiten wiedergewonnen hätte, wenn er die Unabhängigkeit Polens erkämpft hätte, dann hätte er geglaubt, dass seine Verpflichtungen gegenüber dem Land ein für alle Mal erfüllt seien, dass man an der Brust des freien Vaterlandes ausruhen könne.

Ein Hindernis bei der Ausbildung eines positiven Patriotismus waren einerseits der Mangel an Kontinuität in der Entwicklung des nationalen Denkens, der Abbruch der Tradition politischen Handelns nach jeder Niederlage, andererseits der langsame wirtschaftlich-gesellschaftliche Fortschritt und die Zugehörigkeit des größten Gebietes von Polen zu einer rückständigeren staatlichen Organisation, wodurch man länger, als es gut war, in veralteten Formen der Existenz und in veralteten Begriffen verharren konnte.

Dank fortschrittlicher rechtlich-gesellschaftlicher und in zwei Teilungsgebieten auch rechtlich-politischer Veränderungen, wie sie in der zweiten Hälfte des vergangenen Jahrhunderts in unserem Land geschehen sind, andererseits dank einer längeren Friedensperiode nach dem letzten Aufstand setzte ein grundlegender Wandel dieser Bedingungen ein, und unter dem Einfluss dieses Wandels hat eine neue, schöpferische Arbeit im Bereich nationalen Denkens begonnen.

Der letzte Kampf um die Freiheit, der eigentlich bei seinen durchschnittlichen Vertretern nur eine Negation der Unfreiheit war, endete mit einer Niederlage. Nach dieser herrschte die Negation des Kampfes, also die Negation der Negation, die sich auf Parolen von wirtschaftlicher Arbeit usw. berief, die mit dem umfassenderen nationalen Denken nichts zu tun hatten. Aber eine moderne Nation, vor allem eine Nation, die wie wir einer so schnellen Umwandlung unterliegt, kann nicht leben ohne ein Streben, ohne einen leitenden Gedanken, der allen ihren Arbeiten und Kämpfen voranleuchtet, denn die politischen Umstände zwingen uns zum ständigen Kampf in dieser oder anderer Form. Es mussten sich erneut patriotische Parolen erheben, die die wachsende Gesellschaft, die besseren Kräfte um sich versammelten...

Diese Parolen waren am Anfang auch nur die Negation der Unterdrückung und der Unfreiheit: Zwar verband sich mit ihnen der Aufruf zur Arbeit unter dem Volk, aber diese Arbeit wurde entweder ausschließlich als die Vorbereitung einer Armee zum Kampf um die Unabhängigkeit verstanden oder man behandelte sie ohne Verbindung mit der nationalen Sache, indem man sklavisch den Parolen des kosmopolitischen Sozialismus folgte, die von außen hereingebracht worden waren. Nur in wenigen Köpfen machte man sich den Gedanken schöpferischer nationaler Arbeit bewusst, der Arbeit für die nationale Kultur durch die Vermehrung der Teilnehmer am Leben der polnischen Kultur, durch die Einführung von neuen Elementen aus dem Volk in ihr. Aus diesen Anfängen begann sich eine neue nationale Richtung zu bilden, ein neuer Patriotismus, der langsam das Programm einer ausgedehnten Arbeit und eines ausgedehnten nationalen Kampfes entwickelte und der ebenfalls zur Beseitigung der Unfreiheit und zum Gewinn der Unabhängigkeit führen sollte. Jedoch wird die staatliche Unabhängigkeit hier nicht als ein letztes Ziel behandelt, sondern als ein Mittel, als die wichtigste Bedingung einer umfassenden nationalen Entwicklung.

Gegenstand dieses Patriotismus oder genauer gesprochen Nationalismus ist nicht irgendeine Ansammlung von Freiheiten, die man früher Vaterland nannte, sondern die Nation selbst als ein lebender gesellschaftlicher Organismus, der auf rassischer und historischer Grundlage seine entwickelte geistige Eigenheit besitzt, seine Kultur, seine Bedürfnisse und Interessen. Er besteht in der Verbundenheit mit dieser nationalen Individualität, mit der Sprache, der Kultur, der Tradition, in einer Empfindung für die Bedürfnisse der Nation als Ganzem, in der Vereinigung mit ihren Interessen. Seine Rolle endet nicht mit dem näheren oder ferneren Moment der Wiedererlangung der Unabhängigkeit, sie ist für ihn nur eine Etappe, nach der die Arbeit und der Kampf weitergehen und sich neuer Instrumente und neuer Waffen bedienen. Der Einzelne tritt hier nicht nur auf im Kampf um die Freiheit, sein Hauptziel ist es, die Sphäre des nationalen Lebens zu erweitern, das materielle und geistige Gut der Nation zu vermehren und für die gesellschaftliche Gesamtheit, zu der er gehört, eine möglichst hohe Stellung in der Reihe der Völker zu gewinnen.

Bei diesem modernen Verständnis von Patriotismus ändert sich die Beziehung des Einzelnen zur Nation völlig. Sie liegt in einer engen Verbindung des Einzelnen mit seiner Gesellschaft, in der Behandlung aller ihrer Probleme und Interessen als die seinen, unabhängig davon, ob sie ihm persönlich wichtig sind, in der Empfindung des Unrechts, das ihr angetan wird, nicht nur dort, wo es ihn persönlich schmerzt. Dieser Patriotismus verpflichtet nicht nur zu einer bestimmten Haltung gegenüber den Teilungsmächten, gegenüber den Unterdrückern der Nation, sondern er gebietet das nationale Wohl gegen die Schädigung durch alle zu verteidigen, die darauf Anschläge verüben, er nimmt eine Haltung des Widerstands gegen alle ruthenischen oder litauischen Ansprüche ein, er wirkt den zersetzenden jüdischen Bestrebungen entgegen, er verhält sich feindselig gegenüber Richtungen, die den Interessen von Klassen, Kasten oder Konfessionen ein Übergewicht über die der Nation zu geben versuchen; zugleich muss er sich in schöpferischer Arbeit kundtun, durch die er den Wert der Nation auf allen Feldern hebt, vor allen Dingen in der Arbeit an der Gewinnung neuer nationaler Kräfte, indem er diejenigen Schichten in den Bereich des nationalen Lebens hineinzieht, die bisher an ihm keinen Anteil genommen haben, in der Arbeit an der Hebung des Wertes und der Produktivität der Nation auf wirtschaftlichem und zivilisatorischem Gebiet, an der Vermehrung ihrer geistigen Kräfte, an der Hebung ihres moralischen Niveaus usw. Er bringt gewissermaßen eine neue Ethik mit sich, eine Ethik der bürgerlichen Tat, die gegen alle pseudoethischen Richtungen kämpft, die in der Negation des Bösen ohne das Tun des Guten bestehen, in der eigenen Vervollkommnung im Nichtstun, in der Befolgung einer simplen Moral gegenüber fernen, fremden Nationen bei einem unmoralischen Standpunkt gegenüber der eigenen usw.

Seit sich dieser moderne Patriotismus, also Nationalismus, in unserem politischen Leben stärker geltend macht, erheben sich gegen ihn Stimmen des Protests, die die verschiedensten Quellen haben.

Patrioten und Demokraten alter Schule, die sich über lange Jahre daran gewöhnt haben, dass der nationale Kampf nur ein Kampf um Freiheit ist, dass die polnische Sache die Sache aller Unterdrückten, sogar die Sache aller Völker ist, erkennen die Notwendigkeit des Kampfes gegen die fremden, eroberungssüchtigen Regierungen an, aber sie können sich nicht mit dem Gedanken anfreunden, dass die nationale Sache die Anwendung von Gewalt gegen Völker verlangen kann, dass man um ihretwegen anderen etwas gegen ihren Willen aufzwingen muss. Für sie ist z. B. der Kampf der Polen gegen Deutschland nur ein Kampf gegen die preußische Regierung. Sie wollen nicht verstehen, dass sich hier die gegenseitige Vernichtung von zwei Stämmen abspielt und dass das schließliche Ergebnis dieses Prozesses, der in hohem Maß von den Anstrengungen der preußischen Regierung und der politischen Aktion von polnischer Seite unabhängig ist, vielleicht über die Schicksale eines künftigen polnischen Staates entscheidet. Für viele von ihnen beschränkt sich die patriotische Aktion auf den Kampf um die Unabhängigkeit oder deren unmittelbare Vorbereitung: Sie sind bereit, alle heutigen Probleme nur aus dieser Position zu regeln, was zu einem grundsätzlichen Gegensatz zum Patriotismus neuen Zuschnitts führt. Während der Letztere bei jeder Einzelfrage verlangt einen Standpunkt einzunehmen, der unmittelbar vorteilhaft für die nationalen Interessen ist, während er sich an jedem Punkt um wirkliche nationale Gewinne bemüht, ohne Rücksicht darauf, ob das bei irgendjemandem zu einer freundlichen oder feindlichen Haltung gegenüber Polen führt, während er auf dem Weg dieser Errungenschaften und durch die Einstellung der Gesellschaft auf den Kampf um sie die Nation stärken, konsolidieren und zum großen Kampf um die wichtigste Sache, die staatliche Unabhängigkeit, fähig machen will, bemüht sich der Patriotismus alter Schule eher darum, dass allen, die auf dem Gebiet der alten Adelsrepublik leben, an ihrem Wiederaufbau gelegen ist, dass auch die Nichtpolen sicher für die Idee eines unabhängigen Polens gewonnen sind. Sie müssen natürlich von denjenigen gewonnen werden, denen es immer am meisten um diese Unabhängigkeit gehen wird, d. h. von den Polen, diese müssen also nach allen Seiten Konzessionen machen, um die Ruthenen, Litauer, Juden usw. nicht gegen die polnische Sache einzunehmen. Die Nationalisten der neuen Schule meinen, dass ein solches Vorgehen den Weg zur Unabhängigkeit versperrt, denn nach ihrer Meinung kann nur eine Nation einen Staat schaffen, die gesund, stark und zahlreich ist, eine ausgeprägte Individualität besitzt und die homogen ist und auf ihre Eigenheit großen Wert legt; den polnischen Staat schafft vor allem die polnische Nation, die aus der echten polnischen Bevölkerung besteht und in der polnischen Kultur lebt; wenn sie eine entsprechende Stärke nach außen und nach innen gewinnt, dann kann sie im geeigneten Moment durch Konzessionen die für sich gewinnen, die sie braucht: Dann werden diese Zugeständnisse richtig eingeschätzt werden als Zugeständnisse von Starken, während heute das schwache Polen mit Zugeständnissen nur die Dreistigkeit verschiedener Elemente ihm gegenüber wachsen lässt. Im Übrigen geht es dem gegenwärtigen Patriotismus ebenso um die Selbstständigkeit und Stärke der polnischen Kultur, für die man heute, unabhängig von politischen Zielen, überall arbeiten und kämpfen muss.

Trotz dieses tiefgreifenden Unterschieds in den Begriffen bilden die Patrioten alten Schlages heute die mildeste Opposition gegen den neuen Nationalismus und nehmen ihn oft sogar hin, weil sie in der neuen Richtung die Weiterentwicklung ihrer Bemühungen sehen, die das gleiche Ziel haben, die Unabhängigkeit des Vaterlands und die Gewinnung eines besseren, glücklicheren Geschicks für die Nation.

Anders verhalten sich die Dinge mit verschiedenen Pseudopatrioten, die das Wohl des Vaterlands vorschützen, sich aber mit allen Kräften gegen die Pflichten ihm gegenüber sträuben, gegen kleine, aber tägliche Opfer zu seinen Gunsten. Für sie ist der Patriotismus alter Art viel bequemer, denn man kann in seinem Namen einen Kult der Vergangenheit betreiben, von der Bereitschaft zu großen Opfern in der Zukunft sprechen, „wenn die Zeit gekommen ist", wenn sich in großer Ferne der heute verschobene Moment eines neuen Kampfes nähert, und in der Gegenwart „ein Pole im Herzen sein", im Leben hingegen gleichmütig die Unfreiheit, den Druck, das nationale Unrecht ertragen und sie sich mit der „Bemühung um wirtschaftlichen Wohlstand" versüßen. Dieser Pseudopatriotismus ist vielleicht die am weitesten verbreitete Art, die nationalen Fragen zu behandeln: Wir sehen ihn in verschiedenen Bereichen, auf den unterschiedlichsten geistigen Niveaus, er taucht zusammen mit den untereinander kämpfenden Meinungen und gesellschaftlichen Bestrebungen auf. Er bleibt immer ein unversöhnlicher Feind der Richtung, die den nationalen Kampf für eine aktuelle Sache hält, die jedem Bürger die Pflicht auferlegt, ständig an diesem Kampf und an der positiven nationalen Arbeit teilzunehmen, und die zwar kein Feld für Deklamationen von der Bereitschaft zu großen Opfern und großer Hingabe bietet, aber kleinere fordert, nicht in Worten, sondern in Taten.

Infolge des niedrigen Grades unserer Vergesellschaftung, die erst seit kurzem unter dem Einfluss der sozialen Veränderungen schnell fortschreitet, und das unten, an den Fundamenten der Gesellschaft, infolge der gesellschaftlichen Atomisierung, des Verschwindens von bürgerlichen Empfindungen in den bisher führenden Schichten unter dem Einfluss des Fehlens eines politischen Lebens im größten Teil des Landes, der unter russischer Herrschaft steht, sowie des Fehlens einer nationalen Idee in der Politik der zwei anderen Teilungsgebiete; infolge schließlich des Eindringens von fremden Elementen in großer Zahl in unsere intelligenten Schichten, hauptsächlich von Juden, und infolge von deren Einfluss auf breite Kreise der städtischen Intelligenz, gibt es in unserer Gesellschaft, selbst unter dem edleren Teil ihrer gebildeten Schicht, viel mehr Kosmopoliten, als uns scheint. Viele von ihnen nennen sich sogar Patrioten, weil sie meinen, dass es dazu genügt, sich unterdrückt zu fühlen und ein Feind der Unfreiheit zu sein. Sie sind zu schwach mit der Gesellschaft verbunden, zu wenig moralisch entwickelt, als dass sie das öffentliche Interesse, das Interesse der Gesellschaft, zu der sie gehören, als ihres anerkennen und wie ihres schützen würden, aber da sie geistig ausreichend entwickelt sind, um die Hässlichkeit eines gesellschaftsfernen Egoismus zu verstehen, retten sie sich, indem sie statt der nahen, konkreten Gesellschaft die abgehobene Menschheit mit deren ungreifbaren Rechten und Interessen auf den Altar erheben, statt eines realen Werts eine Fiktion, die nichts im Leben behindert, weil sie zu nichts verpflichtet und dem gewöhnlichen, leidlich egoistischen Bild des Lebens einen schönen Rahmen gibt. Für diese Kosmopoliten unterschiedlichen Typs, mit unterschiedlichen Bezeichnungen, ist der Nationalismus eine abscheuliche Richtung. Ihr Selbsterhaltungsinstinkt, der nichts zu tun hat mit dem Selbsterhaltungsinstinkt der Nation, lehnt sich gegen eine Richtung auf, die Verpflichtungen gegenüber einem lebenden Organismus gebietet, nicht gegenüber einer Abstraktion. Ein lebendes Wesen braucht etwas zu essen, um es trivial zu sagen, während einer Abstraktion ein ethischer Kult genügt, sie also letztlich billiger kommt. In oft unbewusster Verteidigung ihrer selbst gegen die Gesellschaft, gegen die Interessen der Nation, regen sie sich auf über inhumane Grundsätze, über Chauvinismus, über polnischen Hakatismus* usw. Nicht immer tritt dieser Kosmopolitismus in so trauriger und zugleich

* Der Deutsche Ostmarkenverein [s. Anm. auf S. 81] wurde in Polen als „Hakata" bezeichnet, nach den Anfangsbuchstaben seiner Gründer Hansemann, Kennemann und Tiedemann.

lächerlicher, in solch bewusst oder unbewusst falscher Gestalt auf, oft ist es nur der gewöhnliche, ehrliche Mangel an Fähigkeit, diejenigen Interessen der Gesellschaft zu verstehen, die nicht im unmittelbaren Interesse des Einzelnen liegen. Diese Leute verstehen die Notwendigkeit des Kampfes um Freiheit, weil sie sie selbst brauchen, sie empfinden die Unfreiheit und den Druck am eigenen Leib, aber sie verstehen z. B. nicht, warum man den polnischen Bauern in Podolien vor der Ruthenisierung schützen muss, weil diese ihnen selbst nicht droht.

Aktive und organisierte Gegner des Nationalismus sind die Sozialisten. Vom Wesen ihrer gesellschaftlichen Ansichten her sind sie Kosmopoliten, aber ein großer Teil von ihnen hat das nationale Streben nach Unabhängigkeit und die Notwendigkeit des Kampfes gegen die nationale Unterdrückung anerkannt und auf diese Weise formal die Bestrebungen des Patriotismus seit den Teilungen. Die Negation der Unterdrückung und Unfreiheit, das Streben zu einer unabhängigen politischen Existenz, zumal in der abgehobenen Gestalt einer „Volksrepublik“, hindert sie nicht daran, Sozialisten zu sein, doch darf man sich davon auch nicht einen Schritt weiter bewegen, man darf nicht den kulturellen, wirtschaftlichen und politischen Gegensatz zwischen den Völkern anerkennen, man darf nicht von der geistigen Eigenheit der Nation und ihrem inneren Zusammenhalt sprechen, von der Einheit der Bemühungen der ganzen Nation über einen ausgedehnten Zeitraum, denn was würde sonst aus der Doktrin von der internationalen Solidarität des Proletariats oder aus dem Übergewicht der Klassengegensätze über alle anderen?... Andererseits ist es unbequem, der Verschiedenheit von Kultur, Charakter, Nationalgeist Bedeutung beizumessen bei einer Partei, die sich in beträchtlichem Maß auf das fremde jüdische Element stützt, das seine eigene, ungewöhnlich deutliche geistige Physiognomie hat. Deshalb ist für die Sozialisten der heutige Nationalismus die verhassteste von allen Strömungen des gesellschaftlichen Denkens, sie jammern über sein Anwachsen und versuchen dieses Phänomen als Abweichung vom Weg des Fortschritts, als moralisch reaktionär hinzustellen.

Neben dem bewussten Protest vonseiten derjenigen, die eine andere Weise des politischen Denkens haben und die grundsätzlich jeder stärkeren Nationalbewegung feindlich gegenüberstehen, trifft der Nationalismus auch auf starken Widerstand in der breiten, politisch farblosen Gesellschaft, dank deren massiver Passivität. Ich habe oben den Gedanken entfaltet, dass ein durchschnittlicher Vertreter der intelligenten polnischen Gesellschaft ein viel passiveres Wesen und viel weniger fähig zu moralischer Anstrengung ist als ein durchschnittlicher zivilisierter Mensch, selbst wenn man so außergewöhnlich aktive Typen wie die Engländer oder die sie noch überragenden Amerikaner nicht in Betracht zieht. Ich habe schon aufgezeigt, dass passive Naturen eine

Neigung zu gesellschaftlichen Ansichten haben, deren Übernahme kein Verlassen des Ruhezustands erfordert, z. B. die Ansicht, die der Gesellschaft als Programm für heute wirtschaftliche Bereicherung oder moralische Vervollkommnung des Einzelnen vorstellt; wenn aber das Gewissen ihnen laut genug sagt, dass man sich mit dem heutigen Stand der Dinge nicht abfinden kann, dann sind sie bereit, die Notwendigkeit des Kampfes anzuerkennen, meistens eines großen, aber einmaligen, unter der Bedingung, dass danach unbedingt behaglicher Frieden einkehrt. Solche Naturen brauchen den Glauben an irgendein unbewegliches Glück, das nach Anstrengung und Kampf auf die Menschheit oder die jeweilige Gesellschaft wartet. Sie träumen davon, dass einmal, wenn der richtige Moment gekommen ist, die Nation eine Anstrengung unternimmt und sich der Unterdrücker entledigt und dass dafür dann danach der Zustand eines behaglichen, ungetrübten Friedens eintritt, wo man nach dem alten Wort an der Brust des freien Vaterlands ruhen kann. Viele träumen sogar davon, dass sie mit einem Schlag nicht nur das Vaterland befreien, sondern auch alle gesellschaftlichen Missstände beseitigen können, so dass nach dieser einen großen Anstrengung ein Zustand allgemeinen Glücks folgt, in dem die Menschen sich nichts mehr wünschen müssen, sich um nichts bemühen, in dem alle Anstrengungen und Kämpfe unnötig sein werden und die gesellschaftliche Sensibilität eines edlen Individuums keiner Gefahr mehr ausgesetzt ist.

Indes besteht der Fortschritt einer Gesellschaft in ständigen Bemühungen und den durch sie erreichten Veränderungen, und der Fortschritt der Menschheit entwickelt sich durch den ständigen Wettbewerb unter den Nationen, durch ständigen Kampf, in dem nur die Waffen vervollkommnet werden. Der Kampf ist die Grundlage des Lebens, wie die Alten sagten. Nationen, die aufhören zu kämpfen, degenerieren moralisch und zersetzen sich.

Auf diese Weise stehen sich hier zwei entgegengesetzte Charaktertypen und zwei aus ihnen hervorgehende und sich gegenseitig ausschließende gesellschaftliche Ideale gegenüber. Auf der einen Seite der passive Charakter, auf der anderen der aktive, auf der einen der Traum von einem glücklichen Zustand der Gesellschaft, in dem man in Ruhe die Freiheit und andere irdische Güter genießen kann, auf der anderen Seite das Streben nach einem möglichst großen Betätigungsfeld, nach dem Erreichen von Bedingungen, unter denen die Nation ihre ganzen Kräfte entwickeln kann, alle Fähigkeiten, unter denen sie alle natürlichen Ressourcen nutzbar machen kann zur Arbeit für den Fortschritt, zur Bereicherung ihrer kollektiven Individualität, zum Kampf gegen die, die ihr im Weg stehen werden. Die eine Ansicht gebiert statische Programme, die sagen, was man haben will, die andere dynamische, die sagen, was man tun will.

Dieses Bedürfnis nach Taten, dieses Fehlen von Furcht und Widerwillen gegenüber ständigen Kämpfen und Anstrengungen, diese programmatische Dynamik, sie genau bilden den neuen Wesenszug in der nationalen Bewegung der heutigen Zeit.

. . . .

Für viele Geister steht ein so verstandener nationaler Standpunkt den Forderungen der polnischen Demokratie entgegen. Diese Ansicht rührt daher, dass infolge der Unselbstständigkeit des polnischen geistigen und politischen Lebens im letzten Jahrhundert unsere Demokratie in der Formulierung ihrer Forderungen fast sklavisch der westeuropäischen Demokratie gefolgt ist und den grundsätzlichen Unterschied zwischen unserer Gesellschaft und der westeuropäischen im Hinblick auf Traditionen und politische Neigungen nicht beachtet hat. Der obengenannte nationale Standpunkt steht nur den Grundsätzen des westeuropäischen Liberalismus entgegen, nicht aber den Forderungen der polnischen Demokratie. Das aber ist ein großer Unterschied. Um ihn zu verstehen, muss man sich näher mit dem Wesen der politischen Richtungen und Parteien und mit ihrer Beziehung zur Nation und zum Staat befassen.

Die gesellschaftliche Existenz beruht darauf, dass die Einzelnen einen Teil ihrer persönlichen Interessen in verschiedener Form für die öffentlichen Bedürfnisse opfern. Die öffentliche Meinung ist in dieser Hinsicht der Ausdruck des moralischen Zwangs, wohingegen die Organisation des physischen Zwangs der Staat ist. Je höher eine öffentliche Meinung steht, je stärker der moralische Zwang vonseiten der Gesellschaft im Bereich der bürgerlichen Pflichten ist, desto weniger ist physischer Zwang notwendig, desto weniger hat der Staat zu tun, desto mehr kann der Umfang der staatlichen Macht begrenzt werden. Andererseits – und das gilt in besonderem Maß für unsere Nation –, wenn der Staat sich um die Interessen der Gesellschaft nicht kümmert, wenn er sich ihnen gegenüber sogar feindlich verhält, dann liegt die ganze Zukunft einer Nation in einer starken Entwicklung des moralischen Zwangs, in einer gesunden und standhaften öffentlichen Meinung, die die bürgerlichen Pflichten denen aufnötigt, die sie noch nicht fühlen.

Die Summe der bürgerlichen Pflichten, die Menge der Interessen des Einzelnen, die zugunsten der Nation geopfert werden müssen, ist keine feste Größe, sie muss verschieden für verschiedene Nationen sein, abhängig vom Grad ihrer Kultur, dem Inhalt des inneren Lebens und den Schwierigkeiten in den internationalen Beziehungen; sie muss sich ständig mit den Bedingungen ändern, in denen die jeweilige Nation lebt. Sie genau und sicher für alle zu umschreiben, und sei es in der konkretesten Gestalt der Summe von unerlässlichen Lasten und Pflichten gegenüber dem Staat, ist unmöglich und wird es wohl immer bleiben. Deshalb strebt überall ein Teil der Bürger nach der Verringerung der staatlichen Verpflichtungen, während der andere Teil sich im Gegenteil darum bemüht, sie zu vergrößern. Diesem grundlegenden Phänomen des politischen Lebens entspricht im Bereich der Moral die Existenz von zwei Tendenzen: einer, die die nationalen Pflichten vergrößert und größere Opfer zugunsten der nationalen Interessen fordert, und eine andere, die diese Verpflichtungen begrenzt im Namen der Interessen und Rechte des Einzelnen, im Namen der persönlichen Freiheit oder, wie man oft sagt, allgemeinmenschlicher Grundsätze. Die Resultante aus der Wirkung dieser beiden Kräfte, dieser beiden entgegenstehenden Strebungen ist in der Politik der Staatshaushalt und im gesellschaftlichen Leben der moralische Haushalt der Nation. So wie vom ersten die Leistungsfähigkeit des Staatsapparates abhängt, so entscheidet der zweite über die Lebenskraft der Nation und ihre künftigen Schicksale.

Wenn wir uns einen perfekten Staat vorstellten, also einen Staat, der ausschließlich bedacht ist auf die Interessen der Nation als auf die gemeinsamen Interessen aller sie bildenden Einzelnen, einen Staat, in dem die Interessen aller Bürger in gleicher Weise geschützt und die Lasten gleichmäßig verteilt werden, dann bliebe trotzdem im inneren Leben eines solchen Staates unausweichlich die strittige Frage des Umfangs der staatlichen Macht und der Pflichten der Bürger gegenüber dem Staat. Da es nicht möglich ist, die Bedürfnisse des Staates und der Nation in jedem Augenblick genau zu umschreiben, würde ein Teil der Bürger nach der Vergrößerung der Opfer vonseiten der Einzelnen zugunsten des Ganzen streben, während der zweite Teil bemüht wäre, in Verteidigung der Interessen und Rechte des Einzelnen diese Opfer zu reduzieren. Die ersten würden eine Partei gründen, die man nach heutigem Sprachgebrauch national nennen kann, die Partei der anderen hingegen müsste mit der Bezeichnung liberal belegt werden. Der Antagonismus zwischen diesen beiden Parteien würde das Land in einem politischen Gleichgewicht halten, indem er einerseits vor einem unnötigen und schädlichen Auswuchs der öffentlichen Lasten und zugleich vor einer übermäßigen Ausdehnung der Staatsmacht schützte, die eine normale gesellschaftliche Entwicklung verhindern würde, andererseits es nicht zu einem unvernünftigen Übergewicht der Interessen der Einzelnen über das Gesamtinteresse kommen ließe, das unvermeidlich zum Verfall der Staates und zur Auflösung der Gesellschaft führen müsste.

Das heutige politische Leben der europäischen Staaten wird von so vielen verschiedenen Faktoren beeinflusst, die inneren Gegensätze haben so mannigfache Quellen, dass die Frage der Beziehung des einzelnen zum Staat oft in den Hintergrund tritt und manchmal in den Programmen völlig verschwimmt. Gerade in letzter Zeit sind starke Klassengegensätze gewuchert, die ihre Quelle in einer ungleichen Beziehung des Staates zu verschiedenen sozialen

Schichten und in der ungleichmäßigen politischen Reife dieser Schichten haben, wobei zugleich die politischen Rechte auf sie ausgeweitet werden. Deshalb hat in den Programmen mancher Parteien das Klasseninteresse eine so beherrschende Stellung, zumal in Parteien, die sich auf politisch jüngere Elemente stützen und die allgemeinpolitischen Fragen noch nicht verstehen, dass die Grundfrage nach dem Verhältnis des Einzelnen zum Staat oft völlig ignoriert wird. Trotzdem lassen sich demnach die Parteien überall im Wesentlichen in zwei Gruppen aufteilen, die nationale und die liberale, die in dem oben angegebenen Verhältnis zu Nation und Staat und deren Interessen stehen. Aber in den politisch am höchsten entwickelten Ländern, in denen die Selbstverwaltung der Gesellschaft eine lange Vergangenheit hat und die Formen der staatlichen Existenz langsam entstanden sind, auf dem Weg einer selbstständigen Entwicklung und nicht von außen hereingetragen und damit der Seele der Nation mehr oder weniger fremd, in England und den Vereinigten Staaten, dort gründet das politische Leben auf dem Antagonismus von nur zwei Parteien, hier der konservativen und der liberalen, dort der republikanischen und der demokratischen. Wie auch immer dieser Gegensatz der Parteien in beiden Ländern sich aufgrund von zweitrangigen Fragen herausgebildet hat und für eine gewisse Zeit einen ganz spezifischen Charakter hatte, so hat er sich doch auf dem Weg einer langsamen Evolution bereits in bedeutendem Maße in den Gegensatz zwischen Liberalismus und Nationalismus oder, wie man dort sagt, Imperialismus gewandelt. Das lässt sich insbesondere über die Parteien in England sagen, des Landes, das selbstständige Normen des politischen Lebens ausgebildet hat, die heute von ganz Europa übernommen sind. Sein politischer Fortschritt besteht darin, dass die liberale und die konservative Partei abwechselnd an die Macht gelangen, wobei man die konservative Partei zutreffender die nationale nennen würde, denn sie zeigt heute keine Abneigung gegen innere Reformen und geht darin manchmal weiter als die Liberalen. Der Hauptunterschied zwischen diesen Parteien besteht darin, dass es den Liberalen vor allem um die Rechte des Bürgers gegenüber dem Staat geht, darum also, dass diese keine größeren Opfer für den Staat und die weiteren nationalen Interessen bringen müssen, während die Konservativen die Interessen des Staates schützen und eine Politik der ausgedehnten nationalen Ambitionen betreiben, auf Kosten von freiwilligen und erzwungenen Opfern vonseiten der Bürger. Deshalb hat sich gerade die Außenpolitik der konservativen Kabinette in England immer durch Stärke und Konsequenz ausgezeichnet, während die Machtübernahmen der liberalen Partei in außenpolitischen Fragen Unschlüssigkeit und Neigung zu Zugeständnissen mit sich brachten. Wenn heute also England das erste Land im Hinblick auf Bürgerfreiheiten ist, dann ist das vor allem das Verdienst der englischen Liberalen, die von den Konservativen dabei nicht sehr behindert wurden; doch seine Herrschaft in allen Teilen der Welt und auf allen Meeren, die ausgedehnte Kolonisation, die vielen Absatzmärkte und die Verbreitung der englischen Sprache verdankt es vor allem den Konservativen, die von der liberalen Partei nicht sehr behindert wurden.

Wir haben uns in Europa daran gewöhnt, dass normalerweise konservative Parteien nationale Grundsätze verteidigen, eine starke Außenpolitik favorisieren, für größere staatliche Lasten stimmen usw., während umgekehrt fortschrittliche, demokratische Elemente liberale Parolen auf ihre Fahnen schreiben, die einzelnen gegen den Staat verteidigen und sich um die Erweiterung innerer Freiheiten, die Reduzierung staatlicher Ambitionen nach außen und um die Verringerung von Lasten bemühen. Selbst im Bereich der Ideen hat sich mit den modernen demokratischen Strömungen bis vor Kurzem immer ein Standpunkt verbunden, der sich gegen größere nationale Ambitionen und gegen eine Ethik wandte, die das nationale Interesse als Ausgangspunkt nimmt usw., und erst in letzter Zeit beginnen sich in den Demokratien starke nationalistische Strömungen bemerkbar zu machen, die zwar noch kein ausreichendes Bewusstsein entwickelt und sich oft noch nicht von traditionalen Bindungen gelöst haben, durch die sie getrübt werden, die aber trotzdem für die Zukunft ein breites Wachstum versprechen. Im Allgemeinen bleibt einstweilen die Tatsache offensichtlich, dass, wenn man die Parteien verschiedener Länder in zwei Gruppen teilt, eine nationale und eine liberale, wir in der ersten vor allem konservative Parteien finden, in der zweiten dagegen demokratische.

Die Gründe dafür sind unterschiedlich. Der erste liegt darin, dass man den heutigen Staat nicht mit der Nation identifizieren kann. Der heutige Verfassungsstaat, der eine Übergangsform zwischen Absolutismus und Demokratie ist, wird immer mehr zu einer Organisation, die nationale Interessen verwaltet und verteidigt, aber er ist noch weit entfernt davon, die Interessen aller Schichten in gleicher Weise zu berücksichtigen, und gibt den einen ein Übergewicht über die anderen. Infolgedessen sind diejenigen gesellschaftlichen Elemente, auf die sich die konservativen Parteien stützen, mehr an den Unternehmungen des Staates interessiert und es liegt ihnen mehr an seiner Stärke, während andere in einer Lockerung der staatlichen Organisation die Aufhebung von Privilegien und die Verbesserung ihrer Existenz sehen. Andererseits stützen sich die konservativen Parteien auf Elemente, die eine längere politische Vergangenheit und eine höhere politische Kultur besitzen, was sie fähiger macht, die komplizierten staatlichen und nationalen Probleme zu verstehen, während für die jungen, noch nicht ausgereiften und nicht aufgeklärten gesellschaftlichen Elemente, die auf die Bühne des politischen

Lebens treten und die Basis für die demokratischen Parteien bilden, nationale Interessen nicht ausreichend spürbar sind, nicht ausreichend unmittelbar und zu kompliziert, um sie leicht verstehen und sich an sie binden zu können. Wir sehen auch, dass in dem Maß, in dem die Bildung der jungen Gesellschaftsschichten wächst, das nationale Interesse bei ihnen inbrünstigere und ehrlichere Verteidiger gewinnt als in den Schichten der früher Privilegierten.

Die wichtigste Tatsache, auf die wir aufmerksam machen müssen, ist die, dass die gesellschaftlich älteren Elemente, auf die sich die konservativen Parteien stützen, in Europa in der Schule des Absolutismus erzogen worden sind, der sie durch Zwang gelehrt hat, den ersten Platz dem Interesse des Staates zu geben, was bei dieser Richtung eine üble Gewohnheit geschaffen hat, die sich bis auf den heutigen Tag auf ihre Politik auswirkt. Im Lauf der Zeit wird diese üble Gewohnheit zwar schwächer, zumal es mit dem Fortschreiten der Demokratisierung des Staates für diese Schichten immer schwieriger wird, ihr Interesse mit dem des Staates zu identifizieren: Selbst ein bis vor Kurzem so diszipliniert staatliches Element wie die preußischen Agrarier machen ihre Haltung gegenüber dem Staat heute abhängig von der Befriedigung ihrer Forderungen, wie sie durch das Klasseninteresse diktiert werden.

Diese Haltung von verschiedenen Schichten und Parteien in den europäischen Ländern gegenüber dem Staat und dem nationalen Interesse, eine Haltung, die im Übrigen heute, mit dem Fortschritt in Bildung und politischer Kultur, einem schnellen Wandel unterliegt, wurde und wird infolge unseres Mangels an geistiger Eigenständigkeit in der Politik in bedeutendem Ausmaß und ohne jede Veränderung in unser Land übertragen. Das hat schon in der ganzen Zeit seit den Teilungen stattgefunden: Unsere Demokratie, die in enger Verbindung mit der europäischen Demokratie stand, hatte immer einen liberalen Charakter, sie stellte die Ideale der Freiheit in den Vordergrund, auch wenn die Notwendigkeit sie zum Kampf vor allem um einen polnischen Staat zwang. In der Zeit nach den Aufständen, in der ein antinationales System öffentlicher Erziehung Polen eine Generation gegeben hat, wie es sie in dieser geistigen Unselbstständigkeit niemals nach den Teilungen besaß, haben die Sozialisten die europäischen Schablonen in solchem Ausmaß auf unseren Boden übertragen, dass man Patrioten, die von einem unabhängigen Polen träumten oder sich nur gegen die russischen Einflüsse wehren wollten, mit den Regierungsparteien in Deutschland verglichen und ihnen die Ehre abgeschnitten hat. Noch heute sind viele Menschen trotz des Einflusses des neuen nationalen Denkens tief überzeugt, dass die wahre Demokratie nicht für solche Dinge wie nationales Interesse Sorge tragen kann, dass es nur ihre Aufgabe ist, um Freiheit und Rechte zu kämpfen und ausgedehnten nationalen und staatlichen Ambitionen entgegenzutreten. Viele der sogenannten

Patrioten, die eine Wiedererrichtung des polnischen Staates wollen, treibt heute schon der Gedanke um, wie man die Macht dieses Staates so weit wie möglich einschränken kann, den es noch gar nicht gibt und der nicht so einfach und leicht zu erringen sein wird, wie das verschiedenen „Staatsmännern" erscheint, die mit kleinen Heftchen großgezogen worden sind.

Diese ganze bisherige Richtung der polnischen Demokratie war ein Irrweg; ihr politischer Liberalismus war zur Hälfte fremder Einfluss und nicht hervorgegangen aus den Bedürfnissen des Landes, zur anderen Hälfte dagegen das Erbe der politischen Verirrungen unserer historischen Entwicklung.

Wir hätten die Haltung der europäischen Demokratie zur nationalen und staatlichen Idee nicht übernehmen dürfen, denn sowohl unsere Situation wie der Charakter der Gesellschaft waren völlig anders. Der wichtigste Unterschied ist gar nicht, dass wir nach den Teilungen zu einer Nation ohne Staat wurden und dass es dann unsere Aufgabe war, einen Staat zu schaffen, nicht jedoch gegen ihn zu kämpfen, um seine Macht zu begrenzen, wie das die europäische Demokratie getan hat. Einen viel wichtigeren Unterschied muss man im politischen Charakter unserer Nation sehen, der die Ursache des Verfalls des Staates war.

Unsere politische Anomalie bestand: 1) im Mangel an zum politischen Leben befähigten Elementen außerhalb des Adelsstands und 2) darin, dass der Adel, der das ausschließliche Privileg der Regierung hatte und keinem Wettbewerb mit anderen Elementen ausgesetzt war, politisch degenerierte und das Gefühl für das Interesse des Staates verlor. Anderswo gewöhnten sich entsprechende Elemente, die in der Schule des Absolutismus abgerichtet waren, daran, sich staatlichen Rücksichten unterzuordnen, unser Adel zeichnete sich durch einen extremen politischen Liberalismus aus, stellte sich dem Staat entgegen, verteidigte (am Ende mit großer Leichtigkeit) seine Interessen gegen die Interessen des Staates und hielt Wache über seine Freiheiten. Weil es kein Element im Staat gab, das ein Gegengewicht gegen den Liberalismus des Adels dargestellt hätte, das den Staat gegen ihn verteidigt hätte, fehlte es uns an politischem Gleichgewicht, das für eine normale staatliche Entwicklung unerlässlich ist, und im Ergebnis kam es zum Untergang Polens.

Aus dem Verständnis der Ursachen für den Untergang hätte das politische Programm derer erwachsen sollen, die nach einer Wiedererrichtung des polnischen Staates strebten. Die moralisch gesunde und geistig selbstständige Generation, die in der Atmosphäre der inneren Wiedergeburt der zweiten Hälfte des 18. Jahrhunderts aufgewachsen war, die die Reste des konkreten polnischen Staates vor Augen hatte, die ihr Denken an den Boden kettete und ihm nicht erlaubte in der Region abgehobener Doktrinen zu schweben, hat auch gleich die richtige Richtung getroffen. Die Verfassung vom 3. Mai* ist der Ausdruck zweier grundsätzlicher Bestrebungen einer wahrhaft polnischen Reformpartei, die nicht nur dem Namen nach patriotisch war: Die erste von ihnen war die Ausweitung der politischen Rechte, die Einbeziehung neuer Elemente in das politische Leben, was der Reformpartei einen demokratischen Charakter gab, die zweite war die Vergrößerung der Pflichten des Bürgers gegenüber dem Staat, die Stärkung der Regierung, die Einrichtung einer Dynastie, mit einem Wort die Reaktion auf den monströsen politischen Liberalismus der adligen Gesellschaft, was der Partei einen staatlichen oder – wie wir heute sagen würden – nationalen Charakter gab.

Targowica** war genauso gut ein Protest gegen die Demokratisierung der Gesellschaft, im Namen des Privilegs, wie gegen die Stärkung des Staates, im Namen der bürgerlichen Freiheiten. Hier lag ein authentischer Gegensatz vor, der aus der ganzen historischen Entwicklung und aus der Art von Beziehungen herrührte, die sie hervorgebracht hatte: Auf der einen Seite ein Konservatismus, der im aristokratisch-adligen politischen Liberalismus von Targowica zum Ausdruck kam, auf der anderen Seite eine fortschrittliche, reformistische Bewegung, die von einem starken demokratischen und national-staatlichen Geist belebt wurde und die in einem glänzenden Monument der polnischen Gesetzgebung Ausdruck fand, in der Verfassung vom 3. Mai.

Es konnte so scheinen, als müsste dieser Gegensatz den Hintergrund für die Entwicklung der politischen Strömungen in Polen im 19. Jahrhundert bilden. Es konnte so scheinen, dass der national-staatliche Geist, der die Patrioten des Vierjährigen Sejms antrieb, sich in den demokratischen Patrioten des 19. Jahrhunderts stärken müsste, angesichts des völligen Untergangs der Adelsrepublik und der Notwendigkeit ihrer Wiedererrichtung oder eigentlich des Aufbaus eines neuen Staates. Und so wäre es auch unfehlbar gekommen, wenn unsere demokratisch-patriotischen Bewegungen Selbstständigkeit und Realismus besessen, wenn sie ihre Programme direkt aus dem Leben, aus seinen Bedürfnissen und Missständen geschöpft hätten. Aber unser Demokratismus wurde im 19. Jahrhundert gewissermaßen eine Filiale des gesamteuropäischen Demokratismus, dieser aber zeichnete sich aus der Natur der Sache vor allem durch einen ausgesprochenen politischen Liberalismus aus, weil er mit dem Absolutismus oder mit seinen lebendigen Traditionen kämpfen musste. Und auch wenn das Leben unseren Demokraten als erste Aufgabe den Kampf gegen die Traditionen der Anarchie, gegen den adligen Liberalismus stellte

---

* 3. Mai 1791.

** Adelskonföderation von Targowica, gegründet 1792 mit russischer Unterstützung zum Kampf gegen die Verfassung von 1791.

sowie die Schaffung einer starken Idee der polnischen Staatlichkeit und bei den Mitgliedern der Gesellschaft die Ausbildung der Fähigkeit zur Unterordnung der eigenen Bedürfnisse, Perspektiven und Vorlieben unter das nationale Interesse, ohne die es nicht möglich ist, eine lebensfähige staatliche Organisation zu schaffen, zumal unter so schweren Bedingungen des Kampfes, in denen Polen sich befand, so taten unsere Demokraten das Gegenteil und trugen beim Kampf um die staatliche Unabhängigkeit Polens in ihren Seelen antistaatliche Ideale, die sich am Liberalismus der europäischen Demokratie genährt hatten.

In einem witzigen Feuilleton hat einmal einer unserer Humoristen gesagt, dass der 3. Mai ohne Nachkommen ins Grab gestiegen sei. Darin liegt eine tiefe Wahrheit. Die Nation spürte instinktiv den Wert dieses großen Datums, und der Jahrestag der Verfassung wurde als Feiertag nicht vergessen, aber die polnischen demokratischen Parteien unterlagen fremden Einflüssen und gingen nicht auf dem Weg, den ihre Vorgänger gewiesen hatten. Infolgedessen entartete die Idee der Unabhängigkeit langsam: Ihre vielleicht größten Feinde sind heute die geworden, die am lautesten von ihr reden, denn wer sagt, dass er ein unabhängiges Polen will, aber die Einschränkung macht, dass dieses unbedingt eine sozialistische Republik sein muss, oder wer sich bei dem Gedanken aufregt, dass Polen seine Gendarmen, Polizei, Gefängnisse haben könnte, dass es sich auf Bajonette stützen und jemanden beherrschen könnte, der seine Herrschaft nicht wünscht, der verhöhnt die Idee der Unabhängigkeit. Von denen, die lieber fremde Herrschaft als eine starke eigene Regierung wollen, gibt es in Polen viel mehr, als es scheinen mag, und mancher von denen, die das Andenken von Targowica ehrlich verfluchen, ist selbst im Wesen seiner Überzeugungen mindestens zur Hälfte ein Targowizaner.

Die sozial konservativen Elemente haben einerseits unsere Verhältnisse mit denen anderswo verglichen und die Ursachen des Untergangs Polens ergründet und wurden andererseits von der Notwendigkeit getrieben, für ihre soziale Position Unterstützung bei der Regierung zu suchen. Aufgrund dessen begannen sie schließlich zu verstehen, wie mangelhaft das politische Leben in Polen traditionell ist, weil es auf dem Fehlen einer starken Staatsidee beruht. Aus ihrem Schoß ist die Krakauer Schule hervorgegangen, die auf diesen Mangel in historischen Studien einen starken Nachdruck legte. Sie hat jedoch aus diesen Studien nicht den Schluss gezogen, dass eine polnische nationalstaatliche Idee notwendig sei, denn ihr antidemokratischer Standpunkt und die Aussichten auf unmittelbare ständische Vorteile sowie ein auf kurze Sicht angelegter politischer Realismus geboten es ihr, bei der bestehenden, aktuellen Regierung Rückhalt zu suchen, also bei einer fremden. Der staatliche Charakter der konservativen Elemente kam unter dem Einfluss dieser Schule in einem unbedingten österreichischen Loyalismus zum Ausdruck, der dann in einen Dreier-Loyalismus umgewandelt wurde, der sich in letzter Zeit langsam von den Verpflichtungen gegenüber Preußen befreit und versucht hat, sich in einen alle Polen verpflichtenden russischen Loyalismus umzuwandeln.

Während der polnische Konservatismus, der seinerzeit im Namen der Adelsfreiheit und im Namen des politischen Liberalismus fremde Hilfe gegen den eigenen Staat anrief, heute auf dem Grund fremder Staatlichkeit stehend versucht, in der Seele der Nation jede Spur einer polnischen Idee des Staates und damit einhergehend auch der Nation zu verwischen – denn es ist eine Fiktion, dass eine Nation, die mit fremder Staatlichkeit verwachsen ist, mehr bewahren kann als die Eigenheit eines Stammes –, kämpft unsere Demokratie, die sich seit Langem für einen Zweig der europäischen Demokratie hält und in ihren Spuren geht, gegen die polnische national-staatliche Idee im Namen des modernen Liberalismus. Zugleich hat in weiten Bereichen der Gesellschaft aus den Zeiten der Adelsrepublik die Tradition überlebt, dass man die eigene Nation verleugnet, dass man gegen das öffentliche Interesse auf das eigene bedacht ist, dass man unfähig ist, dem Vaterland das zu geben, was ihm zusteht, und dass man fremden staatlichen Zwang vorzieht gegenüber freiwilligen Opfern zugunsten des eigenen nationalen Interesses. Und so standen wir nach über hundert Jahren der Unfreiheit und des Kampfes um die Freiheit an der Schwelle des 20. Jahrhunderts und waren nicht geheilt von der historischen Krankheit, von dem Mangel an Gleichgewicht, das eine Nation fähig macht zum staatlichen Leben und einer breiten nationalen Entwicklung, eines Gleichgewichts, das überall aus dem Gegensatz von zwei Richtungen erwächst, die wir am Anfang die nationale und die liberale genannt hatten, und das bei uns aufgrund des Mangels an einer starken nationalen Richtung unmöglich ist.

Die anormale politische Evolution des historischen Polens hat den fortschrittlichen Elementen, die nach der Erneuerung der Nation durch die Reform ihres Lebens streben, mehr als anderswo die Pflicht auferlegt, an einer wirklichen Demokratisierung der Nation zu arbeiten, indem sie die breiten Massen für das nationale und politische Leben vorbereitet, und andererseits eine starke nationale Strömung zu schaffen, die nach der Vergrößerung der Pflichten des Einzelnen gegenüber der Gesellschaft strebt und eine Verbundenheit mit dem nationalen Interesse und polnische staatliche Ambitionen erweckt. Diese Aufgabe hat die polnische Demokratie zur einen Hälfte bisher nicht in entsprechendem Umfang verstanden und ist oft vom rechten Weg abgekommen, zur anderen Hälfte hat sie sie nicht nur nicht erfüllt, sondern ihre Erfüllung sogar in noch weitere Ferne rücken lassen, indem sie die Tradition des Vierjährigen Sejms vergessen hat.

Wenn man die Sache von diesem Standpunkt betrachtet, dann muss man das heutige Erscheinen einer neuen politischen Bewegung auf der Bühne unseres Lebens, einer Bewegung, die sich in der demokratisch-nationalen Partei organisiert, die unter den Massen an deren Bildung und der Hebung der politischen Kultur arbeitet und die andererseits fest auf dem Grund des nationalen Interesses steht und in der Seele der Nation Elemente zu bilden versucht, die für ein polnisches staatliches Leben unerlässlich sind, dann muss man dieses Erscheinen als ein höchst bedeutsames Phänomen ansehen, als eine Rückkehr zur abgebrochenen Tradition des 3. Mai und als ein spontanes Einschwenken auf den richtigen Weg der Entwicklung des politischen Denkens. Die schnelle Entwicklung dieser Bewegung ist als die Folge von tieferen Wandlungen im Wesen der Gesellschaft selbst zu betrachten, der Herausbildung neuer Kräfte in ihr, die geistig gesund sind und instinktiv die wesentlichsten Bedürfnisse der Nation erspüren.

. . . .

Dies ist der allgemeine politische Ausdruck dieser neuen Bewegung, die aus dem Erwachen eines stärkeren Nationalgefühls im heutigen Polen entstanden ist, aus dem ersten Hervortreten von aktiven Elementen im polnischen Charakter.

Die polnische Gesellschaft sollte sich den Charakter dieser politischen Richtung und ihre Bedeutung gut klarmachen. Politik ist kein Fachgebiet, das nur diejenigen interessiert, die sich berufsmäßig mit ihr befassen. Es gibt nicht viele Menschen, die die Fähigkeit zum Politiker haben, aber jeder hat die Verpflichtung, ein aktiver Bürger zu sein, der den Zustand der politischen Angelegenheiten seines Landes kennt und nach dem Maß seiner Kräfte auf ihren Fortgang einwirkt. Und alle sind für den Fortgang dieser Angelegenheiten verantwortlich.

Politische Tatenlosigkeit befreit niemals von der Verantwortung für die Niederlagen, die die Nation durch unreife und leichtsinnige Handlungen davonträgt, denn dann ist man verantwortlich dafür, dass in einem wichtigen historischen Augenblick nichts geschehen ist. Sogar wenn wir anerkennen würden, dass der letzte Aufstand dem Land nichts als Unglück gebracht hat, wer hat dann das Recht, seine Urheber zu kritisieren? Vielleicht die, die in einem so bedeutsamen Augenblick des nationalen Lebens mit verschränkten Händen zugeschaut haben, was im Land vor sich ging? Oder die, die sich von der allgemeinen Welle passiv mittragen ließen? Oder schließlich die, die in eine andere Richtung zu handeln versuchten, aber so schwach oder ungeschickt handelten, dass ihre Bemühungen keinerlei Spuren hinterlassen haben?...

Politisch passive Gesellschaften überlassen es normalerweise einer kleinen Schar von Menschen, die Schicksale des Landes zu lenken, und bürden ihnen später die Verantwortung für alles auf, was geschehen ist, vor allem für die Misserfolge. Jedoch ist für jeden Unglücksfall in der Geschichte die ganze Generation verantwortlich, die ihn verursacht hat oder die ihr Zeuge war, insoweit natürlich eine einzelne Generation auf den Gang der Geschichte Einfluss nehmen kann. Zwar wächst die Verantwortung des Einzelnen und von Gruppen mit dem Wachstum des ausgeübten Einflusses, aber wenn dieser Einfluss Menschen zugefallen ist, die nicht fähig genug oder nicht redlich genug waren, dann sind alle dafür verantwortlich, dass sie ihm erlegen sind oder es zugelassen haben, dass er ausgeübt wurde.

Auf die Frage „Was ist die politische Reife oder Fähigkeit einer Gesellschaft?" kann man antworten, dass sie im Ausmaß des Anteils eines durchschnittlichen Bürgers an den allgemeinen Angelegenheiten besteht und in seinem Verantwortungsgefühl für das, was im Land passiert.

Menschen, die ihre Ansichten zur Geschichte und den Fragen der nationalen Existenz an ihre Faulheit und Feigheit, an die Passivität ihres Charakters anpassen, haben das Gefühl, dass diese Ansichten nur möglich sind, wenn man von außerhalb und tatenlos auf die Fragen der Politik schaut. Keiner von ihnen könnte konsequent bleiben, wenn er auf die Frage antworten müsste: Wie sollten seiner Ansicht nach Gesellschaften regiert werden, natürlich in den Grenzen der Möglichkeiten? Mit dieser Schwierigkeit werden sie auf eine ganz einfache Weise fertig, sie sagen nämlich, dass Politik überhaupt ein schmutziges Geschäft sei. Diese Auffassung ist vor allem in unserer Gesellschaft sehr verbreitet. Aber Politik ist nichts Anderes als das Gesamt der Aktivitäten, die die Angelegenheiten einer Stadt, eines Landes, einer Nation, die allgemeinen Angelegenheiten einer Gesellschaft regeln. Genauso wurde sie vor über zweitausend Jahren von denen verstanden, die diesen Begriff geschaffen haben, und heute kann sie niemand anders verstehen. Ist also die Ansicht, dass die Lenkung solcher Angelegenheiten ihrem Wesen nach eine verabscheuungswürdige Sache sei, nicht eine moralische Rückkehr zum Urzustand, zu den Zeiten in den Höhlen, als der Mensch gar keine allgemeinen und gesellschaftlichen Interessen hatte, als er keine Politik brauchte?...

Unsere nationale Erneuerung muss nicht nur *den* Wandel mit sich bringen, dass eine Zeit mächtiger politischer Aktion im nationalen Geist beginnt, sondern auch, dass diese Aktion von der ganzen denkenden polnischen Gesellschaft unterstützt und kontrolliert wird.

VII. Fragen der nationalen Existenz

Die Oberfläche der Erde ist kein Museum, um darin ethnographische Exponate aufzubewahren, ordentlich, vollständig und jedes an seinem Platz. Die Menschheit schreitet schnell voran, und im Wettbewerb der Nationen sollte jede so viel wie möglich für den Fortschritt, die Zivilisation und die Hebung des Wertes des Menschen tun. Wenn Nationen im Streben, aus sich so viel Energie wie möglich zu gewinnen, die größte Menge von Leben ihrer Art hervorzubringen, auf ihrem Weg auf Stämme ohne Individualität treffen, ohne schöpferische Fähigkeiten – schöpferisch als Völker, nicht als Einzelpersonen –, ohne Möglichkeiten aus eigener Kraft am geschichtlichen Leben teilzunehmen, dann saugen sie sie auf, ziehen sie in das Leben ihrer Art hinein, benutzen sie als Material für ihre schöpferische Kraft.

So ist es und so soll es sein. Wenn es irgendwelche internationalen Rechte gäbe, die jeden Stamm auf dem von ihm eingenommenen Gebiet schützen würden, die sicherstellen würden, dass er sich einrichten kann, wie es ihm gefällt, ohne Rücksicht darauf, ob er fortschreitet, ob er auf der Stelle tritt oder ob er sich womöglich kulturell zurückentwickelt, dann könnten wir in der Mitte Europas Völker haben, die in der Entwicklung zurückgeblieben und halbbarbarisch sind und die einen Damm für die Zivilisation darstellten. Denn schließlich ist ständige Vervollkommnung und Fortschreiten keine dem Menschen angeborene Eigenschaft. Die Mehrheit der heutigen Weltbevölkerung steht auf der Stelle und bewegt sich überhaupt nicht vorwärts. Und der wohl wichtigste Faktor des Fortschritts ist der Wettbewerb, die Notwendigkeit, ständig die Waffe zu vervollkommnen, die zum Schutz der eigenen Existenz dient.

Je mehr sich die Völker einander nähern, je mehr sich die internationalen Beziehungen verengen, wird der Druck der einen Völker auf die anderen nicht geringer, sondern im Gegenteil größer, denn je mehr Beziehungen eine Nation zu einer anderen hat, umso mehr muss ihr daran liegen, dass jene in der Organisation des Lebens, seiner Mittel, der Kommunikation, der öffentlichen Sicherheit usw. ein bestimmtes Niveau erreicht. Die Menschen müssen also entweder selbst die Zivilisation schaffen oder sie werden von anderen zur zivilisatorischen Arbeit eingespannt, und dann bauen sie nach einem fremden Plan. Und da es für Völker keine Examen in kulturellen Fortschritten gibt und keine Gerichte, die über ihren zivilisatorischen Wert urteilen könnten, deshalb bleibt als einziges, wenn auch – zugegeben – sehr unvollkommenes Kriterium für die Tauglichkeit eines Volkes zur Arbeit am allgemeinen Fortschritt, für seine Fähigkeit zur selbstständigen Hervorbringung von höheren

 | DOI:10.30965/9783657702916_010

Lebensformen der Wettbewerb, bleibt dies, ob eine Nation im Kampf gegen andere eine selbstständige politische und kulturelle Existenz gewinnen und erhalten kann.

Das ist eine Philosophie des nationalen Kampfes und der Unterdrückung... Vielleicht. Aber was, wenn dieser Kampf und diese Unterdrückung die Wirklichkeit sind und allgemeiner Frieden und allgemeine Freiheit eine Fiktion?... Man muss den Mut haben, der Wahrheit ins Auge zu schauen.

Haben also die Deutschen und die Moskauer das Recht zu tun, was sie sich uns gegenüber erlauben? Sind wir also nicht Opfer von Ungerechtigkeit und Gewalt?... Was bringt es, dass wir uns für Opfer halten, wenn weder unsere Feinde noch die, die unserem Kampf von außen zuschauen, sich aus unserer Meinung etwas machen? Und auch wenn wir auf den Ausdruck eingehen, wenn wir uns für Opfer halten, dann gibt es schließlich überall, wo Leben ist, Opfer, und niemals geht es ohne sie ab.

Ich gebe zu, dass ich einen Widerwillen dagegen habe, die Deutschen und die Moskauer anzuklagen. Mehr noch: Wenn ich mich nicht täusche, dann habe ich sogar aufgehört sie zu hassen. Etwas Anderes ist es, dass ich Deutsche nicht mag, dass ihr eigensüchtiger Lebensstil, ihre Weise des Fühlens und Denkens mir in vieler Hinsicht zuwider ist und lachhaft erscheint, dass ihre brutale Naivität in mir oft Mitleid erregt, aber andererseits habe ich eine enorme Wertschätzung für ihre Energie, ihre Disziplin, ihre organisatorischen Fähigkeiten und vor allem für ihre Konsequenz, die die Haupteigenschaft eines wirklich reifen, männlichen Geistes und bei uns eine Seltenheit ist. Ich empfinde Verachtung für die Moskauer wegen ihrer asiatischen Zerstörungssucht, wegen ihrer Skrupellosigkeit, mit der sie auf den Feldern jahrhundertelanger zivilisatorischer Arbeit herumtrampeln, wegen ihrer östlichen Verantwortungslosigkeit gegenüber dem eigenen Gewissen, die es erlaubt, in jeder Sache zwei Gesichter zu haben, aber manchmal habe ich den Eindruck, dass selbst sie mehr Mut haben, wenn es darum geht, eine schmerzhafte Wahrheit anzuerkennen und unmittelbare Schlüsse aus ihr zu ziehen. Abgesehen davon sind mir die einen wie die anderen egal. Ihre Handlungen interessieren mich nur insoweit, als sie uns Schaden zufügen oder einen Gewinn versprechen, indem sie sich selbst schwächen.

Ich will damit nicht sagen, dass ich unfähig zum Hass bin oder ihn für ein niedriges Gefühl halte. Wer wahrhaft lieben kann, der kann auch hassen.

Ich hasse erbärmliche Menschen, unabhängig davon, ob sie Deutsche, Moskauer oder meine eigenen Landsleute sind, vielleicht letztere noch am meisten. Ich hasse Lehrer, die von ihrer Berufung her die Pflicht haben, die Jugend zur lehren und zu erziehen, die sie aber misshandeln, ihre körperlichen Kräfte im Keim ersticken, sie moralisch verderben und ihre geistige

Entwicklung blockieren oder verzerren. Ich hasse Richter, die, anstatt Gerechtigkeit zu üben, das Recht zur Verteidigung dieser oder jener Interessen, zur Verfolgung politischer Gegner missbrauchen. Ich hasse Beamte, die als Organe des Staatsapparats die Organisation des Lebens erleichtern und zu seinem Fortschritt beitragen sollten, die aber tatsächlich bestrebt sind, die besten Bemühungen zu vereiteln und das Leben in seiner Entwicklung aufzuhalten oder sogar zurückzudrängen. Ich hasse Geistliche, die dazu da sind, das Volk moralisch zu erheben, und die zu diesem Zweck mit so mächtigen Mitteln wie dem Beichtstuhl und der Kanzel ausgestattet sind, die sie aber für momentane politische Interessen benutzen. Ihrer aller Vorgehen halte ich in stärkerem oder geringerem Maß für ein ebensolches Verbrechen, wie es die Handlung eines Arztes wäre, der zu einem Kranken gerufen wird, in dem er einen persönlichen oder politischen Gegner erkennt, und der ihm statt eines Medikaments ein Gift gibt. Wenn ich im galizischen Ruthenien einem polnischen Lehrer begegnen würde, der ein Kind dafür züchtigt, dass es ein ruthenisches Kind ist, dass es ruthenisch spricht, dann würde ich ihm gegenüber nicht weniger Abscheu empfinden, als sie in mir die Moskauer oder preußische pädagogische Kanaille erregt...

Aber von Verbrechern, von politisch-polizeilichen Agenten in Richterroben und Soutanen, von Zerstörern der menschlichen Arbeit und Verderbern der Moral unterscheide ich Menschen, die mir gegenüber nur insofern schuldig geworden sind, als dass sie gegen meine Nation im Namen ihrer eigenen kämpfen. Ein Deutscher, der erkennt, dass man im Interesse des preußischen Staates die Provinz Posen für die deutsche Kultur unterwerfen muss, der dorthin zieht und seine ganze Energie für die Stärkung des deutschen Elements in unserem Lande einsetzt, der die polnischen Kinder nimmt und ihnen Deutsch beibringt, der auf seinem Besitz eine deutsche Verwaltung organisiert und durch kulturelle Beeinflussung seine Umgebung zu Deutschen umkrempelt, der deutsche philanthropische Institutionen gründet, der wird in mir nur Achtung erregen, auch wenn ich ihn für einen gefährlicheren Feind als jene halten und mich gegen seine Bestrebungen zu kämpfen bemühen werde. Ein Moskauer, der sich ein Landgut in Litauen kaufte und sich dort nur zu dem Zweck niederließe, den russischen Einfluss zu verbreiten und in den weißrussischen Bauern eine Neigung zum Moskauertum zu wecken, kann ebenfalls meiner Hochachtung sicher sein als ein Mensch der Idee, der für seine Nation arbeiten kann, aber auch dessen, dass ich mich mehr vor ihm fürchten werde als vor seinen Brüdern, den russischen Beamten...

Ich halte es für einen Beweis von Verfall der bürgerlichen Moral und von Geistesschwäche bei diesen Lenkern unserer öffentlichen Meinung, die keinen Unterschied sehen zwischen ehrlichem nationalen Kampf und gewöhnlichem Verbrechen, die kein Gefühl für Gerechtigkeit haben, das es ihnen erlaubt, Verachtung und Hass für einen nichtswürdigen und barbarischen Vernichter von zivilisatorischer Arbeit zu empfinden, gleichzeitig aber Achtung für einen edlen, wenn auch gefährlichen Gegner zu entwickeln; die nicht verstehen, dass man ohne Hass, aber mit Achtung vor dem Gegner am hartnäckigsten gegen ihn kämpfen kann. Solche Leute haben wir sowohl unter den Verfechtern der nationalen Sache (bei ihnen sind alle Deutschen oder Moskauer Verbrecher) wie auch unter den kosmopolitischen Humanisten (bei ihnen ist jeder nationale Kampf ein Verbrechen). Die einen wie die anderen untergraben die Moral ihrer Gesellschaft.

Nach meiner Überzeugung hat ein Lehrer, Richter, Beamter, Geistlicher nicht das Recht, seine Verpflichtungen gegenüber irgendjemandem zu vernachlässigen; er hat kein Recht, in der Ausübung seiner Tätigkeit Unterschiede zwischen Menschen im Hinblick auf ihre politische Überzeugung, Nationalität usw. zu machen, und wenn er seine Macht zu anderen Zwecken gebraucht, ist er ein gewöhnlicher Verbrecher. So viele Jahrhunderte, die wir schon in der Zivilisation leben, reichen aus, um ein moralisches Gefühl zu entwickeln, das die ganze Niedrigkeit solcher Verbrechen einschätzen kann, und dazu braucht es keine fiktiven „allgemeinmenschlichen" oder „internationalen" Rechtssammlungen oder ähnliches. Aber nach meiner Überzeugung setzt es einen Deutschen oder Moskauer nicht herab, wenn er in ehrlicher Weise seine Kräfte zur Verbreitung seiner nationalen Kultur einsetzt, zur Gewinnung neuer Gebiete für seine Nation, zur Assimilierung von fremdstämmigen Elementen, im Gegenteil, das erhebt ihn als einen tüchtigen Bürger. Es setzt Staatsmänner und Regierungschefs nicht herab, wenn sie Politik nach einem System betreiben, dass ihren Nationen die größten Vorteile bringt, das ist ihre Pflicht. Wenn ich also die Schädlichkeit der preußischen und russischen Politik für uns sehe und die Verluste empfinde, die wir dadurch erlitten haben, dann halte ich mich nicht für ein Opfer von Willkür, sondern ich habe das demütigende Gefühl, dass ich besiegt bin.

Und genau dieses Gefühl, dass ich kein Opfer bin, dass ich nicht das Recht habe, mich vor irgendjemandem über mein Schicksal zu beklagen, führt dazu, dass ich kämpfen muss. Die Herren, die von internationaler Gerechtigkeit sprechen, haben die moralische Befriedigung, dass sie niemandem Unrecht tun und nur ihnen Unrecht getan wird; sie können passiv in der ihrer Meinung nach schönen Pose eines Opfers von Gewalt verharren... Für mich und für die, die so denken wie ich, existiert diese Befriedigung nicht, für uns bleibt nur ein Trost: Wenn wir der Kraft der Feinde nicht eine gleiche oder, wie es angemessen wäre, eine größere Kraft entgegenstellen, dann empfinden wir zumindest das Gefühl, dass sie nötig ist, und bemühen uns sie aus der Nation nach und nach herauszuholen. Wir müssen kämpfen und wir müssen im Kampf an der Vergrößerung unserer Kräfte arbeiten, denn andernfalls würden wir, statt der moralischen Zufriedenheit jener Herren, Verachtung für uns hegen, und nicht jeder ist imstande zu leben, wenn er sich selbst verachtet…

Ich weiß nicht, vielleicht fehlt mir eine besondere Eigenschaft, die andere Menschen haben, aber ich könnte in keiner Angelegenheit einen Standpunkt einnehmen, der auf der Unantastbarkeit von nationalen Territorien beruht. Die Engländer haben Gewalt gegen die Buren geübt und sich zwei konservative Republiken angeeignet, in denen fast nur Holländer lebten*, und diesen damit den Weg zur Schaffung eines riesigen afrikanischen Imperiums verbaut. Gut, aber die Buren haben vor 60 Jahren Gewalt an dem fähigsten unter den afrikanischen Völkern, den Kaffern**, geübt, denen dieses Land gehörte und die durch die Ankömmlinge in Arbeitstiere verwandelt wurden, die keinerlei Rechte haben, aber dafür zum Alkoholismus verleitet wurden. Doch auch die Kaffern sind erst vor 200 Jahren von Norden dorthin gekommen und haben das Land seinen Besitzern seit urdenklichen Zeiten, den Hottentotten***, weggenommen, die heute dort die am meisten erniedrigte Schicht von Menschen sind, verzehrt von Alkohol und Syphilis, zwei Gaben der holländischen Siedler. Diejenigen also, die die englischen Gewalttaten in Afrika anprangern, und das, wie wir gesehen haben, mit ähnlicher oder sogar größerer Leidenschaft als die deutschen oder die moskauischen in Polen, die sollten nach der Wiederherstellung der „nationalen Rechte" der Hottentotten rufen. Das erst wäre konsequent. Dann sollen in Afrika ohne Beschränkung die Hottentotten sitzen, in Amerika die Indianer, in Australien diese Halbaffen, die sich an die Bäume hängen, von rohen Früchten leben und sich mit Hilfe von fast unartikulierten Lauten verständigen, und die Rassen von unserem, höheren Typ, die die Zivilisation schaffen, die die Oberfläche der Erde in der Weise umgestalten, dass sie hundertmal mehr Menschen fassen kann, sollen sich im übervölkerten Europa drängen, sich nicht über die Grenzen ihrer Herrschaft und ihrer Zivilisation ausdehnen und warten, bis sich die „gelbe Gefahr" nähert, bis von Osten die Barbaren kommen, die unsere Lebensart vernichten. Das wäre schön, gerecht und human.

Die Engländer haben den Buren das Land abgenommen und ohne Zweifel machen sie von ihm besseren Gebrauch als seine früheren Besitzer, vor allem

---

* Im Burenkrieg in Südafrika 1899-1902.

** Von Europäern verwendete Bezeichnung für das südafrikanische Volk der Xhosa und andere Bantu-Völker in der Region, heute pejorativ.

*** Ursprünglich niederländische, später gemeineuropäische Bezeichnung für die im südlichen Afrika lebende Völkerfamilie der Khoikhoi, pejorativ.

aber sorgen sie dafür, dass dort für eine größere Zahl von Menschen Platz ist. Aber auch sie werden unfehlbar dort nicht ewig sitzen. Eines Tages wird ein Volk kommen, das jünger, fähiger, lebenskräftiger, mit größerem Unternehmungsgeist begabt und schöpferischer ist, und mit dem gleichen Recht, mit dem sie die Buren entfernt haben, werden ihre Herrschaft und danach ihre Kultur einer anderen Platz machen. Aber heute ist ihre Zeit, heute können sie dort am meisten tun und haben die Pflicht, es zu tun.

Wir haben uns einst riesige Gebiete jenseits des Dnjepr und der Düna angeeignet*, Gebiete, die von zivilisatorisch passiven Völkern besetzt waren, und die Leichtigkeit, mit der wir uns dort ausgebreitet haben, war die beste Bestätigung ihrer Passivität. Wir haben sie vor unseren Wagen gespannt und sie zur Arbeit in unserer Zivilisation berufen, indem wir ihnen Licht und Kultur gegeben haben. Aber indem wir selbst aus unserer Entwicklungsbahn geraten sind, haben wir aufgehört, sie auf dem Weg des Fortschritts hinter uns herzuziehen. Wer weiß überhaupt, ob nicht ihre Schwäche in bedeutendem Maß auf uns übergegangen ist? Wir haben diese Gebiete verloren zusammen mit der staatlichen Existenz; seit 110 Jahren und zum größeren Teil seit 130 Jahren haben sie die Moskauer in ihren Händen. Und? Sie haben darauf praktisch nichts Eigenes geschaffen, und selbst bevor sie diese Gebiete durch ein System von unerhörten Ausnahmerechten erdrückten, hatten wir unter ihrer Herrschaft dort schnell ein zivilisiertes polnisches Leben geschaffen, seit dieser Zeit aber stehen diese Länder still und haben sich in gewisser Hinsicht weit von der Zivilisation entfernt. Gebietet uns das nicht an die Entwicklung einer Zivilisierungsarbeit unserer Art dort zu denken, wenn das nur möglich wird?...

Wenn wir als Nation leben wollen, wenn wir unsere Pflicht gegenüber der Menschheit erfüllen und nicht auf den Blättern der Geschichte tote Erinnerungen an uns hinterlassen wollen, dann müssen wir vorwärtsschreiten, schaffen, alles nach unserer Art organisieren, was in der Lage ist, unserem Einfluss zu unterliegen. Wenn wir die staatliche Existenz niemals wiedergewinnen und damit einhergehend mit der Zeit zivilisatorisch untergehen würden, dann wären wir ein Beispiel für eine Nation, die zugrunde ging und nicht zur Reife gelangte, eines der am wenigsten rühmlichen Beispiele in der Geschichte. Denn die großen Taten unserer Väter in der jugendlichen Epoche unserer nationalen Existenz kaufen den guten Namen Polens in der Geschichte nicht los, wenn wir ihn mit unserer Faulheit und Verschwendung in Schande bringen. Wir müssen leben, wachsen, auf allen Gebieten aktiv werden, wir müssen danach streben eine starke, unbesiegbare Nation zu werden. Dort, wo wir unsere Kraft und

* Durch die Verbindung Polens mit Litauen zunächst durch eine Personalunion 1385, dann durch eine Realunion 1569 und in der Folge durch die Polonisierung der litauischen und ruthenischen Führungsschichten.

unsere zivilisatorische Arbeit vermehren können, indem wir andere Elemente aufsaugen, ist das von keinem Recht verboten, und wir haben sogar die Pflicht es zu tun. Denn wir haben die Pflicht zu leben und uns nach oben zu arbeiten.

Wenn unter den Elementen, zu denen wir mit unserem Einfluss, mit unserer Kultur gelangen, solche sind, die zur Gewinnung einer eigenständigen Existenz, zur Schaffung einer eigenen Zivilisation fähig sind, dann kann sich diese Fähigkeit nur in einem angespannten Wettbewerb zeigen, und in jedem Fall machen wir uns um sie verdient, sei es dass wir ihnen die Zivilisation geben und aus ihnen ein Leben höherer Art hervorholen, sei es dass wir ihnen die Gelegenheit geben, ihre eigene Individualität hervortreten und sie im Kampf abhärten zu lassen.

Das bedeutet nicht, dass wir gern alle Elemente aufsaugen sollen, die wir auf dem Weg antreffen. Ein nationaler Organismus sollte danach streben, nur das aufzusaugen, was er sich aneignen und zur Vergrößerung des Wachstums und der Kraft des kollektiven Körpers verwerten kann.

Ein solches Element sind nicht die Juden. Sie haben eine zu ausgeprägte Individualität, die sich durch Jahrtausende zivilisierten Lebens herausgebildet hat, als dass man sie in größerer Zahl in eine junge Nation wie die unsere aufnehmen könnte, die ihren Charakter erst bildet. Sie wären eher in der Lage, die Mehrheit von uns geistig und teilweise auch physisch zu assimilieren. Andererseits hat sich im Charakter dieser Rasse, die nie das Leben einer Gesellschaft unseres Typs gelebt hat, so viel an besonderen Eigenschaften angesammelt und verfestigt, die unserer moralischen Ordnung fremd und in unserem Leben letztlich schädlich sind, dass es uns zugrunde richten würde, wenn wir mit einer größeren Menge dieses Elements verschmelzen und wenn an die Stelle der jungen, schöpferischen Ansätze, auf die wir unsere Zukunft bauen, Kräfte der Zersetzung treten würden. Eine gewisse, kleine Menge des jüdischen Elements müssen und können wir aufsaugen und ohne großen Schaden für uns verarbeiten, insbesondere wenn wir bei der Übernahme einer kleinen Zahl dasjenige davon auswählen, das sich enger an uns anlehnt, das uns am nächsten steht und uns am ähnlichsten ist. Dort, wo die Einverleibung des jüdischen Elements in größerer Zahl und nicht unter dem Einfluss einer Wahl geschehen ist, spüren die europäischen Gesellschaften heute die schmerzhaften Folgen davon. Immer häufiger hört man heute z. B. unter den Spaniern die Meinung, dass ihre nationale Gleichgültigkeit und schwache Organisation des öffentlichen Lebens ihre Ursache in der starken Beimischung des jüdischen Elements hat, das in der Zeit der schrecklichen Judenverfolgungen*, als es die Wahl zwischen Tod und Taufe hatte, sich für das letztere entschied.

* Ab 1492.

Wenn wir nicht das nehmen wollen, auf das man uns von allen Seiten gern ein Recht zugestehen würde, dann müssen wir das nehmen, was man uns verweigert. Der Maßstab der Billigkeit, der Moralität unserer Handlungen kann für uns nicht die Meinung Fremder sein, sondern unser eigenes moralisches Gefühl und unser gesunder Nationalinstinkt, das Gefühl für die eigenen Bedürfnisse und die eigenen geschichtlichen Aufgaben.

Die ungesunde Entwicklung unseres politischen und gesellschaftlichen Lebens in der Vergangenheit und die Häufung ungünstiger äußerer Bedingungen haben uns solche Fesseln angelegt, wie sie keine Nation trägt. Aber sie können uns nicht davon abhalten, auf die Bühne der Geschichte zurückzukehren, wenn wir sie nicht durch andere verstärken, die hundertmal schwerer sind und aus unserer eigenen Passivität herrühren. Diese Passivität richtet uns genauso zugrunde, unabhängig davon, ob sie in Reinform, als reine Faulheit auftritt, oder ob sie sich in das Gewand leerer Formeln kleidet, die von uns zur Würde hoher moralischer Grundsätze erhoben werden.

Sie richtet uns nicht nur als Nation zugrunde, sondern auch als Einzelpersonen. Ihr vor allem verdanken wir es, dass Pessimismus, Hoffnungslosigkeit, mangelnder Glaube an sich selbst und an die Möglichkeit eines besseren Lebens bei uns ein so häufiges Phänomen sind. Man muss die Welt kennen und verstehen und sich das Leben nach den eigenen Bedürfnissen einrichten. Dann wird die Welt nicht so hässlich und das Leben in ihr nicht so schlecht sein, wie es uns oft erscheint. Es ist nur hart für verweichlichte Faulenzer und erbarmungslos für die, die den Geist der Zeit nicht verstehen.

Deutschland, Russland und die polnische Frage
(Niemcy, Rosja i kwestia polska)

Nach der Ausgabe in
Roman Dmowski: Pisma. Bd. 2. Częstochowa 1938.

Vorwort zur ersten Ausgabe

Die inneren Wandlungen in der polnischen Gesellschaft und die Entwicklung des polnischen politischen Denkens einerseits, andererseits die bedeutenden Ereignisse in der internationalen Politik während des Zeitraums von fast einem halben Jahrhundert, der uns vom letzten Aufstand trennt, haben den Charakter und die Bedeutung der polnischen Frage grundlegend verändert. Angesichts dessen war in der politischen Literatur das Bedürfnis nach einer Arbeit zu spüren, die die geschehenen Veränderungen zumindest in allgemeinen Umrissen zusammenfasst.

Genau diese Aufgabe habe ich mir gestellt, wenn ich dieses Buch schreibe, das ansonsten überhaupt nicht den Anspruch erhebt, eine eingehende Studie zur polnischen Frage zu sein. Es trägt nur allgemeine Gedanken vor, es steckt die Rahmen ab, innerhalb derer nach Meinung des Autors die polnische Frage erörtert werden sollte; und wenn es sich mit Einzelheiten befasst, die man für überflüssig halten könnte, wenn es außerdem aktuelle Fragen berührt, dann hat das seinen Grund in der Situation des Autors, der ein Teilnehmer der Ereignisse in den letzten Jahren war, ein Teilnehmer, der in bedeutendem Maß für die gegenwärtige polnische Politik in einem Teilungsgebiet verantwortlich ist.

Die Veränderungen im Charakter der polnischen Frage wären nicht verständlich ohne eine entsprechende Erklärung der Veränderungen in der Lage von Deutschland und Russland. Deshalb habe ich den Angelegenheiten dieser beiden Staaten, von denen die Schicksale Polens vor allem abhängen, relativ viel Raum gewidmet.

Ich habe dieses Buch nicht nur für die Polen, sondern auch für die Nichtpolen geschrieben, denn ich bin der Meinung, dass uns nicht nur daran gelegen sein muss, dass wir selbst unsere eigene Sache verstehen, sondern auch daran, dass wir gut verstanden werden. Deswegen wird der polnische Leser hier viele Tatsachen finden, die ihm gut bekannt sind, und viele Erklärungen, die er nicht braucht. Doch ohne diese Tatsachen und ohne diese Erklärungen würden viele Dinge für einen nichtpolnischen Leser unverständlich bleiben.

Wenn ich mich dagegen länger mit der Entwicklung allgemein bekannter Ereignisse der internationalen Politik aufgehalten habe, dann deshalb, um dem polnischen Leser so gut wie möglich den wichtigsten Punkt der Frage bewusst zu machen, nämlich den Umschwung in den internationalen Beziehungen, der vor allem zur Veränderung des Charakters und der Rolle der polnischen Frage geführt hat.

 | DOI:10.30965/9783657702916_011

In dieser Publikation, die von kleinem Umfang ist, die aber einen großen Bereich von Geschehnissen umfasst, sind zweifellos viele einzelne Ereignisse unerklärt geblieben. Ich rechne darauf, dass sie von der Diskussion erklärt werden, die, wie ich hoffe, das Erscheinen dieses Buches hervorrufen wird.

Warschau, am 19. April 1908

Roman Dmowski

ERSTER TEIL

Der gegenwärtige Stand und der allgemeine Charakter der polnischen Frage

I. Die Folgen der Niederlage des Aufstands von 1863/64

Nach der Niederlage von 1864, die die polnische Nation in ihrem letzten bewaffneten Kampf um die Unabhängigkeit davontrug, galt die polnische Frage als nicht existent. Die geschlagene Nation selbst hatte völlig den Glauben an sich verloren, niedergedrückt durch die Grausamkeiten, die mit der Unterdrückung des Aufstands im Königreich Polen und vor allem in Litauen einhergingen, und enttäuscht vom eigenen Volk, das sich angesichts des verzweifelten Kampfs gegen den Feind meist gleichgültig und manchmal sogar feindselig verhielt. Nicht nur hielt die Nation ihre physischen Kräfte für nicht ausreichend, um irgendwann erneut einen nationalen Kampf aufzunehmen, sondern sie zweifelte auch an ihrem politischen Verstand, an ihren Fähigkeiten zu selbstständigem politischen Handeln und mehr noch zu eigener staatlicher Existenz. In der öffentlichen Meinung, die im Land herrschte, wurde der letzte Aufstand auf der ganzen Linie als ein Akt des Wahnsinns betrachtet, als Anwandlung einer unreifen Jugend, die von einer vom Land entfremdeten Emigration aufgestachelt worden war, als betrunkener Exzess, dem sich die ältere Generation infolge ihrer Schwäche und fehlenden Muts nicht entgegenstellen konnte. Als außerdem sieben Jahre nach dem polnischen Aufstand Frankreich im Krieg gegen Preußen geschlagen und erniedrigt wurde, als in Europa als hauptsächliche, die Lage beherrschende Mächte das unter Führung Preußens vereinte Deutschland und das nach den Reformen Alexanders II. mit neuen Kräften gestärkte Russland verblieben, also zwei Feinde der polnischen Unabhängigkeit, als die hartnäckigsten Optimisten zugeben mussten, dass der Rest von Hoffnung auf irgendwelche Hilfe von außen geschwunden war, da war die polnische Sache in den Augen auch der Polen selbst endgültig begraben.

In der neuen internationalen Lage hatte kein Staat ein Interesse, die polnische Frage ins Gespräch zu bringen, und selbst wenn irgendwo der Wunsch aufgetaucht wäre, sie zu berühren, obwohl die Polen als politischer Faktor keinen sichtbaren Wert darstellten, dann hätten die beiden mächtigsten Staaten in dieser Hinsicht völliges Stillschweigen zu gebieten vermocht.

In jedem der drei Staaten, die polnisches Gebiet besaßen, blieb die polnische Frage nur als eine innere Frage, die nur ihn selbst betraf und keine Einmischung

 DOI:10.30965/9783657702916_012

von außen zuließ. Und selbst in dieser Gestalt schien sie niemals einen allzu scharfen oder gar für den Staat gefährlichen Charakter anzunehmen.

Jede der Regierungen fand eine Methode, sie für sich zu regeln, und im Lauf von 40 Jahren, die seit dem letzten Aufstand vergangen sind, kam es zu keinen ernsthafteren Vorfällen, die von einem Misserfolg der gegenüber den Polen verfolgten Politik zeugen würden und davon, dass die polnische Frage sich auf dem gewählten Weg nicht lösen ließe. Die sich von Zeit zu Zeit erhebenden Stimmen von Unzufriedenheit bei den Polen, ihre Klagen über Unterdrückung konnte man vernachlässigen angesichts des ständigen Wachstums der Großmachtrolle und der Stärke Deutschlands und Russlands, das tatsächlich oder scheinbar mit einem üppigen Wachstum der nationalen Kräfte einherging.

Russland hatte schon bei der Niederschlagung des Aufstands selbst oder in den Maßnahmen, die unmittelbar darauf folgten, sein Programm umgesetzt. Murawjow* unterdrückte in Litauen mit brutalen Mitteln nicht nur den Aufstand, sondern das gesamte Polentum, er riss seine Wurzeln aus, er vernichtete den Adel, die hauptsächliche polnische Schicht in diesem Land, und die katholische Kirche, die Organisation der polnischen Religion. Ganze polnische Dörfer wurden verbrannt und dem Erdboden gleichgemacht, nachdem man ihre Einwohner nach Sibirien verbannt hatte, polnischer Besitz wurde enteignet und danach ein Ausnahmerecht eingeführt, das den Übergang von Boden in die Hände von „Personen polnischer Herkunft" nicht zuließ, Kirchen wurden geschlossen und alle äußeren Erscheinungen des katholischen Kults im Land verboten, polnische Zeitungen und polnische Theateraufführungen ebenso und schließlich der Gebrauch der polnischen Sprache an öffentlichen Orten (selbst das Anspannen von Pferden auf polnische Art). All das war eine radikale Austilgung des Polentums, sowohl während des Aufstands wie auch während der Jahrzehnte der absoluten Ruhe, die darauf folgten. Dieses Programm, das auch in Wolhynien, Podolien und der Ukraine Anwendung fand, hatte zum Ziel, in diesen Ländern mit litauischer, weiß- oder kleinrussischer** Bevölkerung die führende polnische Schicht durch eine entsprechende rein russische Schicht zu ersetzen. Zugleich wurde ein Programm der Russifizierung der Volksmassen durchgeführt, das nicht mehr so schwierig und deshalb weniger radikal in den Mitteln war, das aber dafür mit der wirksamen Hilfe der orthodoxen Kirche umgesetzt wurde. Schwieriger war diese

* Michail Nikolajewitsch Murawjow-Wilenski (1796-1866), zum Zeitpunkt des Aufstands Generalgouverneur von Wilna, der bei der Unterdrückung des Aufstands besonders grausam vorging, was ihm den Beinamen „der Henker" einbrachte, und der danach besonders intensive Maßnahmen zur Russifizierung des Landes ergriff.

** Als Kleinrussland galt bis zum Beginn des 20. Jahrhunderts etwa der nördliche Teil der heutigen Ukraine.

Aufgabe an Orten mit einer polnischen Landbevölkerung sowie im ethnografisch litauischen und zugleich katholischen Raum, wo die Kirche kein Werkzeug der Russifizierung war, sondern ein Damm gegen sie, und wo die Muttersprache nicht als Amtssprache gebraucht werden konnte. Dort kamen sogar Mittel zum Einsatz wie das Verbot des Gebrauchs litauischer Bücher, die im lateinischen Alphabet gedruckt waren. Die von den Gelehrten der Regierung gedruckten Werke und Atlanten bewiesen, dass dieses riesige Gebiet von neun Gouvernements, das amtlich das Nordwest- und Südwestland genannt wird, ein ursprünglich russisches Land war, dem die Polen oberflächlich ihre Kultur aufgenötigt hatten. Diese polnische Arbeit mehrerer Jahrhunderte wurde schnell zerstört und die – wie es schien – berechtigte Hoffnung ausgesprochen, dass nach einigen Jahrzehnten keine Spur von ihr mehr zurückbleiben würde.

Im Königreich Polen, in dem die polnische historische Tradition und nationale Idee nach der verbreiteten russischen Auffassung durch die *„Herren und Priester“*, d. h. durch den Adel und die Geistlichkeit repräsentiert waren, wurde eine Landreform durchgeführt, die so geplant und ausgeführt wurde, dass der größere Besitz so weit als möglich geschwächt und eine starke Bauernschicht geschaffen wurde. Das Volk sollte für diese Wohltat dankbar sein und in einem feindlichen Verhältnis zur historischen Schicht und zu ihren Idealen gehalten werden, indem man es ständig gegen den Adel aufhetzte. Das geschah durch Beamte, in einer rein sozialistischen Weise, und hatte seine dankbare Grundlage in der zu diesem Zweck geschaffenen Institution der Grunddienstbarkeiten. Zugleich wurde die eigene Organisation der Landesverwaltung und der Regierung des Königreichs völlig aufgehoben; man begann die polnischen Beamten und Lehrer sowie die polnische Sprache in Verwaltung, Schule und Gericht durch Russen und die russische Sprache zu ersetzen, und als diese Reformen erfolgreich verliefen und nicht auf Widerstand des unterdrücken Volks stießen, wurde das System der Russifizierung voll entfaltet, das zum Ziel hatte, das Land sogar in kultureller Hinsicht in eine russische Provinz umzuwandeln. Jeglicher Organisation von polnischer kultureller Arbeit wurde ein Riegel vorgeschoben; die polnische Sprache wurde aus den Ämtern so weitgehend entfernt, dass man den Beamten verbot mit dem Publikum polnisch zu sprechen, die Amtssprache wurde selbst in der Landgemeinde eingeführt; wenn sie vor Gericht jemand nicht kannte, gebrauchte man Dolmetscher, in der Schule verblieb sie als fakultatives Fach mit zwei Wochenstunden, das außerdem ab dem Beginn der Oberschule auf Russisch unterrichtet wurde, während die Jugend für ein polnisches Gespräch untereinander in den Mauern der Schule schweren Strafen unterlag. Danach wurde die polnische Sprache aus den Eisenbahnen, selbst aus den privaten, entfernt, und man begann sie aus anderen privaten Institutionen zu entfernen wie Kreditanstalten u. ä. Ein

Ausländer, der durch dieses Land fuhr, hörte in der Eisenbahn nur die russische Sprache, denn man hatte den Diensthabenden verboten sich auf Polnisch an das Publikum zu wenden, er sah nur amtliche Aufschriften auf Russisch und selbst auf den Bahnhöfen keine privaten Bekanntmachungen auf Polnisch, denn sie waren in allen Sprachen erlaubt außer in Polnisch. Ein solcher Ausländer wäre kaum darauf gekommen, dass er durch ein polnisches Land fährt. Und obwohl das russische Staatsrecht nur den Namen „Königreich Polen" kannte, begann man ihn schließlich aus der Amtssprache zu entfernen und durch „Weichselland" (*Priwislinskij Kraj*) zu ersetzen. Auf diese Weise wurde das Programm der russischen Regierung im Königreich Polen, das am Anfang nur das Ziel zu haben schien, die Quellen des polnischen Separatismus zu vernichten, im Lauf einiger Jahre nach dem Aufstand ausschließlich zu einem Programm der Vernichtung der polnischen Kultur und der allseitigen Russifizierung des Landes, die nicht nur als möglich angesehen wurde, sondern deren schnelle Fortschritte die Regierungsquellen allgemein feststellten. Außerdem stellte man fest, dass dieses Land nicht rein polnisch war angesichts dessen, dass an seinem nördlichen Rand viereinhalb Landkreise ethnografisch litauisch waren und dass die Russifizierung in zehn südöstlichen Landkreisen neben einer polnischen und römisch-katholischen Bevölkerung auch eine bedeutende Zahl von Unierten vorfand, von Katholiken des östlichen Ritus[1], die vorwiegend Ruthenisch sprachen (in einem kleinrussischen Dialekt). Um das Polentum zu schwächen, begann die Regierung eifrig die litauische Nationalbewegung zu fördern, die nach 1870 entstand und unter dem Einfluss der Protektion durch die Regierung erbittert antipolnisch wurde; die Kirchenunion aber hob sie auf und brach den Widerstand der Unierten, die sich dem Glauben ihrer Väter verbunden fühlten, mit militärischer Macht, indem sie Knüppel, Massenpogrome und die Zerstörung von Besitz zum Einsatz brachte. Auf diese Weise wurde, mit Hilfe von reichlichem Blutvergießen und nach der Verbannung von zahlreichen Widerspenstigen, diese Bevölkerung amtlich als orthodox und russisch anerkannt, auch wenn ein bedeutender Teil von ihr faktisch katholisch blieb, die orthodoxen Kirchen nicht besuchte, Taufen, Hochzeiten und Begräbnisse katholisch beging und trotz strenger Verfolgungen im Widerstand verharrte und sich in seiner Bindung an das Polentum stärkte. Dieser einmalige Akt der „Bekehrung" war nicht das Ende des Werks: Bis in die jüngste Zeit arbeiteten die orthodoxen Konsistorien weiter, untersuchten die Zivilstandsakten für mehrere der letzten Generationen, fanden ganze Familien, deren Vorfahren

---

1 Kaiser Nikolaus I. hatte die Union aufgehoben und die Unierten an die orthodoxe Kirche in Litauen und Wolhynien angeschlossen, im Königreich blieb die Union jedoch bis 1875 bestehen.

in der zweiten oder dritten Generation Unierte waren oder zumindest zufällig in einer unierten Kirche getauft wurden (was früher bei römischen Katholiken oft vorkam, wenn die unierte Pfarrkirche näher lag als die römische). Diese Familien, die oft ursprünglich polnisch und katholisch waren, wurden gegen ihren Willen der orthodoxen Kirche zugerechnet, man verbot ihnen die Taufe von Kindern und Hochzeiten in der katholischen Kirche sowie das Totenbegräbnis auf einem katholischen Friedhof, und keine Bemühungen halfen ihnen, um sich vor der „Bekehrung" zu retten.

Als Folge dieser Aktivität verzeichneten die Amtsberichte ein immer größeres Anwachsen der orthodoxen und russischen Bevölkerung, die im Land bis dahin als ursprünglich polnisch gegolten hatte. Zugleich schritt die zwangsweise Verbreitung der russischen Sprache unter den Polen selbst voran, was als gleichbedeutend mit der Russifizierung galt. Alles schien dafür zu sprechen, dass die polnische Frage selbst im Herzen des Polentums auf dem Weg zu einer Lösung war, bei der schrittweise die Elemente der polnischen Kultur zerstört und die Bevölkerung assimiliert wurde.

In Preußen entwickelte sich seit der Zeit der Teilungen schrittweise, mit gewissen Schwankungen, ein System der planmäßigen Germanisierung polnischer Gebiete, das durch ein mächtiges Mittel verstärkt wurde, über das Russland niemals verfügte, nämlich die deutsche Kolonisierung in den polnischen Gebieten. Dank dieser Kolonisierung, die seit Jahrhunderten sogar innerhalb des polnischen Staats fortgeschritten war, besaßen die polnischen Gebiete des preußischen Teilungsgebiets in der Zeit der Teilungen Polens bereits einen bedeutenden Anteil deutscher Bevölkerung, auf den sich die preußischen Regierungen später stützen konnten. Als das königliche Preußen noch zur polnischen Republik gehörte, bestand seine Bevölkerung fast zur Hälfte aus Deutschen, und das Zentrum des Polentums unter preußischer Herrschaft, das Großherzogtum Posen, zählte über 20% Deutsche, als der Wiener Kongress es 1815 an Preußen zurückgab. Diese Kolonisierung schritt im Lauf des 19. Jahrhunderts schnell fort, so dass im Jahr 1867 im Posenschen etwa 45% Deutsche gezählt wurden (an Protestanten waren es über 33%). Diese Zahl war zweifellos deshalb so hoch, weil das Nationalbewusstsein unter der polnischen Bevölkerung nicht ausreichend geweckt war, von der ein Teil sich für Deutsche hielt. Mit einer solch bedeutenden Zahl von deutscher Bevölkerung im Land und angesichts ihres schnellen Wachstums hielten die preußischen Politiker die endgültige Germanisierung dieser Gebiete natürlich nur für eine Frage der Zeit, und selbst ein bedeutender Teil der polnischen öffentlichen Meinung sah die Sache so an. Der Erfolg des Germanisierungsprogramms schien umso sicherer zu sein, als man nach dem Sieg über Frankreich dem Polentum den systematischen und unerbittlichen Kampf ansagte.

Als Bismarck den *Kulturkampf** begann, ließ er sich in bedeutendem Maß von dem Erfordernis leiten, das Polentum zu brechen. Wenn dieser Weg auch nicht zum Ziel führte, wenn er sogar zum Erwachen des polnischen Nationalgefühls bei dem Teil der Bevölkerung führte, wo es bisher nicht bestanden hatte, so ließen doch die späteren Methoden wie die gleichzeitige Ausweisung von etwa 40.000 russischen und österreichischen Untertanen polnischer Nationalität sowie das fortdauernde Verbot der Ansiedlung von Untertanen polnischer Nationalität aus anderen Staaten im preußischen Teilungsgebiet, wie die Verstärkung der Germanisierung durch die Schule mittels der vollständigen Entfernung der polnischen Sprache und der Versetzung polnischer Lehrer in den Westen Deutschlands, wie die immer breiteren Germanisierungsbemühungen durch die Kirche und wie schließlich die Bildung der berühmten Ansiedlungskommission, die über Hunderte von Millionen Mark verfügte, den sicheren Sieg des Deutschtums erwarten. Zumindest zweifelte niemand daran, dass trotz der genannten Misserfolge des Germanisierungssystems an diesem oder jenem Punkt die polnische Frage im preußischen Staat sich auf diesem Weg der erfolgreichen Lösung näherte.

Österreich musste gegenüber den Polen ein anderes System anwenden. Nach 1866 war die Habsburger Monarchie nicht länger ein deutscher Nationalstaat, ihr Staatsrecht erkannte nichtdeutsche Nationen und die eigenständige Existenz der ihr zugehörigen Länder an. Unter diesen nahm Galizien einen besonderen Platz ein als ein Land, wo das deutsche Element weder zahlenmäßig noch historisch Ansprüche auf irgendeine Rolle erheben konnte. Als ein historisch und kulturell polnisches Land, wenn auch mit einer Bevölkerung, die zur Hälfte polnisch und zur Hälfte ruthenisch war, erhielt Galizien neben einer Selbstregierung mit einem Parlament in Lemberg auch die Anerkennung der polnischen Sprache als Amtssprache in den Regierungsinstitutionen, und die politische Macht wurde den Polen anvertraut, mit einem Statthalter an der Spitze, der aus den Bürgern des Landes ausgewählt wurde.

Wenn man am Anfang vermuten konnte, dass diese anders geartete Polenpolitik Österreichs dieses mit der Zeit dazu veranlassen würde, die polnische Frage, an deren Beerdigung der Habsburger Staat am wenigsten interessiert war, nach außen hin zur Sprache zu bringen, so bereitete die folgende Entwicklung der Politik dieses Staats allen Aussichten in dieser Hinsicht ein Ende und musste alle Befürchtungen in dieser Hinsicht zerstreuen. Der österreichisch-ungarische Staat ging eine Verbindung mit Deutschland ein, die viel inniger war als ein Bündnis zweier Staaten, die polnische Vertretung versuchte überhaupt nicht, dem Staat in dieser Hinsicht Hindernisse zu bereiten,

* Im Original deutsch.

sie unternahm gar keine Anstrengung, um auf seine Außenpolitik einen Einfluss zu nehmen, der von weiterreichenden polnischen Perspektiven bestimmt war, und die Polen, die in führende Positionen im Staat kamen, waren immer nur österreichische Staatsmänner. Die Anerkennung nationaler polnischer Rechte in Österreich blieb immer eine Methode der Regelung der polnischen Frage als innerer Frage des Habsburger Staats, eine Methode, um sowohl den Staat als auch die Polen zufriedenzustellen, indem man diese Frage innerhalb des Staats abmilderte und ihrer Regelung auf andere Weise durch die Nachbarn nicht hinderlich war. Österreich trug also auf seine Weise dazu bei, die polnische Frage von der Tagesordnung der internationalen Angelegenheiten zu nehmen und in dieser Sache ein völliges Stillschweigen eintreten zu lassen.

Auf diese Weise hörte eine Nation, die im Hinblick auf ihre zahlenmäßige Stärke den sechsten Platz in Europa einnahm, nach außen hin auf zu existieren, und die polnische Frage, die kurz zuvor noch für so viel Unruhe in unserem Teil der Welt gesorgt hatte, galt nicht nur als internationale Frage als endgültig geregelt, sondern sie schien sich auch als innere Frage in jedem der Länder, zu denen polnische Gebiete gehörten, einer Regelung zu nähern.

So erschien sie nicht nur den Polen selbst.

II. Das nationale Erwachen Polens

Nach dem Jahr 1864 folgte im Leben der polnischen Gesellschaft eine Zeit der inneren Arbeit unter Bedingungen, die sich in vielerlei Hinsicht verändert hatten. Diese neuen Bedingungen und die Wendung der nationalen Energie nach innen wurden zur Quelle von tiefgehenden Umgestaltungen im Aufbau der Gesellschaft und in ihrem Charakter. Die Hauptmomente dieser Veränderungen waren die Verlagerung des Schwerpunkts des nationalen Lebens auf die breiten Schichten der Nation, unter Einschluss der bis dahin passiven Volkselemente, die Zunahme der wirtschaftlichen Energie der Bevölkerung, die wachsende Bildung der Massen, die Demokratisierung der Gesellschaft und die Entwicklung des Nationalgefühls unter den Bauern. Vor dem Hintergrund dieser Veränderungen beginnt sich ein völlig neues Bewusstsein der eigenen nationalen Stärke zu entwickeln und mit ihm eine politische Energie, durch die sich die jüngeren Generationen deutlich von den älteren unterscheiden, von diesen Augenzeugen der letzten Niederlage, die unter ihrem Eindruck den Glauben an die Zukunft und die Fähigkeit verloren haben, politische Hoffnungen auf die eigenen Kräfte der Nation zu bauen. Schon im letzten Jahrzehnt des vergangenen Jahrhunderts beginnt sich in den Polen das deutliche Gefühl zu zeigen, dass die Nation sich erneuert, dass sie nicht bankrott ist und nur eine Vergangenheit besitzt, dass vor ihr eine neue Zukunft liegt. Es bildet sich eine neue Auffassung von der polnischen Sache als eines Kampfes ums Dasein, um Recht, um nationale Eigenheit und Selbstständigkeit in jedem der einzelnen Staaten. Wenn sie feststellen, dass die Zeit der Aufstände, die Zeit der Kämpfe mit der Waffe in der Hand um die Unabhängigkeit abgeschlossen ist, dass die polnische Frage als internationale Frage, als Frage nach dem Wiederaufbau eines polnischen Staats heute nicht existiert, geben polnische Publikationen zu verstehen, dass diese Frage, indem sie sich immer schärfer, immer brennender im Innern jedes der drei Staaten stellt, zu denen polnische Gebiete gehören, sich auf diesem Weg ihrem erneuten Auftreten auf der internationalen Bühne nähert[2].

Diese Ankündigungen beginnen sich heute zu bestätigen. Die jetzige Stunde ist der Moment eines starken Hervortretens der polnischen Frage in allen drei Staaten, zu denen polnische Gebiete gehören.

In Preußen ist infolge des Prozesses der nationalen Wiedergeburt, der in den letzten Jahrzehnten unter der polnischen Bevölkerung schnell vorangeschritten ist, die Germanisierungspolitik auf einen unerhört starken, urwüchsigen und organisierten Widerstand gestoßen. In der Zeit der größten Kraftanstrengung von deutscher Seite hat das Polentum sich am meisten gestärkt. Obwohl Bismarck und nach ihm seine Nachfolger, wenn sie die deutsche Öffentlichkeit wegen der „polnischen Gefahr" und der unerhörten Fortschritte alarmierten, die das Polentum in den östlichen Gebieten des Staats macht, stark übertrieben und sich oft falscher Zahlen bedient haben, um auf diese Weise diese Öffentlichkeit für ihre Politik zu gewinnen, so ist es doch eine Tatsache, dass sich das Polentum in der Zeit des Bestehens des vereinigten Kaiserreichs gestärkt hat. Während man 1867 im Posenschen etwa 45% Deutsche zählte, wies das amtliche Verzeichnis im Jahr 1890 nur noch 39,87% aus, und dieser Anteil war im Jahr 1900 weiter auf 38,49% gefallen (1905 waren es 38,54%; dieser in den letzten fünf Jahren erreichte Zuwachs von 0,05% kann als Erfolg der Ansiedlungskommission gewertet werden).

Die Städte im Posenschen haben sich zweifellos in bedeutendem Maß polonisiert, und zugleich hat sich mit der Auswanderung des jüdischen Elements nach Deutschland[3] ein durchaus starker polnischer Mittelstand

---

2 Zu dieser Frage sei hingewiesen auf meinen Artikel mit dem Titel „Politische Skizzen aus dem Bereich der polnischen Frage. 1. Allgemeiner Blick auf die polnische Sache zum jetzigen Zeitpunkt" im Lemberger *Kwartalnik naukowo-polityczny i społeczne* [*Wirtschaftlich-politische und soziologische Vierteljahresschrift*], Jahr 1898, Heft II.

3 Die Zahl der Juden im preußischen Teilungsgebiet ist während des gesamten letzten Jahrhunderts gefallen. Im Posenschen stellten sie 1825 6,3% der Bevölkerung, 1871 3,9% und 1900 nur 1,9%. Das Verzeichnis von 1905 wies nur noch 1,5% aus.

gebildet, eine Kaufmanns- und Handwerkerschicht, die einen bedeutenden Teil der deutschen Kaufleute und Handwerker verdrängt hat, trotz des von den Deutschen geübten Wirtschaftsboykotts.

Zugleich erfolgte bereits in der Ära des Kaiserreichs eine polnische nationale Wiedergeburt Schlesiens. Dort war das Volk des piastischen Polens, nach der Eindeutschung der oberen gesellschaftlichen Schichten, nur ein polnisches Material für die Deutschen geblieben. Bedacht mit der Bezeichnung „*Wasserpolacken*"* galt es und hielt sich oft selbst für die besten Preußen. In der Mitte des letzten Jahrhunderts, als im ganzen westlichen Slawentum das Stammesgefühl erwachte, zeigten sich die ersten Schimmer dieses Gefühls auch in Schlesien, aber die nationale Wiedergeburt der Massen schritt erst seit dem *Kulturkampf*** schnell voran, der diese ganze katholische Bevölkerung dazu antrieb, im Kampf gegen die Regierung die Reihen zu schließen. Während eines Vierteljahrhunderts marschierte sie in diesem Kampf unter dem Kommando von deutschen Katholiken und wählte Vertreter des Zentrums ins Parlament. Doch im Lauf der letzten Jahre, als der deutsche Katholizismus mit der Regierung auf dem Feld der Germanisierung zusammenzuarbeiten begann, hat dieses Volk, in dem das Nationalbewusstsein und das Gefühl für die Verbindung mit der ganzen polnischen Nation reifte, sich gegen seine bisherigen Verteidiger gewandt. Ein Teil von Oberschlesien hat schon zweimal polnische Abgeordnete ins Parlament gewählt, die in Berlin in die polnische Parlamentariergruppe eingetreten sind. Heute beginnt aus diesem Volk eine polnische Mittelschicht und sogar eine einheimische Intelligenz zu erwachsen, die verstärkt wird von den Polen aus dem Posenschen, die sich in Schlesien ansiedeln. Wenn wir dem das Erwachen eines stärkeren Nationalgefühls und das Wachsen nationaler Energie unter den Polen in Westpreußen hinzufügen und sogar das Auftauchen von Anfängen polnischen Gefühls unter der evangelischen masurischen Bevölkerung in Ostpreußen, trotz des Entgegenwirkens der örtlichen Geistlichkeit, dann erhalten wir das Bild einer allgemeinen nationalen Wiedergeburt auf dem Boden des preußischen Teilungsgebiets.

Die Germanisierung als der natürliche Prozess der Assimilation eines Volks mit niederer Kultur durch eine höhere Kultur ist an ihr Ende gekommen: Der deutschen Kultur haben die Polen eine eigene Kultur entgegengestellt, die lebenskräftig und fähig zum Wettbewerb ist. Unter diesen Bedingungen ist der preußischen Regierung nur noch der Weg der Entnationalisierung durch den Gebrauch physischer Gewalt geblieben. Äußerungen dieser physischen Gewalt

* Im Original deutsch.

** Im Original deutsch.

beginnen schnell aufeinander zu folgen, immer schärfer, immer barbarischer in ihrem Charakter stehen sie in immer größerem Widerspruch zur Verfassungsordnung des Staats und zum Geist der modernen Zivilisation. Die Verfolgung des Polentums in Schule und Armee und auch in vielen Bereichen der Kirche, der Aufkauf polnischen Landes durch die Ansiedlungskommission reichen neuerdings nicht mehr aus; es folgen Maßnahmen wie die Nichtaushändigung von Listen mit polnischen Adressen, die Misshandlung von Schulkindern wegen Betens auf Polnisch (der daraus erwachsene Prozess von Wreschen* hat die Aufmerksamkeit der ganzen zivilisierten Welt erregt), und schließlich erscheinen als die Krone des Systems ein Gesetz, das das Polnischsprechen bei öffentlichen Versammlungen verbietet, sowie ein Gesetz über die Enteignung polnischen Bodens, ein Akt von unerhörter Tragweite, der das Rechtssystem heutiger zivilisierter Gesellschaften in den Grundfesten zerstört.

Die preußische Regierung hat vier Millionen Staatsbürgern den offenen Krieg erklärt, die seine östlichen, polnischen Provinzen bewohnen, einen Krieg, in dem sie bei Anwendung der oben genannten Gewaltmittel zweifellos ein Übergewicht hat, aber dessen Ende sich keinesfalls in naher Zukunft absehen lässt. Und es ist noch nicht gesagt, dass dieses Ende den Sieg der Regierung bedeuten wird, denn auf den Verlauf der Kämpfe können künftige Veränderungen in der inneren Ordnung Preußens und in der internationalen Lage des Kaiserreichs Einfluss nehmen.

Die polnische Frage ist im deutschen Staat in ihr schärfstmögliches Stadium eingetreten, und die optimistischsten Vertreter der preußischen Politik wagen nicht zu behaupten, dass sie sie auf einen Weg gebracht haben, der zu einer schnellen Lösung führt. Indem sie sich immer mehr verschärft, gewinnt sie zugleich eine immer weitere Bedeutung, denn wenn wir von deutscher Seite immer öfter den Satz hören, dass der Kampf gegen die Polen im preußischen Teilungsgebiet ein Kampf gegen die ganze polnischen Nation ist, dann ist die Verteidigung der väterlichen Wohnsitze vonseiten der Polen im preußischen Landesteil wesentlich mehr als ein Kampf darum, ob eine gewisse Menge von Quadratmeilen des heutigen Gebiets des preußischen Staats deutsch werden soll oder polnisch bleibt. Und dieser weiteren Bedeutung verdankt diese Sache das ständig wachsende Interesse, das sie heute im Ausland hervorruft.

Im russischen Staat konnte man sich mit den positiven Resultaten der Russifizierungspolitik etwas vormachen, besonders auf dem Boden des polnischen Königreichs, solange die rücksichtslose Unterdrückung durch die absolute Herrschaft das polnische Leben in den Untergrund zwang und man sich selbst und anderen die Augen vor seinen Äußerungen verschließen konnte.

---

* S. dazu die Anm. auf S. 298.

Doch schon 1897 hat der Warschauer Generalgouverneur Fürst Imeretinski* in einer geheimen, dem Zaren vorgelegten Denkschrift den Bankrott des im Land angewandten Systems in vieler Hinsicht aufgezeigt. Wenig später begannen die Verbreitung illegaler Literatur, die wachsende Zahl von politischen Prozessen und schließlich das Verhalten von Bauern gegenüber den Missbräuchen der lokalen Behörden grelle Beweise dafür zu liefern, dass die Nation sich langsam zum Kampf gegen das Regierungssystem formiert und dass in diesem Kampf die Bauernschicht eine herausragende Rolle spielen wird, auf die die russische Regierung ihre Herrschaft im Land stützen wollte, die aber immer mehr von polnischem Geist, polnischer historischer Tradition durchdrungen wird und immer mehr bereit ist, ihre nationalen Rechte verbissen zu verteidigen.

In dem Moment, als während des unglücklichen Kriegs mit Japan im Staat eine schwere innere Krise ausbrach und als sich im Königreich ein Teil der arbeitenden und der jüdischen Bevölkerung mit der gesamtrussischen revolutionären Bewegung verband und im ersten Moment dem Land die anarchische Physiognomie der russischen Revolution verlieh, da gewann wenig später die polnische Nationalbewegung die Oberhand über diese Bewegung, die sich auf die Hauptmasse der Bevölkerung stützte, auf die Bauern, auf die Mehrheit der Arbeiter, und die außerdem alle Schichten der Intelligenz umfasste. Diese Bewegung wurde von der Regierung verfolgt und kämpfte zugleich gegen die Anarchie. Sie heftete die Losung von der politischen Autonomie des Landes an ihre Fahnen. Die Hälfte der Gemeinden im Land führte auf dem Weg spontaner Beschlüsse die polnische Sprache in den Behörden ein, die russischen Schulen leerten sich, weil sie von der Gesellschaft boykottiert wurden. Nach der Verkündung des Toleranzedikts** ging die Mehrheit der früheren Unierten zum Katholizismus über, und diejenigen, die bei der Orthodoxie blieben, wurden nur durch materielle Abhängigkeit von der orthodoxen Geistlichkeit, von der sie Land pachteten, bei ihr gehalten. Außerdem versprach die demagogische Propaganda der Verteidiger der Orthodoxie ihnen, dass ihnen für die Treue zur Regierungsreligion Land zugeteilt würde, das gegenwärtig den polnischen Großgrundbesitzern gehöre.

Die Vertreter der Regierung geben bereits zu, dass von einer Russifizierung des Königreichs keine Rede sein kann; sie wollen höchstens die früheren Unierten, die bei der Orthodoxie geblieben sind, für die Russifizierung retten, indem sie das von ihnen bewohnte Gebiet vom Königreich abtrennen, unter der

* Alexander Konstantinowitsch Imeretinski (1837-1900), 1896-1900 Generalgouverneur von Warschau und dem Weichselland.

** Edikt Zar Nikolaus' II. vom 17. April 1905 (30. April nach gregorianischem Kalender), in dem allen volljährigen Staatsbürgern gestattet wurde, ihre Konfession frei zu wählen.

Bezeichnung Gouvernement Chełm, dessen Bevölkerung sich (angesichts der Zerstreuung der Orthodoxen, die als Minderheit unter den Katholiken leben) nach dem Regierungsprojekt zur Hälfte aus katholischen Polen zusammensetzen soll. Die kleinen Zugeständnisse, die man den Polen während der Krise gemacht hat, haben das System der Russifizierung nicht aufgehoben, das im Land das Regierungssystem geblieben ist. Dem Autonomieprogramm, wie es von den Polen aufgestellt wurde, hat die Regierung keinerlei Reformprogramm entgegengestellt. Sie hört nicht auf nach dem alten System zu regieren, das in offenem Widerspruch zu den Erklärungen zumindest der Minister steht, wonach es nicht das Ziel des russischen Staats ist, die polnische Kultur zu vernichten. Weil sich dieses System aber nur durch behördliche Willkür aufrechterhalten lässt, die heute durch das Manifest vom 30. Oktober* eingeschränkt ist, hat man als ständige Grundlage für die Verwaltung des Königreichs den Kriegszustand eingeführt.

Weil die polnische Vertretung in der Staatlichen Kammer mit der Forderung nach Autonomie aufgetreten ist und es dort zu einer Stellung gebracht hat, die bedeutender ist, als es der Regierung erwünscht wäre, hat man zugleich am 16. Juni 1907 die Zahl der Vertreter des Königreichs von 36 auf 12 reduziert**.

Polen wird demnach auf vorläufigen Grundlagen regiert, durch den Kriegszustand, und die polnische Vertretung in der Kammer wird auf der Grundlage eines Ausnahmerechts gewählt. Die Regierung hat keinen Plan, wie sie aus dieser Lage herauskommen will.

Unter diesen Bedingungen ist die polnische Frage im russischen Staat in das Stadium einer offenen Frage getreten und bleibt als solche in der Krise des Gesamtsstaats oben auf der Tagesordnung. Die Regierung steht ihr völlig ratlos gegenüber, sie plant nicht einmal einen Weg, um sie zu lösen, und man kann zweifeln, ob sie überhaupt irgendeinen Ausweg aus ihr sieht. Wenn solche offenen Fragen im Leben eines Staats lange bestehen bleiben, dann ist das immer gefährlich, umso mehr, als diese Frage, selbst wenn man die litauisch-ruthenischen Gebiete außer Acht lässt, die Frage eines Landes von 11 Millionen Einwohnern ist, das an der Grenze des Staats liegt und geografisch ein eigenes Territorium bildet. Als solche kann sie nicht nur von der Tagesordnung im

---

* Am 30. Oktober 1905 (17. Oktober nach dem in Russland damals noch gültigen julianischen Kalender) erließ Zar Nikolaus II. ein Manifest, in dem in Russland ein gewähltes, gesetzgebendes Parlament (*Duma*) eingeführt und bürgerliche Grundrechte garantiert wurden.

** An diesem Tag (3. Juni nach julianischem Kalender) erließ Nikolaus II. ein Dekret über ein neues Wahlrecht, durch das nicht nur die Polen, sondern alle nichtrussischen Minderheiten im Reich sowie ärmere Schichten der Bevölkerung stark benachteiligt wurden (s. u. S. 226).

Staat nicht verschwinden, sondern sie muss immer mehr Interesse bei der öffentlichen Meinung im Ausland erwecken.

In Österreich hat zwar die Wahlreform*, die das Kuriensystem aufgehoben und die allgemeine Abstimmung eingeführt hat, die polnische Vertretung im Wiener Parlament zahlenmäßig geschwächt und einen bedeutenden Teil von Mandaten aus Ostgalizien in die Hände von Ruthenen gegeben. Doch andererseits hat sie diese Vertretung demokratisiert, sie hat ihr größere Vitalität und größeren Mut gegeben, sich in der Politik von den Interessen der polnischen Nation leiten zu lassen. Durch die inneren sozialen Veränderungen haben die demokratischen polnischen Elemente im Habsburger Staat an Stärke gewonnen und sind im Gegensatz zu den konservativen Elementen in den letzten zehn Jahren immer energischer gegen die Hauptform der Unterdrückung aufgetreten, der Galizien unterliegt, nämlich gegen die wirtschaftliche Ausbeutung, die die großen Landbesitzer nicht zu spüren bekommen. Da sie sich auf eine breitere Grundlage in der eigenen Gesellschaft stützen, sind sie andererseits nicht so abhängig von der Regierung wie die konservative Politik, die von deren Unterstützung profitierte. Deshalb sind sie gewillt und in der Lage, einen unabhängigeren Standpunkt einzunehmen, sowohl im Hinblick auf die Innen- wie auf die Außenpolitik. So muss die Ära der demokratischen Politik in Österreich, die heute gerade begonnen hat, die Polen mit der Zeit auf den Weg des Kampfs gegen die deutsche Hegemonie im Staat und gegen die enge Verbindung mit dem Staat der Hohenzollern führen, die „mehr ist als eine Allianz zwischen zwei Staaten", wie man das heute gern auf beiden Seiten erklärt. Vielleicht wird die polnische Politik in Österreich nur langsam diese Richtung annehmen, aber schon heute gibt es erste Schritte in diese Richtung, wie die Auftritte des Vorsitzenden der polnischen Parlamentariergruppe, des Abgeordneten Głąbiński**, im Wiener Reichsrat und in den österreichisch-ungarischen Delegationen*** belegen. Diese neue Phase muss die polnische Frage in Österreich hervortreten lassen und kann sich schwerwiegend auf die ganze Politik des Staates auswirken. Dadurch wird die Rolle der Polen eine internationale Bedeutung bekommen, die sie bisher nicht gehabt hat.

Auf diese Weise hat die polnische Frage in allen drei Staaten den Charakter einer Frage verloren, die ein für allemal geregelt ist, und drängt stattdessen überall in den Vordergrund des staatlichen Lebens.

---

* Im Jahr 1906.

** Stanisław Głąbiński (1862-1941), Mitglied von Dmowskis Nationaldemokratischer Partei (*Stronnictwo Narodowo-Demokratyczne*), von 1902 bis 1918 Abgeordneter im österreichischen Parlament (*Reichsrat*).

*** Gemeinsame Ausschüsse des österreichischen und des ungarischen Parlaments.

III. Der Charakter der polnischen Frage

Diejenigen, die eine schnelle Lösung der polnischen Frage auf einem bestimmten Gebiet, in diesem oder einem anderen Staat, in dieser oder einer anderen Provinz wünschen, vereinfachen sie normalerweise sehr, ja man kann sagen, sie vulgarisieren sie. Jedoch wäre es schwierig, in der heutigen Politik eine Frage zu benennen, die genauso verwickelt ist und unter vielen unterschiedlichen Gestalten auftritt. Dazu ist sie durch die Entwicklung des polnischen Staats in der Vergangenheit geworden, durch seine sich mehrfach wiederholenden Teilungen und schließlich durch die Geschichte der Nation nach den Teilungen und die sie begleitenden Veränderungen in den Staaten, zu denen polnische Gebiete gehören.

Es ist hier nicht der Ort, um einerseits über die Gründe für den Fall Polens nachzudenken und andererseits darüber, warum dieser Staat sich weit in östliche Gebiete ausbreitete und zugleich im Westen wichtige Territorien verlor, die entweder zu Polen gehörten oder nach ihrer geografischen Lage zu ihm hätten gehören müssen. Es ist nur die Tatsache festzustellen, dass das Polen der Jagiellonen*, als es sich in die litauischen und ruthenischen Länder ausbreitete, dorthin die polnische Sprache als die Sprache der höheren Kultur brachte (Amtssprache blieb in Litauen bis zum 17. Jahrhundert das Ruthenische, danach wurde es durch das Lateinische ersetzt), die zur Muttersprache für die gesamte Schicht des Adels und des Bürgertums wurde. Zugleich beließ es Schlesien in deutschen Händen, dieses ehemals rein polnische piastische Land, in dem die deutsche Sprache mit der Zeit eine solche Stellung erlangte wie die polnische in Litauen und Ruthenien; wichtiger noch, Polen folgte nicht energisch genug dem Beispiel der Piasten** darin, sich auf das Ufer der Ostsee zu stützen. Es verlor mit Ausnahme der Weichselmündung alle Küstenstaaten, die für die Zukunft notwendig waren und in denen sich Deutsche ansiedelten, die die ursprünglichen Einwohner polnischen und litauisch-ruthenischen Stammes austilgten. Auf diese Weise bereitete die staatliche Politik mit ihrer Ausrichtung nach Osten für das ursprüngliche, piastische Polen gleichsam die Rolle eines künftigen deutschen *hinterlands**** vor.

In diesem Sinne wurden auch die Teilungen Polens durchgeführt, die 1795 beendet waren. Russland übernahm die litauischen und ruthenischen Gebiete, die unter den Jagiellonen mit Polen verbunden worden waren, wohingegen das gesamte piastische Polen zwischen zwei deutschen Staaten geteilt wurde,

* Polnische Herrscherdynastie 1386-1572.

** Polnische Herrscherdynastie 966-1370.

*** Im Original deutsch.

Preußen und Österreich. Die Preußen hatten ihre Besitzungen am Ufer der Ostsee bis zur Memelmündung, die aber territorial durch die zu Polen gehörende Weichselmündung (Königliches Preußen) getrennt waren. Bei dieser Teilung verbanden sie sie und schoben ihre Grenzlinie weit ins Landesinnere vor. Auf diese Weise erhielten sie eine viel einfachere und normalere, wirtschaftlich und strategisch günstigere Ostgrenze.

Diese Aufteilung der polnischen Gebiete veränderten die napoleonischen Kriege. Aus einem Teil der Gebiete, die sich Preußen und Österreich genommen hatten, schuf Napoleon 1807 das Herzogtum Warschau. Beim Wiener Kongress, nachdem Posen erneut abgetrennt und zu Preußen gekommen war, wurde es zum Königreich Polen, das 1815 mit Russland verbunden wurde und dabei ein eigenes Staatsrecht, Thron, Verfassung mit einem Sejm in Warschau und schließlich eine eigene Armee behielt und dann nach dem Aufstand 1830/31 dem russischen Staat einverleibt wurde.

Seit dieser Zeit haben sich die Grenze der polnischen Gebiete und ihre staatliche Zugehörigkeit nicht geändert[4], geändert hat sich aber einerseits die rechtliche Lage dieser Gebiete oder nur der dort wohnenden Polen, andererseits die Lage des Polentums selbst, sei es infolge der Fortschritte der Entnationalisierung und des Erwachens von nationalen Bewegungen, die sich gegen die Polen richten, wie die litauische und die ruthenische (ukrainische) Bewegung, sei es durch die Vertiefung des Nationalgefühls in den polnischen Volksmassen oder durch das Erwachen des Polentums in den Gebieten, die seit Jahrhunderten als deutsch galten, wie das preußische und österreichische Schlesien.

Infolge der oben genannten – historischen oder gegenwärtig wirksamen – Ursachen existiert die polnische Frage heute unter verschiedenen Gestalten auf einem größeren Gebiet als der polnische Staat vor den Teilungen. Das von ihr erfasste Gebiet ist fast eineinhalbmal so groß wie das deutsche Kaiserreich. Weniger als ein Drittel dieses Gebiets bildet das eigentliche, ursprüngliche Polen, mit einer Mehrheit von ethnografisch polnischer Bevölkerung. An zweifelsfreien Polen[5] leben auf diesem Gebiet etwa 20 Millionen, während seine gesamte Bevölkerung etwa 50 Millionen beträgt.

Die Provinzen, in denen heute Preußen, Russland und Österreich mit der polnischen Frage zu tun haben, sind die folgenden:

4 Mit Ausnahme der relativ unbedeutenden Tatsache, dass die beim Wiener Kongress geschaffene Republik Krakau 1846 an Österreich kam.

5 Sie konzentrieren sich hauptsächlich im Königreich Polen, Galizien und dem preußischen Teilungsgebiet.

I. Im preußischen Staat:

1. Das Großherzogtum Posen (ein Teil der ehemaligen polnischen Republik, der bei den Teilungen von Preußen genommen wurde und später zum Herzogtum Warschau gehörte), unter diesem Namen beim Wiener Kongress erneut an Preußen angeschlossen, als eigenes Land, anschließend in Preußen einverleibt als integraler Teil von ihm unter dem Namen Provinz Posen, umfasst ein Gebiet von 28.963 km^2 mit einer Bevölkerung von 1.985.500 Köpfen (1905), davon 1.216.206 Polen (nach der amtlichen preußischen Statistik)[6]. Dieses älteste polnische Gebiet, aus dem der Staat der Piasten entstand und das am weitesten nach Westen vorgeschoben ist, hat für Preußen eine sehr unbequeme geografische Lage und ist deshalb das Hauptobjekt der germanisierenden Machenschaften. Das Verhältnis der Polen zur Politik der Regierung ist umso schwieriger, weil diese eine Stütze in der örtlichen deutschen Bevölkerung findet, von der ein Teil schon in den Zeiten der polnischen Republik in das Land geströmt ist, denn nach deren Fall hat die deutsche Kolonisation bedeutende Fortschritte gemacht. Nach der amtlichen Statistik erreicht in den 42 Landkreisen des Herzogtums die polnische Bevölkerung in 11 Kreisen, die im Westen und im Netzetal (im Regierungsbezirk Bromberg) liegen, nicht einen Anteil von 50%, während er in den übrigen 31 Kreisen 50-91% beträgt. Die polnische Frage läuft hier darauf hinaus, ob die Regierung in der Lage ist, mit den gegenwärtig angewandten Methoden ein zahlenmäßiges Übergewicht für die deutsche Bevölkerung zu gewinnen sowie die Existenz einer Schicht polnischer Intelligenz unmöglich zu machen und auf diese Weise die Polen auf die Rolle eines Stamms ohne höhere Kultur zu reduzieren.

2. Westpreußen ist in seinem Hauptteil aus dem ehemaligen Königlichen Preußen entstanden (nach der Abtrennung des Ermlands und der Hinzufügung von einigen Bezirken aus dem Herzoglichen Preußen), eines Gebiets, das vor 1466 dem Deutschen Orden gehörte, danach zu Polen, das aber immer einen bedeutenden Anteil deutscher Bevölkerung und eine vorwiegend deutsche Kultur mit ihrem Hauptsitz in Danzig hatte. Dieses Gebiet wurde schon bei der ersten Teilung (1772) fast zur Gänze von Polen abgetrennt und gehört seitdem zu Preußen. Die Fläche Westpreußens beträgt 25.523 km^2 mit einer Bevölkerung von 1.644.331 Köpfen (1905), darunter 567.318 Polen. Die polnische Bevölkerung reicht hier nur auf einem sehr schmalen Raum bis zur Ostsee

6 Diese Zahl ist zweifellos niedriger als die tatsächliche, und das gilt noch mehr für die weiteren Zahlen zu anderen preußischen Provinzen. Sie umfassen nur diejenigen, die bei der Volkszählung ihre Muttersprache mit Polnisch angegeben haben; daneben umfasste die Liste auch eine Rubrik für solche, die zwei Muttersprachen angaben: Polnisch und Deutsch.

(dieser Teil von ihr spricht den kaschubischen Dialekt der polnischen Sprache und wird deshalb in der amtlichen Statistik getrennt geführt, als Kaschuben), sie konzentriert sich aber stärker in der Nähe der Grenze zum Herzogtum Posen und dem Königreich Polen. Diese, von Polen abgetrennte, Provinz bildet eine Brücke, die seit Langem preußische Gebiete, nämlich Ostpreußen, mit Pommern und Brandenburg verbindet, weshalb ihre völlige Germanisierung von erstrangiger staatlicher Bedeutung ist. Deswegen steht sie an zweiter Stelle als Objekt der Germanisierungspolitik.

3. Ostpreußen. Außer dem Ermland, das vom Königlichen Preußen abgetrennt wurde, umfasst diese Provinz hauptsächlich Teile des ehemaligen Herzoglichen Preußens, des Gebiets des Deutschen Ordens, das dann ein unabhängiges Herzogtum in Lehnsabhängigkeit von Polen war; durch Erbschaft kam sie an die Kurfürsten von Brandenburg, die später von diesem Gebiet den Namen für das Königreich Preußen nahmen. Die Fläche beträgt 36.982 km² mit einer Bevölkerung von 2.032.272 Köpfen (1905), davon 294.355 Polen. Neuerdings teilen sie sich in zwei zahlenmäßig fast gleich große Gruppen, von denen die eine, katholische, im südlichen Teil des ehemals polnischen Ermlands wohnt, die zweite sich dagegen auf einem Streifen an der Grenze zum Königreich Polen im alten Gebiet des Deutschen Ordens hinzieht. Diese Gruppe ist lutherisch und trägt in den amtlichen Registern den Namen Masuren, weil sie nicht in der polnischen Literatursprache spricht, sondern nur in einem örtlichen masurischen Dialekt.

4. Oberschlesien (Regierungsbezirk Oppeln der Provinz Schlesien). Ganz Schlesien war zur Zeit der Piasten noch polnisches Gebiet. Nachdem es im 12. Jahrhundert zusammen mit anderen Gebieten in kleine Fürstentümer geteilt wurde, wurde es nicht mehr mit Polen verbunden, als dieses sich im 14. Jahrhundert erneut zu einem einzigen Staat zusammenschloss, sondern es geriet unter böhmischen Einfluss. 1355 verzichtete Kasimir der Große auf die Rechte an Schlesien zugunsten der böhmischen Könige; im 16. Jahrhundert kam diese Provinz zusammen mit Böhmen unter die Herrschaft der Habsburger und wurde in der Mitte des 18. Jahrhunderts von Preußen annektiert. Seit dem Übergang an Böhmen unterlag Schlesien einem immer stärkeren Einfluss der deutschen Kultur, mit der Zeit wurden die Städte und der Adelsstand vollständig deutsch, und in den am schwächsten besiedelten sumpfigen Gebieten von Niederschlesien entwickelte sich eine deutsche Ansiedlung. Doch die ländliche Bevölkerung Oberschlesiens blieb polnisch und begann sich unter dem Einfluss der religiösen Verfolgung in der Zeit des *Kulturkampfs** als polnisch zu fühlen.

---

* Im Original deutsch.

Im Regierungsbezirk Oppeln leben auf 13.216 km² 2.039.346 Einwohner, davon 1.216.206 Polen, was ungefähr 57% ausmacht. Dieser Anteil ist wesentlich größer, wenn man einige westliche Kreise abrechnet, die völlig eingedeutscht sind; dann erreicht er in den östlichen Kreisen 83-84% (Rosenberg, Lublinitz, Rybnik) und sogar 87% (Pless).

Achtung: Außer diesen vier Provinzen bilden die Polen eine ursprüngliche Bevölkerung in größerer Zahl im Regierungsbezirk Breslau in Schlesien, nämlich in den Bezirken Wartenberg (44%) und Namslau (30%). Schließlich gibt es sie noch in der Provinz Pommern, nämlich in den vom Königlichen Preußen abgetrennten Kreisen Bytow (15%) und Lauenburg (6%).

II. Im österreichischen Staat:

1. Galizien, ein Teil des polnischen Staats, wurde bei der ersten Teilung (1772) an Österreich angeschlossen, unter dem Namen Königreich Galizien und Lodomerien, dem 1846 das Großherzogtum Krakau angeschlossen wurde. Seit 1867 besitzt dieses Land autonome Institutionen und wird von Polen verwaltet.

Die Fläche Galiziens beträgt 78.532 km², mit einer Bevölkerung von 7.725.223 Köpfen (1905). Der westliche, kleinere Teil des Landes ist rein polnisch, im östlichen Teil hat die ruthenische Bevölkerung ein bedeutendes zahlenmäßiges Übergewicht, sie beträgt weit über drei Millionen Köpfe. Die Polen haben in diesem Teil des Landes das Übergewicht in den Städten, ihnen gehört der Großgrundbesitz und schließlich stellen sie in der Mehrzahl der Landkreise einen kleineren oder größeren Anteil der Landbevölkerung. Seit einigen Jahrzehnten bildet sich hier eine Intelligenzschicht ruthenischer Nationalität, deren Kampf gegen die Polen die politische Hauptfrage in diesem Land darstellt.

2. Das österreichische Schlesien, d. h. der kleine Teil Schlesiens, der bei Österreich verblieb, nachdem im 18. Jahrhundert der Rest des Landes von Preußen eingenommen worden war, besitzt auf einer Fläche von 5.153 km² 727.153 Einwohner (1905). Es besteht aus zwei völlig getrennten Teilen, die sogar territorial nicht verbunden sind: dem Herzogtum Troppau und dem Herzogtum Teschen. Das erste zieht sich in einem langen Streifen an der preußischen Grenze entlang und stößt an Mähren, es hat eine tschechische und deutsche Bevölkerung mit einem geringen Anteil von Polen. Der zweite Teil, das Herzogtum Teschen grenzt an Galizien und ist zu 2/3 polnisch, während sich das restliche Drittel von Einwohnern aus im Land verstreut lebenden und hauptsächlich in den Städten lebenden Deutschen sowie aus Tschechen zusammensetzt, die sich in einem kleinen Gebiet im westlichen Teil des Landes konzentrieren. Polen gibt es im Gebiet von Teschen ungefähr 250.000.

III. Im russischen Staat:

1. Das Königreich Polen. Dieses Land bildet den zentralen Teil der polnischen Gebiete und hat von allen Teilen Polens im letzten Jahrhundert die

größten Veränderungen durchgemacht. Bei der letzten Teilung der polnischen Republik (1795) wurde dieses Gebiet zwischen Preußen und Österreich geteilt. Ab 1807 bildete es den Hauptteil des durch den Frieden von Tilsit geschaffenen und unabhängigen Herzogtums Warschau; ab 1815 war es das selbstständige, konstitutionelle Königreich Polen, das durch eine Realunion mit Russland verbunden war; 1832 (nach dem Novemberaufstand) wurde es dem russischen Kaiserreich einverleibt als ein Land, das nach eigenen Rechten regiert wurde und eine eigene Behördenorganisation hatte; ab 1865 (nach dem Januaraufstand) wurden in ihm stufenweise die gesamtrussischen Institutionen eingeführt (es blieb nur ein eigenes Zivilrecht (der Code Napoléon), das Hypothekenrecht, eine eigene Organisation der ländlichen Gemeinden und der Stadtverwaltung und andere unerhebliche Gesetze und Vorschriften) und man schuf ein System gewaltsamer Russifizierung; schließlich wird dieses Land seit 1905, als das in Russland verkündete Oktobermanifest die weitere Praxis der rücksichtslosen Behördenwillkür hätte erschweren und den Polen die Entfaltung einer weitergespannten Arbeit zur Hebung der nationalen Kultur ermöglichen können, nach den Grundsätzen des Kriegsrechts regiert, nach denen die Behörden nicht nur die Angelegenheiten der öffentlichen Ordnung regeln, sondern insgesamt das politische, kulturelle und wirtschaftliche Leben regulieren.

Dieses Land umfasst eine Fläche von 126.952 km^2 und zählte während der letzten, eintägigen Volkszählung im Jahr 1897 9.402.253 Einwohner, heute zählt es jedoch 11 Millionen. Es ist ein ursprünglich polnisches Gebiet und im Grunde niemals irgendwelchen fremden Einflüssen ausgesetzt gewesen. Nur sein nördlicher Rand (2/3 des Gouvernements Suwałki, die ein Teil des historischen Litauens sind) besitzt eine geschlossene litauische Bevölkerung von 360.000 Köpfen, und im südöstlichen Teil (in den östlichen Landkreisen der Gouvernements Lublin und Siedlce) befinden sich etwa 300.000 Köpfe orthodoxer Bevölkerung (die nach dem Toleranzedikt von 1905 bei der orthodoxen Religion geblieben ist), die sich der ruthenischen Sprache bedient, aber in allen Kreisen mit den Polen so vermischt ist, dass sie nur in einem (dem von Hrubieszów) auf 50% kommt.

2. Die Weggenommenen Gebiete (Litauen und Ruthenien), in der Verwaltungssprache das Nordwest-Land (Gouvernements: Kaunas, Wilna, Grodno, Minsk, Mogilew und Witebsk) und das Südwest-Land (Wolhynien, Podolien und Kiew). Bei den drei Teilungen Polens gingen diese Gebiete schrittweise an Russland über und bildeten nach der letzten Teilung einen Teil von ihm. Das Gebiet ist mit 470.783 km^2 riesig, die nationalen Verhältnisse sind mannigfach, wobei die Polen oft eine zahlenmäßig unbedeutende, jedoch kulturell und wirtschaftlich starke Minderheit stellen. In ihren Händen

befindet sich ungefähr die Hälfte des größeren Grundbesitzes. Die ursprüngliche Bevölkerung ist, abgesehen von kleinen Gebieten, die von Polen und Letten (beide katholisch) bewohnt werden, entweder litauisch, katholisch und besitzt ein Gefühl ihrer nationalen Eigenständigkeit, oder weißrussisch, orthodox, besitzt kein Gefühl der Selbstständigkeit und lässt sich leicht russifizieren, oder kleinrussisch, ebenfalls orthodox und in den nördlichen Bezirken leicht zu russifizieren, besitzt aber im Süden (Podolien, Ukraine) eine ausgeprägtere Stammesindividualität. Diese Verhältnisse stellen sich in den einzelnen Gouvernements wie folgt dar (so weit das Fehlen von genauen amtlichen Daten eine Berechnung erlaubt):

Gouvernement Kaunas (etwa 1.800.000 Einwohner): ursprünglich litauische Bevölkerung, etwa 10% Polen;

Gouvernement Wilna (etwa 1.900.000 Einwohner): Bevölkerung zum Teil ursprünglich litauisch, zum Teil weißrussisch, zum Teil polnisch, etwa 25% Polen;

Gouvernement Grodno (etwa 1.800.000 Einwohner): Bevölkerung zur Hälfte ursprünglich kleinrussisch (nur vom Dialekt), zur Hälfte weißrussisch; die drei podlachischen Landkreise (Białystok, Bielsk und Sokołów) sind ein Teil des ethnografischen Polens; der Anteil der Polen im gesamten Gouvernement beträgt über 30%;

Gouvernement Minsk (etwa 2.400.000 Einwohner): weiß- und kleinrussisch; etwa 10% Polen;

Gouvernement Mogilew (etwa 1.900.000 Einwohner): weißrussisch, etwa 5% Polen;

Gouvernement Witebsk (etwa 1.700.000 Einwohner): weißrussisch, jedoch im westlichen Teil (polnisches Livland) katholisch-lettisch, etwa 7% Polen;

Gouvernements Wolhynien, Podolien und Kiew (etwa 11.000.000 Einwohner): kleinrussisch; in Wolhynien etwa 11% Polen, in Podolien 10%, in der Ukraine (Kiew) etwa 4%.

Das Gebiet, auf dem sich die polnische Frage stellt, bildet vier große Komplexe:

1) Gebiete, die zu Preußen gehören (Posen, Westpreußen, Ostpreußen und Oberschlesien);
2) Eigentliche Gebiete des russischen Teilungsgebiets, d. h. der Teil der alten Republik Polen, der nach den Teilungen (1772, 1793 und 1795) an Russland kam, also Litauen und Ruthenien.;
3) Das Königreich Polen, das durch Beschluss des Wiener Kongresses (1815) mit Russland verbunden wurde;
4) Gebiete, die zu Österreich gehören (Galizien und das Herzogtum Teschen).

Nach der Bedeutung dieser Gebiete für die Staaten, die sie besitzen, teilen sie sich in zwei Kategorien. Die erste sind Gebiete, die für die Staaten, zu denen sie gehören, sozusagen eine geografische Notwendigkeit darstellen. Diese Kategorie umfasst die beiden ersten Komplexe. Die Preußen benötigten die von ihnen genommenen polnischen Gebiete, um ihre Besitzungen territorial zu verbinden, um sich eine einigermaßen normale Ostgrenze zu schaffen und um die rein deutsche Provinz an der Ostseeküste, die bis zur Memel reicht, für sich zu sichern. Für Russland, das sich schon zuvor das ehemalige Livland mit Riga und die Schwarzmeerküste mit dem künftigen Odessa unterworfen hatte, stellte die Einverleibung der litauisch-ruthenischen Gebiete eine solche Abrundung seines Territoriums und den Gewinn einer normalen Grenze dar. Diese Gebiete hatten nur vier Jahrhunderte lang zum polnischen Staat gehört und das polnische Element bildete hauptsächlich nur die obere soziale Schicht, die sich in diesen vier Jahrhunderten kultureller und kolonisatorischer Arbeit gebildet hatte. Keiner dieser beiden Staaten hätte sich mit dem Gedanken zufriedengeben können, die genannten Gebiete irgendwann zu verlieren; ein solcher Verlust wäre für sie ein großer Schlag gewesen, und die Notwendigkeit, sich diesen Besitz für immer zu sichern, zwingt sie zu einem starken Bestreben, ihre Bevölkerung völlig zu assimilieren, das polnische Element völlig zu vernichten. Dieses Bestreben kann unterschiedliche Gestalten annehmen, es kann sich in unterschiedlichen Vorgehensweisen äußern, aber man kann sich schwer vorstellen, dass es aufhören sollte.

Die beiden letzten Komplexe, die zur zweiten Kategorie gehören, das Königreich Polen und Galizien, bildeten keine territoriale Notwendigkeit, sei es für Russland, sei es für Österreich; im Gegenteil, ihr Anschluss nahm diesen Staaten eine normale Grenze und schuf eine Art von geografischem Monstrum, indem Galizien vom Unterlauf der Flüsse abgeschnitten war, die in ihm seinen Anfang nahmen, und das Königreich Polen den Mittellauf der Weichsel einnahm, aber von seinen Quellen und seiner Mündung abgeschnitten war. Diese Länder hatten überaus unnormale Bedingungen für die wirtschaftliche Entwicklung und befanden sich in einer unerhört schwierigen strategischen Lage. Der dauerhafte Besitz dieser Länder kann für die genannten zwei Staaten dann Sinn haben, wenn sie zumindest in ihren langfristigen Plänen weitere territoriale Gewinne anstrebten, Österreich in Richtung Unterlauf der Weichsel oder Russland in Richtung eines Rückhalts in den Karpaten und der Beherrschung der Mündungen von Memel und Weichsel. Außerdem sind diese Länder, die den Kern der Kräfte des Polentums darstellen, keineswegs ein geeignetes Material zur Assimilation, und man kann sich schwer einen Staat vorstellen, der über Kräfte verfügt, mit denen er dort das Werk der Austilgung des Polentums erfolgreich durchführen könnte. Staaten, die diese

Gebiete besitzen, müssen sich damit begnügen, dass sie in ihren Grenzen eine eigenständige polnische Nation und eine polnische Frage haben werden, deren Lösung auf dem Weg der Ausrottung der Polen und der Zerstörung der polnischen Kultur unmöglich ist.

Österreich war nicht der Initiator der Teilungen Polens und hat sie nicht angestrebt, denn es hatte kein staatliches Interesse daran; es nahm Galizien und die Hälfte des heutigen Königreichs als leichte Beute, als die beiden interessierten Mächte die ausgedehnten Besitzungen der polnischen Republik unter sich aufteilten, um sich in vergleichbarem Umfang wie sie mit neuen Erwerbungen zu bereichern. Auch wenn seine Innenpolitik für die Polen fatal war, so ließ es doch in der Zeit nach den Teilungen nach außen hin kein besonderes Interesse erkennen, die polnische Frage zu begraben, und zeigte sogar eine Neigung dazu, sie aufzurollen. 1863 schloss es sich einer Note der Mächte an, in der eine Reform für das Königreich gefordert wurde. Als es Galizien schließlich als polnisches Land anerkannte und dort den Polen die politische Macht zurückgab, war das für Österreich kein Verzicht auf weiterreichende staatliche Pläne.

Als Alexander I. beim Wiener Kongress die Verbindung des Königreichs Polen mit Russland forderte, hielt er dessen Gebiet ebenfalls nicht für unentbehrlich für Russland als solches und hatte nicht die Absicht, dort ein regelrechtes Russland aufzubauen; indem er der autokratische Zar von Russland blieb, wurde er zugleich konstitutioneller König von Polen. Wenn sich danach diese beiden Staatsordnungen nicht miteinander vereinbaren ließen, wenn die Staatsordnung des Königreichs an die von Russland angenähert und der Herrschaft der Regierung in Petersburg unterstellt wurde, dann lagen darin keine tieferen staatlichen Konzeptionen, sondern es war eher ein Ausweg aus den Schwierigkeiten der gegenseitigen Beziehung von Polen und Russland, die die russische Politik nicht anders lösen konnte. Noch weniger gab es solche tieferen Konzeptionen und tieferen Gedanken in dem Programm, das 1864 entwickelt wurde und das seinen Ursprung eher in der Raublust nationaler Instinkte hatte, in der grenzenlosen Gier der Beamtenmasse, die sich wie ein Heuschreckenschwarm auf ihre neue Speise stürzte. Das einzige zusätzliche Motiv, das dem Verstand entsprang, war das Bedürfnis, die Kräfte des Polentums in ihrem Kern, im Königreich, zu vernichten, um ihre Ausstrahlung auf die benachbarten litauisch-ruthenischen Provinzen zu unterbinden und so umso leichter deren Russifizierung zu sichern. Wenn wir annehmen, dass dieses Motiv die größere Rolle gespielt hat, dann müssen wir feststellen, dass es erstens aus den Konzeptionen nicht für das Königreich, sondern für Litauen und Ruthenien entsprang, und dass es zweitens auf dem Boden des Königreichs zu einer rein destruktiven Aktion führte, die langfristig niemals als Programm ausreichen kann und früher oder später mit einem Bankrott enden muss. Nach dem Ausbruch einer schweren Krise im Staat und der gleichzeitigen Erschütterung des Herrschaftssystems, das im Königreich eingesetzt wurde, verlor das Vorgehen der russischen Regierung gegenüber diesem Land noch mehr das Gepräge eines vernünftigen Plans und hörte eigentlich auf Politik zu sein. Jedenfalls hatten die Leiter der russischen Politik nach vierzig Jahren Experimenten mit dem Russifizierungssystem im Königreich zumindest so viel gelernt, dass sie nicht länger an die Möglichkeit der Verrussung dieses Landes glaubten und sich mit seinem Polentum als einer Tatsache abfanden, auch wenn sie das nicht dazu brachte, die Bedürfnisse des Polentums zu akzeptieren.

IV. Zwei Probleme der polnischen Frage

Die polnische Frage läuft in ihren allgemeinen Zügen auf zwei große Probleme hinaus. Auf den Gebieten der ersten Kategorie, im preußischen Teilungsgebiet und in den Weggenommenen Gebieten (Litauen und Ruthenien), die zu Russland gehören, wo man schon seit Langem entschieden hat, dass diese Gebiete zu deutschen oder russischen werden sollen, läuft sie auf das Problem hinaus: Gelingt es dort, das Übergewicht der polnischen Kultur zu vernichten und das Polentum langsam auszutilgen? In den Gebieten der zweiten Kategorie, im Königreich Polen und in Galizien, wo man sich mit der Existenz und der Herrschaft des Polentums *volens nolens* abfinden muss, tritt sie in Form des Problems auf: Was soll man mit diesen polnischen Gebieten machen, nach welchen Grundsätzen soll man ihre politische Existenz einrichten?

Schauen wir, wie das Leben auf diese beiden Fragen antwortet.

Die Preußen haben sich von allem Anfang an als Ziel gestellt, die angeeigneten polnischen Gebiete einzudeutschen, und haben von Anfang eine entsprechende Politik betrieben, so wie Russland schon unter Katharina II. die Russifizierung der Weggenommenen Gebiete begonnen hat. Das Deutschtum hatte einerseits ein kulturelles Übergewicht über die Polen und verfügte, wie oben schon erwähnt, über ein mächtiges Mittel zu seiner Ausbreitung in Gestalt der Ansiedlung in den nicht allzu dicht besiedelten polnischen Gebieten. Es hat auch im preußischen Teilungsgebiet vor der Entstehung des deutschen Kaiserreichs enorme Fortschritte gemacht. Doch infolge der Entwicklung der polnischen nationalen Kräfte, insbesondere infolge der Hebung der Kultur der Volksmassen, wurde die Ausbreitung des Deutschtums gehemmt, im Gegenteil, es begann sich sogar zurückzuziehen. Daraufhin war der Staat gezwungen die ganze Germanisierung auf Zwangsmittel und künstliche Kolonisation aufzubauen, die mit enormem Aufwand aus der Staatskasse betrieben wurde. Als das die Sache nicht voranbrachte, begann man den Druck in hohem Tempo zu verschärfen und nahm seine Zuflucht zu immer massiveren Mitteln, die in immer größerem Gegensatz zu den Grundsätzen der Rechtsordnung des Staates selbst standen.

Man kann schon heute sagen, dass der preußische Staat dadurch, dass er das Polentum um jeden Preis vernichten will, gezwungen worden ist die Grundlagen seiner eigenen Ordnung zu zerrütten, das Rechtsgefühl seiner Bürger insgesamt zu schwächen, ihren Glauben an die Dauerhaftigkeit der Institutionen zu zerstören, auf die ihre soziale und politische Existenz sich stützt. Eine Politik dieser Art in einem zivilisierten Staat, der in der Mitte Europas liegt und eine gesellschaftliche Organisation darstellt, deren größte Stärke in der Dauerhaftigkeit der rechtlichen Instinkte dieser Gesellschaft und ihrer Institutionen besteht, trägt in sich den Keim einer ernsten Gefahr für die Zukunft des Staates selbst. In diesem Fall wird eines von zwei Dingen geschehen: Entweder ist der Staat dabei, sich in bestimmten Hinsichten in der zivilisatorischen Entwicklung rückwärts zu bewegen, also eine gewisse, um es so auszudrücken, bewusste Selbstzerrüttung zu betreiben. In diesem Fall drohen ihm zukünftig ernste politische Erschütterungen. Oder der Selbsterhaltungstrieb der Gesellschaft, den die Deutschen vielleicht mehr als andere Nationen besitzen, gewinnt die Oberhand und macht diesen verderblichen Praktiken ein Ende. Auch wenn bei dieser Art von Politik das Polentum im preußischen Staat ernsthaft bedroht ist, so kann man doch überhaupt nicht sagen, dass die Geschichte ihr Urteil über es bereits gesprochen hat. Der preußische Staat hat noch keineswegs den Beweis geliefert, dass er einen Weg zur Austilgung des Polentums oder auch nur zum Gewinn eines kulturellen und sozialen Übergewichts für die Deutschen in den polnischen Gebieten gefunden hat. Die heutigen Methoden seiner Polenpolitik müssen eher die Befürchtung wecken, dass die polnische Frage zum Ausgangspunkt von ernsteren inneren Schwierigkeiten auf einem viel breiteren Boden als die polnischen Provinzen werden kann.

Die innere Ordnung des russischen Staats ist weniger sensibel gegenüber jeder Art von Rechtlosigkeit; im Gegenteil, sie hat sich bisher nicht auf das Recht gestützt. Aus einer anderen Perspektive stellt sich dasselbe Problem in den Weggenommenen Gebieten dar, wo Russland sich die Zerstörung der polnischen Kultur zum Ziel gesetzt hat. Hier stellte sich übrigens die Lage in jeder Hinsicht anders dar.

Die Überlegenheit der Kultur war und ist hier auf der Seite der Besiegten und nicht der Sieger, außerdem besitzt Russland nicht das entsprechende Menschenmaterial für eine Kolonisierung im Westen, unter komplizierteren und kultivierteren Bedingungen als den russischen. Während also die Deutschen im Posenschen und in einem Teil von Westpreußen mit einer polnischen Gesellschaft zu tun haben, die über alle Schichten verfügt und auf einer starken Volksgrundlage aufbaut, in Oberschlesien wiederum mit einer kompakten Volksmasse bei einer deutschen Oberschicht von großen Eigentümern und Bürgertum, wenn außerdem dieses polnische Volk im gesamten preußischen Teilungsgebiet aufgeklärt, gut organisiert, wirtschaftlich agil und politisch aktiv ist, so muss Russland in den Weggenommenen Gebieten fast ausschließlich den polnischen Adel bekämpfen, neben dem es im Land nur ein zahlenmäßig kleines Bürgertum gibt und nur in einigen Gegenden polnische Bauern. Die Masse des Volkes in der überwältigenden Mehrheit des Gebiets war weiß- und kleinrussisch, stammesmäßig und sprachlich den Russen verwandt, vom Bekenntnis her entweder orthodox oder uniert, also vom Ritus her an die Orthodoxie angenähert, und konnte nach schwachem Widerstand an sie angeschlossen werden. Und schließlich hatte Russland, dank seiner staatlichen Ordnung und seines Geistes von Staatlichkeit Zwangsmittel zur Verfügung, von denen kein europäischer Staat träumen kann.

Unter den obgenannten Bedingungen war das Werk der Zerstörung der polnischen Kultur viel leichter.

An dieses Werk hat sich Russland in Litauen und Ruthenien energisch begeben, nach der Pause, die die Herrschaft von Alexander I. bedeutete, der Litauen als ein polnisches Land anerkannte und der Entwicklung der polnischen Kultur dort keine Hindernisse entgegenstellte. Nikolaus I. hob in den Weggenommenen Gebieten die Kirchenunion auf, schloss Millionen von Unierten an die Orthodoxie an und führte rasant das Werk der Russifizierung von Schulen und Landesverwaltung durch. Zwar blieb diese Russifizierung oberflächlich, formal, und im Jahr 1863 waren die Polen immer noch, wie zuvor, das kulturell und wirtschaftlich herrschende Element, und das Land hatte sein polnisches Aussehen fast unberührt erhalten. Erst die Tätigkeit von Murawjow zur Zeit des letzten Aufstands und das in den folgenden 40 Jahren herrschende System der rücksichtslosen Unterdrückung des Polentums fügten ihm, gestützt auf unzählige Ausnahmerechte und -vorschriften, einen entschiedenen Stoß zu.

Dieses System hat für fast ein halbes Jahrhundert die kulturelle Entwicklung des Landes gehemmt, in vieler Hinsicht sogar für eine kulturelle Rückentwicklung gesorgt, aber es hat das Polentum durchaus wirkungsvoll zermalmt. Das bedeutet aber nicht, dass es das Land russisch gemacht hat.

Zwar ist die Hälfte des Bodens in russische Hände übergegangen, aber das hat nicht zur Entstehung einer starken Schicht von russischen Landbesitzern geführt, denn die Mehrheit des russischen Eigentums gehört der Bürokratie, die nicht auf dem Land lebt. Die Polen haben die Position des einzigen intelligenten Elements im Land verloren; heute gibt es drei solche Elemente:

das polnische, das jüdische und das russische. Von diesen ist das russische aber das schwächste und besteht vor allem aus Beamten; das jüdische hingegen hat zwar die russische Sprache angenommen und nimmt am russischen intellektuellen Leben teil, aber es nimmt eine andere Position ein, es wird vom Staat als feindlich angesehen, es formiert sich selbst politisch gegen die Regierung, indem es teilweise dem russischen Liberalismus Anhänger liefert und teilweise in den Reihen der leidenschaftlichsten Anhänger einer russischen Revolution steht. Fast in allen Städten Litauens und Rutheniens hat es ein zahlenmäßiges Übergewicht.

Als intelligente Schicht auf dem Land, als Schicht von Großgrundbesitzern, Pächtern und Landökonomen, haben die Polen sich trotz allem das Übergewicht im Land bewahrt; sie sind es auch, die hier die Kultur und den wirtschaftlichen Fortschritt repräsentieren. Bei den Wahlen zum Staatsrat, zu denen nur die größeren Grundbesitzer zugelassen sind, sind aus dem gesamten Weggenommenen Gebiet nur Polen durchgekommen. Um jedoch keine größere Zahl von polnischen Abgeordneten zur Duma zuzulassen, hat das Gesetz vom 16. Juni 1907 dem Innenminister für die Weggenommenen Gebiete die Möglichkeit eingeräumt, nach Gutdünken Wahlkollegien in den Landkreisen zu schaffen, womit der administrativen Willkür ein breites Feld eingeräumt ist. Doch sogar die Russen vor Ort, selbst die hartnäckigsten Russifikatoren dieses Landes, geben manchmal zu, dass die völlige Gleichberechtigung der Polen der einzige Weg wäre, um es aus dem kulturellen Stillstand und der Apathie aufzurütteln, und wenn sie der Regierung nicht raten diesen Weg zu beschreiten, dann deshalb, weil sie lieber ein zurückgebliebenes Land sehen wollen als eine Entwicklung der polnischen Kultur in ihm.

Unter dem Einfluss der Veränderungen, die in den letzten 40 Jahren in diesen Gebieten stattgefunden haben, haben die Polen aufgehört, sich für die Herren des Landes zu halten, das sie nicht mehr ein polnisches nennen. Sie fordern für sich nur noch Gleichberechtigung, Freiheit der kulturellen und wirtschaftlichen Arbeit und eine Institution der Selbstverwaltung, in der sie arbeiten könnten. Aber es kann auch niemand sagen, dass dieses Land russisch geworden ist, dass russisches Leben und russische Arbeit hier etwas geschaffen und ansehnliche Grundlagen für die Zukunft gewonnen haben. Dieses Land ist ein unterworfenes und zerrüttetes geblieben, und als solches ist es das dankbarste Feld für jegliche Anarchie[7]. Aber es fällt schwer anzunehmen, dass ein

---

7 Die Anarchie kann hier entweder revolutionär sein oder „wirklich russisch" und von orthodoxer Propaganda gefärbt, aber das eine wie das anderer führt heute zu der gleichen Art von Handlungen: zu Gewaltakten und zur Brandstiftung bei kleinen und großen Nachbarn, die gegenwärtig zur ständigen Sitte geworden ist.

solches Resultat das Ziel eines Staates sein kann, der sich die Herrschaft auf diesem Gebiet für alle Zeiten sichern will.

Hinzuzufügen ist, dass ein Teil dieses Landes jetzt offiziell als nichtrussisch anerkannt worden ist, und zwar durch das Gesetz vom 16. Juni 1907, das für die Gouvernements Wilna und Kaunas eigene Abgeordnete für die Duma aus der russischen Bevölkerung vorsieht, im Gegensatz zur allgemeinen[8].

So hat Russland, trotz der Schläge, die dem Polentum in Litauen und Ruthenien versetzt wurden, bisher keine Mittel gefunden, um dort das Übergewicht der polnischen Kultur zu beseitigen und die Herrschaft für seine Kultur zu gewinnen.

Wenn also die Probleme – ob es gelingt, das Übergewicht der polnischen Kultur zu beseitigen und das Polentum auszutilgen? – weder im preußischen Teilungsgebiet noch in den Weggenommenen Gebieten, die zu Russland gehören, bisher durch das Leben in bejahendem Sinn entschieden worden sind, wenn die Politik der Staaten bisher keine Wege gefunden hat, die ihr ein solches Ergebnis sichern würden, dann bleibt für die Staaten womöglich nur noch ein Ausweg, nämlich sich mit der Existenz des Polentums und seiner Rolle in diesen Gebieten abzufinden und sich darum zu bemühen, es mit dem Staat zu verbinden, indem es seine Bedürfnisse und berechtigten Bestrebungen befriedigt. Einstweilen besteht diese Möglichkeit nur in der Theorie.

Um zum zweiten Problem überzugehen, in dem die polnische Frage zum Ausdruck kommt, nämlich zum Problem der Gebiete, die kein notwendiges Territorium für die Staaten darstellen, zu denen sie gehören, der Gebiete, die ursprünglich polnisch sind, wie das Königreich und (West-)Galizien, in denen man gar nicht zu versuchen braucht uns die herrschende Stellung zu nehmen, zu dem Problem, auf welchen Grundlagen die politische Existenz dieser Länder aufgebaut sein soll, so sehen wir hier, dass die beiden Staaten, die diese Gebiete besitzen, bei ihrer Lösung völlig entgegengesetzte Wege beschritten haben.

Als eine polnische Provinz zum deutschen Österreich kam, mit dessen absoluter, bürokratisch-polizeilich geprägter Regierung, musste ihr das politische und nationale Unterdrückung bringen, die lange Zeit in Galizien stärker empfunden wurde als in den anderen Teilungsgebieten. Diese Unterdrückung, die bis zur wirtschaftlichen Zerstörung des Landes ging, erreichte unter

8 Aufgrund dieses Gesetzes wählt das Gouvernement Wilna fünf Abgeordnete von der allgemeinen Bevölkerung und zwei von der russischen, das Gouvernement Kaunas hingegen fünf von der allgemeinen und einen von der russischen. Die allgemeinen Wahlen zur dritten Duma, die nach diesem Gesetz durchgeführt wurden, erbrachten aus dem Gouvernement Wilna nur fünf Polen, aus dem Gouvernement Kaunas einen Polen, drei Litauer und einen Juden.

der Regierung Metternichs ihren Höhepunkt und führte zu Aufstandsvorbereitungen, die mit Hilfe eines von der Regierung vorbereiteten schrecklichen Gemetzels im Jahr 1846 vereitelt wurden. Damals wurde das dumme Bauernvolk von den Beamten aufgewiegelt und auf den aufständischen Adel gehetzt; doch später, nach dem Jahr 1848, das den Absolutismus und das Deutschtum ins Wanken gebracht hatte, war die Unterdrückung zu Zeiten der Reaktion unter der zentralistischen Regierung Bachs* noch stärker. Um das Polentum zu schwächen, schob die Regierung gegen dieses die Ruthenen vor, aus denen sie beflissen eine neue Nation machte. Doch schließlich veränderte die innere Umgestaltung Österreichs, die schwankend voranschritt und nach Königgrätz vollendet wurde, die Lage Galiziens radikal.

Österreich gestand dem Land polnische Institutionen zu und gab den Polen politische Macht in die Hand, und wenn der Umfang der Selbstständigkeit dieser Institutionen und dieser Macht die Polen auch nicht befriedigte, so erwuchs doch aus dem Grund dieser Zugeständnisse ein Einverständnis zwischen dem Staat und dem ihm zugehörigen Teil der polnischen Nation, und der Staat hatte nicht nur während dieser ganzen Zeit Ruhe vor der polnischen Frage, sondern die Polen spielten in den sehr schwierigen inneren Verhältnissen Österreichs die Rolle eines Ausgleichsfaktors, eines Faktors, der die Politik der Regierung sogar in vielen Angelegenheiten stützte, in denen sie nicht mit dem weitgefassten Interesse der polnischen Nation übereinstimmten.

Doch die Schicksale Galiziens und seiner politischen Rolle sind durch diese Einrichtung und durch die bisherige Politik der Polen nicht endgültig entschieden worden. Sie werden davon abhängen, inwieweit die Polen in der Lage sein werden, die Erweiterung der Autonomie des Landes zu erreichen, die sie anstreben, um eine größere wirtschaftliche Selbstständigkeit und günstige Bedingungen für die kulturelle Entwicklung zu erreichen, von der weiteren Entwicklung der polnisch-ruthenischen Frage, die in das Stadium eines sich ständig verschärfenden Konflikts eingetreten ist, schließlich von der Entwicklung der inneren Verhältnisse Österreichs, über denen angesichts der heterogenen Zusammensetzung der Bevölkerung ständig das Problem schwebt, ob Österreich ein Staat mit einem deutschen oder einem slawischen Übergewicht sein soll, und ebenso das damit verbundene Problem der Außenpolitik: Sollen die Bande immer stärker werden, die die Habsburger Monarchie mit dem Deutschen Kaiserreich verbinden, soll ihre Politik immer mehr unter den Einfluss Preußens geraten oder sich auch von ihm freimachen?

---

* Alexander von Bach (1813-1893), 1849-1859 österreichischer Innenminister, betrieb in den Jahren 1852-1859 eine neoabsolutistische Politik im Habsburger Reich.

Vor allem die letztere Frage beginnt gegenwärtig eine erstrangige Bedeutung anzunehmen und kann in der nahen Zukunft zur Quelle eines scharfen inneren Konflikts werden, in dem die Polen aus der Natur der Sache eine bedeutende Rolle spielen müssen. Genau aus diesem Grund kann man, wie oben schon betont wurde, heute weniger als jemals in den letzten 40 Jahren die polnische Frage in Österreich als endgültig geregelt ansehen.

Die Angelegenheit der politischen Einrichtung des Königreichs Polen ist heute im vollen Sinn dieses Worts eine offene Frage. Die russische Regierung befindet sich im Moment in der Situation, dass sie keinerlei Plan hat und nicht in der Lage ist, irgendein System für die Verwaltung dieses Landes zu entwickeln. Das gegenwärtige Herrschaftssystem in diesem Land kann man im Grunde genommen als militärische Besatzung bezeichnen. Was die Absichten der Regierung für die Zukunft betrifft, so ist nur bekannt, dass sie ein entschiedener Gegner der Autonomie ist, die die Polen gefordert haben, dass sie sogar kategorisch gegen die Anerkennung der polnischen Sprache in staatlichen Institutionen und staatlichen Schulen ist. Sie begründet diesen Standpunkt nicht mit einem Streben nach Russifizierung des Landes, sondern mit dem abstrakten Grundsatz, dass der russische Staat in seinen Institutionen nur die russische Sprache anerkennen könne, einem Grundsatz, der keinerlei politischen Wert hat, solange nicht klar ist, zu welchem Ziel seine Anwendung führt. Aber bisher ist nicht bekannt, mit welchen Einrichtungen die Regierung den Kriegszustand im Land ersetzen will und wie sie sich angesichts ihrer Grundsätze eine normale Regierung im polnischen Land vorstellt, angesichts dessen, dass alle Polen bis auf den letzten diesen Grundsätzen feindlich gegenüberstehen.

Im Grunde hat Russland seit der Aufhebung der selbstständigen politischen Ordnung des Königreichs Polen nach dem Aufstand von 1830/31 keinerlei weiteren und konsequenten Plan im Hinblick auf das Königreich gehabt. Das von Nikolaus I. 1832 verliehene Organische Statut, das die neue Ordnung des Landes nach der Aufhebung der eigenen Staatlichkeit des Königreichs umschrieb, ist nie in Kraft getreten, und die vorläufige Verwaltung, die Paskiewitsch* organisierte, verwandelte sich in ein System. Die Reformen von Wielopolski** waren nur kurzfristig. Die Erlasse Alexanders II. nach dem letzten Aufstand, die die eigenen Institutionen des Landes aufhoben, es aber

* Iwan Fjodorowitsch Paskiewitsch (1782-1856), Oberbefehlshaber der russischen Armee bei der Niederschlagung des polnischen Aufstands von 1830/31, danach russischer Statthalter im Königreich Polen.

** Aleksander Wielopolski (1803-1877), 1862/63 Leiter der polnischen Zivilregierung im Königreich Polen, nach dem Ausbruch des polnischen Aufstands 1863 von Zar Alexander II. entlassen.

als polnisch anerkannten und das Recht auf die polnische Sprache in ziemlich bedeutendem Maß zugestanden, wurden sofort verletzt durch die schnelle Einführung eines Systems der rücksichtslosen Russifizierung. Es kamen sogar Zweifel auf, ob es sich überhaupt lohne, dieses Land unter seiner Herrschaft zu halten. Nikolaus I. war zeitweise bereit, das ganze Königreich aufzugeben, und Alexander II. überlegte 1862 ernsthaft sich aus dem Land oder zumindest einer Hälfte von ihm zurückzuziehen. Heute kann man manchmal auch aus dem Mund von Politikern des Regierungslagers die Ansicht hören, dass Russland sich lieber aus dem Königreich zurückziehen würde als ihm Autonomie gewähren.

Dieses Land ist in der merkwürdigsten Lage, die man sich vorstellen kann. Der Staat, der es besitzt, weiß nicht, was er mit ihm anfangen soll. Er sieht keine Möglichkeit, es in ein russisches Land umzukrempeln, und er will ihm nicht erlauben polnisch zu sein.

Dieses ungewöhnliche Schicksal des Königreichs steht in enger Verbindung mit seiner territorialen Lage.

Vom geografischen und damit einhergehend vom wirtschaftlichen und strategischen Standpunkt würde dieses Land am besten zu einem Staat gehören, dem die Weichselmündung und die Ostseeküste bis zur Memelmündung gehören. Bei der letzten Teilung Polens haben die Preußen sich auch die Hälfte von ihm, einschließlich Warschaus, angeeignet. Als ihnen später der Wiener Kongress von den von Napoleon für das Herzogtum Warschau weggenommenen Gebieten nur das Großherzogtum Posen zurückgab und sie auf diese Weise von einer bedeutenden Menge polnischer Untertanen befreite, verließ der Gedanke an eine erneute Verschiebung der Ostgrenze tief in polnisches Gebiet (*Knesebecker Grenze**) die preußischen Politiker nie. Erst als sich in der zweiten Hälfte des letzten Jahrhunderts das Polentum in den preußischen Provinzen als extrem schwer verdaulich erwies, verstand man, dass jegliche neuen territorialen Gewinne im Osten die polnische Frage im Hohenzollernstaat unerhört erschweren und komplizieren würden. Sie würden das polnische Element zahlenmäßig vergrößern, seine Widerstandskraft erhöhen und sogar unfehlbar das Polentum auf dem Gebiet stärken, auf dem das Deutschtum bereits das Übergewicht erlangt hatte, nämlich in Richtung Weichselmündung, wohin die neugewonnenen Gebiete wirtschaftlich tendieren würden. Bismarck hat mehrfach die Ansicht geäußert, dass

* Im Original deutsch. Preußischer Vorschlag einer künftigen preußisch-russischen Grenzlinie in Polen, vorgestellt 1813 vom Obersten und späteren General Karl Friedrich von dem Knesebeck und später mehrmals erneut vorgelegt.

die Preußen an ihren Polen genug und kein Interesse haben, ihre Zahl zu vergrößern. Etwas anderes wäre es, wenn der Prozess der Germanisierung der heutigen polnischen Provinzen Preußens erfolgreich verliefe und heute seinem Ende entgegenginge. Dann könnte man daran denken, einen Teil des Königreichs zu annektieren und dort das im Posenschen beendete Werk der Germanisierung zu beginnen. Denn wenn die Preußen das Gefühl haben, dass sie heute zu viele polnische Untertanen haben, dann haben sie zweifellos zu wenig polnisches Land, von dem sie noch viel brauchten, um eine normale Ostgrenze zu gewinnen. Auch die heutige verzweifelte Hast bei der Germanisierung der Provinz Posen hat zweifellos eine ihrer Quellen in der Voraussicht, dass die Zeiten nahe sein könnten, in denen sich eine Teilung des Königreichs Polen aus der Perspektive preußischer Interessen als notwendig erweist.

Da die Lage so ist und die Preußen es sich gegenwärtig nicht erlauben können, das Königreich oder einen Teil davon einzunehmen, sind sie stark daran interessiert, dass das Polentum in diesem Land nicht auf den Weg einer schnellen kulturellen Entwicklung gerät und nicht an Kraft gewinnt. Nur wenn man die Entwicklung der polnischen nationalen Kräfte aufhält, kann dieses Land in Zukunft zum Feld einer erfolgreichen Germanisierung werden, andererseits würde eine breite Entwicklung des polnischen kulturellen Lebens im Königreich heute auf die benachbarten preußischen Provinzen ausstrahlen und den dortigen Polen zusätzliche moralische Kräfte in ihrem Widerstand gegen die deutsche Flut geben.

Überhaupt ist eine positive nationale Entwicklung der Gebiete des ursprünglichen Polens, des ehemaligen Piastenreichs, zu dem das Einzugsgebiet der Weichsel gehörte, für den Besitzer der Mündung dieses Flusses am allerwenigsten erwünscht, den sie umso mehr bedrohen würde, weil der polnische Stamm schon heute, wenn auch auf einem engen Streifen, entlang des Unterlaufs der Weichsel bis zur Ostseeküste reicht.

Für einen Staat, der auf den Gebieten des westlichen Slawentums gewachsen ist, für den diese Gebiete der wichtigste Rückhalt für seine Herrschaft über ganz Deutschland sind, dessen Macht hauptsächlich aus dem Fall Polens erwachsen ist, würde es das Ende seines Wachstums bedeuten, wenn das Polentum sein Haupt erhöbe, und in der Folge würde seine Rolle im Deutschen Reich ins Wanken kommen. Aus diesem Grund hat Preußen, auch wenn es nur den kleinsten Teil des alten, historischen Polens besitzt, soviel Grund wie kein anderer Staat, seine Aufmerksamkeit auf die polnische Frage als Ganzes zu richten und der Entstehung von Bedingungen entgegenzuwirken, in denen ein bedeutenderer Teil der polnischen Nation sich positiv entwickeln könnte. „Wir kämpfen gegen die ganze polnische Nation", diese Stimme hören wir immer häufiger aus den Spalten der deutschen Zeitungen, die der Regierung in Berlin nahestehen.

Von den drei Staaten, zu denen polnische Gebiete gehören, hat Österreich 1866 wahrscheinlich ein für allemal aufgehört eine erstrangige Macht zu sein, und seit 1879 hat seine Außenpolitik sich immer stärker von der preußischen abhängig gemacht. Russland kann, wie es scheint, nach der Niederlage im Krieg im fernen Osten und angesichts der inneren Krise, die noch lange Jahre dauern wird, nicht so bald auf eine Rückkehr zur starken Stellung einer Großmacht und zu einer Rolle in der internationalen Politik hoffen, wie es sie bis vor Kurzem gespielt hat. Nur Deutschland wächst ständig an Macht, umso mehr angesichts der Schwächung der Nachbarn. Es wird auch untrüglich in der Lage sein und ist vielleicht schon heute in der Lage, den stärksten Einfluss auf die Schicksale der polnischen Nation und die weitere Entwicklung der polnischen Frage auszuüben.

Seit einer Reihe von Jahren entwickelt und verfestigt sich im Denken der Polen die Überzeugung, dass Deutschland die größte Gefahr für ihre nationale Existenz darstellt und dass der Kampf gegen Deutschland das Hauptmoment des Kampfes um Existenz und Zukunft der Nation ist.

ZWEITER TEIL

Die internationale Lage seit der Gründung des Deutschen Kaiserreichs

I. Das Deutsche Kaiserreich und Europa

Der Tag von Sedan war der Tag, an dem Deutschland zu seiner Rolle in Europa zurückkehrte. Diese Nation, die einst, gesammelt um den mittelalterlichen Kaiserthron, die größte weltliche Macht darstellte, die dann, konfessionell in zwei Teile gespalten, zersplittert und politisch geschwächt, auf die Zeiten von Philipp II. und Ludwig XIV. blickte und völlig machtlos zu Füßen Napoleons lag, die sich danach während eines halben Jahrhunderts mit oft unbeholfenen Schritten der politischen Vereinigung näherte, fühlte sich bei Sedan erneut als die erste in Europa. Seit der Proklamation des neuen Kaiserreichs in Versailles erhielt der deutsche Staat unter Bismarcks Lenkung die erste Stimme im Konzert der Mächte und wurde zur Achse der internationalen Politik. Die wichtigste Orientierung jedes der europäischen Staaten begann immer mehr dessen Verhältnis zu Deutschland und zu den Plänen der deutschen Politik zu werden; und am Ende begann über Bündnisse und Übereinkünfte vor allem das Bedürfnis nach Sicherung vor Deutschland zu entscheiden.

Deutschland ist heute die einzige Macht in Europa, die sich in einer Zeit schnellen Machtzuwachses und damit eines Zuwachses an Ehrgeiz befindet, eine Macht, der es mehr als je zuvor in den Grenzen ihrer bisherigen Besitzungen zu eng ist, mit ihrem stark eroberungslustigen Geist und mit ihrer Art aggressiven Vorgehens. Andere Staaten sind immer mehr gezwungen, ihm gegenüber eine Verteidigungsposition einzunehmen.

Die Entstehung eines vereinigten Kaisertums hat der zahlreichsten Nation in Europa eine angemessene staatliche Organisation gegeben. Ihre Vitalität, Energie, Organisationsfähigkeit und schließlich Kultur hat sie auf eine wesentlich größere Rolle in der Welt verwiesen als die, die sie in den letzten hundert Jahren gespielt hat. Die riesigen, aber zerstreuten und sich gegenseitig lähmenden Kräfte der deutschen Kleinstaaten wurden in den Zaum einer einheitlichen Organisation gefasst, in ein einheitliches Flussbett geleitet und zum Handeln für ein einziges Ziel gezwungen. Die große, moderne staatliche Organisation schuf vor allem Bedingungen für eine imponierende Entwicklung von Industrie und Handel, die schnell bei den in dieser Hinsicht führenden Nationen für Unruhe sorgte, ihre Absatzmärkte bedrohte, ihre Entwicklung

 | DOI:10.30965/9783657702916_013

störte und unter ihnen ein immer lauteres Alarmgeschrei über die „deutsche Gefahr" erregte. Immer berechtigter sind die Befürchtungen, dass auf die wirtschaftliche Expansion Deutschlands eine politische Expansion folgen wird, deren Mittel dieser Staat rasant vorbereitet und zu der er in vieler Hinsicht bessere Voraussetzungen als andere besitzt.

Zu diesen Bedingungen gehören nicht zuletzt die Kräfte des Deutschtums, die außerhalb des Hohenzollernstaats existieren und die zur Mitwirkung an seinen Zielen gelenkt werden oder gelenkt werden können.

Die teutonische Rasse war immer regsam, expansiv. Als sie der englischen Nation eingefügt wurde, gab sie ein glänzendes Bild der Expansion nach Übersee, die englische Kolonisierung in allen Teilen der Welt. Als deutsche Nation hat sie sich seit mehr als tausend Jahren auf dem europäischen Kontinent ausgebreitet (*Drang nach Osten**) und dabei vor allem slawische Gebiete kolonisiert, indem sie in ihrem Raum neue „Marken" gründete oder sie unter dem Zeichen von Ritterorden unterwarf. Und so wie die Macht Englands und mehr noch der angelsächsischen Rasse ihre Hauptgrundlage in den Überseegebieten hat, die sie sich im Lauf der letzten drei Jahrhunderte unterworfen hat, so hat die heutige Macht des Deutschtums ihre Hauptquelle in Gebieten, in denen vor tausend Jahren noch nicht ein deutsches Wort erklang.

Diese Expansion hat zusammen mit der jahrhundertelangen politischen Zersplitterung Deutschlands dazu geführt, dass die deutschen Interessen auf dem europäischen Kontinent heute weit über die Grenzen des Staates Wilhelms II. hinausreichen und dass die deutsche Herrschaft und mehr noch der unmittelbare deutsche Einfluss nicht immer dort enden, wo der letzte Zöllner des Kaiserreichs steht. Die Macht des Deutschtums ist viel größer als die, die der Etat des Kaiserreichs und die Zahl seiner Streitkräfte ausweisen.

Die Bande, die alle Deutschen verbinden und das Verhältnis der vereinten deutschen Nation zu ihren Stammesgenossen, die außerhalb der Grenzen des Kaiserreichs leben, finden ihren Ausdruck im gegenwärtigen Pangermanismus.

Das Jahr 1871 war nicht die endgültige Vereinigung Deutschlands. Es war eine Vereinigung nach dem alten preußischen Programm, unter Ausschluss Österreichs. Außerhalb der Grenzen des Kaiserreichs blieben die Länder der österreichischen Krone, die genauso deutsch sind wie Bayern oder Württemberg. Dass sie traditionell mit dem Haus Habsburg verbunden sind, würde sie nicht daran hindern, zu einem Bundesstaat zu gehören, so wie es Bayern nicht schadet, mit der nicht weniger alten Dynastie der Wittelsbacher verbunden zu sein. Das Denken eines alldeutschen Enthusiasten erkennt zwischen diesen Ländern keinen Unterschied an und sieht keinen Grund, warum man die

* Im Original deutsch.

Grenzen des deutschen Staats nicht an die Adria verschieben sollte. Und wenn er schon einmal Schwung in eine Richtung aufgenommen hat, schaut er sich in anderen um, verleibt sich die Deutschen in Siebenbürgen und in den russischen Ostseeprovinzen ein, stellt fest, dass auch die Schweizer zu zwei Dritteln ein Volk „*der deutschen Zunge*“* sind, dass auch die Holländer und Flamen in Belgien eigentlich Deutsche sind, die ein *Plattdeutsch*** sprechen, das sich nicht viel von dem unterscheidet, das von Millionen Menschen im Norden des Kaiserreichs benutzt wird. In seinen Träumen sieht er alle diese Völker in einer Nation verbunden, in einem deutschen Staat, der ganz Europa befiehlt und sich langsam die ganze Welt aneignet. Im Vertrauen auf die Stärke des heutigen Deutschlands macht er aus diesem Staat sein Programm, verkündet es offen, entwickelt es in Broschüren, Artikeln und öffentlichen Vorträgen, schließlich organisiert er mit der Konsequenz, die dem deutschen Charakter entspricht, im Geist dieses Programms seine Arbeit. Alldeutsche Verbände organisieren außerhalb der Grenzen des Staates Schulen, unterhalten Presseorgane, subventionieren Gesellschaften, betreiben politische Propaganda, und ihre Tätigkeit wird unterstützt durch die Neigung der Deutschen, um des Verdiensts willen auszuwandern, und durch das Wachstum der Handelsinteressen der Nation, in deren Folge die Zahl der einflussreichen deutschen Residenten in den Nachbarländern wie übrigens auf der ganzen Welt rasant anwächst. In fast allen Nachbarländern des Kaiserreichs entsteht ein enges Netz von alldeutschen Einflüssen und organisierten Aktionen. Es erregt Aufmerksamkeit und erzeugt Unruhe in der öffentlichen Meinung der betroffenen Nationen, die es oft für ein direktes Werkzeug der Politik der Regierung in Berlin hält und dieser seine stille Lenkung zuschreibt.

Die alldeutsche Aktivität entwickelt sich unabhängig von der Regierung, ihre Zentren liegen nicht nur in Preußen, sondern auch in den südlichen Ländern des Kaiserreichs und außerhalb seiner Grenzen. Doch wie auch immer sie in benachbarten Ländern eine gegenüber Deutschland freundliche Stimmung schafft und die Zahl seiner eifrigen Anhänger, ja sogar Agenten und Informatoren der deutschen Regierung erhöht und so in vieler Hinsicht mit der Politik der Regierung zusammenarbeitet und sich ihrer Unterstützung erfreut; wie auch immer andererseits der Pangermanismus eine Kraft darstellt, mit der die Regierung rechnen muss und immer mehr rechnet, so wäre es doch ein Fehler, die Richtung der Berliner Politik mit den alldeutschen Bestrebungen zu identifizieren.

---

* Im Original deutsch.

** Im Original deutsch.

Die heutige Politik des vereinigten Kaiserreichs ist eine preußische Politik geblieben, die nie eine Vereinigung Deutschlands in dem Sinn angestrebt hat, in dem die Vereinigung Italiens stattgefunden hat. Preußen hat die Rolle eines deutschen Piemonts in der Weise gespielt, dass es auf seinem gebührend erweiterten Territorium Preußen blieb, seine Organisation im Geist der preußischen Traditionen stärkte und dann eine Verbindung mit den anderen Kleinstaaten des Reichs in einer Form anstrebte, die ihm darin ein dauerhaftes Übergewicht sicherte. In dem von Preußen geschaffenen Begriff des Bundesstaats regieren sich alle Länder des vereinigten Deutschlands selbst, haben aber nicht ihre eigene Politik; nur Preußen betreibt eine eigene Politik und lenkt die Politik des Kaiserreichs als Ganzes. Um eine solche Vereinigung Deutschlands zu erreichen, musste Österreich aus dem Bund ausgeschlossen werden, die Konkurrentin Preußens, die in der Lage war, ein Gegengewicht zu dessen Einfluss zu schaffen. Das war das ständige Bestreben Preußens im Lauf des 19. Jahrhunderts. Dieses Bestreben hat sich verwirklicht durch Königgrätz und Sedan, unter Ausschluss Österreichs wurde Deutschland um Preußen gesammelt, unter seiner politischen Führung mit Hilfe von „Blut und Eisen“, die Bismarck für notwenige Mittel der Vereinigung hielt. Und auch wenn heute das katholische Deutschland die österreichischen Länder gerne innerhalb des Bundesstaates sähe, so würde für die Berliner Staatsmänner eine solche Erweiterung des Staats das Ende der Dominanz Preußens und des Protestantismus bedeuten. Es wird zweifellos noch viel Zeit vergehen, bevor die Vollendung des Werks der Vereinigung Deutschlands zum aktuellen Bestreben der Politik des Kaiserreichs wird.

Die Berliner Politik wird noch lange Zeit das deutsche Solidaritätsgefühl lieber auf eine andere Weise ausnutzen und die Deutschen außerhalb des Kaiserreichs in ihren Dienst nehmen. So wie die heutige Verfassung des Bundesstaats, indem sie den kleineren deutschen Ländern, die zu ihm gehören, die Selbstständigkeit belässt, deren Kräfte in den Dienst der preußischen Politik stellt, die erste Macht in Europa ausschließt und den Preußen die Hindernisse in ihrer Innenpolitik aus dem Weg räumt (denn im preußischen Parlament wird das durchgesetzt, was sich im deutschen Parlament nicht durchsetzen ließ), so hält die Existenz Österreichs mit seinen deutschen Ländern als eigener Staat dieses von einem Einfluss auf die Politik des Reichs fern, verhindert aber nicht die Aufnahme von engen Verbindungen, die es vor den Karren der Berliner Politik spannen. Die vorstehenden Argumente gegen alldeutsche Absichten auf Österreich wären auch dann gültig, wenn dieses ein rein deutscher Staat wäre. Umso größere Bedeutung haben sie angesichts des massiven Übergewichts von nichtdeutschen Elementen, Slawen und

Ungarn, im Habsburger Staat. Der Einschluss dieser Elemente in das Deutsche Kaiserreich würde, selbst wenn er möglich wäre, für dieses unerhörte innere Schwierigkeiten schaffen: Entweder wäre es gezwungen den Charakter eines deutschen Nationalstaats aufzugeben oder es würde sich, wenn es ihn erhalten wollte, in einer Lage finden, von der die Schwierigkeiten Russlands oder sogar die heutigen Schwierigkeiten Preußens mit vier Millionen Polen eine gewisse Vorstellung geben. Wenn hingegen die nichtdeutschen Elemente Österreichs außerhalb der Grenzen des deutschen Staats blieben und von der Verbindung mit den deutsch-österreichischen Ländern befreit wären, dann müsste sich in diesem Teil Europas eine politische Formation bilden, deren Zentrum nicht das Deutschtum wäre, wie im heutigen Österreich, und deren starkes Bestreben es wäre, sich der Politik Deutschlands entgegenzustellen. Aus allen diesen Gründen ist die Existenz des heutigen Österreichs, eines Österreichs mit einem Übergewicht des Deutschtums in seiner inneren Ordnung, für Preußen notwendig, notwendiger als für jeden anderen Staat.

Die Politik des vereinigten Deutschlands entwickelt sich heute in zwei Richtungen: In der ersten, auf dem europäischen Kontinent, ist sie vor allem, wie oben schon gesagt, eine Fortsetzung der Politik Preußens, sie strebt nach der Ausweitung und der Herrschaft von Deutschland in diesem Teil der Welt und lässt dabei nicht einen Moment das traditionelle Ziel aus den Augen, die Festigung des preußischen Übergewichts in der deutschen Welt; die zweite Richtung ist ein neuer Bereich der außereuropäischen Politik, die *Weltpolitik**, ein Weg, auf den die Deutschen durch die Entwicklung des vereinigten Kaiserreichs geführt werden, den sie vor 20 Jahren beschritten haben und auf dem die deutsche Nation sich auf eine erstrangige Rolle vorbereitet und heute als der Hauptkonkurrent von England auftritt.

Diese Ausweitung des Bereichs der deutschen Politik und die Verstärkung ihrer Anspannung wird oft Wilhelm II., seinen persönlichen Ansichten und Bestrebungen zugeschrieben. Zweifellos prägt die Persönlichkeit des Kaisers die Politik Deutschlands stark, aber sie schlägt sich eher in ihren Methoden nieder. Doch die eigentliche Richtung der Politik, ihre Aggressivität, die Stärke ihres Drucks auf andere Staaten ist das Ergebnis der stürmischen Entwicklung der Nation unter den neuen Bedingungen, die die Entstehung des vereinigten Kaiserreichs gebracht hat; und in dieser Hinsicht wird es zweifellos einen ständigen Fortschritt geben, unabhängig davon, wer am Steuer dieser Politik stehen wird und wer sie repräsentiert.

* Im Original deutsch.

Die Politik Wilhelms II. und des Fürsten Bülow* ist in überwiegendem Maß die Fortsetzung und Entwicklung der Politik des „eisernen Kanzlers“, wenn auch weniger tief in den Plänen und weniger weitblickend, nicht so fähig zur Erfassung aller Hindernisse, die auf ihrem Weg liegen, und schließlich unvergleichlich weniger geschickt in ihrem Vorgehen. Sie ist die Linie der deutschen Politik, die sich aus der Entwicklung der Kräfte der Nation und der Macht des Staats ergibt. Die, die später kommen, müssen in die gleiche Richtung gehen, und nur äußere Hindernisse können sie aufhalten, genauso wie die heutigen Lenker der deutschen Politik.

Wenn die heutige Führung im Vergleich mit der Politik Bismarcks hitzig und ungeduldig ist, wenn sie Deutschland oft auf einen Weg führt, von dem man sich zurückziehen muss, wenn man auf Hindernisse stößt, die man nicht vorhergesehen hatte, dann sind hier zweifellos das Temperament und die Gedankenwelt Wilhelms II. nicht ohne Einfluss, der, wie es scheint, eine ausgesprochene Neigung zu schnellen Entscheidungen besitzt. Aber man muss bedenken, dass die gesamte deutsche Nation trotz der großen Ruhe, des Gleichgewichts und des geduldigen Beharrungsvermögens des individuellen deutschen Charakters, in ihrer kollektiven Psyche heute hitzig und ungeduldig ist.

Nach 1871 war Deutschland „saturiert“, wie Bismarck mit einem Lieblingsausdruck von Metternich sagte, und seine Hauptsorge war der Erhalt der frischen territorialen Erwerbung und der frisch erlangten politischen Einheit und Position der ersten Macht in Europa. Bismarck war einerseits von inneren Verfassungsproblemen beansprucht: der Frage der Sicherung einer Mehrheit für seine Politik im jungen Reichsparlament, der Beseitigung von Hindernissen, wie sie für ihn die katholische Kirche mit den ihr zuvor in Preußen eingeräumten Rechten darstellte (*Kulturkampf***), dem Kampf mit dem Polentum und dem Sozialismus. Andererseits beseitigte er die Gefahr einer Revanche vonseiten Frankreichs und arbeitete an der Schaffung von Verhältnissen in Europa, unter denen eine Koalition gegen Deutschland unmöglich war, das für alle eine gefährliche Macht darstellte.

Das heutige Deutschland besitzt eine stabile innere Ordnung, die Bande der Einheit sind fest gefügt, und der Fortschritt der Friedensbestrebungen in Europa, vor allem aber in Frankreich, weiter die Entwicklung von demokratischen Regierungsformen, die die Planung von Kriegen und ihre Umsetzung

* Bernhard von Bülow (1849-1929), von 1900 bis 1909 Reichskanzler des deutschen Kaiserreichs.
** Im Original deutsch.

in den Kabinetten unmöglich macht, schließlich die anscheinend sehr dauerhafte Einbeziehung Österreichs in die Sphäre der preußischen Politik haben in bedeutendem Maß jenen „*cauchemar des coalitions*" beseitigt, der Bismarck lange Zeit verfolgt hat. Zugleich hat die üppige Entwicklung der Nation im Bereich der Wirtschaft neue Bedürfnisse und neue Bestrebungen geweckt und das Wachstum der Staatsmacht weckt einen immer stärkeren Glauben an die Möglichkeit ihrer Befriedigung. Die Deutschen haben schon lange aufgehört sich „saturiert" zu fühlen, und das politische Denken der Nation sucht mit Eifer und Ungeduld nach neuen Errungenschaften. Unter diesen Umständen bringt die Persönlichkeit des gegenwärtigen Monarchen die kollektive Stimmung der Nation hervorragend zum Ausdruck.

Wenn Wilhelm II. sein Denken mit Vorliebe dem Bereich der *Weltpolitik** zuwendet, dann deshalb, weil dieser Bereich infolge der Entwicklung Deutschlands in Industrie und Handel in der letzten Zeit zu einer Sphäre realer deutscher Interessen geworden ist, zum Zweiten aber auch, weil sich vor 25 Jahren der Schwerpunkt der internationalen Politik überhaupt aus Europa heraus zu verlagern begonnen hat. Einen stärkeren Druck in diese Richtung hat gerade Deutschland ausgeübt, und das noch unter der Herrschaft von Wilhelm I., als Bismarck mit der Kolonialpolitik begann, deren Bedeutung er aus der preußischen Perspektive lange Zeit geringgeschätzt hätte.

Wenn man heute sagen kann, dass Deutschland die erste Macht ist, die nach einer Veränderung des gegenwärtigen Zustands in den gegenwärtigen Verhältnissen von Interessen und Einflüssen strebt, so war umgekehrt Deutschland nach 1871 die Macht, der am meisten am Erhalt des Zustands gelegen war, wie er sich herausgebildet hatte.

Trotz dieses wesentlichen Unterschieds zwischen dem heutigen und dem damaligen Deutschland ist es frappant, dass die Fundamente, die Bismarck seinerzeit in seiner Beziehung zu den einzelnen Mächten des europäischen Kontinents gelegt hat und die ihm als Stütze seiner Politik dienten, die zunächst nur defensiv und konservativ war, bis heute unangetastet sind; nur sind sie heute die Stütze einer ausgeprägt aggressiven Politik. Das zeugt am besten davon, bis zu welchem Grad die Politik des vereinigten Kaiserreichs ihre Kontinuität bewahrt hat, wie sie sich weiter in die Richtung bewegt, die Bismarck ihr gegeben hat.

---

* Im Original deutsch.

II. Der Dreibund, Russland und Frankreich

Nach dem Sieg über Frankreich musste Deutschland ein enges Bündnis mit zumindest einer der großen europäischen Mächte suchen, um eine Verständigung aller gegen es zu verhindern, eine Verständigung, die wahrscheinlich war angesichts der Befürchtungen, die das Anwachsen seiner Macht weckte.

Da das System der englischen Politik dauerhafte Bündnisse nicht möglich machte, da von einer Gewinnung des gerade gedemütigten und gerupften Frankreichs nicht die Rede sein konnte, blieb die Wahl zwischen Russland und Österreich, wenn nicht sogar die Erneuerung der Heiligen Allianz, was, wie man meinen konnte, nach 1871 eine Zeit lang ins Haus stand.

Es konnte den Anschein haben, dass der geeignetste Partner für Deutschland Russland ist. Seit der Teilung Polens war es mit Preußen durch gemeinsames Interesse verbunden, im Zeitraum nach 1815 hatte es ihm viel zu verdanken. Während des Türkenkriegs 1829, während des polnischen Aufstands 1830/31, während des Krimkriegs und schließlich während des letzten polnischen Aufstands wurde Russland durch die Haltung Preußens gerettet. Andererseits konnten die Preußen das, was sie in der gleichen Periode erreichten, nur dank eines freundschaftlichen Verhältnisses mit Russland erreichen. Zuletzt rettete Russland zweifellos Preußen vor eine Intervention der Großmächte in dem Moment, als die deutsche Armee vor Paris stand und als Graf Beust* versuchte eine diplomatische Intervention zu organisieren. Preußen wurde durch dynastisches Interesse und durch seinen politischen Konservatismus zu Russland hingezogen, denn die Verbindung mit ihm gab eine entschiedene Antwort in seinem Geist auf die Frage: „Soll Europa republikanisch oder kosakisch sein?", eine Frage, die man in Preußen anders formulierte, die die Berliner Politik aber immer vor Augen hatte. Ein starkes Band stellte die bedeutende Zahl von protestantischen Deutschen auf den höchsten Regierungsposten in Russland und die daraus herrührenden deutschen Einflüsse im Innern dieses Staats dar. Was schließlich einen Staat betrifft, in dem ebenso wie in Russland die Beziehung des herrschenden Hauses zu fremden Höfen immer einen nicht geringen Einfluss auf die Innenpolitik ausübte so hatte die herzliche Freundschaft zwischen Alexander II. und seinem Onkel Wilhelm I. eine große Bedeutung.

Eine der starken Seiten Bismarcks war dessen sehr gute Kenntnis Russlands und daher rührend eine gewisse Fähigkeit, den Einfluss von inneren

---

* Friedrich Ferdinand Graf von Beust (1809-1886), 1867-1871 Reichskanzler von Österreich-Ungarn.

Faktoren auf die Politik dieses Staats einschätzen zu können. Schon auf dem Posten des Botschafters in St. Petersburg lernte er sich vor „liberalen Dummheiten" der russischen Gesellschaft und vor dem Panslawismus zu fürchten, dessen Anfänge in der Zeit der polnischen Bewegung vor dem letzten Aufstand stark hervortraten. Um diesen Tendenzen entgegenzuwirken, hielt er eine Annäherung zwischen Berlin und Petersburg für notwendig. „Ich übernahm die Leitung des Auswärtigen Amts", sagt der „eiserne Kanzler" in seinen „Gedanken und Erinnerungen", „unter dem Eindruck, daß es sich bei dem am 1.(?)* Januar 1863 ausgebrochenen Aufstande nicht blos um das Interesse unsrer östlichen Provinzen, sondern auch um die weitergreifende Frage handelte, ob im russischen Cabinet eine polenfreundliche oder eine antipolnische Richtung, ein Streben nach panslavistischer antideutscher Verbrüderung zwischen Russen und Polen oder eine gegenseitige Anlehnung der russischen und der preußischen Politik herrschte"[9].

Doch andererseits ahnte Bismarck, dass auf dem Grund neuer Strömungen in der russischen Gesellschaft eine antideutsche Stimmung wachsen würde, und er sah ihre Anzeichen unmittelbar nach dem französischen Krieg nicht nur in der öffentlichen Meinung Russlands, sondern auch im Vorgehen von Gortschakow**. Das Jahr 1875, als die Intervention des letzteren Frankreich vor einem ihm tatsächlich oder angeblich drohenden neuen Überfall durch Preußen rettete, war für Berlin eine ernste Warnung von russischer Seite. Die russische Diplomatie bewertete erst nach dem Krieg 1870/71 die Veränderungen, die er in dem gegenseitigen Verhältnis der Kräfte der Großmächte hervorgebracht hatte, und begann sich vor der deutschen Macht zu fürchten; für Deutschland hingegen blieb Russland nach der Vernichtung Frankreichs die einzige bedrohliche Macht auf dem europäischen Kontinent. Wenn also ein weiteres Anwachsen der deutschen Macht nicht im Interesse Russlands lag, dann lag im Interesse Deutschlands eher die Schwächung Russlands als eine Mitwirkung an den weiteren Fortschritten seiner Entwicklung als Großmacht.

Dieser Antagonismus der zwei stärksten Mächte in Europa bei dem sie verbindenden Interesse in der polnischen Frage, mit dem vor allem Preußen fest rechnete, hat die Politik Bismarcks hervorgebracht, die, indem sie sich um gute Beziehungen zu Russland bemühte, zugleich dessen Schwächung betrieb. Als

---

* Fragezeichen in Dmowskis Original.

9 Bismarck: *Gedanken und Erinnerungen*, Kap. XV [Buch II, Kap. 4].

** Fürst Alexander Michailowitsch Gortschakow (1798-1883), 1856-1882 Außenminister, 1863-1882 Kanzler des Russischen Reichs, signalisierte in der „Krieg-in-Sicht-Krise" 1875, dass Russland bei einem erneuten Angriff Deutschlands auf Frankreich dieses unterstützen würde.

Deutschland sich solche Ziele stellte, musste es einen Verbündeten in einem anderen Staat suchen. Dieser Staat war Österreich.

Nachdem Österreich bei Königgrätz alle Aussichten im Reich verloren hatte und zugleich aus Italien herausgeworfen worden war, richtete es seine Augen auf die Balkanhalbinsel. Auf diesem Grund traf es sich mit Russland, vor dem es sich im Übrigen im Hinblick auf Ostgalizien fürchten musste, wo unter der Förderung der russischen Regierung eine energische Propaganda der sog. „Moskalophilie" betrieben wurde. Wenn Österreich vorübergehend zu einem Einverständnis mit Russland in den Angelegenheiten des Balkans kam und dessen Zustimmung zur Besetzung Bosniens und Herzegowinas erhielt (Konvention von Reichsstadt*), dann konnte es jedoch nicht daran zweifeln, dass es bei einer Weiterführung seiner Politik zu einem Zusammenstoß mit Russland kommen würde, wovor nur die Unterstützung Deutschlands es schützen könnte.

Noch gewichtiger für eine Annäherung an Deutschland sprachen die inneren Verhältnisse der Monarchie. Die beiden herrschenden Elemente in Österreich, die Deutschen und Ungarn, brauchten Rückhalt gegen die Slawen, die in Richtung Russland schauten. Vor allem Ungarn, das Russland das Jahr 1848 anrechnete**, suchte die Annäherung an Deutschland. Gestützt auf diese beiden Elemente versprach die Annäherung zwischen Österreich und Deutschland dauerhaft zu werden, und Bismarcks Geist sah zweifellos voraus, dass die Verbindung mit einer Macht, in der das herrschende Element Deutsche sind, die immer mehr von slawischen Elementen bedroht werden, mit einer Macht, die außerdem viel schwächer als Deutschland ist, im Lauf der Zeit mehr sein würde als ein Bündnis zwischen zwei Staaten.

Als die russische Slawophilie, die Bismarck beunruhigte, zum ersten Mal aus dem Bereich der Ideologie in den Bereich der Tat überging, als Russland unter dem Einfluss der von ihm erhobenen Losung von der Befreiung der Balkanslawen der Türkei den Krieg erklärte***, als der Berliner Kongress unter der Präsidentschaft Bismarcks die Bestimmungen des Traktats von San Stefano einschränkte**** und als Deutschland und England sich in einem Lager gegen Russland fanden, da begann in der öffentlichen Meinung in Russland

---

* 1876.

** Im Jahr 1849 hatten russische Armeen gemeinsam mit österreichischen Truppen die Ungarische Revolution von 1848/49 niedergeschlagen.

*** 1877.

**** Der Friedensvertrag von San Stefano von 1878 beendete den russisch-türkischen Krieg und schuf einen bulgarischen Staat, dessen Grenzen durch den nachfolgenden Berliner Kongress jedoch stark beschnitten und der wieder der Oberhoheit des Osmanischen Reichs unterstellt wurde.

die Welle des Hasses gegen Deutschland gewaltig anzuschwellen und die russische Diplomatie begann einen besseren Einblick in die wirklichen Pläne der Berliner Politik zu gewinnen.

Das Bündnis mit Österreich, das 1879 geschlossen und 1881 durch den Beitritt Italiens zum Dreibund erweitert wurde (nachdem Frankreich Tunis eingenommen hatte), war die Krönung der Pläne und Bemühungen Bismarcks und für längere Zeit die letzte Festlegung der Politik des Kaiserreichs. Das Defensivbündnis mit Österreich gegen Russland, mit Italien wiederum gegen Frankreich sicherte Deutschland an beiden bedrohten Fronten, wobei es gleichzeitig Ruhe in die österreichisch-deutschen und die österreichisch-italienischen Beziehungen brachte. Aber es hatte eine viel weitergehende und wichtigere Bedeutung, die erst im Lauf der Ereignisse entsprechend hervortritt.

Beim Berliner Kongress, bei jenem ersten bedeutenden Akt der Diplomatie des vereinigten Kaiserreichs, wurden drei Grundsteine der Berliner Politik gelegt, die bis heute unangetastet sind und auf die sie sich mit Sicherheit noch lange stützen wird: die Abhängigmachung Österreichs von Deutschland bei bedingter Unterstützung von dessen Balkanpolitik; die Schwächung Russlands bei gleichzeitiger Bemühung um möglichst gute Beziehungen zu ihm (Rückversicherung mit Russland nach Abschluss des Dreibunds); schließlich die Sorge für die Türkei.

Auch wenn Bismarck das Desinteresse Deutschlands in der östlichen Frage betonte und auf dem Kongress als „ehrlicher Makler“ auftrat, auch wenn er einige Jahre später zu den Angelegenheiten des Balkans die Ansicht äußern sollte, dass „sie nicht die Knochen eines einzigen pommerschen Grenadiers wert“ seien, so bereitete seine Politik, indem sie die Pläne Russlands konsequent durchkreuzte, doch in der Türkei den Grund für deutsche Einflüsse vor, die heute dort die Oberhand gewonnen haben.

Wir werden wahrscheinlich niemals wissen, wie weit seine Pläne in diese Richtung reichten, so wie wir auch nicht wissen werden, inwieweit er sich eine stufenweise, friedliche Eroberung Österreichs vorgestellt hat, das nach dem Bündnisschluss mit Deutschland mit diesem durch eine gesonderte Post- und Telegrafenkonvention verbunden wurde (die den inneren Tarif auf beide Staaten erweiterte) und seine Institutionen langsam nach dem kaiserlich-deutschen Muster reformierte und das schließlich seine Grenzen für die Tätigkeit von alldeutschen Verbänden öffnete, die ihren Hauptsitz im Hohenzollernstaat hatten. Zweifellos hat er jedoch 1879 während seiner Reise von Gastein nach Wien ein wenig an diese Dinge gedacht, wo er einen enthusiastischen Empfang vonseiten der deutschen Massen erlebte, der ihn vergessen lassen konnte, dass er sich in einem fremden Staat befand.

Die Politik Deutschlands gegenüber Russland machte nach dem Berliner Kongress eine sehr interessante und komplizierte Entwicklung durch, und für längere Zeit stand sie vor ihrem völligen Misserfolg. Dennoch ist sie bis zum heutigen Tag das geblieben, was sie von ihrer Anlage her war.

Noch zwei Jahre nach dem Kongress nannte Alexander II. in einem Toast Wilhelm I. „seinen besten Freund". Aber in Russland bereitete sich schon eine ausgeprägt antideutsche Politik vor, die nach dem tragischen Tod des Zaren* entschieden die Oberhand gewann, sich während der Regierung Alexanders III. entwickelte und schließlich zum Bündnis Russlands mit Frankreich führte**, dem Bündnis, das schon mehrfach bevorstand und gegen das Preußen immer gearbeitet hatte, weil es dessen Abhängigkeit vom Standpunkt Russlands gegenüber den Polen sah[10].

Hier ist anzumerken, dass der Zusammenhang zwischen der polnischen Frage, dem Anwachsen des Panslawismus und den antideutschen Tendenzen in Russland einerseits, der Annäherung Russlands an Frankreich andererseits zur Regierungszeit Alexanders III. überhaupt nicht hervortrat und alle Befürchtungen in diese Richtung vonseiten Preußens unnötig waren. Der russische Panslawismus verwandelte sich schnell in ein Streben nach Vereinnahmung und Russifizierung des ganzen Slawentums, und auf polnischem Boden dienten seine Phrasen zur Rechtfertigung der härtesten Unterdrückung, die den Polen zu Recht gebühre, die „Feinde des Slawentums" seien, und sei es auch nur dadurch, dass sie die katholische Religion bekennen und im Osten die Kultur des „verdorbenen Westens" vertreten würden; dagegen hatte die Annäherung von Russland und Frankreich in der polnischen Frage einzig das Ergebnis, dass die französische Presse mit einem Eifer, der einer bessern Sache würdig gewesen wäre, die Polen bei jeder Gelegenheit diskreditierte und die Spuren ihrer Existenz als Nation verwischte (was nicht ohne Einfluss der russischen Botschaft in Paris geschah).

---

* Alexander II. wurde am 13. März 1881 ermordet, sein Nachfolger Alexander III. herrschte von 1881 bis 1894.

** Die französisch-russische Konvention über gegenseitige militärische Hilfe im Fall eines Angriffs wurde seit 1891 verhandelt, 1892 abgeschlossen und trat 1894 in Kraft.

10 „Für Preußens deutsche Zukunft war die Haltung Rußlands eine Frage von hoher Bedeutung. Eine polenfreundliche Richtung der russischen Politik (die Rede ist von Strömungen vor 1863, *Anm. des Autors*) war dazu angethan, die seit dem Pariser Frieden und schon früher gelegentlich angestrebte russisch-französische Fühlung zu beleben, und ein polenfreundliches, russisch-französisches Bündniß, wie es vor der Julirevolution in der Luft schwebte, hätte das damalige Preußen in eine schwierige Lage gebracht. Wir hatten das Interesse, im russischen Cabinet die Partei der polnischen Sympathien, auch solcher im Sinne Alexanders I., zu bekämpfen." (Bismarck: *Gedanken und Erinnerungen*, Kap. XV [Buch II, Kap. 4]).

Die Tatsache, dass die Wendung gegen die Deutschen in der russischen öffentlichen Meinung und Politik nicht eine Wendung zugunsten der Polen nach sich zog, wie sie logisch gewesen wäre, hatte ihre Ursachen sowohl in Polen wie in Russland.

Ein Staat, der eine antideutsche Politik betrieb und sich auf einen Krieg gegen Deutschland vorbereitete – wie dies das Russland Alexanders III. tat –, hätte Gründe gehabt, ein Einverständnis mit den Polen anzustreben, insoweit diese Polen eine politische Kraft von Gewicht darstellten, die bedeutenden Einfluss auf den Ausgang des Kriegs nehmen konnte, indem sie sich der einen oder der anderen Seite zuneigte. Doch Russland sah in den Polen diese Kraft eben nicht. Nach 1864 herrschte in Polen eine solche Depression, die Gesellschaft war so terrorisiert, man kann sagen so verängstigt, dass die immer heftigeren Anschläge der Regierung gegen die nationale Existenz auf keinerlei offenen Widerstand stießen. Diese Ängstlichkeit und politische Passivität erhob man zum Prinzip: Die große Mehrheit der Bevölkerung glaubte wie an das Evangelium daran, dass es ein Gebot des polnischen Patriotismus sei, sich bei der Regierung in keiner Weise unbeliebt zu machen und das Land vor allen Opfern zu bewahren. Unter diesen Umständen war das System der Russifizierung ohne Widerstand auf dem Vormarsch und machte scheinbar schnelle Fortschritte, während die russische Regierung keinen Gedanken an eine Verständigung mit den Polen wenden musste, denn sie sah in ihnen keine Kraft und rechnete damit, dass sie sich durch ihre Russifizierung viel schneller im Land befestigen könne. Die Russen nannten das Königreich „das Weichselland" und glaubten, dass es bereits eine russische Provinz sei, dass es Polen nicht mehr gebe. Sie rechneten die Polen zur Zahl der *„Fremdstämmigen"*, jener zahlreichen Stämme mit einer niedrigeren Kultur, die von den Russen langsam assimiliert worden waren. Und die Polen halfen durch ihre Fügsamkeit selbst dabei mit, diese Überzeugung in der russischen öffentlichen Meinung zu erhalten.

Diese scheinbaren Fortschritte der Russifizierung in Polen haben dem expansiven Nationalismus der Russen zweifellos Selbstvertrauen gegeben und Einfluss genommen auf die Entwicklung ihres Panslawismus in Richtung des „Zusammenfließens aller slawischen Ströme im russischen Meer".

In jüngster Zeit haben in Russland gesellschaftliche Veränderungen stattgefunden, die breite Kreise für diese Art von Nationalismus und falschem Panslawismus empfänglich gemacht haben.

Die Schulen in der Herrschaftszeit Alexanders II. haben eine große Menge von neuer Intelligenz hervorgebracht, die sich aus der Schicht der Armen rekrutiert, in bedeutendem Maß aus Söhnen der Geistlichkeit. Angesichts der schwachen wirtschaftlichen Entwicklung des Landes war diese neue und zahlreiche Intelligenz viel stärker als in anderen Ländern gezwungen Karrieren im Staatsdienst zu suchen. In ihrem Interesse lag also eine expansive Politik nach innen und nach außen, eine Politik, die einerseits alle Posten in den nichtrussischen Provinzen des Staats an Russen gab, also eine „Russifizierung der Randgebiete", und die andererseits auf neue Annexionen gerichtet war, um neue Felder für Beamtenkarrieren zu eröffnen.

In dieser Zeit bildete sich in vielen Kreisen endgültig der Begriff des Staats als einer Organisation heraus, die den Russen auf Kosten anderer Nationalitäten Verdienstmöglichkeiten liefert, den echten Russen, die ihren Patriotismus hervortreten lassen. Und es bildete sich ein Begriff von Patriotismus, der seine Gedanken nicht in Richtung auf Hebung seiner Nation und schöpferische Arbeit für ihre Zukunft richtete, sondern in Richtung auf die Vernichtung anderer Nationen und das Leben auf ihre Kosten. Darin lag einiges an pseudopatriotischer Heuchelei, aber wohl noch mehr an naivem Glauben, dass es so sein müsse, dass der russische Staat deshalb existiert und sich vergrößert, um eine möglichst große Zahl von Beamtenposten für Russen zu schaffen, und dass darin seine Existenzberechtigung liegt.

Ein so verstandener russischer Patriotismus schaute auf Polen nur als auf ein Feld für eine sich ständig vermehrende Zahl von Beamtenposten, die von Russen übernommen wurden, und schaute mit neidischem Blick auf jedes Stück Brot, das ein Pole aß. Dagegen war jegliche Politik der Verständigung mit den Polen, deren Folge der Abzug einer gewissen Zahl von Russen von den Beamtenstellen in Polen gewesen wäre, in seinen Augen ein Verrat an der russischen Sache. Das war die herrschende Meinung, und die Regierung musste sich darauf einstellen, auch wenn breitere politische Perspektiven ihr geboten eine andere Richtung einzuschlagen, und vielleicht wäre sie auch gar nicht in der Lage gewesen, sich dieser Meinung entgegenzustellen. Denn der russische Autokratismus war unterminiert durch das Anwachsen liberaler Strömungen in der Gesellschaft und durch die revolutionäre Bewegung, und er machte sich immer mehr von der Bürokratie abhängig, in deren Interesse eine „patriotische" Politik dieser Art lag. Die Herrschaft Alexanders III. stellte sich als Hauptziel die Unterdrückung der Revolution, die zur Ermordung des vorherigen Monarchen geführt hatte, und sah das wirkungsvollste Mittel gegen sie in der Erweckung eines expansiven Nationalismus.

Dieser junge und grobschlächtige Nationalismus, voller naiven Glaubens an die Stärke Russlands, an seine Fähigkeit zur Aneignung unbegrenzter Gebiete und zur Verdauung ihrer Bevölkerungen, richtete seinen Appetit einerseits in Richtung auf das Ägäische Meer und die Adria und träumte in der anderen Richtung von Ostindien. In seinen Träumen sah er in diesen Gebieten russische Gouverneure und Bezirkshauptleute, mit doppelten Pensionen und einer unbegrenzten Menge von Zusatzeinkünften.

Aus der Natur der Sache war er stark antideutsch eingestellt. Die Deutschen standen der russischen Expansion nach Westen im Weg, sie regierten in Ländern, die doch von Russen regiert werden mussten, und die Berliner Politik warf den Russen auf dem Balkan Knüppel zwischen die Beine. Indem er die Losung „der russische Staat nur für die Russen“ in die Tat umsetzte, bemerkte er, dass in Russland selbst die wichtigsten Posten in der Regierung von Deutschen eingenommen wurden und dass diese in seinen baltischen Provinzen über eigene Institutionen verfügen, mit denen sie auf deutsche Art regieren konnten. Wenig später begann unter dem Druck der russischen nationalen Meinung die Verdrängung der Deutschen aus den Regierungsposten, also sozusagen die „Nationalisierung“ des russischen Staatsapparats, andererseits die „Russifizierung“ der baltischen Provinzen, die in Verwaltung, Gerichten und Schule eine russische Behördenorganisation mit russischer Sprache anstelle der deutschen erhielten. Die deutsche Universität in Dorpat wurde in eine russische umgewandelt, und aus Dorpat selbst wurde „Jurjew“.

Die russischen Deutschen, die bis dahin einen ungeheuren Einfluss auf die Innen- und Außenpolitik des Staats ausgeübt hatten, fanden sich in einer Lage, in der nicht nur ihr Einfluss, sondern sogar ihre Existenz bedroht war. Einige von ihnen begannen sich zu fügen, indem sie sich tatsächlich oder scheinbar in Russen verwandelten, andere dagegen organisierten den Widerstand gegen die Russifizierung. Es gab viele, die nach Preußen emigrierten und dort die öffentliche Meinung gegen Russland aufreizten. Bei der Empörung, die damals in Preußen gegenüber Russland herrschte, spielten nicht nur die Sympathie für die unterdrückten Stammesgenossen und die Sorge um das Schicksal der Ostseeprovinzen, die als deutsch galten, eine Rolle, sondern auch die Einsicht in die Interessen der preußischen Außenpolitik, für die der Einfluss der Deutschen vor Ort in Russland eine Grundlage bildete, deren Verlust ihr nicht gleichgültig sein konnte.

Übrigens ging der preußische Einfluss auch am russischen Hof sehr zurück. Alexander III. war mit einer dänischen Prinzessin verheiratet und hielt sich fern von Berlin, während er enge Beziehungen nur mit Kopenhagen unterhielt.

Dass der russische Panslawismus wenig wirkliche Sympathien für die Slawen enthielt und im Hinblick auf sie eigentlich ein expansiver Nationalismus war, davon zeugt die russische Politik in Bulgarien nach dessen Befreiung vom türkischen Joch. Nach dem Krieg, der Russland bei den slawischen Völkern Bewunderung und Dank einbrachte, tat diese Politik alles, um diesen moralischen Erfolg zu ruinieren. Die Russen, die man in Bulgarien zurückgelassen hatte (Mission des Generals Kaulbars*), begannen sofort an der Einführung einer russischen Unterdrückung anstelle der türkischen zu arbeiten. Auf diese Weise provozierten sie in Bulgarien eine antirussische Politik, deren Hauptexponent Stambolow** war und die in Russland als Beweis für slawische Undankbarkeit betrachtet wurde.

Auf diese Weise scheiterte die slawische Politik Russlands auf dem Balkan, nicht deshalb, weil sie slawisch war, sondern deshalb, weil sie es in falscher Weise war, weil sie sich gegen die Selbstständigkeit einer slawischen Nation wandte. Genauso blieb die russische Politik auch in der Folgezeit, so dass sie in Konstantinopel mit England die Rollen tauschte. Als deutlich wurde, dass die Balkanvölker ihre nationale Eigenständigkeit besitzen, dass sie mehr sein wollen und können als die Vorhut Russlands und Material zur Russifizierung, da hörte Russland auf sie zu unterstützen, und England hörte auf sich vor ihnen zu fürchten. Russland begann die Unantastbarkeit der Türkei zu verteidigen und den Bestrebungen Bulgariens entgegenzuwirken, wohingegen England als alte Schutzmacht der Türkei begann die Christen zu unterstützen, weil es in den kleinen Staaten auf dem Balkan eine sicherere Schutzwehr gegen Invasionen anderer Mächte sah als das türkische Regime.

Aufgereizt durch die Misserfolge auf dem Balkan, in denen es die Hand der deutschen Diplomatie am Werk sah, trieb Russland Kriegsvorbereitungen an der Westfront, und die Losung vom Krieg gegen Deutschland wurde immer populärer im Staat. Doch Bismarcks Schöpfung, der Dreibund, bewies große Lebenskraft und präsentierte sich als unüberwindliche Macht. Kleinere Staaten neigten sich zu dieser Kombination dreier Mächte hin, was auf dem europäischen Festland zur völligen Isolierung einerseits Frankreichs, andererseits Russlands führte. Die Lage dieser beiden Staaten wurde umso gefährlicher, als England aufgrund der östlichen Frage in einem ständigen Gegensatz zu Russland stand und sich in Ostasien einem scharfen Konflikt mit ihm näherte und andererseits in Afrika mit Frankreich rivalisierte und sich vor allem nach der Besetzung Ägyptens*** vor ihm fürchtete. Deshalb nahm England zwar die traditionelle Position der freien Hand ein, näherte sich aber immer mehr dem Dreibund an. Seine guten Beziehungen zu Italien wurden noch enger, vor allem, nachdem die Franzosen sich in Tunis festgesetzt hatten, es schaute mit Wohlwollen auf die Entwicklung der österreichischen Politik in

* Alexander von Kaulbars (1844-1925 oder 1929), russischer Kavalleriegeneral mit deutschbaltischer Herkunft, amtierte 1882/83 als Kriegsminister des neuen Fürstentums Bulgarien und versuchte dort eine russische Kontrolle über den Staat durchzusetzen.

** Stefan Stambolow (1854-1895), bulgarischer Ministerpräsident 1887-1894.

*** 1882.

Richtung Balkan, und was Deutschland betraf, so war es zwar beunruhigt über die 1884/85 plötzlich erwachte koloniale Energie dieses Staats, doch erreichte es mit ihm ab 1888 ein Einvernehmen in afrikanischen Angelegenheiten, die für es weniger wichtig waren als die mittelasiatische Frage.

Aus der Lage, in der sich Russland und Frankreich befanden, ergab sich logisch die Notwendigkeit der gegenseitigen Annäherung dieser beiden Staaten, die sich in der politischen Ordnung so sehr unterschieden.

Der diametrale Unterschied in der Ordnung beider Staaten bildete ein ernstes Hindernis für ihre gegenseitige Annäherung, nicht nur im Hinblick auf die völlig verständlichen Abneigungen und Vorurteile, die nicht leicht zu überwinden waren, sondern auch im Hinblick auf die gänzlich realen politischen Zweifel, die in Petersburg auftauchen mussten. Der Einfluss der Bruderschaft mit dem republikanischen Frankreich auf die inneren Verhältnisse in Russland war der Regierung nicht erwünscht, die die erschütterten Grundlagen der Autokratie stärken wollte.

Lange Zeit nahm Russland auch eine isolierte Stellung ein, und Alexander III. trank auf die Gesundheit „seines einzigen Freundes, des Fürsten von Montenegro".

Doch seit der Zeit, als die polnische Frage von der Tagesordnung der internationalen Angelegenheiten verschwand und Deutschland zur ersten Macht in Europa erwuchs, wurde ein Bündnis zwischen Frankreich und Russland unvermeidlich. Es bereitete sich auch langsam vor. 1888 kam die *entente cordiale* zustande, die immer enger wurde und sich 1891 in ein formelles Bündnis wandelte.

In dieser Zeit kam es in den Beziehungen zwischen Russland und Deutschland zu einer starken Zuspitzung, und ein Krieg schien in der Luft zu liegen.

Die Deutschen rechneten so sehr mit dem möglichen Ausbruch eines Kriegs, dass sie ihre Beziehung zu den Polen zu mildern begannen. Die Regierung Caprivi* begann ihnen gegenüber mit einer „Versöhnungspolitik", und Wilhelm II. fing an, seinen persönlichen Charme in diese Richtung zur Geltung zu bringen. Als Erzbischof von Gnesen-Posen wurde wieder ein Pole nominiert, der Priester Stablewski** (nachdem es mit Dinder*** schon einen Deutschen gegeben hatte), der polnischen Sprache machte man kleine Zugeständnisse in der Schule, und die Bahnschaffner begannen die Bahnhöfe auf Polnisch auszurufen. Jedoch war dieses Techtelmechtel von kurzer Dauer, es war sofort zu Ende, als die Beziehungen mit Russland sich etwas verbesserten.

---

* Leo von Caprivi (1831-1899), deutscher Reichskanzler 1890-1894.

** Florian von Stablewski (1841-1906), Erzbischof von Gnesen und Posen 1891-1906.

*** Julius Dinder (1830-1890), Erzbischof von Gnesen und Posen 1886-1890.

In dieser Hinsicht nahm Russland sich Preußen nicht zum Vorbild, obwohl die Russifizierungspolitik im Königreich für es niemals die wesentliche Bedeutung hatte wie die Germanisierung Posens für Preußen. Zwar brachte irgendeine Zeitung, die der Regierung nahestand, damals ein paar polenfreundliche Artikel heraus, aber das Herrschaftssystem in Polen wankte an keinem Punkt, die Russifizierung wütete wie nie zuvor, und die Behörden am Ort waren geradezu geflissentlich bemüht alles zu tun, um bei der Bevölkerung die größtmögliche Gereiztheit zu erzeugen. Die örtlichen russischen Funktionäre mit ihren Vorgesetzten Gurko* und Apuchtin** fühlten sich auf ihren Posten sicherer als je zuvor, und die Regierung hätte eine ordentliche Anstrengung unternehmen müssen, hätte sie dem Polentum irgendwelche Zugeständnisse machen wollen.

III. Veränderungen der internationalen Lage. Rivalität zwischen Deutschland und England

Die Mächtekombination, die den europäischen Kontinent in den Dreibund unter der Ägide von Deutschland und in den russisch-französischen Zweibund teilt, besteht bis auf den heutigen Tag, auch wenn die internationalen Beziehungen seit dem Abschluss des Zweibunds tiefgreifenden Veränderungen zu unterliegen begannen. Diese Veränderungen sind hervorgerufen worden durch die sich immer mehr verstärkende Rivalität zwischen Deutschland und England, die heute das Hauptmerkmal der deutschen Politik bildet, unter Beibehaltung ihrer Grundlagen im Verhältnis zu Österreich, der Türkei und Russland.

Bismarck zeigte lange Zeit seine Geringschätzung für Kolonialpolitik und sah die Aufgaben Preußens in Europa. Als diese Aufgaben jedoch im Wesentlichen erfüllt waren, als das vereinigte Deutschlands sich mit Hilfe des Dreibunds auf europäischem Boden eine unerschütterliche Position geschaffen hatte und als seine innere Entwicklung seine Interessenssphäre schnell über Europa hinaus erweiterte, kam der Moment zum Beginn einer See- und Kolonialpolitik. Bis zu diesem Zeitpunkt gab es keine zwei europäischen Mächte, die weniger Grund zu Auseinandersetzungen hatten als England und Preußen.

---

* Josef Wladimirowitsch Gurko (1828-1901), Generalgouverneur von Warschau 1883-1894.

** Alexander Apuchtin (1822-1903), Kurator des Schulbezirks Warschau 1879-1897, betrieb die Russifizierung des Schulwesens in Kongresspolen

Zwischen der Politik dieser beiden Staaten gab es eine Analogie im umgekehrten Sinn. England hatte auf seine Interessen auf dem europäischen Kontinent verzichtet und nutzte kontinentale Kriege zur Erweiterung seiner kolonialen Besitzungen und zur Beherrschung der Seewege. Preußen konnte, solange es sich auf europäischem Boden nicht einigermaßen „saturiert" fühlte, Konflikte zwischen Staaten, die Interessen außerhalb von Europa hatten, für seine Ziele innerhalb von Europa ausnutzen. Bei dieser völligen Trennung der Interessensphären war ein ernsthafter Konflikt zwischen diesen beiden Staaten unmöglich, im Gegenteil, sie haben sich in der Geschichte oft gegenseitig Dienste erwiesen. Und so wie die Preußen mittelbar zur Entwicklung der englischen Kolonialmacht beitrugen (Siebenjähriger Krieg, napoleonische Epoche), so hat zweifellos England mittelbar beim Wachstum Preußens geholfen, das mit Frankreich im Kampf lag. Dieses Verhältnis gegenseitiger Unterstützung kam beim Berliner Kongress zum Tragen und äußerte sich in den folgenden Jahren in der Stellung Englands gegenüber dem Dreibund. Doch ziemlich überraschend für England und zunächst von ihm unterschätzt begann die Politik des Kaiserreichs vor 25 Jahren über Europa hinauszugreifen.

Die ersten Schritte in dieser Hinsicht wurden unter der Regierung Bismarcks getan.

1884 nutzten die Deutschen die Langsamkeit des englischen Kabinetts aus, das ihre Qualifikation zur Kolonialmacht geringschätzte, und setzten sich in Südwestafrika fest, danach besetzten sie noch im selben und im nächsten Jahr Togo und Kamerun, schufen eine ostafrikanische Kolonie, griffen nach kleinen Inseln im Pazifik, die von niemandem besetzt waren, und nach einem Teil von Neuguinea. Bei der damals nach Berlin einberufenen Afrika-Konferenz zwang Deutschland England, auf die in gewisser Weise durch die Macht der Fakten privilegierte Stellung in anderen Teilen der Welt zu verzichten. England hatte bis dahin nur dann neue Überseegebiete besetzt, wenn sie für es einen Nutzwert besaßen, wenn sie eine wichtige Stelle auf den Seewegen einnahmen oder wenn sie von der Einnahme durch einen anderen Staat bedroht waren. Die übrigen, nicht von ihm besetzte Gebiete sah es als potenziell englisch an, wenn man sich so ausdrücken kann. Bei der Konferenz verkündete Bismarck den Grundsatz, dass Gebiete, die faktisch nicht besetzt sind, niemandem gehören und zum Eigentum des Staats werden können, der sie einnimmt. England, über dem der Konflikt mit Russland in Mittelasien hing und dessen Rivalität mit Frankreich sich immer mehr zuspitzte, war gezwungen, sich mit diesem Grundsatz und mit der neuen Rolle Deutschlands als Großmacht abzufinden, die in kolonialen Angelegenheiten ihre Stimme erhob. Damals begann die eilige Besetzung von Gebieten, die keinen unmittelbaren Nutzwert hatten, im Verlauf weniger Jahre waren das „Ansichreißen Afrikas" und die Aneignung der kleinen Inseln im Pazifik, die keiner Großmacht gehörten, beendet. Für Deutschland endete auch der nicht einmal zwei Jahre dauernde Zeitraum des Gewinns von Kolonialbesitz durch friedliche Besetzung von Gebieten, die niemandem gehörten. Was es auf diesem Weg gewonnen hat, stellt bis heute keinen gewinnbringenden Wert dar und hat aufgrund seiner geografischen Lage keine besonders wichtige Bedeutung auf den Meeren. Seit dieser Zeit mussten die deutschen Bestrebungen im Bereich der See- und Kolonialpolitik einen anderen, schwierigeren Weg einschlagen.

Der natürliche Pionier auf diesem Weg waren der mit unerhörter Geschwindigkeit wachsende Überseehandel Deutschlands, die Entwicklung des von der Regierung subventionierten Schiffsverkehrs und die damit verbundene Vermehrung von deutschen Handelsresidenten. Darauf folgte direkt die Entwicklung der Streitkräfte des Staates: 1898 verabschiedete das Parlament ein großes Programm zum Aufbau einer Kriegsflotte, das nach seiner Ergänzung im Jahr 1900 auf 38 Schlachtschiffe im Jahr 1920 angelegt ist.

Die kolonialen Bestrebungen in Deutschland wurden schnell größer. Die Vorstellung von Deutschland als einer großen Seemacht und Besitzerin von reichen Kolonien ergriff die deutsche Nation und wurde leitend in ihrem politischen Denken. Man organisierte den Flottenverein, der Zigtausende von Mitgliedern zählt, und Kolonialgesellschaften. Die Vorstellung von Professoren und Journalisten zeichnet neben einem alldeutschen Staat in Europa Bilder von einem deutschen Kolonialimperium, sie sieht es in Afrika, in Süd- und Mittelamerika, im holländischen Indien, sie teilt China auf und eignet sich auf jeden Fall die Türkei und Kleinasien bis zum Persischen Golf an. Seit die Leitung der Politik des Kaiserreichs von Wilhelm II. übernommen worden ist – dem Bismarck weichen musste, weil er sich nicht unterwerfen wollte –, orientiert sie sich vor allem an außereuropäischen Interessen, die in dieser Zeit bereits den ersten Platz in der internationalen Politik einnehmen.

Der Zusammenschluss von Deutschland und Italien, das Verstummen der polnischen Frage für viele Jahre und ihre Entfernung von der Tagesordnung der internationalen Angelegenheiten, die Umgestaltung Österreichs, die ihm auf lange Zeit ein inneres Gleichgewicht sichert, das Auftauchen eines neuen Faktors in der östlichen Frage in Gestalt von selbstständigen Kleinstaaten, vor allem aber des vitalen und aktiven Bulgariens, der Abschluss des Dreibunds und des französisch-russischen Bündnisses, von Verbindungen zwischen Staaten, die die Voraussetzungen für längere Dauer besitzen, alles das hat die europäischen Verhältnisse in einen Gleichgewichtszustand gebracht und erlaubt es den Politikern, ihre Aufmerksamkeit auf außereuropäische Angelegenheiten zu richten, deren Bedeutung unerhört schnell wächst, in dem Maß, wie sich die Industrie und der Handel der europäischen Länder entwickeln.

Nach dem Niedergang der alten Kolonialmächte Spanien, Portugal und Holland sind nur noch zwei Rivalen auf dem Kampfplatz geblieben, England und Frankreich. Letzteres hat nach dem Siebenjährigen Krieg, während dem es in Nordamerika und Indien geschlagen wurde, und nach dem Verlust seiner Stellung auf den Meeren in napoleonischer Zeit den Platz für kurze Zeit verlassen, und England verblieb am Beginn des letzten Jahrhunderts als einziger Staat, der auf den Meeren herrschte, der ausgedehnte und reiche Kolonien besaß und große Interessen außerhalb von Europa hatte. Doch Frankreich kehrte im Lauf des 19. Jahrhunderts wieder zur Kolonialpolitik zurück, nahm Algier und Chocinchina ein und entwickelte nach der Niederlage von 1871 eine besondere Energie außerhalb Europas, als wollte es die territorialen Verluste dort wettmachen. Es griff nach Tonkin aus, es machte einen großartigen Fang, indem es sein Protektorat auf Tunis ausdehnte, und schließlich zeigte es eine große Rührigkeit in Mittelafrika. Es war natürlich, dass sich in einem Land, das eine solche Stellung auf dem Meer hat wie Italien, mit dem Anwachsen nationaler Energie infolge der politischen Vereinigung ebenfalls koloniale Ambitionen zeigen, die sich vor allem auf Nordafrika richten, wo sie einer unguten Rivalität mit Frankreich ausgesetzt wurden (was Italien an Deutschland annäherte). Schließlich, *last but not least*, musste Deutschland auf diesem Kampfplatz erscheinen, dessen außereuropäische Interessen infolge der inneren Entwicklung schnell anwuchsen.

Russland breitete sich auf dem Weg einer Expansion über Land in Asien aus. Infolge anderer, oben genannter innerer Gründe wie der Entwicklung eines bürokratischen Expansionsdrangs und eines besonderen Typs von Nationalismus, zu denen später das wirtschaftliche Interesse der jungen russischen Industrie hinzukam, begann es weitausgreifende Pläne für Asien zu entwickeln, die sich mit dem ständigen Drang des Staates zum offenen Meer verbanden. Als es in der Richtung auf den Bosporus aufgehalten wurde, begann es seine Augen auf den Persischen Golf zu richten und bedrohte England, doch schließlich wandte es sich dem Fernen Osten zu.

Die Bedeutung außereuropäischer Angelegenheiten wurde auch durch das Auftreten der Vereinigten Staaten und Japans in der Rolle erstrangiger Mächte erhöht.

Auf diese Weise zeigten sich alle großen europäischen Staaten – mit Ausnahme Österreichs – an außereuropäischen Angelegenheiten stark interessiert, und dort entstanden auch die Hauptursachen von Konflikten unter ihnen. Aber auf der Grundlage dieser Interessen gestalteten sich auch die gegenseitigen Beziehungen zwischen ihnen anders als in Europa.

Der Hauptunterschied trat notwendigerweise in der gegenseitigen Beziehung zwischen Deutschland und England auf, zwei Staaten, von denen einer seinen größten Besitz außerhalb von Europa hat und seine ganze Existenz als großer Staat und große Nation auf diesen Besitz gründet, während der andere noch fast nichts besitzt, aber über große und schnell wachsende Kräfte verfügt, aus denen das größte Verlangen entsteht. Die Deutschen müssen das gewinnen, was sie nicht haben, England dagegen kann das nicht verlieren, was es besitzt. Das ist die Quelle eines Antagonismus, der in der Geschichte völlig neu ist, der aber heute die gesamte internationale Lage dominiert.

Im Lauf der letzten Jahre hat Deutschland einen großen Tatendrang in allen Teilen der Welt entwickelt. Die deutsche Politik macht sich in allen wichtigeren Angelegenheiten bemerkbar, die auf der Tagesordnung erscheinen, und spielt oft die Rolle eines Ferments, das neue Fragen hervorruft.

Deutschland hat gemeinsam mit Russland und Frankreich nach dem Frieden von Shimonoseki (1895) interveniert und Japan die Ausnutzung seines Siegs über China unmöglich gemacht*. 1897 nahm es sich Kiautschou und gewann eine – wie es damals schien – vielversprechende Basis in China. Seine Geschäftigkeit in Mittel- und Südamerika beginnt den Argwohn der Vereinigten Staaten zu wecken, der zu Irritationen während des Kriegs gegen Spanien** geführt hat, als Deutschland den USA deutliche Abneigung zeigte, später dann zu Irritationen unter dem Einfluss der Nachrichten von seinen Absichten in Südbrasilien, wo es seit Langem viele deutsche Siedlungen gibt, oder auf die Nachricht von seinem Vorschlag, die dänischen Antillen zu kaufen, die als Operationsbasis für eine Flotte in amerikanischen Gewässern dienen könnten, und schließlich angesichts seines Konflikts mit Venezuela***. In Afrika haben sie die Buren zum Krieg gegen England angestachelt (Telegramm Kaiser Wilhelms II. an den Präsidenten Krüger) und im Letzteren einen spürbaren Ausbruch von Entrüstung gegen sich hervorgerufen. In Polynesien sind sie in Streit mit England und den USA um Samoa geraten****. In der Türkei haben sie ihren Einfluss verstärkt, ihre Interessen in Kleinasien erweitert,

---

* Die drei europäischen Mächte nötigten Japan durch eine diplomatische Note zur Rückgabe der Halbinsel Liaodong, die es im japanisch-chinesischen Krieg von 1894/95 gewonnen hatte.

** Spanisch-Amerikanischer Krieg 1898.

*** In der Venezuela-Krise von 1902/03 hatten Deutschland, England und Italien versucht, die venezolanische Regierung durch eine Seeblockade vor ihrer Küste zur Leistung von Schadenersatz für finanzielle Verluste ihrer Staatsbürger zu zwingen, waren aber durch Druck der USA zu einem schiedsgerichtlichen Verfahren und zu einem Kompromiss gezwungen worden.

**** Die Samoa-Inseln wurden sowohl von Deutschland als auch von Großbritannien und den USA beansprucht. 1887 einigte man sich zunächst auf ein Kondominium aller drei Mächte, 1899 wurde Samoa zwischen Deutschland und den USA aufgeteilt, während Großbritannien als Entschädigung andere Inseln im Pazifik erhielt.

sie erhielten den *ferman** für die Bagdadbahn, und Wilhelm II. erklärte sich während der Reise nach Jerusalem zu einem Freund des Islams und versucht diese Rolle bis heute zu spielen. Schließlich hat Deutschland in den letzten Jahren die marokkanische Angelegenheit aufgebracht und die Konferenz in Algeciras** herbeigeführt.

Seit dem Abschluss des französisch-russischen Bündnisses (1891) hat sich der Antagonismus Deutschlands zu den beiden verbündeten Mächten schnell abgeschwächt. Im Gegenteil, Wilhelm II. begann sich energisch um die Freundschaft Frankreichs zu bemühen und hat eine ganze Reihe von Avancen in diese Richtung gemacht. Zugleich schreitet die Annäherung Deutschlands an Russland schnell voran. Wilhelm II. will „der Dritte im Zweibund" sein. Die Verbündeten im Dreibund, die in Europa benötigt werden, haben in der außereuropäischen, antienglischen Politik eine geringere Bedeutung oder sind sogar, wie Italien, an England angenähert. Hier brauchen die Deutschen Frankreich und Russland.

Die gesamte preußische Tradition hat ein enges Verhältnis zu Russland diktiert, selbst wenn es mit einem Streben nach dessen Schwächung verbunden ist. Das galt insbesondere für die Tradition der Politik Bismarcks, in deren Fußstapfen Wilhelm II. getreten ist, auch wenn er sich des allzu unabhängigen Kanzlers entledigt hat. Am Ende des letzten Jahrhunderts fanden sich auch in Europa Gründe, um diese Verbindungen wieder zu intensivieren, während die Ursache des Antagonismus sich gleichzeitig verminderte.

Russland machte sich an den Bau der Sibirischen Eisenbahn und begann Pläne in Richtung der Küste des Stillen Ozeans zu entwickeln. In der russischen Politik hatten sie das Übergewicht seit der Thronbesteigung Nikolaus II., der als Thronfolger eine Reise um Asien herum unternommen hatte und über Sibirien zurückgekehrt war***. Die asiatischen Ambitionen wuchsen bei der Unbesonnenheit, die dem russischen Charakter eigen ist, so plötzlich, dass das Schlagwort „Asien für Russland" aufkam und einflussreiche Schriftsteller zu beweisen begannen, dass der Geist der asiatischen Völker dem russischen nahestehe, dass es vor allem Russlands Bestimmung sei, ein asiatischer Staat zu werden. Um diese fernöstlichen Pläne umzusetzen, war es notwendig, sich im Westen abzusichern und sich vor allem Ruhe in den Angelegenheiten

---

* Erlass des osmanischen Sultans mit der Genehmigung zum Bau einer Eisenbahn von Istanbul nach Bagdad (1903).

** Die Konferenz von Algeciras beendete 1906 die erste Marokkokrise. Frankreich hatte seinen Einfluss nach Marokko ausgedehnt und konnte im Ergebnis der Konferenz von Deutschland nur teilweise daran gehindert werden.

*** 1890/91.

des Nahen Ostens* zu verschaffen. Infolgedessen kam es hier zu einer Verständigung mit Österreich. Die Ablenkung Russlands in Richtung Fernost erlaubte es ihm, mit Gleichmut auf die Fortschritte des deutschen Einflusses in der Türkei zu schauen.

Auf das gemeinsame Interesse Deutschlands und Russlands verweist in gewisser Weise die Entwicklung der inneren Verhältnisse in der Habsburger Monarchie, wo sich die slawisch-deutschen Gegensätze stark zugespitzt haben und wo unter der Regierung Badeni** die deutsche Hegemonie gefährdet schien. Für Deutschland wird es immer eine Sache von erstrangiger Bedeutung sein, dass das deutsche Element sein Übergewicht in Österreich nicht verliert, für Russland wiederum, dass der Habsburger Staat keine slawische Politik zu führen beginnt und ihm nicht die Waffe aus der Hand schlägt, die slawische Parolen in seiner europäischen Politik darstellten. Die russische Diplomatie hat das schon früher verhindert und sie könnte sich kaum damit abfinden, dass Russland die Rolle des einzigen Vertreters des Slawentums verlöre.

Und schließlich begannen in der polnischen Frage beunruhigende Anzeichen aufzutauchen, die ihr baldiges Wiederaufleben ankündigten.

Die Thronbesteigung eines neuen Monarchen in Russland*** war begleitet von Gerüchten über einen „neuen Kurs", der gegenüber fremden Nationalitäten toleranter sei und den Deutschen die Hoffnung auf eine Verbesserung der Lage ihrer Stammesgenossen in Russland gab, der sie aber andererseits beunruhigen konnte durch die Befürchtung, dass sich die Lage der Polen bessern würde. Diese Gerüchte waren insofern begründet, als der russische Nationalismus unter dem Einfluss der Hinwendung der russischen Ambitionen nach Asien seine für Deutschland bedrohliche Färbung verlor; er war nicht mehr offensiv im Hinblick auf Deutschland, sowohl nach außen wie nach innen. Doch für eine Veränderung der Politik in Polen reichten eine Milderung des Tons und die Ernennung von etwas diplomatischer auftretenden General-Gouverneuren im Königreich nicht aus; sie erforderte eine viel tiefer gehende Wendung, zu der weder die Regierung noch die öffentliche Meinung in Russland gesonnen waren und die die Interessen der allmächtigen Bürokratie nicht zuließen.

Unter dem Einfluss dieser Hoffnungen auf einen „neuen Kurs" entstand in Polen eine kleine politische Gruppe, genannt „die Versöhnungsbereiten", die ähnlich wie die Polen in Galizien einen Kurs des Ausgleichs mit der russischen Regierung fahren wollten, der sich auf das Vertrauen der Krone stützte, das

* Gemeint ist der Balkan.

** Kasimir Felix Graf von Badeni (1846-1909), galizischer Adliger polnischer Herkunft, Ministerpräsident des österreichischen Teils der Habsburger Monarchie 1895-1897.

*** Zar Nikolaus II. (1894-1917).

man mit Loyalitätsbekundungen gewann. Auch wenn diese Gruppe nur für einige Jahre einen größeren Einfluss in der polnischen Gesellschaft hatte, denn es zeigte sich nach kurzer Zeit, dass ihre Rechnungen völlig danebenlagen, so weckte doch ihr Auftreten bei den politischen Kreisen in Deutschland eine gewisse Angst vor einer polnisch-russischen Verständigung.

Doch die Hauptquelle der deutschen Befürchtungen und das Motiv für eine Annäherung zwischen Deutschland und Russland waren neue Regungen der Nationalbewegung und von politischer Energie in allen drei Teilen Polens. Im letzten Jahrzehnt des letzten Jahrhunderts traten sie immer deutlicher an den Tag.

Wenn man sich diese Bewegung genauer anschaute, konnte man leicht bemerken, dass sie ihre Quelle überall in demselben Prozess hatte, nämlich im politischen Erwachen der breiten Massen der Nation, insbesondere jedoch der bäuerlichen Schicht. Der gleiche Prozess, der im preußischen Teilungsgebiet dem Polentum neue Kraft im Kampf um bedrohte Vorposten im Posenschen und in Westpreußen gab und der das Wiederaufleben des Polentums in Schlesien hervorrief, löste im österreichischen Teil einen Kampf um politische Einflüsse zwischen dem herrschenden adligen Konservatismus und den demokratischen Parteien aus, während er im russischen Teil, genauer gesagt im Königreich Polen, zunächst in nationalen Demonstrationen und danach in einem sich langsam organisierenden, systematischen Kampf gegen die Russifizierungspolitik zum Ausdruck kam – wobei sich der Widerstand der Bauern gegen die Missbräuche der Behörden auf lokaler Ebene immer stärker bemerkbar machte, ein Widerstand, der unter der Parole „Kampf ums Recht“ geleistet wurde – und schließlich in einer breit organisierten Arbeit an der Bildung und an der kulturellen und moralischen Hebung des Volks, die allerdings geheim war, weil sie von der Regierung verfolgt wurde. Diese Bewegung wurde von neuen patriotischen Parolen begleitet, sie marschiert unter der Fahne Polens und unterscheidet sich von früheren polnischen Bewegungen dadurch, dass sie keine Parolen von einem bewaffneten Aufstand verkündet, sondern einen politischen, täglichen, systematischen Kampf um die Rechte der polnischen Nation ankündigt, um ihre Eigenständigkeit in allen drei Staaten. Die ständig wachsende Zahl von politischen Prozessen in Warschau und in der Folge auch in Posen, wo die Regierung begann nach Verbindungen der örtlichen Bewegung mit der allgemein-polnischen zu suchen, wobei die Zusammenarbeit zwischen der preußischen und der russischen Polizei an den Tag kam, zeugt davon, dass die Regierungen ein wachsames Auge auf die neue Bewegung gerichtet haben.

Wenn erfahrene Politiker sich über diese Erscheinungen Gedanken machten, mussten sie verstehen, dass sich in der politischen Haltung der Polen in allen drei Staaten ein radikaler Wandel vorbereitet, dass Elemente einer neuen polnischen Politik entstehen, die sich nicht mehr auf rein diplomatisches Vorgehen und die juristischen Erklärungen der bisherigen konservativ-adligen Handlungsweise beschränkt, sondern die eine Stütze in den Massen hat und sich langsam auf den Weg eines energischen Kampfs begibt, sowohl in den Parlamenten wie auf dem Ackerboden, im Land. Für klarblickende Menschen unterliegt es keinem Zweifel, dass die polnische Frage in neuer Gestalt zurückkehrt, die sie gefährlicher machen kann als die früheren Bemühungen, die Unabhängigkeit mit der Waffe in der Hand zu gewinnen.

Dieser Bewegung entgegenzuwirken und es nicht zum Wiederaufleben einer Frage kommen zu lassen, die begraben schien, war das gemeinsame Interesse beider Regierungen und das Band, das sie auf dem Boden der polnischen Frage erneut vereinte.

Unter dem Einfluss der obengenannten Faktoren einerseits und andererseits der gemeinsamen Interessen bei der antienglischen Politik in Asien entwickelte sich erneut eine russisch-deutsche Annäherung, die durch die persönliche Freundschaft der Monarchen gestärkt wurde.

Die Deutschen traten als Dritte im Zweibund in einer von Russland organisierten Intervention nach dem chinesisch-japanischen Krieg auf, und dieselben drei Mächte handelten im Nahen Osten während des griechisch-türkischen Kriegs* gemeinsam. Es gab sogar einen Moment, in dem es schien, dass Frankreich, das nach Faschoda** in seiner Eigenliebe verletzt war und sah, dass die Allianz mit Russland es nicht vor Niederlagen außerhalb Europas schützte, ein Bündnis mit Deutschland eingehen würde, für das sich in breiten Kreisen der französischen öffentlichen Meinung eine starke Tendenz zeigte.

Diese traf sich jedoch mit dem gegenteiligen Bestreben, nämlich nach einer Verständigung mit England, wie sie von radikalen Elementen vertreten wurde, die an die Macht kamen durch die innere Krise in der Republik, die sich vor dem merkwürdigen Hintergrund der Dreyfus-Affäre abspielte. Doch es haben sich zu viele Gegensätze und Ressentiments angesammelt, als dass diese Richtung der Außenpolitik in Frankreich leicht populär werden könnte.

Es schien, als ob der offensichtliche Plan Deutschlands, die Schaffung einer Koalition europäischer Mächte gegen England, der Verwirklichung nahe sei. Die große Kolonialmacht befand sich in völliger Isolation bei einem Fehlen klarer Gegensätze zwischen ihren Gegnern. Die *splendid isolation* wurde äußerst gefährlich für die Zukunft des britischen Staats und gebot ihm schließlich mit der traditionellen Politik der freien Hand zu brechen.

---

* Türkisch-griechischer Krieg um Kreta 1897.

** Im Ort Faschoda am Nil im südlichen Sudan zwang 1898 ein britisches Expeditionskorps eine französische Besatzung zum Abzug.

Der erste Gedanke der britischen Staatsmänner und der öffentlichen Meinung richtete sich auf die eigenen Kolonien, auf die neuen Gesellschaften der britischen Rasse, die im Lauf des letzten Jahrhunderts in Übersee entstanden waren. Eine imperialistische Idee kam auf, die Idee, diese neuen Systeme, den australischen *Commonwealth*, Kanada und das Kapland mit stärkeren Banden mit der Metropole zu verbinden, sie in Rechten und Pflichten stärker mit England gleichzustellen, ein britisches Imperium zu schaffen, dass eine gemeinsame Sache aller seiner Mitglieder und zugleich für alle ein Weg wäre. An die Spitze des politischen Lebens in England trat ein Vertreter dieser Idee, ein Staatsmann großen Stils, Chamberlain*, der eine Sache vorantrieb, die, wie sich herausstellte, noch nicht völlig zur Lösung reif war.

Das in der Gesellschaft geweckte Gefühl der rassischen Bindung übertrug sich auch auf die jüngere Schwester in Übersee, Amerika. In England kamen immer stärker Sympathien für die Vereinigten Staaten zum Ausdruck. Als sie sich während des spanisch-amerikanischen Kriegs kundtaten, stießen sie auf der anderen Seite des Ozeans auf Gegenliebe. Sie wurden noch nicht einmal gedämpft durch die in Amerika ziemlich populäre Sache der Buren. Der Krieg mit diesen brachte England in eine sehr schwierige Lage und zwang es zur Passivität gegenüber den bedeutenden Ereignissen im Fernen Osten.

Angesichts der gegenseitigen Sympathien zwischen England und Amerika, die mit einem gemeinsamen Antagonismus gegenüber Deutschland einhergingen, schwächten sich zeitweilig die Hoffnungen des letzteren auf einen erfolgreichen Kampf gegen die Herrin der Meere mit Hilfe des Zweibunds ab. Plötzlich wechselten die Deutschen gegenüber England die Front. Wilhelm II., der immer persönlich die Aufgabe übernimmt, die deutsche Politik aus schwierigen Situationen zurückzuziehen, in die sie geraten ist, und ihre oder eher seine eigenen Fehler zu korrigieren, fuhr kurz nach dem Telegramm an Krüger, das in London für Deutschland beunruhigende Reaktionen hervorgerufen hatte, nach England und erklärte dort seine Freundschaft. Danach wandte er sich mit dem Angebot seiner Freundschaft an Amerika, das er mit einer Bronzestatue Friedrichs des Großen bedachte und wohin er Prinz Heinrich von Preußen auf Besuch schickte.

Nach der endgültigen Beilegung des Streits um Samoa zwischen England, den Vereinigten Staaten und Deutschland und dann nach dem Abschluss des Vertrags mit Deutschland, der die Unantastbarkeit Chinas garantierte**, begann die englische Diplomatie an die Möglichkeit einer Annäherung an

---

* Joseph Chamberlain (1836-1914), britischer Kolonialminister 1895-1903.

** Jangtse-Abkommen vom 16. Oktober 1900, regelte die gemeinsamen wirtschaftlichen Interessen von Deutschland und England in China.

Deutschland zu glauben, um gemeinsam den Vormarsch Russlands im Fernen Osten aufzuhalten. Es tauchte sogar der Gedanke eines englisch-amerikanisch-deutschen Dreierbündnisses auf, das England zu Beginn des Jahres 1900 den beiden anderen Staaten vorgeschlagen haben soll. Doch der Fokus Deutschlands ging in eine ganz andere Richtung.

Wenig später bemerkte England dessen böse Absichten sowohl in der venezolanischen Angelegenheit als auch im Fernen Osten, wo es weiterhin das russische Vorgehen unterstützte und die Übereinkunft zur Unantastbarkeit Chinas dahingehend interpretierte, dass sie nicht die Mandschurei* betreffe, wo Deutschland keinerlei Interessen habe.

Schließlich gewann in England ein entschieden antideutscher Kurs die Oberhand. Man begann in Deutschland den Hauptgegner zu sehen, nicht nur im Bereich vitaler politischer Interessen an diesem oder jenem Ort, sondern auf dem ganzen Erdball, infolge der Eroberungen, die der deutsche Export überall machte. Die englische Presse füllten immer mehr höchst alarmierende Artikel über die „deutsche Gefahr". Und die englische Diplomatie wurde sich dessen bewusst, dass ihr Kampf gegen Russland im gleichen und vielleicht in größerem Ausmaß ein Kampf gegen Deutschland war.

England sah, dass seine Isolierung, vor allem angesichts der Ereignisse im Fernen Osten, nicht länger andauern konnte und entschied sich für eine kühne Kombination, für ein Bündnis mit einem asiatischen Staat**. Dieser sein Schritt sorgte für umso mehr Verblüffung, als Japan, das durch das Bündnis zur Würde einer zivilisierten Macht erhoben wurde, in Europa wenig bekannt war und vor allem im Hinblick auf seine Streitkräfte unterschätzt wurde.

Dieses Bündnis war für Japan, das sich auf einen unvermeidlichen Krieg mit Russland vorbereitete, von erstrangiger Bedeutung, denn es sicherte es vor Interventionen fremder Mächte während der Auseinandersetzung mit einem Gegner, mit dem man fertig zu werden hoffte.

Zu diesem Krieg wurde Russland fatalerweise durch sein gesamtes Vorgehen im Fernen Osten gezwungen. Unter dem Einfluss der fortschreitenden allgemeinen Zerrüttung des Staatsapparats hatte Russland in den Jahren vor dem Krieg keine einheitliche und klare Führung. Die unkoordinierten Aktivitäten verschiedener Machtzentren überkreuzten sich in ihm gegenseitig, und keines von ihnen übernahm eine klare Verantwortung für die Gesamtheit des Vorgehens. Während das Außenministerium, das gewisse Informationen über die Streitkräfte Japans hatte, einen Krieg zu vermeiden suchte und das Kriegsministerium einen Teil der Truppen aus der Mandschurei abzog und

* Die Mandschurei im Nordosten Chinas war zu dieser Zeit von Russland besetzt.

** Anglo-japanische Allianz vom 30. Januar 1902.

sich mit der Befestigung von Port Arthur nicht beeilte, betrieb die mit großen Vollmachten ausgestattete Statthalterschaft des Fernen Ostens eine offensive Politik, die verschärft wurde von Privatunternehmern, die unter dem Schutz des Staates in die japanische Interessensphäre eindrangen. Zugleich wurde mit riesigem Aufwand der großartige Hafen in Dalian gebaut, scheinbar an einem völlig gesicherten Ort, ohne dass man voraussah, welche Dienste er dem Feind während des Krieges leisten würde. Russland hatte nicht länger eine einzige Regierung, nicht nur über die Führung des Staates nach innen gab es keine einheitliche Kontrolle mehr, sondern auch über sein Vorgehen nach außen.

Die russische Expansion in Richtung auf das Gelbe Meer konnte eine gewichtige Begründung haben in den weiteren Perspektiven des Staates. Port Arthur war der erste eisfreie russische Hafen am offenen Meer. Man hätte weitere Annexionen auch mit Handelsinteressen begründen können, die in der russischen Politik, vor allem unter dem Einfluss von Witte*, schon eine gewisse Rolle spielten. Aber einen solchen Weg konnte nur ein Staat beschreiten, der sich zuvor in Sibirien anders eingerichtet hatte, vor allem in Ostsibirien. Wenn Russland es vorher geschafft hätte, das immerhin reiche Land, das sich seit Langem in seinem Besitz befand, entsprechend zu besiedeln, dann hätte es in ihm eine Grundlage gehabt, um nach Süden vorzurücken, in Richtung auf Gebiete, die kultiviert und dicht von einer fremden Rasse besiedelt waren. Aber in Russland war man sich noch nicht einmal dessen bewusst, dass China und Japan in einigen Bereichen eine höhere Kultur als Westeuropa hatten. Militärische Operationen aus den leeren Räumen Sibiriens gegen diese Länder konnten auf einen ähnlichen Erfolg rechnen wie die Herrschaft über Polen aus dem weniger zivilisierten und heruntergekommenen großrussischen Zentrum.

Auf diesen Weg einer riskanten, historisch nicht vorbereiteten Expansion drängten Russland nicht nur seine annexionistischen Instinkte und die Leichtfertigkeit der politischen Akteure, sondern auch deutsche Einflüsse.

Deutschland entwickelte eine immer regere Aktivität im Nahen Osten, es erweiterte seine Unternehmungen in Kleinasien und siedelte dort schon, und schließlich besaß es bereits einen dominierenden Einfluss in Konstantinopel. So war es für Deutschland eine Frage von erstrangiger Bedeutung, die Aufmerksamkeit und die Kräfte Russlands in eine andere Richtung abzulenken. Wenn eine Aktion im Fernen Osten erst einmal begonnen hatte, würde Russland für lange Zeit beschäftigt sein, und Deutschland konnte unterdessen sein Werk in der Türkei betreiben, ohne sich einem Konflikt mit dem östlichen Nachbarn auszusetzen.

---

* Sergei Juljewitsch Witte (1849-1915), russischer Finanzminister 1892-1903, russischer Ministerpräsident 1905/06.

Die russische Politik im Fernen Osten führte dort zur Gefährdung der englischen Position und sie versprach Deutschland neue territoriale und geschäftliche Gewinne. Damals war sogar von einer Aufteilung Chinas die Rede, und Kaiser Wilhelm hat bestimmt an etwas von dieser Art gedacht, als er mit Begeisterung einen Kreuzzug gegen die gelbe Rasse ausrief*.

Es ist schwer, Vermutungen dazu anzustellen, welchen Ausgang dieses Krieges man in Berlin erwartet hatte, aber sicher ist, dass sein ungünstiger Verlauf die kunstvolle Konstruktion der antienglischen Politik Deutschlands völlig umwarf. Deren Ruin hatte sich im Übrigen schon vor dem Krieg vonseiten Frankreichs vorbereitet.

Das französisch-russische Bündnis, das seinerzeit von dem isolierten Frankreich mit solcher Begeisterung begrüßt worden war, sowohl von der Masse der Bevölkerung, die wenig Glauben an die eigenen Kräfte besaß und vor allem Frieden wünschte, als auch von einigen Träumern, die an Revanche dachten, und von Besitzern von Kapital, die es in Russland günstig anlegen konnten, dieses Bündnis war im Lauf der Zeit in die Kritik geraten. Es hatte Frankreich nicht vor der Demütigung in Faschoda geschützt und damit die nationalen Gefühle nicht befriedigt, die Zukunft der russischen Anleihen begann Zweifel zu erregen, doch die Hauptkritik war, dass nach der Annäherung Russlands an Deutschland die Allianz Frankreich immer mehr zu einem Mittel in der Politik dieser beiden Staaten machte. Die Republik ging immer mehr einer selbstständigen, innerhalb der eigenen, breiten Perspektiven geführten Außenpolitik verlustig.

Beim Übergang vom vergangenen zum gegenwärtigen Jahrhundert konnte man in der französischen Politik eine Belebung spüren, und eine breitere Initiative kam zum Vorschein. Die Diplomatie der Republik brachte eine Verständigung mit Italien (1900-1902) in den Mittelmeerfragen zustande, wobei Frankreich alle Interessen in Tripolis aufgab und Italien in Marokko. Angesichts der guten italienisch-englischen Beziehungen, die sich gerade auf der Grundlage der Mittelmeerfragen herausgebildet hatten, ließ diese Verständigung eine Annäherung Frankreichs an England erwarten, für die sich in Frankreich langsam der Boden bereitete. Nach dem Ausbruch des japanischen Kriegs, der Russland sofort in Europa lähmte und von Deutschland abhängig machte, wurde es für Frankreich offensichtlich, dass man einen anderen Rückhalt für sich besitzen müsse, vor allem angesichts der französischen Marokko-Pläne. So kam es auch kurz nach dem Ausbruch des Krieges, im April 1904, zu

* Anspielung auf die „Hunnenrede" Wilhelms II. am 27. Juli 1900 in Bremerhaven bei der Verabschiedung des deutschen Expeditionskorps zur Niederschlagung des Boxeraufstandes in China.

einer englisch-französischen Verständigung, in der alle kolonialen Konflikte zwischen den beiden Mächten geregelt wurden und Frankreich freie Hand in Marokko erhielt, eine Tatsache von großer Bedeutung angesichts der Annäherung Frankreichs an das in Europa isolierte England und der Ausschließung Deutschlands von den Mittelmeer-Angelegenheiten durch beide Mächte. Dieser Akt, dessen Urheber von französischer Seite Delcassé* war, ein kühner Politiker und Mann von großen Plänen, war von englischer Seite das Werk des zweiten gekrönten Diplomaten, der sich neben Wilhelm II. im europäischen Gesichtskreis zeigte, König Eduards VII. Durch diese Übereinkunft wurde der Politik Deutschlands, die auf die Isolierung Englands zielte, ein entschiedener Schlag versetzt, der seine jahrzehntelangen Bemühungen zunichtemachte. Mit ihm begann eine neue Mächtekonstellation, angesichts derer die bisherigen, formal noch bestehenden Bündnisse teilweise ihre Bedeutung verloren haben.

Die Verständigung zwischen Frankreich und England, die durch eine Verständigung beider Mächte mit Italien und Spanien ergänzt wurde und die zum ersten Mal seit langer Zeit die Stimme Deutschlands in einer wichtigen internationalen Frage wie der marokkanischen Frage ausschloss, war zweifellos eine Niederlage der Politik Berlins. Es hat sie zunächst mit äußerlicher Gleichgültigkeit hingenommen. Vielleicht hat man in Berlin nicht sehr an die Dauerhaftigkeit der französisch-englischen Annäherung geglaubt; andererseits hatte der Krieg im Fernen Osten gerade erst begonnen und es war nicht klar, welche Wendung er für Russland nehmen würde und also auch inwieweit man in Europa mit der französisch-russischen Allianz würde rechnen müssen.

Doch nachdem der Krieg ein Jahr gedauert hatte, kam Mukden**, wonach es an seinem Ausgang keinen Zweifel mehr gab. Zugleich trat die innere Krise in Russland in eine heiße Phase ein und machte es nach außen machtlos. Andererseits entwickelte sich in Frankreich unter der Regierung des Kabinetts Combes*** ein erbitterter Kampf gegen die Kirche, es kam zur Zerrüttung der Armee und antimilitärische Parolen feierten Triumphe. Dieser Moment erschien den Deutschen am geeignetsten, um die sich bildenden Gruppierung zu zerschlagen. Sie nahmen die marokkanische Frage, in der ihre Interessen ignoriert worden waren, zum Anlass und führten eine diplomatische Attacke gegen Frankreich. Diese Attacke, deren *spiritus movens* nach allem, was bekannt ist, Wilhelm II. selbst war, wurde zugleich mit Vehemenz und Perfidie

* Théophile Delcassé (1852-1923), französischer Außenminister 1898-1905, 1914/15.

** Sieg der japanischen gegen die russische Armee in der Schlacht bei Mukden im Februar/März 1905.

*** Èmile Combes (1835-1921), französischer Premierminister 1902-1905.

durchgeführt. Die Berliner Diplomatie gab sich den Anschein, als hätte sie erst jetzt von den Dingen erfahren, die ihr gut bekannt waren (von dem Inhalt des Abkommens mit England hatte Delcassé Berlin vor seinem Abschluss informiert und man hatte von dort damals keinerlei Vorbehalte angemeldet), sie machte aus der Sache eine Frage der Ehre Deutschlands als Großmacht und forderte die Entfernung des französischen Außenministers. Die französische Regierung hatte den Eindruck, sie sei von Krieg bedroht, der beim inneren Zustand des Staats unter dem Kabinett Combes sehr gefährlich gewesen wäre: Delcassé musste zurücktreten und Frankreich erklärte sich mit einer internationalen Konferenz einverstanden. Dies war ein Triumph Deutschlands, aber eher ein formaler als ein tatsächlicher. Die französische Politik änderte mit dem Wechsel ihres Lenkers nicht ihre Richtung und die französisch-englische Annäherung hielt die Probe der Konferenz in Algeciras aus und verstärkte sich, weil die englische Politik ohne Zögern Frankreich entschieden unterstützte. Die englisch-französische *entente cordiale* wurde zu einem Faktum, das die internationale Lage dominierte.

Mit Algeciras begannen auch die englischen Bemühungen um eine Annäherung an Russland.

Wenn auf den Inhalt des Vertrags von Portsmouth*, der die Folgen der Kriegsniederlage Russlands so weit als möglich abmilderte, die Vereinigten Staaten einen starken Einfluss ausgeübt haben, die ein Anwachsen der japanischen Macht nicht wünschten, die ihre Interessen im Pazifik bedrohte, so hat dabei zweifellos auch England in weniger sichtbarer Weise mitgewirkt. Im Interesse dieses Staates lag es, den Vormarsch Russlands in Asien aufzuhalten, es aber nicht zu sehr zu schwächen, was notwendigerweise eine Abhängigkeit Russlands von Deutschland nach sich gezogen und diesem den Weg im Nahen Osten geebnet hätte. Andererseits strebte England bereits nach einer Annäherung zu dem bisherigen Gegner auf der Basis von gemeinsamen Interessen, die durch Deutschland bedroht waren.

Die englischen Bemühungen führten zu der Verständigung mit Russland (1907) in den asiatischen Fragen**, die für Russland sehr vorteilhaft war, vor allem im Hinblick auf seine gegenwärtige Lage als Großmacht. Zusammen mit der französisch-japanischen und der russisch-japanischen Verständigung komplettiert sie ein System von Übereinkünften, bei denen England die treibende Kraft und aus denen Deutschland ausgeschlossen ist. Dadurch sind

---

* Der Vertrag von Portsmouth (New Hampshire) vom 5. September 1905 beendete den Russisch-Japanischen Krieg.

** Im Vertrag von St. Petersburg einigten sich 1907 England und Russland auf eine Abgrenzung ihrer Interessensphären in Zentralasien. Er schuf die Voraussetzung für die Triple-Entente zwischen England, Frankreich und Russland im Ersten Weltkrieg.

nun tatsächlich die strittigen Fragen zwischen den Großmächten beseitigt worden, die von Deutschland in seiner aggressiven, vor allem antienglischen Politik ausgenutzt wurden. Sie binden der Berliner Diplomatie gleichsam die Hände und hemmen jenen Schwung, den sie in der außereuropäischen Politik gewonnen hatte.

Wenn zur englisch-französischen *entente cordiale* ein gutes Verhältnis beider Staaten zu Italien und Spanien hinzukommt und ein Einvernehmen der Mächte besteht, die unmittelbar an den Angelegenheiten des Mittelmeers interessiert sind, dann ändert das die Stellung Westeuropas gegenüber Deutschland grundlegend. Sein Einfluss in dieser Hälfte unseres Erdteils wird beschnitten, während vor allem Frankreich – das nach 1871 den vorher eingenommenen Rang einer Großmacht erster Ordnung verlor, lange Zeit isoliert und sogar von einem neuen Schlag vonseiten Deutschlands bedroht war, sich dann auf Russland stützte, dessen Macht es überschätzte und von dem es zu einem dienenden Instrument in seiner Deutschlandpolitik gemacht wurde, bis Russland sich selbst im Fernen Osten engagierte, zerschlagen wurde und von völliger Abhängigkeit von Deutschland bedroht war – während also Frankreich durch die Annäherung an England eine selbstständige Position und zusammen mit ihm die Möglichkeit zurückgewinnt, auf dem für es wichtigsten außereuropäischen Grund in Nordafrika eine eigene Politik zu betreiben. Deutschland, das sich gestützt auf seine Macht und auf den Antagonismus der anderen Großmächte anschickte ganz Europa zu gebieten, begegnet heute im Westen einer realen Kraft in dem mit England verbündeten Frankreich und muss sich angesichts dessen mit der Tatsache abfinden, dass die Zeit für seine Hegemonie noch nicht gekommen ist.

Die internationale Situation, die sich auf diese Weise herausgebildet hat, reduziert Deutschland auf eine bescheidenere Rolle als die, die es bis vor Kurzem gespielt hat, und erschwert ihm – für wie lange, ist ungewiss – eine offensive Politik außerhalb Europas.

Jedoch ist Deutschland nicht geneigt, sich mit der entstandenen Sachlage abzufinden. Bei der zweiten Friedenskonferenz in Den Haag (1907) ist es als die hauptsächliche militante Macht aufgetreten, und das ganze Verhalten seiner Vertreter zeugte von den offensiven Absichten der Berliner Politik für die Zukunft.

Die Grundlage dieser Absichten bildet nicht nur seine eigene Macht, die Entwicklung der inneren Kräfte des eigenen Staates, sondern auch seine Position in Osteuropa. Nach der Zerschlagung Russlands im Fernen Osten ist es in dieser Hälfte Europas zu tiefgreifenden Veränderungen gekommen, angesichts derer die bisherige Politik Deutschlands und die traditionelle Politik Preußens bei der Verfolgung ihrer vorgegebenen Ziele in vieler Hinsicht neue Wege beschritten haben.

DRITTER TEIL

Die Schwäche Russlands, die polnische Frage und die deutsche Politik in Osteuropa

I. Russland nach dem Japanischen Krieg

Der Bankrott der ostasiatischen Politik Russlands war nicht die wichtigste Folge der Niederlage im Krieg gegen Japan. Wesentlich größere Bedeutung hat die Veränderung, die in seiner Großmachtstellung erfolgte. Ein Staat, der als die erste Militärmacht auf dem Land und als die dritte Seemacht galt, hatte große Mängel in seiner Armee und die Untauglichkeit seiner Flotte offenbart und dabei zugleich den beängstigenden Zustand seiner inneren Ordnung enthüllt.

Als die größte Schwierigkeit für Russland im ostasiatischen Feldzug hatte die Entfernung des Kriegstheaters vom Zentrum des Staats gegolten. Das hat Russland durch die sibirische Eisenbahnlinie und die Art ihres Gebrauchs während des Kriegs durchaus erfolgreich bewältigt, indem es Waggons aus dem inneren Eisenbahnnetz genommen und sie im Fernen Osten konzentriert hat. Die Verlegung von großen Truppenmassen in die Mandschurei in relativ kurzer Zeit und ihre Verproviantierung haben sich als möglich erwiesen. Zu der Niederlage kam es hauptsächlich durch die Unfähigkeit und Trägheit der Führung, des Stabs und überhaupt aller höheren Offiziere der Armee und der Flotte. Das waren die fatalsten Mängel, wofür die Prozesse, die nach dem Ende des Feldzugs den Befehlshabern gemacht wurden, traurige Belege liefern.

Die Ereignisse im Innern, die den Krieg begleiteten und sich nach seinem Ende noch stärker entwickelten, haben den gefährlichen Zustand der Geister in der Bevölkerung und die tiefreichende Krankheit der gesellschaftlichen Ordnung bloßgelegt: die Opposition breiter und bedeutender Kreise der Gesellschaft, die organisierte revolutionäre Bewegung mit ihren heftigen Erscheinungen und schließlich am mächtigsten von allem die elementare, vom Geist der Zerstörung geleitete Anarchie.

Schließlich hat die Regierung gegenüber all diesen Vorfällen teils mit Tatenlosigkeit reagiert, teils mit überflüssigen Grausamkeiten, teils indem sie versucht hat, die rote Anarchie mit Hilfe der schwarzen Anarchie zu bekämpfen, einmal geleitet von Angst, ein andermal von Rachegelüsten. Das hat in dieser Regierung einen Mangel an Willen, das Fehlen eines Handlungsplans und breitangelegten Denkens und schließlich Desorganisation und daraus herrührende Schwäche offenbart. Es wurde deutlich, dass sie nur deshalb existiert,

 | DOI:10.30965/9783657702916_014

weil die unzufriedene Nation nicht in der Lage ist, ihr eine starke Organisation entgegenzustellen.

Für die, die die innere Entwicklung Russlands und sein Herrschaftssystem seit einer Reihe von Jahren aufmerksam verfolgt haben, waren die genannten Fakten keine Überraschung. Die Herrschaft in einem so riesigen, so heterogenen, historisch nicht konsolidierten und infolge seiner Nachbarschaft zu Europa in immer schwierigeren Verhältnissen lebenden Staat stellt vor so ungeheure Aufgaben, dass nur eine sehr hochentwickelte Organisation der Verwaltung ihnen gerecht werden kann. Zur Erfüllung dieser Aufgaben war eine Bürokratie berufen, die ohne die Gesellschaft oder gegen sie regierte, mit einem zentralistischen System, das in der Hauptstadt die Fäden der geringfügigsten, lokalsten Angelegenheiten des gesamten Imperiums zusammenlaufen ließ; und die schließlich niemandem verantwortlich war und von keiner Seite kontrolliert wurde. Die Verantwortung vor dem autokratischen Herrscher wurde angesichts der mit unerhörter Geschwindigkeit wachsenden Kompliziertheit der Aufgaben und Regierungstätigkeiten zu einer rein formalen, eine nationale Vertretung gewährte die Staatsordnung nicht, und angesichts eines völligen Fehlens der Freiheit des Wortes konnte noch nicht einmal von moralischer Kontrolle durch eine öffentliche Meinung die Rede sein.

Je mehr der Staat und mit ihm seine Aufgaben wuchsen, umso verderblicher wurde für ihn diese Ordnung und umso schneller musste sie entarten. Angesichts der Großmachtrolle, die Russland spielte, musste seine Regierung immer mehr Kräfte einsetzen, um den Anschein von Macht und Leistungsfähigkeit zu erhalten, worunter sich eine schnell fortschreitende Zerrüttung der Staatsmaschine und die Unfähigkeit und Unredlichkeit der Menschen verbarg, die in ihr tätig waren.

Die Unzufriedenheit mit dieser Ordnung wuchs in der Gesellschaft immer mehr, und ein Bewusstsein von der Notwendigkeit sie umzugestalten war den staatlichen Akteuren oft nicht fremd. Ein Ausdruck dieses Bewusstseins waren die Reformen Alexanders II.*, die in sich einen großen Wert hatten, vor allem aber als Vorbereitung des Landes auf weiteren Fortschritt in dieser Hinsicht. Doch jede politische Reform in Russland fasst in sich eine große Schwierigkeit. Die angestaute Unzufriedenheit und der Hass auf die Regierung, das Fehlen eines Gefühls von Verbundenheit der Gesellschaft mit der Regierung, die sich

* Alexander II. hob 1861 die Leibeigenschaft der russischen Bauern auf und führte in den folgenden Jahren eine Reihe von weiteren Reformen in Wirtschaft, Bildung und Verwaltung durch, die aber oft nicht konsequent genug waren und die von seinem Nachfolger Alexander III. in großen Teilen wieder rückgängig gemacht wurden.

seit den Zeiten des Moskauer Zartums ihr gegenüber immer wie ein fremder Eroberer verhalten hat und die ihre traditionellen Eroberer-Methoden nicht ablegen kann, führen dazu, dass jegliche, selbst begrenzte Freiheit einen scharfen Konflikt zwischen den Vertretern der Bevölkerung und den staatlichen Behörden hervorbringt. Die Regierung kann aus diesem Kampf keinen anderen Ausweg finden als durch die Begrenzung der Freiheit. Das war auch das Schicksal der Reformen Alexanders II. Die Institutionen der örtlichen Selbstverwaltung wurden zu einem Feld des Kampfes mit der Regierung, die gleiche Rolle in noch höherem Grad spielten die Universitäten, die nach europäischem Muster organisiert und ein Schauplatz von Unruhen waren und die revolutionäre Bewegung hervorbrachten. So kam es noch unter derselben Herrschaft auch zu einer Reaktion, die nach einer Begrenzung der bereits eingeführten Reformen strebte. Der Zar selbst schwankte am Ende seines Lebens zwischen dieser und einer Verfassungsreform, in der Hoffnung, dass diese die Unzufriedenheit beseitigen und die Bevölkerung der Regierung und dem Monarchen näherbringen würde.

Als Alexander III. nach dem tragischen Tod seines Vaters den Thron bestieg, lebte er in der Furcht vor Terroranschlägen und hielt die Unterdrückung von Rebellion für die oberste Priorität. Das nutzten die Gegner der Freiheiten, und die Herrschaft dieses Zaren wurde zu einer Zeit der Reaktion und des schnellen Rückzugs von dem Weg, den Russland unter dem Vorgänger schon beschritten hatte. Damals übernahm die Bürokratie endgültig die Macht, der Wille des Monarchen verschwand aus der Regierung, die Fesseln an den Händen der Gesellschaft wurden angezogen, die öffentliche Meinung geknebelt. Damals festigte sich auch, wie wir im letzten Kapitel erwähnt haben, der Begriff von einem Staat, der für die Bürokratie existiert, um ihr Einkommen zu verschaffen, welchem Ziel alle anderen untergeordnet sind. Die unter dieser Herrschaft glänzende äußere Position des Landes, der Nimbus ihrer Macht und der moralische Nimbus Russlands in Europa, der ein Werk des befreundeten Frankreichs war, beeindruckten sogar viele unzufriedene Elemente. Man glaubte, Russland sei auf dem besten Weg.

Doch die Regierung kam mit den ihr obliegenden Aufgaben immer schlechter zurecht, und die inneren Missstände der Gesellschaft machten sich immer stärker bemerkbar. Unter anderem traten als eines der Hauptphänomene des öffentlichen Lebens periodische Missernten und Hungersnöte auf, die die Folge eines kulturellen Stillstands waren, und zu den Hauptmerkmalen der Staatswirtschaft gehörten häufige und umfangreiche Anleiheaktionen, die in engem Zusammenhang mit der mangelnden Steuerkraft der Bevölkerung standen. Und schließlich begann an den Spitzen der Staatsverwaltung eine starke Desorganisation hervorzutreten, eine immer schlechtere

Koordination der einzelnen Sektionen der Verwaltung, eine Rivalität zwischen den Ministerien um den Umfang an Macht. Um Einfluss auf die Schicksale des Staats zu gewinnen, begannen die Minister Gedanken zur Unzeit zu entwickeln und riskante Mittel zu versuchen. Unmittelbar vor dem letzten Krieg* begann der Staat in der Innenpolitik den gefährlichsten Weg einzuschlagen, den von Experimenten. Man unternahm Versuche, ganze Industriezweige künstlich zu schaffen, die später bankrottgingen; man sammelte Nachrichten über die Bedürfnisse der Landwirtschaft, indem man besondere Komitees aus Vertretern der Gesellschaft organisierte, deren Memoranden in den Archiven vergraben wurden, wenn sie weiter gingen als erwartet (wobei hinzuzufügen ist, dass die Minister unter sich darum kämpften, wer ihre Ausarbeitung leiten sollte); man schuf sogar im Namen der Regierung geheime Organisationen von Arbeitern unter der Leitung eines Obersten der Gendarmen, der plötzlich zum Chef der Abteilung befördert und wenig später verbannt wurde. Die Art und Weise der Regierung und die Art der gemachten Experimente hingen von einem Menschen ab, der kurzfristig den Gipfel der Macht erklommen hatte, der Russland auf seine Weise rettete oder es auf neue Wege führte, um schnell den Platz einem anderen zu überlassen, der seine Position unterminiert hatte und der von neuem an seinem Werk zu arbeiten begann.

Die Desorganisation der Regierung fand ihren krassesten Ausdruck in der Außenpolitik, die dem Staat einen fatalen Krieg einbrachte, in der Art der Kriegsführung selbst und schließlich im Verhalten der Regierung im Innern gegenüber dem allgemeinen Aufruhr.

Noch bevor die innere Krise ihre heißeste Phase erreicht hatte, suchte man in den regierenden Kreisen nach Wegen der Annäherung an die gemäßigteren Elemente der Gesellschaft, indem man ihr Recht anerkannte, in der Frage der unerlässlichen Reformen das Wort zu ergreifen. Ein Ausdruck dieses Strebens war die Herrschaft des Fürsten Swjatopolk-Mirski**. Mit ihr ging kein Plan einer Reform der Staatsordnung einher. Die Reformen, die danach kamen (die wichtigste von ihnen war das Toleranzedikt), waren bruchstückhaft und kamen nicht schnell genug. Erst im kritischsten Moment für den Staat wurde durch das Manifest vom 30. Oktober 1905 eine allgemeine Reform angekündigt, die bisher nur teilweise verwirklicht wurde.

Wenn diese Reform sofort ausgearbeitet und aufrichtig und ohne Zögern umgesetzt worden wäre, hätte sie als Grundlage für weitere Verbesserungen der Staatsordnung und die Entwicklung des politischen Lebens in Russland nach neuen Grundsätzen dienen können. Aber sie wurde übereilt verkündet,

---

* Dem Russisch-Japanischen Krieg von 1904/05, bereits unter Zar Nikolaus II.

** Pjotr Dmitrijewitsch Swjatopolk-Mirski (1857-1914), russischer Außenminister 1904/05.

in Form einer Reihe von Versprechungen, um die aufgeregten Geister in der Bevölkerung zu beruhigen. Sie sollte durchgeführt werden, indem man die Duma einberief und sie mit der Ausarbeitung entsprechender Gesetze beauftragte. Ihr Geschick hing also davon ab, wie die Duma aussehen und wie das Verhältnis der Regierung zu ihr sein würde.

Eine Regierung, die sich nicht nur unter Zwang zu Zugeständnissen an die Nation bereit erklärt hätte, sondern die die Notwendigkeit tiefgreifender Reformen für das Wohl des Staats erkannt und aufrichtig nach deren Durchführung gestrebt hätte, hätte sich bei der Ausarbeitung des Gesetzes über die Duma das Ziel gesetzt, in diesem ersten Parlament möglichst gemäßigte und kultivierte Elemente zu versammeln. Doch es geschah das genaue Gegenteil. Das Gesetz über die Duma gab den Ausgang der Wahl in die Hand der Bauern, eines Elements, das in Russland sehr ungebildet und politisch völlig unerfahren ist. Die Furcht vor kultivierteren Elementen rührte aus dem Bestreben her, dass die Reform nicht wirklich umgesetzt und dass die Herrschaft der Bürokratie nicht gebrochen werden sollte. Der ungehobelte Bauer war für die Bürokratie nicht bedrohlich, man wusste, dass er das Problem der Staatsordnung nicht verstand und dass es ihn nicht interessierte. Außerdem rechnete man mit seiner traditionellen Verbundenheit mit dem Thron und seinem Glauben an den Zaren, womit bürokratische Regierungen sich immer abschirmen. Außerdem rechnete die russische Bürokratie, die sich auf der Grundlage von Demagogie entwickelt hatte, denn sie hatte im ganzen westlichen Teil des Reichs, wo sie es mit polnischem Adel und baltischen Baronen zu tun hatte, Methoden entwickelt, um die Bauern gegen diese aufzuhetzen, darauf, dass sie im Kampf mit dem intelligenten Russland die Masse der Bauern gegen dieses gewinnen konnte.

Nach der Verkündung des Gesetzes über die Duma wurde klar, dass der Kampf zwischen der bürokratischen Regierung und der konstitutionellen Opposition ein Kampf um die Seele des Volkes war, darum, wer die Bauern auf seine Seite ziehen würde. Der russische Bauer, der wenig Land hat, aber bei seiner geringen Kultur sehr viel davon braucht, kann nur mithilfe von Land gekauft werden. Die russische Opposition zögerte nicht ihm dieses Land zu versprechen, sie erarbeitete ein radikales Programm zwangsweiser Enteignung von großem Grundbesitz, und im Moment der Berufung der Duma verlagerte sich der Kampf der Regierung gegen die konstitutionelle Partei auf den Boden der Agrarfrage. Die Bauern wählten entweder Gegner der Regierung oder sie erschienen selbst in der Duma, um sicherzustellen, dass das Land so schnell wie möglich unter ihnen verteilt wurde. Die Regierung, die unter diesen Bedingungen das Wettbieten um die Seele des Volkes nicht durchstehen konnte – das im Übrigen schon unter revolutionären Einflüssen stand – stand einer Duma gegenüber, die fast vollständig aus ihren Gegnern bestand. Die Sache stand zwischen Rücktritt der Regierung oder Auflösung der Duma. Schließlich entschied man sich die Duma aufzulösen und dies aufgrund der Agrarfrage zu tun. Die Regierung wusste, dass sie damit die Bauern gegen sich aufbrachte, aber sie spürte schon damals, dass die Grundbesitzer, verschreckt durch das Enteignungsprojekt, den „Kadetten"* mit Misstrauen zu begegnen begannen.

Die Auflösung der ersten Duma war ein entscheidender Moment. Die Hoffnungen der führenden Kräfte in der Kammer, die zu ihrer Unterstützung im Kampf gegen die Regierung das Volk von Wyborg herbeiriefen, wurden enttäuscht. Das Land verhielt sich angesichts des Geschehens ruhig. Die Bürokratie merkte, dass die konstitutionelle Opposition schwächer war, als es schien, und ging zur Offensive gegen sie über.

Indem sie den Autoren des Wyborger Manifests** den Prozess machte und sie auf diese Weise des passiven Wahlrechts beraubte und indem sie danach den Grundsatz der Legalisierung politischer Parteien einführte und diese den „Kadetten" verweigerte, unternahm sie alle Anstrengungen, um sie bei den Wahlen zur zweiten Duma so weit wie möglich zu schwächen. Das ist in gewissem Maß gelungen: Die konstitutionelle Opposition ging aus den Wahlen weniger zahlreich hervor und, was noch wichtiger ist, sie verlor viele fähige Führer. Den größten Vorteil zogen daraus radikale und revolutionäre Elemente, die in dieser Kammer etwa die Hälfte der Sitze einnahmen.

Die zweite Duma*** hatte ein Übergewicht von radikalen und revolutionären Elementen über die konstitutionelle Opposition****; es gab in ihr wenige Elemente, die aufgeklärt und für eine gesetzgeberische Tätigkeit reif waren, und sie war noch mehr als die erste gefüllt mit Bauern, die praktisch ausschließlich wegen des Bodens in sie eingezogen waren. Sie hatte noch weniger als die erste die Voraussetzungen, um die Rolle einer Reformatorin des Staates zu spielen und gesetzgeberische Arbeit zu leisten, die einen breiteren politischen Einblick und große Mäßigung erforderte. Außerdem stand ihr bereits eine Regierung gegenüber, die ihr Übergewicht fühlte, die nicht eingeschüchtert war, sondern

---

* Die Mitglieder der Konstitutionell-Demokratischen Partei wurden auch „Kadetten" genannt.

** Im Wyborger Manifest vom 22. Juli 1906 riefen Mitglieder der Konstitutionell-Demokratischen Partei die Bevölkerung Russlands zum Widerstand gegen die Regierung des Zaren auf. Da dieser Aufruf kaum befolgt wurde, konnte die Regierung harte Maßnahmen gegen die Urheber des Manifests ergreifen.

*** Tagte vom 20. Februar bis 2. Juni 1907.

**** Die sozialistischen Parteien hatten die Wahlen zur ersten Duma boykottiert und nahmen erst an den Wahlen zur zweiten Duma teil.

herausfordernd auftrat und die Überlegenheit der Bürokratie über die „arbeitsunfähige" Vertretung der Nation betonte, mit dem energischen Stolypin* an der Spitze, der die revolutionäre Bewegung mit harten Repressionen bekämpfte und sich in die Stellung eines „Erlösers Russlands" brachte. Auch wenn diese Regierung ständig von der Notwendigkeit von Reformen, von der Notwendigkeit öffentlicher Kontrolle über die Regierung und vom Wunsch nach der Erhaltung der Vertretung der Nation sprach, forderte sie von der Duma bereits, dass sie sich ihr fügte, wenn sie weiterbestehen wollte. Das Schicksal einer solchen Kammer, die einer solchen Regierung gegenüberstand, war von ihrem Beginn an entschieden. Seit ihrer Einberufung hing ein Damoklesschwert über ihr, die Drohung ihrer Auflösung, die ihre gemäßigten Elemente vermeiden wollten, indem sie einen Kompromiss mit der Regierung suchten, wenn auch zu schlechten Bedingungen. Sie spürten, dass sich die Existenz der nationalen Vertretung nur auf der Grundlage eines solchen Kompromisses retten ließ. Jedoch war die Regierung nicht zu einem Kompromiss bereit, sie forderte von der Mehrheit der Duma die vollständige Kapitulation, und als sie sie nicht erreichte, fand sie einen Vorwand zu ihrer Auflösung.

Diesmal fühlte sie sich stark genug, um das Wahlgesetz in einer Weise zu ändern, die eine völlig gefügige Duma brachte. Bei dieser Änderung führte sie kein neues Prinzip ein, das konservative Prinzip, das man vorausgesehen hatte, sie gab dem größeren Landbesitz kein klares Privileg, das ihr zum Nachteil hätte ausschlagen können, vor allem auf dem ausgedehnten Gebiet der Weggenommenen Länder, wo die Polen die Mehrheit unter den Landbesitzern stellen, sondern sie schuf ein uneinheitliches Gesetz ohne jedes allgemeine Prinzip, das in den verschiedenen Wahlbezirken die Stimmen beliebig zwischen den Bauern und anderen Elementen aufteilte, das sich je nach Bedarf der verschiedenartigsten Prinzipien bediente und das schließlich administrativer Willkür Tür und Tor öffnete. Der einzige leitende Gedanke dieses Gesetzes ist es, eine Vertretung zu bekommen, die sich mit dem bürokratischen System abfindet und sich der Regierung unterwirft.

Nach den Wahlen, die unter starkem Druck der Verwaltungsbehörden durchgeführt wurden, versammelte sich die dritte Duma**, in der die konstitutionelle Opposition zusammen mit den radikalen Elementen und den Polen nur noch weniger als den dritten Teil ihrer Gesamtheit ausmachte. So stand die Regierung wie ein Triumphator vor ihr.

Über das Verhalten dieser Kammer entschieden die „Oktobristen", die zahlreichste Partei in ihr, deren Programm darin bestand, die Grundsätze des

---

* Pjotr Arkadjewitsch Stolypin (1862-1911), russischer Ministerpräsident 1906-1911.

** Am 1. November 1907.

Manifests vom 30. Oktober in Gesetze zu fassen, jedoch auf solche Weise, dass diese die zentralistisch-bürokratische Herrschaft nicht an ihrer Wurzel untergruben, sondern sie erneuerten und stärkten. Dieses Ziel war wohl illusorisch, denn, wie wir oben schon gesagt haben, werden alle bürgerlichen Institutionen in Russland mit Notwendigkeit zum Schauplatz eines harten Kampfs gegen die Bürokratie, aus dem die Letztere nur einen Ausweg weiß, indem sie die Freiheiten einschränkt. Die Regierung ist in diese Richtung gegangen, aber schon heute erscheint sie den einflussreichen Elementen in den höchsten Kreisen als zu liberal und wird möglicherweise einer noch reaktionäreren Platz machen müssen.

Über die nationale Vertretung mit gesetzgeberischen Kompetenzen, wie sie das Manifest vom 17. Oktober* ins Leben gerufen hat, ist das Urteil wohl schon gesprochen.

Die Elemente, die der Herrschaft der Bürokratie den entschiedenen Kampf angesagt hatten und die sie erst vor Kurzem in der heißen Phase der inneren Krise zu stürzen versuchten, kann man heute als besiegt ansehen.

Die revolutionäre Bewegung, die sich so stark und auf so verschiedene Weise bemerkbar machte (Terroranschläge, Demonstrationen, der Aufstand in Moskau, Meutereien in der Flotte und der Armee, Generalstreiks und vor allem Eisenbahnstreiks, Unruhen auf dem Land usw.), die gegen die Regierung mit den für sie schmerzhaftesten Mitteln kämpfte und zugleich mit ihren maßlosen Forderungen eine tatsächliche Verfassungsreform behinderte und die schließlich die Bevölkerung so terrorisierte, dass sie einen Teil von ihr der Regierung in die Arme trieb, diese Bewegung kann man heute als zerschlagen ansehen. Der größte Teil ihrer Führer ist entweder gehängt worden oder er sitzt in Gefängnissen und sibirischen Bergwerken oder ist ins Ausland geflohen. Sie ist nicht völlig verschwunden, wie zahlreiche Tatsachen belegen, aber sie wird einige Zeit brauchen, bis sie sich in so großem Umfang wie noch vor Kurzem neu organisieren kann.

Die konstitutionelle Opposition, die hauptsächlich in der Partei der Konstitutionellen Demokraten („Kadetten") zum Ausdruck kommt, die sich später die Partei der „Freiheit des Volkes" nannten, hat nicht das Feld geräumt und wird es sicher nicht räumen, aber sie wird sich von dem Gedanken eines Siegs über die Bürokratie für vielleicht lange Zeit verabschieden müssen. Sie hat die dominierende Position verloren, die sie eingenommen hat, als sie im Kampf gegen die Regierung an der Spitze der Gesellschaft stand. Sie hat die Auseinandersetzung mit der Bürokratie um die Macht in Russland verloren, und zwar ganz bestimmt deshalb, weil zu ihrem Sieg die historischen

---

* 30. Oktober 1905 nach gregorianischer Zeitrechnung.

Voraussetzungen fehlten. Die tatsächlichen Gründe dieser Niederlage liegen vor allem darin, dass sie selbst in ihrer Zusammensetzung nicht einheitlich genug war, dass sie keine festgesetzte Grenze ihrer Bestrebungen und keine ausreichend starke Bremse beim theoretisierenden Radikalismus hatte. Dieser ihr Charakter und die Tatsache, dass sie in den politisch unreifen und unbesonnenen Massen keine starke Stütze hatte, waren der Grund dafür, dass sie sich nicht klar abgrenzen konnte von den extrem revolutionären Elementen mit ihren utopischen Programmen und der Neigung zu planloser Anarchie. Mit ihrem radikalen Agrarprogramm, bei dessen Annahme sich sozialer Dogmatismus mit der Notwendigkeit paarte, im Kampf mit der Regierung um den Einfluss auf die Bauern eine List anzuwenden, hat sie breite Kreise von sich abgestoßen und der Regierung angenähert. Und schließlich haben sich die nationalen Elemente von ihr abgewandt wegen ihres liberalen Standpunkts in der Frage der nichtrussischen Nationalitäten, weil sie die Autonomie der Polen verteidigt und vor allem weil sie die jüdische Frage auf die Tagesordnung gebracht hat. Die Juden selbst, die ihre Sache mit der Sache des liberalen Konstitutionalismus verbunden haben, sind so unvorsichtig gewesen, dass sie sich an die Spitze der Partei der „Kadetten" gestellt und ihr stark das Gepräge ihrer eigenen Ambitionen gegeben haben. Auf diese Weise haben sie gegen sich und gegen die Partei antisemitische Gefühle geweckt, die unter den Russen ziemlich allgemein sind.

Auch wenn die Unzufriedenheit mit der Herrschaft der Bürokratie geblieben und noch nicht einmal geringer geworden ist, hat der organisierte Kampf gegen sie seine Kraft verloren und die meisten Russen und selbst ihre Führer haben heute den Glauben an den Erfolg dieses Kampfs verloren. Die Folge dessen sind Apathie und ein üppiges Wachstum von Pessimismus, wie er für die russische Seele immer so typisch war. Doch so lange diese Apathie und Mutlosigkeit andauern, kann jedes Herrschaftssystem, selbst das schädlichste und unpopulärste, sicher existieren.

Nach einer mehrjährigen, tiefgreifenden Erschütterung, die eine Reihe von Veränderungen in der Staatsordnung und von Reformen brachte, von denen die einen sich bestimmt halten werden, andere jedoch wieder zurückgenommen werden könnten, blieb somit also der Kern der Ordnung unverändert. In Russland herrscht die Bürokratie genauso wie früher, sie regelt alle Angelegenheiten des Staats aus dem Zentrum und ist genauso wenig vor irgendjemandem verantwortlich und wird von niemandem kontrolliert. Denn angesichts der Rolle, auf die die Duma herabgesunken ist, deren Zusammensetzung weitgehend nach Belieben festgelegt werden kann, die der Regierung auf Gnade und Ungnade ausgeliefert und deren Schicksal unsicher ist, verwandelt sich ihre Kontrollfunktion in eine Fiktion.

Wenn ein solches Herrschaftssystem zu traurigen Resultaten geführt hat, die schon vor langer Zeit konstatiert wurden, wenn es über den Staat eine so schwerwiegende und so demütigende militärische Niederlage hat kommen lassen, wenn es das Land in einen so fürchterlichen inneren Zustand gebracht hat, wie er während des Kriegs und unmittelbar danach zutage trat, dann ist kaum zu hoffen, dass es das Land aus dem Zustand emporheben wird, in dem dieses sich gegenwärtig befindet. Dieser Zustand verspricht permanent zu werden. Doch er bedeutet die Ratlosigkeit der Regierung gegenüber den immensen inneren Aufgaben des Staats und weiterhin Chaos in der Regierung, bei ständigem Konflikt mit der unzufriedenen Bevölkerung, und schließlich bedeutet er die Verminderung des Großmachtstatus' Russlands, das durch seine inneren Verhältnisse und den Zustand seiner Finanzen diskreditiert ist und in dessen Streitkräfte man kein Vertrauen setzen kann. Die Flotte hat auf lange Zeit keine wesentliche Bedeutung mehr, nachdem im Krieg die besten Schiffe zerstört worden sind, nachdem immer wieder Besatzungen gemeutert und die Offiziere sich kompromittiert haben, und die Armee hat an der wichtigsten Stelle einen fatalen Zustand offenbart, nämlich in den obersten Ebenen der militärischen Hierarchie.

Ein Staat, der sich in diesem Zustand befindet, muss für die nähere Zukunft jegliche Möglichkeit eines neuen Kriegs ausschließen. Da jedoch der Krieg das letzte Argument in der Diplomatie ist, ist diesem Staat die Möglichkeit genommen, eine selbstständige, starke und kühne Außenpolitik zu führen. Er verliert die Stellung als Großmacht, und seine Interessen müssen den Interessen anderer Großmächte weichen.

II. Die polnische Frage in Russland

Unter den Faktoren, die zu einer Schwächung der Stellung Russlands nach außen führen, beginnt die polnische Frage eine wichtige Rolle zu spielen.

Ein Staat, der an seiner wichtigsten, westlichen Grenze ein rein polnisches Land, das Königreich Polen, mit einer Bevölkerung von 11 Millionen besitzt, dazu das riesige Gebiet der Weggenommenen Länder mit 23 Millionen Einwohnern, die zwar nicht polnisch sind, aber auch nicht großrussisch, und unter denen die Polen eine zahlenmäßig absolut ernstzunehmende Minderheit darstellen, die die kultivierteste und wirtschaftlich stark ist, ein solcher Staat muss irgendeinen Plan von einer Polenpolitik haben. Die polnische Bevölkerung ist so zahlreich und nimmt territorial eine so wichtige Stellung ein, dass sie mit dem Staat durch Bande verbunden sein muss, die wesentlich stärkere als rein administrative sind. Angesichts dessen, dass sie eine starke nationale Individualität und daraus resultierende nationale Bedürfnisse und Ambitionen besitzt, muss der Staat diese Bedürfnisse und Ambitionen entweder befriedigen oder sie beseitigen, indem er die nationale Eigenständigkeit der Polen liquidiert. Letzteres hat die russische Regierung bisher versucht, aber ihre diesbezügliche Politik ist vollständig gescheitert.

Der russisch-japanische Krieg ist zu einem Zeitpunkt ausgebrochen, als das Russifizierungssystem im Königreich Polen seit vierzig Jahren in Funktion war. Ein Land, das für so lange Zeit den russischen Funktionären ausgeliefert war, die die Entwicklung seiner kulturellen Kräfte behinderten oder verdarben, das gezwungen war, einen stummen Kampf gegen die Unterdrückung und eine nationale Arbeit im Untergrund zu betreiben, wurde in der russischen Staatskrise plötzlich gezwungen, nach außen hervorzutreten.

Als die politischen Elemente, die die polnischen nationalen Ambitionen repräsentierten, den inneren Zustand Russlands erkannten und sahen, dass sich dort eine Verfassungskrise näherte, beeilten sie sich nicht damit, die polnischen Forderungen zu erheben, die aus polnischer Sicht unabdingbar zu einer Verfassungsreform gehören mussten, und auch nicht mit der Organisation von Unruhen gegen die Regierung. Sie verstanden, dass die Frage der Staatsordnung sich im Kampf zwischen der Regierung und der russischen Nation entscheiden würde und dass die Polen, wenn sie sich in diesem Kampf exponierten, ihm den Charakter eines Kampfs der russischen Nation gegen die eigene Bürokratie nehmen und bewirken würden, dass die russischen nationalistischen Elemente sich auf die Seite der Regierung stellten. Die Polen brachten aus dem Jahr 1863 die Erfahrung mit, dass das Aufbringen der polnischen Sache mit Leichtigkeit den russischen Nationalismus geweckt und liberale Bestrebungen unterdrückt hatte. Sie wünschten also nun dem russischen Konstitutionalismus den Sieg, waren aber selbst bemüht so lange wie möglich in einer abwartenden Position zu bleiben.

Doch diese Position ließ sich nicht aufrechterhalten. Die russischen revolutionären Organisationen arbeiteten daran, in Polen eine analoge Bewegung hervorzurufen, und fanden Verbündete im polnischen und jüdischen Sozialismus im Königreich. Die sozialistischen Parteien im Land begannen mit einer revolutionären Aktion im russischen Stil. Sie verwischten auf diese Weise das spezifisch Polnische im Königreich und gaben ihm den Charakter einer russischen Provinz. Andererseits unternahm das russische konstitutionelle Lager ebenfalls Anstrengungen, um das Königreich in die allgemein-staatliche Bewegung zu ziehen, und sie fand Widerhall in den sog. „fortschrittlichen" Kreisen in Warschau. Angesichts dessen waren die Polen gezwungen, schneller als beabsichtigt aktiv zu werden und ein Programm mit polnischen Forderungen herauszugeben.

Die Führer der polnischen Politik nahmen Kontakt mit der russischen konstitutionellen Bewegung auf, wobei sie als eigenständiges nationales Lager auftraten, und sie begannen bei sich im Land den Kampf um die Wiedereinführung eigenständiger polnischer Institutionen, vor allem aber um die Rechte der polnischen Sprache. Der erste Akt dieses Kampfs war der Aufruhr der Bauern gegen die russische Sprache in der Landgemeinde. Sie beriefen sich auf ein Recht, das nicht aufgehoben, sondern von der Verwaltung nur verletzt worden war. Die Hälfte der Landgemeinden im Königreich (etwa 600) beschloss die Einführung der polnischen statt der russischen Sprache in der Gemeinde und begann diesen Beschluss umzusetzen. Als die revolutionäre Bewegung im Staat an Stärke gewann, kam es zur Agitation unter der Jugend, wodurch diese zum Verlassen der Schulen veranlasst wurde. Da nahmen die polnischen Politiker diese Bewegung in ihre Hand, gaben ihr ein polnisches Programm, das ihr den Charakter eines revolutionären Streiks der Jugend nahm, und machten daraus einen Boykott der russischen und russifizierenden Schule durch die Gesellschaft, die eine polnische Schule forderte. Zugleich führten die Polen bei den privaten Eisenbahnen im Königreich die polnische Sprache wieder ein.

Nachdem sie gegenüber der russischen Regierung und Gesellschaft die Forderung nach einer Autonomie des Königreichs Polen erhoben hatten, begannen die Führer der polnischen Politik schnell mit der Organisation der Massen im Land. Sie sagten den sozialistischen Parteien den Kampf an, die die russische Anarchie nach Polen übertragen und damit begonnen hatten, das wirtschaftliche Leben des Landes mit sinnlosen Streiks zu zerrütten und in die sozialen Verhältnisse eine tödliche Zersetzung zu bringen. Als die Sozialisten auf die nationale Aktion mit Terror antworteten, der sich gegen deren Vertreter richtete, als sie mit Morden an polnischen Aktivisten begannen, stießen sie bei den nationalen Kräften auf bewaffneten Widerstand. Es begann ein trauriger und widerwärtiger Kampf, dem auf beiden Seiten Dutzende von Menschen zum Opfer fielen, der aber die Flut der Anarchie letztlich zum Stehen brachte. Für die nationalen Kräfte war er umso schwerer, als sie an zwei Fronten kämpfen mussten: gegen den sozialistischen Terror und gegen die Verfolgung durch die Regierung. Sie mussten gegen zwei Anarchien kämpfen, die der Revolution und die der Regierung, denn die Regierung war nicht in der Lage, dem Land Ordnung und öffentliche Sicherheit zu gewähren. Sie war nur mit Hilfe der Armee darauf bedacht, dass nicht die polnische Gesellschaft in dieser Hinsicht ihre Rolle übernahm und selbst eine Organisation schuf. Trotz dieser äußerst schwierigen Umstände behielten das Nationalgefühl des polnischen Volkes und seine gesunden Instinkte die Oberhand und die anarchische revolutionäre Bewegung musste zurücktreten.

Als nach der Verkündung des Manifests vom 30. Oktober die Sozialisten auf den Straßen mit roten Fahnen zu demonstrieren begannen, antwortete Warschau mit riesigen nationalen Demonstrationen am 2. und 5. November. Die riesige, fast 200.000 Menschen umfassende Menge schritt in mustergültiger Ordnung unter Fahnen mit den polnischen weißen Adlern, gesammelt und ruhig, von Zeit zu Zeit unterbrochen durch die von allen gesungene Hymne „Gott, der du Polen". Sie schien diese unglückliche Stadt wieder feierlich in ihren Besitz zu nehmen, die sich vierzig Jahre lang unter dem politischen Druck und unter den Übergriffen der wilden Russifikatoren gekrümmt hatte und in der sich jetzt die in diesen vierzig Jahren herangezüchtete Anarchie breitmachen wollte. Ähnliche Demonstrationen fanden vor allem an diesem Tag in allen Städten, Städtchen und in vielen Dörfern des Landes statt. Einige Wochen später fand in Warschau ein Kongress von Bauern statt, der, obwohl seine Vorbereitung vor den Behörden geheim gehalten worden war, weit über tausend Vertreter aus fast allen Gemeinden im Land versammelte. Nach den Beratungen, die durch ihre Ruhe und ein hohes kulturelles Niveau beeindruckten, fasste dieser Kongress Beschlüsse, die die Verbindung des Volkes zu den historischen polnischen Idealen feststellten, Autonomie für das Königreich Polen forderten und schließlich alle Bauern verpflichteten, in diesen unruhigen Zeiten für eine starke Organisation der Gemeinden und für Ordnung in der Gesellschaft zu sorgen.

Mit diesem Gesicht trat die polnische Sache aus dem Gewühl der allgemeinen Anarchie im Staat hervor. Sie stellte sich dieser Anarchie mit der Losung von Ruhe und Ordnung entgegen, aber von polnischer Ruhe und Ordnung, auf der Grundlage einer eigenständigen Ordnung des Königreichs.

Das Land, dem man 40 Jahre lang russische Muster aufgenötigt hatte, zusammen mit einer fremden Sprache, nutzte die begrenzten Freiheiten, die ihm das Manifest vom 30. Oktober gegeben hatte, um sein polnisches Gesicht zurückzugewinnen und die ganze Nichtigkeit der Russifizierungsbemühungen zu erweisen. Das sahen die städtischen Behörden, und in ihrem Schrecken darüber erwirkten sie von Wittes Ministerium den Kriegszustand für das ganze Königreich Polen. Er wurde zusammen mit einer Verlautbarung der Regierung bekanntgegeben, in der es hieß, dass die Polen nach einer Abtrennung vom Staat strebten und dass sich in Polen geradezu ein Aufstand vorbereite. Diese Lüge, die auf die Erregung chauvinistischer Gefühle und von Hass auf die Polen zielte, der ähnlich wie 1863 die russische Gesellschaft an die bürokratische Regierung und ihre Politik annähern sollte, verfehlte ihren Zweck. Die russische öffentliche Meinung wusste bereits gut, dass das Streben der Polen auf eine Autonomie des Königreichs ging, und nahm die Verlautbarung der Regierung denkbar schlecht auf. Unter ihrem Druck hob die Regierung den Kriegszustand auf. Doch einige Wochen später wurde er erneut eingeführt, durch einen Erlass, der für den Fall einer Unterbrechung des Bahn-, Post- und Telegrafenverkehrs und für die Dauer dieses unnormalen Zustands den Gouverneuren die Macht gab, selbst den Kriegszustand in den ihnen unterstehenden Bezirken auszurufen. Als Begründung für den Warschauer Generalgouverneur diente ein gesamtrussischer Poststreik. Seit diesem Zeitpunkt dauert der Kriegszustand im Königreich ununterbrochen an, obwohl der Verkehr seit weit über zwei Jahren normal funktioniert, was dem Kriegszustand die legale Grundlage nimmt. Die polnische Vertretung in der Duma hat zweimal eine Anfrage in dieser Sache eingebracht; die erste Duma wurde jedoch unmittelbar nach der Diskussion über diese Anfrage aufgelöst, bevor die Regierung eine Antwort gab, und die zweite Duma wurde schon aufgelöst, bevor die polnische Anfrage auf die Tagesordnung kam.

Bei den Wahlen zur ersten Duma war das ganze Land organisiert unter der Losung der polnischen nationalen Politik. Sie fanden in musterhafter Ruhe und Ordnung und unter zahlreicher Beteiligung der Wähler statt. In den ländlichen Wahlbezirken verliefen sie ohne Kämpfe, denn sie wurden von der demokratisch-nationalen Partei ohne Konkurrenz organisiert. Die Partei der früheren „Kompromissler"*, die eine Aussöhnung mit der Regierung anstrebten, jetzt umgestaltet in die Partei der „Realpolitik", fühlte ihre Schwäche und stellte nirgendwo Kandidaten auf. Dafür kam es zu einem harten Kampf in den Städten, wo sich den polnischen „Nationalisten" die „fortschrittliche" Partei entgegenstellte, die sich auf die jüdischen Massen stützte[11]. Dort war die Wahlbeteiligung in einigen Bezirken geradezu unerhört, in einigen Provinzstädten erreichte sie 91 und sogar 97%.

So ging ein Land, das vor 1831 einen eigenen Sejm gehabt hatte, zu den ersten Wahlen nach 75 Jahren.

Von den Gegnern der demokratisch-nationalen Partei kam nicht einer durch, und in Petersburg erschien eine geschlossene Vertretung des Königreichs Polen, verbunden durch eine strenge Disziplin, politisch einheitlich, auch wenn sie sich in sozialer Hinsicht aus den unterschiedlichsten Elementen zusammensetzte. Neben Vertretern des Großgrundbesitzes, der Aristokratie, der Geistlichkeit und der städtischen Intelligenz saßen in ihr Bauern und Arbeiter, die von dem gleichen Bestreben erfüllt waren.

---

* Die politische Gruppierung der Kompromissler (*Ugodowcy*) hatte sich im Königreich Polen 1882 gebildet. Sie hielt die Loyalität gegenüber der russischen Teilungsmacht für eine Voraussetzung für den Erhalt der nationalen Existenz der Polen.

11 Die Juden, die 14,5% der Bevölkerung des Königreichs stellten und sich in den Städten konzentrierten (in Warschau 34,5%), wollten ihre Abgeordneten ins Parlament bringen, ohne dass diese zur Solidarität mit der nationalen polnischen Vertretung verpflichtet gewesen wären.

Diese Verbundenheit von verschiedenartigen sozialen Elementen machte auf die russischen Abgeordneten einen unangenehmen Eindruck, denen sie als nicht normal erschien. Sie wandten sich auch an die polnischen Bauern und warfen ihnen vor, dass sie sich mit den „Herren" zusammengetan hätten. Diese antworteten ihnen meistens, dass die Polen sich untereinander in einem polnischen Sejm auseinandersetzen würden, dass sie aber einstweilen alle in der Forderung übereinkämen, man solle ihnen erlauben Herren im eigenen Land zu sein.

Die polnische Vertretung in der russischen staatlichen Kammer nahm als nationale Gruppe einen eigenen Standpunkt ein und verband sich nicht eng mit einer der russischen Fraktionen. Wenn sie konstitutionelle Bestrebungen unterstützte, näherte sie sich der Partei der „Freiheit des Volkes" („Kadetten") an, die sich ihrerseits für eine Autonomie des Königreichs Polen aussprach. Entsprechend der Taktik, die man in der polnischen Politik seit der russischen Krise angewandt hatte, beschloss sie ihre Sache nicht in den Vordergrund zu stellen. Bei ihrem Eintritt in die Kammer hatte sie eine Autonomie-Erklärung vorgelegt, in der sie sich auf die besonderen Rechte des Landes berief, das durch die Beschlüsse des Wiener Kongresses mit Russland verbunden war. Sie brachte in der Kammer keine Gesetzesentwürfe ein und trat nur gegen Ende der Sitzungsperiode mit einer Anfrage zum Kriegsrecht im Königreich Polen hervor, das illegal eingeführt worden war und den Behörden am Ort zum Kampf gegen die polnische nationale Arbeit diente. Aber sie musste sich dagegen wehren, dass das radikale Agrarprogramm der russischen Parteien auf Polen ausgedehnt wurde, und forderte für ihr Land das Recht auf eine autonome Regelung seiner wirtschaftlichen und sozialen Verhältnisse. Sie verweigerte auch ihre Teilnahme an der Wyborg-Aktion, nach dem Grundsatz, dass es das Mandat der polnischen Abgeordneten überschreite, wenn sie die Bevölkerung zu irgendwelchen Handlungen aufriefen. Sie fühlten sich nicht berechtigt, sich an die russische Bevölkerung zu wenden, an die polnische hingegen könnten sie sich nur bei sich im Land wenden, ebenso wie an dessen andere Bürger.

Die Wahlen zur zweiten Duma erbrachten im Königreich das gleiche Ergebnis. Die allgemeine Losung im Land war es, die gleichen Abgeordneten nach den gleichen Grundsätzen zu wählen. Bei diesen Wahlen verständigte sich die demokratisch-nationale Partei mit zwei anderen, weniger starken polnischen Parteien (der Partei der „Realpolitik" und der polnischen fortschrittlichen Partei) und brachte mehrere ihrer Kandidaten in die Vertretung, während sie selbst 27 von 34 polnischen Abgeordneten aus dem Königreich behielt[12].

12 Das Königreich Polen besaß nach dem Gesetz 36 Abgeordnete, während das Gouvernement Suwałki, das mehrheitlich litauisch war, zwei litauische Abgeordnete wählte.

Allerdings verringerte sich die Zahl der polnischen Abgeordneten aus den Weggenommenen Ländern (Litauen und Ruthenien) von 20, die in der ersten Duma gewesen waren, auf 12. Diesmal nahm die Regierung schon starken Einfluss auf die lokalen Behörden, damit sie die Wahl von Polen behindern sollten. „Besser Sozialisten als Polen", besagte eine telegrafische Instruktion aus dem Ministerium an einen der Gouverneure. Doch dieses Mal verbanden sich die polnischen Abgeordneten aus diesen Provinzen, die sich im „Kreis der polnischen Abgeordneten Litauens und Rutheniens" organisiert hatten, bei Auftritten nach außen im Grundsatz der Solidarität mit dem „Polnischen Kreis" aus dem Königreich. Auf diese Weise lösten sie die schwierige Frage des gegenseitigen Verhältnisses dieser beiden polnischen Gruppen, die sich in der ersten Duma nicht hatte lösen lassen. Denn die Polen aus den Weggenommenen Ländern, die dort größtenteils nur zur Schicht der Grundbesitzer gehören und in ihrem Land eine Minderheit sind, unterscheiden sich in der Art ihres politischen Handelns wesentlich von den Polen im Königreich, einem rein polnischen Land. Durch diese Verbindung von zwei Kreisen verfügte die polnische Gruppe in der zweiten Duma über 46 Stimmen, die in jeder Angelegenheit einheitlich abgegeben wurden.

Weil in der zweiten Duma die Regierung, die nun bereits ihre Stärke fühlte, in der Erklärung von Stolypin ihren Standpunkt offenbarte, der den rein russischen Charakter des Staats unterstrich und Rechte anderer Nationalitäten nicht anerkannte, sahen sich die Polen gezwungen, die Zurückhaltung aufzugeben, in der sie bisher verharrt hatten, und mit einem polnischen Programm herauszukommen. Sie brachten also in der Duma einen Antrag auf Autonomie des Königreichs Polen ein und danach einen Dringlichkeitsantrag auf schnellstmögliche Einführung der polnischen Sprache als Unterrichtssprache in den Schulen aller Stufen im Königreich. Als die Kammer jedoch vor der Alternative stand, entweder aufgelöst zu werden oder Nachgiebigkeit gegenüber der Regierung Stolypin zu zeigen und als die Partei der „Kadetten" Bereitschaft zu weitreichenden Zugeständnissen an die Regierung zeigte, als die Duma sich vor diesem Hintergrund in zwei Hälften teilte, da fanden sich die Polen in der Position der mittleren Gruppe, von der es abhing, ob sich die Schale nach der einen oder nach der anderen Seite neigte. Von ihr hing auch das Ergebnis zweier Abstimmungen ab, die für die Beziehung der Duma zur Regierung wesentliche Bedeutung hatten, nämlich über das Rekrutenkontingent und über den Haushalt. Bei der ersten von ihnen stimmten sie für den Antrag der Regierung und erklärten, sie seien bereit, ihre Pflichten gegenüber dem Staat zu erfüllen, von dem sie die Anerkennung ihrer nationalen Rechte forderten. Sie äußerten die Hoffnung, dass diese Armee eine andere als die gegenwärtige staatliche Ordnung schützen werde. Sie nutzten die Gelegenheit, um deutlich zu machen, dass der Staat eine starke Armee brauche, um sich Unabhängigkeit von fremden Mächten zu sichern, und dies sogar in seinen inneren Angelegenheiten. Denn die Polen wünschten nicht, dass ihr Schicksal in diesem Land von äußeren Einflüssen abhänge. Als man ihnen nahelegte dem Haushalt zuzustimmen, antworteten sie, sie hielten den Haushalt für den Ausdruck eines Regierungssystems, das gegen ihre nationalen Interessen gerichtet sei, sie verstünden aber, dass dieses System nicht sofort durch ein anderes ersetzt werden könnte, und seien bereit ihm zuzustimmen, wenn sie vonseiten der Regierung einen Schritt sehen würden, der zeige, dass sie einen neuen Kurs einschlage; für einen solchen Schritt hielten sie vor allen Dingen eine Erklärung der Vertreter der Regierung in der Kammer zugunsten ihres Antrags auf Einführung einer polnischen staatlichen Schule im Königreich. Doch die Politik der Regierung ging genau in die Gegenrichtung und von einem solchen Zugeständnis von ihrer Seite konnte keine Rede sein. Somit hatte die Kammer keine Mehrheit zur Verabschiedung des Haushalts und war verurteilt zur Auflösung, für die sich ein Grund fand und die wenig später erfolgte.

Die Unzufriedenheit der Regierung mit der Position, die die Polen zufällig in der zweiten Duma eingenommen hatten und die das Ergebnis der wichtigsten Abstimmungen von ihnen abhängig machte, fand ihren Ausdruck in dem Manifest vom 16. Juni 1907, mit dem die Kammer aufgelöst und ein neues Wahlgesetz erlassen wurde. Es hieß, dass nichtrussische Elemente sich in der Kammer nicht in solcher Zahl befinden sollten, dass sie über das Schicksal des russischen Staates entscheiden könnten. Das neue Gesetz verringerte die Zahl der Vertreter des Königreichs in der Duma von 36 auf 12. Für die Weggenommenen Länder gab sie dem Innenminister das Recht, nach Belieben nationale Kurien zu schaffen, das überdies durch die Verwaltung als Recht verstanden wurde, die festgesetzte Zahl der Wähler nach Belieben zwischen den einzelnen Nationen zu verteilen. Überall, außer im Gouvernement Wilna, erlaubte das die Schaffung einer Mehrheit gegen die Polen. Außerdem führte dieses Gesetz eigene Abgeordnete aus der russischen Bevölkerung ein, in Warschau (wo diese Bevölkerung fast ausschließlich aus Staatsbeamten besteht) sowie in den Gouvernements Wilna und Kaunas, womit diese Länder offiziell als nichtrussisch anerkannt wurden. Die Regierung baute also die polnische Vertretung in der Duma auf einem Ausnahmegesetz auf und erklärte den Polen in der Kammer den offenen Krieg.

Ein bezeichnender Zug an diesem Vorgehen ist es, dass im Königreich die Wahlordnung nicht geändert wurde, wie das im ganzen Staat geschah, um sich das erwünschte Wahlergebnis zu sichern. Es wurde nur die Zahl der Abgeordneten um zwei Drittel verringert, womit die Regierung offiziell ihr Misstrauen und ihr feindliches Verhältnis zu dem Land und zu seiner ganzen Bevölkerung zum Ausdruck brachte. Angeblich hatte man anders vorgehen und für das Königreich eine besondere Wahlordnung schaffen wollen, um eine Vertretung zu bekommen, die gegenüber der Regierung gefügiger war. Aber die gesammelten Informationen sollen besagt haben, dass alle Schichten der polnischen Gesellschaft in der Forderung nach Autonomie des Landes so verbunden seien, dass jede Wahlordnung das gleiche Wahlergebnis bringen würde.

Doch mit dieser Lösung für das Problem, das für sie die polnische Frage in der Kammer darstellte, hatte die Regierung deren Bedeutung und ihre Ratlosigkeit bei der Suche nach einer Lösung für sie zum Ausdruck gebracht.

Der Schritt der Regierung fand umso weniger Anklang bei der liberaleren öffentlichen Meinung in Russland und im Ausland, als die Polen in der Duma sich als eine reife, ruhige und taktvolle Gruppe heraushoben, die frei von Dogmatismus war und die parlamentarische Arbeit mit Realismus anging. Ihre Mitglieder lernte man in den Kommissionen der Kammer schätzen, weil sie sich in der Sache auskannten und zu arbeiten verstanden. Doch die Entfernung einer gewissen Zahl von Personen aus der Kammer, die zur Arbeit in ihr fähig sind, war eine Sache von geringerem Gewicht im Vergleich zu der Stellung, die die Regierung ohne langes Überlegen gegenüber der gesamten polnischen Nation einnahm. Diese Nation, die von Russland so viel Unrecht erlitten hatte, zeigte diesem in einem für es schwierigen Moment nicht ihren Hass, der in ihrer Lage völlig verständlich gewesen wäre, sondern sie zeigte von sich aus einen *modus vivendi* auf und machte sich in der Kammer gemeinsam mit der russischen Nation an die Arbeit zur Reform der für alle tödlichen Staatsordnung.

Die Polen haben dieses Vorgehen der Regierung mit Ruhe aufgenommen. Die Bedeutung der polnischen Frage im Staat hängt nach ihrem Verständnis nicht von der Zahl der polnischen Abgeordneten im Parlament ab, zumal in einem Parlament, von dem sie überzeugt sind, dass es nicht in der Lage ist, sich Selbstständigkeit gegenüber der Regierung zu erkämpfen. Bei den Wahlen zur dritten Duma hat im Königreich erneut die demokratisch-nationale Partei konkurrenzlos dominiert (sogar die Juden haben diesmal keine Gegenkandidaten aufgestellt und sich der Teilnahme an den Wahlen enthalten); gewählt wurden im Allgemeinen dieselben, die schon vorher Abgeordnete waren. Wenn aber die Teilnahme der Gesellschaft an den Wahlen diesmal wesentlich geringer war, dann war sie doch ganz beträchtlich angesichts dessen, dass die meisten Polen den Glauben an die Bedeutung der Duma verloren hatten und dass diese Wahlen beim Fehlen jeglichen Wettbewerbs zu einer rein formalen Tätigkeit wurden. Das zeigt, dass die Polen klar zum Ausdruck bringen wollten, dass ihre Politik dieselbe bleibt, dass die autonome Stellung ihrer Vertretung weiterhin ein Ausdruck ihrer politischen Bestrebungen ist.

In der dritten Duma gab es nur noch 18 Polen (11 aus dem Königreich und 7 aus den Weggenommenen Ländern), die in der Kammer einer Mehrheit gegenüberstanden, die zu ihren Autonomieforderungen einen eindeutig feindlichen Standpunkt einnahm. Außerdem hatte die Regierung bereits eine gewisse Zahl von Abgeordnetenmandaten für Beamte aus den Randgebieten gesichert und für sie sogar eigene Mandate aus der russischen Bevölkerung von Warschau und aus den Gouvernements Wilna und Kaunas geschaffen. Eine spezielle Aufgabe für diese besondere Art von Abgeordneten ist es, die Polen staatsfeindlicher Bestrebungen zu bezichtigen: Nach jeder polnischen Rede sollen sie einer nach dem anderen das Wort ergreifen und ohne Rücksicht darauf, was der Gegenstand der Diskussion ist, darlegen, wie die Polen alles hassen, was russisch ist und wie sie den Untergang des russischen Staats betreiben. Auf diese Weise will die Regierung einerseits die polnische Politik bekämpfen und andererseits in den Russen den Chauvinismus wecken, der, wie die Erfahrung der Vergangenheit lehrt, einen hervorragenden Nährboden für die Entwicklung einer reaktionären Politik darstellt. Mit dieser Unterstützung hatte der Vorsteher des Kabinetts*, der bereits vom Nimbus eines Retters Russlands umgeben war, der es mit seiner starken Hand aus dem revolutionären Chaos gezogen und dem die Kammer Huldigungen entgegengebracht hatte, die besten Aussichten, über die Polen einen leichten Sieg davonzutragen und das Vaterland von fremden Elementen zu befreien, die der russischen Nation ihr Wohl entreißen wollten, das sie mit ihrem eigenen Blut gewonnen hatte.

Doch die Polen beschlossen, der Regierung nicht viele Veranlassungen zu solchen Siegen zu geben. Die schwierige Situation, in der sie sich befanden, hatte sie nicht aus dem Gleichgewicht gebracht. Es fiel ihnen umso leichter, Ruhe und Selbstsicherheit zu bewahren, weil sie sich zwar über ihre ungünstige Lage im Staat in Klaren waren, aber zugleich die ganze Schwäche des Gegners sahen. Ihre Tätigkeit in der dritten Duma begannen sie nicht mit Forderungen für ihr Land – sie haben heute nicht einmal eine ausreichende Zahl von Stimmen, um selbstständig Anträge stellen zu können – und sie wiederholten noch nicht einmal ihre Erklärungen, die sie in den vorherigen Dumas abgegeben hatten. Sie nahmen eine abwartende Haltung ein, sie ergreifen selten das Wort und begrenzen sich einstweilen auf Kritik. Der Ausgangspunkt für diese Haltung ist der folgende: Wir haben uns schon in der letzten Duma dazu geäußert, wie wir die Bedürfnisse des Staates sehen und was unsere Aufgaben sind: Die Regierung hat darauf geantwortet, indem sie unser Recht auf Vertretung eingeschränkt hat, und die Mehrheit der Kammer teilt den Standpunkt der

* Ministerpräsident Stolypin.

Regierung; nun warten wir auf ein Programm der Regierung und der Kammer, sowohl in der Frage, wie man den Staat aus der schwierigen Lage herausholt, in der er sich befindet, als auch zur Lösung der polnischen Frage, damit wir von unserer Seite zeigen können, dass dieses Programm nichts taugt. In diesem Geist haben sie auf die Erklärung der Regierung geantwortet, und wenn auch die Antwort des Ministerpräsidenten, die sie dazu aufrief, sie sollten sich als Russen fühlen, und eine Reihe von Angriffen vonseiten der „Russen aus den Randgebieten" bei dieser Gelegenheit zu einer ausgewachsenen Polendebatte führten, so ist es doch nicht gelungen, einen chauvinistischen Anfall hervorzurufen, der für die Politik der Regierung eine vortreffliche Atmosphäre bieten würde.

Einstweilen hat die Regierung es nicht eilig, in der Duma irgendwelche Reformen einzubringen, die Polen betreffen, so als wäre dessen Verwaltung auf den gesündesten Grundlagen aufgebaut.

Im Königreich Polen dauert der Kriegszustand an, der im Dezember 1905 eingeführt wurde, und gibt der örtlichen Verwaltung fast unbegrenzte Macht über die Gesellschaft. Nach dem Gesetz über den Kriegszustand regelt sie das kulturelle und wirtschaftliche Leben des Landes; dieses Gesetz dient sogar zur Regelung der Fleischpreise im Handel. Nach diesem Gesetz schließen die Behörden Presseorgane, Gesellschaften, Schulen, sie verweigern die Zustimmung zur Abhaltung von Versammlungen, Lesungen, öffentlichen Feierlichkeiten, sie verbannen Personen, die ihnen unbequem sind, ins Ausland. Zugleich werden minderjährige Jungen, die von der allgemeinen Anarchie und Untätigkeit der Polizeibehörden demoralisiert worden sind und Regierungsgeschäfte mit Wodka überfallen haben, vor das Kriegsgericht gestellt und kommen massenweise an den Galgen, während Kosaken aus dem aktiven Militärdienst, die mit der Waffe in der Hand Passanten auf einer öffentlichen Straße überfallen haben, vorschriftsmäßig vor ein Gericht gebracht und zu einigen Jahren Schwerarbeit verurteilt werden (in Będzin im Gouvernement Petrikau Ende 1907).

Ebenfalls nach dem Gesetz über den Kriegszustand ist die „Polnische Schulorganisation" verboten worden, eine große Gesellschaft für Volksbildung im Königreich Polen, die nach dem Manifest vom 30. Oktober 1905 von der polnischen Bevölkerung gegründet worden war. Auf die Arbeit auf diesem Gebiet, das angesichts der Hindernisse von Regierungsseite vernachlässigt war, haben sich die Polen mit Enthusiasmus gestürzt, im Lauf eines Jahres war das ganze Land von Abteilungen der „Organisation" erfasst, aus allen sozialen Schichten liefen Spenden ein, von denen ein beträchtlicher Teil von Bauern stammte, die hocherfreut waren, dass sie endlich eine polnische Schule haben konnten. Es entstanden Hunderte neuer Schulen. Die Schulbehörden behinderten dieses Werk, indem sie die geplanten Schulen nur zu einem kleinen Teil genehmigten oder Kandidaten für das Lehramt keine Lehrerlaubnis gaben, und schließlich forderten sie Russisch als Unterrichtssprache ab den ersten Jahren der Dorfschule. Die Gesellschaft hielt es für eine pädagogische Absurdität, in einer Schule, die die Kinder nur während fünf Monaten im Jahr besuchen, den Unterricht von Anfang an in zwei Sprachen gleichzeitig abzuhalten. Doch diese Ansicht wurde von den Behörden als staatsfeindlich betrachtet. Schließlich wurde die Tätigkeit der Gesellschaft unterdrückt und sie angewiesen sich aufzulösen. Über 200.000 Rubel ihres Vermögens musste sie unter anderen Institutionen im Land verteilen. Man hatte eine große gesellschaftliche Anstrengung zunichtegemacht, eine friedliche Anstrengung auf einem so wichtigen Gebiet, und das war mit Leichtigkeit geschehen, mit dem der russischen Bürokratie eigenen Mangel an Wertschätzung für jegliche zivilisierende und aufbauende Arbeit, mit dem bekannten Wohlgefallen an der Zerstörung.

Das Land lebt unter Bedingungen der Vorläufigkeit, wie während einer Besatzung im Krieg. Keine gesellschaftliche Arbeit, keine Institution ist sich ihres Morgens sicher. Menschen, die gutes Korn in die heimatliche Flur säen und die Fundamente zu nützlichen Institutionen legen, wissen nicht, ob ihre Saat nicht zertrampelt wird, bevor sie Frucht gibt, oder ob das errichtete Gebäude nicht dem Erdboden gleichgemacht wird, bevor es von einem Dach bedeckt ist. Die staatlichen – russischen – Schulen stehen praktisch leer (sie werden besucht von der jüdischen und russischen Jugend), die Universität und die polytechnische Schule in Warschau arbeiten nicht, die polnische Jugend lernt in privaten polnischen Schulen, wie sie seit über zwei Jahren zugelassen sind (auch wenn sie unter schwierigen Bedingungen existieren, weil die Behörden Lehrern die Lehrerlaubnis verweigern, die keine russischen Universitätsdiplome haben), und danach geht sie zur Hochschulbildung ins Ausland, hauptsächlich an die polnischen Universitäten in Galizien (Krakau und Lemberg). Das Volk ist gezwungen, seine Kinder in geheimen Schulen zu unterrichten. Die Institution einer lokalen Selbstverwaltung gibt es nicht außer in den Dorfgemeinden, deren Leben getrübt ist durch den Konflikt mit den Behörden um die Amtssprache (nach der Ausrufung des Kriegsrechts hat man die russische Sprache mit Hilfe von militärischem Vollzug wieder eingeführt), eine öffentliche Sicherheit existiert nicht angesichts des in jeder Hinsicht fatalen Zustands der landfremden Polizei (drei Viertel der Verbrechen bleiben unaufgeklärt) und angesichts dessen, dass Fälle bekanntgeworden sind, bei denen Angehörige der Polizei selbst die Verbrecher oder Komplizen von Verbrechern waren.

Unter solchen Bedingungen lebt und mit solchen Fäden ist mit dem Staat verbunden ein Grenzland, das über 11 Millionen Einwohner zählt, mit einer großen Industrie, mit komplizierten sozialen Verhältnissen und dichter besiedelt als Frankreich (85 Einwohner auf einen Quadratkilometer). Ein Ende dieses Zustands ist kaum vorherzusehen, denn die Regierung besitzt keinerlei Programm für tiefergehende Reformen, und ihre Vertreter im Land geben sich überzeugt, dass der Kriegszustand für lange Zeit die konstante Grundlage der Verwaltung im Königreich Polen bleiben wird.

In dieser Gestalt ist die bestehende und sich ständig verschärfende polnische Frage ein gewichtiger Faktor, der den Staat nach außen schwächt, vor allem gegenüber seinen westlichen Nachbarn.

Diese negative Bedeutung für den Staat ist in der letzten Zeit bereits im Bereich der rein äußeren Politik Russlands stark hervorgetreten, nämlich im Verhältnis Russlands zum Slawentum.

Russland ist in der Präsentation seiner Politik im Westen und auf der Balkanhalbinsel in der Rolle eines slawischen Staates aufgetreten, in der Rolle einer starken Schutzmacht der Slawen. Damit aber seine Polenpolitik nicht dazu genutzt werden konnte, es in dieser Hinsicht der Unaufrichtigkeit zu bezichtigen, hat es durch seine Agenten die Polen in den Ruf von Verrätern der slawischen Sache gebracht. Als Beweis dienten ihm die polnischen Aufstände, die gegen Russland, einen slawischen Staat, gerichtet waren. Dieser Beweis war längere Zeit ausreichend, vor allem weil der Nimbus der unerschütterlichen Macht Russlands die von ihm vorgebrachten Argumente verstärkte. Nach dem japanischen Krieg hat dieser Nimbus sehr gelitten. Besonders begann die öffentliche Meinung in den slawischen Ländern sich gegen die herrschende Bürokratie zu wenden, denn die slawischen Völker sympathisierten mit den konstitutionellen Elementen der Brudernation. Von solchen Sympathien war auch in bedeutendem Maß die Politik derjenigen Polen gekennzeichnet, die Russland nicht den Krieg erklärt hatten, sondern nur eine Autonomie ihres Landes im russischen Staat forderten, also solche Rechte, die slawische Völker andernorts selbst besitzen oder nach denen sie streben und die die größten Freunde Russlands unter den Slawen, die von einer politischen Vereinigung mit ihm träumen, entschieden für sich fordern würden. Die Haltung der russischen Regierung gegenüber den polnischen Forderungen hat auch unter den Slawen allgemeines Misstrauen ihr gegenüber geweckt. Andererseits ist das Prestige der Polen gewachsen, die heute die Stellung der wichtigsten

Vorkämpfer im Slawentum um dessen Bestand errungen haben. Der polnisch-deutsche Kampf im preußischen Teilungsgebiet gilt als Hauptmoment des Kampfes der Slawen gegen ihren ewigen Feind.

Russland, das mit seiner inneren Krise beschäftigt ist, hat diese Entwicklung in der slawischen Welt nicht bemerkt und sie sich längere Zeit nicht bewusst gemacht. Doch in letzter Zeit haben die Ereignisse Russland gezwungen, den Angelegenheiten des Balkans größere Aufmerksamkeit zuzuwenden und sich an das Slawentum zu erinnern, andererseits hat die nebenbei aufgekommene Initiative der Veranstaltung eines Slawenkongresses* die Diskussion in dieser Sache wieder geweckt. Den Augen der russischen Slawophilen vom Dienst bot sich eine radikal veränderte Lage dar. Es stellte sich heraus, dass man die russischen annexionistischen Bestrebungen und die Lust, alle Slawen zu verschlingen, heute nicht mehr unter der Maske der Slawophilie verbergen kann, dass man sich schwer als Freund der Slawen aufspielen kann, wenn man gleichzeitig ein unversöhnlicher Feind der Polen und ein Zerstörer der polnischen Kultur ist, der ältesten und reichsten der slawischen Kulturen. Das bekamen sie von vielen Slawen zu hören, sogar aus dem Mund von aufrichtigen und bedeutenden Freunden Russlands im Ausland (Anatol Leroy-Beaulieu**).

Die offizielle russische Slawophilie ist bereits erledigt. Wenn sich in Russland eine neue slawische Richtung herausbildet, muss sie sich vor allem in der Polenpolitik gegen die Regierung wenden, denn ansonsten bestehen keine größeren Aussichten, außerhalb des russischen Bereichs moralische Errungenschaften zu machen. Dagegen muss die russische Regierung, wenn sie weiterhin ihr Verhältnis zu den Polen aufrechterhält, auf die slawischen Parolen in ihrer Außenpolitik verzichten, sie muss die Waffe aufgeben, der sie noch vor Kurzem so große Bedeutung zugemessen und um deren Erhalt sie sich so bemüht hat. Dann wird sich das Zentrum der slawischen Bewegung, die angesichts der deutschen Gefahr immer mehr an Kraft gewinnt, außerhalb von Russland organisieren und die slawische Strömung wird sich immer stärker gegen es wenden.

So führt vor dem Hintergrund der allgemeinen Schwächung Russlands die polnische Frage, aufgrund der geografischen Lage der polnischen Gebiete und aufgrund ihrer Beziehung zur slawischen Frage, zu einer völligen Lahmlegung der Außenpolitik des Staates im Westen. Damit bringt sie diese in Abhängigkeit von dem mächtigen westlichen Nachbarn.

---

* Der Kongress fand im Juli 1908 in Prag statt.

** Anatole Leroy-Beaulieu (1842-1912), französischer Historiker und Publizist.

III. Die Lage Osteuropas. Deutschland und Russland

Seit Mukden und Tsushima* und den gleichzeitigen Ereignissen innerhalb des russischen Staats ändert sich die politische Lage in Osteuropa radikal. Deutschland, das nach der Vernichtung Frankreichs die einzige bedrohliche Macht an seiner Ostgrenze sah, hat heute einen geschwächten Staat als Nachbarn, der nicht in der Lage ist, seine inneren Schwierigkeiten zu bewältigen. Man kann wohl kaum die Illusion hegen, dass es nicht versuchen wird diese Situation so weit wie möglich zu seinem Vorteil auszunutzen.

Das heißt nicht, dass Deutschland die militärische Schwäche Russlands dazu nutzen wird, es anzugreifen, und einen Teil seines Territoriums an sich reißen wird. Das wäre selbst dann unwahrscheinlich, wenn die internationale Lage es erlauben würde. Deutschland hat heute Russland nichts wegzunehmen. Die polnischen Gebiete, die in seiner Nachbarschaft liegen und teilweise in ihre Länder hineinragen, sind keine verlockende Beute angesichts der Schwierigkeiten, die die preußische Politik heute mit ihren eigenen Polen hat. Daran ist kaum zu denken, solange die polnische Frage im Posenschen nicht eindeutig zugunsten des Deutschtums entschieden ist. Und die baltischen Provinzen mit ihrem herrschenden deutschen Element sind aufgrund ihrer geografischen Lage ein unmögliches Territorium für Deutschland.

Für die Deutschen gibt es einen anderen Weg, der ihnen viel mehr verspricht, einen Weg, der eigentlich nicht neu ist, der aber angesichts der Schwächung Russlands neue, verlockende Möglichkeiten eröffnet, nämlich einerseits den Bereich der äußeren Interessen und Einflüsse Russlands zu übernehmen und andererseits ihren Einfluss in Russland selbst zu verstärken und es in gewissem Maß zu ihrem Einflussbereich zu machen.

Die traditionelle Politik Russlands in der östlichen Frage, sein Streben danach, die Meerengen für sich zu öffnen und die Balkanhalbinsel zu seiner Herrschaftszone zu machen, ist schon seit dem Berliner Kongress** auf die deutsche Politik als Haupthindernis gestoßen. Die russischen und zugleich die mit ihnen konkurrierenden englischen Einflüsse sind von Deutschland rasch zur Seite gedrängt worden. In jüngster Zeit hat es seinen Schutz auf die Türkei ausgedehnt und begonnen, sie im Innern zu beherrschen. Bei der heutigen Lage Russlands muss Deutschland dieses dort nicht mehr ernsthaft fürchten. Nachdem es die Balkanhalbinsel, Anatolien und die Strecke der künftigen Bagdadbahn zur Hauptrichtung seiner Expansion gemacht hat und entlang dieser Linie seinen politischen Einfluss, seinen Handel, seine Unternehmen

---

* Japanische Siege im Russisch-Japanischen Krieg 1905.

** 1878. Vgl. die Anm. auf S. 186.

und sogar seine Ansiedlung entwickelt, nähert es sich stufenweise dem vielleicht noch entfernten Moment, in dem es in dieser Gegend eine solche Stellung einnehmen wird, wie England sie heute in Ägypten und Frankreich in Tunesien einnimmt, und das Osmanische Reich zu seinem Protektorat macht.

Die Phantasie der alldeutschen Enthusiasten, die dem Denken der Berliner Staatsmänner vielleicht allzu sehr vorauseilen und die in ihren Plänen bereits Österreich annektiert haben, läuft heute an ununterbrochenen deutschen Besitzungen von Berlin bis zum Persischen Golf und Teheran entlang, umfängt Russland von Westen und Süden, von der Ostsee bis Mittelasien, mit einer als Halbkreis gezeichneten Grenze des deutschen Imperiums, und bedroht England in Ägypten und Ostindien. Die Berliner Politiker, die ihrer Phantasie sicher nicht so weit die Zügel schießen lassen, arbeiten seit einer Reihe von Jahren konsequent in diese Richtung, umso mehr als sie die deutschen Ambitionen auf den Ozeanen noch für längere Zeit zu mäßigen gezwungen sind. Das System von Abkommen, die England und Frankreich organisiert haben, hat Deutschland auf diesem Weg aufgehalten, sie können dort einstweilen keinen Schritt nach vorn machen und die bisher gewonnenen Überseebesitzungen stellen keinen ernsthafteren Wert dar. Ihre Erwerbungen in Afrika und Polynesien sind zusammen mit den kürzlich von Spanien gekauften Marianen- und Karolineninseln Kolonien von untergeordneter Bedeutung; bisher sind alle noch auf Regierungssubventionen angewiesen. Kiautschou*, das zunächst breite Perspektiven auf China eröffnete, hat nach dem russisch-japanischen Krieg jegliche Bedeutung verloren. Deutschland ist gezwungen, seine Hauptkraft entlang der Linie einer Expansion zu Land zu lenken, nach Südosten, und in diese Richtung arbeitet es heute energisch und führt eine stille, friedliche Eroberung durch. Das vielleicht größte Hindernis bei diesem Werk ist der Mangel an freiem Kapital in Deutschland. Doch soweit man aus der Stimmung französischer Finanzkreise und sogar der mit ihnen verbundenen politischen Kreise schließen kann, wird das französische Kapital auf der Suche nach Anlagemöglichkeiten, die es in den letzten Jahrzehnten in großem Umfang in Russland gefunden hat, zu dem es aber heute eine gewisse Abneigung erfasst hat, nicht allzu unwillig sein, seinen Profit in Deutschland und in dessen äußeren Unternehmungen zu suchen. Die Bagdadbahn ist in französischen Kreisen, von denen die Beschaffung des Gelds für sie abhängen wird, auch nicht völlig unpopulär. Doch in dem Moment, in dem das französische Kapital sich einmal ernsthaft in deutschen Unternehmungen engagiert, wird auch die Außenpolitik Frankreichs, wenn sie auf die Interessen

* Deutsche Kolonie an der chinesischen Ostküste (seit 1898).

seiner Besitzenden Rücksicht nimmt, sich nicht völlig feindlich gegenüber diesen Unternehmungen verhalten können.

Es sieht etwas merkwürdig aus, wenn man von einer Expansion Deutschlands in Gebiete spricht, an die der Hohenzollernstaat gar nicht grenzt, von denen er durch Österreich getrennt ist, das überdies seine eigene Balkanpolitik hat. Diese Politik Österreichs hat sich in den letzten Jahren bedeutend belebt, sie nutzt die Schwächung Russlands aus und entwickelt kühnere Pläne einer wirtschaftlichen Beherrschung der Balkanländer durch den Bau einer Eisenbahn über Mitrovica nach Saloniki mit entsprechenden Abzweigungen. Sie hat große Aussichten auf Erfolg, die von dem sehr vorteilhaften wirtschaftlichen Zustand der Doppelmonarchie begünstigt werden.

Doch die österreichische Politik auf dem Balkan, die in ihren Konsequenzen auf die Verdrängung der Reste russischer Einflüsse abzielt, steht unter den gegenwärtigen Umständen Deutschland keineswegs entgegen.

Das österreichisch-deutsche Bündnis, das am Anfang ein Verteidigungsbündnis gegen Russland war, hat in dieser Hinsicht schon seit einer Reihe von Jahren seine Bedeutung verloren. Die schon seit einigen Jahren erkennbare deutsch-russische Annäherung, Russlands Ausrichtung auf den Fernen Osten, die Passivität Russlands auf dem Balkan und die daraus resultierende Verständigung mit Österreich in den mazedonischen Angelegenheiten, schließlich die Schwächung Russlands als Großmacht im Krieg mit Japan, all das hat die Furcht Österreichs vor einem Angriff Russlands beseitigt, eine Furcht, die der Ausgangspunkt für das Bündnis mit Deutschland war. Doch auch wenn diese Grundlage für das Bündnis weggefallen ist, ist das Bündnis immer enger geworden, und heute setzen die amtlichen Vertreter der österreichischen Diplomatie die Welt davon in Kenntnis, dass es mehr ist als ein gewöhnliches Bündnis. Wenn diese Verbindung mehr ist als ein Bündnis, bedeutet das, dass es sich nicht nur auf die Außenpolitik beider Staaten erstreckt, sondern sogar auf einen gewissen Bereich der inneren Verhältnisse. Ohne darauf einzugehen, ob die Verbindung zwischen Deutschland und Österreich in der letzten Zeit nur eine moralische ist oder ob sie sich auf irgendwelche geheimen formellen Verpflichtungen stützt, ist festzustellen, dass sie tatsächlich sehr eng ist.

Österreich ist trotz aller Veränderungen, die in ihm seit Königgrätz vorgegangen sind, ein Staat geblieben, der in seinen Institutionen und seinem Geist deutsch ist. Die Angelegenheiten beider Hälften der Monarchie werden auf Deutsch erledigt, Deutsch ist trotz der eindringlichen Forderungen der Ungarn die Sprache der Armee geblieben, Deutsch ist auch – obwohl die Landessprachen in unterschiedlichem Grad Rechte bekommen haben – die Staatssprache von Cisleithanien. Deutsch ist die stärkste Nationalität im Staat, und deutsch sind die Kreise der Gesellschaft, die trotz der Verstetigung des

Parlaments einen beherrschenden Einfluss auf die Politik des Staats haben, nämlich der Kreis der vertrauten Berater der Krone, die höhere Hierarchie der Armee und die zentrale Bürokratie; deutsch ist schließlich die Dynastie und die gesamte Tradition des Staates. Der Katholizismus, das dynastische Gefühl, ein Jahrhundert Konkurrenz um die Stellung in der deutschen Welt und schließlich die Ambitionen und Interessen Wiens als großer deutscher Hauptstadt trennen die Österreicher von Preußen, aber verbunden sind sie mit ihm durch die Kultur, die Sprache und das sich in ihr ausdrückende gemeinsame geistige Leben. Als die Bestrebungen der nichtdeutschen Völker, vor allem die tschechischen Ambitionen, das Deutschtum zu bedrohen begannen, wuchs im Kampf gegen sie das kulturell-nationale Gefühl und mit ihm die Neigung zu dem großen, nationalen, von Preußen geschaffenen Staat. Unter den Deutschen, die in slawischen Gebieten in der Nachbarschaft zum Hohenzollernstaat wohnen* und die sehr schwache Österreicher, aber dafür sehr starke Deutsche preußischen Typs sind, entwickelte sich die alldeutsche Strömung, die sich fast zu einer Loyalität zu den Hohenzollern entwickelt und die eigenständige Existenz Österreichs bereits bedroht hat, indem sie die Losung „Los von Rom“ ausgab. Tatsächlich hatte man damals den Eindruck, dass der deutsch-slawische Antagonismus den Habsburger Staat sprengen und zu seiner Aufteilung führen würde. Durch die Entwicklung der tschechischen Politik in eine versöhnlichere Richtung ist dieser Antagonismus in eine weniger scharfe Phase eingetreten und als Folge davon ist auch die alldeutsche Bewegung schwächer geworden, doch das deutsche Gefühl unter den Österreichern ist nicht schwächer geworden, sondern wächst in dem Maße, wie die Erinnerung an die Kämpfe gegen Preußen verblasst. In dem Moment, als See- und Kolonialfragen in den Vordergrund der internationalen Politik rückten und als in Folge dessen Österreich im Konzert der Mächte in die zweite Reihe geriet, fanden die weiterreichenden Aspirationen und Ambitionen der österreichischen Deutschen ihre Befriedigung im Anwachsen der Macht Deutschlands, in dem die Österreicher die Zukunft des Deutschtums sehen und mit dessen Triumphen sie sich moralisch verbinden. Österreich lebt bereits unter dem Nimbus der Macht Deutschlands, die die Besorgnis anderer Nationen erregt, die aber zugleich auf die Deutschen auf der ganzen Welt eine starke Anziehungskraft ausübt. Schon heute ist den österreichischen Deutschen der Gedanke nicht fremd, dass ihre weiterreichenden nationalen Ambitionen und weiterreichenden Wirtschaftsinteressen ihr Ziel auf den großen Wegen der Welt nur unter dem Schirm der Weltmacht, der Armee und vor allem der Flotte der Hohenzollern finden werden.

---

* Gemeint sind hier insbesondere die Deutschen in den Randgebieten Böhmens, die späteren Sudetendeutschen.

Eine enge Verbindung von Deutschland und Österreich ist nach dem Gefühl der österreichischen Deutschen eine Stütze für ihr Deutschtum und für viele von ihnen der Anfang einer völligen politischen Verschmelzung mit der deutschen Welt. Und da die Furcht vor Russland der Vergangenheit angehört, ist dieses Gefühl bereits die Hauptgrundlage für das österreichisch-deutsche Bündnis.

In diesem Bündnis hat der Hohenzollernstaat ein natürliches Übergewicht aufgrund seiner Macht und seines deutsch-nationalen Charakters. Es besteht weniger in der Koordination der Politik der beiden Staaten als in einer Unterordnung der österreichischen Politik. Das kann man spüren am Verhalten der österreichischen Diplomatie, die, vor allem außerhalb Europas, häufig die Rolle eines Helfers der deutschen Diplomatie spielt. Und die Expansion Österreichs auf dem Balkan ist vor allem eine deutsche Expansion, in dem Sinn, dass die Österreicher dort Positionen nicht als Ungarn, Tschechen u. ä. besetzen, sondern als Deutsche, und tatsächlich gehen aus Österreich vor allem Deutsche dorthin, die sich in Nichts von den *Reichsdeutschen** unterscheiden und zusammen mit diesen den allgemeinen deutschen Einfluss stärken. Selbst österreichische Eisenbahnen, die auf den Balkan geführt werden, dienen der deutschen wirtschaftlichen Expansion, indem sie *transito* immer mehr deutsche Waren befördern, die den österreichischen Export in den osmanischen Staat schnell verdrängen.

Österreich ist kein Damm für Deutschland bei seiner Expansion nach Südosten, sondern eher eine deutsche Brücke, die Berlin mit Konstantinopel verbindet. In dem Maß, in dem die Verbindung zwischen den beiden Staaten enger wird, wird es diese Rolle immer besser erfüllen, und die Ausweitung österreichischer Einflüsse auf dem Balkan wird nur eine Teilerscheinung der deutschen Expansion sein.

Österreich selbst ist ein Objekt deutscher Eroberung, die auf friedlichem Wege geschieht, aber schnell voranschreitet. Die politische Eroberung besteht nicht nur darin, dass die Außenpolitik des Habsburgerstaats von Berlin abhängig wird, sondern sie findet auch nach innen statt. Die österreichischen Institutionen nehmen sich allmählich die deutschen zum Vorbild. Zugleich findet eine nationale Eroberung statt: Das geistige Leben Österreichs wird immer mehr in die Sphäre des gesamtdeutschen Lebens hineingezogen, und die alldeutschen Verbände, die ihre Zweige in Preußen, Sachsen und Bayern haben, entwickeln mit ziemlicher Freiheit ihre Aktivität in den slawischen Ländern Österreichs und im italienischen Tirol. Schließlich schreitet die wirtschaftliche Eroberung schnell voran: Der Import aus Deutschland stellt

* Im Original deutsch.

fast die Hälfte des gesamten Imports nach Österreich-Ungarn einschließlich Bosnien-Herzegowinas dar, während der Import von Industrieprodukten zu mindestens zwei Dritteln Deutschland gehört. Und angesichts dessen, dass die Deutschen aufgrund ihrer industriellen Entwicklung sich darauf zu bewegen, der einzige Konsument von landwirtschaftlichen Produkten aus Österreich-Ungarn zu werden, von denen sie schon heute die riesige Mehrheit für sich nehmen, werden die wirtschaftlichen Bande zwischen den beiden Staaten schnell enger werden und als logische Konsequenz dieses Prozesses zu einer Zollunion führen.

Zweifellos gibt es viele Elemente in Österreich, vor allem slawische, die mit Besorgnis auf die Fortschritte dieser Eroberung schauen und sie gerne rückgängig machen würden. Dieses Bemühen begann stark zum Ausdruck zu kommen in den österreichischen Delegationen*, in der Kritik an der Außenpolitik des Staats von polnischer und tschechischer Seite. Doch über die Perspektive einer grundsätzlichen Veränderung in der Politik der Monarchie kann man sich schwerlich Illusionen hingeben, angesichts der oben aufgezeigten allgemeinen Grundlagen, auf die sie sich stützt. Wenn, was wahrscheinlich ist, das Vorgehen der slawischen Elemente gegen das Bündnis mit Deutschland energischer wird, dann wird es vor diesem Hintergrund in der Monarchie vor allem einen scharfen inneren Konflikt geben, dessen Ausgang schwer vorherzusehen ist. Kompliziert wird die Lage durch die Position der Ungarn, unter denen zwar Befürchtungen wegen der deutschen Eroberung immer deutlicher werden, denen jedoch größere Gefahren von der Stärkung des slawischen Elements in der Monarchie drohen. Die Ungarn waren die Hauptförderer des deutsch-österreichischen Bündnisses, das in ihnen immer eine starke Stütze fand.

Die deutsche Expansion in Richtung Südosten entwickelt sich entlang einer ununterbrochenen Linie über Österreich und die Balkanhalbinsel nach Anatolien, Mesopotamien und Persien. In dieser Richtung hat Deutschland in jeder Hinsicht die allerrealsten Interessen und hier eröffnen sich ihm die großartigsten Perspektiven künftiger Größe. Wenn es Österreich von sich abhängig gemacht hat und in Zukunft dessen Armee, die in ihrer Ordnung und in ihrem Geist stark deutsch geprägt ist, unter seinem Befehl steht, dann wird Deutschland kühn nach vorn schauen und sicher sein, dass nichts es auf seinem Weg aufhalten kann.

Russland kann in dem Zustand, in dem es sich gegenwärtig befindet, Deutschland nicht die Wege versperren, auch wenn es mit der Beteiligung der Westmächte seinen Vormarsch verzögern kann. Aber aufgrund seiner Lage

---

* S. die Anm. auf S. 157.

wird Russland für Deutschland selbst zu einem Feld friedlicher Eroberung, die schnelle Fortschritte zu machen beginnt.

Russland hat für das wirtschaftlich höher entwickelte Nachbarland Deutschland immer einen natürlichen Absatzmarkt dargestellt. Der Import aus Deutschland ist schnell gewachsen und beträgt heute schon fast die Hälfte des Imports nach Russland, aber angesichts der ungünstigen politischen Lage des Staats und dessen auf fatale Weise näher rückender Abhängigkeit von Deutschland wird Deutschland in Zukunft die Aussicht haben, einen wesentlich günstigeren Handelsvertrag für sich zu erreichen. Die Idee der wirtschaftlichen Beherrschung Russlands nimmt in den deutschen Hoffnungen einen erstrangigen Platz ein, und zur Erreichung dieses Ziels wäre Berlin zweifellos zu formalen politischen Zugeständnissen bereit, zum Beispiel im Bereich des Einflusses am Bosporus. Die natürlichen Verhältnisse Russlands erlauben diesem eine schnelle Entwicklung der eigenen Industrie, doch die innere Lage im Staat, seine schwache Organisation, seine Industriegesetzgebung, der Mangel an verfassungsmäßigen Freiheiten, die für ein modernes Wirtschaftsleben unerlässlich sind, und schließlich der Charakter seiner Beamten, die Rechte und Vorschriften ohne Kontrolle anwenden und ausnutzen, hemmen den Fortschritt auf diesem Feld immens. Die Anarchie der letzten Zeit hat die Industrie schwer getroffen, vor allem im Königreich Polen, wo sie unter komplizierteren Bedingungen existiert. Wenn aber das gegenwärtige Herrschaftssystem fortdauert, dann besteht die große Wahrscheinlichkeit von periodischen Ausbrüchen einer solchen Anarchie und mit diesen einer schrittweisen Auflösung von ganzen Industriezweigen. Es ist sogar zweifelhaft, ob unter den gegenwärtigen Umständen die Arbeitsverhältnisse, bei denen die Zeit der allgemeinen Streiks und des Terrors in den Fabriken starke Spuren hinterlassen hat, jemals zur Normalität zurückkehren werden. Die öffentliche Meinung in Polen ist überzeugt, dass die anarchische Bewegung im Land, die das Leben zerrüttet, finanziell aus Deutschland unterstützt wurde, und es lässt sich nicht bestreiten, dass es dafür sehr ernsthafte Indizien gibt.

Für Deutschland ist heute die Beherrschung Russlands durch seinen politischen Einfluss eine Frage von erstrangiger Bedeutung, und die heutige Schwächung des östlichen Nachbarn öffnet für diesen Einfluss ein weites Feld. Deutschland verfügt in dieser Hinsicht über Mittel, die kein anderer Staat besitzt.

Allein die Tatsache, dass Deutschland der militärisch mächtigste Staat ist, der an Russland grenzt, das an seiner Grenze zu Deutschland ein polnisches Gebiet besitzt, dessen sämtliche Einwohner sich über das ihnen gegenüber angewandte Herrschaftssystem empören, bringt Russland in eine starke Abhängigkeit von seinem Nachbarn.

Die leitenden Posten im russischen Staatsapparat werden zu einem bedeutenden Teil von russischen Deutschen eingenommen, deren Einfluss zu Zeiten von Alexander III. erschüttert wurde, der aber gegenwärtig zurückkehrt, und diese haben aus der Natur der Sache eine Neigung, die alte, traditionelle Politik zu fördern, die sich auf eine enge Verbindung mit Berlin stützt. Dieses deutsche Element muss sich sogar im eigenen Interesse um eine möglichst enge Freundschaft Russlands mit Deutschland bemühen – die unter den heutigen Bedingungen eine Abhängigkeit Russlands von Deutschland bedeutet –, denn die Erinnerung an die Zeiten ist noch frisch, als der russisch-deutsche Antagonismus nach außen begleitet war von einer Verfolgung der Deutschen im Innern des Staats und von ihrer Entfernung von den einflussreichen Posten in der Regierung.

Schließlich haben die Deutschen eine stärkere diplomatische Vertretung in Petersburg als andere Staaten. Neben der deutschen Botschaft gibt es eine spezielle Vertretung, den „Militärbevollmächtigten bei der Person seiner kaiserlichen Majestät, dem russischen Kaiser". Dieser Posten wird ständig von einem General der preußischen Armee eingenommen. Diese Vertretung, die unter Friedrich Wilhelm III. geschaffen wurde, der eine vertraute Person in der Nähe des russischen Kaisers haben wollte, ist nach längerer Pause vor einigen Jahren wieder eingerichtet worden. Dieser Bevollmächtigte steht traditionell nicht mit dem Außenminister in Verbindung, sondern durch handgeschriebene Briefe mit dem preußischen König selbst und gegenwärtig mit dem deutschen Kaiser. Auf diese Weise dient er als Verbindungsmann zwischen den beiden Monarchen, als ein Verbindungsmann, der eine besondere Bedeutung gewonnen hat, seit auf dem deutschen Thron Wilhelm II. sitzt, der gekrönte Diplomat. Die Geschichte der preußisch-russischen Beziehungen zeigt, dass dieser Bevollmächtigte nicht nur zum Austausch über militärische, sondern auch über politische Angelegenheiten gedient hat.

Das Bestreben Deutschlands muss einerseits Einfluss auf die Außenpolitik Russlands, andererseits auf seine Innenpolitik sein.

Deutschland muss daran gelegen sein, dass Russland nicht erneut Aktivität auf der Balkanhalbinsel entfaltet und dass es aufhört die slawische Frage zu forcieren, damit es kein Hindernis auf dem Weg darstellt, auf dem Deutschland seine wichtigsten Pläne entfaltet und am energischsten tätig ist. Deshalb hat Deutschland Russland zum Handeln im Fernen Osten angestachelt, deshalb würde es auch heute untrüglich wünschen, dass Russland alle seine Bestrebungen in diese Richtung lenkte, damit es von den Ereignissen an der fernen östlichen Front in Anspruch genommen ist, und dass andererseits die innere Lage im Staat es zu Passivität in Europa zwingt. Zweifellos trägt auch die neue Regsamkeit der Türkei an der Grenze von Persien und dem Kaukasus dazu bei, die russische Aufmerksamkeit von den Balkanangelegenheiten abzuziehen.

Im Hinblick auf die inneren Verhältnisse in Russland liegt im deutschen Interesse ein Übergewicht der reaktionären Strömungen. Ein Sieg der konstitutionellen Bestrebungen in Russland müsste mittelbar auf die inneren Verhältnisse Deutschlands und vor allem Preußens wirken, die innere Reform beschleunigen und dem persönlichen Regiment ein Ende setzen, auf das sich die traditionelle preußische Politik und ihre Herrschaft über ganz Deutschland stützen. Andererseits hat schon Bismarck den russischen Liberalismus mit der slawischen Strömung in Verbindung gebracht, und Deutschland fürchtet sich zu Recht davor, dass sich die russische Nation vor dem Hintergrund der Entwicklung eines konstitutionellen Lebens nach Europa wenden und den Fragen der europäischen Politik den ersten Platz einräumen würde, was unausweichlich die slawische Frage ins Spiel brächte. Die slawischen Völker hingegen würden mit anderen Augen auf ein konstitutionelles und rechtsstaatliches Russland schauen und politisch zu ihm hinneigen.

Die reaktionären Elemente Russlands, besonders die Bürokratie, die bemüht ist, die unbegrenzte Macht in ihren Händen zu behalten, sehen in Deutschland ihren Verbündeten und streben im eigenen Interesse und völlig bewusst nach der Annäherung an dieses. An ihnen hat auch der deutsche Einfluss eine starke Stütze. Und wenn die Führung der Außenpolitik die für Russland sehr wichtige, aber für Deutschland unliebsame Verständigung mit England in den asiatischen Angelegenheiten zustande gebracht hat*, so bewegt sich die Innenpolitik, die sich völlig unabhängig entwickelt, genau in die Gegenrichtung und ist ausgesprochen germanophil.

Indem es sich auf das Bündnis mit der russischen Bürokratie stützt, das auf einer tiefgreifenden Interessengemeinschaft ruht, gewinnt Deutschland unter anderem eine Toleranz für seine Stammesgenossen in Russland, die andere Nationalitäten nicht haben. Die russischen Behörden erlauben nicht nur die Existenz von deutschen Institutionen, während sie vergleichbare polnische Institutionen auflösen, sondern sie können sogar im Königreich Polen, wo sie die polnische Sprache nicht anerkennen, Deutsch sprechen, wovon ein kürzlicher Vorfall in Lodz zeugt, wo ein örtlicher Vertreter der Staatsmacht, die ihre Existenz auf den Grundsatz des Kriegsrechts gründet, bei der Gründung eines deutschen Turnvereins mit einer Rede in deutscher Sprache aufgetreten ist. Natürlich sind solche Akte der Höflichkeit völlig angebracht, nur sollten sie auch gegenüber den Polen geübt werden, zumal in deren Land.

* Im Vertrag von St. Petersburg vom 31. August 1907.

Doch die größte Bedeutung hat der deutsche Einfluss in Russland im Hinblick auf die polnische Frage. Hier besteht ebenfalls eine enge Gemeinschaft der Interessen zwischen Deutschland und der russischen Bürokratie. Die letztere würde jegliche Zugeständnisse an die Polen für ihren unmittelbaren Schaden halten, denn sie würden dazu führen, dass ihr das genommen wird, was sie bereits gewonnen hat in Gestalt zahlreicher und einträglicher Regierungsposten im Königreich. Angesichts des Begriffs von russischem Patriotismus, wie er sich unter dem Einfluss der Bürokratie unter Alexander II. und vor allem unter Alexander III. entwickelt hat, ist der Verbleib von Russen auf den Posten von Verwaltern, Richtern und Lehrern in Polen in den nationalistischen Kreisen Russlands zu einer Frage des nationalen Interesses und der nationalen Ehre geworden. Der amtliche russische Patriotismus betrachtet es als einen der Hauptartikel seines Glaubens, dass russische Beamte im Königreich versorgt werden, und damit einhergehend, dass die russische Sprache in Schule, Gericht und Verwaltung unbedingt erhalten wird, das heißt also, dass das Land politisch und national völlig unterdrückt wird. Und wenn Vertreter der russischen Regierung erklären, dass sie keine Möglichkeit sehen und auch gar nicht die Absicht haben, Polen zu russifizieren, dabei aber zugleich den Grundsatz verkünden, dass in diesem Teil des russischen Staates die russische Sprache herrschen muss, dann sieht das nach einem logischen Widerspruch nur dann aus, wenn man vergisst, dass diese russische Sprache den russischen Beamten bedeutet, der sämtliche Posten im Staat besetzten muss, weil dieser um seinetwillen existiert.

Für Deutschland hat die polnische Frage im russischen Staat heute eine erstrangige Bedeutung. Der Aufruhr der Polen mit der Forderung nach Autonomie für das Königreich und dass sie in diesem Land einen beträchtlichen Grad von nationaler Energie an den Tag gelegt haben, hat die öffentliche Meinung in Deutschland in hohem Maß alarmiert. Wenn dieses Land, das der wichtigste und national stärkste Teil Polens ist, tatsächlich von der Unterdrückung befreit würde, unter der es heute lebt, dann gäbe das den Polen die Möglichkeit der Entwicklung nationaler Kräfte, würde die deutschen Aussichten auf eine künftige Herrschaft an der Weichsel verringern und seine Wirkung auf die Polen im preußischen Teilungsgebiet nicht verfehlen und ihre Energie im Kampf mit der deutschen Flut erhalten. Die Frage gewinnt eine noch weitere Bedeutung, wenn man den Einfluss einer Befriedigung der polnischen Forderungen auf die polnisch-russischen Beziehungen und das völlig neue Element in der russischen Außenpolitik erwägt, das aus einer polnisch-russischen Verständigung erwachsen müsste. Die Deutschen haben also mehr als genug Gründe dafür, Russland auf dem Weg einer extrem antipolnischen Politik zu halten.

Auch wenn die heutigen Leiter der deutschen Politik nur allzu gut mit dem gegenwärtigen Zustand der polnischen Gebiete vertraut sind, um nicht zu verstehen, dass die polnische Frage früher oder später hochkommen wird, dass sogar der Moment ihres Erscheinens nicht fern ist, so liegt es doch in ihrem Interesse, diesen Moment so weit wie möglich hinauszuzögern und Zeit für die Durchsetzung der Germanisierung in der Provinz Posen zu gewinnen. „Unsre geographische Lage und die Mischung beider Nationalitäten in den Ostprovinzen einschließlich Schlesiens nöthigen uns, die Eröffnung der polnischen Frage nach Möglichkeit hintanzuhalten“[13], sagte Bismarck in seinem politischen Testament, und die heutigen deutschen Politiker haben noch viel mehr Gründe als er, sich an diesen Grundsatz zu halten.

Es ist schwierig, Angaben dazu zu bekommen, in welcher Weise in letzter Zeit Einfluss aus Berlin auf die Polenpolitik Russlands genommen worden ist, aber dieser Einfluss ist zweifellos; und wenn er vonseiten Deutschlands keinen großen Energieaufwand erfordert hat, dann deshalb, weil er auf fruchtbaren Boden gefallen ist und einen so mächtigen Verbündeten gefunden hat wie die russische Bürokratie und ihre Interessen. Soviel wissen wir sicher, dass im August 1907 in Swinemünde* die polnische Frage einer der Hauptgegenstände des Gesprächs gewesen ist. Im Übrigen haben Vertreter der russischen Regierung vielfach in Gesprächen mit Polen ausgesprochen, dass Zugeständnisse an Polen unmöglich seien aus Rücksicht auf die Beziehungen Russlands zu Deutschland.

Eine gewisse Vorstellung von der Art des Drucks, der aus Berlin in dieser Hinsicht ausgeübt wird, geben die Stimmen der deutschen Zeitungen, die der Regierung nahestehen und deren Absichten normalerweise getreu wiedergeben. Diese Stimmen sind unmissverständlich. Als die Schulfrage im Königreich auf der Tagesordnung stand, erschienen in der deutschen Presse kategorische Erklärungen, dass die Einführung von Polnisch als Unterrichtssprache in den staatlichen Schulen des Königreichs in Deutschland als eine Herausforderung vonseiten Russlands gewertet werden würde. Von daher kann man eine Vorstellung gewinnen, von welcher Art die Drohungen wären, wenn man in russischen Regierungskreisen ernsthaft damit anfinge, die Frage einer polnischen Autonomie zu erwägen.

Die Erklärung des Fürsten Bülow von 1907 im deutschen Parlament, dass die kaiserliche Regierung sich nicht in die polnische Angelegenheit in Russland einmischen würde, weil sie eine innere Angelegenheit des Nachbarn sei,

13 Bismarck: *Gedanken und Erinnerungen*, Kap. XV [Buch II, Kap. 4].

* Am 4. August 1907 trafen sich Kaiser Wilhelm II. und Zar Nikolaus II. im Seebad Swinemünde.

ist nur als ein Akt diplomatischer Korrektheit zu betrachten. Selbst wenn die Berliner Regierung erwägen würde, sich offiziell zu einer solchen Intervention zu bekennen, so hält sich doch Russland noch nicht für einen Staat von der Art der Türkei, und die deutsch-russischen Beziehungen würden nicht gewinnen, wenn die Angelegenheiten des Königreichs Polen im Reichstag so behandelt würden, wie die mazedonische Frage behandelt wird. Die russische Bürokratie kann Russland zugrunde richten und es auf das Niveau der Türkei herabdrücken, aber sie hat niemals aufgehört auf den Anschein der Größe und den Status einer großen Macht bedacht zu sein.

Letztlich drückt die polnische Frage den Verbindungsknoten zusammen, der sich zwischen der Politik Deutschlands einerseits und der russischen Bürokratie andererseits gebildet hat. Im Interesse Deutschlands liegt die unbegrenzte Herrschaft der Bürokratie in Russland, verhüllt von den unerschütterlichen Grundsätzen des Monarchismus in seiner autokratischen Form, die die Idee eines Nationalstaats in einem „wirklich russischen" Verständnis repräsentiert, d. h. eines Staats, in dem das großrussische Element, das die Hälfte seiner Einwohner ausmacht, die eigentliche Nation darstellt, die dem Rest ihre Sprache aufnötigt, während die Bürokratie in ihrem Namen herrscht und gedeiht. Zahlreiche chauvinistische Elemente mit Eroberungsinstinkten, aber naiv genug, um nicht zu verstehen, dass die russische Nation nicht in der Lage ist, fremde Elemente von höherer Kultur im Staat zu assimilieren, betört vom Schein eines „großen, unteilbaren Russlands", dessen gesamte Unteilbarkeit im Grunde in der Zentralisierung der Verwaltung und in polizeilicher Unterdrückung besteht, die Bewegungen von Zerfall und Separatismus unter der Oberfläche verbirgt, solche chauvinistischen Elemente verbinden sich mit der Bürokratie in deren Ansichten vom Herrschaftssystem und in ihrer Annäherung an Deutschland. Der extreme russische Nationalismus, der sich oft als „wirklich russischen" Patriotismus bezeichnet und der zu Zeiten von Alexander III. ausgesprochen antideutsch war, tritt heute als Verbündeter der deutschen Politik auf. Die Veränderung im Ton rührt daher, dass er in den letzten Jahren realistischer geworden ist, dass er gesehen hat, dass der russische Staat in seiner Zusammensetzung weitaus weniger russisch ist, als ihm das erschien, dass er die Illusionen über seine Stärke abgelegt hat. Heute ist erkennbar, dass dieser Staat sich nur insoweit Deutschland entgegenstellen und eine große Rolle in der Außenpolitik spielen konnte, als er aufhörte, ausschließlich großrussisch zu sein, und slawischer wurde. Doch dazu musste man die in der zweiten Hälfte des vergangenen Jahrhunderts entwickelte Konzeption von Patriotismus ändern, der im Innern passiv und träge war, aber auf fremdem Boden gierig und vernichtend, und ebenso die Konzeption eines Staates, der die Ernährung von Beamten zum Hauptziel hatte. Doch das wird man nicht so schnell los. Und deshalb will der „wirklich russische" Patriotismus lieber ein

Russland, das nach außen schwach und von Deutschland abhängig ist, damit es im Innern ungeteilt herrschen und von der Ausbeutung alles dessen leben kann, was nicht russisch ist.

IV. Die Politik Deutschlands in Osteuropa. Der polnisch-deutsche Kampf

Die Deutschen besitzen in Russland eine unerhört starke Grundlage für ihren Einfluss. Auf dieser Grundlage hat ihr Einfluss die besten Aussichten auf ein Wachstum, das allmählich die Eroberung Russlands im Innern herbeiführen und es in eine „deutsche Interessensphäre" verwandeln wird.

Die Beherrschung Russlands durch deutsche Einflüsse, seine Umwandlung in ein Instrument der deutschen Politik oder zumindest seine vollständige Fesselung in Europa verändert vollständig die Lage der skandinavischen Staaten in Europa und bringt sie in eine fast vollständige Abhängigkeit von Deutschland. Die Ostsee hat schon heute den Charakter eines deutschen Binnenmeers angenommen. Deutschland wird danach streben, es in ein *mare clausum* zur Stärkung seiner Verteidigungsposition gegenüber den Westmächten zu verwandeln.

Ganz Mittel- und Osteuropa ist heute ein Feld angestrengter deutscher Arbeit für die Zukunft ebenso wie von energischer politischer Aktion, die oft mit Methoden durchgeführt wird, die nur der deutschen Politik bekannt sind; es ist eine Zone schnellen Wachstums deutschen Einflusses, das Feld einer friedlichen Eroberung vonseiten Deutschlands. Die Wege dieses Einflusses, die Ausmaße dieser Eroberung sind für Politiker sogar oft nicht fassbar, denn sie fallen unter keine feste Kategorie, in der wir in der internationalen Politik zu denken gewöhnt sind. Und zum jetzigen Zeitpunkt, wo das System internationaler Abkommen, die unter Ausschluss Deutschlands um Deutschland herum abgeschlossen worden sind, es in seiner Eroberungspolitik zu fesseln scheint, schreiten die stillen Annexionen Deutschlands mit größerer Geschwindigkeit voran als je zuvor und bereiten eine Situation vor, in der Deutschland nur noch eine Front haben wird, die im Westen. Wenn es auf diese Weise eine bislang unbekannte Macht zu Lande besitzt, wird es selbst mit einer zweitrangigen Macht auf dem Meer in der Lage sein, in Europa die Rolle des mittelalterlichen Römischen Reiches zu spielen. Und seine Position in Westasien wird sich unfehlbar den Interessen der westlichen Staaten fühlbar machen, vor allem denen Englands.

Für dieses Ziel arbeiten nicht nur 60 Millionen, die unter dem Szepter von Kaiser Wilhelm II. leben, sondern alle Deutschen auf der Welt. Die deutsche Nation hat immer eine viel größere Zahl ihrer Söhne als andere in fremde

Länder geschickt. Wir sprechen hier nicht von der massenhaften deutschen Emigration, die im Lauf des 19. Jahrhunderts Nordamerika etwa 6 Millionen Einwanderer gegeben hat, die aber am Ende des Jahrhunderts zum Stillstand gekommen ist aufgrund der industriellen Entwicklung Deutschlands, das heute selbst eine Einwanderung anzieht. Unabhängig von ihr gibt es seit Langem und bis heute eine nur für Deutschland spezifische Emigration von Menschen verschiedener Berufe in fremde Länder, wo sie sich mit enormer Leichtigkeit akklimatisieren. Dabei hilft die Anlage des deutschen Geistes, der mehr als jeder andere das Lebensinteresse auf materiellen Wohlstand lenkt und keine Sehnsucht zum Heimatland kennt. Früher sind diese Auswanderer leicht in das Milieu eingesickert, in dem sie sich befanden, und jedes Land hat heute zahlreiche Einwohner, bei denen nur noch die Namen von ihrer deutschen Herkunft zeugen. Polen, das von ihnen vielleicht mehr besitzt als jedes andere Land, hat in diesem Element tüchtige und zivilisierte Arbeiter gewonnen, gute polnische Bürger, die manchmal ihrer Umgebung als Muster von Patriotismus dienen.

Doch seit der Entstehung des Kaiserreichs hat der Charakter dieser Auswanderung sich verändert. Die neuen deutschen Ansiedler in fremden Ländern haben nun eine mächtige Metropole hinter sich. Bismarck hat seinerzeit den Grundsatz verkündet, dass ein Deutscher, der eine fremde Staatsbürgerschaft annimmt, nicht aufhört ein deutscher Staatsbürger zu sein, und dieser Grundsatz ist heute herrschend geworden. Ein Deutscher, der sich in einem fremden Land niederlässt, vollzieht keinen Bruch mit dem großen Vaterland, dessen beherrschende Rolle in der Zukunft für ihn eine ausgemachte Sache ist, er ist stolz auf dieses Vaterland, er sieht Vorteile darin, zu ihm zu gehören, er hält sich für ein Instrument der Eroberung, die es durchführt, und oft ist er auch ein regelrechter Agent, wenn nicht seiner Regierung, dann eines der deutschen Verbände, die ihre Aktivität über die Grenzen des Staates ausweiten. Die Deutschen sind heute sicher, dass die Menschen mit deutschen Namen, die jenseits der Grenze leben, Bürger ihres Vaterlands sind.[14]

Eine solche Vorhut, die gewöhnlich gut organisiert ist, besitzt kein anderer Staat in fremden Ländern, zumindest nicht in europäischen. Keiner hat auch die Möglichkeit, mit den deutschen Methoden eine stille Eroberung durchzuführen, seinen Einfluss überall systematisch zu stärken, wenn das Interesse des Staats und der Nation das erfordert.

---

14 Am Vorabend der letzten Reichstagswahlen erhielt eine bedeutende Zahl von Polen mit deutschen Namen, die in Warschau wohnen, Listen mit der Unterschrift von Herrn Bassermann, dem Vorsitzenden der Nationalliberalen Partei, in denen sie im Namen des Patriotismus aufgerufen wurden, für die Wahlkampfkasse dieser Partei zu spenden.

Die Gegner Deutschlands halten oft das für seine Schwäche, was seine Stärke darstellt. Man hört manchmal, dass die Quelle ihrer Schwäche die politische Eigenart der Bestandteile des Kaiserreichs ist, die eine eigene historische Tradition haben, die zu einem gewissen Separatismus führt. Doch dieser Separatismus wird überschätzt, er wird immer schwächer, während die föderale Ordnung bei dem Regierungssystem, das Deutschland besitzt, die politische Führung in die Hände von Preußen gibt, was diesem den gespannten Eroberungsdrang gibt, der die preußische Politik immer ausgezeichnet hat, und dazu diese eiserne Konsequenz der großen Friedriche und der Bismarcks, unabhängig davon, ob sie von größerem oder kleinerem Format sind.

Wir hören oft, dass der deutsche Sozialismus entweder in Kürze den Charakter dieses Staates ändern wird, indem er ihn demokratisiert und ihm den Eroberungsgeist nimmt, oder dass er ihn durch inneren Kampf schwächen wird. Die Leute haben die Neigung, den deutschen Sozialismus am Sozialismus ihrer eigenen Länder zu messen und lassen außer Betracht, dass der praktische Materialismus der Deutschen auch ihren Sozialismus immer praktischer macht. Er ist in viel größerem Maß als in anderen Ländern ein Ausdruck realer Interessen und nicht von abgehobenen Prinzipien und Doktrinen, deren er sich für hauptsächlich praktische Ziele bedient. Der deutsche Arbeiter versteht, dass er, wenn er sich in einer eigenen Arbeiterpartei organisiert, die Möglichkeit gewinnt, die Interessen seiner Klasse zu verteidigen, sowohl in wirtschaftlicher Hinsicht wie in der staatlichen Gesetzgebung. Aber mit dem Fortschritt der politischen Bildung wird er sich immer mehr über die Vorteile klar, die für ihn die Handelsexpansion Deutschlands bringt, die die Grundlage seiner industriellen Entwicklung bildet, und darüber, dass die Macht des Staates nach außen eine unabdingbare Voraussetzung dieser Expansion ist. Infolgedessen sind die Massen der Arbeiter immer mehr von der Kolonialpolitik und vom Militarismus überzeugt, sie können sich bereits in ihrer Opposition zügeln, wenn sie sehen, dass diese den staatlichen Zielen im Weg steht, wie die letzten Parlamentswahlen belegen*. Die Sozialistenführer, selbst diejenigen, die mit gewissen Doktrinen aufgewachsen sind, müssen mit dieser Einstellung der Massen rechnen, größtenteils teilen sie sie selbst, wovon wir kürzlich einen Beweis hatten bei den Diskussionen und Resolutionen zum Militarismus und zur Kolonialpolitik beim letzten Kongress in Stuttgart (im Jahr 1907)**.

---

* Bei den Reichstagswahlen am 25. Januar 1907 war das Ergebnis der SPD erstmals gesunken, von 31,7% auf 28,9% der Stimmen. Zuvor hatte die SPD die Bewilligung weiterer Gelder für den Krieg gegen die Nama in Deutsch-Südwestafrika abgelehnt.

** Beim Internationalen Sozialistenkongress in Stuttgart 1907 hatten die Delegierten sich nicht auf Resolutionen einigen können, in denen Krieg und Kolonialismus vollständig verurteilt wurden.

Allerdings muss man bedenken, dass Deutschland das Vaterland der Doktrin vom Klassenkampf und der Parole „Proletarier aller Länder, vereinigt euch!" ist, so wie Frankreich das Vaterland der Doktrin von den Menschenrechten und der Parolen von Freiheit, Gleichheit und Brüderlichkeit ist. Und wie alle Freiheitsbestrebungen in Europa vor einem Jahrhundert ihre Augen auf das revolutionäre und dann auf das napoleonische Frankreich gerichtet haben, so schauen heute die Sozialisten aller Länder auf die deutsche Sozialdemokratie, die hoffentlich niemals in eine napoleonische Phase eintritt. In Deutschland befindet sich der Generalstab der Sozialdemokratie von ganz Europa, von hier erhalten ärmere Organisationen und Presseorgane finanzielle Unterstützung, von hier werden Streiks und revolutionäre Bewegungen materiell unterstützt, nicht immer zum Vorteil der Länder, in denen sie stattfinden. Jedenfalls ist die sozialistische Bewegung in Europa sozusagen eine ideelle deutsche Kolonie, und die Arbeit der deutschen Sozialisten ist einer der Wege, auf dem der deutsche Einfluss in anderen Ländern verbreitet wird, nicht weil sie sich bewusst dieses Ziel gesetzt hätte, sondern weil das ihr unvermeidliches Ergebnis ist.

Das Werk der systematischen Eroberung Osteuropas, das von Deutschland auf so vielen Gebieten zugleich verfolgt wird und das sich so vieler und ganz verschiedener Mittel und Methoden bedient, tritt an einem Ort als offener, unversöhnlicher Kampf zutage. Dieser Ort ist Polen.

In dem ethnografischen Mosaik, das die Länder des westlichen und südlichen Slawentums darstellen, in denen außer Slawen auch noch die ungarische und die rumänische Nation leben, bilden zwanzig Millionen Polen, die in geschlossener Masse das Gebiet des ethnografischen Polens bevölkern und mit den Einflüssen ihrer Kultur ausgedehnte weitere Gebiete umfassen, die stärkste nationale Gruppe. Mit ihrer tausendjährigen historischen Tradition, mit ihrem reichen geistigen Erbe stellen sie eine starke nationale Individualität dar, die sich nicht assimilieren lässt. Am Beginn ihrer Geschichte stellten sie sich dem Heiligen Römischen Reich entgegen und organisierten in den Kämpfen mit ihm einen großen slawischen Staat. Aus dem Fall Polens erwuchs die Macht Preußens, um das sich das heutige Deutschland sammelte; aber wenn Polen wieder auferstehen und erneut in der Rolle eines politischen Faktors auftreten würde, dann wäre dies ein Damm gegen die deutsche Eroberung im Osten und die Beschneidung der herrschenden Rolle, die Preußen im Deutschen Reich spielt. Auch die preußische Politik versteht, dass es zwischen ihr und den Polen keinen Kompromiss geben kann.

Die polnischen Aktivitäten stehen, wo immer sie auch auftauchen, den großen Plänen und Absichten in Berlin im Weg. Ein Sieg der polnischen Bestrebungen in Russland würde die Verständigung der zwei großen slawischen

Stämme bedeuten, und damit ginge eine neue, belebende Welle durch das innere Leben des Staats und durch seine äußere Politik, die wirklich slawisch würde und starke Unterstützung im Westen finden würde. Wenn die Polen in Österreich größeren Einfluss gewännen, würde ihre Politik dazu führen, dass der Habsburger Staat sich von Deutschland unabhängig machte und die Fortschritte der deutschen Eroberung in ihm aufgehalten würden. Schließlich würde eine günstige Entwicklung des Polentums in den preußischen Gebieten den Erhalt der unnormalen Grenzen des Deutschtums im Osten bedeuten, genau dort, wo Preußen seine Grundlage hat, auf die es sich in bedeutendem Maß für seine Herrschaft über Deutschland stützt, und es würde Preußen die Hoffnung darauf nehmen, sich in Zukunft neue polnische Gebiete anzueignen, die für es eine territoriale Notwendigkeit darstellen.

In Polen sieht die Berliner Politik, die nach der Herrschaft über Osteuropa bei gleichzeitiger Hegemonie Preußens in Deutschland strebt, das Haupthindernis für sich. Deshalb gab der Fürst Bülow vor einigen Jahren im preußischen Parlament die offizielle Erklärung ab, dass die polnische Frage die wichtigste Frage für Preußen sei. Deshalb wiederholt sich in der deutschen Presse oft die Aussage, dass die Deutschen nicht nur mit den Polen in ihrem eigenen Staat kämpfen, sondern mit der ganzen polnischen Nation.

Das Verhältnis zur polnischen Nation liegt in Deutschland offen und klar zu Tage. Die Polen sind ein Feind, dem man die völlige Vernichtung ankündigt. Und dieses Werk der Vernichtung wird in den polnischen Gebieten, die zu Preußen gehören, offen und mit brutaler Aufrichtigkeit ausgeführt. In anderen Staaten wird die deutsche Aktion gegen die Polen auf geheimen Wegen durchgeführt. In Russland nutzt sie den Berliner Einfluss auf die regierenden Kreise aus. In Österreich, wo die Staatsordnung und die rechtliche Lage der Polen kein so weites Feld für ein Handeln auf dem Weg ähnlicher Einflüsse öffnen, sucht die Berliner Politik andere, weniger offizielle Wege. Hinweise auf diese Wege gibt die erbitterte antipolnische Bewegung unter den galizischen Ruthenen, die in der „ukrainischen" Partei organisiert sind, die seit einer Reihe von Jahren eine stark germanophile Farbe angenommen hat. Das Verhalten der Führer dieser Bewegung zeugt von ihrem Kontakt mit Berlin; sie publizieren in preußischen Zeitungen Erklärungen, in denen sie eine Solidarität mit den österreichischen Slawen bei deren Protesten gegen die antipolnische Politik Preußens bestreiten, und es ist vorgekommen, dass sie öffentlich den Einmarsch der Preußen nach Galizien angekündigt haben. Die preußische Regierung ist selbst nicht darum bemüht, bei ihren Kontakten zu den Ruthenen besondere Diskretion walten zu lassen. Angesichts der Entwicklung der saisonalen Emigration aus Galizien nach Preußen waren die preußischen Behörden darum bemüht, dass statt Polen eine möglichst große Zahl von Ruthenen zur Arbeit käme, unter denen dann in Preußen Agitationsschriften verteilt wurden, die sie massiv gegen die Polen aufhetzten. In dieser Sache sahen sich die Polen sogar gezwungen, in Wien um eine Intervention zu bitten.

Die polnische Nation ist in allen drei Staaten, in denen sie lebt, dazu gezwungen, gegen die Berliner Politik zu kämpfen, die ihre Vernichtung anstrebt. In ihren ältesten Sitzen, die zu Preußen gehören, führt sie ein tragisches Ringen um ihre Existenz, in Österreich wird sie in den Einflussbereich der deutschen Politik hineingezogen, weil sie dort zwar nationale Rechte besitzt, ihre Stellung im Staat jedoch durch den Kampf gegen die Ruthenen geschwächt wird, die von preußischen Einflüssen gestützt werden, und im wichtigsten Teil ihres Vaterlands, der die größte nationale Kraft darstellt, im russischen Staat, bemüht sie sich vergebens, bessere Bedingungen der Existenz und der nationalen Entwicklung zu erlangen. Sie hat das Gefühl, dass ihr auch hier die Besserung ihres Geschicks im Kampf gegen ein monströses Herrschaftssystem durch mächtige preußische Einflüsse erschwert wird.

Im russischen Staat liegt der Schlüssel zur Lösung der polnischen Frage. Von den Schicksalen dieses Teiles Polens hängt die Zukunft der ganzen Nation ab. Zugleich hängt von der Beziehung Russlands zur polnischen Frage in bedeutendem Maß dessen eigene Zukunft ab. Deshalb ist der Kampf der Polen um das Recht zur nationalen Entwicklung im russischen Staat heute nicht nur das wichtigste Moment der polnischen Frage: Von seinem Ergebnis hängen in bedeutendem Maß die Schicksale von ganz Osteuropa ab. Dieser Kampf wird im Grunde genommen ohne Verbündete geführt. Denn auch wenn liberale Parteien in Russland einen wohlwollenden Standpunkt zu den polnischen Forderungen eingenommen haben, so haben sie doch selbst den Kampf gegen die Reaktion verloren und sich unter ihrem Druck gebeugt. Sie sind gezwungen ihre wichtigsten Bestrebungen aufzugeben, während die polnische Sache für sie keine Priorität und eigentlich überhaupt keine Bedeutung hat. Es gibt in Russland keine einzige organisierte Gruppe, die die Bedeutung der polnischen Frage für die weiteren Schicksale des Staats verstehen würde.

Doch unabhängig davon, wie sich die polnische Frage in diesem oder jenem Staat entwickeln wird, wird sie vom heutigen Stand der Dinge in unserem Teil der Welt, von der territorialen Lage Polens und seiner Rolle im Kampf gegen den deutschen Eroberungszug, wie er in Osteuropa voranschreitet, wieder in den Vordergrund gerückt und kann nicht so schnell in den Hintergrund gedrängt werden. Das polnische Gebiet wird unabhängig vom Wunsch der dort lebenden Nation, die vielleicht zu sehr den Frieden liebt, zum Schauplatz eines erbitterten und langen Kampfs, der von erstrangiger historischer Bedeutung ist.

VIERTER TEIL

Die Zukunft Russlands

I. Die historische Entwicklung Russlands

Wenn die Zukunft Russlands immer ein großes Rätsel war, so ist sie ein umso größeres jetzt, nach dem Krieg gegen Japan und den Ereignissen, die diesen im Innern des Staats begleitet haben. Denn es ist in der Tat unmöglich vorherzusehen, wie der Staat aus der Lage, in die er geraten ist, herauskommen wird. Und die Schwierigkeit der Lage ist keineswegs auf die politische Krise zurückzuführen, unter der Russland gegenwärtig leidet. Unabhängig von dieser ist sie die Konsequenz der historischen Entwicklung dieses Staats, der in verschiedenen Richtungen schnell auf einem Weg vorangeschritten ist, der in einer ausweglosen Lage endete.

Es ist schwierig, sich an dieser Stelle in ein unerhört kompliziertes und im Hinblick auf Russland nicht weniger interessantes historiosophisches Problem zu vertiefen, sich auf ein Gebiet zu begeben, wo sich das Feld für subjektive Ansichten allzu weit öffnet. Wenn wir uns jedoch an die realen politischen Fragen in der heutigen Lage halten, dann müssen wir einen Grundzug der historischen Entwicklung des russischen Staats als Ausgangspunkt nehmen. Denn dabei handelt es sich um eine Entwicklung nach außen und nicht nach innen.

Der Staat hat sich unerhört schnell ausgebreitet, er ist aus dem kleinen Fürstentum Moskau im Lauf eines halben Jahrtausends zu einem riesigen Imperium angewachsen, das den sechsten Teil der Erde bildet, ständig um Ausdehnung bemüht ist und keine dauerhaft akzeptierten Grenzen hat, außer einer, dem Ufer des Eismeers. Zugleich schreitet er nicht entsprechend voran bei der Entwicklung seiner Institutionen, bei der Organisation der Gesellschaft und deren Produktion in Entsprechung zum Bevölkerungswachstum. Die gesamte innere Arbeit ist auf die Vervollkommnung eines Staatsapparats ausgerichtet, der den Anforderungen der äußeren Entwicklung entspricht. Eine Erklärung, warum die Entwicklung des Staats in diese Richtung gegangen ist, ist eine historiosophische Frage, für uns sind die Ergebnisse wichtig, zu denen die Entwicklung geführt hat, weil sie dazu führen musste.

Diese Entwicklung musste dazu führen, dass die Aufgaben des Staates schneller wuchsen als die Mittel, um ihnen gerecht zu werden, und dass es immer mehr schwierige Fragen der staatlichen Existenz gab, die die Kraft der Regierung und der Nation überstiegen. Der Staat musste immer mehr zum

 | DOI:10.30965/9783657702916_015

sprichwörtlichen „Koloss auf tönernen Füßen" werden. Auf der einen Seite erforderten das äußere Wachstum, die ständige Vergrößerung der Annexionen, ihre einigermaßen dauerhafte Bindung an den Staat, die Sicherung gegen zentrifugale, separatistische Bestrebungen und gegen äußere Feinde, schließlich ihre vollständige Assimilation riesige Reserven an wirtschaftlichen und kulturellen Kräften, andererseits lieferte der innere Stillstand bei schnellem Bevölkerungswachstum diese Kräfte nicht, sondern er erzeugte im Innern eine Lage, mit der man immer schwieriger fertig werden konnte und bei deren Fortdauer und Verschlimmerung immer dringlichere und schrecklichere Gefahren drohen mussten. Der Regierungsapparat, der für sich selbst existierte, der nicht auf entsprechende gesellschaftliche Institutionen gestützt war, der nicht gezwungen war, sich auf die Bedürfnisse und Bestrebungen der Gesellschaft einzustellen, und der in seinen Ausmaßen schnell wuchs, konnte sich nicht so schnell vervollkommnen, wie dies die vor ihm aufwachsenden Aufgaben erfordert hätten. Es ist klar, dass eine solche Entwicklungsrichtung früher oder später in eine Sackgasse führen musste.

Heute wird die schwierige Lage der russischen Regierung gern dem unglücklichen Krieg gegen Japan und dem Ausbruch der Revolution zugeschrieben, womit man das zur Ursache macht, was die Folge war, und zur Quelle des Unglücks das, was nur das Symptom eines tiefsitzenden Übels und vielleicht die Warnung vor einer viel schrecklicheren Katastrophe war. Die gegenwärtige innere Krise, deren Haupthintergrund die Verfassungsfrage ist, musste sich in einem Staat, der viele wunde Punkte hat, durch eine ganze Reihe von anderen Fragen komplizieren, so wie in einem menschlichen Organismus, wenn er von einer Krankheit befallen wird, zugleich alle seine Gebrechen, alle schwachen Seiten zu Tage treten. Aber diese Fragen existierten unabhängig von der Verfassungsfrage und verschärften sich in schnellem Tempo.

Die historische Entwicklung Russlands nach außen hat zusammen mit der Hemmung der inneren Entwicklung vor allem zwei Probleme hervorgebracht, von denen jedes ausreichen würde, um den mächtigsten Staat in eine ausweglose Lage zu bringen, wenn nicht ein tiefgreifender Umschwung erfolgt, der seine Entwicklungsrichtung grundlegend ändert. Es handelt sich um die sog. Frage der „Grenzländer" und um die Bauernfrage. Die erstere ist eine unmittelbare Folge der schnellen Entwicklung nach außen, die zweite eine Folge des diese begleitenden inneren Stillstands. Beide haben sich in dem Maß entwickelt, in dem der heutige russische Staat entstand, sie haben sich lange vor dem scharfen Ausbruch der heutigen Krise bemerkbar gemacht und sie führen den Staat auch ohne ihn in die Katastrophe.

Die Bauernfrage in Großrussland ist nicht nur eine Frage der Landwirtschaft, in ihrem unerhört komplizierten Wesen ist sie zugleich eine wirtschaftliche, politische und kulturelle Frage.

In allen europäischen Ländern ist die Schicht der kleinen Bauern die gesundeste gesellschaftliche Schicht, durch ihren Wohlstand, der sich auf dauerhafte Grundlagen stützt, und durch ihren Konservatismus, der den sozialen und politischen Verhältnissen das Gleichgewicht verleiht. In Russland hat sich durch die Vernachlässigung der Angelegenheiten des inneren Fortschritts der Stand von Bildung und Kultur beim Bauerntum sehr wenig entwickelt und seine Organisation in einer Gemeinschaft (*obschtschina*) nimmt ihm die Anreize zur Arbeit und zum Fortschritt in der Wirtschaft, diese Grundlagen geistiger und bürgerlicher Selbstständigkeit, die individuelles Eigentum verleiht; dafür macht sie es empfänglich für die utopischsten kollektivistischen Lehren. Diese letztere Eigenschaft macht aus dem Bauerntum angesichts der allgemeinen Unzufriedenheit und der Auflehnung gegen die Nächsten, gegen die Mitbewohner in derselben Gemeinde ein revolutionäres Element in der vollen Bedeutung des Worts. Es bedarf noch nicht einmal sozialistischer Propaganda; der russische Bauer vermag sich auf der Grundlage des Evangeliums eine Theorie zu konstruieren, die sie vollständig ersetzt. Das geringe kulturelle Niveau und die Rückständigkeit bei der Feldbestellung führen dazu, dass die Menge des Landes, die sich in der Hand von Bauern befindet, es nicht nur unmöglich macht, von ihnen angemessene Steuern zu bekommen, sondern noch nicht einmal ausreicht, sie vor dem Hungertod zu sichern. Andererseits haben die Wendung des Staates zu ausschließlich auswärtigen Aufgaben und als Folge davon die irrsinnige Wucherung des bürokratischen und militärischen Apparats fast den gesamten Adel in die Reihen des Regierungsdienstes gezogen, ihn von der Arbeit auf dem Land losgerissen, von dem er durch seine Einflüsse in der Regierung viel in die Hand bekommen hatte, und ihn zu einem Element gemacht, das sein Einkommen ausschließlich aus dem Land zieht, aber nichts produziert und die landwirtschaftliche Kultur nicht hebt, weder unmittelbar auf dem eigenen Besitz noch durch einen mittelbaren Einfluss auf bäuerlichen Besitz.

Bei der Bauernfrage geht es darum, geradezu das Leben der Bauern zu retten, ihre Existenz zu sanieren, aus ihnen eine Schicht zu machen, die die finanzielle Grundlage der Stärke des Staats und seines inneren politischen Gleichgewichts bildet. Deshalb geht es bei der Bauernfrage zugleich darum, diesen Millionen das Land zu verschaffen, das ihnen fehlt, ihre gesellschaftliche Existenz neu zu organisieren, Schulen für sie zu gründen und ihnen schließlich durch die Regierung oder die lokale Verwaltung Mittel zu verschaffen, die den Fortschritt der landwirtschaftlichen Kultur, die Entwicklung eines gesunden Kredits usw. fördern. Aber nun stellen wir einmal die Frage, wieviel Aufwand an Fähigkeit und menschlicher Arbeit, wieviel materielle Mittel notwendig sind, um in diesem Bereich etwas zu erreichen, das eine wirklich umfassendere, erkennbare Wirkung haben wird, das wenigstens die Gefahr von periodischen Hungersnöten und von bäuerlichen Unruhen beseitigt? Verfügt die russische Regierung über solche Kräfte und solche Mittel?... Weder die gegenwärtige noch irgendeine künftige Regierung kann solche Mittel aufbringen.

Nicht weniger bedrohlich für die Zukunft ist die sogenannte Frage der „Grenzländer".

Russland steht nach Österreich in Europa an zweiter Stelle im Hinblick auf die Heterogenität seiner Zusammensetzung. Zwar hat sich seine Regierung niemals vor einem solch riesigen Prozentsatz nichtrussischer Bevölkerung in ihrem Staat gescheut, sondern war bereit, ihn durch neue Annexionen zu vergrößern. Um die Beziehung dieser Elemente zum Staat zu regeln, hatte und hat sie eine Methode: die Russifizierung. Dieses Programm hat sich so etabliert, dass man es nicht nur gegenüber kleineren, weniger kultivierten oder weit zerstreuten Nationalitäten angewandt hat, sondern auch gegenüber Ländern, die völlig eigenständig und Russland im Bereich der eigentlichen Kultur sogar überlegen sind. Obwohl man noch so viele kleine finnische Stämme zu absorbieren hat, obwohl man sich anschickt, den Kaukasus und Millionen von islamischer Bevölkerung an der Wolga zu assimilieren, obwohl man sich mit Hilfe von gewalttätigen Methoden daran macht, dem russischen Element ein Übergewicht in den litauisch-ruthenischen Gebieten zu verschaffen, hat man dennoch nicht gezögert, zugleich eine energische Russifizierungsaktion im eigentlichen Polen und in den baltischen Provinzen zu beginnen, und schließlich hat man damit auch in Finnland begonnen und hätte es weitergeführt, wenn nicht die Ereignisse der letzten Zeit dazwischen gekommen wären.

Heute, in der Zeit der Krise, im Jahr 1905, hat sich das Russifizierungssystem so weit zurückgezogen, dass die nichtrussische Bevölkerung, unter anderem die Polen, das Recht erhalten hat, private Schulen mit muttersprachlichem Unterricht einzurichten.[15] Aber es wurde der Grundsatz aufgestellt, dass staatliche Institutionen, darunter Schulen, sich nur der russischen Sprache bedienen dürfen. Nehmen wir an, dass dieser Grundsatz der Erhaltung der Staatssprache in solch weitem Umfang auf dem Gebiet des gesamten Staats

15 Diese Privatschulen geben kein Recht zum Eintritt in die Universitäten und Berufshochschulen. Es stehen ihnen auch keine anderen Rechte zu, die mit dem Abschluss an Regierungsschulen verbunden sind.

nicht zu einer Russifizierung führt. Nehmen wir an, dass die Nationen, die zum Staat gehören, ihre Individualität bewahren, dass sie ihre Kultur mit privaten Mitteln entwickeln, dass sie auf diesem Weg ihre nationale Eigenheit stärken und ihren kulturellen Wert heben. Kann man dann dennoch annehmen, dass eine eigenständige Nation, die eine hohe Kultur hat, sich irgendwann mit einer staatlichen Schule in einer fremden Sprache, mit dem Zwang zum Gebrauch dieser fremden Sprache bei Gericht und in den Beziehungen zu den Verwaltungsbehörden abfinden wird? Niemals. Was also wird das Ergebnis sein? Viele Millionen Bürger des Staats werden sich ständig durch ihn geschädigt fühlen, sie werden mit ihm einen ständigen Kampf um ihre nationalen Rechte führen, sie werden ihn schwächen und über seine Niederlagen jubeln anstatt sich über seine Erfolge zu freuen und zu seiner Macht beizutragen. Wir sind nicht der Meinung, dass man dies für eine Lösung der Frage der Grenzländer halten kann, doch ein Staat, der sich damit abfindet, dass er ungelöste Probleme hat, akzeptiert damit künftige Katastrophen. Und selbst ein sehr starker Staat, der im Zentrum unter der Kernbevölkerung, die er repräsentiert, eine gesunde Basis hat (Russland ist kein solcher Staat und wird es noch lange nicht sein), würde nicht lange einen Zustand aushalten, wie er sich in Russland aufgrund der Frage der Grenzgebiete in ihrem jetzigen Verständnis entwickelt hat.

Andererseits ist die Russifizierung fremder Elemente im Staat nicht möglich. Wenn der russische Staat nur die Polen zu russifizieren hätte, von denen heute, nach Abrechnung aller zweifelhaften Elemente, in seinen Grenzen 11 Millionen leben (entgegen den anderslautenden amtlichen Statistiken), dann reicht es, an die Ergebnisse der Germanisierung in Preußen zu denken, die von einer starken, hervorragend organisierten und kulturell hochstehenden Nation gegenüber knapp 4 Millionen durchgeführt und die vorangetrieben wurde mit einer unerhörten Anspannung der Kräfte, zu der Russland niemals fähig sein wird, um zu der felsenfesten Überzeugung zu kommen, dass die Russifizierung Polens ein Hirngespinst ist.

Und dann gibt es im Staat außer Polen schließlich auch noch Litauer, Letten, Esten, es gibt Armenier, Georgier und andere kaukasische Stämme, es gibt Tataren, Baschkiren, Kirgisen, Sarten* usw. usw. Dennoch kann man beim heutigen Stand tatsächlich nur den großrussischen Stamm als Russen ansehen, der nur die Hälfte der Bevölkerung des Staats bildet. Etwa 20 Millionen Kleinrussen und 6 Millionen Weißrussen sind im Grunde genommen noch keine Russen. Das heißt nicht, dass sie es nicht werden könnten, denn schließlich sind

* Als Sarten bezeichnete man bis zum Beginn des 20. Jahrhunderts die turksprachige, sesshafte Bevölkerung im von Russland beherrschten Teil Zentralasiens. Später wurden die Sarten zu den Usbeken gezählt.

die Bewohner der Nordseeküste, die *Plattdeutsch** sprechen, Deutsche, und zweifelsfreie Franzosen sind nicht nur die Bewohner des Südens, des Gebiets *Languedoc*, sondern sogar die Bretonen. Aber diese Stämme können sich auch als eigene Nationalitäten verstehen, wozu es in der Ukraine Tendenzen gibt. Alles hängt davon ab, ob die russische Staatlichkeit und Kultur auf sie eine solche Anziehungskraft entwickeln, dass diese sie unwiderruflich in ihre Sphäre zieht. Selbst wenn wir akzeptieren würden, dass dies unvermeidlich ist, wie die Mehrheit der Russen will, dann braucht es dazu noch viel Zeit und viel geduldige schöpferische Arbeit, denn nur diese allein verbindet mit einer Nation verwandte und fremde Elemente, die kein eigenes Zentrum für ein umfassendes kulturelles Leben haben. Russland aber ist in einer Situation, in der es wenig Zeit hat, um seine inneren Schwierigkeiten zu lösen, und die russische Gesellschaft hat kaum die Voraussetzungen, um eine geduldige, schöpferische gesellschaftliche und kulturelle Arbeit zu entfalten.

Somit ist die Frage der Grenzländer eigentlich heute noch eine Frage der Hälfte der Bevölkerung des Staates, eine Frage, die infolge der historischen Entwicklungsrichtung Russlands unlösbar geworden ist und zu einer ausweglosen Lage geführt hat. Dagegen ist die Bauernfrage eine Frage für die andere Hälfte der Bevölkerung. Die Entwicklungsrichtung des Staats, die diese beiden Fragen hervorgebracht und langsam verschärft hat, musste den Staat in die Katastrophe führen, entweder in den Untergang oder in eine große innere Umwälzung, die ihn auf neue Wege führte.

Die wachsenden Missstände in Russland, die von der ungesunden Richtung hervorgerufen wurden, in die sich seine staatliche Entwicklung bewegte, beschränken sich keineswegs auf diese beiden Fragen.

Es ist verständlich, dass mit dieser Entwicklung des Staats ein extremer, immer weiter fortschreitender Zentralismus der Verwaltung einhergehen musste; zugleich hat jedoch diese Entwicklung das Gebiet des Staats und die Heterogenität seiner Zusammensetzung schnell vergrößert. Aufgrund seiner Ausdehnung und Zusammensetzung war der Staat immer weniger in der Lage, effektiv von einem Zentrum aus regiert zu werden, während zugleich eine Dezentralisierung notwendig dazu hätte führen müssen, dass die inneren Bedürfnisse und Interessen der einzelnen Provinzen in den Vordergrund getreten wären, die sich ihrer Natur nach der Politik der Zentralregierung entgegengestellt und deren weiteres Fortschreiten in der bisherigen Richtung verhindert hätten. Wenn man also die bisherige Entwicklungsrichtung des Staates beibehalten wollte, dann konnte man keine Abstriche vom Grundsatz des Zentralismus machen, im Gegenteil, man musste ihn ständig verstärken

* Im Original deutsch.

und machte ihn in immer stärkerem Maß zu einer Bremse des Lebens und des Fortschritts in allen Bereichen. Zu welch lächerlichen Ausmaßen dieser Zentralismus sich entwickelt hat, davon zeugen am besten die Zahl und der Charakter der Gesetzesanträge der Regierung in der Duma, durch die nach den Grundgesetzen heute alle Rechte passieren müssen, die früher im Ministerrat beschlossen wurden. Diese Projekte führen heute die Existenz eines zentralen Parlaments ins Absurde. Oder kann man sich vorstellen, dass dieses, bei der perfektesten Zusammensetzung des Abgeordnetenkollegiums, in der Lage wäre, seinen Aufgaben angemessen nachzukommen, wenn in einem Staat, der 140 Millionen Einwohner zählt, den sechsten Teil der Erde umfasst und aus den verschiedenartigsten Ländern zusammengesetzt ist, es seine Aufgabe ist, auf dem Gesetzesweg sämtliche Angelegenheiten zu erledigen, die so wichtig sind wie z. B. die Anweisung eines jährlichen Etats von 600 Rubel an einen Apotheker im Amurgebiet oder die Zuteilung einer Gehaltszulage von 150 Rubel für Wohnungszwecke an einen Schönschreib-Lehrer in der städtischen Handelsschule in Radom? So kam auch der normale Gang der staatlichen Angelegenheiten, der immer langsamer ablief und der Befriedigung der Lebensbedürfnisse immer mehr im Weg stand, in dem Moment regelrecht zum Stillstand, als neue Grundgesetze bekanntgegeben wurden.

So mussten das Problem des staatlichen Zentralismus und seines Verhältnisses zu den Bedürfnissen der inneren Entwicklung und schließlich sein Einfluss auf den normalen Ablauf der Tätigkeit der Regierung selbst ebenfalls früher oder später zu einer ausweglosen Lage führen.

II. Die jüdische Frage

Mit der Einleitung einer ausgeprägt nationalistischen Politik begann sich auch die jüdische Frage unerhört schnell zu verschärfen. Als Russland sich die polnischen Gebiete aneignete, kamen unter seine Herrschaft nicht nur Polen, Litauer, Weiß- und Kleinrussen, die die eigentliche Bevölkerung der Gebiete der polnischen Republik ausmachten, sondern auch die eingewanderte jüdische Bevölkerung, die sich in Folge des Zusammentreffens verschiedener historischer Ursachen in Polen konzentrierte und dort in einer Richtung von Nordwesten nach Südosten immer dichter angesiedelt war. Je niedriger die Kultur einer Provinz war, je größer die wirtschaftliche Passivität ihrer Bevölkerung, umso größer war der Anteil der jüdischen Bevölkerung, die vom Zwischenhandel lebte und in Folge dessen umso mehr prosperierte, je schwächer die Organisation des wirtschaftlichen Lebens des Landes war. Die Städte, die in Kernpolen in ihrer großen Mehrheit polnisch waren, waren in

Litauen und Ruthenien in der Mehrheit jüdisch. Es war abzusehen, dass die Juden weiter nach Osten vorrücken würden, nicht nur in das sich allmählich bevölkernde Südrussland, ans Schwarze Meer, wo sie heute das Hauptelement des wirtschaftlichen und intellektuellen Lebens stellen, mit ihrem Zentrum in Odessa, sondern auch in die russischen Kerngebiete. Die innere Stagnation in Russland und die aus ihr resultierende wirtschaftliche Passivität der Bevölkerung erlaubte es dieser nicht, mit den Juden erfolgreich in einen Wettbewerb zu treten, was umso mehr den Widerwillen gegen sie wecken und dazu führen musste, dass man auf Hilfe der Regierung hoffte, auf Ausnahmegesetze. So beschritt Russland in einer Zeit, als rechtliche Beschränkungen der Juden in anderen Staaten schon der Vergangenheit angehörten, als sie im Königreich Polen bereits gleichberechtigt waren (was zur Regierungszeit von Wielopolski* erfolgt war), den Weg einer ständigen Verschärfung von Ausnahmegesetzen. Der Staat wurde durch die sog. „Ansiedlungslinie" in zwei Teile geteilt**: Im ersten, der hauptsächlich nichtrussische Gebiete umfasste, wurden die Juden als örtliche Bevölkerung anerkannt, wobei jedoch eine ganze Reihe von Einschränkungen zur Anwendung kamen, im zweiten, rein russischen Teil des Staats wurde ihnen sogar der Aufenthalt verboten. Diejenigen, die sich dort unter der Herrschaft von Alexander III. bereits angesiedelt hatten, wurden ausgewiesen. Ein Teil von ihnen emigrierte nach England und nach Übersee, ein Teil siedelte nach Polen über, und ein Teil der jüdischen Intelligenz, die schon eng mit den örtlichen Verhältnissen verbunden war, trat zum orthodoxen Glauben über und entging auf diese Weise der Proskription.

Die Regierung kündigte einer Bevölkerung von sechs Millionen, die unternehmend, beweglich und stark durch rassisch-religiöse Solidarität war, einen rücksichtslosen Kampf an und machte sie zu ihren unversöhnlichen Feinden. Die Juden waren immer mehr eingeschränkt in ihren Bewegungen, sie fühlten sich immer schlechter in ihren enger werdenden Fesseln und gewannen zugleich neue Kräfte durch den Fortschritt der Bildung in ihren Reihen. So mussten die Juden immer mehr zum Ferment der Unruhe im Staat werden und politische Bewegungen anstoßen und verstärken, die die Sprengung des Systems anstrebten, das sie unterdrückte. Eine immer größere Zahl von hervorragenden Individuen unter den Juden verstärkte die russische Opposition, und die gesamte jüdische Masse brachte diesen Bewegungen eine verständliche Sympathie entgegen. Und in diesem Bereich brachte das Regierungssystem also ein Problem hervor, das sich in unerhört schnellem Tempo verschärfte

* S. Anm. auf S. 173.

** Der Ansiedlungsrayon für Juden im Westen des russischen Staats wurde 1791 von Zarin Katharina II. geschaffen, seine Ausdehnung später aber noch mehrfach verändert.

und in immer stärkerem Maß zur Sprengung des Systems beitrug. Auf der Basis dieses Problems bahnte sich auch eine ausweglose Lage an, umso mehr, als der prozentuale Anteil der jüdischen Bevölkerung im Staat sich nicht verringerte, sondern schnell anwuchs. Doch dieser Anstieg ist – auch wenn das mit der Sache weniger Vertrauten merkwürdig erscheinen mag – in bedeutendem Maß auch das Ergebnis des Regierungssystems.

Die Konzentration der Juden in so großer Zahl auf dem Gebiet der polnischen Republik war vor allem das Ergebnis der Stagnation im Handel und des damit verbundenen geringen Organisationsgrads des wirtschaftlichen Lebens in den Ländern der Republik. Nach dem Fall von Byzanz und der Einzäunung durch eine islamische Mauer von Osten hörte Polen auf, ein Land von großen Handelswegen zu sein. Die Städte begannen zu verfallen, der Bürgerstand verarmte und verlor an Bedeutung im Staat, während der Adel, nachdem er ein Monopol auf die politische Macht erhalten hatte und ohne Gegengewicht herrschte, den Interessen der Städte den letzten Stoß versetzte. In einem reichen Land, das die Vorratskammer Europas war, das aber ein reines Agrarland war und außer Feldfrüchten fast nichts produzierte, sank die Organisation des Wirtschaftslebens auf ein immer niedrigeres Niveau, bei dem es für eine große, selbstständige Kaufmannschaft keinen Platz mehr gab, sondern sich stattdessen ein breites Feld für eine zahlreiche Bevölkerung öffnete, die gar keinen Beruf hatte, sondern nur vom Zwischenhandel lebte. Der im Wohlstand träge gewordene, Landwirtschaft treibende Adlige brauchte immer mehr Zwischenhändler, die sich geschickt an seine Neigungen anpassten, er umgab sich mit ihnen und unterstützte sie. Für die Rolle solcher Zwischenhändler eigneten sich hervorragend die Juden, die keine selbstständige Position in der Republik anstrebten; in ihre Hände ging auch fast der gesamte Warenaustausch im Land über. In einer Zeit, als sich der Untergang Polens schon deutlich abzeichnete, im 17. Jahrhundert, wuchs die Zahl der Juden schnell und begann den Städten ein besonderes Gesicht zu geben, und damals gewann bei ihnen unter dem Einfluss von jüdischen Zuwanderern aus Deutschland anstelle der polnischen Sprache eine deutsche Mundart die Oberhand, die polnische und hebräische Einflüsse aufnahm und zu ihrem allgemeinen Jargon wurde*. Dennoch bewahrten die polnischen Provinzen mit einer älteren Kultur, also der westliche Teil von Kernpolen, ein Niveau des wirtschaftlichen Lebens, das sie eher an Westeuropa annäherte. Dort verblieb ein relativ starkes polnisches Bürgertum, das am Ende des 18. Jahrhunderts eine gewisse Rolle bei der politischen

* Nach heutiger Erkenntnis kam Jiddisch schon im Spätmittelalter mit den jüdischen Auswanderern aus Deutschland nach Polen.

Erneuerung der Republik spielte. Und dort war auch die Zahl der Juden immer wesentlich geringer.

Der geringe Organisationsgrad des wirtschaftlichen Lebens mit dem noch bis vor kurzer Zeit fortbestehenden Feudalsystem (in den zu Russland gehörenden polnischen Gebieten bis 1864) begann erst spät modernen Verhältnissen Platz zu machen. Und auch der primitive Zwischenhandel begann erst vor Kurzem einer zivilisierten Organisation des Handels zu weichen. Dort, wo dieser Prozess weiter fortschritt, begann sich der Anteil der jüdischen Bevölkerung schnell zu verringern. Ein zivilisierter Handel, bei dem intensiv gearbeitet wird, gibt einer viel geringeren Zahl von Menschen Beschäftigung, doch Juden passen sich nicht schnell genug an andere Arbeitszweige an. Andererseits wächst seit einiger Zeit unter dem Einfluss von inneren Umgestaltungen in der polnischen Gesellschaft und des Anwachsens ihrer wirtschaftlichen Energie die Zahl der polnischen Kräfte auf dem Gebiet des Handels. Endlich stellt sich die Kooperation ein, für die es in den westlichen Regionen Polens kulturelle Rahmenbedingungen gibt und die dort schon eine bedeutende Rolle spielt. Die Erfahrung dieser Regionen zeigt, dass die jüdische Frage als wirtschaftliche Frage in bedeutendem Maß gerade eine Frage von niedrigem Kulturniveau und einer geringen wirtschaftlichen Organisation der Gesellschaft ist.

In den Gebieten des preußischen Teilungsgebiets gibt es bereits keine jüdische Frage mehr. Im Posenschen, das am meisten Juden zählt und wo ihre Zahl bis 1830 auf 6,7% der Bevölkerung angewachsen war, ist sie heute auf einen völlig unbedeutenden Wert gesunken (weniger als 1,5%). In Galizien, dessen kulturelle und wirtschaftliche Vernachlässigung Bedingungen geschaffen hat, die einem zahlenmäßigen Wachstum der Menge der Juden förderlich sind, und das erst seit dem Beginn der Autonomiephase den Weg eines schnellen kulturellen Fortschritts eingeschlagen hat, ist die Zahl der Juden bis zum Ende des letzten Jahrhunderts schnell gewachsen und hat 11% der Gesamtbevölkerung erreicht; ab 1895 begann sie sich wieder zu verringern, und das im westlichen, zivilisierteren Teil des Landes nicht nur im Verhältnis zur Gesamtbevölkerung, sondern absolut. Aber dennoch unterliegen die Juden dort keinen Beschränkungen und es finden keine Pogrome statt, für die Russland auf der anderen Seite der Grenze berühmt geworden ist.

Hingegen wächst in den Gebieten, die zu Russland gehören, die Zahl der Juden im Verhältnis zur Gesamtbevölkerung ständig, was seine Ursache nicht nur darin hat, dass ihnen der Abzug nach Osten durch die „Ansiedlungslinie" versperrt ist, sondern auch darin, dass der kulturelle Fortschritt dieser Länder behindert und die Organisation ihres gesellschaftlichen Lebens auf einem niedrigen Niveau gehalten wird. Das russische System der „Grenzland"-Politik, das darin besteht, dass man die Kräfte der örtlichen Gesellschaft unterdrückt, ihre Organisation nicht zulässt und ihren kulturellen Fortschritt behindert, unterstützt gleichzeitig das zahlenmäßige Wachstum einer armen jüdischen Masse, die sich umso schneller vermehrt, je niedriger die Kultur des Landes ist.

Somit unterstützt das russische System, das mit Hilfe von rechtlichen Einschränkungen gegen die Juden kämpft, aber niemals ihre Vermehrung behindern kann, diese Vermehrung durch seine antizivilisatorische Politik in den von Juden bewohnten Grenzgebieten. In den Weggenommenen Gebieten, wo es der Regierung um den Erhalt des Übergewichts des russischen Elements geht, ist dieses Ziel in kleinem Umfang erreicht worden, aber dagegen wuchs gleichzeitig mit der Schwächung des Polentums ein starkes jüdisches Element, dem die Regierung keineswegs größeres Vertrauen entgegenbringt als den Polen. Und selbst wenn es der Regierung hier gelänge, dem Polentum die Rolle zu nehmen, die es im Land spielt, dann hätte sie an dessen Stelle ein jüdisches Element, das durch seine Position stark ist und dessen Rolle mindestens in gleichem Maß nicht den Wünschen der Regierung entspräche.

Aus dem Gesagten ergibt sich, dass die Spezifik der bisherigen staatlichen Ordnung Russlands, die auf die Schaffung einer ausweglosen Lage hinausläuft, auf dem Gebiet der jüdischen Frage vielleicht noch krasser hervortritt als in anderen Bereichen. Diese Frage kompliziert weiterhin die innere Lage im Staat und bereitet ihm, zusätzlich zu anderen schwerwiegenden Missständen, manche schwierige Erfahrung.

III. Die Gefahren für die staatliche Ordnung

Schon seit längerer Zeit begann Russland zu fühlen, dass in seinem Leben ein neues Problem entsteht, das für die Regierung von ungemeiner Bedeutung ist, denn es berührt eine der wichtigsten, anerkannten Grundlagen der staatlichen Ordnung. Man begann den Verfall der staatlichen Religion festzustellen, der mit immer mehr Anzeichen von Zerrüttung in der Kirche einherging. Unter der Hülle einer prächtigen Form schritt eine Verarmung des Inhalts des religiösen Lebens fort, und in den Reihen der Geistlichkeit kam einerseits Demoralisierung zum Vorschein und andererseits antistaatliche Bestrebungen.

Die Notwendigkeit, alle Kräfte zum Dienst an einem Staat anzuspannen, der sich auf schwache innere Grundlagen stützt, gebot es, der orthodoxen Kirche jegliche Selbstständigkeit zu nehmen, ihr politische Tätigkeiten aufzudrängen und ihre oberste Leitung zu einer Abteilung der Regierung zu machen. Die Kirche wurde immer mehr staatlich und immer weniger national, was sie bei dem ständig wachsenden Abstand zwischen Regierung und Nation immer mehr dem Zusammenbruch nahebringen musste. Sie ging zusammen mit dem Staat auf Eroberungen in den „Grenzgebieten" aus und begann sich dort mit der Hilfe von Polizeimitteln und der Unterstützung der Armee zu verbreiten. Aber zugleich wurde sie im eigentlichen Russland, unter der Bevölkerung, die seit Jahrhunderten orthodox ist, immer mehr zu einer Regierungskanzlei, die ihrem Inhalt nach tot ist. Das Volk, das in der amtlichen Kirche nicht die Befriedigung seiner moralischen Bedürfnisse fand, suchte Rettung im Sektierertum. Das Toleranzedikt bedeutete zweifellos einen Schritt zur Gesundung, zur Wiederherstellung des orthodoxen Charakters der Kirche, aber er kam zu einer Zeit, als in der Geistlichkeit bereits eine Spaltung begonnen hatte, als neben geistlichen „Bürokraten" geistliche Volksführer aufzutauchen begannen, die mit den Idealen des Urchristentums und mit dem Evangelium in der Hand einen Kampf gegen die staatliche und gesellschaftliche Ordnung führten. Auf diese Weise kam es zu einer leicht vorhersehbaren Komplizierung des Problems mit der Kirche, es geht nicht mehr nur um die Wiederherstellung der Vitalität und des Prestiges der amtlichen Konfession, die seit Langem, bei formalen Gewinnen, moralische Niederlagen vonseiten der Sekten und fremden Konfessionen erleidet, sondern um den Ausweg aus der Krise im Innern der orthodoxen Kirche, einer Krise, die alle Aussichten hat, sich immer mehr zu verschärfen.

Die Phraseologie des amtlichen Patriotismus, der undeutlich spürt, dass man die Existenz des Staats nicht ausschließlich auf physischen Zwang gegenüber der Bevölkerung stützen kann, hat seit längerer Zeit die Grundlagen der russischen Staatlichkeit in drei Ideen formuliert: Orthodoxie, Selbstherrschaft und russische Nationalität. Jedoch hat die Entwicklung der staatlichen Ordnung in ihrer Konsequenz zur Zerstörung dieser Grundlagen geführt. Die Selbstherrschaft, deren Erschütterung die russischen Reaktionäre im Oktobermanifest sehen, ist schon lange zu einer Fiktion geworden und hat begonnen als Deckmantel für die unbegrenzte Herrschaft der Regierungsbürokratie zu dienen. Die russische Nationalität, die zahlenmäßig, kulturell und moralisch zu schwach ist, um ihre Kultur und ihre Ideale der Bevölkerung des ganzen Staates aufzudringen, ist in ihrem Kern, in den großrussischen Volksmassen, in die kulturelle Stagnation und in den wirtschaftlichen Ruin getrieben worden. Schließlich hat sich gezeigt, dass das System, bei dem das gesamte innere Leben des Staats der Regierung unterworfen wird, der Orthodoxie ihre Vitalität nimmt, zur Zerrüttung der Kirche führt und dass das Problem der Kirche zu der Reihe der drängenden Probleme gehört, die sich bei der bestehenden Ordnung nicht lösen lassen.

Die Richtung der staatlichen Entwicklung Russlands musste notwendig zu einem schnellen Anstieg des Ausgabenbudgets bei einem unverhältnismäßig schwachen Wachstum der Steuerleistung des Landes führen, was früher oder später die staatliche Bilanz aus dem Gleichgewicht bringen musste, trotz des erstaunlichen Erfindungsreichtums der Lenker der Staatsfinanzen, die es bewahren wollen.

Der Posten von Ausgaben für die Produktion, die die Produktivität und die Steuerkraft erhöhen, war immer unverhältnismäßig schwach gegenüber ungeheuren Ausgaben für die Armee, die Flotte und für strategische Eisenbahnen; bedeutende Ausgabenposten brachten das Wirken des Staates zum Ausdruck, das auf die Herabsetzung der Kultur der Bevölkerung und damit auf die Senkung der Produktivität gerichtet ist. Von dieser Art ist ein großer Teil der Ausgaben für die „Grenzgebiete". Dort profitiert die Bürokratie von besonderen Privilegien und kostet mehr als im Zentrum des Staats, aber ihr Wirken führt nicht zur Russifizierung, nur zur Herabsetzung der Kultur dieser Länder, was ihre Steuerkraft verringern muss.

Oben haben wir schon aufgezeigt, dass die Schicht der Bauern, die in anderen Ländern eine dauerhafte Grundlage für die Finanzkraft des Staates bildet, in Kernrussland langsam verfallen ist. Die Regierung konnte nicht nur von einer Erhöhung der Steuern auf Land nicht träumen, sondern sie war von Zeit zu Zeit gezwungen, Steuerrückstände zu erlassen; dagegen tauchten im Haushalt immer größere Summen auf, die zur Rettung der Bevölkerung in Gegenden dienten, die von Hunger betroffen waren.

Andererseits sind ganze Länder unter dem Druck der „Grenzland"-Politik in ihrer kulturellen und wirtschaftlichen Entwicklung stehengeblieben, wie zum Beispiel Litauen, wo das polnische Element, das vor 1863 dessen gesamte Kultur und geistige Bewegung gestaltet und seine wirtschaftliche Produktivität gelenkt hat, durch Ausnahmegesetze unterdrückt wurde und als Folge im Lauf der letzten 40 Jahre ein kultureller Rückschritt auf vielen Gebieten stattgefunden hat. Wenn dennoch einige Länder unter dem Einfluss von Ursachen, die unabhängig von der Regierungspolitik sind, eine wirtschaftliche Hebung erlebt haben, wie das Königreich Polen, wo eine große Fabrikindustrie entstand, so gibt es nicht den geringsten Zweifel, dass bei einer anderen Verwaltung und einem anderen politischen System dieser Fortschritt viel schneller und unvergleichlich vielfältiger gewesen wäre und auf gesünderen Grundlagen gestanden hätte.

Bei einer so geringen Steuerkraft der Bevölkerung musste die Regierung ihr Budget vor allem auf Steuern stützen, die leichter einzuziehen und weniger spürbar waren, auch wenn diese weniger gerecht waren und sich schlechter auf die Bevölkerung auswirkten. Im russischen Staatshaushalt fällt seit Langem das unverhältnismäßige Übergewicht von indirekten gegenüber direkten Steuern auf. Mit einem Zolltarif, der zu den höchsten in der Welt gehört, mit einer hohen Verbrauchssteuer auf Spirituosen, Tabak, Streichhölzer, Petroleum und Zucker musste der Staat sein Budget retten und wurde selbst zum Unternehmer im großen Stil. Die Einkünfte aus dem Wodka-Monopol wurden zum größten Posten der Einkünfte im Haushalt, sie machten ein Drittel von ihm aus, und man kann rundheraus sagen, dass sie zur Hauptgrundlage der Staatsfinanzen wurden. Der Staat stützte seine finanzielle Existenz auf eine Krankheit, die die Bevölkerung angreift, sie physisch vernichtet, moralisch zersetzt und ihren kulturellen und wirtschaftlichen Fortschritt blockiert.

Trotzdem kam der Staatshaushalt zu keinem Zeitpunkt einem Gleichgewicht nahe: Die Staatsschulden wuchsen immer schneller, und die Zinsen, die ins Ausland gezahlt wurden, nahmen einen immer größeren Anteil unter den Ausgaben ein. Auch hier näherte sich eine ausweglose Lage, die trotz aller Rettungsmittel dem Staat früher oder später eine Katastrophe ankündigte.

Unabhängig von der Verfassungskrise und davon, dass die Opposition gegen die Regierung wuchs und sich organisierte und dass sich revolutionäre Strömungen verbreiteten, lagen im Wesen der russischen Staatlichkeit und in ihrer Entwicklung Gefahren, die sich nicht ohne grundlegende Änderung der staatlichen Ordnung abwenden ließen. Manch eine von diesen Gefahren war nur allzu sichtbar, und die Führer des Staatsschiffs waren sich ihrer bewusst und suchten sogar Mittel zur Abhilfe, aber sie konnten sich niemals mit dem Gedanken abfinden, dass das Wesen der staatlichen Ordnung selbst deren Ursache ist. Denn eine Reform dieser Ordnung hätte die Aufgabe einer ganzen Reihe von Ambitionen erfordert, mit denen die Politik des Staates bereits verschmolzen war, und sie hätte zugleich der Bürokratie, die die Schicksale des Staats in ihren Händen hält, ihre ungeteilte Macht und die damit verbundenen Vorteile genommen.

Die Entwicklung der russischen Innenpolitik während der Herrschaftszeit von Alexander II. und Alexander III. hat gezeigt, dass Russland sich nicht auf dem Weg einer Reform von oben erneuern kann. In der russischen Gesellschaft entwickelte sich immer deutlicher die Überzeugung, dass Russland nur unter Druck von unten neue Wege einschlagen wird. Der moderne Konflikt zwischen der Gesellschaft und der Regierung hat sich fast durch ein ganzes Jahrhundert entwickelt, seit dem Aufstand der „Dekabristen"*. Aber auch in diesem Konflikt gab es weniger eine schöpferische, erneuernde Richtung als ein fatales Streben auf eine Katastrophe hin, was ebenfalls eine Folge der staatlichen Ordnung und ihrer inneren Politik war.

Die östlichen Anfänge des russischen Staats, das Streben nach dem Erhalt des Despotismus als seiner Grundlage haben schon früher in der Staatsmacht eine Neigung hervorgebracht, alle außerhalb ihrer liegenden Kräfte und alle

---

* 1825.

gesellschaftliche Organisation zu vernichten, sie haben in ihr einen Geist entstehen lassen, der die traditionellen Institutionen nicht achtet, die in Jahrhunderten gesellschaftlichen Lebens durch die Arbeit ganzer Generationen geschaffen wurden. Die Staatsmacht arbeitete darauf hin, dass die einzige Organisation der Bevölkerung die Organisation des Staates war. Die Erneuerung des Staatsapparats durch Peter den Großen, seine Vervollkommnung nach europäischem Vorbild und schließlich seine Verstärkung durch fremde Elemente gab ihm eine beachtliche Leistungsfähigkeit, die Möglichkeit, viel tiefer in das Leben der Nation einzudringen, als das der alte Moskauer Staat getan hatte. Wenn Iwan der Schreckliche ganze soziale Ordnungen zerstörte, wie Nowgorod und Pskow, und massenweise Menschen von einer Provinz in eine andere umsiedelte, so hat der Staat Peters des Großen und seiner Nachfolger eine strenge Kontrolle über die Bevölkerung organisiert, drang in alle Lebensbereiche ein, verhinderte systematisch, dass irgendeine Organisation außerhalb der Regierung existierte oder entstand, und zerstörte jede Neigung zu einem organisierten Gemeinschaftsleben. Damit hat er das Werk der Zerstörung jeglichen gesellschaftlichen Aufbaus nicht weniger wirkungsvoll vollzogen, umso mehr, als er im Bedarfsfall seine Zuflucht zu nicht weniger radikalen Mitteln nehmen konnte als Iwan der Schreckliche. Genau darin liegt der Ausnahmecharakter der russischen Staatlichkeit, die diese sowohl von europäischen als auch von asiatischen Staaten unterscheidet, dass ihre Lenker über die Mittel der Kontrolle über die Untertanen verfügten, wie sie in europäischen Staaten existieren, dass sie aber nicht den konservativen Sinn der europäischen Regierungen hatten, der gebietet traditionelle Institutionen zu achten und die wertvollen Fundamente des sozialen Lebens zu pflegen, auf deren Bildung die Jahrhunderte aufbauen. Traditionelle Sitten, feststehende Rechtsbegriffe, das Gefühl einer gesellschaftlichen Hierarchie, all das, was die Bande darstellt, die die Menschen zu einer Gesellschaft verbinden und die dieser Gesellschaft eine dauerhafte Struktur geben, unabhängig von den wechselnden Formen staatlicher Organisation, hatte in ihren Augen keinen Wert, und wenn es ihnen im Weg stand, wurde es brutal zerstört. Die russische Regierung konnte der erste Revolutionär sein, wenn das für sie notwendig war. Sie konnte eine Politik treiben, bei der die einen sozialen Schichten gegen die anderen ausgespielt wurden, sie konnte durch ihre Agenten die Bauern im Königreich Polen und vor allem in den Weggenommenen Gebieten gegen den polnischen Adel aufhetzen und in den baltischen Gebieten gegen die deutschen Barone. Die grausame Jacquerie*, die 1905 in Kurland und Livland ausbrach, die von lettischen Sozialisten organisiert und durch den

* Bauernaufstand.

Stammes- und Klassenhass der lettischen Bauern gegen die deutschen Eigentümer der größeren Güter gelenkt wurde, profitierte in bedeutendem Maß von den Grundlagen, die die Politik der Regierung unter Alexander III. gelegt hatte. Sie wandte sich zugleich gegen die russische Staatsmacht, die auf diese Weise die Früchte der revolutionären Politik zu ernten begann, auf die man vielleicht auch in anderen Provinzen nicht allzu lange wird warten müssen.

Die Politik der Zerstörung der Bande gesellschaftlicher Organisation dort, wo diese Organisation nicht russisch ist – bei Eindämmung ihrer Entwicklung auf rein russischem Boden – war ein altes System und ist es geblieben. Das Erwecken von Antagonismen, das Säen von gegenseitigem Misstrauen, die Ausnutzung der dunkelsten Instinkte, um zu erreichen, dass die zerstrittenen Elemente einen Rückhalt nur in der Regierung suchen können, diese Politik ist bis auf den heutigen Tag die Praxis der Regierungsmacht geblieben. Eines der neuesten Beispiele in dieser Hinsicht ist das Verhalten der Polizeiorgane, das seit der Auflösung der zweiten Duma in verschiedenen Gebieten des Königreichs Polen das gleiche geblieben ist. Nachdem sie sich im Hinblick auf die Leichtgläubigkeit der polnischen Bauern verrechnet haben, erzählen sie ihnen, dass die Regierung die Duma auseinandergejagt habe, weil die „Herren" in ihr nichts für die Bauern tun wollten. Auf diese Weise arbeiten die Regierungsorgane an der Bereitung des Bodens für den Sozialismus, mit dem sie eher zu tun haben wollen als mit polnischen nationalen Bestrebungen, was Vertreter der höheren Regierungsstellen im Land manchmal auch offen aussprechen.

Das Ergebnis dieses Regierungssystems, das man mit voller Berechtigung asozial nennen kann und das die Macht der Regierung auf die Anarchie in der Gesellschaft und auf deren von daher rührende Machtlosigkeit stützt, ist es, dass die russische Nation in viel geringerem Grad eine Gesellschaft ist als andere Nationen in Europa. Sie hat viel weniger innere Struktur; sowohl in ihren Institutionen wie in ihren Instinkten ist aus der Vergangenheit sehr wenig von dem übriggeblieben, was aus einer Ansammlung von Menschen ein zusammenhängendes Ganzes schafft; sie hat keine deutlich differenzierten sozialen Schichten (was in Russland oft als Zeichen ihrer Überlegenheit gilt, als Zug eines weit reichenden Demokratismus), sie hat keine durch Tradition gefestigten gegenseitigen sozialen Abhängigkeiten. Es gibt nur eine Abhängigkeit, eine Abhängigkeit durch Zwang – vonseiten der Regierung. Die russische Nation besitzt unerhört wenig Konservatismus, wenig überkommene Ansichten zu den Fragen des gesellschaftlichen Lebens, sie schaut mit Verachtung auf die Vorurteile Westeuropas, die doch eine starke Grundlage der sozialen Existenz darstellen. Zu keinem Zeitpunkt ihrer Geschichte verfügte sie über eine starke soziale Klasse, die für sich das Recht auf Führung hätte in Anspruch nehmen können. Deshalb finden in schwierigen Momenten des

Machtkampfs weder die Regierung noch die Opposition gegen sie ein ausreichend starkes soziales Element, das ihnen einen sicheren Rückhalt geben würde. In Russland ist das Individuum relativ unabhängig von der Gesellschaft, von ihren Ansichten und Überzeugungen, von dem, was man das Erbe der Erfahrung von Generationen nennen kann. Es leitet seine Bestrebungen aus rein rationalistischen Annahmen her, und deshalb weiß man nie, wo das Ende dieser Bestrebungen liegt. Hingegen ist die Gesellschaft hier in viel größerem Maß eine Ansammlung von Individuen als die westliche Gesellschaft, in der es historische Schichten mit ihren Instinkten und traditionellen Begriffen sowie gesellschaftliche Gruppen gibt, die durch dauerhafte Interessen verbunden sind. Während die politischen Kämpfe in Europa Kämpfe zwischen diesen festen Begriffen und Interessen sind, die einer langsamen Evolution unterliegen, stehen diese Faktoren in Russland im Hintergrund, während im Vordergrund abgehobene, rationalistisch begründete Prinzipien und Machtbestrebungen von einzelnen und von Organisationen sowie veränderliche Stimmungen der Massen stehen. Weil die Gesellschaft weniger innere Organisationen hat, spielt die Psychologie der Volksmasse eine viel größere Rolle, auf die sowohl die Regierung als auch ihre Gegner ihre Hoffnungen setzen müssen. Es kommt darauf an, eine vorherrschende Stimmung zu erzeugen und sie zur Niederringung des Gegners auszunutzen, bevor die Stimmung vergeht. Diese Stimmungen reichen aus, um mit ihrer Hilfe den Gegner zu treffen, aber da sie naturgemäß schnell vorübergehen, können sie nicht als dauerhafte Grundlage für einen bestehenden Zustand dienen. Die Ideen, die nacheinander die russische Nation ergreifen, ändern sich wie in einem Kaleidoskop. Im Lauf der letzten 30 Jahre haben wir gesehen, wie expansive Bewegungen aufeinander folgten: der befreiende Panslawismus, der verschlingende Panslawismus oder Panrussismus, der antigermanische Nationalismus, der Asiatismus; dann gab es eine Wende im Innern: Opposition gegen die bürokratische Oligarchie, Konstitutionalismus und schließlich die Idee, die Regierung zu stürzen; als nächstes: die Erlösung Russlands von der Revolution und eine neue Welle von Chauvinismus… Was kommt morgen? Und wird die Stimmung, die morgen die Nation beherrscht, ein Rückhalt für die Regierung sein oder für ihre Gegner?…

Viel schlimmer sieht die Sache in den nichtrussischen Provinzen aus, in denen es der Regierung gelungen ist, die bestehende gesellschaftliche Organisation zu zerschlagen und die Bande zu zerreißen, die durch Jahrhunderte geknüpft wurden. Dort gibt es eigentlich keine Gesellschaft mehr, nur eine unorganisierte Masse von Bevölkerung, anarchisiert in ihren Überzeugungen, Begriffen und Bestrebungen. Das Bild einer solchen Anarchie bieten die Weggenommenen Gebiete (Litauen und Ruthenien), wo die Regierungsorgane und die orthodoxe Geistlichkeit einen Kampf gegen das

Polentum und den Katholizismus führen, bei dem sie bestrebt sind, in der dortigen unwissenden Bevölkerung die niedrigsten Instinkte zu entfachen und mit allen Mitteln Konfessions-, Stammes- und Klassenhass zu erwecken. Dieser Kampf hat zu einem Zustand geführt, bei dem die einzige Rettung dieses Landes vor der endgültigen Anarchie die Passivität der Volksmasse ist. Jedoch arbeiten einerseits revolutionäre und andererseits „echt russische" Elemente eifrig daran, dieses Volk aus seiner Passivität herauszuholen. Wenn sie es irgendwann wirklich aufrütteln, dann wird sich zeigen, dass die Regierung nicht für sich gearbeitet hat, als sie dieses Land zerrüttete.

Das asiatische Element in der russischen Staatlichkeit hat seinen charakteristischsten Ausdruck in der Beziehung der Regierung zu ihren Gegnern gefunden. Indem die Regierung sich mit dem Staat identifizierte, hat sie jeden ihrer Gegner, der in der vorsichtigsten Weise seine Opposition zum Ausdruck brachte, und selbst jeden, den man einer oppositionellen Denkweise nur verdächtigen konnte, immer als einen inneren Feind des Staates behandelt. Es war der Grundsatz der Regierung, jeden Gegner zu vernichten. Es wäre banal, hier zu schildern, für welche Vergehen und in welcher Weise illoyale russische Untertanen verfolgt wurden, d. h. solche, die mit dem herrschenden Regierungssystem nicht einverstanden waren. Diese Dinge sind allgemein bekannt. Auch wenn das Oktobermanifest diese Verhältnisse rechtlich geändert hat, ist doch der Geist geblieben. In den öffentlichen Verlautbarungen mischen sich ständig die Begriffe „Regierungsgegner" und „Staatsfeind", und der eingeführte Grundsatz der Legalisierung von Parteien und der Verfolgung nichtlegalisierter Parteien ist nichts anderes als das der Regierung zugestandene Recht, eine ordentliche, mit legalen Mitteln arbeitende Opposition aus dem Weg zu räumen. Ein Gegner der Regierung, der mit ordnungsgemäßen Mitteln gegen sie kämpfen wollte, hatte immer das Gefühl, dass er machtlos ist und dass die geringste Äußerung von Opposition sofort brutal unterdrückt wird. Entweder er nahm das hin oder er wurde zu einem Befürworter genauso brutaler Kampfmethoden gegen die Regierung. In die Reihen der russischen Revolution kamen viele, die nach Sibirien verbannt worden waren wegen einer Rede gegen die Regierung, wegen eines unbedeutenden Konflikts mit den Behörden, wegen theoretischer Propaganda für unerlaubte Richtungen, manchmal wegen des Besitzes einiger verbotener Bücher, und die als Terroristen aus Sibirien zurückkamen. Da sie die Waffen im Kampf nicht niederlegen wollten, griffen sie zu verzweifelten Mitteln. Die Regierung setzte sich zum Ziel, jeden ihrer Gegner zu vernichten, und ein Regierungsgegner kam nach längerer oder kürzerer Überlegung zu dem Schluss, dass die Vernichtung der Regierung sein einziges Ziel geworden war. Dieses Streben nach gegenseitiger Vernichtung, dieser erbarmungslose Hass von beiden Seiten, der keine Vergebung kannte, wurde zum Hauptzug des Kampfs zwischen der Regierung und ihren Gegnern. Und dieser Kampf dauert an bis zum heutigen Tag.

Der Geist der russischen Staatlichkeit hat niemals irgendeine Absicherung der Untertanen gegenüber der Willkür der Staatsmacht gekannt. Der russische Untertan musste das Gefühl haben, dass er, wenn er sich bei einem Vertreter der Regierung unbeliebt machte, nicht einmal dadurch geschützt werde, dass er sich im Einklang mit dem Recht befand, das dieselbe Regierung erlassen hatte. Die Bevölkerung spürte, dass ihre Pflicht nicht darin bestand, sich nach dem Recht zu richten, sondern nach dem Willen der Staatsmacht, dass sie, statt nach dem Recht zu handeln, das Vertrauen der Staatsmacht gewinnen musste, selbst mit Methoden, die gegen das Recht waren. Dieser Geist der russischen Staatlichkeit hat seit ältesten Zeiten zu einem tiefgreifenden Unterschied zwischen dieser und den Formen der europäischen Staaten geführt. Er gebar die Selbstherrlichkeit der Beamten und einen Mangel an Rechtsgefühl bei der Bevölkerung.

Unter der gegenwärtigen Herrschaft, vor allem nach dem Oktobermanifest, begann man viel von der Notwendigkeit der Legalität beim Vorgehen der Staatsmacht zu sprechen, und in gewissem Maß waren sogar Bemühungen in dieser Richtung zu erkennen. Aber die Neigung zur Willkür hat in den Geistern zu tiefe Wurzeln geschlagen, und die russische Bürokratie ist zu lange in diesem Sinn erzogen worden; außerdem hat unter dem Einfluss der Zerrüttung im Staatsapparat schon seit längerer Zeit die Kontrolle der zentralen über die lokalen Behörden nachgelassen und war immer weniger in der Lage, neue Grundsätze in der Verwaltung durchzusetzen. Im Staat entwickelt sich eine Art von Dezentralisierung, nicht eine Dezentralisierung des gesellschaftlichen und politischen Lebens, sondern der bürokratischen Instanzen, die im Land willkürlich agieren, ohne die erforderliche Kontrolle.

Die Lenker des russischen Staats scheinen nie begriffen zu haben, dass die beste Garantie für die Achtung des Rechts durch die Bevölkerung nicht Polizei, Gerichte, Gefängnisse und Galgen sind, sondern die Übereinstimmung dieses Rechts mit den ethischen Begriffen und den Interessen der Bevölkerung. An einem solchen Rechtsverständnis wurden sie dadurch gehindert, dass sie den Ehrgeiz und die Interessen der Bürokratie über die moralischen Bedürfnisse der Bevölkerung und über die Interessen des Staates stellten.

In der Folge lehnte sich nicht nur die Gesellschaft gegen die Willkür der Bürokratie auf, sondern sie stand in immer schärferem Konflikt mit dem geltenden Recht, das mit ihren Begriffen und Bedürfnissen immer weniger in Einklang stand. Die russische Seele ist gegenüber ihrer irdischen Existenz nicht so gleichgültig wie die mohammedanische oder buddhistische, und sie ist immer weniger fähig, sich jeglichem Druck passiv zu unterwerfen. Die russische Nation ist durch das Christentum mit Europa verbunden und tritt mit ihm in immer engeren geistigen Austausch; sie muss sich die europäischen Begriffe immer mehr zu eigen machen, sie muss ihre politische Benachteiligung im Vergleich zu den europäischen Völkern immer schmerzlicher spüren. Da zudem die Regierung selbst für ihren europäisierten Apparat entsprechend ausgebildete Leute braucht, hat sie die Verbreitung westlicher Wissenschaft gefördert und Universitäten mit europäischem Programm gegründet. Das Erste, was diese Universitäten ausbildeten, war Unzufriedenheit mit dem russischen System und Auflehnung gegen die Regierung. Die Universitäten sind seit Langem selbst die Zentren dieser Auflehnung geworden; von ihnen aus verbreitete sie sich langsam auf die ganze Gesellschaft. Andererseits haben an der Entwicklung dieser Auflehnung die Veränderungen in der Regierung selbst mitgewirkt, wo vor dem Hintergrund der Ausweitung und Komplizierung des Staatsapparats die Macht immer mehr in die Hände einer unkontrollierten Bürokratie überging: an ein Zentrum, das von der Nation nicht kontrolliert wird, und an örtliche Vertreter, die nicht ausreichend vom Zentrum kontrolliert werden. So hat die Entwicklung des russischen Staates selbst schnell die wichtigste Frage auf die Tagesordnung gebracht, die nach der Verfassung.

Im Staat hat sich eine politische Krise entwickelt, die es allerdings nicht erst seit einigen Jahren gibt, sondern die sich seit Jahrzehnten spürbar macht. Die russische Regierung kämpft nicht erst seit heute gegen die Auflehnung, aber da sie an die Bestrebungen, die in der Gesellschaft auftauchen, keine Zugeständnisse machen will, hat sie rücksichtslos gekämpft und ihre Gegner mit Methoden ausgeschaltet, die sich tief in das Bewusstsein eingeprägt haben.

Derartige Methoden hinterlassen im Bewusstsein eine doppelte Spur; einerseits erzeugen sie Furcht, andererseits Hass. Ihre Wirkung hängt davon ab, welches dieser beiden Gefühle überwiegt. Iwan der Schreckliche erzeugte mehr Furcht, weshalb er die Autokratie für viele Generationen befestigte und den Nimbus der Staatsmacht erhöhte. Die moderne Bürokratie hat mehr Hass erzeugt und darum ihre Macht untergraben.

Wer die russische Revolution nicht aus der Nähe betrachtet hat, kann keinen Begriff davon haben, welch ein beherrschender Faktor in ihr der Hass auf die Regierung und ihre Vertreter ist. Es gibt viele Revolutionäre, die nicht genau wissen, was sie positiv wollen, die sich nicht klar über die Reform sind, um die sie kämpfen, aber jeder weiß gut, dass er die Regierung hasst, jeder fühlt das Bedürfnis, sich an ihr zu rächen. Deshalb war es für diese Revolution so schwierig, sich um eine Fahne, um ein Programm für heute zu sammeln. Das einzige Bindeglied zwischen ihren verschiedenartigen Gruppen ist der Hass, das Streben nach der Vernichtung der gegenwärtigen Regierung. Deshalb tritt sie so blutig in Erscheinung, deshalb greift sie vor allem diejenigen

Vertreter der Regierung an, die unmittelbar an der Verfolgung politischer Verbrechen beteiligt sind, meistens bei der Polizei, obwohl es sehr zweifelhaft ist, dass diese Anschläge zur Beschleunigung eines politischen Umsturzes im Staat beitragen. Die russische Revolution ist in ihren gewaltsamen Formen eher eine emotionale Reaktion als eine geplante politische Aktion. Von daher rührt ihre Fruchtlosigkeit, aber darauf beruht auch ihre Lebenskraft, die ihre Zerschlagung unmöglich macht. Menschen, die auf ein bestimmtes Ziel hinarbeiten, können zu der Einsicht gelangen, dass dieses Ziel schlecht oder nicht zu erreichen ist, aber diejenigen, die von einem Gefühl des Hasses zur Tat angetrieben werden, werden nicht aufhören, solange die Quellen dieses Hasses noch existieren.

Die sich seit vielen Jahren entwickelnde innere politische Krise in Gestalt des Kampfs zwischen der Regierung und der ständig wachsenden oder eher sich mit immer größerer Kraft erneuernden Revolution hat zu keiner klaren Lösung geführt. Die Haltung der Regierung, die vom verfestigten System nicht einen Schritt abgehen und die die Revolution ausschließlich mit Zwangsmitteln unterdrücken will, und die Haltung der Revolution, die kein Programm realer Reformen präsentiert, sondern vor allem die Vernichtung der Regierung anstrebt, haben auch hier für den Staat eine ausweglose Lage geschaffen.

Die Phase, in die die Verfassungskrise während des japanischen Kriegs und unmittelbar danach getreten ist, schien einen solchen Ausweg zu weisen. Das Erscheinen einer organisierten Verfassungspartei, hinter der die öffentliche Meinung stand, führte einen starken Kompromissfaktor zwischen der regierenden Bürokratie und den revolutionären Parteien ein. Ein Umschwung im Staat konnte in Russland nicht auf dem Weg stattfinden wie in Frankreich, auf dem Weg einer Revolution, die die Regierung stürzt und eine andere an ihre Stelle setzt. Weder der Charakter des Staates, in dem Petersburg nicht so eine Rolle spielt wie Paris in Frankreich, noch der Charakter der russischen Revolution, die instabil ist und keine Bremse an ihren positiven Bestrebungen hat und die außerdem in diesen Bestrebungen uneinheitlich und organisatorisch nicht geschlossen ist, haben Aussichten in diese Richtung eröffnet. Der Staat konnte seine Ordnung nur auf dem Weg von Preußen und Österreich ändern, auf dem Weg eines Kompromisses zwischen der regierenden Bürokratie und den konstitutionellen Bestrebungen der Gesellschaft.

Auf dem Höhepunkt der Krise, als die Regierung sich sehr schwach fühlte, wäre dieser Kompromiss vielleicht möglich gewesen, wenn die russische Krise weniger kompliziert in ihrer Art wäre und wenn es in ihr nur um die eine Frage der Verfassung ginge. Die Teilung der Macht mit dem Parlament entfernt nicht die Bürokratie von ihren Posten, und selbst wenn sie ihr die ungeteilte Macht nimmt, nimmt sie ihr zugleich die Hauptverantwortung ab. Sie hört auf, ein Gegenstand der Empörung und des Hasses der Volksmassen zu sein, durch den sie sich stark fühlen kann. Aber, wie wir bereits bemerkt haben, mussten in einem Staat, in dem sich so viele Missstände, so viele brennende Fragen angesammelt hatten, diese vor dem Hintergrund einer Verfassungskrise alle hervortreten und diese unerhört komplizieren. Diese Lage hat dazu geführt, dass weder die konstitutionellen Elemente ausreichend gemäßigt sein konnten noch die Bürokratie ausreichend kompromissbereit. Während zum Beispiel die ersteren, weil sie das Volk hinter sich haben wollten, die Agrarfrage in radikaler Weise zur Sprache bringen mussten, konnte die zweite sich zwar mit einer Verfassung in Kernrussland einverstanden erklären, neben der dann eine russische Bürokratie existieren würde, aber sie konnte nicht die zentralistische Regierungsweise als ganze aufgeben, vor allem nicht in Polen, dessen Autonomie nicht von einer grundlegenden Verfassungsreform zu trennen ist (wie überhaupt die Dezentralisierung des gesamten Staates) und sie deshalb vollständig aus diesem Land entfernt hätte. Und das ist nur ein Teil der Schwierigkeiten, die vor dem Hintergrund der Verfassungskrise auftraten. Von daher rührte die Unaufrichtigkeit der Bürokratie im Kompromiss, von daher die Zugeständnisse, hinter denen sich der Wunsch verbarg, sie zur Fiktion zu machen, und von daher auch der revolutionäre Charakter der konstitutionellen Elemente, die nicht an einen Kompromiss glaubten und die in der ersten Duma versuchten die Bastille im Sturm zu nehmen.

Wenn der Sturz einer Regierung unmöglich ist und diese Regierung keinen so weitgehenden Kompromiss eingehen will, dass sie die gesetzgebende Gewalt und die Kontrolle über sich in die Hände des Parlaments gibt, dann gibt es nur einen Ausweg: den Sieg der Regierung. Denn die Gesellschaft kann die übermäßige Spannung von Energie, die ein revolutionärer Kampf erfordert, nicht lange aushalten und weicht zurück. Aber der Sieg der Regierung ist nicht der Sieg der Interessen des Staates und ist als solcher sehr fragwürdig und kurzfristig.

Ein Absolutismus, der einmal in seinen Grundfesten schwer erschüttert worden ist, kehrt nicht mehr zu seiner früheren Kraft zurück. Eine solche Erschütterung zerstört sofort das gesamte Kapital, das Jahrhunderte von Terror einer despotischen Macht in den Seelen der Menschen angesammelt haben. Die Macht verliert in diesen Erschütterungen die Reste des düsteren Nimbus, der ihr von der Tradition geblieben ist. Die Regierung war für die Bevölkerung der Gegenstand einer fast religiösen Furcht gewesen; sie hielt sie für eine höhere Macht, deren Schläge und Unterdrückung man mit Fatalismus ertrug. Aber selbst wenn eine Regierung seit Langem keine wachsende Auflehnung im Staat erlebt hat, so wird sie von dem Moment ab, in dem sie im Äußeren eine Niederlage im Krieg mit einem Feind erleidet und im Innern ihre Schwäche offenbart, Angst bekommt und den Kopf verliert, ihren alten Nimbus nie wieder zurückgewinnen. Und früher oder später muss etwas anderes an ihre Stelle treten.

IV. Die polnische Frage und die Zukunft Russlands

In keinem anderen europäischen Staat stehen der Nimbus und die Autorität der Staatsmacht heute so tief wie in Russland. Sogar reaktionäre Elemente, amtliche Vertreter des russischen Patriotismus, „wahrhaft russische Menschen", behandeln die Regierungsmacht mit äußerster Verachtung, wenn sie Schritte unternimmt, die nicht ihren Zielen entsprechen. Die Regierung genießt keinen Respekt mehr dafür, dass sie die Regierung ist: Einzelne Gruppen erkennen sie nur insoweit an, wie das für sie von Vorteil ist. Selbst die Beamten lassen einen Mangel an Gefühl für ihre Autorität als Vertreter der Regierung erkennen. Eine solche Situation ist höchst gefährlich für jede Regierung, und umso mehr für eine Regierung, die unabhängig von der Nation existieren will.

Andererseits kann die Hebung des Nimbus und der Autorität der Regierung auf dem alten Weg der Repression heute keine Wirkung mehr zeigen, denn sie erweckt, wie gesagt, mehr Hass als Furcht. Repressionen können heute die Revolution nur physisch schwächen, ein kurzfristiger Effekt, denn ihr erwachsen ständig neue Kräfte.

Das Beispiel von Preußen und Österreich nach 1848 zeigt am besten, dass der Sieg einer Regierung über eine Revolution gegen den Absolutismus nur von kurzer Dauer ist, nach der sich die Regierung der Notwendigkeit beugen muss. Aber die russische Regierung ist in einer viel schwierigeren und der russische Staat in einer unvergleichlich gefährlicheren Lage als jene es waren, während die russische Revolution viel hartnäckiger ist, und auch schrecklicher in ihren Äußerungen.

Das verstehen die reaktionären Elemente in Russland nicht, die überzeugt sind, dass die bisher gemachten Zugeständnisse schon zu groß sind, und die schon die Regierung Stolypin für zu liberal halten, die immer mehr Kompromisse schließt, aber nicht mit den konstitutionellen Bestrebungen der Gesellschaft, sondern mit den Interessen der Bürokratie. Sie träumen von einer Rückkehr zum alten System, zu den Zeiten vor dem japanischen Krieg.

Die gegenwärtige Regierung, die auf ihre Weise liberaler ist als sie, fasst den Kompromiss mit der Gesellschaft so auf, dass sie ein Parlament braucht, das ihrem Standpunkt zustimmt. Ein solcher Kompromiss wäre, selbst wenn er zustande käme, ein äußerlicher und würde nur den Kampf der Gesellschaft mit der Regierung aus dem Parlament heraustragen. Doch auch ein solcher ist praktisch unmöglich, denn selbst wenn ein kaum reformistisch gesonnenes, aber wenigstens etwas unabhängiges Parlament eine dauerhafte Verständigung mit der Regierung einginge, müsste dazu die Regierung einen festen, unveränderlichen Standpunkt einnehmen. Doch bei einem solchen Stand der Dinge wie in Russland kann die Regierung nicht an einem Ort stehenbleiben: Wenn sie sich nicht unter dem Druck der konstitutionellen Elemente vorwärtsbewegt, muss sie zurückweichen, weil sie dem Einfluss der reaktionären Kreise unterliegt, die dann ihre Macht fühlen und eine immer größere Bedeutung erlangen. Letzteres scheint für eine gewisse Zeit das unausweichliche Schicksal der russischen Regierung zu sein.

Unter diesen Umständen muss der Staat auf einer schiefen Ebene abrutschen, in Erwartung neuer äußerer und innerer Katastrophen, die ihn erneut in den Grundfesten erschüttern werden, vielleicht mit schlimmerem Ergebnis als beim letzten Mal. Denn wenn die Herrschaft einer verantwortungslosen Bürokratie mit einer flächendeckenden Verwaltung bis ins kleinste Detail diesen riesigen Staat aus dem Zentrum gelenkt und dabei solche Ergebnisse erzielt hat wie die heutigen, wenn sie den Staat in so vielen Bereichen in eine ausweglose Lage geführt hat, dann wird sie heute, nach der Erschütterung, die der Staat erfahren hat, umso weniger in der Lage sein, ihrer Aufgabe nachzukommen, selbst wenn der Plan ihrer oberflächlichen Erneuerung gelingen würde, der im Grunde genommen unausführbar ist. Denn entweder muss die nationale Vertretung eine Existenzgrundlage und eine Macht besitzen, die unabhängig von der Bürokratie sind, oder die Bürokratie wird auf ihre Vernichtung hinarbeiten, wie sie die Reformen Alexanders II. vernichtet hat. Solange sie dazu die Macht hat, ist es ihr geradezu elementares Bestreben, sämtliche Hindernisse aus ihrem Weg zu räumen und alles zu vernichten, was sie auch nur durch seine schwächste Kontrolle einschränkt.

Dagegen kann man kaum annehmen, dass von selbst eine Abkehr vom bisherigen Herrschaftssystem erfolgen wird, dass Russland durch Reformen von oben neue Wege einschlägt. Angesichts des komplizierten Charakters der russischen Staatskrise stehen dem zu viele Gründe entgegen.

Zu den wichtigsten zählt die polnische Frage.

Sie hat das Werk der Reform Russlands immer gestört. Wer weiß, ob Russland heute nicht ein konstitutioneller Staat wäre, wenn es nicht die Befürchtung gäbe, dass die polnische Nation eine rechtsstaatliche Ordnung für ihre Arbeit, für ihr Schaffen, für ihre allseitige Entwicklung ausnutzt. Schon Katkow* war

* Michail Nikiforowitsch Katkow (1818-1887), russischer Publizist, der die Russifizierung Polens und der baltischen Provinzen forderte und Zar Alexander III. zu einer zentralistischen, nationalrussischen Politik veranlasste.

auf seine Weise ein Konstitutionalist, er wollte nur eine Verfassung für das russische Zentrum, nicht für die Randgebiete. Das letzte Wahlgesetz ist ein Versuch, genau diesen Gedanken in die Tat umzusetzen.

Ein Wandel der Sicht auf die polnische Frage und überhaupt auf die Frage der „Randgebiete" ist schwer vorzustellen, nicht nur bei der Bürokratie, sondern auch in sehr weiten Bereichen der russischen Gesellschaft.

Nach der in den genannten Bereichen eingefahrenen Überzeugung ist alles, was die Grenzen des russischen Staates umfassen, „das Eigentum der russischen Nation, das mit ihrem Blut gewonnen wurde". Normalerweise fügt man nicht hinzu „mit ihrer Arbeit", denn die Russen sind sich selbst darüber klar, dass sie in die „Randgebiete" nicht viel Arbeit gesteckt haben, es sei denn in die Zerstörung ihrer Eigenheit und Kultur. Sie scheinen dort nicht zu wissen, dass Russland, so groß, wie es in seinen heutigen Grenzen ist, nicht durch die spontane Energie der russischen Nation erbaut wurde, durch ihre schöpferische Arbeit und ihren russischen Genius, sondern durch die besondere Organisation des Staatsapparats, der selbst die russische Nation als eine unterworfene behandelte, der sie zerrüttete, ihr soziales Gerüst zerstörte, um sich von ihr unabhängig zu machen. Diese Organisation, die seit den Zeiten Peters des Großen verstärkt wurde durch fremde Elemente, durch Söldner verschiedener Rassen, besonders durch Deutsche, stützte ihre Existenz nicht auf den Wohlstand des eigentlichen Russlands, sondern auf immer neue Eroberungen, sie beschäftigte sich nicht mit der Züchtung der Kräfte der russischen Gesellschaft und mit dem Aufbau von gesunden Grundlagen ihrer Existenz, ihrer Kultur und ihres aus eigener Arbeit herrührenden Reichtums, sondern mit der Erweiterung der Grenzen des Staats und mit der Vervollkommnung der Mittel, um die an sich gerissenen Gebiete in ihrer Hand zu behalten und auf ihre Kosten zu leben. Diese Organisation war, wie alle Organisationen dieser Art in der Menschheitsgeschichte, die ihre Existenz ausschließlich auf Eroberungen aufbauen, zu einem schnellen Untergang verurteilt. Und auf diesen Untergang marschierte sie zu, wie die schnelle Entwicklung der Missstände im Staat zeigt, für die man kein Heilmittel sah und für die noch heute niemand wirklich eines sieht. Die gefährlichen Risse in diesem Staatsgebäude haben sich nicht erst seit dem Beginn des japanischen Kriegs abgezeichnet; selbst russische Regierungskreise hatten sie seit Langem gesehen und spürten ihre Ratlosigkeit ihnen gegenüber. Diese Regierungsorganisation hat ganze Länder an Russland angeschlossen, ganze eigenständige und selbstständige Nationen, sie hat sie ausschließlich durch administrative Bande mit dem Staat verbunden, durch eine gemeinsame, zentralisierte Verwaltung – denn ihre Politik war nicht in der Lage, moralische Bande zu schaffen –, und schließlich drückte sie ihnen ein rein oberflächliches russisches Gepräge auf, das auf dem Weg physischen

Zwangs aufrechterhalten wurde, während unter diesem äußeren Gewand ein eigenständiges nationales Leben erhalten blieb und sich entwickelte, das mit dem russischen nichts gemein hatte. Diese Organisation lockerte sich langsam, sie verlor ihre frühere Leistungsfähigkeit, und zugleich verlor ihre Staatsmacht den Nimbus der Macht und der Autorität bei der russischen Nation selbst. Wird sie so geschwächt in der Lage sein, den großen staatlichen Aufgaben zu genügen, die für sie schon zu groß waren, als sie sich noch stark fühlte? Wird sie den Staat davor bewahren können, den Abhang herabzurutschen, auf dem sie sich schon zu ihren besseren Zeiten ziemlich schnell bewegt hat?...

Wenn sie die ungeteilte Herrschaft in ihrer Hand behält, wenn es ihr gelingt, in Russland das bürokratische System in vollem Umfang wieder einzuführen, in das die letzten Jahre eine beträchtliche Bresche geschlagen haben, dann wird Russland – natürlich – nicht gleich untergehen, denn große staatliche Gebäude brechen nicht sofort zusammen und die Routine der bürokratischen Herrschaft kann noch eine gewisse Zeit ausreichen. Aber der Untergang wird sich in wesentlich schnellerem Tempo als bisher nähern, die Risse im Staatsgebäude werden immer breiter und immer mehr werden, die äußeren Niederlagen und die Katastrophen im Innern werden immer häufiger und immer schrecklicher.

Wenn aber die russische Nation und ihre gesellschaftlichen Kräfte zur Erneuerung des Staats, zur Stärkung seiner Bindungen berufen sein sollen, dann erhält sie als Hinterlassenschaft der bürokratischen Herrschaft ein solches Unmaß von Aufgaben, die sich nicht in die Richtung lösen lassen, in die sie die bisherigen Regierungen lösen wollten, dass sie sie bestimmt nicht bewältigen kann. Und wenn sie mit ihren tiefgreifenden sozialen Missständen und ihrer kulturellen Schwäche diesen ganzen Raum von Kalisz bis Wladiwostok als Russland ansehen und in Russland umwandeln will, dann wird sich sehr schnell zeigen, dass dieses Russland für ihre Kräfte zu groß ist.

Also steht diesem Staat in den Ausmaßen, auf die ihn die Geschichte der letzten beiden Jahrhunderte gebracht hat, nur eine Rettung offen, nur ein Weg, um innerlich zu gesunden und seine äußere Macht zu erneuern: eine grundsätzliche Veränderung seines Charakters und seiner Entwicklungsrichtung. Dies kann kein Staat der einen russischen Nation mehr sein, die allen anderen ihre Kultur und ihre Institutionen aufzwingt: Die Kräfte der anderen Nationen und vor allem der polnischen müssen in gleicher Weise wie die russischen zum Leben und zum selbstständigen Schaffen erweckt werden.

Von russischer Seite hören wir darauf oft die Antwort, dass ein Staat mit verschiedenen Nationen, der uneinheitlich ist, niemals so stark sein kann wie ein Staat, in dem eine Nation uneingeschränkt herrscht. Es wäre Heuchelei, diese Aussage zu bestreiten. Aber man muss mit dem rechnen, was möglich ist. In dem Raum, der heute vom russischen Staat eingenommen wird, wird die russische Nation niemals unumschränkter Herr sein. Ihre heutige Stellung in Polen ist keine Herrschaft, sondern eigentlich nur eine militärische Besatzung, die immer eine solche bleiben wird, trotz der Bemühungen, die Polen in eine untergeordnete Rolle zu drängen, wie sie ihnen heute zugestanden wird. Wenn man den Polen Selbstständigkeit und eine eigene autonome Verfassung im Staat gäbe, dann wäre das kein Verlust der Stellung, denn Russland nimmt diese Stellung in der polnischen Gesellschaft nicht ein, es wäre nur die Organisation einer ordnungsgemäßen Herrschaft und die Schaffung von Bedingungen für ein normales Leben anstelle einer wilden Besatzung, die, je länger sie dauert, immer mehr zu einem politischen Monstrum wird, selbst aus der Perspektive des Staates, in dessen Namen sie aufrechterhalten wird.

Für viele Russen, vor allem für die sogenannte russische Rechte, ist die Frage dieser grundsätzlichen Kehrtwendung in der Politik für die Randgebiete, insbesondere für das polnische, vor allem anderen noch eine Frage des nationalen Stolzes. Sie sind so mit der von der Bürokratie geschaffenen Illusion verschmolzen, dass das ganze Gebiet des Staates tatsächlich Russland ist, dass alle ihm unterstehenden Völker untergeordnete *„Fremdstämmige"* sind, die im Schatten der russischen Macht und Kultur leben, dass eine Abkehr von der Politik der „Randgebiete" für sie gleichbedeutend ist mit einer nationalen Schande. Dieser falsche Stolz wird von der heutigen Regierung aufrechterhalten und bestärkt, die in ihm den besten Rückhalt für sich sieht. Insoweit jemand sich vollständig mit der „Randgebiets"-Politik der Regierung solidarisiert hat, insoweit er auf sie die Größe Russlands gebaut und die Gefahren nicht gesehen hat, zu denen sie führt, muss die Rücknahme der russischen Stellung in den Randgebieten auf eine bescheidenere Rolle seinen Stolz verletzen, auch wenn dieser nach Mukden und Tsushima stärker verletzt sein müsste. Aber demjenigen der versteht, wozu diese Politik führt, und der eine wirkliche Erneuerung der Nation und des Staates wünscht, dem kann gerade der nationale Stolz gebieten, auf die Unterdrückung und Russifizierung fremder Nationalitäten zu verzichten und sie zu gemeinsamer Arbeit für einen gemeinsamen, großen Staat aufzurufen.

Ein berechtigter Nationalstolz, ein Gefühl nationaler Würde und sogar weitreichende nationale Ambitionen, soweit sie im Rahmen dessen liegen, was zu verwirklichen ist, sind unabdingbare Elemente des Patriotismus einer großen Nation und sogar Voraussetzungen für ihre Nützlichkeit für den allgemeinen Fortschritt der Menschheit. Diese Vorzüge haben lebenskräftige Nationen in der Zeit ihres Wachstums und ihrer Blüte immer ausgezeichnet. Aber ein krankhafter Größenwahn, der sich von Illusionen und Halluzinationen nährt, war immer eine Eigenschaft von Nationen, die sich dem Untergang näherten.

Er trieb sie zu selbstmörderischen Aktionen und zu gedankenloser Zerstörung fremden Gutes, die ihnen keinen Gewinn brachte, er machte sie zu Schädlingen der Menschheit.

Genau einen solchen Größenwahn sehen wir in den Ansichten der chauvinistischen russischen Elemente zur polnischen Frage. Dabei hängt Russlands Zukunft in bedeutendem Maß von seinem Verhältnis zur polnischen Frage ab.

Eines der Hauptprobleme des Staates ist es, ob Russland in dieser Frage den Regeln eines engen großrussischen Nationalismus folgt, den Interessen der Bürokratie, die sich als die Interessen der Nation und des Staates ausgeben, und schließlich der Berliner Politik, oder ob es einen neuen Weg der Entwicklung der gesellschaftlichen Kräfte beschreitet, der Kräfte sowohl der russischen Nation wie auch anderer Nationen, die zum Gesamt des Staates gehören, und damit zugleich den Weg einer breit angelegten imperialistischen Politik, die notwendigerweise eine slawische wäre. Abhängig davon kann Russland ein mächtiger Staat und ein erstrangiger Faktor der internationalen Politik sein oder auch ein langsam zerfallendes System, das zu einer selbstständigen Außenpolitik nicht fähig ist und sich immer mehr in die Sphäre der deutschen Interessen begibt und von dem man schließlich nicht weiß, ob es dazu verurteilt ist, mit der Zeit tatsächlich zu einem großrussischen Staat zu werden, der auf die Grenzen des großrussischen Stamms reduziert ist.

FÜNFTER TEIL

Die polnische Politik seit dem Scheitern des letzten Aufstands

I. Die politische Romantik und die „Kompromiss"-Politik

Wohl in keinem anderen Land hat das politische Erbe der ersten Hälfte des 19. Jahrhunderts sich so lange gehalten wie in Polen: Der Glaube an die Herrschaft der Gerechtigkeit in den Beziehungen zwischen den Nationen, an den Erfolg des Einklagens seiner guten Rechte vor der unparteiischen öffentlichen Meinung in Europa, die Bezeichnung von historischen Fakten als „Verbrechen" und „Unrecht", die Überzeugung vom schließlichen Sieg der „guten Sache", die Missachtung der realen Kräfteverhältnisse im internationalen Leben und das Unverständnis dafür, dass der Verlauf jeder Angelegenheit vor allem von der Resultante dieser Kräfte abhängt. Diese Stützung der politischen Perspektiven auf völlig illusorische Grundlagen und zugleich die Neigung, politische Handlungen ohne klare Umschreibung des Ziels und Berechnung der Mittel zu beginnen, hat man politische Romantik genannt. Dass sie in Polen so lange herrschte, lag vor allem an der ungewöhnlichen Situation des Vaterlands, dem Kontrast zwischen der glänzenden Vergangenheit und der Gegenwart der am meisten geschädigten Nation in Europa; am inneren Bau der polnischen Gesellschaft, der dazu führte, dass ihre Politik sich fast ausschließlich in den Händen der Adelsschicht befand, die eine Reihe von guten Traditionen hatte, aber in den Kämpfen des praktischen Lebens wenig abgehärtet war; an der kulturellen Jugendlichkeit der Gesellschaft und einer daraus erwachsenden gewissen Naivität, die verschiedene politische *façons de parler* ernst nahm, hinter denen sich ein ganz anderer Inhalt verbirgt; am Mangel an politischer Praxis durch das Fehlen eines eigenen Staats; und schließlich an der großartigen polnischen Dichtung, die nach dem Untergang des Staats ihre höchste Blüte erreichte und deren moralische Hauptachse die Idee der Freiheit des Vaterlands war.

Doch auch wenn die wichtigsten Akte der polnischen Politik – die Aufstände und die Teilnahme von Polen an den napoleonischen Kriegen – sich auf reale Kalkulationen stützten, auch wenn sie sehr ungenau durchgeführt waren, so hatte ihnen doch die politische Romantik ihren markanten Stempel aufgedrückt. Das Ziel, auf das die Nation fixiert war, der Wiederaufbau eines unabhängigen Polens, nahm sein Bewusstsein so in Anspruch, dass sich die Aufmerksamkeit nicht genug auf die Umstände richtete, unter denen man den

 | DOI:10.30965/9783657702916_016

Kampf aufnahm. Es gab kein Gleichgewicht zwischen dem nationalen Gefühl und dem politischen Verstand.

Das letzte Glied in dieser Kette der Versuche, wieder einen eigenen Staat zu gewinnen, war der Aufstand von 1863/64. Von außen betrachtete man ihn als den endgültigen Bankrott der polnischen Sache, im Innern dagegen als das Ende des ersten Zeitabschnitts der Geschichte nach den Teilungen und der Kämpfe um die Unabhängigkeit. Die Nation gab diese Kämpfe auf, sie beschloss sich mit ihrer Lage abzufinden, mit der Zugehörigkeit zu drei fremden Staaten, und nur noch am Erhalt ihrer nationalen Eigenheit, an der Entwicklung der polnischen Kultur zu arbeiten.

Die Jahre nach dem Aufstand waren Jahre einer starken Reaktion auf die politische Romantik, einer engen und einseitigen Reaktion, wie das in solchen Fällen immer ist.

Im wichtigsten Teil Polens, in dem, der das Hauptgebiet des Aufstands war, im Königreich Polen, begann die industrielle Entwicklung des Landes die sich schnell bildende Schicht des industriellen Bürgertums auf die Bühne zu bringen, die schnell den Ehrgeiz in sich fühlte, die erste Rolle im Leben der Nation zu spielen. Die junge Publizistik und Literatur nach dem Aufstand trat in einem sehr kämpferischen Ton im Namen von demokratisch-bürgerlichen Idealen auf. Sie erklärte der politischen Romantik den Kampf im Namen von wirtschaftlicher und kultureller Arbeit, der Arbeit an der Basis, und sie machte daraus ein Programm, dass das Programm der „organischen Arbeit" genannt wurde, andererseits kämpfte sie gegen die Adelsherrschaft, die Traditionen der Vergangenheit, den Klerikalismus und sogar gegen die Religion, im Namen des freien Denkens, der modernen Wissenschaft, des Fortschritts, der demokratischen Grundsätze. Diese Bewegung, genannt „Warschauer Positivismus", stellte der Politik früherer Generationen keine neue entgegen, sondern entsagte der Politik völlig.

Die Reaktion von dieser Seite auf die politische Romantik war nicht die einzige. Sie kam zugleich vonseiten konservativer Elemente, von der Aristokratie und dem hohen Adel, von denen ein großer Teil immer gegen die Politik der Aufstände gewesen war. Sie hatten Zugang zu den Höfen der drei Staaten gesucht, und die Politik des Markgrafen Wielopolski*, die durch den Ausbruch des Aufstands Schiffbruch erlitt, hatte unter ihnen viele Anhänger gehabt. Diese Kreise entsagen der Politik nicht, sondern sie wollen sie führen, indem sie das Vertrauen der Krone gewinnen und auf diese Weise für die Polen eine Stellung im fremden Staat erlangen oder zumindest ihr schweres Los erleichtern.

* S. Anm. auf S. 173.

Ein breiteres Feld für diese Politik öffnete sich wenig später in Österreich, wo die Polen eine Erklärung ihrer loyalen Gefühle zum Monarchen abgaben und im Parlament zur Regierungspartei wurden. Diese ihre Politik wurde nicht nur durch äußere Umstände begünstigt – die tiefgreifenden Wandlungen im Staat nach der Niederlage 1866 und in gewissem Maß die Perspektiven der österreichischen Politik, bevor diese sich auf den Balkan ausrichtete, sich mit Preußen verband und die polnische Frage aus ihren Rechnungen strich –, sondern auch durch die inneren Umstände des Landes. Galizien, das von allen polnischen Gebieten kulturell am meisten zurückgeblieben und durch die Politik Metternichs wirtschaftlich ruiniert war, befand sich in einem Zustand großer sozialer Rückständigkeit, wobei die Aristokratie und der hohe Adel das unbeschränkt herrschende Element in der Gesellschaft waren. Infolgedessen ließ sich dort eine aristokratische Politik *par excellence* organisieren, die nicht dem Druck der breiten Massen der Gesellschaft unterlag, nicht gezwungen war, mit deren Bedürfnissen und Wünschen zu rechnen, und die ihren Rückhalt in der Krone und der Regierung sah. Am stärksten kam sie in der sogenannten „Krakauer Partei" zum Ausdruck, die den volkstümlichen Namen der „Stańczyken"* erhielt. Zwischen dieser Politik und der österreichischen Regierung bildete sich für lange Zeit ein Verhältnis heraus, das sich auf gegenseitige Dienste stützte: Die Regierung, die mit ernsten inneren Schwierigkeiten kämpfte, profitierte von der Unterstützung der Polen im Parlament und unterstützte umgekehrt die adlig-konservative Politik im Land, dessen Verwaltung sie in die Hände ihrer Vertreter gab. Diese Politik stieß auf keine ernsthaften Hindernisse vonseiten anderer Elemente der polnischen Gesellschaft in Galizien, wegen deren zahlenmäßiger und kultureller Schwäche, umso mehr, als es ihr großer Trumpf war, dass Österreich den Polen die Selbstverwaltung im Land und nationale Freiheiten zugestand.

Ansätze zu dieser aristokratischen Politik, die man „Kompromiss"-Politik nannte, gab es 1890 in Preußen. Bis dahin waren die Polen dort gezwungen gewesen, gegen eine gänzlich antipolnische Politik der Regierung zu kämpfen. Im Parlament, vor allem im preußischen Abgeordnetenhaus, wo die Regierung Bismarcks über eine riesige Mehrheit verfügte, fand dieser Kampf seinen Niederschlag in der oppositionellen Haltung der polnischen Abgeordneten, die gegen Gewalttaten protestierten und sich auf nicht eingehaltene Verpflichtungen der preußischen Könige beriefen. Als jedoch die preußische Regierung angesichts der Aussicht eines Konflikts mit Russland den Germanisierungsdruck in der Provinz Posen etwas abmilderte** und Kaiser

* Benannt nach einem Hofnarren des polnischen Königs Sigismund I. des Alten (1506-1548).

** Unter der Regierung von Leo von Caprivi (1831-1899), preußischer Ministerpräsident 1890-1892 und deutscher Reichskanzler (1890-1894).

Wilhelm II. gegenüber den polnischen Führern seine ständige Methode des persönlichen Einflusses anwandte, bemühte man sich von polnischer Seite eine Politik des Kompromisses zu organisieren, bei der die Regierung Unterstützung im Parlament erhielt und die eine wohlwollende Behandlung der Polen und ihrer nationalen Bedürfnisse von deren Seite zur Folge haben sollte. Diese Ansätze, die zunächst einen gewissen Erfolg brachten – erinnert sei an die Zustimmung der Polen zu den Flottenkrediten 1893 –, scheiterten bald. Sie hatten weder eine starke Basis in der polnischen Gesellschaft des preußischen Teilungsgebiets, wo die an Stärke wachsenden und im nationalen Kampf geübten demokratischen Elemente der „Hofpolitik" erbitterten Widerstand entgegensetzten, noch in den äußeren Umständen, denn die Germanisierung der polnischen Gebiete ist ein zu vitales Interesse der preußischen Politik. Nach dem Abklingen des deutsch-russischen Antagonismus nutzte die preußische Regierung den erstbesten Vorwand, um deren Maßnahmen erneut bis an Grenzen zu verschärfen, die zu Zeiten Bismarcks unbekannt waren. So blieb in der Stellung der Polen zur preußischen Regierung nach kurzer Zeit nur die traurige Erinnerung an einen Flirt von einigen Jahren.

Im gleichen Jahr 1894, als dieser Flirt von der preußischen Regierung offen abgebrochen wurde – wobei man als Grund die Rede des wichtigsten „Kompromisslers" in der Provinz Posen, des Herrn Kościelski*, bei einer Ausstellung in Lemberg benutzte, bei der dieser die Verbundenheit der Polen in allen drei Teilungsgebieten betont hatte –, unternahm das Königreich Polen die ersten Schritte in Richtung auf die Organisation einer solchen Politik im Verhältnis zur russischen Regierung. Den Anlass dazu hatte die Thronbesteigung von Zar Nikolaus II. gegeben. Eine polnische Delegation legte am Grab Alexanders III. einen Kranz nieder, den Generalgouverneuren Graf Schuwalow** und seinem Nachfolger Fürst Imeretinski*** wurden Sympathiebeweise vonseiten der polnischen Aristokratie zuteil, für das Kaiserpaar wurde bei seinem Besuch in Warschau im Jahr 1897 ein begeisterter Empfang organisiert, und zur Erinnerung an seinen Aufenthalt sammelte man in Polen eine Million Rubel für einen Zweck, den der Monarch bestimmen sollte[16]. Als Folge der energischen Agitation der Organisatoren der „Versöhnung" und des relativ diplomatischen Vorgehens der beiden erwähnten Verwalter des

---

* Józef Kościelski (1845-1911), Mitglied der polnischen Fraktion im deutschen Reichstag 1884-1894.

** Pawel Andrejewitsch Schuwalow (1830-1908), Generalgouverneur von Warschau 1894–1896.

*** Alexander Konstantinowitsch Imeretinski (1837-1900), Generalgouverneur von Warschau 1896-1900.

16 Kaiser Nikolaus II. bestimmte diesen Fond für die Gründung der Polytechnischen Schule in Warschau.

Landes, die provokative Auftritte vermieden und von denen der letztere aus Petersburg sogar die Genehmigung für ein Mickiewicz*-Denkmal in Warschau erhielt, hatte es drei Jahre lang den Anschein, dass diese Politik von Ergebnissen gekrönt und zur herrschenden würde. Die größten Hoffnungen setzte man in den Besuch des Monarchen in Warschau in der Erwartung, dass er auf den warmen Empfang mit einem Akt reagieren würde, der den Polen Erleichterung brächte. Die Hoffnungen waren so groß, dass in der Welt der russischen Beamten in Polen Angst vor der Zukunft herrschte. Doch der Kaiser verhielt sich kühl, und am Tag nach seiner Abreise wurden die Befürchtungen der Beamten durch ein Rundschreiben des Fürsten Imeretinski beruhigt, das sie daran erinnerte, dass sie mit dem polnischen Publikum nicht anders als auf Russisch reden sollten. Der öffentlichen Meinung, die von den Gerüchten über die besten Absichten der Petersburger Regierung unter der neuen Herrschaft irregeführt war, gingen die Augen auf. Die Illusionen platzten, und die Kompromisspolitik erhielt einen tödlichen Stoß, von der Seite, nach der sie ihre Hand ausgestreckt hatte. Danach wurde General Tschertkow** zum Generalgouverneur berufen, der durch sein ganzes Verhalten klare Zeugnisse von Hass gegen die Polen ablegte. Die „Kompromiss"-Partei, die ihre Hauptstütze in der Aristokratie und den ihr nahestehenden Kreisen hatte, hauptsächlich bei den großen Grundbesitzern, fuhr mit ihrer Agitation fort, aber der anfängliche Widerstand der Mehrheit der Gesellschaft gegen ihre Politik verwandelte sich langsam in allgemeine Abneigung. Sie erhielt noch einige Jahre lang einen Anschein von Einfluss, indem sie die staatliche Ordnung ausnutzte, die es nicht zuließ, dass unterschiedliche Ansichten frei miteinander stritten und auf diese Weise die wahre Stärke der politischen Richtungen offenbar wurde, und sie baute ihre Hoffnung auf diese Ordnung, in der alle großen Angelegenheiten auf dem Weg heimlicher Einflussnahme bei der Regierung erledigt wurden. Als aber in Russland der Parlamentarismus eingeführt wurde, als die eigentlichen politischen Kräfte der Gesellschaft an den Tag kamen, da zeigte es sich, dass sie keine ernsthafte Grundlage im Land hatte. Gleich bei den ersten Wahlen zur Duma schaffte es nicht einer ihrer Anhänger.

Die Kompromisspolitik im Königreich Polen entsprach noch weniger den äußeren und inneren Bedingungen als unter der Regierung von Caprivi in Deutschland. Hier dachte niemand in der Regierung an die Gewinnung der Polen, die geringsten Zugeständnisse an sie wären eine Verletzung der Allmacht der Bürokratie gewesen, und in der Außenpolitik erfolgte gerade in der Zeit, als die Idee eines „Kompromisses" geboren wurde, eine Annäherung

* Adam Mickiewicz (1798-1855), polnischer Dichter der Romantik.

** Michail Iwanowitsch Tschertkow (1829–1905), Generalgouverneur von Warschau 1900-1905.

Russlands an Deutschland, und es gab keine Situation, in der die russische Regierung die Polen gebraucht hätte. Andererseits war die Gesellschaft des Königreichs der am meisten demokratisierte Teil der polnischen Nation, sie verfügte über eine starke Schicht von intelligentem Bürgertum und zahlreiche Landbesitzer mittlerer Größe, die ein Element bildeten, das in seinen Begriffen überwiegend demokratisch war. So war diese Gesellschaft weit davon entfernt, sich eine aristokratische Politik aufdrängen zu lassen, eine Politik demütigender Bemühungen in Petersburg oder bei den Generalgouverneuren, von Bemühungen, die nichts gebracht hätten außer guten persönlichen Beziehungen zwischen den polnischen Aktivisten und den Vertretern der Regierung, die doch die nationalen Gefühle tief verletzten. Diese Politik, die in bedeutendem Maß auf der Basis einer falschen Auffassung von den polnischen Erfolgen in Österreich entstanden war, musste scheitern.

Schließlich scheiterte auch die adlig-konservative Politik in Österreich. Sie stützte sich auf die Regierung und sah darin ihre Stärke, sie war zu eifersüchtig auf ihre Stellung im Land bedacht, so dass sie nicht nur nicht ausreichend um seinen Fortschritt und um die Entwicklung seiner gesellschaftlichen Kräfte bemüht war, sondern auch ihre Macht gegen die neuen politischen Kräfte einsetzte, die sich aus der Gesellschaft heraus entwickelten, vor allem gegen die politische Bewegung bei den Bauern. In diesem Kampf gegen die neuen Strömungen erlitt sie immer größere Niederlagen. Andererseits brachten die Richtungsänderungen in der österreichischen Innenpolitik die Polen in einen immer deutlicheren Konflikt mit der Regierung und entzogen den Lenkern der polnischen Politik die unbedingte Unterstützung der Regierung. Schließlich kam die Wahlreform, die das Kuriensystem aufhob, und die ersten Wahlen mit allgemeinem Wahlrecht* verringerten die Zahl der Vertreter der alten Politik auf eine derart schwache Minderheit, dass sie heute einflussreiche Stellungen nur noch zu halten vermögen aufgrund von persönlichen Fähigkeiten, politischer Routine, der Fähigkeit, sich an die Ansprüche der breiten Masse im Land anzupassen, und schließlich dank risikoreicher Kompromisse mit radikalen Elementen.

Wie wir sagten, war die unmittelbare Reaktion auf die politische Romantik und den bewaffneten Kampf um die Unabhängigkeit zu eng und einseitig. Bei einigen äußerte sie sich im Verzicht auf jegliche politische Tätigkeit, bei anderen verlagerte sie die Politik hin zu Bemühungen bei den Höfen und Regierungen, die entweder sehr schwache und unbeständige oder überhaupt keine Grundlagen hatten. Weder der gesellschaftliche Zustand der Nation, in der sich neue Kräfte erst bildeten und organisierten, noch ihr psychischer

---

* 1907.

Zustand, bei dem Depression und Apathie als Folge der furchtbaren, eben erst erlittenen Niederlage vorherrschten, förderten sofort die Entstehung einer vitalen Politik, die sich auf starke Grundlagen stützte und von einem starken nationalen Gefühl und dem Glauben an die eigenen Kräfte erfüllt war, zugleich aber von politischer Klugheit, die sich der Lage der Nation deutlich bewusst war, einer Politik, die sowohl die realen Gefahren als auch die günstigen Umstände einkalkulierte, die man sich im nationalen Kampf zu Nutze machen kann. Zu einer solchen Politik wuchsen die Kräfte in der Nation erst heran.

II. Die Idee der nationalen Wiedergeburt durch das Volk

Die politische Romantik der früheren Generationen hatte unter vielen gesunden Elementen, die von der Vitalität der Nation zeugten, ein Bestreben, in dem eigentlich die ganze Zukunft Polens zusammengefasst war. Es war dies das Bestreben, für die nationale Sache die Massen des Volks zu gewinnen, die unwissend und passiv waren und mit Gleichgültigkeit auf die Bemühungen der höheren Schichten im Kampf um Unabhängigkeit schauten; das Bestreben, diesen Massen die nationale Idee einzuimpfen, sie selbst zur Nation zu machen, die sich ihrer Rechte bewusst war und um sie kämpfte. Durch den gesamten historischen Zeitraum nach den Teilungen zieht eine Prozession von edelmütigen Träumern, manchmal utopistischen Demokraten, die sich mit Begeisterung unter das Volk begaben und ihm das Licht des nationalen Glaubens brachten, trotz Verfolgungen vonseiten der Regierungen und obwohl dieses gleiche Volk, das sie nicht verstehen konnte und den Einflüsterungen der Regierungsagenten unterlag, es ihm manchmal blutig heimzahlte. Diese Vorstellung von der Hebung des Volks und der Erlösung Polens durch dieses war so mächtig, dass sie weder von dem fürchterlichen, von der österreichischen Regierung organisierten Gemetzel des Jahres 1846* noch durch die zumeist gleichgültige und manchmal feindliche Haltung der Bauern gegenüber dem Aufstand von 1863/64 zerstört wurde. Wenn die Träume ganzer Generationen von edelmütigen Patrioten sich nicht verwirklichen ließen, wenn ihre Hingabe nicht die erwarteten Früchte trug, dann deswegen, weil sie einen zu großen

* Beim Galizischen Bauernaufstand im Februar/März 1846 wurden in der Gegend um Tarnów über 1000 polnische Grundbesitzer von aufständischen Bauern getötet und zahlreiche Gutshäuser zerstört. In der historischen Forschung ist umstritten, ob und inwieweit die Bauern von den österreichischen Behörden zu diesem Aufstand angestiftet wurden, um einen gleichzeitigen polnischen nationalen Aufstand in der Freien Stadt Krakau niederschlagen zu können.

Schritt nach vorn machen wollten, weil die Unwissenheit dieses Volks zu groß war, weil das 19. Jahrhundert in den polnischen Gebieten unter fremder Herrschaft nicht die Entwicklung des Schulwesens und des Fortschritts in der Bildung der Massen brachte wie in anderen Ländern Europas, weil sich in diesen Gebieten archaische soziale Verhältnisse am längsten hielten, die die Bauern vom Rest der Gesellschaft isolierten und sie daran hinderten, selbstständige Bürger in ihr zu werden. Trotz Bemühungen des polnischen Adels, die seit Langem unternommen wurden und für die man sogar manchmal bestraft wurde, entschied sich die russische Regierung erst nach dem Ausbruch des letzten Aufstands dazu, die Fronarbeit aufzuheben und die Bauern im Königreich Polen zu Besitzern des Bodens zu machen. Das Jahr 1864 brachte diese heilsame Reform. Erst mit diesem Datum begann die moderne gesellschaftliche Entwicklung der gesamten polnischen Nation.

Auf diese Weise begann mit dem Ende der Zeit der bewaffneten Kämpfe um die Unabhängigkeit eine neue Phase der inneren Entwicklung, die Phase des gesellschaftlichen Umbaus Polens. Das wichtigste Element dieser Phase ist die allseitige Entwicklung einer Bauernschicht, die sich auf gesunde wirtschaftliche Grundlagen stützt.

Die Regierungen, die in den polnischen Gebieten herrschten, sahen ihren Hauptfeind im Adel und waren auch um seine Schwächung bemüht. Eine besonders ausgeprägte Politik in dieser Hinsicht betrieb die russische Regierung. Deswegen wurde die Vergabe von Eigentum an die Bauern in den polnischen Gebieten, die zu Russland gehören, in durchaus vorteilhafter Weise für diese Schicht durchgeführt. Dazu trugen zwei Faktoren bei. Erstens erkannte die Regierung die Gleichgültigkeit der Bauern gegenüber dem „adligen" Aufstand und stellte sie sich als das Element vor, auf das sie ihre Stärke in Polen stützten könnte, wobei sie selbstverständlich deren Gegensatz zu den „Herren" ständig schürte. Zweitens fanden sich unter den staatlichen Akteuren unter der Herrschaft von Alexander II. Leute mit sehr radikalen demokratischen Ansichten, deren Ideologie hervorragend mit der Politik der Regierung zusammenstimmte. Diese Leute wurden nach Polen geschickt und ihnen die Bauernreform anvertraut. Sie schufen eine Richtung der Regierungspolitik, bei der sich eine Propaganda des Hasses gegen die „Herren" und des Misstrauens gegen jeden intelligenten Menschen, der kein Beamter war, mit der Propaganda von von der Verbindung mit dem Thron und dem Glauben an Russland verband. Die von ihnen durchgeführte Reform war ein Akt metternichscher Politik und wurde durch die Art ihrer Durchführung, die vom Adel sofort als Unrecht empfunden wurde, zu einer Wohltat für das Land. Sie schuf eine gesunde und zahlreiche Bauernschicht, die eine starke wirtschaftliche Grundlage hatte und dazu bestimmt war, die Grundlage für ein Gleichgewicht der sozialen Beziehungen im Land zu bilden. Was sie allerdings in Bezug auf die Regierung und das System ihrer Politik in Polen werden sollte, das hing von Ursachen ab, die tiefer lagen, als es den russischen Akteuren schien.

Erst unter diesen modernen Bedingungen ließ der polnische Bauer seine guten Eigenschaften hervortreten, die heute die wichtigste Kraft Polens in seinem schweren Kampf um die nationale Existenz darstellen. Er ist leidenschaftlich mit dem Boden verbunden und denkt in erster Linie daran, ihn zu gewinnen, wenn er ihn nicht besitzt, wenn er ihn aber hat, denkt er an die Vergrößerung seines Besitzes. Er benötigt wenig, ist sparsam und zeigt daneben Eifer zur Bildung und Fähigkeit zum Fortschritt in der Wirtschaft, wenn er dafür nur Beispiele sieht. Als solcher machte er sich im gesellschaftlichen Leben des Landes schnell bemerkbar. Vor allem der Teil des größeren Landbesitzes, der sich auf schwache Grundlagen stützte, begann in allen polnischen Teilungsgebieten schnell einen Prozess der Parzellierung in die Hände der Bauern zu durchlaufen, die entweder ihre Ansiedlungen vom Ertrag des bereits besessenen Bodens vergrößerten oder, wenn sie kein Land hatten, zum Gelderwerb in die nationale Industrie, nach Deutschland oder Amerika gingen und dann von dem gesparten Geld Landbesitzer wurden. Die Kultur der ländlichen Gebiete begann sich schnell zu heben, zumal in letzter Zeit, durch Orientierung am größeren Landbesitz und unter dem Einfluss der Wanderungen nach Westen; genossenschaftliche Vereinigungen, Kredit- und Lebensmittelgesellschaften begannen sich schnell zu vermehren, zuerst im preußischen Teilungsgebiet, dann in Galizien und in letzter Zeit, als die Gesetze es erlaubten, im Königreich Polen.

Zugleich begann sich das Bildungsniveau zu heben. Die Vorstellung von der Gewinnung des Volks für Polen hatte schon lange in den intelligenten Schichten der Nation das Gefühl geweckt, dass die Hebung der Bildung des Volkes eine der wichtigsten nationalen Aufgaben und die Arbeit auf diesem Feld die wichtigste Bürgerpflicht ist. Schon in der ersten Hälfte des letzten Jahrhunderts begann eine breitere Organisation dieser Arbeit im Herzogtum Posen. Im Königreich Polen bestand schon vor dem Aufstand die Landwirtschaftliche Gesellschaft, die danach von der Regierung aufgelöst wurde. Sie ist eine Organisation des Großgrundbesitzes, und unter ihren bedeutsamen Aufgaben tut sie auch viel für die Bildung der Bauern.

Die Reform des rechtlichen Stands der Bauern war ein starker Anreiz für den Fortschritt auf diesem Gebiet. Der erste Faktor bei der schnellen Entwicklung der Bildung ist die eigenständige Bemühung darum durch die Bauern selbst, die spüren, ein wie großer Mangel unter den neuen Bedingungen die Unwissenheit ist; gefördert wird dieses Bemühen durch die Arbeit der intelligenten Klassen, die zu diesem Ziel Gesellschaften und Institutionen organisieren; eine hervorragende Rolle fällt naturgemäß der öffentlichen Schule zu, allerdings leider nur im preußischen und im österreichischen Teilungsgebiet, wobei im ersteren der Einfluss der Schule durch politische Ziele herabgesetzt wird, denen sie nach dem Willen der preußischen Regierung dienen soll. Im Königreich Polen gibt es so wenige Schulen, dass sie eine relativ untergeordnete Rolle spielen.

Am frühesten hat sich die Bildung des Volks im preußischen Teilungsgebiet verbreitet, vor allem deshalb, weil dieses den Teil Polens umfasst, der die älteste und höchste Kultur besitzt; zweitens, weil dort die Regierung ein breit angelegtes Schulwesen organisiert und die Schulpflicht eingeführt hat; und schließlich, weil dort die intelligenten polnischen Schichten am frühesten Bildungsarbeit organisiert haben, eine Arbeit, zu deren Aufgabe in immer größerem Maß der Kampf gegen den deutschen Einfluss mit Hilfe polnischer Bildung wurde.

In Galizien hat der Sejm zu dem Zeitpunkt, als dieses die Autonomie erhielt (1867), den größten Teil des Landesetats für Volksschulen bestimmt. Der Etat für Schulen im Land, bei denen es sich fast ausschließlich um Volksschulen handelt (denn Gymnasien und Universitäten werden von der Zentralregierung unterhalten und gehören nicht zu seinem Zuständigkeitsbereich), beträgt mehr als 22 Millionen Kronen und zusammen mit den Etats von Krakau, Lemberg und kleinerer Gemeinden etwa 28 Millionen Kronen. Dazu ist eine Reihe von privaten Institutionen entstanden, die entweder Lesesäle für das Volk eingerichtet oder neue Schulen dort gebaut haben, wo es sie nicht gab.

Im Königreich Polen hat sich die Arbeit auf diesem Feld am schwierigsten entwickelt. Hier hat die Regierung den Unterhalt von Volksschulen den Gemeinden auferlegt, aber deren Leitung in ihre Hand genommen und ihr Monopol in solchem Maß gehütet, dass sie die Gründung von privaten Schulen nicht erlaubt und heimlichen Unterricht im Lesen und Schreiben mit hohen Strafen belegt hat, die bis zu 300 Rubel reichen. In der Volksschule war die Lehre russisch und die Lehrer waren russische Agitatoren, manchmal arbeiteten sie als Agenten der Polizei (die Erlasse der Schulbehörden wiesen sie an, Personen anzuzeigen, die sich mit geheimem Unterricht beschäftigten). Unter diesen Umständen gründeten die Gemeinden ungern Schulen, auf die sie keinerlei Einfluss hatten. Unterricht fand vor allem im Haus statt und war geheim. Eine eintägige Liste* von 1897 zeigte, dass unter den polnischen Einwohnern des Königreichs, die lesen konnten, 60% nur polnisch lesen konnten, was bedeutet, dass sie das Wissen zu Hause oder in geheimen Schulen

* Ergebnisliste der an einem Tag, dem 28. Januar/9. Februar 1897, in Russland durchgeführten Volkszählung.

erworben hatten, denn die öffentliche Schule unterrichtete auf Russisch. Unter diesen Umständen konnte ein schnellerer Fortschritt der Bildung nur durch organisierte Aktivität von Kreisen der Intelligenz bewirkt werden, die sich von glühendem Patriotismus leiten ließ, bereit war zu Opfern und sich vor den Strafen und Verfolgungen nicht fürchtete, die sie vonseiten der Regierung erwarteten. Diese Aktivitäten begannen sich kurz nach dem Aufstand langsam zu entwickeln. Um 1885 wurden sie die allgemeine Losung aller beweglicheren Elemente, vor allem der universitären Jugend. Es gab immer mehr geheime Bildungszirkel, die Lesesäle für das Volk gründeten; die Jugend verbreitete Broschüren im Land; an den Adelshöfen entstanden zahlreiche geheime Schulen, die von Ehefrauen und Töchtern der Bürger geführt wurden; ermuntert von der Intelligenz begannen die Bauern immer mehr Zeitschriften für das Volk zu abonnieren, die einen bedeutenden Einfluss ausübten, auch wenn sie unter der Zensur der Regierung litten; die Zahl der Publikationen für das Volk wuchs immens.

Das Interesse für das Volk und die Losung von seiner Hebung wurden allgemein, die schöne Literatur beschäftigte sich in erster Linie mit dem Volk, und schließlich erschien eine politische Richtung, die das Volk in den Vordergrund stellte, als Hauptfaktor des nationalen Lebens. Ausdruck dessen wurden die Wochenzeitschrift *Głos* [Die Stimme], die 1886 gegründet wurde, und die im gleichen Jahr gebildete geheime politische Organisation „Polnische Liga" (die später in „Nationale Liga" umbenannt wurde).

Der Bildungsfortschritt bei den Bauern musste es nach sich ziehen, dass sie sich für die öffentlichen Angelegenheiten interessierten und am politischen Leben des Landes Anteil nahmen. Allerdings musste der Charakter dieser Anteilnahme von der politischen Lage jedes Teilungsgebiets abhängen.

Im preußischen Teilungsgebiet traf der von Bismarck begonnene Kampf gegen den Katholizismus die empfindlichste Seite der bäuerlichen Seele. Das polnische Volk schloss mit der Geistlichkeit und den intelligenten Klassen die Reihen gegen die Regierung, und in seinem Bewusstsein floss die kirchliche Sache mit der nationalen Sache zusammen. Als später der *Kulturkampf** zu Ende war und der Kampf des Germanismus gegen das Polentum blieb und sich immer mehr verschärfte, standen die Reihen schon bereit und die preußische Regierung musste gegen die ganze Nation kämpfen, die eine geschlossene und disziplinierte Armee bildete.

Außerdem hatte der *Kulturkampf* das Verdienst, dass er in Oberschlesien die Gegnerschaft zur preußischen Regierung weckte. Auf der Grundlage dieser Gegnerschaft wurde den Pionieren des Polentums eine fruchtbare Arbeit

* Im Original deutsch.

unter dem schlesischen Volk ermöglicht, die im Lauf von einigen Jahrzehnten eine fast völlige Wiedergeburt des polnischen Schlesiens herbeigeführt und die Zahl der Polen unter preußischer Herrschaft um eineinhalb Millionen vergrößert hat.

Das Volk in der Provinz Posen, das früher von höheren Schichten geführt wurde, begann immer selbstständiger aufzutreten und zwang die ganze Politik in diesem Teilungsgebiet dazu, seine Bedürfnisse und Wünsche an die erste Stelle zu setzen, einerseits zur Verteidigung seiner Interessen, andererseits zur Verschärfung der Kampfmittel gegen das Deutschtum.

In Galizien hatte angesichts von dessen politischer Lage und inneren Verhältnissen das Auftreten der Bauern auf der politischen Bühne einen ganz anderen Charakter. Hier trat die sogenannte Bauernbewegung von Anfang an als scharfe Opposition gegen die konservativ-adligen Regierungen in Erscheinung. Die herrschenden Elemente hatten die Bildung des Volks durch die Entwicklung des Schulwesens gefördert, aber sie verstanden nicht, dass die wachsende Bildung die Bauern zu einem selbstständigen politischen Faktor machen musste, und sie verfolgten die entstehende neue Bewegung hartnäckig. Das bedeutete nicht nur die Verteidigung ihres politischen Einflusses gegenüber neuen Elementen, sondern auch die Verteidigung der Interessen des größeren Landbesitzes, die von der Gesetzgebung und von der Politik der Regierungsorgane begünstigt wurden. Auch wenn die Entstehung der „Bauernbewegung" in Galizien von großen patriotischen Losungen begleitet war, stieg sie doch in der Praxis fast vollständig auf den Grund des Klassengegensatzes hinab, der von einigen ihrer engstirnigen Führer aufgereizt und verschärft wurde. Heute, wo die politische Reform, durch die bei der Parlamentswahl die Kurien aufgehoben und die allgemeine Wahl eingeführt wurde*, den Bauernelementen den Einfluss gegeben hat, um den sie gekämpft hatten, beginnt dieser Gegensatz sich zu mildern und eine kultiviertere Gestalt anzunehmen.

Im Königreich Polen zeigte die Lage des Landes eine gewisse Analogie zum preußischen Teilungsgebiet. Auch hier musste man gegen ein System der Entnationalisierung kämpfen, das zwar in einer wilden Weise angewandt wurde, aber angesichts der entsprechenden kultivierten Kräfte Polens und Russlands die Grundlagen der nationalen Existenz ungleich weniger bedrohte. In den inneren Verhältnissen zwischen dem Volk auf dem Land und den intelligenten Schichten spielte das alte, ursprüngliche Misstrauen zwischen den Ständen, das durch die Politik der Regierung geschürt wurde, eine ziemlich bedeutende

* Die Reichsratswahlen in Österreich im Mai 1907 wurden erstmals nach einem allgemeinen und gleichen Männerwahlrecht durchgeführt.

Rolle. Doch einige Jahre Bildungsarbeit bei den Bauern, einer Arbeit, an der die jüngere Generation der Gutsbesitzerschicht einen bedeutenden Anteil nahm, trugen viel zur Linderung dieses Misstrauens bei, während andererseits das Vorgehen der Behörden, die ein Programm des Flirtens mit dem Volk praktizierten, sich dabei aber nicht versagen konnten es bei jedem Schritt zu schädigen, bei den Bauern einen immer größeren Hass auf die Regierung erzeugte. In den letzten Jahren des vergangenen Jahrhunderts sind die Leiter der russischen Politik im Königreich zu der Erkenntnis gekommen, dass man sich auf die polnischen Bauern nicht mehr so verlassen kann wie früher und dass man in ihnen kaum einen Rückhalt für das Regierungssystem sehen kann. Die Feststellung dieser Tatsache hat bei manchen Vertretern der Regierung den Wunsch geweckt, Rückhalt bei den aristokratischen und hochadligen Elementen zu suchen, worauf unter anderem die „Kompromiss"-Politiker gehofft hatten. Doch diesen Rückhalt kann man nur auf dem Weg gewisser nationaler Zugeständnisse finden, die den Interessen der Bürokratie entgegenstehen, was angesichts der Allmacht der letzteren diese Politik unmöglich gemacht hat.

III. Die demokratisch-nationale Bewegung

Seit 1897 traten die Elemente, die an der politischen Erziehung des Volks arbeiteten und sie durch die geheime „Nationale Liga" lenkten, als „demokratisch-nationale Partei" auf, die ihre Stärke auf die Volksmassen stützte und in ihrem Programm den Kampf gegen das Regierungssystem proklamierte. Dieses Programm nannte als eines der Hauptgebiete des Kampfs die lokale Selbstverwaltung, die sich auf ein Gesetz stützte, das für das Volk durchaus vorteilhaft war, das aber durch die Willkür der Regierungsbehörden zur Fiktion gemacht wurde. Wenig später belegten die Fakten, dass dieses Programm nicht auf dem Papier geblieben war: Die Gemeindeversammlungen wurden immer öfter zum Schauplatz von Auseinandersetzungen zwischen Vertretern der Regierung und den Bauern, die sich auf die Artikel des Gemeindegesetzes beriefen, deren Einhaltung forderten und sich weigerten, den illegalen Forderungen der Behörden nachzukommen. Diese Bewegung wurde für die Behörden, die an Legalität nicht gewöhnt waren und in ihr einen Widerspruch zu den Interessen der russischen Politik sahen, zu einer großen Belastung. Zugleich gewann unter den Bauern die illegale Presse einen starken Einfluss, die in nationalem Geist geführt wurde, nämlich die Zeitschrift *Polak* [Der Pole], die in Galizien von Aktivisten aus dem Königreich Polen herausgegeben und in Zehntausenden von Exemplaren auf dem Schmuggelweg geliefert wurde, was hauptsächlich die Bauern selbst übernahmen. Die Bauern verbanden sich in geheimen Gesellschaften, die gegenseitige Bildung zum Ziel und insgesamt mehrere Zehntausend Mitglieder hatten. Es begannen Verfolgungen, Bauern wanderten in die Gefängnisse, in die Verbannung nach Russland, aber es wurde sichtbar, dass die Regierung keine Mittel in der Hand hatte, um die Entwicklung der Bewegung aufzuhalten. Diese Bewegung befand sich in einer Phase schnellen Wachstums, als der japanische Krieg und in der Folge die innere Krise im Staat ausbrachen, die zur Zerrüttung der Regierung führte.

Während dieser Krise spielte die Bauernschicht im Königreich Polen eine erstrangige Rolle. Auf sie stützte sich die Politik der im Land führenden demokratisch-nationalen Partei, die an zwei Fronten kämpfte: gegen die revolutionäre Anarchie und gegen die Politik der Regierung. Die Bauern traten als die Armee der Nationalbewegung auf, sie versuchten eine Polonisierung der Gemeinden und der Volksschulen durchzuführen, sie traten auf Versammlungen im ganzen Land einmütig mit der Forderung nach Autonomie des Königreichs auf, sie bekundeten inbrünstig ihre polnischen Gefühle und ihre Verbundenheit zur nationalen Idee. Und als das Wahlgesetz ihnen einen überwiegenden Einfluss auf die Zusammensetzung der polnischen Vertretung in der Staatlichen Kammer gab, wurden Abgeordnete gewählt, die die stärkste nationale Richtung vertraten.

Auf diese Weise wurde der Auftritt der Bauernschicht auf der politischen Bühne zu einer Verwirklichung der Ideen früherer Patrioten, die davon träumten, sie für das Vaterland, für die nationale Sache zu gewinnen. Das Volk fühlte sich als Nation...

Diese große Wandlung im sozialen und politischen Leben Polens, wie es das Erscheinen einer selbstständigen Bauernschicht auf der Bühne dieses Lebens war, wurde von einer ganzen Reihe anderer Wandlungen begleitet. Die Entwicklung der Fabrikindustrie, vor allem im Königreich Polen, schuf eine zahlreiche Arbeiterschicht, und zugleich entstand eine starke Schicht intelligenten Bürgertums. Schließlich verwandelte sich sogar der Großbauer unter den veränderten sozialen und wirtschaftlichen Bedingungen aus dem alten, privilegierten und ein leichtes Leben führenden Adligen langsam in einen modernen Produzenten, der gezwungen war, seine Wirtschaft immer intensiver zu betreiben und immer mehr Geschicklichkeit und Energie an den Tag zu legen. Der gesamte Inhalt des Lebens der Nation unterlag einem tiefgreifenden Wandel, und damit musste sich auch ihre Politik ändern. Wie die gesamte Seele der Nation musste sie praktischer werden, weniger geneigt zu Illusionen, und sie musste ihre Perspektiven auf realeren Grundlagen aufbauen.

Auf diesen Verlust von politischen Illusionen hatte auch die Entwicklung der Ereignisse in der internationalen Politik einen starken Einfluss.

Seit dem Ende des 18. Jahrhunderts, als die Polen massiv dem Nimbus der geistigen und politischen Bewegung des revolutionären Frankreichs erlagen und als sie später zahlreich am Marsch Napoleons durch Europa teilnahmen und ihre ganze Hoffnung in seinen Sieg setzten, ist die enge Verbindung des polnischen Lebens und der polnischen Nationalbewegung mit dem großen Vaterland der Idee der Freiheit nicht abgerissen. Das Königreich Polen, das aus dem Herzogtum Warschau entstand, erbte von ihm den Code Napoléon* und überhaupt den französischen Geist der Gesetzgebung. In Polen schaut man auf Frankreich als ein Vorbild in jeder Hinsicht, von ihm erwartet man die Verwirklichung der Grundsätze von Freiheit und Gerechtigkeit im Leben Europas, auf seine Bewegungen schauen die Vorkämpfer der polnischen Freiheit. Der Aufstand von 1830/31 erhielt seinen Anstoß von der Julirevolution, der Aufstand von 1863/64 von der Befreiung Italiens unter Mitwirkung Frankreichs. In Frankreich suchte die polnische Emigration ihre Zuflucht, Frankreich wird von der polnischen patriotischen Dichtung und politischen Literatur idealisiert. Frankreich ist jener sichere und mächtige Verbündete, auf den man als letzte Rettung zählt.

Es kam der Krieg von 1870/71. Die Niederlagen Frankreichs brachten die Herzen an der Weichsel nicht weniger zum Bluten als an der Seine. Seine endgültige Niederlage war ein Schlag, der die letzte Hoffnung zunichtemachte. Die Nation verstand, dass sie nur auf sich zählen konnte, dass sie nur nach dem streben konnte, was sie selbst zu erreichen vermochte. Der zweite schwere Schlag für die Überreste der politischen Romantik waren die *entente cordiale* und in der Folge das französisch-russische Bündnis. Und es war weniger das Bündnis selbst – denn das konnte die damals schon verbreitete politische Nüchternheit als Notwendigkeit für Frankreich verstehen – als der Umstand, dass man die Polen einen Teil der Rechnung dafür bezahlen ließ, dass die französische Presse, die sich Russland andienen wollte, eifrig daran zu arbeiten begann, die Polen in der öffentlichen Meinung ihres Landes herabzusetzen, was ihr sehr gut gelang. Die polnischen Romantiker erhielten eine schmerzhafte Lektion in praktischer Politik.

* Auch „Code Civil", Gesetzbuch zum Zivilrecht, von Napoleon Bonaparte am 21. März 1804 zunächst in Frankreich, dann auch in vielen anderen Ländern eingeführt, die von Frankreich dominiert wurden, so auch im Herzogtum Warschau. In dessen Nachfolgestaat, dem Königreich Polen, galt der Code Civil trotz der Zugehörigkeit zum Russischen Reich weiter.

Die jüngeren Generationen polnischer Politiker wuchsen bereits in der Atmosphäre eines neuen Europas auf, in der der Platz der Freundin Frankreichs von dem gefährlichsten Feind der polnischen Nation eingenommen wurde, von Deutschland, und der Platz Napoleons III. von Bismarck; in einer Atmosphäre harten Existenzkampfs und des Zusammenbruchs aller Träume. Eine neue polnische Politik, die unter diesen Umständen entstand und sich organisierte, musste von der alten verschieden sein.

Die gleichen Leute, die das demokratisch-nationale Programm geschaffen und die Landbevölkerung im Königreich zum politischen Kampf organisiert hatten, setzten sich zum Ziel, die Reste der politischen Romantik auszutilgen – die im Übrigen begonnen hatte, als Deckmantel für ganz und gar unromantische Dinge zu dienen –, und stellten sich breiten Kreisen der öffentlichen Meinung als gesondertes Lager, als neue politische Schule entgegen. Sie gaben in Galizien die Monatszeitschrift *Przegląd Wszechpolski** heraus, die für alle polnischen Teilungsgebiete bestimmt war, hauptsächlich aber für das Königreich Polen (wohin sie durch Schmuggel gelangte). Darin platzierten die Führer der neuen Bewegung neben die ruhige Erörterung der laufenden Politik kämpferische Artikel, die die in der öffentlichen Meinung verfestigten, aber oberflächlichen und falschen Begriffe scharf angriffen. Sie sorgten für Empörung in verschiedenen meinungsbildenden Kreisen, als sie die Gemeinplätze einer naiven oder falschen Humanität angriffen und zeigten, dass eine Nation vor allem die Verpflichtung hat, auf ihre Interessen und ihre Zukunft bedacht zu sein. Und um die Energie in denjenigen zu wecken, die sich mit der Klage über das Unrecht zufriedengaben, urteilten sie schonungslos: „In den Beziehungen zwischen Nationen gibt es kein Recht und Unrecht, es gibt nur Stärke und Schwäche“, eine Ansicht, die ziemlich wehtut, wenn man sie in einem Land ausspricht, das der schrecklichsten Unterdrückung ausgesetzt ist. Doch diese neue Politik war der Meinung, dass man es bei einer derart gefährlichen Lage der Nation nicht zulassen dürfe, dass ihre Bürger sich trösteten, indem sie wiederholten, dass sie edelmütige Opfer von Unrecht seien, und in Passivität verblieben. Sie war bemüht, aus der Gesellschaft eine möglichst große Menge von Energie für den Kampf um die nationale Existenz herauszuholen.

Einwirkungen in diese Richtung konnte es nie genug geben. Denn in Gesellschaften, die eigene Staaten haben und von daher in ihren vitalsten Interessen gesichert sind, hat Gleichgültigkeit von vielen Bürgern gegenüber öffentlichen, zumal politischen Angelegenheiten keine große Bedeutung. Aber in einer Nation, die in den Grundlagen ihrer Existenz bedroht ist, die im Innern, in

* Allpolnische Rundschau.

allen Bereichen des gemeinschaftlichen Lebens durch die Politik einer fremden Regierung untergraben wird, da muss jeder Bürger ein Soldat sein, jeder muss bei der Verteidigung des nationalen Guts gegen seine Zerstörer mithelfen, jeder muss an der Arbeit teilnehmen, die aufbaut, was zerstört wurde. Doch unter solchen Bedingungen, wie sie vor allem in Polen unter russischer Herrschaft gegeben sind, wo die polnische öffentliche Arbeit auf Hindernisse stieß (und heute noch stößt), die für einen Einwohner Westeuropas schlichtweg unvorstellbar sind, wo die Regierung darauf mit barbarischen Verfolgungen reagiert, da unterliegen schwächere, passivere Naturen leicht dem Terror der Regierung, verlieren den Mut und werden gleichgültig.

Wenn man andererseits sogar in Ländern, in denen ein breites politisches Leben stattfindet, das das Denken der Bürger entwickelt, oft Leuten begegnet, die in der Politik mit inhaltslosen Gemeinplätzen und edelmütigen Fiktionen operieren und sich über die tatsächlichen politischen Faktoren nicht im Klaren sind, zumal in den internationalen Beziehungen, dann muss dieses Phänomen wesentlich häufiger in einer Nation sein, die von Fremden regiert wird, die nicht die Möglichkeit hat, ihr eigenes Schicksal zu gestalten, und die deswegen kein Feld der Erfahrung besitzt, die die beste politische Schule ist.

Von daher hat die politisch-erzieherische Tätigkeit durch die Presse und Literatur in Polen eine viel größere Bedeutung als anderswo.

Das neue politische Lager, das nach dem Namen seines Organs und infolge dessen, dass es Einfluss in allen drei polnischen Teilungsgebieten gewann, das „allpolnische" genannt wurde, musste im Übrigen nicht nur gegen die Vorurteile und die Passivität von breiten Kreisen der politisch unerfahrenen öffentlichen Meinung kämpfen, sondern, wichtiger noch, gegen organisierte Gruppen, die seinen Ansichten die ihren entgegenstellten. Es hatte hier mit zwei hauptsächlichen Lagern zu tun: dem Kompromiss-Lager und dem sozialistischen Lager.

Zum Kompromiss-Lager waren die sog. „Kompromissler" im Königreich Polen zu zählen, die konservativ-adlige Partei, also die sog. „Stańczyken" in Galizien, und schließlich die Elemente in der Provinz Posen, die zwar nicht mehr auf eine Verständigung mit der preußischen Regierung zählten und gegen das Germanisierungssystem einen Kampf führten, die aber ihre Hoffnungen für die Zukunft auf eine Verständigung der Polen mit der russischen Regierung setzten. Dieses Lager verfocht den Grundsatz, dass die polnische Nation zu schwach sei, um einen Kampf mit so vielen Feinden zu bestehen, vor allem aber mit der allmächtigen russischen Regierung. Man solle also diese Regierung nicht durch offenen Widerstand reizen, sondern sie durch Nachgiebigkeit und Beweise von Loyalität geneigt machen, und schließlich solle eine schwache und geschädigte Nation sich nicht auf ihre Kräfte berufen, sondern auf die Billigkeit ihrer Sache, auf humanitäre Grundsätze, Gerechtigkeit und Toleranz.

Das sozialistische Lager, das mehrere sozialistische Parteien in allen drei Teilungsgebieten umfasste, sowie bedeutende Kreise der Intelligenz, die zu keiner Partei gehörten, die sog. „sozialisierenden“ Kreise, erklärte entweder seine Gleichgültigkeit gegenüber nationalen Angelegenheiten und stellte ihnen als Hauptproblem der Gegenwart den Klassenkampf gegenüber oder es sagte voraus, dass eine allgemeine soziale Revolution alle nationalen Angelegenheiten regeln und allgemeine Gerechtigkeit einführen würde, dass es also ausreichen würde, diese anzustreben, und dass diejenigen, die die nationale Frage an die Spitze stellten, sie nur als Deckmäntelchen für die Interessen der privilegierten Klassen benutzen und mit ihrer Hilfe das Volk betrügen würden. Außerdem begann eine Richtung der Sozialisten, die Polnische Sozialistische Partei, Verbindungsfäden mit den Traditionen der politischen Romantik anzuknüpfen, Inspiration aus den radikaleren Schriften der Emigration in der Zeit zwischen den Aufständen (1831-1863) zu schöpfen und ein Programm des Aufstands zusammen mit einer sozialen Revolution zu formulieren, eines Aufstands, der ein unabhängiges proletarisches und sozialistisches Polen aufbauen sollte.

Diese beiden Lager griffen die „Allpolen“ scharf an und verbanden sich oft darin, sie des Chauvinismus, Antisemitismus, der Intoleranz gegenüber den Ruthenen in Galizien und den Litauern im russischen Teilungsgebiet zu beschuldigen, Vorwürfen, die zur gängigen Währung wurden, auch wenn sie nur eine Karikatur der Position der Nationaldemokratie darstellten, die den Grundsatz betonte, dass die Nation ihre Zukunft auf ihre eigene Kraft bauen müsse, dass sie die Pflicht habe, überall ihr Interesse und ihre Würde zu verteidigen, dass sie sich dort, wo sie in der Minderheit sei, wie in Litauen und Ruthenien, nicht von ihren Positionen zurückziehen dürfe, dass sie auf ihrem Boden in Kernpolen von fremden Elementen, wie z. B. den Juden, verlangen müsse, dass sie sich in ihren politischen Bestrebungen ihren Interessen nicht entgegenstellen und nicht den Feinden dabei helfen, die nationale Existenz Polens zu zerstören.

Angesichts dieser Vorwürfe und dieser Angriffe, die manchmal von allen Seiten kamen, wobei es eine faktische Koalition aller Gruppen gegen die „Allpolen“ gab, ließ das demokratisch-nationale Lager sich nicht in die Defensive drängen, sondern griff selbst an. Es kritisierte die Position der Gegner, es verspottete sie, es bewies den einen, dass eine nachgiebige und demütige Nation früher oder später vernichtet werden muss und dass sie mit ihrer Nachgiebigkeit selbst dabei mithilft, es bewies den anderen, dass über den Interessen einzelner sozialer Klassen das Interesse der Nation als ganzer steht, und schließlich machte es das Aufstandsprogramm der sozialistischen Romantiker lächerlich und bewies seine Naivität.

Der Politik der sozialen Klassen, wie es die Politik nicht nur der Sozialisten, sondern auch der Kompromissler bezeichnete, stellte es den Grundsatz der nationalen Politik entgegen, die die Interessen der Nation als ganzer umfasste, und zeigte, dass das Hauptinteresse der Nation zum jetzigen Zeitpunkt die wirtschaftliche und kulturelle Hebung der Volksschichten, der Bauern und Arbeiter, und ihre politische Aktivierung ist, dass sich alle Menschen, die das Vaterland lieben, um dieses Programm scharen müssen, unabhängig davon, zu welchen Schichten sie gehören. Tatsächlich begannen sich in den Reihen der Nationaldemokratie auch Vertreter aller sozialen Schichten zu sammeln, von Bauern und Arbeitern bis zu Großgrundbesitzern und sogar einzelnen Persönlichkeiten aus der Aristokratie.

Seit dem Jahr 1900 ließ sich der Einfluss der Nationaldemokratie in allen polnischen Teilungsgebieten spüren und wuchs nun schnell. Etwa seit 1903 trug ihre politische Richtung einen Sieg nach dem anderen davon, was die grundsätzliche Wende in der polnischen Politik bestätigte.

Bei den vorletzten Wahlen zum deutschen Parlament* stellte die Nationaldemokratie den Grundsatz der Vertretung Oberschlesiens durch polnische Abgeordnete auf, die in die polnische Fraktion eintreten sollten, gegen die Kompromiss-Elemente, die sich vor einem Bruch mit dem deutsch-katholischen Zentrum fürchteten, und gegen die Sozialisten, die die Fabrik- und Bergarbeiterbezirke beherrschen wollten. Dieser Grundsatz trug den Sieg davon: Schlesien wählte zwei Abgeordnete, die in die polnische Fraktion eintraten**, und gegenwärtig ist ihre Zahl auf fünf gestiegen. Im Ergebnis wurde die polnische Fraktion in Berlin, die zuvor nur die Gebiete des historischen Polens (Provinz Posen, Westpreußen und Ermland) vertrat, zur Vertretung aller Polen unter preußischer Herrschaft.

In Österreich schloss die Regierung Körber*** hinter dem Rücken der Polen Übereinkünfte mit den Ruthenen, sie sagte ihnen die Gründung eines neuen ruthenischen Gymnasiums in Stanislau zu und fügte eine entsprechende Position in den Etat ein, womit sie das Recht des Sejms verletzte, dem eine Entscheidung in dieser Sache oblag. Als danach die Regierung und sogar die Krone auf einflussreiche Kreise in Galizien Druck ausübten, dass sie den gewünschten Beschluss im Sejm durchbringen sollten, begann das demokratisch-nationale Lager mit einer Agitation im gegenteiligen Sinn. Es sprach sich nicht grundsätzlich gegen die Gründung von ruthenischen Gymnasien aus, aber gegen Willfährigkeit gegenüber der Regierung und die freiwillige Begrenzung der

---

* Am 16. Juni 1903.

** Tatsächlich handelte es sich nur um einen Abgeordneten, Wojciech Korfanty.

*** Ernest von Koerber (1850-1919), Ministerpräsident von Cisleithanien 1900-1904, 1916.

Rechte des Sejms. Nach einer erbitterten Kampagne gegen die konservativen Elemente, die sich bei der Regierung und der Krone nicht unbeliebt machen wollten, und gegen die radikal-sozialistischen Parteien, die auf der Seite der Ruthenen standen, obsiegte die Position der Nationaldemokraten. Der Sejm lehnte das Regierungsprojekt ab. Auf diese Weise ließ sich in dieser, scheinbar nebensächlichen, Angelegenheit der starke Einfluss der neuen Bewegung im Land der konservativ-adligen Herrschaft spüren, die sich auf Wien stützte, ein Einfluss, der eine Wende in der Haltung des Landes gegenüber der Regierung bedeutete.

Schließlich ergab sich am Hauptort der Aktivität der Nationaldemokratie, im Königreich Polen, wo diese Aktivität unter den bestehenden Umständen hauptsächlich politisch-erzieherische Bedeutung hatte, eine Gelegenheit, um im offenen Kampf gegen die Regierung einen Erfolg zu erzielen. Als die Politik der preußischen Regierung, die in der Verbissenheit gegenüber den Polen immer mehr fortschritt, zu den skandalösen, in der ganzen zivilisierten Welt berüchtigten Ereignissen in Wreschen führte, wo Kinder in der Schule dafür misshandelt wurden, dass sie nicht auf Deutsch beten wollten*, brachte die russische Presse, selbst die regierungsnahe, ihr Mitgefühl gegenüber den Polen zum Ausdruck. Sie ging so weit, dass sie die Aufnötigung einer fremden Sprache im Bereich der Religion als Barbarei bezeichnete und dabei vergaß, dass es im Königreich Polen selbst – ganz zu schweigen von Litauen und Ruthenien, wo die polnische Sprache an allen Schulen aus dem Religionsunterricht entfernt wurde – neun höhere Schulen gibt, in denen die polnische Jugend den Religionsunterricht zwangsweise auf Russisch erhält. Auch die polnische Kompromiss-Presse verschloss davor ihre Augen und wollte aus den Ereignissen in Wreschen eine Quelle der Annäherung an Russland und der Suche nach Rückhalt bei dessen Regierung machen wollte. Dann weigerte sich die Jugend in den erwähnten neun Schulen des Königreichs, Religion auf Russisch zu lernen, und unter dem Einfluss des demokratisch-nationalen Lagers traten die Eltern und die gesamte Gesellschaft so solidarisch auf, dass es unter der katholischen Geistlichkeit niemanden mehr gab, der den Katechismus auf Russisch unterrichten wollte, und der Religionsunterricht nicht mehr stattfand. In dieser Angelegenheit musste man die Kompromissler bekämpfen, die behaupteten, dass man auf dem Weg eines solchen Kampfs nichts erreichen

* In der Stadt Wreschen östlich von Posen boykottierten im Mai 1901 polnische Schulkinder die Anweisung der preußischen Behörden, den Religionsunterricht, der bis dahin auf Polnisch stattgefunden hatte, nunmehr auf Deutsch abzuhalten. Die darauf gegen sie ergriffenen körperlichen Züchtigungen und der folgende Prozess gegen die Eltern der Schüler führten in Europa zu großem Aufsehen.

könne, außer Repressionen der Regierung auf sich zu ziehen, und ebenso die Sozialisten, die diese Angelegenheit für ihre Ziele ausnutzen und Unruhen an allen Schulen des Landes hervorrufen wollten. Die Regierung widersetzte sich ein halbes Jahr lang; mit einer hohen Belohnung wollte sie einzelne Geistliche für den Unterricht auf Russisch gewinnen, doch als sie keinen Erfolg hatte, gab sie nach, und in allen Schulen des Königreichs Polen wurde der polnische Unterricht in katholischer Religion wieder eingeführt.

Aus dem Vorstehenden wird deutlich, welch eine große Illusion die Überzeugung mancher russischer Staatsmänner ist, dass die Polen erst unter dem Einfluss der militärischen Niederlagen Russlands und der Schwächung der Regierung im Innern begannen schärfer gegen die Regierungspolitik aufzutreten. Den Verwaltungsbehörden im Königreich war gut bekannt, dass die Haltung der polnischen Gesellschaft gegenüber der Regierung sich seit einigen Jahren verschärft hatte – wovon übrigens auch die ständig wachsende Zahl von politischen Prozessen zeugt – und dass sich seit dem Jahr 1900 die Haltung der Bauern gegenüber den Regierungsbehörden in den Gemeinden radikal geändert hatte. Die langsame Verschärfung des Verhältnisses der polnischen Gesellschaft zur Regierung wurde von keinen äußeren Ereignissen hervorgerufen, sondern war ein Ergebnis ihrer inneren Entwicklung. Eine barbarische und, fügen wir hinzu, sinnlose Unterdrückung derart passiv ertragen konnte nur eine kranke Gesellschaft, die durch die Niederlage von 1864 in einen unnormalen psychischen Zustand versunken war, die terrorisiert war und den Mut verloren hatte und die keinen Willen und keine Energie mehr besaß. Dieser Zeitraum musste vorübergehen, neue nationale Kräfte mussten heranwachsen, der Glaube an sich selbst, das Bewusstsein des eigenen Rechts und die Energie zu seiner Verteidigung mussten zurückkehren. Es ist auch eine Illusion, dass man diese Gesellschaft heute mit irgendetwas terrorisieren und zur Rückkehr auf den Weg passiver Nachgiebigkeit zwingen kann. Wenn sie sich in der Zeit fürchterlicher Unterdrückung immer fähiger zum Kampf um ihre Rechte fühlte, dann kann jetzt erst recht nichts dieses Gefühl in ihr ertöten.

VI. Die Evolution der polnischen Politik

Die politische Entwicklung Polens im Lauf der 40 Jahre seit dem Scheitern des letzten Aufstands hat in der polnischen Politik eine grundsätzliche Wende herbeigeführt. Wenn man früher der Meinung war, dass der Nation nur zwei Wege offenstünden: entweder der bewaffnete Aufstand oder die völlige Aufgabe und das Abfinden mit den elendesten Bedingungen der Existenz, und wenn die Gesellschaft den Gedanken an bewaffneten Kampf aufgegeben und sich dem Druck gebeugt hatte, so hat die polnische Nation danach infolge des Wachstums ihrer Kräfte und ihrer politischen Reifung, in bedeutendem Maß unter dem Einfluss von Erfahrungen konstitutionellen Lebens in zwei Teilungsgebieten, einen neuen Weg gefunden, der die beiden vorherigen ausschloss. Sie erkannte es als unerlässlich, als Ausgangspunkt ihrer Politik die reale Lage zu nehmen, die Zugehörigkeit zu drei Staaten, aber sie verstand, dass sie auf dem Boden dieser Staaten um ihre nationale Existenz kämpfen konnte und musste, um ihre Eigenständigkeit, um die Bedingungen allseitiger Entwicklung und schließlich um ihre Bürgerrechte. Sie verstand das Wesen des politischen, täglichen Kampfs, der an allen Orten geführt wird, eines Kampfs, der die Kräfte der Nation bildet, ihren moralischen Wert hebt, eines Kampfs, der, wenn er keine allmählichen Gewinne garantiert, doch zumindest die Nation vor ständigen Verlusten bewahrt und sie zugleich vor periodischen Niederlagen schützt, wie sie bewaffnete Bewegungen mit sich bringen. Denn wenn eine Nation, die nicht aufgehört hat Nation zu sein, Unterdrückung passiv erträgt und keinen ständigen Kampf gegen sie führt, dann sind periodische Aufwallungen von bewaffnetem Kampf ohne Rücksicht auf äußerst ungünstige Umstände für sie geradezu eine psychische Notwendigkeit.

Es gibt in der polnischen Gesellschaft selbst, vor allem unter der ältesten Generation, die mit Begriffen verwachsen war, die heute aus dem Verkehr gezogen sind, viele Menschen, die diese politische Entwicklung nicht verstehen. Sie stellt sich ihnen als der Sieg einer Partei dar, der es dank ihrer strikten, disziplinierten Organisation gelungen ist, die politische Führung in ihre Hände zu bekommen, und sie sind tief davon überzeugt, dass, wenn eine andere Partei sich so hätte organisieren können, dann diese den Platz der Nationaldemokratie hätte einnehmen können und die Politik der Nation einen anderen Weg gegangen wäre. Eine ähnliche Ansicht scheint man innerhalb und außerhalb der russischen Regierung ziemlich häufig zu teilen. Nach dem, was wir weiter oben über die inneren Veränderungen in der polnischen Gesellschaft gesagt hatten, muss nicht gezeigt werden, wie oberflächlich diese Ansicht ist. Wir haben es hier mit tiefgreifenden Veränderungen in der Seele der Nation zu tun, die stark in der Generation hervorgetreten sind, die nach dem letzten Aufstand herangewachsen ist, unter neuen Lebensbedingungen und in einer Atmosphäre neuer Verhältnisse in ganz Europa, mit einer politischen Entwicklung, die eine historische Notwendigkeit war. Diese Entwicklung musste natürlicherweise ihren Ausdruck in einem neuen Programm finden, in der Organisation eines politischen Lagers, und sie fand ihn in der demokratisch-nationalen Partei. Dieser Ausdruck musste nicht exakt so sein, wie das Auftreten dieser Partei es mit sich gebracht hat; es hätten andere

Parteien mit anderen Namen entstehen können, die ihr Programm anders formuliert hätten und ganz andere Wege gegangen wären. Aber in jedem Fall, so oder so, musste die polnische Politik demokratisch werden, und als Politik einer sich erneuernden, vitalen Nation musste sie den Weg energischen Kampfs um das Recht auf eine selbstständige nationale Existenz und Entwicklung beschreiten. Und sie wird keine andere werden, sie wird nicht zu den alten Fehlern zurückkehren, sie wird nicht den Weg von Aufwallungen in Aufständen und auch nicht den von demütigenden Bemühungen um die Gnade der Regierungen beschreiten

Die politische Entwicklung der letzten Jahrzehnte, die eine grundsätzliche Veränderung im politischen Vorgehen der polnischen Nation hervorgebracht hat, hat zugleich den Begriff der Beziehung der Polen zu den Staaten bestimmt, deren Untertanen sie sind.

Das Scheitern des Aufstands von 1863/64 war, wie oben gesagt, der Abschluss des Zeitraums bewaffneter Kämpfe um die Unabhängigkeit Polens. Die Polen hatten verstanden, dass der Aufbau eines eigenen Staats in der entstandenen internationalen Lage ein undurchführbares Ziel war, dass sämtliche Aktivitäten, die man in diese Richtung unternähme, nur eine Zerstörung der eigenen Kräfte und eine Entfernung von dem Weg wären, auf dem man unter den gegenwärtigen Umständen um die nationale Existenz kämpfen und für die nationale Zukunft arbeiten muss.

Die polnische Politik in jedem Teilungsgebiet hat die Zugehörigkeit zum jeweiligen Staat als Tatsache und Grundlage ihres Programms anerkannt. Ihr Bestreben ist es, in jedem dieser Staaten die günstigsten Bedingungen für die nationale Entwicklung zu gewinnen, eine möglichst breite Anerkennung nationaler Rechte, und damit auch besondere politische Einrichtungen, die einer selbstständigen Nation entsprechen. Zur logischen Folge dieses Bestrebens wurde das Bedürfnis einer genauen Umschreibung der Bedingungen, unter denen die Polen aufrichtig und loyal die Verpflichtungen von Bürgern des jeweiligen Staates erfüllen können. Seit dem Zeitpunkt, als die polnische Nation ihre Aktivitäten zum Aufbau eines eigenen Staats einstellte, liegt es in ihrem Interesse, die Bedingungen normalen Zusammenlebens mit dem Rest der Bevölkerung eines Staates und eines normalen Verhältnisses zu seiner Regierung zu umschreiben. Dieses Verhältnis ist in breitgefassten Grenzen nur möglich, wenn ein Staat die polnischen nationalen Rechte anerkennt und die polnische nationale Idee achtet.

Erreicht worden ist dies nur im österreichischen Staat, der sich mit der Existenz der Polen als Nation und mit der Existenz des polnischen Patriotismus abgefunden hat. Das loyale Verhältnis der Polen zu Österreich rührt nicht daher, dass sie die polnische nationale Idee aufgegeben und durch die österreichische ersetzt hätten, sondern daher, dass dieser Staat nicht gegen den polnischen Patriotismus kämpft, die Arbeit in seinem Namen für die nationale Zukunft nicht behindert und auf diese Weise einen Kompromiss zwischen dem polnischen Patriotismus und den Bürgerpflichten des österreichischen Staats ermöglicht hat.

Ein solches Verhältnis zu sich kann weder der preußische Staat fordern, der offen die Auslöschung der Polen betreibt, noch der russische, solange er die polnischen nationalen Rechte und die polnische nationale Idee nicht anerkennt, solange er fordert, dass die Polen ihren Patriotismus aufgeben und durch einen russischen Patriotismus ersetzen. Die Polen werden niemals zu Preußen oder zu Russen „polnischer Sprache" werden. Alle Erklärungen, die in dieser Hinsicht von polnischen Politikern abgegeben worden sind, und alle Akte von Loyalismus, die stillschweigend ähnliche Erklärungen enthielten, waren nur eine ungeschickte Diplomatie, die im Urteil der Nation Abscheu erregt hat.

Die polnische Nation hat nicht aufgehört eine Nation zu sein, und die moralischen Bande, die ihre einzelnen Teile verbinden, sind in der letzten Zeit immer enger geworden. Der Bereich des geistigen Lebens, das die gesamte Nation in allen Teilungsgebieten umspannt, erweitert sich ständig, und die letzten Jahrzehnte waren eine Zeit von beträchtlichen Fortschritten in der geistigen Integration der Nation. Diese Nation lebt nicht nur durch das heutige gemeinsame geistige Leben, sondern auch durch die Tradition einer gemeinsamen Vergangenheit und durch die Idee einer künftigen politischen Vereinigung. Dies ist eine Sache ihrer moralischen Existenz, ihres Gewissens, eine Sache, die nur sie angeht. Wir können dem Staat nicht das Recht zugestehen, unsere Gewissen zu kontrollieren und im Bereich unseres ideellen Lebens Ansprüche an uns zu stellen. Der Pole darf die Idee einer nationalen Vereinigung und eines unabhängigen staatlichen Lebens pflegen, so wie es jedem Bürger dieser oder jener Monarchie erlaubt ist, in seinen Überzeugungen ein Republikaner zu sein. Die Zuständigkeit des Staates beginnt dort, wo nicht von Ideen die Rede ist, sondern von realen Bestrebungen. Wenn der Teil der polnischen Nation, die zu dem jeweiligen Staat gehört, nicht die Ablösung ihres Landes von ihm anstrebt, wenn sie aus einem solchen Bestreben kein politisches Programm für sich macht, dann bleibt ihr Verhältnis zum Staat loyal, unabhängig davon, welche Vorstellungen sie im moralischen Bereich hegt.

Die nationale Idee ist ein Produkt von Jahrhunderten, ihre Existenz hängt nicht vom Willen des Einzelnen ab, ihre Dauer hat tiefere Grundlagen als die Dauer von politischen Programmen, Regierungen und sogar Staatsverfassungen. Mit ihrer Existenz als mit einem ständigen Faktor müssen sowohl die

Leiter der Politik einer Nation als auch die Staaten rechnen, in der diese Nation lebt. Eine gesunde Politik besteht nicht in der Forderung, dass eine Nation den Inhalt ihres moralischen Lebens, ihre Ideale verändern solle, sondern in dem Bestreben, politische Institutionen von solcher Art zu schaffen, dass in ihnen die moralischen Bedürfnisse einer Nation Befriedigung finden. Nach diesem Grundsatz richtet sich heute die polnische Nation bei ihrem Vorgehen, und eine solche gesunde Politik fordert sie von den Staaten, in die die historischen Schicksale sie eingefügt haben.

SECHSTER TEIL

Der historische Durchbruch in der polnischen Frage

I. Die neue internationale Rolle der polnischen Frage

Die Zeit von fast einem halben Jahrhundert, die uns vom Scheitern des Aufstands von 1863/64 trennt und während der ziemlich allgemein die Überzeugung herrschte, dass die polnische Frage ein für alle Mal abgeschlossen ist, ist in Wirklichkeit die Zeit eines fundamentalen historischen Durchbruchs in dieser Frage. Im Lauf dieser wenigen Jahrzehnte haben einerseits tiefgreifende Wandlungen im inneren Bau und im politischen Charakter der polnischen Nation stattgefunden, und andererseits hat sich die internationale Lage in Europa grundlegend verändert. Als Folge davon erscheint die polnische Frage heute in einer neuen Rolle, die sich grundsätzlich von derjenigen unterscheidet, die sie in der ersten Hälfte des 19. Jahrhunderts gespielt hat.

Das Scheitern des letzten Aufstands und sein Charakter als eine bewaffnete Demonstration, die aus unbegründeten Erwartungen auf das Eingreifen fremder Mächte entstanden war, war der Bankrott des Programms des Wiederaufbaus des polnischen Staates und der internationalen Rolle, die die polnische Frage seit den Teilungen gespielt hatte. So wurde dieses Faktum durch die Polen selbst und durch die öffentliche Meinung anderer Nationen aufgenommen. Es folgte die Liquidierung der polnischen Frage, die für die Polen die Frage nach der Wiedergewinnung einer unabhängigen politischen Existenz gewesen war, für andere hingegen die Frage einer Schwächung der russischen Macht und des Aufbaus eines Damms zwischen ihr und Europa.

Seit dieser Zeit sind zwei Tatsachen von epochaler Bedeutung in der Geschichte Europas und der Welt eingetreten.

Der Sieg Preußens über Frankreich und die mit ihm einhergehende Wiedererrichtung des Deutschen Kaiserreichs hat den Deutschen den ersten Platz in Europa gegeben, die schnell an Macht zunahmen und die Interessen anderer Nationen immer mehr zu bedrohen begannen, wobei sich ihre Ambitionen auf eine größere Rolle als auf die richteten, die das mittelalterliche Kaiserreich gespielt hatte. Andererseits haben die frische Niederlage Russlands im Krieg gegen Japan und die innere Krise im Zarenstaat gezeigt, dass die Macht, vor der lange Zeit ganz Europa zitterte, auf viel schwächere Grundlagen gebaut war, als es schien. Angesichts des Wachstums der deutschen Macht erwies sich

 | DOI:10.30965/9783657702916_017

Russland als schwächer, als es im Interesse des europäischen Gleichgewichts lag, und seine Lage an der östlich-asiatischen Front, unter den Bedingungen, die der letzte Krieg hervorgebracht hat, lässt befürchten, dass es in Europa auf eine gänzlich passive Rolle reduziert wird.

Heute liegt es nicht im Interesse der Staaten Westeuropas, Russland zu schwächen, sondern es zu stärken und fähig zu machen, Deutschland zu widerstehen, denn im gegenteiligen Fall muss es zu einem willfährigen Werkzeug der Berliner Politik, zu einer Sphäre deutschen Einflusses und zum Objekt einer langsamen deutschen Eroberung werden.

Bei einer solchen Entwicklung der internationalen Lage ist es für die polnische Gesellschaft klar, dass ihr langfristig ein Verlust der nationalen Existenz weniger von Russland als von Deutschland droht. Die russische Herrschaft hat bereits gezeigt, zu was sie bei Anwendung des höchsten Drucks und der weitreichendsten Mittel zur Russifizierung fähig ist. Diese Mittel haben nicht einmal in geringem Maß die nationale Eigenheit und Selbstständigkeit der Polen verringern können, sie haben das polnische Element nicht einmal teilweise dem russischen Organismus einverleiben können, und wenn sie der polnischen Gesellschaft riesige Schäden zugefügt haben, dann nur durch die Hemmung des kulturellen Fortschritts, durch die Zerstörung der Früchte jahrhundertelanger polnischer Arbeit, durch die Lockerung der Bande gesellschaftlicher Organisation und die daraus resultierende moralische Verwilderung ganzer Bevölkerungsschichten. Russland wird nie mehr, zumindest nicht in absehbarer Zukunft, in der Lage sein, sich zu einem System antipolnischer Politik aufzuraffen, das so konsequent und so tödlich in seiner Wirkung ist. Es steht jetzt und in der Zukunft zu vielen Schwierigkeiten und Gefahren gegenüber, sowohl im Innern wie im Äußern des Staates; die Bindungen der staatlichen Organisation sind zu geschwächt, als dass ein derartiges System selbst beim stärksten Willen der herrschenden Elemente möglich wäre.

Deutschland hingegen bleibt bei den Mitteln, die ihm die heutige Staatsmacht in die Hand gibt, für das Polentum bedrohlich, und die von der preußischen Regierung ständig verschärften Methoden des Kampfs gegen unsere Nation machen die Gefahr von dieser Seite immer größer. Mit dieser Gefahr müssen wir umso mehr rechnen, weil die beiden anderen Staaten, zu denen polnische Gebiete gehören, in wachsendem Maß von Deutschland abhängig sind. Infolge dieser Abhängigkeit übt Deutschland heute schon einen starken Einfluss auf das Schicksal der gesamten polnischen Nation aus. Diese Gefahr ist nicht so zu verstehen, dass die Deutschen in der Lage wären, die stammesmäßige Eigenheit der Polen zu zerstören, denn in dieser Hinsicht zeigt die Erfahrung ihre Machtlosigkeit: Die Anschläge von ihrer Seite sind vor allem darauf gerichtet, diejenigen Wurzeln unseres Lebens zu zerrütten und zu zerstören, dank derer wir trotz des Verlustes einer selbstständigen politischen Existenz eine politische Nation geblieben sind, die aus einer eigenen Tradition und eigenen nationalen Idee lebt, eine Nation, die anderen großen Nationen, die eigene Staaten besitzen, ebenbürtig ist. Die Deutschen streben danach, uns die kulturellen und wirtschaftlichen Mittel zu nehmen, die zum Erhalt nationaler Selbstständigkeit und zum Leben auf einer eigenen, hohen Kulturstufe unerlässlich sind. Sie streben nach der Proletarisierung der polnischen Nation, um den Begriff zu gebrauchen, dessen sich unsere Landsleute im preußischen Teilungsgebiet zur Beschreibung dieser Politik bedienen. Diese Politik führt zur Zerstörung unserer nationalen Existenz, im exakten Sinn des Worts, sie droht uns auf die Rolle eines Stammes zu reduzieren, der einer eigenen Organisation des Lebens im Bereich höherer geistiger und moralischer Bedürfnisse beraubt ist.

Das Bewusstsein der deutschen Gefahr hat sich heute in ganz Polen festgesetzt, und die ganze polnische Nation hält heute Deutschland für ihren Hauptfeind. Sie versteht, dass alles, was sie irgendwo zur Stärkung und Verteidigung des Polentums tut, in letzter Instanz ein Kampf gegen Deutschland ist.

Die Beziehung Polens zu Deutschland ist auch die Quelle des Interesses, das die polnische Sache erneut in Europa zu erregen beginnt. Die in ihrem Wachstum bedrohliche Macht Deutschlands und die südöstliche Richtung der deutschen Expansion haben Polen die Rolle des Hauptdamms gegen diesen siegreichen Vormarsch zugewiesen. Diese heutige Rolle unserer Nation muss dazu führen, dass die polnische Frage in naher Zukunft zu einer der wichtigsten europäischen Fragen wird.

Das Polen der Gegenwart kehrt zu der historischen Rolle zurück, die der Staat der Piasten* gespielt hat. Dieser entstand und wuchs im Kampf mit der westlichen, deutschen Flut, im Kampf mit dem Kaisertum und danach mit dem Deutschen Orden. Die Schwächung und Verringerung der Rolle des Kaisertums in Europa und der entscheidende Sieg Polens über den Orden** haben es ihm erlaubt, die Aufmerksamkeit vom Westen abzuwenden und alle Kräfte des Jagiellonenstaats*** nach dem Osten zu lenken, wo es in den Kampf gegen Tataren, Türken und Moskau verwickelt wurde. Damals wurde die historische Rolle der polnischen Nation verstanden als die Rolle von Verteidigern Europas vor dem Osten. Und in dieser Rolle verblieb sie bis zur zweiten Hälfte des 19. Jahrhunderts. Die polnischen Aufstände wurden von

* Polnische Herrscherdynastie 960-1370.

** In der Schlacht bei Tannenberg 1410.

*** Jagiellonen: polnische Herrscherdynastie 1386-1572.

der öffentlichen Meinung in den europäischen Nationen nicht nur als Kampf um die staatliche Existenz einer Nation verstanden, die das Recht darauf nicht verloren hatte, sondern auch als Verteidigung Europas mit seinen modernen politischen Institutionen vor der großen östlichen Macht, die die Rolle eines Wächters der europäischen Reaktion übernommen hatte. Nach den Veränderungen, die nach dem letzten Aufstand in Europa erfolgt sind, hat der europäische Osten aufgehört bedrohlich zu sein, und zur Hauptquelle der Gefahr für andere Nationen und auch für Polen selbst wurde das zentrale, das deutsche Europa.

Diese Veränderung der historischen Rolle führt zu einer tiefgreifenden Veränderung unserer gesamten nationalen Aufgaben. Der Charakter des Gegners entscheidet über den Charakter des Kampfes, der Charakter des Kampfes aber, den eine Nation führt, prägt ihr gesamtes inneres Leben.

Als das piastische Polen sich im Kampf gegen einen Feind organisierte, der durch seine Kultur höher stand, war es bemüht, ihm gleichzukommen, und zivilisierte sich schnell ab dem Zeitpunkt, als es das Christentum annahm. Diese Anstrengungen bereiteten die glanzvolle Jagiellonenzeit vor, als die polnische Nation kulturell auf gleicher Stufe mit dem Rest Europas stand und unser Land ein großes Zentrum der westlichen Zivilisation war. Als es danach in den Kampf gegen den Osten verwickelt wurde, senkte es sich langsam zu seinen Gegnern herab, die Kultur war auf vielen Gebieten auf dem Rückzug, und immer öfter kämpften östliche Einflüsse gegen die zivilisatorischen Einflüsse des Westens, veränderten die Sitten, Vorlieben, sogar die Kleidung und senkten das Niveau des geistigen Lebens.

Am Ende des Bestehens der alten Republik sah die Nation ihren Niedergang, bemühte sich um Erneuerung und wandte sich mit großer Energie nach Westen. Sie machte auf dem Gebiet der öffentlichen Erziehung einen großen Schritt vorwärts und versuchte schließlich ihre staatliche Ordnung zu erneuern. Der größte Anreiz war hier das verspätete Gefühl, dass es sich bei den Nachbarn, die die Existenz des Staates bedrohten, nicht mehr um wilde Tatarenhorden und nicht um türkische Heere handelte, die man bei Wien geschlagen hatte*, auch nicht um das seinem Charakter nach asiatische Moskau, sondern dass ihr im Westen ein starker und zivilisierter Feind in Gestalt von Preußen erwachsen war, im Osten hingegen das von Peter dem Großen in seiner staatlichen Organisation europäisierte Russland. Trotz des Untergangs des Staates, dessen Rettung vor den Anschlägen der allzu mächtigen Nachbarn zu spät kam, war diese Erneuerungsbewegung in Polen ein mächtiger Faktor des zivilisatorischen Fortschritts, der seinen Ausdruck in der nationalen Arbeit der

* In der Schlacht am Kahlenberg 1683.

ersten Jahrzehnte des 19. Jahrhunderts fand, im Herzogtum Warschau und in Kongresspolen ebenso wie in den litauisch-ruthenischen Gebieten zu Zeiten von Czartoryski* und Czacki** und im Großherzogtum Posen, das in der Zeit der Unterdrückung der nationalen polnischen Arbeit durch Russland nach 1831 das Zentrum des polnischen intellektuellen Lebens war. Nur Galizien, das bei der ersten Teilung von Polen getrennt worden und das infolgedessen nicht in die allgemeine Bewegung der nationalen Erneuerung einbezogen war, blieb rückständig. Dort hielt sich das alte Polen am längsten, mit seinem falschen Begriff von Adelsherrschaft, mit seinem Obskurantismus, mit der geistigen Stagnation, mit der Isolation vom zivilisierten Leben Europas, mit den Überresten der östlichen Einflüsse. Das System der österreichischen Herrschaft hielt diese Stagnation aufrecht, es zerstörte das Land wirtschaftlich, und die Politik Metternichs nutzte die Vorurteile der Adelsschicht geschickt aus, um die Trennung zwischen ihm und dem Rest der Nation zu vertiefen.

Der schnelle zivilisatorische Fortschritt des Hauptteils der Gebiete des alten Polens wurde nach 1831 gehemmt. Das geschah unter dem Einfluss des russischen Drucks und der von ihm verursachten Ablenkung der nationalen Energie in Verschwörungen und Aufstandsvorbereitungen. Die Nation verschmolz mit diesem Leben im bewaffneten Kampf, der nicht von schöpferischer zivilisatorischer Arbeit begleitet wird, die Ruhe erfordert und für die es auch an den Institutionen und an der notwendigen Freiheit fehlte. Diese Arbeit musste sie auf bessere Zeiten verschieben, und die Umstände des Kampfs mit einem mächtigen, aber zivilisatorisch niedriger stehenden Gegner weckten nicht das Gefühl, dass kultureller Fortschritt das Dringendste sei, um die nationale Existenz zu bewahren und nationale Kraft zu gewinnen. Dennoch hat die gute Tradition Kongresspolens und der Universität Wilna zahlreiche und oft breit angelegte Unternehmungen hervorgebracht, die vor allem durch die politischen Umstände zunichte wurden.

Nach dem letzten Aufstand, in der Zeit der größten politischen Hoffnungslosigkeit und des verlorenen Muts, wurde die Losung von der zivilisatorischen Arbeit allgemein, von der Hebung des wirtschaftlichen und kulturellen Niveaus des Landes, der Bildung seiner Bevölkerung, sowohl im preußischen Teilungsgebiet wie im Königreich und in Galizien. Die Nation hatte noch kein deutliches Bewusstsein ihrer neuen historischen Rolle, aber gleichsam geleitet von einer instinktiven Ahnung, dass vor ihr ein Kampf mit einem Gegner liege,

* Adam Jerzy Czartoryski (1770-1861), polnischer Politiker, Außenminister Russlands 1804-1806, Regierungschef der polnischen Aufstandsregierung von 1830/31, danach führender Vertreter der polnischen Emigration in Paris.

** Tadeusz Czacki (1765-1813), bedeutender Vertreter der polnischen Aufklärung.

der nicht nur durch seine Zahl, sondern auch durch seine Kultur mächtig war, stellte sie sich das Ziel, sich auf ein höheres zivilisatorisches Niveau zu erheben.

Tatsächlich, wenn Polen den Druck der deutschen Welle aushalten soll, dann gibt es keine Opfer, die die Nation nicht bringen sollte für die breitere Entwicklung der kulturellen Arbeit, für den Fortschritt, der sie auf gleiche Höhe mit dem Gegner bringt. Anders gesagt, sie ist verurteilt zur Rolle eines deutschen *Hinterlands**.

Zwischen den einzelnen Teilungsgebieten Polens existieren heute immense Unterschiede im Hinblick auf das kulturelle Niveau und die Schnelligkeit des kulturellen Fortschritts. Sie sind abhängig von den Unterschieden bei der Anspannung der nationalen Energie und den Fähigkeiten zur Organisation von schöpferischer Arbeit, vor allem aber von den Unterschieden der politischen Bedingungen. Kulturelle Arbeit erfordert entsprechende Institutionen, in denen sie sich entwickeln kann, und sie fordert Rechte, die ihr Freiraum sichern. Wo es diese Institutionen und Rechte nicht gibt, zersplittert sich die Energie der Nation, sie verkommt in Tatenlosigkeit oder nutzt sich ab in einem politischen Kampf, der normale Arbeitsbedingungen erreichen will, und sei es erst für künftige Generationen.

In der am weitesten nach Westen vorgeschobenen und am stärksten durch das Deutschtum bedrohten Region, in den polnischen Gebieten, die zu Preußen gehören, ist das kulturelle Niveau der polnischen Bevölkerung am höchsten und dort hat die nationale Energie die größte Spannung erreicht. Die Deutschen treffen dort in den Polen auf Gegner, die ihnen kulturell nicht nachstehen, die nicht weniger tatkräftig sind als sie und die keine geringere Organisationsfähigkeit an den Tag legen. Der Kampf gegen einen kulturell höher stehenden Gegner, der sich seit Langem abspielt, hat die Polen hier zu großen Anstrengungen gezwungen. Er war für die Nation eine schwere, aber gute Schule. Nach einer langen Zeit, in der die Polen vor dem Feind zurückwichen, aber gleichzeitig seine Waffe kennenlernten und lernten mit ihr umzugehen, kamen Zeiten, in denen sie begannen ihn mit dieser Waffe zu schlagen. Das Deutschtum war nicht länger auf dem Vormarsch und begann sich sogar zurückzuziehen. Heute, wo die immer zahlreicher werdenden antipolnischen Gesetze das Feld unserer nationalen Arbeit hier immer mehr einengen, geht der Geist der Nation nicht unter und ihre Energie wird nicht schwächer, sondern sie wirkt in den ihr gesetzten Grenzen immer intensiver. Deshalb muss das Deutschtum seine minimalen Fortschritte in letzter Zeit mit dem Einsatz riesiger materieller Mittel und mit hohen moralischen Kosten erkaufen, denn um solche handelt es sich zweifellos, wenn die Grundlagen

* Im Original deutsch.

der staatlichen Ordnung durch die Legalisierung von Gewalt aufgebrochen werden.

Galizien wurde von der polnischen Republik zu einem Zeitpunkt getrennt, der der Entstehung der polnischen Erneuerungsbewegung des 18. Jahrhunderts vorausging, und wurde, wie oben gesagt, unter dem Einfluss des österreichischen Regierungssystems zum rückständigsten Teil Polens. Doch in den letzten 40 Jahren fand es sich in Verhältnissen wieder, die die Entwicklung einer polnischen nationalen Arbeit am meisten begünstigten. Deshalb hat Galizien trotz ungesunder sozialer Verhältnisse und daraus entstehender Gegensätze, trotz eines beklagenswerten wirtschaftlichen Zustands und schließlich trotz ständiger Unruhe, die durch die ruthenische Frage im Ostteil des Landes hervorgerufen wird, in den letzten Jahrzehnten von den errungenen Institutionen und Rechten profitiert und bedeutende Fortschritte bei der Entwicklung einer nationalen Kultur gemacht. Dieser Teil Polens, der heute eine weitreichende Selbstverwaltung im Land, eine polnische politische Führung, polnische Gerichte und ein polnisches Schulwesen mit zwei Universitäten an der Spitze besitzt, ist das einzige Zentrum polnischen Lebens, dass allseitig organisiert ist, und das einzige Zentrum einer ruhigen, schöpferischen Arbeit im Bereich kulturell-nationaler Bedürfnisse, einer Arbeit, ohne die der Nation der Abstieg auf das Niveau eines Stammes droht, der seiner Individualität beraubt ist.

Einen genau gegenteiligen Zustand sehen wir unter russischer Herrschaft, auf einem Gebiet, das den Hauptteil Polens bildet und für die Zukunft der Nation die größte Bedeutung hat.

Die Rede ist hier vom Königreich Polen, denn angesichts der Veränderungen, die im Verlauf des letzten halben Jahrhunderts in der Lage der Nation eingetreten sind, und angesichts des historischen Umbruchs in ihrer historischen Rolle haben die übrigen Gebiete des alten Polens, die zum russischen Staat gehören, keine so erstrangige Bedeutung mehr, wie sie sie früher in der polnischen Frage hatten.

Der Raum der sog. Weggenommenen Gebiete (Litauen und Ruthenien) im Osten ist in dieser neuen Epoche, in dem Polen durch seine Lage erneut gezwungen ist, seine Kräfte gegen die Flut aus dem Westen zu richten, nicht unmittelbar in diesen Kampf einbezogen. Andererseits ist dies aufs Ganze gesehen kein polnischer Raum; er wird von anderen Stämmen bevölkert, unter denen die Polen eine Minderheit bilden. Unter den heutigen Bedingungen, nachdem das Polentum dort geschwächt worden ist durch das Vernichtungssystem der russischen Regierung und durch das spontane Auftreten neuer Elemente, die bis vor Kurzem nur ethnografisches Material darstellten, wie vor allem die Litauer, können die Polen dort nicht mehr die Rolle des herrschenden

Elements spielen. Sie können sich nicht zum Untergang verurteilen, wie das von ihnen gefordert wird, sie können ihr Recht nicht aufgeben, ihr kulturelles Leben auf polnische Weise zu organisieren, und auch nicht ihren Einfluss auf das Leben des Landes, der ihnen aufgrund ihrer Zahl, ihres kulturellen Niveaus und ihrer wirtschaftlichen Rolle zusteht. Darauf kann eine Nation nicht verzichten, in deren Bilanz diese mehreren Millionen Landsleute eine wichtige Kraft darstellen und die aus dem polnischen Element in Litauen und Russland immer bedeutende Verstärkungen für die Reihen ihrer Arbeiter in verschiedenen Bereichen erhalten hat und bis heute erhält. Diese Länder haben große Namen in der polnischen Literatur und Wissenschaft hervorgebracht, und unter unseren heutigen Schriftstellern und Gelehrten stammt mancher von dort, obwohl das Polentum in Litauen und Ruthenien seit Langem keine eigenen Zentren intellektuellen Lebens mehr besitzt. Somit hat das Polentum in den erwähnten Gebieten, das in manchen Gegenden stärker konzentriert, in anderen dagegen unter dem fremden Element zerstreut ist, eine hohe Bedeutung für das nationale Leben: Sein Wohlstand und seine kulturelle Entwicklung werden für uns immer eine Sache von großer nationaler Bedeutung sein. Aber diese Länder sind keine Festung des Polentums, in dem dieses sich für seinen historischen Kampf organisiert und in dem es selbst herrschen muss, wenn es seine historischen Aufgaben erfüllen will. Diese Festung liegt an der Weichsel…

II. Die Rolle des Königreichs Polen im historischen Kampf der Nation

Allein schon die geografische Lage des Königreichs Polen – unabhängig davon, dass es sich dabei um ein rein polnisches Land handelt, dessen Bevölkerung die zahlenmäßige Hauptmacht der Nation darstellt – weist ihm die Hauptrolle in dem historischen Kampf zu, der Polen bevorsteht. Es liegt in der Mitte der polnischen Gebiete, wird von Norden und Westen von Besitzungen Preußens umgeben und schneidet mit einem bedeutenden Teil seines Gebiets in die Grenzen des heutigen Deutschen Kaiserreichs hinein. So bildet es heute einen Rückhalt für die polnischen Gebiete, die zu Preußen gehören, und in der Zukunft – falls das Deutschtum mit seinem Fortschreiten nach Osten Erfolg haben sollte – das nächste Objekt für die Einverleibung durch den preußischen Staat. Über das Schicksal der deutschen Expansion nach Osten entscheidet die Entwicklung der Kräfte des Polentums im Königreich.

Die Anfänge der Geschichte nach den Teilungen haben diese Entwicklung in bedeutendem Maß begünstigt. Warschau war das Zentrum der großen Bewegung, die im letzten Viertel des 18. Jahrhunderts Polen moralisch und geistig erneuerte und die nationale Idee in moderne Bestrebungen einfügte. Im Herzogtum Warschau und im Königreich Polen, auf der Grundlage von westeuropäischen Institutionen, die hier eingeführt wurden, und unter dem Einfluss von patriotischer Begeisterung entfaltete die polnische Nation eine große politische, kulturelle und wirtschaftliche Arbeit, die das Land und die Gesellschaft auf ein Niveau hob, wie es vom Geist und den Verhältnissen der Zeit gefordert war. Dem kulturellen Fortschritt wurde ein starker Anstoß gegeben, und wenn er ununterbrochen gedauert hätte, würde dieses Land heute anders aussehen und das geistige Leben der Nation hätte einen anderen Umfang.

In der Zeit, die auf den Novemberaufstand (1831-32) folgte, wurde dieser Fortschritt gehemmt, ein unerhörter politischer Druck fesselte die Arbeit selbst in den Institutionen, die es noch gab, nachdem man dem Land seine politische Selbstständigkeit genommen hatte. Immerhin begann nach dem Krimkrieg* mit dem Wechsel in der Herrschaft und dem Wandel der Verhältnisse im Staat das Leben mit einem lebhafteren Puls zu schlagen und die Arbeit begann sich auf verschiedenen Gebieten breiter zu organisieren. Die Schulreform von Wielopolski**, die dem Land vor allem eine Hochschule gab, auch wenn diese polnische Universität nur sieben Jahre lang existierte*** und auch wenn ihre Tätigkeit in die schwersten Zeiten nach dem Aufstand fiel, brachte in das Leben des Landes eine starke belebende Strömung und brachte eine große Zahl von ausgebildeten und hervorragenden Arbeitern auf dem Feld der nationalen Kultur hervor. Doch die Reformen der russischen Regierung nach dem Aufstand brachten das Ende für diese so gut begonnene Arbeit. Es folgte die Zeit der Russifizierung der Absicht nach und der Zerstörung dem Ergebnis nach. Denn nicht ein einziger Pole im Land wurde zu einem Russen umgekrempelt, trotz der Einführung von russischer Schule, Justiz und Verwaltung, sondern das Land blieb in bedeutendem Maß gesellschaftlich zerrüttet und seine Bevölkerung kulturell und moralisch beschränkt.

Im Verlauf von wenigen Jahren, die auf den Aufstand von 1863-64 folgten, schuf man ein System der Verwaltung des polnischen Landes durch Russen. Seitdem wurde das Land von Funktionären regiert, die aus Russland gekommen waren und die über die öffentliche Ordnung wachten, die Justiz ausübten und die junge Generation in den Schulen erzogen. Diese Funktionäre kamen mit einem völligen Unverständnis für die Verhältnisse im Land, mit einer feindlichen Einstellung gegenüber seiner Bevölkerung und schließlich mit Instinkten

* 1853-1856.

** S. Anm. auf S. 173.

*** Die „Warschauer Hauptschule" mit polnischer Unterrichtssprache, die von 1862-1869 bestand.

und Begriffen, die der Kultur des Landes und dem Geist des polnischen Lebens völlig fremd waren. Die Verwaltung des Landes, die Justiz, die Schule, alles verwandelte sich in ein System des Kampfs gegen die Gesellschaft, gegen ihre kulturellen, geistigen und moralischen Bedürfnisse. Das war ein System, und vor dem Hintergrund dieses Systems wuchsen sämtliche üblichen Unzulänglichkeiten von bürokratischer Herrschaft zu riesigen Ausmaßen an. Die Willkür der Beamten näherte sich in ihren Ausmaßen öffentlicher Vergewaltigung, die Korruption der Forderung von Tribut und offener Plünderung, die Nachlässigkeit der Polizei der Vereinigung ihrer Organe mit Dieben und Räubern, die Strenge und Launenhaftigkeit der Pädagogen der Misshandlung von Kindern, die eine geradezu pathologische Form annahm und fast bis zum Sadismus reichte. Eine solche Entartung war unvermeidlich unter Bedingungen, bei denen man einem staatlichen Beamten, der der Bevölkerung durch seine Herkunft fremd war, sagte, dass es sich bei dieser Bevölkerung um Feinde des Staates handele, und sie in hohem Grad seiner Gnade und Ungnade auslieferte. Gegen einen Beamten Gerechtigkeit zu erlangen wurde von der Staatsordnung ungemein erschwert, und wenn man sie vielleicht bei den zentralen Instanzen erlangen konnte, dann nahm die Drohung der Rache vonseiten der örtlichen Behörden den Einwohnern des Landes jede Lust in dieser Hinsicht.

Die polnische kulturelle Arbeit wurde eingedämmt. Die Aufhebung der polnischen Universität zerstörte das Zentrum der polnischen Wissenschaft. Menschen, die sich der wissenschaftlichen Arbeit widmeten, mussten als Hauslehrer oder als Angestellte in privaten Institutionen ihr Brot verdienen, und jegliche Vereinigung zu wissenschaftlichen Zwecken wurde verboten. Das Schulwesen, selbst das private, musste russisch sein, und geheime Schulen wurden schwer verfolgt. Die Gründung von öffentlichen Lesesälen war nicht erlaubt. Rein geselligen Vereinen wurde es zur Auflage gemacht, dass ihre Vorstände zur Hälfte aus Russen bestanden. Selbst philanthropische Aktivität unterlag einengenden Beschränkungen.

Die Behörden waren besonders darauf bedacht, den Einfluss von intelligenten Elementen auf die Volksmassen unmöglich zu machen, indem sie diesen Einfluss eifersüchtig sich selbst vorbehielten.

Dieses System wurde auf ein Land angewendet, das schnellen gesellschaftlichen Veränderungen unterlag, auf ein Land, das gerade eine durchgreifende Reform der Landwirtschaft erlebt hatte, in dem eine neue Industrie in schnellem Wachstum begriffen war, in dem ganze neue Schichten entstanden, wie die Schicht der Fabrikarbeiter, und sich von Jahr zu Jahr das städtische Proletariat vergrößerte, das sich aus dem unwissendsten Teil der Bevölkerung rekrutierte, aus den landlosen Bauern. Dieses neue Element wuchs unter Bedingungen, die jeglichen heilsamen Einfluss auf es unmöglich machten, es verwilderte moralisch und verwandelte sich in eine Ansammlung von Verbrechern. Die Zahl der Verbrechen im Land begann mit beängstigender Schnelligkeit zu wachsen, und seit einigen Jahren ist in den Städten und Fabriksiedlungen des Königreichs die Plage des sog. „Messerstechens“ aufgetaucht: Arbeiter und Tagelöhner beginnen Messer bei sich zu tragen, mit denen sie sämtliche Streitigkeiten unter sich austragen, und oft stoßen sie sie zum Vergnügen einfach unbekannten Passanten zwischen die Rippen. Es wird zur Regel, dass Hochzeitsfeiern und jegliche Vergnügungen in den Fabriksiedlungen und den Vorstädten mit Blutvergießen enden, und im Land beginnen räuberische Banden ihr Unwesen zu treiben. All das geschah schon einige Jahre vor dem Ausbruch der Revolution in Russland. Und es konnte auch nicht anders sein in einem Land, das in der Person von Verwaltern, Polizisten, Richtern und Lehrern ein feindliches Lager besaß und in dem die kulturelle Einwirkung von intelligenten Elementen auf das Volk als das größte Verbrechen verfolgt wurde, weil sich mit kulturellem und moralischem Einfluss die Einprägung der polnischen nationalen Idee verbinden konnte.

Diese Verhältnisse haben die polnische öffentliche Meinung alarmiert, lange bevor die Anarchie im Staat zum Ausbruch kam, und noch vor dem japanischen Krieg wurde von polnischer Seite vorausgesagt, dass vor allem an diesem Punkt, am Punkt der Entwicklung von gesellschaftlicher Anarchie und von Kriminalität, das Herrschaftssystem im Königreich ins Absurde getrieben würde.

Dies waren die Bedingungen für den kulturellen Fortschritt des Königreichs in den letzten 40 Jahren. Dieses Land, das hervorragende Voraussetzungen für eine wirtschaftliche Entwicklung und damit einhergehend für einen kulturellen Fortschritt hatte, ist in vieler Hinsicht kulturell abgesunken. Während der ersten Hälfte dieses Zeitraums war die polnische Gesellschaft deprimiert durch die kürzliche Niederlage, sie hatte den Mut sinken lassen und lebte außerdem von intellektuellen Kräften, die noch in der polnischen Schule herangezogen worden waren. So versuchte sie nicht, gegen diese Bedingungen zu kämpfen, sie folgte den Schlagworten von der „organischen Arbeit“, also von Arbeit in den Bereichen, die das Herrschaftssystem ihr beließ. Doch diese Bereiche verengten sich mit unerhörter Schnelligkeit, die Behörden im Land wurden immer mehr von Zerstörungswut ergriffen, während in der Gesellschaft neue Kräfte wuchsen, die ein Ventil für sich suchten. So musste notwendigerweise die Idee vom Kampf gegen das mörderische System geboren werden.

Diese Idee entwickelte sich in zwei Richtungen: Die eine von ihnen führte zu einer kulturellen Hebung der Gesellschaft, die andere zu einer Senkung. Die Einen kämpften gegen die Regierung, indem sie ein geheimes Bildungswesen für das Volk organisierten, es politisch bildeten und es in illegalen Publikationen lehrten, wie man legal um die Verteidigung des Rechts gegen das Unrecht kämpft. Dieser Kampf zeitigte keine Wirkung, er lieferte keine Nahrung für den Hass auf die Behörden, den das Herrschaftssystem bei der Bevölkerung herangezüchtet hatte, er versprach keinen schnellen Sieg, aber er hob den kulturellen Wert der Gesellschaft, er entwickelte moralische Kräfte in ihr und machte sie fähig zu schöpferischer, aufbauender Arbeit. Die Anderen kämpften gegen die Regierung mit deren eigenen Mitteln, als Antwort auf die Gewalt propagierten sie die Idee der Gewalt, sie bereiteten bewaffnete Ausbrüche und Terrorakte vor. Sie waren es, die zusammen mit den Funktionären der Regierung jenes schreckliche und entsetzliche Bild der Anarchie schufen, dessen Schauplatz das Königreich Polen in der revolutionären Phase der letzten Jahre gewesen ist.

Der gesunde Instinkt der Nation und die unzerstörten Wurzeln ihrer Kultur haben über diese mörderische Strömung die Oberhand gewonnen, sie haben ihr den Kampf erklärt und ein Übergewicht erreicht, bevor die Regierungsorgane zur Besinnung kamen und sich daranmachten die Ordnung mit ihren Methoden wiederherzustellen. Doch die Gesellschaft hat unter den obwaltenden politischen Verhältnissen nicht die Mittel zu einer breit angelegten Arbeit, die das Leben des Landes in einer kultivierten Form saniert und organisiert. Das Herrschaftssystem hingegen zerstört nur die Symptome der Anarchie durch scharfe Repressionen, doch es erzeugt zugleich die Quellen, aus denen diese Anarchie entsteht.

Und so lange dieses System Bestand hat – das heute durch Reformen aus der Zeit der Krise geschwächt ist, aber gestärkt durch die Einführung des Kriegszustands im Land –, so lange die ganze Verwaltung des Landes in den Händen des Lagers der russischen Beamten ist, die der Gesellschaft feindlich gegenüberstehen, so lange wird das Königreich unter dem Schrecken des kulturellen Stillstands und an manchen Stellen sogar des Rückschritts stehen, so lange wird es zu gesellschaftlicher Zerrüttung und zur Anarchie verurteilt sein, die sogar dem wirtschaftlichen Fortschritt Einhalt gebietet. Denn die Demoralisierung der arbeitenden Bevölkerung hat schon zu einem dauerhaften Chaos im gewerblichen Leben des Landes geführt. Und solange sich dieses System nicht grundlegend ändert, werden die Städte des Königreichs nicht aufhören, die größten Zentren von Kriminalität in der Welt zu sein, die sie gegenwärtig sind.

In einer Zeit, in der die Lage der Nation von dieser die größtmögliche Arbeit im Bereich der Kultur erfordert, in der das wichtigste Gebiet dieser Arbeit das Königreich Polen ist, beugt sich dieses Land unter einem Herrschaftssystem, für das die treffendste Bezeichnung die der organisierten Anarchie ist. Die Leute, die diesem Land die Lebensbedingungen diktieren und die seiner Gesellschaft den Bereich der kulturellen Arbeit vorschreiben, hemmen diese Arbeit, sie erniedrigen die geistige Kultur der Gesellschaft deshalb, weil sie eine polnische ist, weil die Arbeit unter dem Vorzeichen der polnischen nationalen Idee stattfindet. Im Bereich der Anforderungen der technischen, materiellen Kultur messen sie dieses Land jedoch an einem allgemein-russischen Schema und wollen nicht verstehen, dass bei der geografischen Lage des Königreichs und angesichts der kulturellen Macht des Nachbarn, der seine Zukunft bedroht, es seinem Untergang gleichkommt, wenn man es kulturell auf dem allgemein-russischen Niveau hält.

Deshalb ist die Frage der politischen Organisation des Königreichs Polen, die Frage einer grundlegenden Reform der Verwaltung dieses Landes gegenwärtig die wichtigste Seite der polnischen Frage. Und der Kampf um diese Reform ist heute die Hauptaufgabe der polnischen Nation.

Dieser Kampf organisiert sich seit einigen Jahren. Seine erste Phase war die Phase der vorbereitenden Arbeit, der erzieherisch-politischen Arbeit, die Phase einer stufenweisen Herausbildung von Ansichten und Programmen und schließlich von Versuchen des Kampfs unter schwierigsten Bedingungen, als man die Verteidigung von Rechten auf illegalem Weg organisieren musste. In dieser Phase stand der Entwicklung der kulturellen Arbeit und des Kampfs um nationale Rechte nicht nur das Herrschaftssystem entgegen, sondern auch eine politische Bewegung, die von sozialistischen Elementen organisiert wurde und die Kampfmethoden propagierte, die die Kultur der Gesellschaft herunterdrückten und sie moralisch zerrütteten.

Zur Zeit der heißen Phase der politischen Krise im Staat ging die Gesellschaft durch eine Feuerprobe, die alle ihre Missstände und alle gesunden Kräfte ans Licht brachte. Auch wenn diese Phase viele schwache Seiten des nationalen Organismus aufgezeigt und an manchen Stellen seine schrecklichen Wunden bloßgelegt hat, hat sie dennoch zugleich die Lebensfähigkeit des Organismus bewiesen. Die Gesellschaft ist aus dieser Übergangszeit nicht moralisch zerrüttet hervorgegangen, sondern gesammelt um ihre nationale Idee. Zugleich haben die anarchischen Elemente den Einfluss auf die breiten Massen der Bevölkerung verloren.

Heute steht der Gesellschaft des Königreichs Polen eine neue Phase bevor, eine Phase des politischen Kampfs unter stark veränderten Bedingungen. Die äußere Lage des Staats ist eine andere, und seine inneren Verhältnisse entwickeln sich vor einem neuen Hintergrund. Dieser Staat setzt den Forderungen der Polen starken Widerstand entgegen, die Regierung organisiert gegen sie die öffentliche Meinung der russischen Nation, und zugleich wird dieser Widerstand von mächtigen äußeren Faktoren unterstützt. Diese Verhältnisse lassen einen langwierigen Kampf erwarten, der viel Ausdauer und geistige Balance erfordert, jedoch auf einem breiteren Feld als in der ersten Phase vor dem japanischen Krieg. Dieser Kampf steht Generationen bevor, die nicht im Terror der Zeit nach dem Aufstand aufgewachsen sind, die alten politischen Konzepten fernstehen und in ihren Begriffen stärker an Verhältnisse angepasst sind, in denen Kampf angesagt ist. Die Verhältnisse, in denen diese Generationen aufgewachsen sind, haben in ihnen nicht die ausdauernde Energie und die Stärke herangezogen, die den Teil unserer Nation im preußischen Teilungsgebiet auszeichnet, aber solche Vorzüge gewinnt eine Nation nicht sofort in ihrer Gänze, sie bilden sich durch lange Jahre von Arbeit und Kampf.

Vor der polnischen Gesellschaft im Königreich liegen heute nur zwei Wege: Entweder sie unterliegt passiv dem Herrschaftssystem und seinen Einflüssen, die den gesellschaftlichen Organismus zersetzen, seine Kultur herunterdrücken und dieses Land für die künftige Eroberung durch Preußen vorbereiten, oder sie kämpft dagegen, auch wenn dieser Kampf eine lange Dauer erwarten lässt. Heute ist sich die Mehrheit der Gesellschaft schon sehr dessen bewusst, dass es zwischen diesen beiden Wegen kein Schwanken gibt, dass die Zukunft nur denjenigen gehört, die um ihr Recht kämpfen können.

Die Begeisterung und die ausdauernde Energie, die in diesem Kampf unerlässlich sind, finden ihre Quelle in dem Bewusstsein, dass das Ergebnis dieses Kampfes nicht nur über die Zukunft des Landes entscheidet, in dem er geführt wird, sondern über die Zukunft der ganzen polnischen Nation und über die Stellung, die sie unter den anderen Nationen einnimmt. In diesem Kampf muss uns schließlich das Gefühl ermutigen, dass er eine gewaltige Bedeutung nicht nur für unsere nationale Existenz, sondern für ganz Europa hat: Wenn dieses nicht in Zukunft aus Berlin regiert werden soll, dann muss die polnische Nation die Voraussetzungen für eine schnelle Entwicklung erringen, die Möglichkeit einer breit angelegten Arbeit und mit ihr die Kraft für einen langen und schweren historischen Kampf.

Kirche, Nation und Staat
(Kościół, naród i państwo)

Nach der Ausgabe in
Roman Dmowski: Pisma. Bd. 9: Polityka narodowa
w odbudowanem państwie. Częstochowa 1939, S. 83-121

Die Abhandlung wurde 1927 in der Reihe „Programmatische Weisungen des Lagers des großen Polens“ herausgegeben.

I. Die Freimaurerei im Kampf gegen Kirche und Religion

Das Problem der Rolle der Kirche im Leben der Staaten und Völker hat zu verschiedenen Zeiten der mittelalterlichen und neuzeitlichen Geschichte unterschiedliche und manchmal sehr krasse Gestalt angenommen. Doch in seine schwierigste und gefährlichste Phase ist es seit dem 18. Jahrhundert eingetreten, als man nicht nur hinter die Rolle der Kirche, sondern auch der Religion im Leben des Einzelnen, der Familie und der Nation ein Fragezeichen setzte.

Die historische Epoche, die im 18. Jahrhundert begann und heute zu Ende geht, hat sich die Aufgabe gestellt, das Individuum und sein Glück zum Ziel aller menschlichen Bemühungen und Anstrengungen zu machen, selbstverständlich auf Erden; dieses Glück hat sie wiederum verstanden als die größtmögliche Summe von Annehmlichkeiten. Es herrschte ein Bestreben, für das Individuum möglichst große Rechte bei möglichst geringen Pflichten zu erlangen und ihm nach Möglichkeit alles aus dem Weg zu räumen, was es im Genuss des Lebens einschränkt. Das größte Hindernis in dieser Hinsicht sah man, übrigens nicht ohne Grund, in der Religion, und die Zerstörung dieses Hindernisses wurde zu einem der Hauptziele des 19. Jahrhunderts. Das Phänomen des Kampfs gegen die Religion in dieser Zeit ist sehr kompliziert und hat verschiedene Seiten, und es hat selbstverständlich am gegebenen Ort eine nähere Analyse verdient; doch sein Kern liegt in dem Streben nach Befreiung des menschlichen Individuums von Bindungen, die seine Freiheit einschränken und es daran hindern, ein Leben in Fülle nach dem üblichen Verständnis zu leben.

An der Wahrheit dieser Aussage ändert die Tatsache nichts, dass es einen Konflikt zwischen Religion und Wissenschaft gibt, der in diesem Kampf eine enorme Rolle gespielt hat. Seine Schärfe rührte einerseits von den übertriebenen Hoffnungen her, die man in die Wissenschaft gesetzt hatte, aus der Erwartung heraus, dass sie alle Rätsel der Existenz für den Menschen löst. Andererseits rührte er her aus einem falschen Verständnis der Aufgaben der Religion bei vielen ihrer Verteidiger, die in den Bereich eindrangen, der dem menschlichen Verstand und wissenschaftlichen Forschungen zugänglich ist, und die die religiöse Tradition nicht Dogmen und leichtsinnigen Theorien entgegenstellten, sondern Forschungsergebnissen, die der schärfsten Kritik standhielten.

 | DOI:10.30965/9783657702916_018

Auch hier ging es um die Befreiung des Individuums und seines Verstandes von allen Bindungen, und nicht nur des Verstandes, denn man gewann für das Individuum nicht nur die Freiheit bei der Auffassung aller Probleme, sondern auch bei der Verbreitung seiner Ansichten, ohne Rücksicht auf deren geistigen oder moralischen Wert.

Wir verfügen heute über die Erfahrungen von eineinhalb Jahrhunderten, die uns diese letzte historische Epoche gebracht hat. Wir sehen die Ergebnisse ihrer Bestrebungen, die auf eine eingehende Bewertung warten, und diejenigen unter uns, die sich bemühen zu denken und einigermaßen denken können, haben in den Angelegenheiten der Religion und der Kirche Probleme vor Augen, die für unsere Väter vor einigen Generationen gar nicht existiert haben.

Um diese Probleme zu lösen, muss man sich ihnen stellen. Man muss sich ihnen so stellen, wie es die heutige Zeit gebietet, indem man sich auf ein Verständnis der Geschichte stützt, das durch wissenschaftliche Forschungen vertieft worden ist, und nach Möglichkeit auf den ganzen Schatz an Erfahrung aus der letzten Zeit. Dies ist eine große Aufgabe und eine große und vielseitige Arbeit, für deren Ausführung viel an menschlicher Kraft und viel Zeit erforderlich ist.

Nicht immer bleibt der Kern eines Phänomens im gesellschaftlichen Bereich in enger Verbindung mit seiner Hauptquelle. Was die Quellen des Kampfs gegen die Religion betrifft, der seit der Mitte des 18. Jahrhunderts bis heute andauert, so können diese nur dann vollständig erklärt werden, wenn hinreichend genaue Untersuchungen in gehöriger Weise den Charakter und die Rolle der Organisation der Freimaurer erklären. Denn obwohl wir viele Dinge über die Aktivität der Freimaurerei nicht wissen, obwohl wir auf viele Dinge mit völliger Sicherheit Schlüsse ziehen, indem wir Tatsachen zusammenfügen, und dennoch zum Beleg unserer Schlüsse über keine Beweise verfügen, die auch die dümmsten Leute überzeugen könnten, so ist doch die führende Rolle der Freimaurerlogen im Kampf gegen die Religion durch die in verschiedenen Ländern, vor allem in Frankreich, bekannt gewordenen offiziellen Dokumente dieser Logen bewiesen.

Der Kampf gegen die Religion in seiner extremen, brutalen Gestalt hat sich eigentlich nur in katholischen Ländern entwickelt. Auch die Dokumente, von denen die Rede ist, beziehen sich normalerweise auf diese und kommen von einem Zweig der Freimaurerei, der der Große Orient genannt wird und der eine französische Schöpfung und hauptsächlich in romanischen Ländern verbreitet ist. Es handelt sich um einen Kampf, der unmittelbar gegen die Römische Kirche als solche gerichtet und der als solcher in gewisser Weise eine Fortsetzung der Reformation ist. Der Große Orient bildet nur einen Zweig der allgemeinen Freimaurerei, dessen Hauptverband auf Grundlagen beruht, die in England am Beginn des 18. Jahrhunderts festgelegt wurden. Er ist in allen Ländern tätig, aber er ist besonders mächtig in protestantischen Ländern, mit England und Amerika an der Spitze. Die Fakten belegen, dass er nicht einen Kampf gegen die protestantischen Kirchen und Sekten aufgenommen hat, sondern dass er innerhalb ihrer agiert, durch die protestantische Geistlichkeit, die sich in enormer Zahl in seinen Reihen befindet. Er agiert mit solchem Erfolg, dass die protestantischen Gesellschaften heute in ihrer Irreligiosität die katholischen bei weitem übertreffen. Sie übertreffen sie in zwei Hinsichten: in der Zahl der Menschen, die überhaupt keine religiösen Bedürfnisse gelten lassen, und im Charakter der protestantischen Konfessionen selbst, die schnell die Reste religiösen Geistes verlieren und zu einer seelenlosen Form werden. Die Fakten belegen auch, dass die Logen dieses Verbandes, wenn sie in katholischen Ländern aktiv sind, oft versuchen im Hinblick auf die Religion die gleichen Vorgehensweisen anzuwenden wie in protestantischen Ländern, d. h. der Kirche nicht den offenen Kampf anzusagen, sondern nur von innen auf sie einzuwirken und Einfluss auf die katholische Gesellschaft, die Geistlichkeit und sogar die höhere Kirchenhierarchie zu gewinnen.

Man darf nicht vergessen, dass die christlichen Ostkirchen meistens keine ausreichend starke Organisation hatten, die es ihnen erlaubt hätte, unabhängig vom Staat zu existieren; dass der mächtigste christliche Staat im Osten in der letzten Zeit, Russland, die Kirche zu einer Abteilung des Staatsapparats und zu einem Werkzeug in den Händen der Regierung gemacht hat; dass eines der Hauptziele der Reformation im Westen die Verstaatlichung der Religion war, die strikte Abhängigkeit der Kirche von der Staatsmacht; dass die einzige mächtige Organisation des Christentums, die ihrem Wesen nach unabhängig von weltlichen Mächten und von der Politik der Staaten ist, die Römisch-katholische Kirche ist. Deshalb ist es verständlich, dass diese Kirche zum Hauptziel der Angriffe der Freimaurerei wurde: erstens als mächtige Organisation, die denjenigen im Weg steht, die eine ungeteilte Herrschaft in der Welt anstreben; zweitens als unabhängige Institution, die als einzige in der Lage ist – selbstverständlich wenn ihre Vorsteher ihren Grundsätzen treu bleiben –, das religiöse Leben der Völker ohne Einmischung durch Interessen weltlicher Politik zu organisieren, die die Grundlagen der Religion untergraben und ihren Geist zersetzen.

Das Ergebnis der Kämpfe gegen die Religion, der Angriffe auf sie von außen, wie das vor allem in katholischen Ländern geschehen ist, und der Zersetzung im Innern wie in den protestantischen Ländern, war der Abfall von immer mehr Einzelpersonen von der Kirche oder deren religiöse Gleichgültigkeit, zunächst vor allem in der intelligenten Schicht, später infolge sozialistischer Propaganda unter den Industriearbeitern und schließlich sogar unter der

Landbevölkerung, was vor allem in Frankreich große Ausmaße angenommen hat.

Am Anfang hat die antireligiöse Bewegung fast ausschließlich Männer erfasst; Frauen, die gewöhnlich konservativer sind, unterlagen ihr kaum. Oft hatten die verbissensten Feinde der Religion Ehefrauen, die sich durch großen religiösen Eifer auszeichneten und ihre Kinder religiös erzogen. Es gab also zahlreiche Einzelpersonen, die außerhalb des religiösen Lebens standen, aber die Familien blieben religiös. Doch mit der Zeit begannen die religionsfeindlichen Einflüsse auch auf die Frauen einzuwirken. Die Zahl der Frauen, die religiös gleichgültig waren oder sich sogar von der Religion lossagten, begann zu wachsen, und damit nahm die Zahl der Familien zu, in denen die Kinder ohne Religion oder nur in einer formalen, gefühllosen Beziehung zu ihr erzogen wurden.

In den letzten Jahrzehnten haben sich protestantische, nämlich die angelsächsischen Gesellschaften an die Spitze unserer Zivilisation vorgeschoben. Indem sie Frankreich in den Hintergrund drängten, begannen England und Amerika der Welt den Ton anzugeben, immer weniger das Erstere und immer mehr das Letztere. Wie früher Frankreich, so verbreiten heute sie in anderen Gesellschaften ihre Grundsätze, ihr Verhältnis zu den Fragen des Lebens, ihre Methoden im Umgang mit ihnen, ihre Vorlieben und Vergnügungen und schließlich ihre Art von Verdorbenheit. Das geschieht entweder durch einfaches Hervorrufen von Nachahmung, die immer dort auftritt, wo jemand anderen imponiert, oder durch geplante, organisierte und mit bedeutenden Geldmitteln unterstützte Propaganda. Die Anzeichen der Letzteren sehen wir auch in unserem Land, in das nach dem Weltkrieg Missionare von verschiedener Art gekommen sind, hauptsächlich aus Übersee.

Als Folge davon verbreitet sich in der Welt die angelsächsische Haltung gegenüber der Religion, die darin besteht, dass man ihr nicht offen den Kampf erklärt, sondern sie immer vollständiger ignoriert, wobei gewisse Richtungen danach streben, sie entweder durch eine blasse, primitive Philosophie zu ersetzen oder sie derart zu lockern, dass Menschen von verschiedenen christlichen Konfessionen und sogar von der jüdischen in ihr zusammenkommen können, oder versuchen vor ihr in Theosophie und Okkultismus zu fliehen.

Nebenbei sei hier gesagt, dass – wie man aus den freimaurerischen Veröffentlichungen schließen muss, die für die Mitglieder der Logen herausgegeben wurden – das Vorgehen gegen die Religion, das im letzten Jahrhundert im Namen der Wissenschaft betrieben wurde, keineswegs zum Ziel hatte, die Geister der Menschen der Macht der Wissenschaft zu unterwerfen. In solchen Publikationen ist von „Geheimnissen“ die Rede, die die Freimaurerei für die Eingeweihten besitzt, und es ist deshalb davon die Rede, damit deutlich wird, dass es hier um die Ersetzung der Religion durch eine andere, der christlichen Religion durch die Religion der Freimaurerei geht. Dadurch erklärt sich die Tatsache, dass wir in jüngster Zeit häufig erleben, wie von freimaurerischen Kreisen Misstrauen gegen die Wissenschaft gesät wird, während man wiederum den Okkultismus in seinen verschiedenen Formen fördert.

Es ist festzustellen, dass das neueste Phänomen in katholischen Ländern, beginnend mit Frankreich und endend mit Polen, eine Wende zur Religion ist, ein Zeichen für den Beginn einer neuen Epoche in der Geschichte Europas. Diese Wende findet bei Elementen statt, die immer in der ersten Reihe des Zugs des Denkens marschieren, von denen die geistigen Veränderungen einer Epoche ausgehen, nämlich bei der jungen Generation der aufgeklärten Schichten. Hingegen ist bei den konservativeren Elementen, die immer am Schwanz des Zeitgeists mitlaufen, die Irreligiosität weiterhin auf dem Vormarsch. Die religiöse Gleichgültigkeit verbreitet sich in allen Ländern unserer Zivilisation in den Schichten des Volkes in Stadt und Land und schließlich unter den Frauen.

All diese Tatsachen sind von erstrangiger Bedeutung für die nahe und ferne Zukunft der Nationen.

Diese Bedeutung liegt vor allem in dem tiefreichenden Einfluss, den der Besitz von Religion oder von Irreligiosität auf die geistige Verfassung menschlicher Individuen, auf ihren moralischen Wert ausübt.

Wir haben im letzten Jahrhundert oft gehört und hören es oftmals heute, dass ein Mensch, zumal auf einem bestimmten Intelligenzniveau, keine Religion benötigt, um moralisch zu sein. Diese Aussage wurde sogar von unbestreitbaren Tatsachen bestätigt. Wie oft haben wir Menschen gesehen und sehen sie noch, die vom Einfluss der Religion befreit sind oder sogar einen erbitterten Kampf gegen sie führen und die sich im persönlichen und öffentlichen Leben genauso redlich benehmen wie Menschen, die sich zu einer Religion bekennen und sie praktizieren; wie viele von ihnen haben sogar anderen ein Beispiel für moralisches Verhalten gegeben... Diese Tatsachen haben den Verteidigern der Religion als der Grundlage von Moral oft Probleme bereitet. Manchmal haben sie auch das Zugeständnis gemacht und eingeräumt, dass ein sehr intelligenter Mensch ohne Religion auskommen kann, dass die breiten Massen sie aber unbedingt brauchen.

Man sollte immerhin beachten, dass in der ersten Hälfte der Zeit des Kampfs gegen die Religion die irreligiösen Menschen, die auf der Bühne des Lebens erschienen, fast immer Söhne von katholischen oder protestantischen Familien waren, die im Geist ihrer Religion erzogen worden waren; erst unter Einflüssen, die von außerhalb der Familie kamen, verloren sie den Glauben und wurden oft Feinde der Religion. Erst später, als die Zahl der irreligiösen

Menschen zunahm und vor allem mit dem Verfall der Religiosität unter Frauen, gab es immer mehr religionslose Familien, teils formal, teils tatsächlich bei formaler Zugehörigkeit zu der einen oder anderen Konfession. Erst in der zweiten Hälfte des jüngsten Zeitalters haben wir es mit einer größeren Zahl von Menschen zu tun, die bereits ohne Religion erzogen worden sind.

Bisher gibt es in der europäischen Literatur keine methodische Studie psychologischer oder ethischer Natur zu diesem Teil der heutigen Generation, zu diesem neuen Produkt unserer Zivilisation. Doch wir Politiker, die wir, wenn wir etwas schaffen wollen, auf dem menschlichen Geist aufbauen, auf seinen moralischen Eigenschaften, auf der Art des Fühlens und Denkens unserer Landsleute, wir sind gezwungen, in die geistige Tiefe der Generationen unserer Gegenwart zu schauen und uns Meinungen zu ihrem Wert zu bilden, zwar nicht auf dem Weg methodischer Forschungen, aber doch auf der Grundlage einer manchmal großen Zahl von Beobachtungen.

Nun, soweit meine und nicht nur meine Beobachtungen reichen, stellen die Menschen der heutigen Generation, die ohne Religion oder auch nur in einer formalen Beziehung zu ihr erzogen wurden, ein völlig neues moralisches Gebilde dar, das sie deutlich vom Rest der Gesellschaft trennt. Wir begegnen unter ihnen einzelnen Beispielen von Bekehrung und außerordentlichem religiösen Eifer; häufiger sehen wir völligen Zynismus, das Fehlen jeglicher Moralität, was besonders augenfällig bei Söhnen von bedeutenden Menschen ist, die religiös gleichgültig oder sogar Feinde der Religion waren, die aber ehrlich gelebt und oft mit großer Begeisterung und Hingabe für ihre Idee gearbeitet haben; manchmal begegnen wir unter ihnen Sonderlingen, die nicht fähig sind, das Leben zu verstehen und darin einen Platz für sich zu finden; in der Regel sind sie jedoch mehr oder weniger reinrassige Materialisten, die sich durchs Leben schleppen ohne ein klares Ziel, ohne einen Leitstern. Alle zeichnen sich durch eine hochgradige moralische Deformation aus, die im Mangel an jeglicher Begeisterung, an Fähigkeit zu starkem Glauben an irgendetwas, an Aufopferung von irgendetwas von unserem Egoismus und schließlich in der Unfähigkeit zur Verehrung besteht, die ein kluger Autor einmal die höchste Fähigkeit des Menschen genannt hat. Sie sind Leichname, die über die Erde wandeln…

Die bedeutenden Atheisten, die manchmal durch große moralische Vorzüge glänzten, waren religiös erzogene Söhne von katholischen Familien. Ihre Vorzüge waren das Ergebnis der katholischen Erziehung: Sie hatte ihnen die katholische Haltung zum Leben eingeprägt, die ihnen verblieb, auch wenn sie mit dem Glauben brachen. Und weil sie damit brachen, waren sie nicht in der Lage, diese Haltung ihren Söhnen zu vermitteln, vor allem wenn die Mutter in ihrer Irreligiosität dem Vater folgte.

Eines der auffälligsten Symptome der Verdummung des europäischen und noch mehr des amerikanischen Denkens durch den Doktrinarismus der Freimaurerei ist die heute weitverbreitete Überzeugung, dass die sicherste Grundlage für die Moralität des Menschen diese oder jene losgelösten Grundsätze seien, die man ihm auf diese oder jene Weise aufdrängt. Selbst manche Katholiken, und zwar solche, die denken, haben sich bei den Freimaurern mit dieser Überzeugung angesteckt.

Jedoch sind nur außergewöhnliche Charaktere dazu in der Lage, sich in ihrem Verhalten nach Grundsätzen zu richten, die sie sich in ihrem individuellen Leben angeeignet haben, seien es religiöse oder irgendwelche andere Grundsätze. Über das Verhalten des durchschnittlichen Menschen entscheiden seine Natur, seine moralischen Instinkte, die über Generationen erworben wurden unter dem Einfluss oder sagen wir unter dem Zwang von Institutionen, in denen diese Generationen gelebt haben, entscheidet schließlich das, zu dem er durch Erziehung angeleitet wurde, seit er auf die Welt gekommen ist. Auf diese Wahrheit haben sich immer die schöpferischen Naturen im Bereich der Politik und der Zivilisation gestützt; auf sie baute auch die Kirche bei ihrem großen Werk der Erziehung der Völker.

Es gibt auch kein größeres Zerstörungswerk als die Zersetzung von moralischen Instinkten, die sich über Generationen herausgebildet haben, die den Menschen besser und fähiger zum Zusammenleben mit seinen Nächsten machen und die die Grundlage der gesellschaftlichen Existenz bilden.

Der große Erzieher in diesen moralischen Instinkten bei den europäischen Völkern war die Römische Kirche, die über Generationen die Seele des heutigen Menschen gebildet hat: Die Trennung dieser Seele von dem Grund, den sie in sie gelegt hat, macht sie zu einem Blatt, das vom Baum abgerissen ist, sie überlässt sie der Gnade von Luftzügen, die mal von dieser, mal von einer anderen Seite kommen und die sie am Ende in irgendeine Pfütze wehen. Söhne von katholischen Gesellschaften, die durch Erziehung von ihrer katholischen Grundlage getrennt worden sind, das sind „*les déracinés*"*, verurteilt zum Verdorren und schlussendlich zur Verwesung.

* „Die Entwurzelten", Titel eines Romans des französischen Schriftstellers Maurice Barrès von 1897.

II. Katholische und protestantische Nationen

Die Gestalt der gesellschaftlichen Existenz, zu der uns die historische Evolution im Schoß unserer Zivilisation geführt hat, ist die moderne Nation. Die moralische Verbindung der Menschen in der Nation ist heute die hauptsächliche Macht, die die Geschichte gestaltet.

Wir reden und schreiben viel über das Wesen der Nation, über die Beschaffenheit der geistigen Bindungen, die Menschen zu einer Nation verbinden, aber sind uns nicht immer darüber im Klaren, eine welch große Rolle die Religion und die Kirche bei der Entstehung dieser Bindungen gespielt haben.

Ohne das, was das Christentum und die Römische Kirche in der Geschichte getan haben, gäbe es die heutigen Nationen nicht. Ein Werk der Kirche war die Erziehung der individuellen menschlichen Seele, die eine moralische Stütze in ihrem eigenen Gewissen hat und die von daher ein Gefühl für Pflicht und persönliche Verantwortung besitzt; sie hat verschiedene Stämme mit ihren unterschiedlichen Stammeskulten zu einer großen Religion verbunden; sie war an der Wiege der heutigen europäischen Nationen, in der ersten Hälfte des Mittelalters, in hohem Maß der Organisator des Staats, denn ihre Menschen waren die einzigen aufgeklärten Menschen, ohne die weder die Einrichtung eines Staats noch die Organisation von zwischenstaatlichen Beziehungen möglich war; sie schließlich brachte den Völkern das große Erbe Roms, seine Zivilisation, das römische Recht, das zur Existenzgrundlage der gesamten westlich-europäischen Welt wurde und auf dessen Grundlage die gesellschaftlichen Instinkte heranwuchsen, die die heutige Nation bilden.

Um sich diese Rolle der Religion und der Kirche besser bewusst zu machen, genügt es, über die Geschichte unseres eigenen Vaterlands nachzudenken.

Wir, die Menschen, die polnisch denken und fühlen, sind mit unserer Vergangenheit verbunden, wir versuchen sie kennenzulernen und zu verstehen, indem wir so weit wie möglich in die ferne Geschichte zurückgehen, zu den Anfängen, aus denen Polen erwachsen ist. Denn die Zeiten sind wohl vorbei, in denen ein intelligenter Pole sich das vorchristliche Polen als ein Idyll vorstellte und unsere Vorfahren aus dieser Zeit als Menschen, die alle unsere und viele weitere Vorzüge besaßen, aber nicht unsere Fehler, als er sie sich als sanftmütiges Bauernvolk vorstellte, das in strenger Moralität lebte, niemandem etwas zuleide tat und den Frieden liebte, bevor am Horizont die deutschen Banditen auftauchten. Wissenschaftliche Untersuchungen haben diese Legende ebenso widerlegt, wie die europäische Wissenschaft die naiven Ansichten der Philosophen des 18. Jahrhunderts widerlegt hat, die den ursprünglichen Menschen mit allen möglichen Vorzügen ausstatteten und meinten, dass erst

 | DOI:10.30965/9783657702916_019

die Institutionen der Zivilisation ihn schlecht gemacht hätten, und wie auch schließlich unter dem Einfluss dieser Forschungen heute die in der Mitte des letzten Jahrhunderts geschaffene Legende zusammenbricht, die die ursprünglichen Arier idealisierte oder, wie die deutschen Gelehrten sagen, die Indo-Germanen, deren Tugenden zum Erbe aller europäischen Völker geworden sein sollten, besonders aber der Deutschen, denn diese hielten sich für ihre reinsten Nachkommen.

Unsere Vorfahren in vorchristlichen Zeiten fühlten sich vor allem nicht als eine Gesellschaft, sie teilten sich in Stämme, in Geschlechter, die miteinander Kämpfe führten. Im Grunde fühlten sie sich noch nach dem Aussterben der Piastendynastie* nicht als Gesellschaft. In ihrer geistigen Ordnung besaßen sie die Mehrheit der Elemente nicht, die heute unseren Wert als Menschen und als Nation ausmachen und die uns heute fest zu einer Nation verbinden. Es war der Staat, der sie durch Zwang zu einer Einheit verband, soweit er selbst als Einheit existierte; aber erst die Kirche, sei es als Mitarbeiter des Staates, sei es im Kampf gegen ihn, hat durch jahrhundertelange Arbeit den Geist des Individuums geformt, es der Reife angenähert, in ihm ein Gewissen gebildet, die ursprünglichen Instinkte zerstört, die eine gesellschaftliche Existenz erschwerten, hat die Sitten gebessert, die keineswegs so gut waren, wie man sich das früher vorstellte, hat eine starke Familie geschaffen, denn in der ursprünglichen Geschlechterordnung war das Geschlecht stark, aber die Familie schwach. Teils unterstützten die Herrschenden sie bei dieser Arbeit, teils schadeten sie ihr, und so konnte eine solche Arbeit nur eine mächtige allgemeine Kirche leisten, die unabhängig von der Staatsmacht war und fähig, sich ihr entgegenzustellen.

In der Zeit der Teilungen**, in der die Zerstörung des gesamten Werks der ersten historischen Piasten drohte, war die polnische Kirche die hauptsächliche Kraft, die nach staatlicher Vereinigung strebte und das Werk von Przemysław, Łokietek und Kasimir dem Großen*** vorbereitete, ein Werk, ohne das wir nicht zu einer großen Nation geworden wären.

Zu oberflächlich behandeln wir die Rolle der Reformation in Polen. Durch sie drohte uns eine religiöse Spaltung in zahlreiche Sekten, denn die Reformation führte nur dort zu konfessioneller Einheit, wo es eine starke monarchische Macht gab, die die Bevölkerung im Namen des Grundsatzes

---

* 1370.

** In der Zeit von 1138 bis 1320 war das Gebiet Polens in einzelne Teilfürstentümer geteilt, die von verschiedenen Zweigen der Piastendynastie regiert wurden.

*** Przemysł II., polnischer Teilfürst 1257-1296, polnischer König 1295-1296; Władysław I. Łokietek (1260/61-1333), polnischer Teilfürst 1267-1320, polnischer König 1320-1333; Kasimir I. der Große, Herzog von Polen 1330-1333, König von Polen 1333-1370.

cuius regio, eius religio organisierte. Bei uns hätte angesichts der Struktur unserer Republik religiöse Anarchie geherrscht und mit ihr die politische Spaltung der Nation. Nebenbei bemerkt wird die Rolle der Reformation bei der Schaffung einer nationalen Literatur übertrieben: Dante und Petrarca brauchten den Anreiz der Reformation nicht, um in der nationalen Sprache zu schreiben, und das in einem Land, in dem die Stellung des Lateins viel stärker war als bei uns; Ungarn hingegen, wo die Reformation weitaus tiefer reichte als bei uns, gelangte als Letzte von allen Nationen zu ungarischer Schriftlichkeit.

Vor der nationalen Spaltung infolge einer religiösen Spaltung hat uns die katholische Reaktion bewahrt und die Zugehörigkeit zu einer allgemeinen Kirche, die ihr Machtzentrum außerhalb der Grenzen des Staates hatte, war die Grundlage unserer Selbstbehauptung in der Zeit nach den Teilungen.

Wenn wir eine gedankliche Anstrengung unternehmen, die zur tieferen Erkenntnis der Quellen, der Herkunft der Elemente unserer Seele führt, die uns zu denjenigen Menschen machen, die wir heute sind, und zu einer modernen europäischen Nation, dann zeigt sich, dass sie sowohl in unserem uralten ethnischen Boden und in der Existenz eines polnischen Staats durch Jahrhunderte stecken als auch in unserem Katholizismus, der seit zehn Jahrhunderten besteht.

Der Katholizismus ist nicht eine Zugabe zum Polentum, eine gewisse Weise seiner Färbung, sondern er liegt in dessen Wesen, in hohem Maß bildet er sein Wesen. Der Versuch, bei uns den Katholizismus vom Polentum zu trennen, die Nation von der Religion und von der Kirche loszureißen, ist die Vernichtung des eigentlichen Wesens der Nation.

Diese Wahrheit wird am besten bestätigt durch die heutige Epoche im Leben Europas – die Lage, in der sich heute die protestantischen Nationen zu befinden beginnen, und der Einfluss, den der Verfall der Religion auf die katholischen Nationen ausübt.

Die gegenwärtig zu Ende gehende Geschichtsepoche ist, unter anderem, die Epoche des Triumphs der protestantischen Nationen. Seit unter Ludwig XV. die koloniale und maritime Macht Frankreichs durch England zerstört wurde und seit gleichzeitig die Militärmacht Preußens unter Friedrich dem Großen auftrat, war das Übergewicht dieser Nationen in der Welt unserer Zivilisation gleichsam gesichert. Sie gelangten auf den Gipfel in dem Moment, als das britische Weltreich organisiert wurde, als Preußen über Österreich und Frankreich siegte und Deutschland unter seiner Führung vereinigt wurde und als die Vereinigten Staaten zu einer ungeheuren Wirtschaftsmacht und zu einer erstrangigen Großmacht heranwuchsen.

Der moderne Kapitalismus hat in diesen Staaten seinen stärksten Ausdruck gefunden, sie haben die Oberhand im Wirtschaftsleben der Welt gewonnen, sie haben die größte politische Macht erreicht; zugleich zeigten die protestantischen Länder, nicht nur die großen, sondern auch die kleinen, das stabilste Gleichgewicht im inneren politischen Leben, das beste Funktionieren staatlicher Einrichtungen, und sie nahmen im Hinblick auf die Bildung der Massen, den Wohlstand der Bevölkerung und schließlich die materielle Kultur des Landes den ersten Platz in der Welt ein.

Diese Überlegenheit der protestantischen Nationen über die katholischen hatte viele Ursachen, über die man sich hier unmöglich breiter auslassen kann. Sie hatte sie in der geografischen Lage der Länder und in ihren natürlichen Ressourcen; darin, dass die Kraft der katholischen Nationen durch den Kampf der unter verschiedenen Gestalten auftretenden Freimaurerei gegen die Kirche geschwächt wurde, einen Kampf, den es in protestantischen Ländern nicht gab, wo die Freimaurerei für die Konfessionen und Sekten zu einer Art von Überkirche wurde; darin, dass der Protestantismus, der in ethischer Hinsicht in bedeutendem Maß eine Wendung vom Evangelium zum Alten Testament darstellt, eine Religion war, die für die Epoche des in der Zeit der Reformation entstandenen modernen europäischen Kapitalismus wie geschaffen war; und schließlich darin, dass die Befreiung von der geistlichen Macht Roms den Herrschenden und den Nationen völlige Handlungsfreiheit gab, ihren dynastischen und nationalen Egoismus bis zum Äußersten entfachte und ihnen einen Kampf erlaubte, in dem sie bei den Mitteln nicht wählerisch waren. Nachdem sie mit dem im Mittelalter entstandenen Begriff der Familie der christlichen Völker gebrochen hatten, wurden die Protestanten zu doppelt gefährlichen Konkurrenten der Katholiken, die zwar in dieser Hinsicht ebenfalls in ihre Fußstapfen traten, aber deren Begriffe und Instinkte, selbst wenn sie wie in Frankreich mit der Religion brachen, durch den römischen Universalismus geprägt blieben.

Dieser Erfolg der protestantischen Nationen, diese ihre wirtschaftliche und politische Macht, dieser ihr Reichtum und ihre materielle Kultur mussten früher oder später der ganzen Welt imponieren. Andererseits mussten sie bei den katholischen Nationen Befürchtungen um die Zukunft wecken und das Bedürfnis, in diesem ungleichen Kampf Mittel zur Verteidigung zu suchen.

Wie ich bereits gesagt habe, ist dort, wo jemand anderen imponiert, das unfehlbare Ergebnis die Nachahmung. Aber es ist ein bisher nicht genügend festgestelltes historisches Gesetz, dass Nationen von ihren gefährlichsten Feinden am Anfang immer zuerst die Art des Kampfes übernehmen und in der Folge bis zu einem gewissen Grad auch die Lebensweise. Das sehen wir am besten in unserer Geschichte: Als im Mittelalter die Deutschen uns am meisten bedrohten, übernahmen wir von den Deutschen; als wir später unsere Kräfte gegen die Tataren und Türken wenden mussten, passten wir uns ihnen sogar in der Kleidung und im Rasieren der Adelsköpfe an.

Der Einfluss der protestantischen Welt auf die katholische kam vor allem in der Übernahme der protestantischen Haltung zum Leben zum Ausdruck, in der Materialisierung des Menschen, in einem sich dermaßen auswachsenden Kult des Geldes, dass dieser in erschreckender Weise begann, alle höheren Bedürfnisse moralischer und geistiger Natur und vor allem die religiösen Elemente zu ersticken. Am stärksten ist diesem Einfluss die bis vor Kurzem führende katholische Nation erlegen, Frankreich, wo der Katholizismus schon heute die Religion nur einer Minderheit der Nation geworden ist, wenn auch einer Minderheit, die überwiegend so musterhaft katholisch ist, dass die Katholiken anderer Länder von ihr lernen können.

Selbst ein Teil der katholischen Geistlichkeit, und zwar derjenige in den Ländern mit protestantischer Mehrheit, hat begonnen sich den Protestanten in der Denkweise und im Verständnis seiner Aufgaben anzupassen.

In unserer Zeit hat, wie ich schon am Anfang bemerkt habe, der Einfluss der protestantischen Gesellschaften, und zwar der angelsächsischen, sein Maximum erreicht, aber heute beginnt auch die Reaktion gegen ihn, und in den katholischen Gesellschaften zeigen sich Erscheinungen einer Wiedergeburt des katholischen Geistes.

III. Der Nationalismus in katholischen Ländern

Eine der kompliziertesten und interessantesten Reaktionen auf das Übergewicht der protestantischen Nationen in der Welt war es, dass am Ende des letzten Jahrhunderts in katholischen Ländern eine Bewegung auftauchte mit dem Namen Nationalismus.

Diese Bewegung trat gleichzeitig in drei Ländern auf, in Frankreich, Italien und Polen. Ein äußerst wichtiger Fakt ist es, dass die Bewegung in jedem dieser Länder selbstständig entstand, unabhängig von äußeren Einflüssen. Charles Maurras*, der Hauptgründer und das Sprachrohr der französischen Bewegung, der danach einen so hervorragenden Platz in der Geschichte des französischen Geistes in neuester Zeit einnahm, war weder in Italien noch in Polen bekannt, als dort eine vergleichbare Bewegung entstand, und er hatte auf ihr Entstehen keinerlei Einfluss, so wie von dem heute berühmten Pionier des italienischen Nationalismus, Corradini**, zur Zeit des Anfangs dieser Bewegung niemand in Frankreich und in Polen etwas wusste. Überflüssig hinzuzufügen, dass die polnischen Schöpfer der neuen nationalen Bewegung, von denen der erste Jan Popławski*** war, der älter war als Maurras und Corradini und die ersten Grundsätze dieser Bewegung früher als sie formulierte, keinen Einfluss auf seine Entstehung in den zwei westlichen Ländern haben konnten. Das zeugt am besten davon, dass diese Bewegung aus den Bedingungen und Bedürfnissen des Augenblicks erwuchs, und nicht aus einer Doktrin, dass das Leben sie hervorbrachte und nicht ein abgehobenes Sektierertum.

Ich könnte nicht sagen, wo zuerst, ob in Frankreich oder Italien, der Ausdruck „Nationalismus“ gebraucht wurde, um die neue nationale Bewegung zu bezeichnen. Ich war immer der Meinung, dass dies ein unglücklicher Begriff ist, der den Wert der Bewegung und die Denkweise, die diese Bewegung zum Ausdruck bringt, schwächt. Jeder „Ismus“ enthält in sich die Vorstellung einer Doktrin, einer Denkrichtung, neben der es Platz für andere Richtungen gibt, die ihm gleichwertig sind. Die Nation ist in der Welt unserer Zivilisation die einzige Gestalt der gesellschaftlichen Existenz, die Pflichten gegenüber der Nation sind Pflichten, denen sich niemand von ihren Mitgliedern entziehen darf: Alle ihre Söhne müssen für sie arbeiten und um ihre Existenz kämpfen, sie müssen Anstrengungen unternehmen, um ihren Wert so hoch wie möglich zu

---

* Charles Maurras (1868-1952), nationalistischer französischer Publizist und Gründer der *Action française*.

** Enrico Corradini (1865-1931), nationalistischer italienischer Publizist und Politiker.

*** Jan Ludwik Popławski (1854-1908), nationalistischer polnischer Publizist und Politiker, einer der Gründer der nationaldemokratischen Bewegung, s. o. S. 8.

 | DOI:10.30965/9783657702916_020

heben, aus ihr in schöpferischer Arbeit und in der Verteidigung der nationalen Existenz so viel Energie wie möglich zu gewinnen. Alle „Ismen", die diese Pflichten nicht anerkennen, die den Sinn für sie in den menschlichen Seelen zerstören, sind illegitim.

Auch die neue nationale Bewegung in Polen, die sich um die *Allpolnische Rundschau* organisierte – und die deshalb von ihren Gegnern „allpolnisch" genannt wurde – nannte sich nicht „Nationalismus", auch wenn sie in ihren Grundbegriffen mit der französischen und der italienischen Bewegung zusammenkam.

Was waren diese Bedingungen und welche Bedürfnisse des Augenblicks führten zur Entstehung dieser Bewegung?...

Wir werden besser auf diese Frage antworten und ein besseres Verstehen dieser Antwort ermöglichen, wenn wir mit Polen beginnen.

Bei uns war der hauptsächliche Ursprung der neuen Bewegung die Notwendigkeit, sich an das Leben im bismarckschen Europa anzupassen, in dem brutale Gewalt als letzte Instanz galt, die über die Schicksale der Nationen entschied, in dem Feinde, denen es um die Vernichtung unserer nationalen Existenz ging, es noch nicht einmal für nötig hielten, sich in Heuchelei zu flüchten, sondern uns ohne Umschweife ihr *„ausrotten!"** ins Gesicht schleuderten. Das polnische Denken – wir sprechen nicht vom angespannten Verteidigungskampf im preußischen Teilungsgebiet – antwortete darauf mit einer passiven Verurteilung von brutaler Gewalt, sei es von einem christlichen, sei es von einem liberal-humanitären Standpunkt aus. Auf die Tat des Feindes, die unsere Existenz bedrohte, antwortete man mit Moralisieren.

Die polnische Generation, die sich an das Jahr [18]63 erinnerte, war geneigt zu resignieren und suchte moralische Befriedigung in der Überzeugung, dass Polen, wenn es untergehe, ein edles Opfer brutaler Gewalt sein würde. Das, was danach kam, übernahm in seiner Mehrheit ihre Phraseologie und hielt diese für geeignet, um die Feigheit und den Materialismus zu bemänteln, der seine Mehrheit auszeichnete, um seine politische Passivität oder seine aktive Kapitulation gegenüber dem Feind zu motivieren. Die Generation, die am Ende des Jahrhunderts ins Leben trat, in der bereits Ansätze von frischer nationaler Energie bestanden, ließ den Gedanken nicht zu, dass Polen untergehen könnte, und hielt Resignation für ein Verbrechen. Sie kämpfte gegen die Ideologie der Resignation und versuchte in diesem Kampf deren Verkündern die moralische Befriedigung zu nehmen, die daher rührte, dass man sich für das edle Opfer eines Unrechts hielt. Sie bewies, dass der Rückzug vor einem gewaltsamen Kampf nicht ein Ausdruck von Edelmut ist, sondern nur ein

* Im Original deutsch.

Mangel an Gefühl für die nationale Pflicht, Feigheit und Schwäche. Der Stärke der Feinde muss man die eigene Stärke entgegenstellen, man muss sie aus der Nation herausholen und organisieren; die Antwort auf ihre Skrupellosigkeit im Kampf muss unsere Skrupellosigkeit sein; ihr nationaler Egoismus muss auf unseren nationalen Egoismus treffen.

Wenn wir uns die französische und die italienische Bewegung anschauen, die den Namen „Nationalismus“ angenommen haben, sehen wir, dass sie aus dem gleichen Ursprung entstanden sind, dass sie ihre Schlüsse aus den gleichen Voraussetzungen gezogen haben. Und genauso haben sie sich zum Ziel gesetzt, aus der Nation so viel Energie wie möglich herauszuholen und sie zum Kampf um ihre Existenz und Macht zu organisieren.

Man hat bisher kaum darüber nachgedacht, warum diese Bewegung nur in katholischen Ländern entstanden ist, warum sie so viel Arbeit im Bereich der Vertiefung des nationalen Denkens und der Entwicklung ihrer Ideologie geleistet hat, warum sie solche Anstrengung aufgewendet hat, um ihr Bestreben zu begründen.

Die Sache ist ganz einfach: Die protestantischen Länder brauchten eine solche Bewegung nicht. Die Reformation war in ihrem Wesen eine Entfesselung des Egoismus der Herrschenden und der Nationen, die mit Rom brachen, ein Organisieren ihrer Energie zu einem rücksichtslosen Kampf gegen andere Nationen, der in der Wahl der Mittel nicht wählerisch war. Das beste Beispiel für diese Wahrheit war der Kampf Englands, der die Zerstörung der Macht des katholischen Spaniens anstrebte und der von Elisabeth geführt wurde, indem sie die primitivste Piraterie unterstützte, als zwischen beiden Staaten formell Frieden herrschte*; ein ebensolches Beispiel, das uns näher steht, war die Politik der brandenburgischen Kurfürsten und der preußischen Könige gegenüber Polen. Dies war, wie wir gesagt haben, eine der Ursachen für das politische Übergewicht der protestantischen Nationen über die katholischen. Erst als dieses Übergewicht offensichtlich wurde und für niemanden mehr einem Zweifel unterlag, erst am Ende des 19. Jahrhunderts tauchte bei den katholischen Nationen eine Bewegung auf, die bestrebt war, mit den Protestanten im Kampf mitzuhalten. Genau deshalb finden wir diese Bewegung nur in katholischen Ländern, und deswegen legt sie so viel Energie darein, ihr Bestreben zu begründen, in die Schaffung einer Theorie nationaler Politik, weil der Geist katholischer Gesellschaften nicht darauf vorbereitet war, den Grundsatz des nationalen Egoismus zu übernehmen, weil er diesem Grundsatz entgegenstand. Der Grundsatz des nationalen Egoismus traf

* Die englische Königin Elisabeth I. (1533-1603, Königin 1558-1603) stellte Kaperbriefe für Kapitäne englischer Schiffe aus, die es diesen erlaubten, spanische Schiffe auszurauben.

teilweise auf den Widerstand von Elementen, die ihn ehrlicherweise für den christlichen Grundsätzen entgegenstehend hielten; vor allem aber stellten sich ihm Elemente entgegen, die religiös gleichgültig oder religionsfeindlich waren und die von der Freimaurerei geführt wurden, was einige von ihnen nicht daran hinderte, sich auf christliche Grundsätze zu berufen, während die Mehrheit von ihnen sich im Namen der Humanität, der Menschheit (mit großem M), des Strebens nach Brüderlichkeit und allgemeinem Frieden aussprach.

Zweifellos sind ein tiefer Begriff und ein ehrliches Bekenntnis der christlichen Grundsätze, der Grundsätze des Evangeliums, wie sie im Katholizismus existieren – denn der Protestantismus hat sich vom Evangelium zum Alten Testament gewendet – mit einem absoluten nationalen Egoismus nicht zu vereinbaren; sie gebieten im Kampf zwischen Nationen einen gerechten Krieg von einem ungerechten zu unterscheiden, sie verurteilen das Fehlen von Skrupeln bei der Wahl der Kampfmittel. Der Grundsatz des nationalen Egoismus wäre auch, selbst wenn er in katholischen Gesellschaften gänzlich rückhaltlos aufgestellt und lauthals verkündet würde, nicht in der Lage, diese dazu zu bringen, dass sie in der Rücksichtslosigkeit des Kampfs und im konsequenten Egoismus ihrer Politik den Deutschen oder Engländern gleichkämen. Das bewirkt der im Lauf von Jahrhunderten durch den Katholizismus gebildete Geist dieser Gesellschaften. Die Aufstellung dieses Grundsatzes war eher ein Mittel, um die nationale Energie dieser Gesellschaften zu einem Zeitpunkt zu wecken, als die historische Rolle der einen und die reine Existenz der anderen bedroht war.

Es bedarf keines Beweises, dass der Verfall der katholischen Nationen einen Verfall der Rolle und des Einflusses der katholischen Kirche mit sich bringen würde. So ist man auch in kirchlichen Kreisen gegen gewisse Extremformen des Nationalismus aufgetreten, aber im Allgemeinen hat man das Erwachen nationaler Energie in den katholischen Gesellschaften für eine sehr positive Erscheinung gehalten. Umso mehr, als mit dem Wiederaufleben des nationalen Denkens eine Wendung zum Katholizismus einherging, die eine bedeutende Zahl von Menschen erfasste, die sich unter den Einflüssen der Denkströmungen des 19. Jahrhunderts von ihm entfernt hatten.

Doch kurz nachdem in den katholischen Ländern die Bewegung entstanden war, die man Nationalismus nennt, begannen im Leben der Nationen unserer Zivilisation Zeichen zu erscheinen, die große Veränderungen in der Welt ankündigten. Am Anfang kaum wahrgenommen und vermerkt, haben sie in den letzten Jahren, in den Jahren nach der großen Katastrophe des Weltkriegs, begonnen, eine so deutliche, so hervorstechende Gestalt anzunehmen, dass sie eine große Zahl von denkenden Menschen zum Nachdenken gezwungen haben. Man begann vom Bankrott Europas zu sprechen und zu schreiben, vom Untergang unserer Zivilisation, vom Zerfall der Rolle der weißen Rasse...

In den Gesellschaften, die heute in der Welt unserer Zivilisation an der Spitze stehen, in Kreisen, in denen keine Gleichgültigkeit herrscht, herrscht ratloser Pessimismus. Dieser Pessimismus, der heute besonders das Denken protestantischer Nationen auszeichnet, ist von ihrem Standpunkt aus zweifellos absolut berechtigt.

Die protestantischen Nationen haben den Höhepunkt ihrer großen historischen Karriere bereits erreicht. Nach dem Weltkrieg sehen wir bereits deutlich die ersten Anzeichen ihres Untergangs. Für die europäischen liegen dessen Ursprünge im wirtschaftlichen Wandel der Welt, der den europäischen Industrialismus in den Untergang führt; für alle liegen sie, was wichtiger ist, in ihrem inneren Zustand, in der Schwächung ihres geistigen Lebens, das durch einen ausschweifenden Materialismus zersetzt ist, darin, dass man das Verlangen nach einem bequemen Leben und seinen Freuden über alle menschlichen Bestrebungen stellt, dass der Protestantismus abstirbt und die Reste seines religiösen Geistes verliert und dass schließlich die Freimaurerei mit ihren Bestrebungen in eine Sackgasse geraten ist, was den Anfang von ihrem Ende bedeuten muss. Das, was ihnen in der zu Ende gehenden Epoche ein Übergewicht über die katholischen Nationen gegeben hat und als ihre fraglose Überlegenheit galt, erweist sich heute als der Ursprung ihrer unheilbaren Schwächen.

Das 19. Jahrhundert war das Jahrhundert ihres großen Triumphs: Der Bankrott dieses Jahrhunderts, mit seinen leitenden Ideen, mit seinen hauptsächlichen Bestrebungen lässt auch ihren Bankrott erwarten.

In den katholischen Ländern hingegen beginnt sich ein neuer Glaube an sich selbst zu zeigen, an die eigenen Kräfte, die eigene historische Rolle, die eigene Mission. Am stärksten bringt diese Veränderung im Augenblick Italien zum Ausdruck.

Zugleich entwickelt sich damit das Bewusstsein, dass die katholischen Nationen die moralische Stärke, die sie heute, in dieser schwierigen Zeit für Europa, in sich spüren, gerade ihrem Katholizismus verdanken, dem Umstand, dass sie eine Religion haben, die im Verlauf der zu Ende gehenden Epoche nicht dem Verfall unterlag, und dem Umstand, dass sie sich nicht von den römischen Grundlagen entfernt haben, auf die unsere Zivilisation gebaut ist.

Damit erklärt sich teilweise die erneute Hinwendung zur Religion in der letzten Zeit, eine Wendung, die wir bei den katholischen Gesellschaften beobachten, denn in den protestantischen gibt es angesichts des inneren Verfalls der eigentlichen Religion nichts mehr, zu dem man sich wieder hinwenden könnte, soweit sich natürlich die Menschen nicht wieder zu dem hinwenden wollen, von dem ihre Väter sich vor 400 Jahren losgerissen haben, zur Römischen Kirche – was im Übrigen manche Menschen in diesen Gesellschaften schon verstehen.

In dem Maß, in dem der Untergang der protestantischen Welt voranschreitet, werden die katholischen Nationen sich immer stärker dessen bewusst werden, dass in der Angleichung an die Protestanten, in der Übernahme ihrer Stellung zum Leben eine große Gefahr liegt. Und dann wird schnell die Wiedergeburt des katholischen Geistes erfolgen.

Das muss sich auch auf den politischen Geist dieser Nationen auswirken, die, anstatt nach Mitteln zur Verteidigung gegen die Überlegenheit der protestantischen Nationen zu suchen, danach streben werden, die führende Rolle in unserer Zivilisation zu übernehmen, um sie vor dem Untergang zu retten. Gewisse Auswüchse, die dem katholischen Geist nicht sehr entsprachen, die ihren Ausdruck in der nationalistischen Ideologie der letzten drei Jahrzehnte gefunden haben und die auf den Verteidigungscharakter dieser Bewegung zurückgingen, beginnen bereits breiter angelegten Bestrebungen Platz zu machen, die den heute weiterreichenden Ambitionen der katholischen Nationen entsprechen. Mit der Entwicklung dieser Ambitionen entwickelt und vertieft sich vor allem ein Verständnis für die Notwendigkeit einer aufrichtigen und ehrlichen Zusammenarbeit der Nationen, vor allem derjenigen Nationen, die durch einen gemeinsamen Glauben und durch eine gemeinsame Zivilisation verbunden sind, ein Verständnis für die Pflichten, die sich daraus ergeben, dass eine Reihe von Nationen zu einer gemeinsamen Kirche gehört.

IV. Die Religion im Leben der Nationen

Die Befreiung von den Begriffen, die die Zeit des Kampfs gegen die Religion unseren Generationen aufgenötigt hat, ein angemessenes Verständnis der Rolle der Religion im Leben des Einzelnen, der Familie und der Nation, führt auf geradem Weg zum Verständnis der Rolle der Kirche in Nation und Staat.

Nach der Lehre Christi soll das Leben des Menschen auf der Erde der Weg zur Erreichung des ewigen Lebens sein. Aufgabe der Kirche ist es, den Menschen durch den Glauben und durch ein Verhalten im Einklang mit den Geboten Gottes zum ewigen Leben zu führen.

Daraus folgt keineswegs, dass die Kirche den zeitlichen und weltlichen Dingen fernstehen und sich ausschließlich auf die Lehre des Glaubens beschränken soll.

Wie am Anfang bereits bemerkt wurde, können nur außergewöhnliche Charaktere ihr ganzes Verhalten nach den Grundsätzen ausrichten, die sie persönlich bekennen: Nur heilige Menschen können bei jedem ihrer Schritte darauf achten, ob er mit den Geboten Gottes in Übereinstimmung steht. Das Verhalten eines normalen Menschen hängt von der historischen Erziehung durch die Generationen ab – in den Sitten und Institutionen, in denen diese Generationen gelebt haben, unter deren Einfluss sich ihre gesellschaftlichen Instinkte herausbildeten, und schließlich von seiner persönlichen Erziehung in Familie und Schule. Auch aus der Position der Kirche ist es von erstrangiger Bedeutung, was die Sitten der Gesellschaft sind, was die staatlichen und anderen Institutionen, was deren moralischer Einfluss auf die Bevölkerung und wie schließlich die Erziehung in der Familie und wie in der Schule ist.

Andererseits muss eine aufrichtig und wirklich katholische Nation darauf bedacht sein, dass die staatlichen Rechte und Einrichtungen, in denen sie lebt, mit den katholischen Grundsätzen in Einklang stehen und dass ihre junge Generation im katholischen Geist erzogen wird.

Daraus folgt die Notwendigkeit einer engen Zusammenarbeit von Staat und Kirche.

Die politischen Bestrebungen der zu Ende gehenden Epoche hatten sich zum Ziel gesetzt, diese Zusammenarbeit völlig zu beseitigen, indem sie die Kirche vom Staat trennten. Dieses Ziel ist nur in einigen Ländern erreicht worden, aber allgemein ist in der heutigen Zeit das Verhältnis zwischen Kirche und Staat auf gegenseitigem Misstrauen aufgebaut: Man kann sagen, dass der Inhalt dieses Verhältnisses ein verworrener Kampf ist, mit sehr traurigen und gefährlichen Folgen für die Zukunft der Nationen.

 | DOI:10.30965/9783657702916_021

Die Aufgabe der Epoche, in die wir eintreten, muss ein tiefer, grundlegender Wandel dieses Verhältnisses sein, die Etablierung einer aufrichtigen, von beiden Seiten wohlverstandenen und geschätzten Zusammenarbeit, die notwendig ist sowohl für die Erneuerung des religiösen Lebens als auch für die gesunde Entwicklung einer Nation sowie die Dauerhaftigkeit und die Macht eines Staates.

Die Form, in der dies erfolgt, wird von der weiteren Entwicklung der katholischen Nationen und Staaten und von der Stellung abhängen, die die Kirche dieser gegenüber einnimmt.

Der heutige Staat, seine rechtlich-politische Ordnung, seine Institutionen sind ein Produkt des 19. Jahrhunderts und bauen auf den Grundsätzen auf, die dieses Jahrhundert verwirklicht hat. Über den Charakter seiner Regierung und über seine Politik entscheidet formal die gesamte Bevölkerung des Staates, die in konfessioneller Hinsicht oft sehr uneinheitlich ist, faktisch aber in diesem Staat und sogar außerhalb seiner Grenzen existierende politische Organisationen, die teils öffentlich agieren und klare Ziele und Bestrebungen haben, teils geheim und in ihren Zielen mehr oder weniger ungreifbar sind. Die Zusammensetzung der Regierung und die Politik eines Staates sind die Resultante des Ringens zwischen diesen organisierten Kräften. Als Folge dessen ist die Regierung eines modernen Staats kein dauerhafter Faktor, der über längere Zeit in eine Richtung wirken würde.

Deshalb kann sich die gegenseitige Beziehung zwischen Kirche und Staat nicht auf solch dauerhafte Grundlagen wie früher stützen. Die Kirche hat es in demselben Staat und im Lauf einer kurzen Zeit mit Regierungen zu tun, die sich in den Angelegenheiten der Religion und der mit ihr eng verbundenen Dinge sehr unterschiedlich verhalten: Manchmal reißt die Beziehung sogar ganz ab, um sich wenig später erneut anzuknüpfen.

Dieser Mangel an Beständigkeit im gegenseitigen Verhältnis der Kirche und des Staats erschwert die Arbeit der Kirche ungemein und bringt sehr verhängnisvolle Folgen für die katholischen Gesellschaften mit sich.

Doch im modernen Staat, im Nationalstaat, gibt es einen dauerhaften Faktor, der in seinem Wesen wenig veränderlich ist, nämlich die Nation im engen Sinn dieses Wortes, der die Elemente umgreift, die ein tieferes Bewusstsein von ihren nationalen Pflichten und Aufgaben besitzen. Eine moderne Nation hält den Staat für ihren Besitz, sich selbst darin für den verantwortlichen Hausherrn, und sie legt ein immer stärkeres Bestreben an den Tag, den Staat so zu lenken, dass er ihren Zielen dient.

Katholische Staaten sind diejenigen, in denen die Nation katholisch ist, auch wenn ein größerer oder kleinerer Teil ihrer Bevölkerung zu anderen Konfessionen gehört.

Aufgabe einer katholischen Nation ist es heute, dem Verhältnis ihres Staats zur Kirche einen dauerhaften Charakter zu geben und im Bereich der religiösen oder mit der Religion verbundenen Angelegenheiten, die außerhalb des Bereichs der Tätigkeit des Staats liegen, eine Aktivität zu entfalten, die zu einem gebührenden Fortschritt des religiösen Lebens im Land führt.

Das 19. Jahrhundert hat den Grundsatz verkündet, dass die Religion die Privatangelegenheit des Einzelnen ist.

Zweifellos ist die Religion aus christlicher Sicht vor allem eine Angelegenheit des Einzelnen. Doch aus den Gründen, die wir oben genannt haben, ist die Religion auch eine Angelegenheit der Familie und eine Angelegenheit der Nation. Sie ist also nicht nur eine Angelegenheit des Einzelnen.

Der genannte Grundsatz hat seinen juristischen Ausdruck darin gefunden, dass allen Einwohnern eines Staates die Freiheit des Gewissens und absolute religiöse Toleranz zugesichert wird. Dies ist nicht nur geschriebenes Recht: Es ist in das Rechtsgefühl der Gesellschaft eingegangen. Heute erkennen alle an, dass man es dem Einzelnen und seinem Gewissen überlassen muss, woran er glauben und was er praktizieren soll.

Im Gefühl der Gesellschaft ist dies ein klares Recht, das sich nicht in Frage stellen lässt, das aber nur dann klar ist, wenn die Rede von dem einzeln aufgefassten Bürger ist, von einem reifen menschlichen Individuum und ausschließlich von dessen persönlichem Verhältnis zur Religion. Es verliert an Klarheit in dem Moment, wo man über das innere Leben des Einzelnen hinausgeht, wo die Frage der Erziehung der Kinder ansteht, und umso mehr, wenn es um das öffentliche Leben, um Propaganda in Wort und Tat geht. Es gibt eine ganze Reihe von Handlungen in diesem Bereich, die die öffentliche Meinung einer katholischen Gesellschaft verurteilt, mit denen sie nicht einverstanden ist, bei denen sie die Freiheit des Einzelnen einschränken möchte, und zwar unter dem Gesichtspunkt, dass die Religion nicht nur eine Angelegenheit des Einzelnen ist, sondern auch der Familie und der Nation.

Doch die gleiche öffentliche Meinung würde sich nicht damit einverstanden erklären, dass der Staat seinen Zwang in dieser Hinsicht zu weit ausdehnte. Sie fordert vom Staat, dass er den Kindern in der Schule eine wahrhaft religiöse Erziehung gibt, dass er niemandem erlaubt, die Religion oder die Kirche öffentlich zu beleidigen, dass seine Rechte im Einklang stehen mit katholischen Grundsätzen (wie z. B. das Eherecht) usw. Aber sie würde nicht ihre Zustimmung dazu geben, dass der Staat z. B. die Kinder Eltern wegnimmt, die sie nicht religiös erziehen, oder dass ein Bürger nicht die Freiheit hätte, in kultivierter Form seine Überzeugungen auszusprechen und sein Bekenntnis zu wechseln.

Das religiöse und moralische Gefühl gebietet es, viele Dinge für schlecht zu halten, und möchte diese beseitigen, aber das Rechtsgefühl erlaubt es nicht in jedem Fall, zur Beseitigung des Bösen staatlichen Zwang anzuwenden. Staatlicher Zwang kann, wenn er zu umfassend angewendet wird, ein viel größeres Übel nach sich ziehen als das, das man beseitigen will.

Im Bereich der Verteidigung der Grundlagen des religiösen Lebens kann und muss der Staat die einen Dinge tun; die aber, die der Staat nicht tun kann und bei denen ein Eingreifen des Staats unerwünscht ist, muss die Gesellschaft tun. Auf der Gesellschaft wiederum liegt eine umso größere Verpflichtung, je schlechter der Staat in einem gegebenen Bereich seine Aufgaben erfüllt.

Der Begriff „Gesellschaft“ wird oft missbraucht: Als handelndes Subjekt ist er ein leerer Begriff, wenn er nicht genauer umschrieben wird. Unter einer Gesellschaft verstehe ich hier eine organisierte Nation, die moralisch in einer starken öffentlichen Meinung organisiert ist, die aber auch physisch organisiert ist, denn ohne dies ist es noch nicht einmal möglich, einer öffentlichen Meinung die richtige Richtung zu geben und ihr unter den heutigen Umständen Gehör zu verschaffen.

V. Die Politik Polens als einer katholischen Nation

Der polnische Staat ist ein katholischer Staat.

Er ist es nicht nur deshalb, weil die überwältigende Mehrheit seiner Bevölkerung katholisch ist, und er ist nicht katholisch in diesem oder jenem Prozentsatz. Aus unserer Sichtweise ist er katholisch in der vollen Bedeutung dieses Begriffs, denn unser Staat ist ein Nationalstaat, und unsere Nation ist eine katholische Nation.

Diese Sichtweise bringt ernste Konsequenzen mit sich. Aus ihr folgt, dass die staatlichen Rechte allen Bekenntnissen Freiheit garantieren, dass aber die herrschende Religion, nach deren Grundsätzen sich die staatliche Gesetzgebung richtet, die katholische Religion ist und dass die katholische Kirche in den staatlichen Funktionen die religiöse Seite zum Ausdruck bringt.

Wir haben im Schoß unserer Nation Nichtkatholiken, wir haben sie unter den bewusstesten und ihre polnischen Pflichten am besten erfüllenden Mitgliedern der Nation. Doch sie verstehen, dass Polen ein katholisches Land ist und richten ihr Verhalten darauf aus. Die polnische Nation im engeren Sinn, der die Elemente umfasst, die sich ihrer Verpflichtungen und ihrer Verantwortung bewusst sind, spricht ihren Mitgliedern nicht das Recht ab, an etwas anderes zu glauben, als die Katholiken glauben, eine andere Religion auszuüben, aber sie gesteht ihnen nicht das Recht zu, eine Politik zu betreiben, die nicht mit dem Charakter und den Bedürfnissen einer katholischen Nation übereinstimmt oder die antikatholisch ist.

Eine große Nation muss, wie anderswo bereits gesagt wurde, die Fahne ihres Glaubens hoch tragen. Sie muss sie umso höher tragen in den Momenten, in denen die Führung ihres Staates sie nicht hoch genug trägt, und sie muss sie umso fester halten, je offensichtlicher die Bemühungen sind, sie ihr aus den Händen zu schlagen.

Wir leben in einer Zeit der Zerstörung vieler Grundlagen, auf die sich das Leben der Welt unserer Zivilisation in der letzten historischen Epoche gestützt hat. In den zivilisatorisch führenden Ländern brechen die bisherigen Grundlagen schnell zusammen und von schöpferischer Tätigkeit zum Aufbau neuer ist nicht viel zu sehen. Eher sieht man starrsinnige Versuche, das zu retten, was sich nicht retten lässt.

Solche Momente hat es im Leben der zivilisierten Menschheit schon öfter gegeben. Sie zeichneten sich immer durch gewisse gemeinsame Züge aus, unabhängig von den Bedingungen der Zeit und des Orts: Verfall des Glaubens, des starken Glaubens an irgendetwas; Verfall des Denkens – Verschwinden

 | DOI:10.30965/9783657702916_022

des Schöpfertums; Verfall des Geschmacks – Herrschaft des Hässlichen über das Schöne; Auflösung der moralischen Disziplin und Verfall der Sitten; und schließlich die Verbreitung von verschiedenen Aberglauben, die religiösen Glauben ersetzen. Alle diese Züge treten im heutigen Leben unserer Zivilisation scharf hervor.

Vom Verfall des Glaubens haben wir schon gesprochen. Was den Verfall des Denkens betrifft, so hat es sich schließlich in den letzten Jahrzehnten durch eine solche Armut ausgezeichnet, wie es sie wohl zu keinem Zeitpunkt in der Geschichte unserer Zivilisation gegeben hat. Das, was die Leute heute schreiben, ist eigentlich nur ein Durchkauen und Durchkneten des Denkens aus der letzten Epoche, wenn es sich nicht um Kritik handelt, um die Feststellung des ideellen Bankrotts und die Vorhersage des Untergangs der Zivilisation. Außer wissenschaftlicher Arbeit, die allerdings keine bahnbrechenden Verallgemeinerungen erlaubt (vielleicht mit einer Ausnahme, der Physik) gibt es keine bedeutende schöpferische Tätigkeit auf irgendeinem Gebiet: Große Menschen gibt es nicht mehr. In der Kunst tauchen Richtungen auf, die irgendeine originelle Schöpfung aus sich herauszuquetschen versuchen, doch diese Originalität besteht vor allem aus dem Verfall des Geschmacks. Dieser fällt vor allem im Leben der Welt auf, die sich amüsiert, im Verschwinden der Eleganz, die durch Schick ersetzt worden ist: in den Umgangsformen, der Kleidung, in den Tänzen, die die Bewegungen von Tieren nachahmen, oder andere Bewegungen, die sich noch weniger zur öffentlichen Darstellung eignen. Vom Niedergang der moralischen Disziplin, vom Verfall der Sitten, von der Lockerung der familiären Bindungen, von der Ausbreitung verschiedener Arten von Perversitäten zu sprechen wäre nur eine Wiederholung dessen, was alle sagen. Gewöhnlich schreibt man dies dem Einfluss des langandauernden Kriegs zu, aber es zeigt sich, dass die Ursprünge tiefer liegen: Seit dem Ende des Krieges sehen wir keinen Rückgang, sondern im Gegenteil einen großen Fortschritt in diese Richtung. Aber der Aberglauben? Wie enorm ist in dieser Welt, die sich so brüstet, dass sie wissenschaftlich zu denken gelernt hat, die Zahl der Menschen, die nicht den Mut haben, drei Zigaretten mit einem Streichholz anzuzünden!* Die Zahl der Wahrsager aller Arten und zugleich der Glaube an ihre Prophezeiungen ist immens gewachsen; kabbalistische Praktiken sind zu einer Seuche geworden; allnächtlich zeigt sich in jedem größeren Milieu eine ansehnliche Zahl von Geistern, es gibt bereits Städte, in denen es vielleicht mehr spiritistische Sitzungen aller Art als Gottesdienste gibt, und

* Seit Beginn des 20. Jahrhunderts gab es den verbreiteten Aberglauben, dass beim Anzünden von drei Zigaretten mit einem Streichholz der Raucher der dritten Zigarette sterben werde.

im größten Zentrum der intellektuellen Welt produziert man einen lebenden Buddha.*

Es wird wohl niemand verstehen, dass dies ein Bild des heutigen Lebens der Nationen unserer Zivilisation ist. Diese Nationen haben viele Tugenden, viele Vorzüge, viele wertvolle Instinkte und Gewohnheiten, die ihr alltägliches Leben lenken, ihre Stärke und die Grundlage der Existenz bilden; sie haben viele großartige Institutionen, die Bewunderung verdienen und um die wir sie beneiden können, viele materielle und geistige Ressourcen, die durch die Arbeit von Generationen angesammelt wurden, Ressourcen, die sich nicht so schnell erschöpfen werden. Das, was ich hier beschreibe, sind Phänomene, die hauptsächlich in den höheren Etagen ihres Lebens auftreten, bezeichnende Phänomene für die heutige Zeit und folgenschwer für die nächste Zukunft.

Wir, die wir uns angewöhnt haben, die Augen auf diese höheren Etagen des Lebens der Nationen zu richten, die in unserer Zivilisation an der Spitze stehen, und uns von dort unsere Vorbilder zu nehmen, sind heute in der Situation, dass wir immer weniger wertvolle Vorbilder finden, die unser Denken zur Arbeit anregen und durch Übertragung auf unseren Boden unsere Kultur in verschiedenen Bereichen heben, während wir immer mehr Erscheinungen des Niedergangs und des Zerfalls begegnen. Doch Kritiklosigkeit und der eingewurzelte Drang zur Nachahmung lässt uns das alles nach Polen übertragen. Die Folge davon ist die Einschläferung unseres Denkens und moralischer Zerfall.

Wir sind jedoch eine Nation, die die Tugenden der westlichen Nationen in viel geringerem Grad besitzt; die Disziplin, die sie auszeichnet, und verschiedene wohltätige gesellschaftliche Instinkte sind bei uns viel schwächer; wir besitzen nicht so großartige Institutionen aller Art, die auf so starken Fundamenten stehen; schließlich sind die materiellen und geistigen Ressourcen, die wir von vergangenen Generationen geerbt haben, bei uns wesentlich bescheidener. Wir sind eine jüngere Nation, die eine kürzere und ärmere Vergangenheit hat.

Das Gift, das dort heute entsteht und das man dort reichlich einnimmt, ist für unseren jungen Organismus zehnmal tödlicher. Wenn ältere Nationen unter seinem Einfluss langsam zerfallen, werden wir, wenn wir versuchen ihnen gleichzukommen, schnell verrotten.

Deshalb muss diese Reaktion, die bei uns und in anderen katholischen Ländern beginnt, schnell erfolgen, wenn sie uns retten soll. Aber wenn sie uns

* Wahrscheinlich eine Anspielung auf den deutschen Stummfilm „Lebende Buddhas", produziert 1923/24 in Berlin von Paul Wegener, in dem okkulte Praktiken aus Tibet und Indien eine große Rolle spielten. In Polen wurde er unter dem Titel „Der lebende Buddha" (*Żywy Budda*) gezeigt.

rettet, dann haben wir eine große Zukunft vor uns: Wir werden sie mit unseren jungen, frischen Kräften gewinnen, die auf den Grundlagen der römischen Zivilisation wachsen und sich organisieren, auf Grundlagen, aus denen unsere Zivilisation ihre Macht geschöpft hat und von denen sich abzuwenden zum Untergang führt.

Die zu Ende gehende Epoche hat zur Allmacht der Freimaurerei geführt. Manche Länder sind so von ihr überwältigt worden, dass nur eine schwache Minderheit nicht unter ihrem Einfluss steht, dass die freimaurerische Denkweise, der freimaurerische Geist ihnen ins Blut übergegangen ist wie in unser Blut der Katholizismus. Anderen wurde mit der Hilfe jener die Herrschaft der Freimaurer aufgezwungen.

Im Lauf des 19. Jahrhunderts hat die Freimaurerei Ideen und Denkströmungen erzeugt, die fast alles mit sich gerissen haben, was am höchsten steht, was die größte geistige Energie besaß. Das hat sie zum Sieg geführt. Aber zugleich mit dem Sieg traten zwei Umstände ein: Aus der Werkstätte der Freimaurer kamen keine neuen Ideen mehr, denn aus der Perspektive ihrer Grundsätze hatte die Freimaurerei bereits ihr letztes Wort gesagt; andererseits stehen die Ideen, die in der vergangenen Zeit lanciert und ins Leben eingeführt wurden, vor dem baldigen Ruin. Die Freimaurer selbst verlieren heute den Glauben an ihre Ideen.

Die Freimaurerei hat die Kraft geistiger Anziehung bereits verloren. Weil sie organisatorisch stark ist und deshalb Macht besitzt und Gunsterweise verteilen kann, zieht sie noch Menschen an und das in großer Zahl. Aber die Art von Menschen, die man mit Gunsterweisen an sich ziehen kann, erobert nicht die Welt. Die Zukunft gehört denen, die Ideen haben, den Glauben an sie und die Fähigkeit zur Hingabe.

Hauptsächlich dank der Arbeit der Freimaurerei haben wir den fast zweihundert Jahre langen Zeitraum überlebt, in dem es zu einer fieberhaften Produktion von Doktrinen, sektiererischen Dogmen und „Ismem" jeglicher Art kam. Das menschliche Denken hat es sich so stark eingeprägt, dass jede Politik von irgendeiner abgehobenen Doktrin ausgehen und dass jede politische Organisation mehr oder weniger eine Sekte sein muss, dass selbst die nationale Reaktion auf dieses um sich greifende Sektierertum manchmal versucht hat eine Doktrin zu fabrizieren, um sie anderen Doktrinen entgegenzustellen, gegen die sie kämpfte.

Diese Zeit des Ertrags an politischen Doktrinen geht zu Ende, nachdem sie ihr letztes Wort im Kommunismus gesprochen hat, der übrigens nicht neu ist, und auf der anderen Seite im Faschismus. Die hauptsächliche Werkstatt, die sie erzeugt hat, die Freimaurerei, ist in dieser Hinsicht nicht mehr aktiv. Die Menschen von heute hegen kaum noch einen Glauben an erlösende politische

Doktrinen, wie sie in der Medizin schon lange den Glauben an Allheilmittel verloren haben. Und das zeugt vielleicht mehr als andere Dinge davon, dass eine neue Epoche der Geschichte beginnt.

Die Politik als Tätigkeit, deren sehr allgemein verstandene Bestimmung es ist, dem Menschen seine gesellschaftliche Existenz zu ermöglichen und damit einhergehend Zivilisation und die Erhebung auf ein immer höheres Niveau, muss ihr Denken vor allen Dingen aus der Erkenntnis der Gesellschaft schöpfen, der sie dienen soll, aus dem Verständnis des Wesens der gesellschaftlichen Bindungen, die ihre Vergangenheit hervorgebracht hat, aus einer möglichst genauen Einschätzung des Werts von verschiedenen Aspekten ihres Lebens. Sie muss aus der Wirklichkeit hervorgehen, aus Tatsachen, und nicht aus abgehobenen Prämissen.

In der Welt unserer Zivilisation ist die im Grunde einzige Gestalt des gesellschaftlichen Lebens die Nation, die moderne Nation in der Form, wie sie die historische Entwicklung in der letzten Zeit hervorgebracht hat. Das ist keine Theorie, keine Doktrin, sondern eine erwiesene Tatsache.

Und eine Tatsache ist auch die Rolle der Religion im Leben des Einzelnen, der Familie und der Nation, so wie ich sie oben zu beschreiben versucht habe.

Diese Tatsachen muss man verstehen und aus ihnen in redlicher Weise die logischen Konsequenzen ziehen.

Diese Konsequenzen sind einfach und klar:

Aus der Perspektive von Menschen, die zu einer Nation gehören – es gibt viele Elemente, die in unserer Welt umherirren und zu keiner Nation gehören –, ist die einzige Politik, die sich auf die Wirklichkeit stützt, eine nationale Politik.

Die Politik einer katholischen Nation muss aufrichtig katholisch sein, das heißt, dass die Religion, ihre Entwicklung und ihre Stärke als ihr Ziel zu gelten hat, dass man sie nicht als Mittel zu anderen Zielen benutzen darf, die nichts mit ihr zu tun haben.

Den letzten Satz muss man besonders stark unterstreichen: Wir hatten in unserer eigenen Geschichte der letzten 50 Jahre, und zwar im österreichischen Teilungsgebiet, Beispiele dafür, dass man Religion und Kirche für Ziele benutzt hat, die ihnen fremd sind, was zu größeren Schäden führte als der Kampf, der gegen die Religion von ihren Feinden geführt wird.

Politik ist eine irdische Angelegenheit und die Perspektive der Politik ist eine irdische, zeitliche. Aber auch aus dieser Perspektive ist die Religion im Leben der Nationen das höchste Gut, das für kein Ziel geopfert werden darf.

Der Hitlerismus als nationale Bewegung
(Hitlerizm jako ruch narodowy)
1932

Nach der Ausgabe in
Roman Dmowski: Pisma. Bd. 8: Przewrót.
Częstochowa 1938, S. 203-243

Dieser Artikel erschien im Juli 1932 in der Gazeta Warszawska und wurde in der ersten Buchausgabe unverändert abgedruckt. Auch in dieser Ausgabe wird er unverändert wiedergegeben, auch wenn er heute zu einer vollen Charakterisierung der Bewegung nicht ausreichend ist. In dem Maß, wie der Hitlerismus sich organisiert und als deutsches politisches System etabliert, legt er seinen Standpunkt zu verschiedenen Fragen immer deutlicher fest. Für uns am wichtigsten ist sein Standpunkt in der polnischen Frage, der leider noch nicht klar genug umschrieben ist und oft den Eindruck einer Rückkehr in die Bahnen bisheriger preußischer Politik erweckt. Wenn die Entwicklung in dieser Hinsicht in dieser oder jener Richtung zur Reife gelangt, wird eine neue Studie über den Hitlerismus notwendig werden, die das ergänzt, was bisher über ihn geschrieben wurde.
[In der Ausgabe Warszawa 1934 (tatsächlich 1933) findet sich am Beginn dieses Kapitels folgende Fußnote: „Dieser Artikel erschien im Juli 1932 in der Gazeta Warszawska und wird hier unverändert abgedruckt, auch wenn der Sieg des Hitlerismus einige der hier geäußerten Zweifel in bedeutendem Maß zerstreut hat."]

I. Der Kampf mit der politischen Krise

Zugleich mit der Wirtschaftskrise schreitet in unserer Welt eine Krise der Regierungsweisen voran. In der einen geht die wirtschaftliche Freiheit zugrunde, in der anderen die politische.

Immer umfassender erwacht das Bewusstsein, dass es im einen und im anderen Bereich zu viel Freiheit gibt, dass sie hier wie dort schlecht verteilt ist; die Folge davon ist, dass sowohl im politischen wie im wirtschaftlichen Leben der Nationen die Organisiertheit und mit ihr Sinn und Zweckmäßigkeit verschwinden und Chaos herrscht. Im gesellschaftlichen Leben aber bedeutet Chaos die entsetzlichste Unfreiheit: Es betäubt alles, was ehrlich und vernünftig ist und verbreitet Ignoranz und Verbrechen.

Kein Wunder, dass die Menschen von Furcht erfasst werden, dass sie nach Rettung suchen, solange noch Zeit ist, solange die Zerrüttung des Lebens noch nicht zu weit fortgeschritten ist.

Sie suchen sie vor allem im wirtschaftlichen Bereich, aber hier suchen diejenigen, die das Eigentliche des Phänomens nicht sehen wollen. Sie wollen das Wirtschaftsleben sanieren, aber die Quellen erhalten, aus der seine Unzulänglichkeiten fließen; sie wollen sich aus dem Unglück befreien, aber die Ursachen pflegen, die es hervorgerufen haben. Diesen nutzlosen Bemühungen stellen sich die Gesetze des Lebens entgegen, die außerhalb des menschlichen Bewusstseins und Willens wirken; sie handeln grausam, erbarmungslos, sie zerstören das, was seine Existenzberechtigung verloren hat und schaffen nicht eine Zukunft, wie sie den Menschen gefällt, sondern wie sie möglich ist.

Die Welt wird aus dem wirtschaftlichen Chaos herauskommen ohne Rücksicht darauf, was menschlicher Verstand und Wille tun können. Es ist allerdings eine andere Frage, wann, wie und um welchen Preis sie herauskommt.

Aus dem politischen Chaos jedoch gibt es keinen Ausweg ohne menschliche Bemühungen, die sich ihres Ziels bewusst sind. Deshalb sehen wir auch im politischen Bereich wesentlich größere und wesentlich zielgerichtetere Bemühungen: Im Kampf gegen die politische Krise passiert tatsächlich etwas.

Die Wirtschaftskrise war am stärksten spürbar in den Ländern, deren Wirtschaft sich am frühesten auf den heutigen Grundlagen entwickelt hat und die zur höchsten Entwicklung von Industrie und Handel gelangt sind. Mit der politischen Krise verhält es sich genau umgekehrt. Dort, wo die heute allgemein verbreiteten politischen Institutionen eine alte Tradition haben oder wohin sie früher verpflanzt wurden, wo sie auf einen einigermaßen vorbereiteten Boden trafen und schon längere Zeit in Funktion sind, sind ihre Unzulänglichkeiten weniger sichtbar und weniger spürbar. Am krassesten sind sie dort

 | DOI:10.30965/9783657702916_023

zutage getreten, wo diese Institutionen am frischesten sind, wo sie in einen Boden gepflanzt wurden, der von der Geschichte am wenigsten dafür bestellt wurde. Dort ist die politische Krise zu einer chronischen Krankheit geworden, seit die neuen Verfassungen eingeführt wurden. Im politischen Leben dieser Länder herrschte und herrscht das größte Chaos.

Das heißt nicht, dass man gerade in diesen Ländern die ernstesten und größten Bemühungen zu suchen hätte, um aus dem Chaos herauszukommen. Sie sind in der Regel der Schauplatz von häufigen politischen Umwälzungen, Staatsstreichen, Militärputschen, Machtusurpationen, die in sich nichts Schöpferisches enthalten, die Gesellschaft in ihrer politischen Entwicklung nicht voranbringen, sondern im Gegenteil Verwirrung und Desorganisation vergrößern. Das klassische Terrain für Szenarien dieser Art sind seit Langem die Länder Lateinamerikas und in letzter Zeit auch Osteuropas. Hier nimmt auch unser Polen nicht den letzten Platz ein. Das hat es sowohl dem Umstand zu verdanken, dass im östlichen Teil seines Gebiets die westliche, römische Zivilisation noch zu schwache Wurzeln geschlagen hat, wie auch dem Umstand, dass seine im Vergleich zu anderen Ländern außergewöhnliche Verjudung die Elemente der Zersetzung unterstützt, die in der polnischen Gesellschaft nicht stark genug sind und die ohne diese Unterstützung keine Aussichten hätten, eine größere Rolle zu spielen.

Das politische Chaos ist unerhört angewachsen und hat nach dem Weltkrieg seinen Schrecken offenbart. Die Gefahr ist über die Maßen sichtbar geworden, und das hat unvermeidlich die Energie derjenigen geweckt, die auf Rettung sinnen. Diese Rettung kann man nur von einer Seite erwarten, von der Gesellschaft.

Der Staat ist nur die Form politischer Existenz; das lebende Wesen, das sich dieser Form zu seinen Zwecken bedient, ist die Gesellschaft, die Nation. Dort, wo die Verfassung des Staats und die Form der Regierung die Quelle des Zerfalls sind, liegt die einzige Rettung in der Gesellschaft, in ihren vitalen Kräften, in ihrem Zusammenhalt, ihren moralischen Bindungen und schließlich in ihren organisatorischen Fähigkeiten, die die verstreuten und richtungslosen Kräfte in eine große kollektive Kraft verwandeln, die auf ein Ziel ausgerichtet ist.

In einer Gesellschaft, die nicht mechanisch als die Bevölkerung des jeweiligen Staats verstanden wird, sondern in einer historischen Gesellschaft, die ein organisches moralisches Ganzes darstellt, das sich auf traditionelle Grundlagen stützt, in der Nation, beginnen auch in der Zeit nach dem Krieg neue geistige Strömungen, die aus dem Bewusstsein der unserer ganzen Zivilisation drohenden Gefahr erwachsen sind, Rettung vor dem Chaos, vor der Anarchie zu suchen.

Indem sie der groß geschriebenen FREIHEIT den Kampf ansagen, die so, wie sie ist, Chaos und somit die schlimmste Unfreiheit hervorbringt, geben sie die Losung aus, sich selbst freiwillige Bande der Zucht und Disziplin aufzuerlegen und die historischen Grundlagen zu stärken, auf die sich die Existenz der Gesellschaft und ihr Fortschritt stützen. Diese Disziplin erreichen sie nur, indem sie sich auf die nationalen Instinkte, auf die Liebe zum Vaterland, auf die nationalen Ambitionen berufen.

Die Grundannahmen dieser geistigen Strömungen sind nicht neu, neu sind aber die Organisationsformen und die Vorgehensweisen. Und neu müssen schließlich auch die Programme zur Realisierung dieser oder anderer Bestrebungen unter den heutigen Bedingungen sein, die sich so sehr von dem unterscheiden, was vor dem Krieg war.

Das erste Land, in dem diese geistige Richtung sich machtvoll organisiert und fruchtbare Tat hervorgebracht hat, war Italien. Der Faschismus ist der erste große Versuch eines wirklichen Kampfs gegen die politische Krise unserer Zivilisation.

In der Politik gibt es keine vollkommenen Dinge, also war auch der Faschismus nicht vollkommen, umso mehr, als er der erste Versuch war, der gleich nach dem Ende des Kriegs unternommen wurde, zu einer Zeit, als die Aufgaben, die vor ihm lagen, zum allergrößten Teil noch nicht sichtbar waren. Es wäre also oberflächlich, zu behaupten, dass er ein misslungener Versuch ist. Er hat Gewaltiges geleistet, nicht nur für Italien, sondern für die ganze Welt unserer Zivilisation.

Er hat nicht nur sein Vaterland vor der unmittelbaren Gefahr, vor dem Versinken in völliger Anarchie gerettet, sondern er hat die besten, die gesundesten Kräfte der italienischen Nation ans Licht gebracht, organisiert und in Bewegung gesetzt, er hat den Grundsatz an die erste Stelle gesetzt und erfolgreich umgesetzt, dass eine Nation nur durch hohe politische, gesellschaftliche, moralische und sittliche Disziplin zu einer glücklicheren Zukunft, zur Entwicklung ihrer Macht und zu zivilisatorischem Fortschritt gelangen kann und dass die Besten in der Nation sich diese Disziplin freiwillig auferlegen müssen, wenn sie die Bevölkerung des Landes ihr unterwerfen wollen.

In der Folge haben sich dem Faschismus Elemente von verschiedenem Wert beigesellt; aber dies kann ihm niemand nehmen, dass er aus der Tiefe des nationalen Gewissens hervorwuchs und nicht nur zu einer nationalen, sondern auch zu einer moralischen Umwälzung wurde, von deren Errungenschaften vieles für immer bleiben wird.

Der italienische Faschismus ist in verschiedenen Ländern auf stärkeren oder schwächeren Widerhall gestoßen, indem er ihnen einen neuen Weg des

Kampfs gegen die politische Krise gezeigt hat. Den stärksten Widerhall in der Wirkung nach außen hat er in Deutschland gefunden.

Hier entstand im Lauf von einigen Jahren eine mächtige, disziplinierte Bewegung, die in disziplinierte, handlungsfähige Glieder gefasst ist, eine Bewegung, die sich ebenfalls auf nationale Instinkte, auf die Liebe zum Vaterland und schließlich auf die großen Ambitionen der deutschen Nation beruft.

Das Land ist ein anderes, ebenso die Nation, und auch ihre Lage, sowohl im Innern wie nach außen, ist eine andere; außerdem ist die Bewegung auch später entstanden und hat später ihr Programm aufgestellt. Entsprechend unterscheidet sich der Hitlerismus immens von Faschismus.

II. Der Führer

Das auffälligste Phänomen in beiden nationalen Bewegungen ist, dass jede von ihnen ihre zentrale Gestalt besitzt, ihren Führer, um den herum sie sich organisiert, dessen Befehlen sie gehorcht und den sie auf ihren Schultern zur Macht trägt. Dieser Führer spielt eine so mächtige Rolle, dass man das Gefühl hat, die ganze Bewegung wäre ohne ihn nicht entstanden.

In beiden Fällen, sowohl im Faschismus als auch im Hitlerismus ist der Führer eine außergewöhnliche Gestalt. Vor allem besitzt er in unerhört hohem Grad die Fähigkeit, einzelne zu beherrschen und Massen zu beeinflussen. Sowohl beim einen wie beim anderen ist das nicht nur eine angeborene Gabe, sondern eine einstudierte Fähigkeit, die überlegt und geplant eingesetzt wird. Sowohl der eine wie der andere ist genau im richtigen Alter an die Spitze der Bewegung gekommen, nach dem vierzigsten Lebensjahr, in dem ein Mensch das Maximum an Energie besitzt, was es ihm erlaubt, diese auf seine Umgebung zu übertragen.

Mussolini kennen wir besser als Hitler. Er hatte bereits die Gelegenheit zu beweisen, dass er nicht nur Menschen begeistern, organisieren und in den Kampf führen kann, sondern auch, dass er regieren kann. Er hat sich als ein Geist von beachtlichem Format erwiesen, der genau das Ziel kennt, das er anstrebt, ebenso wie die Mittel, die ihn dorthin führen sollen. Wenn er die Schwierigkeiten nicht vorausgesehen hat, die ihm die allgemeine Wirtschaftskrise bereitete, dann deshalb, weil ein Mensch nicht alles zugleich sein kann. Es ist ohnehin erstaunlich, dass ein Mensch, der so unerhörte Energie aufbieten konnte, um mit Menschen umzugehen und sie zu befehligen, zugleich eine so breite Auffassung von den Angelegenheiten seines Landes und einen so praktischen Sinn besitzt, die ersten Vorzüge eines Politikers in der hohen Bedeutung dieses Worts. Es ist eher die Schuld seiner Umgebung, dass sich in ihr niemand gefunden hat, der einen tieferen Einblick in die neue wirtschaftliche und finanzielle Lage hatte und den Führer auf die Gefahr aufmerksam machte, die von dieser Seite droht. Der Führer war gut, nur der Stab war der Aufgabe nicht völlig gewachsen.

Hitler hat bisher bewiesen, dass er ein ausgezeichneter Agitator und Organisator ist. Die Zukunft wird zeigen, ob er mehr ist.

Die Tatsache, dass sich sowohl für den Hitlerismus als auch für den Faschismus als erste Bedingung einer schnellen und machtvollen Entwicklung der Besitz eines Menschen erwiesen hat, der mit einer außergewöhnlichen Fähigkeit zur Einwirkung auf einzelne und auf Massen begabt ist und um

© BRILL SCHÖNINGH, 2023 | DOI:10.30965/9783657702916_024

dessen Person sich die gesamte Bewegung sammelt, verdient eine genauere Betrachtung.

Die Geschichte kennt große Massenbewegungen, die eine solche zentrale Gestalt nicht besaßen. Das beste Beispiel hierfür ist die Große Französische Revolution. Erst die nachrevolutionäre Zeit brachte Napoleon hervor.

Warum mussten sich die beiden in ihrer Erscheinung mächtigsten nationalen Bewegungen der heutigen Zeit auf solche außergewöhnlichen Individuen stützen, und das in so hohem Maß, dass sie ohne diese undenkbar wären? Warum gäbe es ohne Mussolini keinen Faschismus und ohne Hitler nicht die deutsche Bewegung, die sich heute Nationalsozialismus oder Hitlerismus nennt?...

Ist dies nicht ein Zeugnis für die innere Schwäche der italienischen und deutschen Nation, dass die nationalen Bindungen und das Bewusstsein der nationalen Ziele nicht ausreichten für die Schaffung einer mächtigen Bewegung, die sich in der Tat ausdrücken kann, dass eine solche Bewegung erst entstand, als sich ein außergewöhnliches Individuum fand, das in der Lage war, die tüchtigeren Menschen und die Massen persönlich mitzureißen?...

Ja und nein.

Beide Nationen, von denen die Rede ist, haben einen gemeinsamen schwachen Punkt: Sie bilden erst seit einigen Jahrzehnten eine staatliche Gesamtheit. Die Italiener haben sich seit dem Fall des römischen Staats niemals unter einer Herrschaft befunden; das mittelalterliche deutsche Kaiserreich wurde schnell zu einem schwachen Ausdruck politischer Einheit, während sich dagegen zahlreiche deutsche Kleinstaaten fest organisierten. Hier wie dort bildeten sich lokale Patriotismen, und das verbindende Band blieb nur die gemeinsame nationale Zivilisation. Dazu wurde Deutschland durch die Reformation religiös gespalten. Italien hatte bis in die jüngste Zeit ein zu geringes Gefühl der nationalen Einheit bei den breiten Massen; und obwohl in Deutschland nach der Vereinigung unter preußischer Hegemonie die Partikularismen schnell verschwanden und sich schnell ein gesamtdeutscher Patriotismus entwickelte, beweisen die jüngsten Ereignisse doch, dass einzelne Länder wie Bayern bereit sind, sich Berlin energisch entgegenzustellen, wenn dieses ihm zu viel aufzunötigen versucht*, dass das Gefühl für die Besonderheit der eigenen Ziele und eigenen Rechte nicht verschwunden ist.

---

* Dmowski bezieht sich hier möglicherweise auf den Einspruch der bayerischen Regierung gegen die „differenzierte Gesamtlösung", einen Vorschlag zur weiteren Zentralisierung des Deutschen Reichs aus dem Jahr 1930, oder aber auf den Protest der bayerischen Regierung und weiterer süddeutscher Länder gegen die Entmachtung der Regierung Preußens durch Reichskanzler von Papen am 20. Juli 1932.

Doch auch wenn wir von diesen schwachen Seiten der italienischen und deutschen Nation absehen, ist zu bedenken, dass die gesellschaftliche Zersetzung, die Zerstörung von Bindungen, die eine Nation zu einer geschlossenen moralischen Gesamtheit machen, die Organisation von antinationalen Kräften im Europa des 19. Jahrhunderts umso schneller vorangeschritten ist, je mehr ein Land in das Leben Europas einbezogen war, je mehr es von den Wohltaten der politischen und wirtschaftlichen Freiheit profitiert hat. Die Individuen haben sich immer mehr von traditionellen gesellschaftlichen Bindungen befreit und sich in immer größerer Zahl von geheimen internationalen Organisationen abhängig gemacht.

Als das wirtschaftliche, politische und moralische Chaos, das durch diese Zersetzung verursacht wurde, bereits erkennbar die Existenz der europäischen Zivilisation zu bedrohen begann, als es ersichtlich notwendig wurde, nach Rettung zu suchen, da bemerkten die, die verstanden, dass die einzige Rettung darin besteht, sich auf die Gesellschaft, auf ihre historischen Grundlagen, auf die aus der Vergangenheit überkommenen Bindungen nationaler Gemeinschaft zu stützen, dass einerseits diese Bindungen in einem bedeutenden Teil der Gesellschaft erheblich geschwächt waren und dass andererseits der Gegner, mit dem sie im Kampf stehen, machtvoll organisiert ist.

Dieser Gegner stützte sich auf eine staatliche Ordnung, die in erster Linie sein Werk ist und seinen Zielen dient; fast überall befinden sich die Regierungen in seinen Händen und er benutzt sie nicht nur, um die laufenden Angelegenheiten im Dienst seiner Interessen zu lenken, sondern auch zur Durchführung der Zersetzungsarbeit, die auf die Zukunft gerichtet ist (am deutlichsten im Bereich der öffentlichen Erziehung). Er verfügt über zahlreiche Kräfte, die sich in geheime internationale Organisationen aufgliedern. In jedem Land gibt es eine Freimaurerei, und oft zwei oder drei: Neben dem Hauptzweig, in dem die Angelsachsen überwiegen, gibt es den lateinischen (*Grand Orient*) und den jüdischen (*B'nai B'rith*); in jedem Land gibt es die Zweite und Dritte Internationale, dazu muss man noch die okkultistischen, theosophischen und ähnlichen geheimen Arbeitsstätten und Bethäuser hinzufügen. Praktisch all dies läuft auf einen gemeinsamen Nenner hinaus und alles arbeitet konsequent am Zerfall der historischen Grundlagen der Existenz der menschlichen Gesellschaft, deren Zerstörung im Ergebnis zum Chaos führt.

Von all dem wimmelte es in Italien vor dem Marsch der Faschisten auf Rom und wimmelt es heute in Deutschland. Tatsächlich ist diejenige Kraft, auf die sich der Kampf gegen den Zerfall stützt, nämlich die Gesellschaft, die durch traditionelle Bindungen zusammengefügt ist, die historische Nation, die größte Kraft, die in der Welt unserer Zivilisation existiert; sie ist allerdings eine Kraft, die ihrer natürlichen Organisation beraubt ist angesichts dessen, dass die staatliche Ordnung mit Hilfe geheimer internationaler Organisationen dem Eigentümer des Staats, der Nation, die Macht aus den Händen schlägt. Von der Bildung einer Notorganisation außerhalb des Staats, die so stark wäre, dass sie die internationale Verschwörung dort wirkungsvoll bekämpfen könnte, wo diese Verschwörung zu solch ungeheuren Ausmaßen angewachsen ist, kann keine Rede sein…

Dies ist der Grund, warum die Organisation einer nationalen Bewegung zu einem erfolgreichen Kampf gegen den gesellschaftlichen Zerfall und das aus ihm rührende Chaos sich sowohl in Italien als auch in Deutschland als unmöglich erwies ohne das Erscheinen eines außergewöhnlichen Menschen, der eine besondere Gabe zur Führung von Menschen hatte, ohne einen Führer, der vor allem ein Hypnotiseur war.

Der Erfolg der Bewegung und ihre Zukunft hängen in hohem Maß von diesem Führer ab, von seiner Kraft, von seinen Tugenden und Fähigkeiten.

Mussolini hat sich nicht nur als Hypnotiseur erwiesen; die Frage ist, als was Hitler sich erweist.

III. Der Inhalt der Bewegung

In Deutschland sagt man, Hitler sei die Verkörperung des Geists der deutschen Nation, ihrer Träume, ihrer Wünsche und ihrer heutigen Bestrebungen.

Das ist eine wichtige Voraussetzung für seinen heutigen Erfolg, aber es ist ein schlechtes Zeichen für die Zukunft der Bewegung, die Hitler anführt.

Eine Nation hat verschiedene Wünsche und Bestrebungen: Nicht alle lassen sich verwirklichen, und bei genauerem Hinsehen stören die einen die anderen. Vor allem eine Nation, die so viel besessen und so viel verloren hat wie Deutschland, die noch vor zwei Jahrzehnten das Recht hatte, sich für die stärkste in Europa zu halten, und die sich rassisch und geistig für die höchste der Welt hielt und zur Unterwerfung der Welt auszog, die aber heute zugleich die Folgen der eigenen Niederlage im Krieg und der allgemeinen Niederlage im wirtschaftlichen Leben trägt, muss viele Wünsche und Bestrebungen haben, die weit entfernt von der Verwirklichung sind und sich nicht miteinander vereinbaren lassen.

Die Ziele, die die Führer einer Nation sich setzen, gehen aus deren Wünschen und Bestrebungen hervor; aber sie erreichen diese Ziele nur deshalb, weil sie das an die Spitze setzen, was im gegebenen Augenblick am wichtigsten ist und sich verwirklichen lässt, während sie das nach hinten schieben oder sogar zeitweise ganz aufgeben, was im gegebenen Augenblick nicht realistisch ist oder die Erreichung des Hauptziels stört. Sie tun dies sogar dann, wenn sie dafür kritisiert werden. Nur dann sind sie wirkliche Führer einer Nation. Wer in einem gegebenen Augenblick alle Bestrebungen einer Nation zum Ausdruck bringen will, wird sie nie zum Sieg führen.

Wenn man hört, was Hitler der deutschen Nation sagt, hat man das Gefühl, dass er nicht nur ein Hypnotiseur erster Güte ist, sondern dass er auch – was manchmal in einer Person vorkommt – ein ausgezeichnetes Medium ist. Mit unerhörter Leichtigkeit saugt er alle Gedanken und Gefühle in sich ein, die in der heutigen deutschen Nation in verschiedenen Schichten und Gruppen lebendig sind. Er verarbeitet sie in sich selbst zu Schlagworten und Programmen und schleudert sie mit einem Talent aus sich heraus, das bei den Hörern nicht nur Begeisterung, sondern Raserei erzeugt. Auf diese Weise finden alle Gedanken und Gefühle der heutigen deutschen Nation ihre Wiederspiegelung im Hitlerismus, und Hitler gilt als die Verkörperung des nationalen Geistes.

In der Folge dessen wächst seine Armee, und zwar nicht irgendeine Armee. Während im heutigen Europa das Individuum normalerweise nur an sich denkt und selbst, wenn es an eine öffentliche Angelegenheit herangeht, vor allem bemüht ist herauszufinden, welchen größtmöglichen Gewinn bei

 | DOI:10.30965/9783657702916_025

kleinstmöglicher Anstrengung es aus dieser Sache für sich selbst ziehen kann, ist diese Armee voller Menschen, die bereit sind, für Hitler und den Hitlerismus ihr Leben zu geben.

Es bleibt nur die Frage, was man mit Hilfe dieser disziplinierten und opferbereiten Truppen verwirklichen, was man für die deutsche Nation gewinnen kann. Denn man kann nicht alles zugleich erreichen.

Der Hitlerismus will Deutschland wirtschaftlich und politisch retten, vor allem aber will er die deutsche Nation vor dem Zerfall bewahren, er will die nationalen Bindungen stärken und den Staat vor dem zerstörerischen Einfluss antinationaler Kräfte schützen.

Der Hitlerismus besitzt bereits das, was es im Faschismus noch nicht gab, nämlich ein Programm für den Kampf mit der Wirtschaftskrise, sowohl im Bereich der Umgestaltung der Wirtschaftsordnung für die Zukunft wie bei der Suche nach Abhilfe für die Nöte der Übergangszeit, vor allem für die Arbeitslosigkeit (bei deren Umfang Deutschland nur von den Vereinigten Staaten übertroffen wurde). Für dieses Programm brauchte es eine eigene Abhandlung, die weit über den Umfang der vorliegenden Artikel hinausginge. Es enthält ernsthafte geistige Bemühungen neben zu simplen Vereinfachungen, doch vor allem scheint Hitlers Stab das Wesen der allgemeinen Krise noch nicht tief genug erfasst zu haben. Bei der Einschätzung der deutschen Krise hat er bisher zu viel auf die Folgen des Kriegs geschoben und das Hauptübel darin gesehen, dass Deutschland, wie man dort sagt, ausgeplündert und ihm unerträgliche Lasten auferlegt wurden.

Hier geht es darum, sich klar zu machen, was der Hitlerismus als nationale Bewegung ist.

Zwar sind für eine Bewegung, die sich darauf vorbereitet, eine entscheidende Schlacht darüber auszutragen, wer den deutschen Staat weiter führen soll, alle Kräfte wertvoll, ohne Rücksicht darauf, aus welchen Motiven sie in seine Reihen treten. Es geht darum, den Gegner zu überwältigen, einen sofortigen Sieg zu erringen und die Macht in seine Hände zu nehmen. Aber die Leiter des hitleristischen Lagers sind sich zweifellos darüber im Klaren, dass die heute gewonnenen Kräfte am Tag nach dem errungenen Sieg als Stütze für die Herrschaft des Lagers nicht von gleichem Wert sein werden. Sie geben sich wohl nicht der Illusion hin, dass die Verwirklichung ihres sozial-wirtschaftlichen Programms und die Erfüllung der in dieses gesetzten Hoffnungen leicht sein wird: Wenn sie nicht allzu naive Menschen sind, müssen sie auf große Enttäuschungen in dieser Hinsicht eingestellt sein. Aber die Elemente, die die hitleristische Bewegung heute hauptsächlich deshalb aus den sozialistischen und kommunistischen Reihen herausreißt, weil sie in diesen Parteien enttäuscht worden sind, machen ihr weiteres Verhältnis zum Lager vor allem und oft ausschließlich davon abhängig, dass die wirtschaftlichen und sozialen Versprechungen erfüllt werden. Sie können sich sehr leicht wieder in verbissene Gegner des Lagers verwandeln, das sie als national-sozialistisch angezogen hat.

Hitler und seine Genossen wissen zweifellos, dass nur diejenigen Leute ihnen sicher sind, die das Lager durch sein nationales Programm anzieht, deren Instinkte, Gefühle und Begriffe ihnen gebieten, in den Kampf für die Zukunft Deutschlands zu ziehen, die Hitler als Sprachrohr der deutschen Idee angezogen hat.

Der Hitlerismus rekrutiert heute auf mannigfaltigen Wegen Soldaten für seine Reihen, aber seine Zukunft hängt von seiner Kraft als nationale Bewegung ab.

Das deutsche nationale Denken arbeitet energisch in drei Richtungen.

Erstens entwickelt es eine deutsche nationale Ideologie, die viel komplizierter ist als die Ideologie irgendeiner anderen Nation. Hier wirken sich einerseits die Geschichte der Nation und andererseits ihre geistigen Eigenschaften aus. Von ihrer Herkunft her teilen sich die Deutschen in drei große Gruppen: die nordwestliche, germanische, die von fremden Einflüssen unberührt ist; die südwestliche, die früh germanisiert, aber dann in das Römische Reich einbezogen wurde; und schließlich die östliche, die spät germanisierten Slawen und Preußen. Diese Gruppen wurden in verschiedene deutsche Staaten aufgespalten, deren Bevölkerung durch lange Jahrhunderte unter unterschiedlicher Herrschaft, mit unterschiedlichen Institutionen aufwuchs. Schließlich ist seit vier Jahrhunderten die südwestdeutsche Minderheit im Katholizismus aufgewachsen und die nordöstliche Mehrheit im lutherischen Protestantismus. Von daher rührt eine weitgehende Ungleichartigkeit von Instinkten, Gefühlen, Begriffen, auf die sich überall eine Nation stützt und die die wichtigste, dauerhafteste Grundlage ihrer Existenz bilden. Deshalb arbeitet das deutsche nationale Denken seit einem Jahrhundert daran, ein vernünftiges System zu schaffen, zu vertiefen und es dem deutschen Geist einzupflanzen, das sowohl aus philosophischen wie aus wissenschaftlichen oder pseudowissenschaftlichen wie aus religiösen Begriffen (die bis zum vorgermanischen Heidentum reichen) zusammengesetzt ist. Der deutsche Geist, der Charakter des deutschen Denkens besitzt außergewöhnliche Gaben zur Kreativität in diesem Bereich, zu ihrem Ausdruck in Philosophie, Wissenschaft, Kunst, zur Erfassung von all diesem in einem System und zur pädagogischen Einpflanzung des Systems in die Geister. Daher rührt jener große Reichtum der deutschen nationalen Ideologie, von der viel geredet wird, aber die außerhalb Deutschlands kaum jemand ergründet hat.

Die zweite Richtung, in die das deutsche nationale Denken arbeitet, sind Bemühungen um den Erhalt der mindestens seit dem 10. Jahrhundert traditionellen Linie der historischen Entwicklung Deutschlands. Nach ihr hatte Deutschland keine feste Grenze nach Osten, diese Grenze war dynamisch. Es wurde vom Osten zurückgestoßen, über lange Zeiträume hatte es keine Möglichkeit, vorwärts zu rücken, aber niemals entwickelte es eine Vorstellung, wonach das Deutschtum an diesem oder jenem Punkt enden würde. Mit dieser Fluktuation der Ostgrenze ist das deutsche Denken verwachsen und ist heute bemüht, Bedingungen zu finden, die es erlauben würden, sich nach der letzten Zurückstoßung wieder nach vorn zu bewegen.

Und schließlich ist die dritte und in der heutigen Lage wichtigste Richtung die Suche nach Wegen, die zur Rettung Deutschlands vor dem inneren Zerfall führen, eines Zerfalls, der heute ganz Europa droht, und Deutschland vielleicht mehr als anderen Nationen.

Die Arbeit in die beiden ersten Richtungen ist nicht neu: Der Hitlerismus hat ihre Ergebnisse vollständig aufgesogen und ist heute ihr energischstes Sprachrohr. In die dritte Richtung sind in Deutschland bisher nur schwache Versuche sichtbar geworden. Hier ist der Hitlerismus eine schöpferische Bewegung, die bisher unbestimmte Wünsche artikuliert und die in der Nation verstreuten Bestrebungen organisiert. Hier ist er wirklich eine selbstständige Bewegung.

IV. Die Organisation der Nation und der Kampf gegen den Zerfall

In dem Chaos, das die Welt unserer Zivilisation immer mehr umgibt, in den Sisyphus-Bemühungen, sie wirtschaftlich, politisch, intellektuell, sportlich usw. usw. zu organisieren, die nur formale oder gar keine Ergebnisse zeitigen und denen zum Trotz die Zerrüttung mit erschreckender Geschwindigkeit fortschreitet, erweist sich die historische Nation, eine Verbindung, die durch eine Vergangenheit von vielen hundert Jahren geschaffen worden ist, als die einzige Organisation, die die Menschen dauerhaft verbinden kann und die in der Lage ist, sich den Kräften des Verfalls entgegenzustellen. Deshalb ist es kein Wunder, dass diejenigen sich auf sie berufen und in ihr die Rettung der kollektiven Existenz und der Zivilisation suchen, die die Gefahr verstehen oder die zumindest den Schrecken der fortschreitenden Anarchie spüren.

Die Gedanken und Gewissen der gesündesten Elemente, die am wenigsten von der Wirkung der Kräfte des Zerfalls betroffen sind, sehen das Hauptziel in der Stärkung der Organisation der Nation und im Kampf gegen die Faktoren, die an ihrer Vernichtung arbeiten. Dieses Ziel hat sich in Deutschland die hitleristische Bewegung gesetzt, und das bildet ihren hauptsächlichsten Wert. Diesen Wert können wir ihr nicht deshalb absprechen, weil sie uns feindlich gesonnen ist. Wir müssen für unsere Zukunft arbeiten, die Pflicht der Deutschen ist es, für die ihre zu arbeiten.

Sich dieses Ziel zu setzen verpflichtet zu einem Handeln, das weit über den Bereich des rein politischen Kampfs hinausreicht. Die Nation ist nicht nur eine politische Verbindung: Ihre Einheit und Kraft werden geschaffen durch gemeinsame gesellschaftliche Impulse, die sich über Jahrhunderte gebildet haben, durch Bindungen der Religion, der Moral, der Sitten, des Rechts, durch den Geist ihrer Schöpferkraft in allen Bereichen. Wenn sie nicht untergehen, sondern stark sein will, muss sie diese Bindungen in alle Richtungen stärken und vor der Zerstörung bewahren.

Die erste nationale Bewegung, die erfolgreich gegen die heutige Anarchie vorgegangen ist, der italienische Faschismus, hat genau dadurch bewiesen, dass sie nicht nur ein Manöver im Kampf um die Macht war, sondern eine ehrliche Bemühung um den Aufbau einer dauerhaften Zukunft des Vaterlands, so dass sie große Anstrengungen unternommen hat, um die Ursachen des moralischen, sittlichen und religiösen Verfalls aus dem Leben der Nation hinauszufegen.

 | DOI:10.30965/9783657702916_026

Ihre Gegner haben das eine Begrenzung der Freiheit genannt, denn in der Sprache des freimaurerischen Liberalismus bedeutet Freiheit nicht nur die Möglichkeit zu denken, zu glauben und zu leben, wie es jedem gefällt, sondern die völlige Freiheit für jeglichen Schuft, seine Verkommenheit öffentlich zur Schau zu stellen, sie allen aufzudrängen, ob sie wollen oder nicht, sie der Jugend und den jungen Leuten, den unverdorbenen Schichten der Gesellschaft einzuimpfen und selbst die Kinder von ehrlichen Eltern in den öffentlichen Schulen zu verderben.

Trotz der außergewöhnlichen Schwierigkeiten, die das Verhältnis des italienischen Staats zur Kirche bietet, war der Faschismus sogar in der Lage, viel für das religiöse Leben und für die religiöse Erziehung der jungen Generationen zu tun.

Vor allem dieses Wirken hebt die faschistische Bewegung hoch über das Niveau einer politischen Partei und des gewöhnlichen Kampfs um die Macht hinaus und gibt ihr den vollen Titel einer nationalen Bewegung. Und diesen Titel behält sie trotz aller Fehler und Unzulänglichkeiten, die wir heute in ihr sehen und die wir in der Zukunft werden sehen können.

Die schwache Seite des Hitlerismus ist der Mangel an Bemühungen in diese Richtung.

Zwar ist seine Situation tatsächlich sehr schwierig, was die Religion betrifft. Die Nation ist religiös gespalten; zudem gehört ihre klare Mehrheit zum Protestantismus, der heute eine fatale Krise erlebt und als Religion bald am Ende sein wird.

Das zwingt den Hitlerismus, sich in Angelegenheiten der Religion nicht einzumischen: Er richtet höchstens sehnsüchtige Augen auf die Traditionen des altgermanischen Heidentums. Doch diese Traditionen sind nicht in der Lage, aus der Entfernung von vielen Jahrhunderten einen ernsthaften moralischen Einfluss auszuüben, abgesehen davon, dass es barbarische Traditionen sind, die auch bei der bestorganisierten Indoktrination nur mühsam in den Geist eines zivilisierten Menschen eindringen.

Schlimmer verhält sich die Sache im moralischen und sittlichen Bereich.

Zwar kann man der hitleristischen Bewegung einen positiven Einfluss auf ihre Leute nicht absprechen, vor allem auf diejenigen, die sie zu aktivem Kampf rekrutiert, kaserniert und unterhält. Im Namen des festen Glaubens an die deutsche Sache, den sie ihnen einflößt, zwingt sie sie zum Verzicht auf viele Dinge, zu einem asketischen Leben, zu Entbehrungen. Nach außen aber, im Leben der Gesellschaft, hat sie nicht den Mut aufgebracht, der größten Plage des heutigen deutschen Lebens, der sittlichen Verdorbenheit, den Kampf anzusagen.

Schließlich ist es für niemanden ein Geheimnis, das nicht nur Berlin, sondern auch andere größere deutsche Städte zu Zentren der größten Ungeheuerlichkeiten im Bereich des sexuellen Lebens geworden sind, dass Deutschland in dieser Hinsicht sowohl qualitativ wie quantitativ alles übertrifft, was man irgendwo auf der Welt antreffen kann. Man muss allerdings hinzufügen, dass die Scham als moralischer Faktor bei den nördlichen Nationen eine viel größere Bedeutung hat als bei den südlichen, einmal deshalb, weil diese unter der Sonne leben und sich immer weniger bedeckt haben, und zum anderen, weil sie als zivilisatorisch ältere im Bereich der Moral engere Vorstellungen und engere Grenzen haben. Im Norden verbindet sich die Schamlosigkeit normalerweise mit moralischer Verkommenheit in alle Richtungen.

Die Leiter des Hitlerismus sind sich zweifellos darüber im Klaren, dass der offensichtliche Verfall der Sitten und sogar der normalen menschlichen Instinkte in einem maßlos ausgedehnten Bereich für Deutschland ein großes Unglück ist. Wenn sie in dieser Hinsicht ihre Pflicht als Vertreter einer nationalen Bewegung, deren erstes Ziel die moralische Gesundheit der Nation sein muss, nicht erfüllen, wenn sie nicht den Mut haben, gegen den sittlichen Verfall aufzutreten, dann ohne Zweifel deshalb, weil sie keine Hoffnung auf den Sieg haben. Die Seuche hat sich zu weit ausgebreitet, als dass man sich auf einen Kampf gegen sie einlassen könnte, ohne dafür mit politischen Verlusten zu bezahlen.

Bei allem Verständnis für die schwierige Lage des Hitlerismus in dieser Hinsicht ist aber festzustellen, dass sein Schweigen im religiösen und sittlichen Bereich seine große Schwäche darstellt, dass es ihm die tiefste und wesentlichste moralische Grundlage von wirklich nationalen Bewegungen nimmt.

Auch wenn der deutsche Faschismus sich den italienischen zum Vorbild genommen hat, hat er sich an diesem Punkt als nicht fähig erwiesen, in seine Fußstapfen zu treten.

Zu kompensieren versucht er dies nicht nur in seinem wirtschaftlichen Programm, sondern auch in einer konsequenteren, kühneren Entwicklung seines politischen Programms.

V. Der Hitlerismus und die Freimaurerei

Das hitleristische Lager, das fast täglich blutige Kämpfe mit den Kommunisten ausficht, steht nicht nur im Kampf mit der Dritten Internationale. Es kämpft auf anderem Weg auch mit der zweiten, mit der Sozialdemokratie, die nach dem verlorenen Krieg in Deutschland zu einer erstrangigen Rolle gekommen ist, die Hauptschöpferin der Weimarer Verfassung war und zu einer der hauptsächlichsten Parteien wurde, die die Republik regieren.

Die Dritte Internationale besteht aus Abtrünnigen von der Freimaurerei – übrigens anscheinend nicht alle –, während die Zweite* bereits die orthodoxeste Freimaurerei war, die sich im Wettbewerb mit anderen freimaurerischen Parteien an die Grenzen hielt, die von der Bruderschaft erlaubt sind.

Der Krieg gegen den Kommunismus und der politische Kampf gegen den Sozialismus sagen noch nichts über das allgemeine Verhältnis der Hitleristen zur Freimaurerei. Davon erfahren wir erst aus der politischen Literatur des Lagers, die nicht nur die Freimaurerei scharf angreift, sondern die auch eine nicht geringe Sachkenntnis in diesem für die Allgemeinheit so dunklen Gebiet an den Tag legt.

Für eine Bewegung, die es sich zum Ziel gesetzt hat, die deutsche Nation zu organisieren und sie vor den Einflüssen des Verfalls zu retten, ist ein geschickter Kampf gegen freimaurerische Einflüsse, der sich auf eine Kenntnis der Lage stützt, von erstrangiger Bedeutung. Außerhalb der angelsächsischen Welt, in denen die Freimaurerei auf Millionenzahlen angewachsen ist, weist Deutschland die höchste Zahl von Freimaurern auf, wobei das deutsche System der Organisation darin besteht, dass es sehr viele Logen gibt, die über den ganzen Staat verstreut sind, während einzelne Logen überwiegend eine sehr geringe Zahl von Brüdern besitzen, die dafür gut ausgewählt sind.

Die Hitleristen wissen viel über die Arbeit der deutschen Freimaurerei, wie aus dem hervorgeht, was sie schreiben. Es ist ihnen nicht verborgen, dass sich die ganze Außenpolitik Deutschlands nach dem Krieg auf die Freimaurerei gestützt hat, dass sie ihr die Unterstützung verdankte, die sie aus England und Amerika hatte, dass aus freimaurerischen Abmachungen die Politik von Briand entstanden ist, die in Frankreich so viel Durcheinander hervorgerufen hat, das für Deutschland von Vorteil ist. Wenn sie nicht genug davon gewusst hätten, wären sie durch die nachgelassenen Papiere Stresemanns aufgeklärt

* Die Zweite Sozialistische Internationale wurde 1889 in Paris gegründet und löste sich 1914 wieder auf. Die Dritte Internationale wurde 1919 in Moskau gegründet und 1943 wieder aufgelöst.

 | DOI:10.30965/9783657702916_027

worden, deren Publikation der Familie des verstorbenen Politikers keinen geringen finanziellen Gewinn eingebracht und außerdem zur Gesundung des politischen Denkens in Frankreich beigetragen hat.

Trotz dieser offensichtlichen Vorteile, die die Arbeit der Freimaurer Deutschland gebracht hat, hat der Hitlerismus der Freimaurerei einen scharfen Kampf angesagt. Die nationalen deutschen Elemente sind offensichtlich überzeugt, dass man für diese Errungenschaften in der Außenpolitik, die übrigens bisher nicht die erhofften konkreten Ergebnisse gezeitigt haben, im inneren Leben des Staats zu teuer bezahlt, indem man die Zersetzungsarbeit der freimaurerischen Organisationen toleriert. Vielleicht sehen sie außerdem auch, dass eine weitere Ausnutzung der Freimaurerbünde in der Außenpolitik nicht viel verspricht, es sei denn, dass der fortschreitende Verfall der heutigen Wirtschaftsordnung zu einem schrittweisen Verfall der Macht der Freimaurer führt.

Angesichts der Stärke der freimaurerischen Organisationen in Deutschland ist ihr schneller Zusammenbruch nicht zu erwarten. Um gegen sie einen siegreichen Kampf zu führen, der sie nicht nur aus der Regierung im Staat entfernt, sondern ihnen auch die Zersetzungsarbeit im Untergrund unmöglich macht, müsste der Hitlerismus zu einer bedeutend größeren Macht kommen als zu der, die er bisher erlangt hat.

So stellt sich die Sache aus der Vermutung heraus dar, dass die hitleristische Bewegung selbst völlig frei von freimaurerischen Einflüssen ist, dass sie sich rücksichtslos auf der ganzen Linie gegen die Freimaurerei wendet. Hier allerdings gibt es einen begründeten Zweifel.

Die freimaurerische Solidarität ist nicht so ideal, wie sie sich die ahnungslose Gesellschaft vorstellt. Sie tritt meistens stark auf, wenn es um gemeinsame Gegner geht, was nicht daran hindert, dass im Innern ein stiller Kampf zwischen einzelnen Richtungen der Freimaurerei stattfindet, ein Kampf, der häufig offen, öffentlich ausgetragen wird, nur unter einem falschen Banner. Selbst auf unserem bescheidenen Gebiet, auf dem sich die Freimaurerei quantitativ und qualitativ sehr schwach darstellt, ließen sich Fälle beobachten, bei denen eine Seite verkündete, sie kämpfe gegen die Freimaurerei, während sie in Wirklichkeit eine Richtung der Freimaurerei war, die gegen eine andere kämpfte. Noch vor dem Weltkrieg hat man dies beobachten können.

Eine Richtung der Freimaurer kann es stillschweigend für ihren Vorteil halten, dass eine andere im Kampf gegen die Gegner der Freimaurerei geschwächt wird.

Bekanntermaßen haben die Faschisten die in Italien weit verbreitete lateinische Freimaurerei (*Grand Orient*) völlig vernichtet. Viele Angaben deuten darauf hin, dass die Haupt-Freimaurerei mit den Angelsachsen an der Spitze sich deswegen keine Sorgen gemacht und diesen Kampf sogar noch unterstützt hat. Und wer weiß, ob es nicht Freimaurer unter jenen italienischen Industriellen gab, die am Beginn der faschistischen Aktion Mussolini einen Fonds von mehreren Millionen aushändigten und ihm die Schaffung einer großen Organisation ermöglichten.

Und wer weiß, ob sich nicht Freimaurer unter den Vertretern der Schwerindustrie finden ließen, die die hitleristische Bewegung unterstützen…

Doch der dunkelste Punkt der Sache liegt nicht hier.

Im Osten Deutschlands, in Preußen, gibt es eine Richtung der Freimaurerei mit Hauptsitz in Berlin, wie sie nur in einem protestantischen Land möglich ist. Es handelt sich um eine Freimaurerei weniger aus kapitalistischem als aus aristokratischem, junkerischem Geist, die die Traditionen des Deutschen Ordens pflegt (die übrigens sogar manchen englischen Logen nicht fremd sind). Sie steht für eine extreme Eroberungslust in Richtung Osten, vor allem in Richtung Polen, ist aber sozial konservativ. Sie zeichnet sich sogar – was in der Freimaurerei geradezu eine Ungeheuerlichkeit ist – durch eine große Feindschaft zu den Juden aus. Nachdem sich der Schwerpunkt der Freimaurerei von England nach Amerika verlagert und die große Loge in New York die Oberherrschaft über sie übernommen hat, kam es zwischen dieser ostpreußischen Richtung und der amerikanischen Freimaurerei zu ernsten Verstimmungen. Vor etwa zehn Jahren haben sie sogar ein gewisses Echo in der amerikanischen Presse gefunden.

Wer sich mit der nordischen Bewegung in Deutschland beschäftigt, der Bewegung, die in der Nachkriegszeit stark angewachsen ist und für viele Deutsche zu ihrer rassischen Religion wurde, findet immer mehr Hinweise darauf, dass die nordische Bewegung von einer Loge gesteuert wird, und zwar genau von der Loge dieser ostpreußischen Richtung der Freimaurerei.

Angesichts dessen, dass die nordische Richtung im Hitlerismus eine beachtliche organisatorische Rolle spielt, wäre es nicht verwunderlich, wenn sich herausstellte, dass die hitleristische Bewegung mehr oder weniger der Kampf der ostpreußischen Richtung der Freimaurerei gegen andere Logen ist, mit dem Ziel, entscheidenden Einfluss auf die deutsche Politik zu erlangen.

Das heißt nicht, dass die antifreimaurerischen Auftritte der hitleristischen Bewegung nicht aufrichtig wären. Es heißt nur, dass die antifreimaurerische Aktivität der Hitleristen bei all ihrer Aufrichtigkeit und guten Absichten einer Richtung der Freimaurer im Kampf gegen eine andere dienen kann.

Die deutsche Freimaurerei, die schon seit langer Zeit aus der deutschen nationalen Bewegung den Vorteil zieht, dass sie ihre ausländischen Brüder mit ihm erpresst und auf diese Weise von ihnen verschiedene Wohltaten erzwingt, ist sehr stark. Aber als Freimaurerei ist sie verschlagen und geübt in der Kunst der Verstellung. Wenn die Hitleristen einen rücksichtslosen, konsequenten Kampf gegen die Freimaurerei als Ganzes führen wollen, dann müssen sie immense Vorsicht bei der Organisation ihrer eigenen Reihen und Umsicht bei der Verbreitung ihrer Losungen walten lassen.

Aber eine solche Vorsicht und Umsicht kann ein politisches Lager kaum walten lassen, das an Zahl so schnell wächst und das bemüht ist, in seinen Losungen alle Wünsche und alle Bestrebungen der deutschen Nation zum Ausdruck zu bringen.

VI. Der Hitlerismus und die Juden

Im Unterschied zum italienischen Faschismus hat die hitleristische Bewegung sich frontal gegen die Juden gewandt.

Dieser Unterschied ist leicht zu verstehen.

Italien ist kein verjudetes Land. Seine jüdische Bevölkerung beträgt mehrere Zehntausend, und ihre Existenz erregt wenig Aufmerksamkeit in der Gesellschaft. Eine jüdische Frage ist in Italien nie aufgekommen. Man hat die Juden als eine weitere Sorte von Italienern behandelt, und es hat niemanden gestört, dass eine ganze Reihe von jüdischen Individuen führende Positionen im Staat innehatten. Erst nach dem Weltkrieg, als der Zionismus zu seiner großen internationalen Rolle gelangte, entwickelte sich bei manchen Geistern in Italien Unruhe. Man begann einiges in dieser Sache zu schreiben, man stellte sich die Frage, ob angesichts so deutlicher Bestrebungen, die das Judentum im Allgemeinen erfasst haben, ein Jude als Italiener gelten kann. Doch dabei handelte es sich um einzelne Stimmen. Andere Aspekte der Frage sind der Aufmerksamkeit der italienischen Nationalbewegung bisher entgangen.

Also hat der Faschismus die Juden nicht angerührt, und Mussolini hat sich von Anfang an in seiner Regierung ihrer bedient.

Anders in Deutschland.

Deutschland verfügt heute über eine eindeutige, konfessionell registrierte jüdische Bevölkerung von etwa sechs- bis siebenhunderttausend. Das kann uns, bei unserem Reichtum in dieser Hinsicht, als wenig erscheinen; aber im Vergleich mit westlichen Ländern ist das eine riesige Zahl, umso mehr, als man ihr viele Juden hinzufügen muss, die formal getauft sind oder sich als *„konfessionslos“** bezeichnen.

Die Juden in Deutschland leben selbstverständlich ausschließlich in Städten, aber sie unterscheiden sich darin von den polnischen, dass sie in der Gesellschaft eine unvergleichlich höhere Position einnehmen. Wenn man von denen absieht, die gerade erst aus dem Osten gekommen und ungebildeter und ärmer sind, kann man sagen, dass ihre Mehrheit in finanzieller Hinsicht und im Hinblick auf ihren intellektuellen Status zu den höchsten Klassen der Bevölkerung im Staat gehört.

Um eine Vorstellung von der Größe des Vermögens zu gewinnen, das sie besitzen, genügt es nicht, eine Statistik der jüdischen Bankiers, Kaufleute und Industriellen zu haben: Man muss über Zahlen zum namenlosen jüdischen Kapital, zum Aktienkapital verfügen, das nach Ansicht von Kennern viel größer

* Im Original deutsch.

 | DOI:10.30965/9783657702916_028

ist als das rein deutsche. Zwar haben in der Nachkriegszeit die jüdischen Einkünfte riesige Verluste erlitten – wovon in den alarmierenden Publikationen der jüdischen Wirtschaftswissenschaftler die Rede ist – aber es ist nicht bekannt, ob die Verluste der Deutschen nicht wesentlich größer sind.

Nicht geringer ist die Rolle der Juden im geistigen Leben Deutschlands. Die Lehrstühle an den Universitäten sind in der Mehrheit entweder besetzt von Juden oder von Personen, die mit Juden verwandt oder verschwägert sind; die verbreitetsten Zeitungen sind die jüdischen; die Welt der Literaten, Anwälte und Ärzte ist zur Hälfte jüdisch, wobei eine immense Zahl von Juden in ihr eine bedeutende, führende Rolle einnimmt.

Wenn unser Handel und unsere Industrie besonders stark von Juden beherrscht sind, dann ist das die Folge davon, dass wir ein vorwiegend agrarisches Land sind, aber man kann die Rolle der Juden im allgemeinen Wirtschaftsleben Deutschlands wohl als noch größer als in Polen ansehen. Zweifellos aber ist ihre Rolle im gesellschaftlichen und geistigen Leben Polens – trotz der heute auffallenden Verjudung unserer Literatur und des Fortschritts in der Verjudung der Universitäten, Ämter, Gerichte und in der Armee – infolge ihrer weitgehenden Isolation geringer als die, die wir in Deutschland sehen, wo sie tief in die Gesellschaft eingedrungen sind.

Unter diesen Umständen ist das erste Problem für eine Bewegung, die sich die Organisation der deutschen Nation und ihre Rettung vor dem Verfall zum Ziel setzt, das jüdische Problem.

Die Hitleristen sind sich zweifellos dessen bewusst, dass die deutsche Politik während des Kriegs, beim Abschluss des Friedens und in der Nachkriegszeit die Bedeutung der Juden in Deutschland enorm erhöht und ihre Einflüsse verdoppelt oder vielleicht verdreifacht hat.

Den Juden vor allem verdanken es die Deutschen, dass der Krieg nicht zu Ende geführt wurde. Das Instrument der Juden war Wilson, der vor allem dafür sorgte, dass die alliierten Armeen nicht in Deutschland einmarschierten. Es ging vor allem darum, dass die großen jüdischen Geschäftsinteressen in Deutschland, die größer sind als in jedem anderen Land, so wenig Schäden wie möglich erlitten. So wurde Deutschland dank des Einflusses der Juden vor der völligen Niederlage bewahrt. Im Gegenzug schenkte man ihnen die Revolution, die sämtliche noch bestehenden Hindernisse zerstörte, die den deutschen Staat vor der Verjudung schützten.

Lloyd George rettete bei der Friedenskonferenz vor dem Anschluss an Polen das, was man bereits anzuschließen beschlossen hatte: die überwältigende Mehrheit unseres Oberschlesiens, Marienburg, Stuhm und Marienwerder und schließlich Danzig. Lloyd George handelte hier als Agent der Juden, aber er hätte sein Ziel nicht erreicht, wenn Wilson von ihnen weniger abhängig gewesen wäre. Die Juden hingegen handelten hier aufgrund eines Pakts mit der deutschen Freimaurerei, die sich im Gegenzug für Hilfe bei der Konferenz in der Frage der Grenzen verpflichtete, ihnen eine Reihe von führenden Posten in der deutschen Republik zu geben.

Nach dem Abschluss des Friedens arbeiteten die Juden schließlich für Deutschland und gegen Polen in England, Amerika, sogar in Frankreich, zugleich aber arbeiteten sie daran, dass Deutschland ein so wenig wie möglich deutscher und ein so viel wie möglich jüdischer Staat würde.

Die Deutschen gewannen nach außen politisch, aber noch mehr finanziell; aus Amerika und England floss das Geld zu ihnen wie Wasser, und als sie erkannten, dass es der einfachste Ausweg aus den finanziellen Schwierigkeiten sei, die Schulden nicht zu bezahlen, taten sie einiges, damit ihnen dieser Ausweg ermöglicht wurde. Dagegen verloren sie nach innen durch eine immer größere Verjudung des Landes und einen fortgesetzten gesellschaftlichen Zerfall.

Unter den Deutschen, die nicht nur an kurzfristige politische und finanzielle Vorteile dachten, sondern an die Zukunft der deutschen Nation, deren deutsche Instinkte und Gefühle nicht einem stärkeren Zerfall unterlagen, weckte dieser Stand der Dinge eine immer größere Unzufriedenheit, und zugleich mit den jüdischen Fortschritten wuchs in der deutschen Gesellschaft eine Strömung, die den Juden feindlich gesonnen war.

Nun stellt sich die Frage: Ist die scharf antijüdische Position des Hitlerismus nur eine Antwort auf die Wünsche und Forderungen vieler Deutscher? Oder rührt sie aus einem durchdachten Plan her, der sich das Ziel gesetzt hat, die deutsche Nation zu organisieren und die sie zersetzenden Einflüsse zu vernichten, und der deshalb den rücksichtslosen Kampf gegen die Juden als notwendig erkannt und beschlossen hat, ihn konsequent bis zum Sieg zu führen?

Im ersten Fall ist die antijüdische Bewegung der Hitleristen eine Episode von der Art, wie es sie schon in vielen Ländern und in Deutschland selbst gegeben hat. Im zweiten hätten wir es mit etwas viel Ernsterem zu tun, mit einem Phänomen, das nicht nur in der Geschichte Deutschlands, sondern ganz Europas Epoche machen könnte.

In diesem zweiten Fall müsste man annehmen, dass die Hitleristen zu der Überzeugung gekommen sind, dass die Hilfe, die Deutschland von den Juden in seiner Außenpolitik erhält, sich nicht auszahlt, dass die Entlohnung, die es ihnen im Innern des Landes gibt, zu kostspielig ist. Und angesichts dessen, dass infolge der Umwälzung, die heute in der wirtschaftlichen und finanziellen Ordnung der Welt stattfindet, der Einfluss des Judentums in der Welt sinken muss, muss sich auch der Wert seiner Hilfe für Deutschland verringern.

Wir würden uns nicht wundern, wenn genau diese Gründe den Hitleristen ihre Politik gegenüber den Juden diktiert hätten. Doch bisher sprechen wenige Anzeichen dafür, dass es tatsächlich so war.

Vor allem eine Sache ist auffallend. Juden reagieren normalerweise auf Erscheinungen, die für sie gefährlich sind, zehnmal stärker als jede andere Nation. Bei jedem feindseligen Windstoß erheben sie Geschrei in der ganzen Welt. Doch gegenüber dem Hitlerismus verhalten sie sich merkwürdig zurückhaltend. Sie regen sich über ihn auf, sie verurteilen ihn, sie entrüsten sich über solche Beschlüsse wie den, der die Beschlagnahmung des Vermögens von jüdischen Einwanderern in Deutschland forderte, aber wie weit entfernt sind sie davon, das ganze Orchester in Bewegung zu setzen, über das sie in verschiedenen Ländern verfügen!...

Erstens wollen sie offensichtlich nicht in verschiedenen Ländern in Kreisen, die ihnen wohlgesonnen sind, Deutschland diskreditieren und seinen Interessen schaden, von denen ein immenser Teil jüdische Interessen sind; zweitens erwarten sie, dass der Antisemitismus der Hitleristen vorübergeht und wie andere Bewegungen dieser Art eine Episode bleibt.

Man hört sogar, dass gewisse einflussreiche jüdische Kreise in Deutschland bei den Führern des Hitlerismus diskrete Bemühungen unternehmen. Das Ziel dieser Bemühungen kann nur eines sein: dass der *furor teutonicus* sich von den Juden in eine andere Richtung wende.[1]

---

1 Nach dem Sieg des Hitlerismus und nach dem Beginn der scharfen Aktion der Hitleristen gegen die Juden hat sich der Standpunkt der letzteren geändert (*Anmerkung aus dem Juni 1933*).

VII. Innere und äußere Ziele

Das Programm des Hitlerismus ist eher ein Bündel aller Wünsche und Bestrebungen der deutschen Nation in der gegenwärtigen Generation als der Ausdruck eines politischen Denkens, das sich Ziele setzt, die einerseits zum gegenwärtigen Zeitpunkt die wichtigsten und andererseits in der heutigen Lage und bei den heutigen Mitteln der Nation zu verwirklichen sind. Es bildet kein zusammenhängendes Ganzes: Einige Teile in ihm passen nicht zu anderen.

Mit Hilfe dieses Programms kann man effektive Agitation durchführen und große Mengen von begeisterten Anhängern gewinnen, aber auf seiner Grundlage Deutschland regieren und alle seine Punkte gleichzeitig umsetzen kann man nicht.

Die Hitleristen wollen die deutsche Nation stramm organisieren, sie wollen aus ihr ein geschlossenes Ganzes machen, das gegen alles immun ist, was es zersetzt und zerstört. Auf diese Nation und nur auf sie wollen sie den Staat stützen. Das ist ein großes Ziel angesichts des sich in der heutigen Welt verbreitenden Chaos, ein größeres als jedes andere, aber angesichts des fortschreitenden Verfalls der Großmächte, die sich bisher in dieser Welt breitgemacht haben, ist es heute eher zu verwirklichen als gestern. Dieses Bestreben wächst aus den Bedürfnissen der heutigen Zeit, und nur es ist neu im politischen Programm des Hitlerismus.

Zugleich verkünden sie aber ein traditionelles Programm der Außenpolitik, einer Politik der Eroberung und des Zugs nach Osten.

Allein schon abgesehen von der Änderung der historischen Verhältnisse, die dieses Bestreben heute immer weniger real macht[2], muss man sich die Frage stellen, ob man diese beiden Programme gleichzeitig durchführen kann, ob eines nicht die Negation des anderen ist.

Das Programm der Organisation der Nation im Innern gebietet den Hitleristen den Kampf gegen die Freimaurerei. Indessen stützt sich die gesamte Außenpolitik Deutschlands seit Langem auf ausländische Verbindungen der Freimaurer; insbesondere die preußische Ostpolitik, die Teilungen Polens, die Organisation des Deutschtums in den weggenommenen Provinzen und die Intrigen in anderen Gebieten Polens, die Versuche, sich während des Weltkriegs neue polnische Gebiete anzueignen und die Polen für dieses Ziel zu gewinnen und schließlich das Stiften von Unruhe im wiederentstandenen polnischen Staat, all das stützte und stützt sich auf die Arbeit der Freimaurerlogen. Es wäre

2 Darüber habe ich geschrieben in meinem Artikel „Deutschland und Polen“ (Schriften, Bd. 7: *Die Nachkriegswelt und Polen*, S. 241).

 | DOI:10.30965/9783657702916_029

interessant zu erfahren, wie die Hitleristen sich das vorstellen: in Deutschland einen Kampf gegen die Freimaurerei zu führen und zugleich diese Freimaurerei zur Arbeit für Deutschland auf polnischem Boden einzusetzen.

Zwar kämpft Frankreich zu Hause gegen die Kirche, und im Osten arbeitet die Kirche für Frankreich; aber die Kirche ist nicht die Freimaurerei, und französische Missionare voller Hingabe sind keine freimaurerischen Geschäftemacher.

Um sich aber in der deutschen Außenpolitik der Hilfe der Logen und der Zusammenarbeit der ausländischen Brüder zu entledigen, müsste man diese Politik von Grund auf revidieren und ihre Ziele anders setzen.

Genauso ist es mit den Juden.

Die Hitleristen verstehen, dass, wenn sie Deutschland auf nationalen Grundlagen organisieren wollen, sie die Position der Juden und ihren Einfluss auf die deutsche Gesellschaft zerstören müssen. Sie können aber nicht blind sein dafür, dass die deutsche Außenpolitik der letzten Zeit niemandem so viel verdankt wie den Juden, die hier für sich, für ihre Interessen in Deutschland gearbeitet haben.

Was speziell die Ambitionen im Osten, im Verhältnis zu Polen, betrifft, ist daran zu erinnern, dass die preußische Politik seit Friedrich dem Großen sich der Juden in Polen bedient hat, dass sie eines ihrer wertvollsten Instrumente waren. Im 18. Jahrhundert waren sie die Hauptagenten zur Demoralisierung des Sejms der Adelsrepublik, zum Kauf von Abgeordneten, sie waren die Vermittler und Spione der Preußen und später eine der Stützen der preußischen Herrschaft in den weggenommenen polnischen Gebieten. Am Ende erklärten sie sich in diesen Gebieten alle lautstark für Deutsche und boten ihre Mitwirkung bei der Germanisierungsarbeit an und waren bei ihr manchmal dreister als die Deutschen selbst.

Vor etwas mehr als dreißig Jahren empörte sich die ganze polnische öffentliche Meinung über die Umbenennung des alten, ehrwürdigen Inowrocław in das *urdeutsche Hohensalza**. Diese freche Ohrfeige versetzten der polnischen Nation die Juden aus dem Stadtrat von Inowrocław, in dem sie durch das auf Steuern und Klassen gestützte Wahlsystem die Mehrheit hatten.

Die Juden waren die Avantgarde des Deutschtums in den polnischen Gebieten, die zu Österreich und zu Russland gehörten, und die deutsche Armee, die vor einigen Jahren in das Kongresskönigreich einmarschierte, hatte ausnahmslos die gesamte jüdische Bevölkerung des Landes im Dienst Deutschlands.

---

* Im Original deutsch.

Wenn Polen nicht so viele Juden hätte, dann hätte es nie die Teilungen gegeben, und wenn die Juden nicht gewesen wären, dann hätte die preußische Politik niemals ihre großen Triumphe im Osten gefeiert.

Wenn man die preußische Politik im Osten weiterführen will, dann muss man zusammen mit den Juden marschieren, anders ist es nicht möglich. Wenn man aber mit den Juden gegen Polen marschiert, dann ist es schwierig, diese Juden in Deutschland zu vernichten.

Zwar haben die Juden Russland ihre Dienste gegen Polen angeboten, obwohl Russland sie verfolgt hat. In unseren östlichen Gebieten, wo das Polentum schwach und es weiter bis Berlin war, wurden sie schon nach dem letzten Aufstand zu „Russen". Im Königreich begannen sie sich erst am Ende des letzten Jahrhunderts unter dem Einfluss ihrer zahlreich aus dem Osten eintreffenden Glaubensgenossen Russland zuzuneigen. Wenn sie nicht weitergingen, dann deshalb, weil die russische Regierung ihre Dienste zurückwies und nur das oppositionelle und revolutionäre Russland sie an sich drückte.

Aber es ist zweifelhaft, ob sich das in Deutschland wiederholen könnte. In Kernrussland hatten die Juden keine größeren Interessen, wohingegen ihre Interessen in ganz Deutschland gewaltig sind und ein ernsthafter und erfolgreicher Schlag gegen sie von Seiten Deutschlands einen solchen Tumult in Israel auf der ganzen Welt hervorrufen würde, dass es selbst im Osten schwierig wäre, die jüdisch-deutsche Zusammenarbeit aufrechtzuerhalten.

Deutschland steht vor der Alternative: entweder die Bestrebungen der deutschen Ostpolitik pflegen und entwickeln, sich Hand in Hand mit den Juden gegen Polen wenden und die weitere Verjudung Deutschlands mitansehen oder sich an die Reinigung des deutschen Vaterlands vom Judentum zu machen und im Osten bescheidener aufzutreten.

Die Juden haben sich immer, angefangen mit den Hyksos in Ägypten, dem persischen Kyros und schließlich den Römern, in die Dienste von Nationen begeben, die Imperien schufen, gegen die Geschlagenen und Schwächeren. Die mächtigen Herren der Imperien bezahlten oft erst spät für die Inanspruchnahme dieser Dienste, aber bezahlt haben sie immer. Oft wurde die Rechnung sehr bald ausgestellt.

Ein Beispiel für die Schnelligkeit in dieser Hinsicht sind die Ungarn. Als sie in ihrer Hälfte der Habsburgermonarchie in der Minderheit waren, nahmen sie ihre Zuflucht zur Hilfe der Juden, die diese mit aller Bereitwilligkeit gewährten. Die Juden wurden so eingefleischte Arpaden, dass kein noch so gebürtiger Magyare sie an aggressivem Nationalismus überbieten konnte. Auch den Slowaken, Serben und Rumänen spielten sie übel mit. Aber sie vergaßen natürlich nicht sich selbst: Vor dem Weltkrieg gehörten in der Hauptstadt des Landes, Buda-Pest, 95% des unbeweglichen Eigentums Juden. Als es aber für die Ungarn im Weltkrieg schief lief, stellten sie ihnen sofort eine weitere Rechnung in Gestalt einer bolschewistischen Revolution mit Bela Kun (Cohn)* an der Spitze. Wenn diese Revolution gelungen wäre, hätte sie die Magyaren im ehemaligen Königreich Ungarn endgültig vernichtet.

Auch wir haben seinerzeit von den Diensten der Juden profitiert, in unserer Politik gegenüber den Ruthenen. Wir haben sogar getaufte Juden in ansehnlicher Zahl in die Reihen des polnischen Adels in Litauen und Ruthenien eingelassen. Und bis heute bezahlen wir für diese Dienste, vermutlich teurer als andere.

Die Deutschen sind keine Ausnahme: Auch sie müssen zahlen.

Bismarck war ein großer Politiker und schuf nicht irgendeinen Staat. Er spannte die Juden zum Bau des neuen deutschen Kaiserreichs und seiner Macht ein. Aber er lebte nicht mehr so lange, dass in seinem großen Kopf die Frage aufgekommen wäre, ob nicht die Rechnung, die für diese Dienste ausgestellt werden wird, zu hoch ist.

Der Hitlerismus hat diese Frage gestellt. Aber er hat keine klare Antwort darauf gegeben. In seinen Parolen, in seinem Programm gibt er zwei Antworten, die widersprüchlich sind.

---

* Béla Kun (1886–1938) stammte aus einer ungarisch-jüdischen Familie in Siebenbürgen und war die führende Persönlichkeit der ungarischen Räterepublik, die vom 1. März bis zum 1. August 1919 bestand.

VIII. Was wird aus dem Hitlerismus?

Die große Krise unserer Zivilisation befindet sich erst in ihren Anfängen. Und auch unser Wissen von ihr, unser Verständnis von ihr steckt noch in den Anfängen.

Am Anfang schien es uns, es handele sich nur um eine Wirtschaftskrise. Selbst als solche haben wir sie oberflächlich aufgefasst: Wir dachten, dass sie bald vorübergeht und nur einige Länder betreffen wird. Das Leben hat uns bewiesen, dass wir uns geirrt hatten. Sie erwies sich nicht nur als dauerhaft, sondern sie verschärfte sich schnell und erfasste die ganze Welt. Wenig später merkten wir, dass sie von einer politischen Krise begleitet ist, dass die Staaten eine immer geringere Fähigkeit aufweisen, die wachsenden Schwierigkeiten zu bewältigen, sowohl nach außen wie nach innen, dass die Regierenden trotz ihrer ungewöhnlichen Regsamkeit von immer größerer Lähmung ergriffen werden.

Mit dem Anwachsen des wirtschaftlichen Chaos geht ein fortschreitendes politisches Chaos einher.

Heute wird langsam klar, dass die Grundlage von all dem eine tiefe moralische Krise ist.

Bisher hat man noch nicht gesagt, worin diese moralische Krise besteht, was ihr Wesen ausmacht (obwohl die Zeit gekommen ist, sich damit zu befassen), aber das Gefühl, dass das Übel nicht nur in der Wirtschaft und nicht nur in der Politik steckt, sondern irgendwo viel tiefer, verbreitet sich immer mehr. Und immer mehr denkt man an die Notwendigkeit einer tiefgehenden Besserung.

Dieser Gedanke verbreitet sich vor allem in den jüngeren Generationen, in denen der Abscheu vor einer Welt wächst, die auf den bisherigen Grundlagen organisiert ist, in denen man ohne Bedauern davon zu reden beginnt, dass diese Welt untergeht, und deren Denken nach stärkeren Grundlagen für die weitere Dauer und die Entwicklung unserer Zivilisation sucht.

Ein Teil dieser Suchenden ist nicht in der Lage, aus der Gedankenwelt herauszukommen, die ihren Inhalt aus einer Quelle schöpft, die gerade heute versiegt: In ihren extremen Erscheinungen, in ihrem letzten Wort sieht er die Wiedergeburt. Diese Leute verstärken die Reihen der Kommunisten. Andere, und davon gibt es viel mehr, sind sich mehr oder weniger darüber im Klaren, dass der moderne Liberalismus und der Kommunismus zwei Äste aus demselben Stamm sind, die verfaulte Wurzeln haben und zum Absterben verdammt sind.

Jüngere Geister befreien sich immer mehr von der Täuschung, die einem den Begriff des Fortschritts als einen Sieg des Individuums über die Gesellschaft

 | DOI:10.30965/9783657702916_030

aufdrängt. Unter ihnen herrscht die Vorstellung, dass die erste Grundlage für die Existenz von Staaten und für eine günstige Entwicklung der Zivilisation eine starke Gesellschaft ist. Aber sie wissen bereits, und wenn sie es nicht genau wissen, dann sagen gesunde und noch nicht zerstörte Instinkte ihnen, dass eine Gesellschaft nicht irgendeine zufällige, mechanische Mischung einer bunten Bevölkerung ist, nicht eine Fiktion, die die revolutionäre Philosophie des 18. Jahrhunderts in Umlauf gebracht hat, sondern ein organisches Ganzes, das über viele Jahrhunderte einer gemeinsamen staatlichen Existenz aufgebaut wurde, das gemeinsame gesellschaftliche Instinkte, gemeinsame Gefühle und Gedanken, gemeinsame Ambitionen und Bestrebungen besitzt.

Diese Vorstellungen, die heute in einer Reihe von Ländern herrschen, haben den modernen nationalen Bewegungen ihre hauptsächliche Grundlage gegeben, zunächst dem italienischen Faschismus, dann dem deutschen Hitlerismus, bis andere in der Geschichte ihr Wort sagen.

Bezeichnend an diesen Bewegungen ist die Wendung zum Innern der Gesellschaft, zur Verstärkung der sie zusammenhaltenden Bindungen, zum Hinausfegen dessen aus ihrem Haus, was diese Bindungen lockert und die Gesellschaft zersetzt.

Dieses erstere, die Hauptaufgabe der nationalen Bewegungen, erfordert angespannte, konsequente Arbeit und Kampf. Sie kann nur von Menschen erfüllt werden, die zu gewissen Opfern bereit sind, vor allem dazu, sich selbst freiwillig eine große Disziplin aufzuerlegen, ohne die man diese Disziplin nicht anderen aufdringen und keine Nation organisieren kann. Andererseits werden die Früchte dieser Arbeit und dieses Kampfs hauptsächlich künftige Generationen genießen. Das Schicksal der gegenwärtigen Generationen verspricht nicht allzu glänzend zu werden: Sie bezahlen für die Zügellosigkeit der Epoche, die jetzt zu Ende geht, und werden noch lange dafür zahlen müssen.

Die heutigen Menschen sind auf dieses Schicksal nicht vorbereitet: Die bisherige Schule des Lebens hat sie zu Reichtum, Wohlstand, Bequemlichkeit und Genuss erzogen. So schwebt über den nationalen Bewegungen die Gefahr, dass bei ihnen Elemente das Übergewicht gewinnen, die sie auf Wege führen, die nicht nur der Nation als Ganzes schnelle Gewinne versprechen, sondern auch den einzelnen. Doch das Ergebnis davon muss sein, dass das in den Hintergrund gerät, was die Hauptaufgabe dieser Bewegungen ist.

Damit erklären sich einige Abwege im italienischen Faschismus, der im Lauf von zehn Jahren schon viel von seinem inneren Wert verloren hat, der immer weniger eine Bewegung zur Erneuerung von Italien ist und immer mehr eine politische Organisation im Stil der bisherigen Welt und der deswegen keine Aussichten auf Erfolg hat.

Das führt auch dazu, dass man hinter den Hitlerismus ein riesiges Fragezeichen setzen muss.

Deutschland ist eine sehr vitale Nation. Aber in seinem inneren Leben ist in letzter Zeit ungemein viel kaputtgegangen, und es braucht die Arbeit an der nationalen Erneuerung wohl mehr als irgendjemand anderes. Doch die Organisation dieser Arbeit ist in Deutschland trotz Wünschen und Bestrebungen in diese Richtung in gewisser Hinsicht schwieriger als anderswo.

Vor dem Krieg richteten die Deutschen ihre Augen vor allem nach außen. Dieses *Strebervolk**, wie sie sich selbst nannten, suchte unablässig neue Beute, neue Gewinne auf Kosten anderer Nationen. Und damit ihm dies gelang, glaubte es, dass dies seine Bestimmung sei.

Der Krieg, auf den es unnötigerweise zueilte, hat diesen Bestrebungen und diesen Ansprüchen einen schmerzhaften Schlag versetzt. In Verbindung mit der Wirtschaftskrise war es ein schwerer Schlag nicht nur für die Nation als Ganzes, sondern auch für die Einzelnen, die sich daran gewöhnt hatten, ihren persönlichen, großen und sofortigen Nutzen mit der Nation zu verbinden.

Deshalb gehen ihnen auch in der gegenwärtigen Nationalbewegung die Parolen am meisten zu Herzen, die ihnen unmittelbaren Nutzen versprechen, vor allem die Befriedigung des heute an vielen Orten anzutreffenden Hungers.

Die politischen Geografen oder die geografischen Politiker des hitleristischen Lagers sagen ihnen, dass der Osten für sie bestimmt sei und dass, wenn man nur den schwierigsten ersten Schritt macht und den sogenannten „Korridor" bekommt (der ihnen an sich keine Erleichterung verschafft und nur neue Lasten nach sich zieht), die weitere Eroberung glatt laufen wird. Dann werden sich so viele neue Möglichkeiten eröffnen, so viele Posten für Deutsche, die heute nicht wissen, wo sie bleiben sollen!... Ist es da ein Wunder, dass ihnen die Augen leuchten, wenn sie das hören?

Doch diese Methode des Hitlerismus zur Gewinnung von Anhängern führt dazu, dass die Parolen von der Organisation der Nation, der Festigung ihrer inneren Bande in den Hintergrund treten müssen, insofern sie die Politik an äußeren Gewinnen hindern.

Der Hitlerismus scheint davon bedroht, dass die Hauptparolen, die aus ihm eine neue Bewegung gemacht und allgemeine Aufmerksamkeit auf ihn gelenkt haben, an die letzte Stelle treten, um am Ende ganz zu verstummen. Dann wird der Hitlerismus nichts anderes sein als eine Fortsetzung des Preußentums, das ganz Deutschland führt, das heißt eine alte Richtung, die in das deutsche Leben nichts Neues hereinbringt.

* Im Original deutsch.

Dann wird Hitler überflüssig. Denn für diese alte Politik werden die von Papens und andere von ähnlicher Sorte, die seit Langem in ihrer Schule geübt sind, die viel besseren Leiter sein.

Sie werden schnell merken, dass diese Politik bereits ein Anachronismus ist, dass die deutsche Nation zwar gern auf ihre Parolen hört, dass aber die historischen Voraussetzungen für sie nicht mehr existieren.

Die Probleme, die auf dem Grund der wirtschaftlichen, politischen und moralischen Krise entstehen, werden auf einen anderen Menschen warten müssen, der mehr ist als ein erstklassiger Agitator[3].

---

3 Heute, wo die Hitleristen an der Macht sind, muss man sagen, dass sie eine viel größere Kraft und Konsequenz bei der Durchführung ihres inneren Programms an den Tag gelegt haben, als man das noch vor Kurzem erwarten konnte. Sowohl ihre Position gegenüber den Juden und den Freimaurern als auch der Kampf gegen den moralischen Zerfall zeugen davon, dass das Ziel ihrer Politik die Gesundung und Stärkung der inneren Bindungen ist, was dazu führt, dass die deutsche Nation zu einer stabilen, unüberwindbaren Macht wird. (*Anmerkung vom Juni 1933*).

Literatur

Andrzejczak, Michał: *Faszyzm włoski i hitleryzm w publicystyce Romana Dmowskiego w latach 1922-1939*. Wrocław 2010.

Balicki, Zygmunt: *Egoizm narodowy wobec etyki*. Lwów 1902.

Blobaum, Robert: *Antisemitism and its opponents in modern Poland*. Ithaca 2005.

Bułhak, Władysław: *Dmowski – Rosja a kwestia polska. U źródeł orientacji rosyjskiej obozu narodowego 1886-1908*. Warszawa 2000.

Conrad, Benjamin: *Roman Dmowski a kwestia granic Polski w 1919 roku*. In: *Polski Przegląd Dyplomatyczny* 1 (2017), S. 126-135.

Conrad, Benjamin: *Umkämpfte Grenzen, umkämpfte Bevölkerung. Die Entstehung der Staatsgrenzen der Zweiten Polnischen Republik; 1918-1923*. Stuttgart 2014.

Dabrowski, Patrice M.: *Uses and Abuses of the Polish Past by Józef Piłsudski and Roman Dmowski*. In: *The Polish Review* 56 (2011), H. 1, S. 73-109.

Davies, Norman: *Im Herzen Europas. Geschichte Polens*. 3. Auflage. München 2002.

Dmowski, Roman: *Myśli nowoczesnego Polaka*. Lwów – Warszawa 1907.

Dmowski, Roman: *Myśli nowoczesnego Polaka*. Warszawa 1934 [tatsächlich 1943].

Dmowski, Roman: *Pisma*. Bd. II-X. Czestochowa 1937-1939.

Dmowski, Roman: *Wybór pism*. 2 Bde. Poznań 2014/2015.

Engelgard, Jan: *Mysl polityczna Romana Dmowskiego*. Warszawa 2009.

Engelgard, Jan: *Roman Dmowski 1864-1939*. Warszawa 2014.

Engelgard, Jan: *Roman Dmowski – współtwórca Niepodległej*. Warszawa 2017.

Fountain II, Alvin Marcus: *Roman Dmowski. Party, Tactics, Ideology (1895-1907)* (= East European Monographs 60). Boulder 1980.

Friszke, Andrzej: *O kształt niepodległej*. Warszawa 1989.

Gmurczyk-Wrońska, Małgorzata: *Czy rok 1916 był istotny dla spraw polskich w polityce Francji?* In: *Dzieje najnowsze* 48 (2016), H. 3, S. 38-50.

Gmurczyk-Wrońska, Małgorzata: *Not Russia, but France and England shall decide about Poland. The diplomatic action of Roman Dmowski in 1916-1917*. In: *Studia z Dziejów Rosji i Europy Środkowo-Wschodniej* 52 (2017), H. 3, S. 27-45.

Grott, Bogumił: *Dylematy polskiego nacjonalizmu. Powrót do tradycji czy przebudowa narodowego ducha*. Warszawa 2015.

Grott, Bogumił: *Nacjonalizm chrześcijański. Narodowo-katolicka formacja ideowa w II Rzeczypospolitej na tle porównawczym*. Kraków 1996.

Grott, Bogumił: *Nacjonalizm i religia. Proces zespalania się nacjonalizmu z katolicyzmem w jedną całość ideową w myśli Narodowej Demokracji 1926-1939*. Kraków 1984.

Grott, Bogumił: *Polnische Parteien und nationalistische Gruppen in ihrem Verhältnis zur katholischen Kirche und zu deren Lehre vor dem Zweiten Weltkrieg*. In: *Zeitschrift für Ostmitteleuropaforschung* 45 (1996), H. 1, S. 72-88.

Grott, Bogumił: *Religia, Kościół, etyka w ideach i koncepcjach prawicy polskiej. Narodowa Demokracja. Wybór tekstów z komentarzem autora*. Kraków 1993.

Grott, Bogumił: *Zygmunt Balicki. Ideolog Narodowej Demokracji*. Kraków 1995.

Hausmann, Kurt Georg: *Die politischen Ideen Roman Dmowskis. Ein Beitrag zur Geschichte des Nationalismus in Ostmitteleuropa vor dem Ersten Weltkrieg*. Ms. Kiel 1968.

Hausmann, Kurt Georg: *Dmowskis Stellung zu Deutschland vor dem Ersten Weltkrieg*. In: *Zeitschrift für Ostforschung* 13 (1964), H. 1, S. 56-91.

Jachymek, Jan / Waldemar Paruch (Hgg.): *More than independence. Polish political thought 1918-1939*. Lublin 2003.

Jachymek, Jan / Waldemar Paruch (Hgg.): *Więcej niż niepodległość. Polska myśl polityczna 1918-1939*. Lublin 2001.

Janke, Muriel: *Roman Dmowski und der Sozialdarwinismus*. Ms. (Bachelorarbeit). Freiburg 2020.

Kawalec, Krzysztof: *Einfluss und Bedeutung des Nationalismus im Entstehungsprozess der Zweiten Polnischen Republik nach 1918*. In: *Nationalistische Politik und Ressentiments. Deutsche und Polen von 1871 bis zur Gegenwart*. Hg. von Johannes Frackowiak. Göttingen 2013, S. 107-128.

Kawalec, Krzysztof: *Narodowa Demokracja wobec faszyzmu 1922-1939. Ze studiów nad dziejami myśli politycznej obozu narodowego*. Warszawa 1989.

Kawalec, Krzysztof: *Roman Dmowski o ustroju politycznym państwa*. Warszawa 1996.

Kawalec, Krzysztof: *Roman Dmowski 1864-1939*. Wrocław 2003 (erweiterte Neuausgabe Poznań 2016).

Kawalec, Krzysztof: *Spadkobiercy niepokornych. Dzieje polskiej myśli politycznej 1918-1939*. Wrocław 2000.

Kawalec, Krzysztof: *Wizje ustroju państwa w polskiej myśli politycznej lat 1918-1939. Ze studiów nad dziejami polskiej myśli politycznej*. Wrocław 1995.

Kisielewski, Tadeusz A.: *Piłsudski, Dmowski i niepodległość. Osobno, ale razem*. Poznań 2018.

Kosicki, Piotr H.: *Catholics on the Barricades: Poland, France, and "revolution", 1891-1956*. New Haven – London 2018.

Kossert, Andreas: *Founding Father of Modern Poland and Nationalist Antisemite: Roman Dmowski*. In: *In the Shadow of Hitler. Personalities of the Right in Central and Eastern Europe* (= International Library of Twentieth Century History 23). Hg. von Rebecca Haynes und Martyn Rady. London u. a. 2011, S. 89-104.

Kotowski, Albert S.: *Hitlers Bewegung im Urteil der polnischen Nationaldemokratie*. Wiesbaden 2000.

Kozicki, Stanisław: *Historia Ligi Narodowej (Okres 1887-1907)*. London 1964.

Kozicki, Stanisław: *Roman Dmowski 1874-1939*. In: *The Slavonic and East European Review* 18 (1939), Nr. 52, S. 118-128.

Koziełło, Tomasz: *Trzecia Rzesza Niemiecka w poglądach Narodowej Demokracji*. In: *Annales Universitatis Mariae Curie-Sklodowska*. Sectio K, Politologia, Bd. 12, S. 125-142.

Krzywiec, Grzegorz: *Chauvinism, Polish style. The case of Roman Dmowski (beginnings: 1886-1905)*. Frankfurt 2016.

Krzywiec, Grzegorz: *Eliminationist Anti-Semitism at Home and Abroad. Polish Nationalism, the Jewish Question and Eastern European Right-Wing Mass Politics*. In: *The New Nationalism and the First World War*. Hg. von Lawrence Rosenthal und Vesna Rodic. Basingstoke 2015, S. 65-91.

Krzywiec, Grzegorz: *Szowinizm po polsku. Przypadek Romana Dmowskiego (1886-1905)*. Warszawa 2009.

Krzywiec, Grzegorz: *Von der Massenpolitik zum (kalten) Bürgerkrieg. Die Nationaldemokratie im Königreich Polen 1905-1914*. In: *Fragmentierte Republik. Das politische Erbe der Teilungszeit 1918-1939*. Hg. von Michael G. Müller und Kai Struve. Göttingen 2017, S. 107-130.

Kühn, Hartmut: *Polen im Ersten Weltkrieg. Der Kampf um einen polnischen Staat bis zu dessen Neugründung 1918/1919* (= Warschauer Studien zur Kultur- und Literaturwissenschaft 12). Berlin 2018.

Kulak, Teresa: *Jan Ludwik Popławski 1854-1908. Biografia polityczna*. 2 Bde. Wrocław 1989.

Loew, Peter Oliver: *Zwillinge zwischen Endecja und Sanacja. Die neue polnische Rechtsregierung und ihre historischen Wurzeln*. In: Osteuropa 11 (2005), S. 9-20.

Lundgreen-Nielsen, Kay: *The Polish problem at the Paris peace conference. A study of the policies of the great powers and the Poles, 1918-1919*. Odense 1979.

Maj, Ewa: *Komunikowanie polityczne narodowej demokracji 1918-1939*. Lublin 2010.

Majchrowski, Jacek M.: *Polska myśl polityczna XIX i XX wieku. Część III: Nacjonalizm. Myśl „potomstwa obozowego"*. Kraków 1993.

Majchrowski, Jacek M.: *Polska myśl polityczna 1918-1939. Nacjonalizm* (= Uniwersytet Jagielloński. Instytut Nauk Politycznych. Skrypty uczelniane Nr. 680). Warszawa 2000.

Marszal, Maciej: *Polskie elity wobec faszyzmu 1922-1939*. In: *Annales Universitatis Mariae Curie-Sklodowska* 58 (2011), S. 122-137.

Maschke, Erich: *Roman Dmowski. 1864-1939*. In: *Osteuropa* 14 (1939), H. 5, S. 346-350.

Micewski, Andrzej: *Roman Dmowski*. Warszawa 1971.

Molenda, Jan: *Piłsudczycy a narodowi demokraci 1908-1918*. Warszawa 1980.

Mysiakowska-Muszyńska, Jolanta / Wojciech Jerzy Muszyński: *Architekt Wielkiej Polski. Roman Dmowski 1864-1939*. Warszawa 2018.

Nacjonalizm a konserwatyzm i monarchizm. Action Française i jej promieniowanie. Hg. von Jacek Bartyzel und Dariusz Góra Szopiński. Toruń 2011.

Paruch, Waldemar: *Myśl polityczna obozu piłsudczykowskiego 1926-1939*. Lublin 2005.

Piłsudski, Josef: *Erinnerungen und Dokumente. Von Josef Piłsudski, dem Ersten Marschall von Polen persönlich autorisierte deutsche Gesamtausgabe*. Hg. von Wacław Lipiński. 4 Bde. Essen 1935.

Pobóg-Malinowski, Władysław: *Narodowa demokracja 1887-1919. Fakty i dokumenty*. Warszawa 1933.

Polen und der Osten, Texte zu einem spannungsreichen Verhältnis. Hg. von Andrzej Chwalba. Frankfurt am Main 2005.

Polonsky, Antony: *Roman Dmowski and Italian Fascism*. In: *Ideas into Politics. Aspects of European History, 1880-1950*. Hg. von. Roger Bullen, Hartmut Pogge von Strandmann und Antony Polonsky. London 1984, S. 130-146.

Porter, Brian: *When Nationalism Began to Hate. Imagining Modern Politics in Nineteenth-Century Poland*. New York – Oxford 2000.

Roth, Paul: *Die Entstehung des polnischen Staates. Eine völkerrechtlichpolitische Untersuchung*. Berlin 1926.

Ruchniewicz, Krzysztof: *Droht der Polexit?*. In: *Aus Politik und Zeitgeschichte* 23-25/2020, S. 25-31.

Rudnicki, Szymon: *Obóz Narodowy-Radykalny. Geneza i działalność*. Warszawa 1985.

Ryba, Mieczysław: *Naród a polityka. Myśl społeczno-polityczna twórców ruchu narodowego w okresie międzywojennym*. Lublin 1999.

Sayer, Lea: *Vorbild und Ideal? Die Bedeutung des italienischen Faschismus für die rechten Gruppierungen im Polen der Zwischenkriegszeit*. Ms. (Masterarbeit). Freiburg 2022.

Schrade, Ulrich: *Międzywojenna polska myśl narodowa. Od patryotyzmu do globalizmu*. Kraków 2004.

Schweiger, Alexandra: *Polens Zukunft liegt im Osten. Polnische Ostkonzepte der späten Teilungszeit (1890-1918)*. Marburg 2014.

Sprawy polskie na konferencji pokojowej w Paryżu w 1919 r. Dokumenty i materiały. Hg. von Remigiusz Bierzanek und Józef Kukułka. 3 Bde. Warszawa 1965-1968.

Tereja, Jerzy J.: *Rzeczywistość i polityka. Ze studiów nad dziejami myśli nacjonalistycznej*. Wrocław 1980.

Tomasiewicz, Jarosław: *Naprawa czy zniszczenie demokracji? Tendencje autorytarne i profaszystowskie w polskiej myśli politycznej 1921-1935*. Katowice 2012.

Tomicki, Jan: *Parteien und Parteiensysteme in Polen (1918 bis 1939). Ein Überblick*. In: *Jahrbuch für Geschichte* 23 (1981), S. 273-304.

Toruńczyk, Barbara: *Narodowa demokracja. Antologia myśli politycznej „Przeglądu Wszechpolskiego"*. London 1983.

Ursachen und Folgen. Vom deutschen Zusammenbruch 1918 und 1945 bis zur staatlichen Neuordnung Deutschlands in der Gegenwart. Bd. 3: Der Weg in die Weimarer Republik. Hg. von Herbert Michaelis und Ernst Schraepler. Berlin 1959.

Walicki, Andrzej: *The Troubling Legacy of Roman Dmowski*. In: *East European Politics and Societies* 14 (2000), H. 1, S. 12-46.

Wandycz, Piotr S.: *Dmowski's Policy at the Paris Peace Conference. Success or Failure?* In: *Reconstruction of Poland 1914-1923*. Hg. von Paul Latawski. London 1992, S. 112-129.

Wandycz, Piotr S.: *Poland's Place in Europe in the Concepts of Piłsudski and Dmowski*. In: *East European Politics and Societies* 4 (1990), H. 3, S. 451–46.

Wapiński, Roman (Hg.): *Dzieje kultury politycznej w Polsce. Od schyłku XIX wieku do roku 1939*. Gdansk 1981.

Wapiński, Roman: *Historia polskiej myśli politycznej XIX i XX wieku*. Gdańsk 1997.

Wapiński, Roman: *Narodowa Demokracja 1893-1939. Ze studiów nad dziejami myśli nacjonalisticznej*. Wrocław u. a. 1980.

Wapiński, Roman: *Pokolenia Drugiej Rzeczypospolitej*. Wrocław 1991.

Wapiński, Roman: *Roman Dmowski*. Lublin 1989.

Wapiński, Roman: *Świadomość polityczna w II Rzeczypospolitej*. Łódź 1989.

Wapiński, Roman: *Polska i małe ojczyzny Polaków. Z dziejów kształtowania sie świadomości narodowej w XIX i XX wieku po wybuch II wojny światowej*. Wrocław 1994.

Wojdyło, Witold: *W drodze do urzeczywistniania idei narodowej. Myśl polityczna Narodowej Demokracji 1918-1939. Studia i szkice*. Toruń 2021.

Wolikowska, Izabella: *Roman Dmowski. Człowiek, Polak, Przyjaciel*. Wrocław 2007.

Wyszczelski, Lech: *O Polsce w Wersalu*. Toruń 2008.

Zloch, Stephanie: *Polnischer Nationalismus. Politik und Gesellschaft zwischen den beiden Weltkriegen*. Köln u. a. 2010.

Żerko, Stanisław: *Stosunki polsko-niemieckie 1938-1939*. Poznań 1998.

Życie i śmierć dla Narodu! Antologia myśli narodowo-radykalnej z lat trzydziestych XX wieku. Hg. von Arkadiusz Meller und Patryk Tomaszewski. Toruń 2009.

Zu Textauswahl und Editionskriterien

Bei der hier präsentierten Auswahl von Texten Dmowskis stehen im Mittelpunkt die ungekürzten Übersetzungen der beiden Schriften, die vor allem seinen Ruhm bei den Zeitgenossen begründeten und die in der historischen Literatur am weitaus häufigsten im Zusammenhang mit ihm genannt werden. Die „Gedanken eines modernen Polen“ entstanden aus einer Serie von sechs Artikeln, die Dmowski 1902 in der „Allpolnischen Rundschau“ veröffentlicht hatte, und bilden eine Art Zusammenfassung seiner nationalistischen Weltanschauung. Nicht aufgenommen sind hier lediglich die insgesamt vier Vorworte zu den „Gedanken“, die Dmowski im Lauf der Zeit für verschiedene Ausgaben verfasste. Die Schrift „Deutschland, Russland und die polnische Frage“ von 1908 ist eine Analyse der damaligen geopolitischen Weltlage und der daraus resultierenden Chancen für die polnische Nation, wieder einen eigenen Staat zu gewinnen.

Die zahlreichen Schriften, die Dmowski in der Zeit nach dem Ersten Weltkrieg publizierte, haben eine geringere historische Wirkung gehabt und sind auch von der polnischen Forschung weniger intensiv behandelt worden. Zwar sind sie durchaus interessant, vor allem im Hinblick auf die Entwicklung seines Denkens in Auseinandersetzung mit dem Weltgeschehen in der Zwischenkriegszeit. Jedoch sind in diesen Band aus Platzgründen nur zwei kürzere Texte aus dieser Zeit aufgenommen worden. In der Schrift „Kirche, Nation und Staat“ versuchte Dmowski, die Bedeutung der katholischen Religion für Polen zu bestimmen, und tat dies in einer Weise, die auch heute noch in der polnischen Rechten populär ist.

Auf keinen Fall fehlen durfte in einer deutschen Ausgabe der Text, in dem Dmowski sich am ausführlichsten über das Phänomen des Nationalsozialismus in Deutschland geäußert hat. Es handelt sich um ein Kapitel aus seinem letzten Buch „Der Umschwung“, in dem auch Dmowskis Sympathien für den italienischen Faschismus und seine wachsende Neigung zu Verschwörungstheorien zum Ausdruck kommen. Das Kapitel wurde ursprünglich als selbstständiger Artikel im Jahr 1932 veröffentlicht, also noch vor der Machtübernahme der Nationalsozialisten in Deutschland. Bei der ersten Ausgabe als Buch Ende 1933 ergänzte Dmowski den Text um zusätzliche Anmerkungen, in denen er die seitherige Entwicklung des Nationalsozialismus kommentierte. Diese Anmerkungen sind hier ebenfalls aufgenommen worden.

Die Textgrundlage für die Übersetzungen bildete in der Regel die auf zehn Bände angelegte Ausgabe von Dmowskis „Schriften“ (*Pisma*), die in den Jahren 1937-1939 in Tschenstochau herausgegeben wurde. Allerdings ist deren erster

Band, der die „Gedanken eines modernen Polen“ hätte enthalten sollen, niemals erschienen. Deshalb wurde bei der Übersetzung dieser Schrift eine Ausgabe zugrunde gelegt, deren Erscheinungsdaten mit „Warschau 1934“ angegeben sind, die aber tatsächlich erst 1943 im polnischen Untergrund im von den Deutschen besetzten Lemberg erschien.

Dmowskis Stil mit seinen langen und verschachtelten Satzperioden ist oft nicht leicht zu übersetzen, auch wenn es im Deutschen grundsätzlich immer möglich ist. Auch um einen Eindruck von seiner Sprache zu geben, habe ich solche Sätze meistens doch beibehalten und nur in schweren Fällen um der Lesbarkeit willen in mehrere Sätze aufgelöst. Dafür ist Dmowskis Vokabular nicht kompliziert und nicht durchsetzt mit sozialwissenschaftlichen Ausdrücken. Der letztlich doch eingängige Stil hat sicher auch zur Popularität Dmowskis als Autor beigetragen.

Dmowski pflegte seine Schriften mit Anmerkungen zu versehen, was den Herausgeber vor ein Problem stellt, wenn er selbst Erläuterungen zu schwierigen Textstellen geben möchte. Ich bin deshalb mit solchen Erläuterungen sparsam umgegangen und habe sie nur eingefügt, wo nach meiner Ansicht als zusätzliche sachliche Informationen zum Verständnis des Textes unabdingbar waren. Um diese Erläuterungen von Dmowskis eigenen Anmerkungen zu unterscheiden, sind letztere mit den originalen Ziffern versehen, während die Anmerkungen des Herausgebers mit Asterisken (*) gekennzeichnet sind.